机动车维修技术人员
从业资格培训考试丛书

发动机与底盘检修技术培训考试教材

（模块A&D）

模块A：职业道德和法律法规

模块D：发动机与底盘检修技术（含操作技能）

机动车维修技术人员从业资格培训考试丛书编委会 ◎编

人民交通出版社
China Communications Press

内 容 提 要

本书为《机动车维修技术人员从业资格培训考试丛书》之一，主要依据《机动车维修技术人员从业资格培训技术要求》(JT/T 698—2007)、《中华人民共和国机动车维修技术人员从业资格考试大纲》进行编写。本书主要内容为：模块 A：职业道德和法律法规（包括专业知识部分、练习题及模拟试卷），模块 D：发动机与底盘检修技术（包括专业知识部分、操作技能部分、练习题及模拟试卷），附录 1《机动车维修技术人员从业资格培训技术要求》(JT/T 698—2007)和附录 2《中华人民共和国机动车维修技术人员从业资格考试大纲》。书中练习题及模拟试卷均给出参考答案。

本书为全国机动车维修技术人员从业资格培训考试用书，也可供其他有关人员学习和参考。

图书在版编目(CIP)数据

发动机与底盘检修技术培训考试教材 / 机动车维修技术人员从业资格培训考试丛书编委会编. —北京：人民交通出版社，2014.5

ISBN 978-7-114-11386-4

Ⅰ.①发… Ⅱ.①机… Ⅲ.①汽车—发动机—车辆修理—技术培训—教材②汽车—底盘—车辆修理—技术培训—教材 Ⅳ.①U472.4

中国版本图书馆 CIP 数据核字(2014)第 079115 号

Fadongji yu Dipan Jianxiu Jishu Peixun Kaoshi Jiaocai

书　　名：发动机与底盘检修技术培训考试教材
著 作 者：机动车维修技术人员从业资格培训考试丛书编委会
责任编辑：林宇峰
出版发行：人民交通出版社
地　　址：(100011)北京市朝阳区安定门外外馆斜街 3 号
网　　址：http://www.ccpress.com.cn
销售电话：(010)59757973
总 经 销：人民交通出版社发行部
经　　销：各地新华书店
印　　刷：北京盈盛恒通印刷有限公司
开　　本：787 × 1092　1/16
印　　张：31.75
字　　数：813 千
版　　次：2014 年 5 月　第 1 版
印　　次：2015 年 6 月　第 3 次印刷
书　　号：ISBN 978-7-114-11386-4
印　　数：6001 – 11000 册
定　　价：80.00 元
（有印刷、装订质量问题的图书由本社负责调换）

机动车维修技术人员从业资格培训考试丛书
编委会

机动车维修技术人员从业资格考试范围

适用人员 \ 模块	模块 A	模块 B	模块 C	模块 D	模块 E	模块 F	模块 G	模块 H
机修人员	★			★				
电器维修人员	★				★			
车身修复人员	★					★		
车身涂装人员	★						★	
车辆技术评估(含检测)人员	★							★
机动车维修技术负责人	★	★		(D、E、F、G 模块必须选考其一)				
机动车维修质量检验员	★		★	(D、E、F、G 模块必须选考其一)				

注:★适用人员必考模块。

模块 A:职业道德和法律法规

模块 B:技术质量管理

模块 C:维修检验技术

模块 D:发动机与底盘检修技术

模块 E:电器维修技术

模块 F:车身修复

模块 G:车身涂装

模块 H:车辆技术评估

前言

FOREWORD

交通运输部颁布实施的《道路运输从业人员管理规定》,规定了机动车维修技术负责人、质量检验员、机修人员、电器维修人员、钣金(车身修复)、涂漆(车身涂装)人员、车辆技术评估(含检测)人员实行从业资格考试制度。《中华人民共和国机动车维修技术人员从业资格考试大纲》明确了考试内容、合格标准及考试范围。机动车维修技术人员从业资格考试制度的实施,对于加强我国机动车维修技术人员从业资格管理、提高机动车维修技术人员素质和车辆维修质量具有十分重要的意义。

为了配合交通运输部机动车维修技术人员从业资格考试,帮助广大应考人员系统地学习相关知识,在较短时间内掌握考试内容,顺利地通过考试,我们按照《机动车维修技术人员从业资格培训技术要求》(JT/T 698—2007)、《中华人民共和国机动车维修技术人员从业资格考试大纲》的要求,组织编写了《机动车维修技术人员从业资格培训考试丛书》。本套丛书共有九册:

1.《技术质量管理培训考试教材》(模块A、B)

模块A:职业道德和法律法规,模块B:技术质量管理。

2.《维修检验技术培训考试教材》(模块A、C)

模块A:职业道德和法律法规,模块C:维修检验技术。

3.《发动机与底盘检修技术培训考试教材》(模块A、D)

模块A:职业道德和法律法规,模块D:发动机与底盘检修技术。

4.《电器维修技术培训考试教材》(模块A、E)

模块A:职业道德和法律法规,模块E:电器维修技术。

5.《车身修复培训考试教材》(模块A、F)

模块A:职业道德和法律法规,模块F:车身修复。

6.《车身涂装培训考试教材》(模块A、G)

模块A:职业道德和法律法规,模块G:车身涂装。

7.《车辆技术评估培训考试教材》(模块A、H)

模块A:职业道德和法律法规,模块H:车辆技术评估。

8.《机动车维修业务接待员培训考试教材》

9.《机动车维修价格结算员培训考试教材》

本套丛书根据现代机动车维修服务的实际需要,按照理论和实践相结合的原则而编写。根据从业人员在职学习的特点,理论部分重点介绍与实际工作紧密相关的基础理论和机动车维修发展的前沿技术;实操部分旨在提高机动车维修技术人员的检测诊断技能及综合分析能力。

《发动机与底盘检修技术培训考试教材》为《机动车维修技术人员从业资格培训考试丛书》之一,由梁旭主编,主要内容为:模块A:职业道德和法律法规(包括专业知识部分、练习题及模拟试卷)、模块D:发动机与底盘检修技术(包括专业知识部分、操作技能部分、练习题及模拟试卷)、附录1《机动车维修技术人员从业资格培训技术要求》(JT/T 698—2007)和附录2《中华人民共和国机动车维修技术人员从业资格考试大纲》。书中练习题及模拟试卷均给出参考答案。

由于编者水平有限,加之编写时间仓促,书中难免存在疏漏和不妥之处,诚请广大读者批评指正。

机动车维修技术人员从业资格培训考试丛书编委会

2014年1月

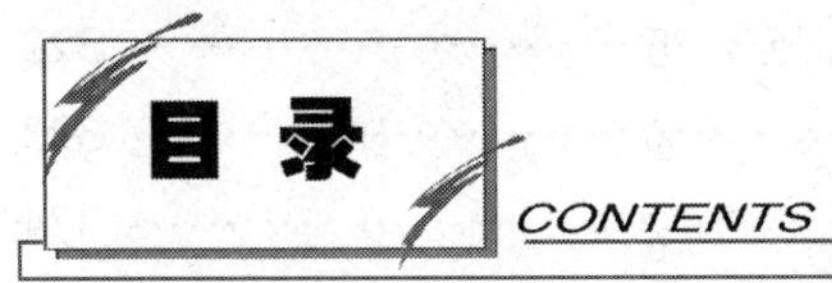

目录
CONTENTS

第一篇　模块 A:职业道德和法律法规

第二篇　模块 D:发动机与底盘检修技术

附　录

第一篇

模块 A：职业道德和法律法规

第一章 专业知识部分

第一节 机动车维修从业人员职业道德

一 机动车维修职业道德

(一)职业和职业道德

1.职业

职业是社会成员对社会所承担的职责和工作,具有一定的社会责任性。在现实生活中,人们习惯于把每个人在社会中所从事的并作为主要生活来源的工作称之为职业。职业产生于社会分工,并随着生产力的发展,不断产生新的类别。为了规范从业人员的职业行为,确保职业活动的正常进行,必须建立用于调整职业生活中发生的各种关系的职业道德规范。

2.职业道德

职业道德是所有从业人员在职业活动中应该遵循的行为准则,涵盖了从业人员与服务对象、职业与职工、职业与职业之间的关系。随着现代社会分工的发展和专业化程度的增强,市场竞争日趋激烈,整个社会对从业人员职业观念、职业态度、职业技能、职业纪律和职业作风的要求越来越高。

职业道德不仅是从业人员在职业活动中的行为标准和要求,而且也是本行业对社会所承担的道德责任和义务。

在内容方面,职业道德必须鲜明地表达职业义务、职业责任以及职业行为上的道德准则。由于它是在特定的职业实践基础上形成的,反映的是职业、行业乃至产业特殊利益的要求,因而它往往表现为某一职业特有的道德传统和道德习惯,表现为从事某一职业的人们所特有的道德心理和道德品质。

在表现形式方面,职业道德往往比较具体、灵活、多样。它从本职业的交流活动实际出发,采用制度、守则、公约、承诺、誓言、条例,以及标语口号之类的形式,以便于为从业人员所接受和实行,也有利于形成一种职业的道德习惯。

从调节的范围来看,一方面,职业道德可以用来调节从业人员内部关系,加强职业、行业内部人员的凝聚力;另一方面,也可以用来调节从业人员与其服务对象之间的关系,用来塑造本职业从业人员的形象。

从产生的效果来看,职业道德既能使一定的社会或阶级的道德原则和规范“职业化”,又能使个人道德品质“成熟化”。任何一种形式的职业道德,都在不同程度上体现着阶级道德或社会道德的要求。同时,职业道德与各种职业要求和职业生活结合,具有较强的稳定性和连续性,形成从业人员比较稳定的职业心理和职业习惯,以致在很大程度上会改变人们在学校学习阶段和少年生活阶段所形成的品行,影响道德主体的道德风貌。

3. 社会主义职业道德

社会主义职业道德是人类社会崭新的职业道德,它批判地继承了人类社会各个历史时期的优秀成果,与以往建立在私有制基础上的职业道德有着本质的区别。

(1)社会主义职业道德是一种新型职业道德。社会主义职业道德是建立在社会主义经济基础上的、以共产主义道德为指导的新型职业道德。为人民服务是社会主义道德的集中体现,也是“爱岗敬业、诚实守信、办事公道、服务群众、奉献社会”的社会主义职业道德的核心内容。社会主义职业道德的这些特点,不仅从道德领域反映了有中国特色的社会主义制度的优越性,而且成为调整社会主义社会里职业与职业,以及职业内部利益关系的调节器,成为激励从业人员提高职业认识、培养职业感情、锻炼职业意志、树立职业理想、遵守职业纪律,以及做好本职工作的强大精神力量。

(2)社会主义职业道德体现公民权利与义务相统一的精神。在社会主义社会中,无论从事哪一种职业都是为人民服务。各种职业的从业人员处在共同理想指导下建立起来的平等、互助、团结、友爱的关系之中。在社会主义社会里,人人都是服务对象,人人又都为他人服务。这种崭新的职业关系体现了公民权利与义务相统一的精神和“我为人人,人人为我”的原则,因而易于为职工接受和实践,激发履行义务的自觉性,从而有效地发挥职业道德的作用。

(3)社会主义职业道德是整个社会主义道德结构中的一个重要组成部分。社会主义社会一切职业规范的形成,都贯穿着社会主义、共产主义道德的原则和要求。所以,用社会主义职业道德规范约束从业者的职业生活和职业行为,就为人们进行社会主义道德实践活动提供了极大的可能性和现实性。

(二)职业道德的特点、作用和标准

1. 职业道德的特点

(1)适用范围的有限性。每种职业都担负着一种特定的职业责任和职业义务。由于各种职业的职业责任和义务不同,从而形成各自特定的职业道德的具体规范。

(2)发展历史的继承性。职业具有不断发展和世代延续的特征,不仅很多技术世代延续,而且管理方法、经营方式也有一定的历史继承性。因此,职业道德具有发展的历史继承性。

(3)表达形式的多样性。由于规范各种职业的职业道德根据职业不同的特性,要求得比较具体、细致,因此,其表达形式也是多种多样。如行业规范、行为公约、内部规定、章程、制度等形式,有的甚至是口耳相传、约定俗成。

(4)贯彻执行的纪律性。纪律也是一种行为规范,但它是介于法律和道德之间的一种特殊的规范。它既要求人们能自觉遵守,又带有一定的强制性。兼有道德和法律的双重色彩,具有法令的要求。职业道德有时以制度、章程、条例的形式表达,让从业人员认识到职业道德具有纪律的规范性。

2. 职业道德的作用

职业道德是社会道德体系的重要组成部分,它既具有社会道德的一般作用,又具有自身的特殊作用。

(1)有助于调节从业人员内部以及从业人员与服务对象之间的关系。职业道德的基本职能是调节职能。一方面,职业道德可以调节从业人员内部的关系,即运用职业道德规范约束职业内部人员的行为,促进职业内部人员的团结与合作。另一方面,职业道德又可以调节从业人员和服务对象之间的关系。

(2)有助于维护和提高本行业的信誉。一个行业或一个企业的信誉,也就是它们的形象、信用和声誉,是指行业或企业及其产品与服务在社会公众中的信任程度,提高企业的信誉主要靠产品的质量和服务质量,而从业人员高尚的职业道德是产品质量和服务质量的有效保证。提高行业的信誉,要靠业内企业和从业人员的共同努力。

(3)有助于促进本行业的发展。行业或企业的发展有赖于高的经济效益,而高的经济效益源于高的员工素质。员工素质主要包含知识、能力、责任心三个方面,其中责任心是最重要的。职业道德水平高的从业人员责任心是很强的,能促进本行业的发展。

(4)有助于提高全社会的道德水平。职业道德是整个社会道德的重要内容之一。一方面,职业道德涉及每个从业者如何对待职业,如何对待工作,是一个从业人员态度、价值观念的表现,是一个人道德意识、道德行为发展是否成熟的标志,具有较强的稳定性和连续性。另一方面,职业道德也是一个职业集体,甚至一个行业全体人员的行为表现。如果每个行业、每个职业集体都具备优良的道德,对整个社会道德水平的提高必然会发挥重要的作用。

3. 为人民服务是社会主义职业道德的最高标准

“为人民服务”是社会主义道德的核心。《公民道德建设实施纲要》把“服务群众,奉献社会”作为公民职业道德建设的重要内容鲜明地提了出来。职业生活是人的生命历程中最重要的阶段,也是人们社会实践的最重要的舞台。为人民服务就是一切向人民负责,一切从人民利益出发的思想观点和行为准则,因此,它必然成为衡量每个行业制定具体职业道德规范的最高标准。在任何职业活动中,都必须始终坚持为人民服务的宗旨,树立“以服务人民为荣,以背离人民为耻”的社会主义荣辱观。

(1)为人民服务是社会主义道德的集中体现。为人民服务体现了社会主义道德的实质。社会主义道德克服了以往社会道德中目的和手段、权利和义务的分离,达到了四者的统一。

在社会主义社会,为人民服务既是目的,又是手段;人民既是权利和义务的主体,也是权利和义务的客体。人民都是服务对象,又都为他人服务,反映到道德上,就是倡导为人民服务,一切从人民利益出发,彼此互相关心、互相爱护、互相帮助,并同一切危害人民利益的现象作斗争。

(2)为人民服务是社会主义经济基础的客观要求。职业道德属于上层建筑,它由经济基础决定,同时又为经济基础服务。社会主义社会实行以公有制为主体、多种所有制经济共同发展的经济制度,社会主义社会的本质是解放生产力和发展生产力,改善人民群众的生活,消除两极分化,实现人民共同富裕。因此,社会主义职业道德建设不能忽视广大人民群众的最大利益,要将为人民服务视为社会主义职业道德建设的出发点和根本目的。

(3)为人民服务是建立和发展社会主义市场经济的需要。社会主义市场经济的目的是推动生产力的发展,创造更多物质财富,满足人民的需要,使人民生活上富裕、精神上充实。社会主义市场经济的本质就是为人民服务的经济;同时,为人民服务又为社会主义市场的健康发展和整个社会的全面发展,提供强有力的思想道德保证和巨大的精神动力。市场经济本身有它无法克服的弱点,发展社会主义市场经济要靠法制,也需要有社会伦理作为基础。在市场经济中,只有坚持为人民服务的价值导向,才能在市场竞争的强制作用下,培养起人们为人民服务的观念,从而消除市场经济带来的消极影响。

(4)为人民服务是履行职业职责的精神动力和衡量职业行为善恶的最高标准。人们在工作过程中,会遇到各种困难和曲折,需要付出许多努力与辛劳才能达到要求。此时,只有在为人民服务的精神鼓舞下,才能克服困难,取得最佳成绩。具体的职业道德准则可以规范人们的行为,而为人民服务的精神才能给人以热情与力量。

为人民服务的基本内容包括了把集体利益放在首位,它是正确处理社会主义社会各种利益关系的依据。在社会主义社会,既存在着个人与社会的利益关系,也存在着集体与国家及整个社会之间的利益关系。正确处理好这些关系,是为人民服务思想得到认真贯彻的重要表现。

(5)为人民服务体现了社会主义职业道德建设的先进性要求和广泛性要求的统一。为人民服务是共产党人的根本宗旨,同时也是对各行各业人员的共同要求。在社会主义社会,我们既提倡道德的先进性,即共产党员和先进分子为人民的利益公而忘私、勇于献身的崇高共产主义道德品质,也重视其广泛性,即普通劳动者只要诚实劳动,忠于职守,公平交易,按劳取酬,履行公民义务,热心社会公益事业,也属于为人民服务的范畴。社会主义职业道德建设必须从广大人民群众的实际出发,把社会主义道德的先进性要求和广泛性要求结合起来,通过不断教育逐步引导人们不断追求更高道德目标,调动广大人民群众履行为人民服务道德规范的积极性。

(三)机动车维修职业道德及其社会性

1.机动车维修职业道德范畴

机动车维修职业道德范畴反映的是机动车维修职业与其他职业之间、机动车维修与社会之间、机动车维修职业内部职工之间最本质、最重要、最普遍的职业道德关系的概念。

1)机动车维修职业的义务和良心

(1)机动车维修职业义务。是指机动车维修从业人员在职业生活中所履行的道德义务。道德义务是从职业(或岗位)责任中引申出来的。当机动车维修从业人员认识到自己的职业责任,从而产生积极推动机动车维修行业发展进步的使命感和责任感,并落实到修车行为上,在实际工作中自觉自愿地履行职业责任,这就是一种道德行为,就是履行机动车维修职业义务的表现。机动车维修业是道路运输事业的保障体系,是发展现代化交通运输业的重要组成部分,与社会责任相联系。我国机动车维修职业和机动车维修从业人员应承担和履行的职业道德义务是:热爱机动车维修,献身机动车维修,确保道路运输车辆技术状况完好,努力发展交通运输业。

(2)机动车维修职业良心。机动车维修职业良心主要有两层含义:一是机动车维修从业人员内心对机动车维修业、对服务对象强烈的道德责任感;二是机动车维修从业人员依据机动车维修职业道德的基本要求进行自我评价的能力。机动车维修职业良心对职业行为影响很大,它可以激发、鼓励从业人员行为从善,抑制不道德行为。机动车维修职业良心是从业人员内心的道德法庭,对职业行为的后果和影响有评价作用。履行了职业义务并产生良好后果和影响,良心上会感到满足,否则,就会受到良心的谴责。我们必须在职业活动中自觉培养职业良心,使职业行为更加符合社会主义道德要求。

2)机动车维修职业的信誉和尊严

(1)机动车维修职业的信誉。包括机动车维修职业的信用和名誉,它表现为社会对机动车维修职业的信任感和机动车维修职业在社会生活中的声誉。在社会主义市场经济条件下,信誉对于机动车维修职业至关重要。信誉高,对社会产生强大的吸引力、凝聚力,增强从业者的职业荣誉感和责任感。机动车维修职业的社会声誉，是机动车维修职业形象的外在反映，是服务对象及社会各界对行业的信誉评价。因此，机动车维修从业人员，一定要重视职业信誉在道德建设中的作用，牢固树立机动车维修职业信誉的观念。

(2)机动车维修职业的尊严。是指社会或他人对机动车维修职业的尊重，也指机动车维修从业人员对机动车维修职业的尊重和爱护。机动车维修职业尊严可以使从业人员自我控制和支配职业行为，使自己的一举一动都从维护机动车维修职业尊严出发，避免发生不利于或有损于职业尊严的行为。

职业尊严是职业形象内在素质的客观反映，与职业义务、职业责任、职业纪律、职业道德有紧密联系。从业者认真履行职业义务，尽职尽责地为服务对象服务，人们就会尊重你的职业活动，尊重你的为人，从而树立起职业形象。因此，维护职业尊严就要忠实地履行职业义务，全心全意地为人民服务。

3)机动车维修职业的责任和情感

(1)机动车维修职业的责任。是指机动车维修从业人员所承担的社会责任。在社会主义社会，任何一种正当职业都承担着一定的社会责任。机动车维修职业所承担的社会责任，具体地讲，就是对机动车技术状况负责、对托修方负责。从宏观上讲，就是承担着保障道路运输事业发展的重大职能。

(2)机动车维修职业的情感。是指为履行社会责任，而必须具备的对人民高度负责的职业情感。具备了这种情感，才能主动地、自觉地为维修机动车、为托修方服务。机动车维修从业人员在机动车维修业中承担着重要的社会责任，应时时事事关心托修方的利益，以高度的责任感和热爱机动车维修职业的饱满热情，全心全意地为托修方提供机动车维修服务，保障机动车安全、顺利运行。

2. 机动车维修职业道德的社会性

机动车维修职业道德的社会性是由机动车维修职业的特点及客观要求决定的。

我国机动车维修职业的社会责任是：恢复和提高机动车技术状况，保证安全生产，充分发挥机动车的效能和降低运行消耗。

机动车维修职业最明显的特征就是以其技术上的可靠性，恢复汽车的使用性能，使汽车能正常运行。这就决定了机动车维修人员必须牢固树立为客户服务的思想，热爱本职工作，努力钻研技术，爱岗敬业、忠于职守、尽职尽责，以精湛的技术、熟练的业务、优良的服务满足客户对车辆维修的需要。

机动车维修人员为社会提供的不是实物形态的产品，而是维修服务。对车主来说，只要交付了足够的维修费用，就要求获得一个满意的服务。因此，精工细作、完工及时、安全可靠、优质高效地向用户提供维修合格的车辆，就成为每一个机动车维修从业人员的基本职业责任。

机动车维修既有工作量大的连续性作业，也有临时性的小型修理作业，维修企业内部各层次、各环节、各工种之间存在着十分密切的关系，需要相互衔接和配合。同时，机动车维修行业作为道路运输生产的保障体系，它与整个道路运输行业又有着纵横交错的联系，与整个社会有着千丝万缕的关系。

(四)机动车维修从业人员职业道德规范

机动车维修从业人员职业道德规范，是指机动车维修从业人员在机动车维修工作中必须遵循的职业道德准则和行为规范。每一位机动车维修从业人员都要自觉遵守以爱岗敬业、诚实守信、办事公道、服务群众、奉献社会为主要内容的职业道德,为机动车维修业的发展作出贡献。

1. 爱岗敬业

爱岗敬业是为人民服务思想和集体主义精神的具体体现,是社会主义职业道德基本规范的基础。

爱岗就是热爱自己的工作岗位,热爱本职工作。爱岗是对人们工作态度的一种普遍要求。热爱本职,就是职业工作者以正确的态度对待各种职业劳动,努力培养热爱自己所从事的工作的幸福感和荣誉感。一个人,一旦爱上了自己的职业,他的身心就会融合在工作中,就能在平凡的岗位上作出不平凡的业绩。

所谓敬业就是用一种严肃的态度对待自己的工作,勤勤恳恳、兢兢业业、忠于职守、尽职尽责。敬业包含两层含义:一是谋生敬业,这种职业态度所反映的敬业道德因素较少,个人利益色彩较重;二是真正认识到自己工作的意义而敬业,这是高一层次的敬业,这种内在的精神,才是鼓舞人们勤勤恳恳、认真负责工作的强大动力。

爱岗与敬业总的精神是相通的,是相互联系在一起的。爱岗是敬业的基础,敬业是爱岗的具体表现,爱岗敬业是为人民服务精神的具体体现。

爱岗敬业不仅仅是一句口号、一种精神,在工作实践中,爱岗敬业实际上是衡量一个从业人员是否合格、是否优秀的重要标准。

热爱机动车维修工作,是机动车维修从业人员职业道德规范的首要内容。它反映了机动车维修从业人员对职业价值的正确认识和对所从事职业的真挚感情。一个人只有先爱岗位,爱自己所从事的工作,才能有高尚的职业道德。

爱岗敬业对于机动车维修从业人员的具体要求是:严守岗位、尽心尽责、注重务实、服务行业,兢兢业业地干好机动车维修各个岗位的本职工作,在机动车维修工作岗位上发扬忘我的工作精神,做到认真履行岗位职责,精通专业知识,熟练掌握专业技能,并在做好本职工作的基础上,在一定程度上和范围内争取全面发展,不断增长知识,增长才干,努力成为多面手,积极为机动车维修行业发展、为整个道路运输业发展服务,从而达到为人民服务的最终目的。

2. 诚实守信

诚实守信即忠诚老实、信守诺言,是为人处世的一种美德。

所谓诚实,就是忠诚老实,不讲假话。诚实的人能忠实于事物的本来面目,不歪曲、不篡改事实,同时也不隐瞒自己的真实思想,光明磊落、言语真切、处事实在。

所谓守信,就是信守诺言、说话算数,讲信誉、重信用,履行自己应承担的义务。

诚实和守信两者意思是相通的,是互相联系在一起的。诚实是守信的基础,守信是诚实的具体表现,不诚实很难做到守信,不守信也很难说是真正的诚实。诚实侧重于对客观事实的反映,以及对自己内心的思想、情感的表达是真实的。守信侧重于对自己应承担和应履行的责任和义务的忠实,毫无保留地实践自己的诺言。

诚实守信不仅是做人的准则,也是做事的基本准则。诚实是我们对自身的一种约束和要求,讲信誉、守信用是社会对我们的一种希望和要求。一个人要想在社会立足,干出一番事业,就必须具有诚实守信的品德。

诚实守信是任何一个从业人员应遵守的职业道德,也是每一个行业树立形象的根本。机动车维修从业人员要明确:在从事机动车维修工作时,他既代表个人,又代表企业,甚至代表整个机动车维修行业和道路运输业的形象。

诚实守信对于机动车维修从业人员的具体要求,主要在三个方面:一是严格执行国家、地方及行业相关机动车维修的法律、法规、规章、标准和规范,维护国家和机动车维修行业利益,对国家、行业做到诚实守信;二是重质量、重服务、重信誉,在企业管理、生产过程中建立和实施机动车维修质量保证体系,执行安全操作规程,按工艺规范正确完成维修作业项目,维护企业利益,对企业做到诚实守信;三是诚实劳动、合法经营,正确执行机动车维修工时定额和收费标准,不使用假冒伪劣机动车配件,维护托修方的利益,对消费者做到诚实守信。

3. 办事公道

办事公道是在爱岗敬业、诚实守信的基础上提出的更高层次的职业道德的基本要求。办事公道需要有一定的道德修养基础。

所谓办事公道是指从业人员在办事情、处理问题时,要站在公正的立场上,按照同一标准和同一原则办事的职业道德规范。

公正是几千年来为人所称道的职业道德。当前,我们正处于市场经济的大潮中,市场经济确立的平等互利原则,体现了买卖双方的平等地位,因此在经济领域中要求处事公平、办事公道。人们生活在世界上,要与人打交道,要处理各种关系,这就存在办事是否公道的问题。在机动车维修行业,无论是对团体修车的大主顾,还是对于送车小修的私家车主,同样要热情接待、认真维修,这就是办事公道。

在职业活动中的公正公平,是为了保证每个人在社会上的合法地位和平等权利。在职业活动中要做到办事公道,首先要加强从业人员的个人修养,要做到相信真理,追求正义;坚持原则,不徇私情;不谋私利,反腐倡廉;不计个人得失,不怕各种权势;加强学习,不断提高认识能力,明确是非标准,分辨善恶美丑。

办事公道是衡量每一位机动车维修从业人员职业道德水平的重要标志,特别是机动车维修企业负责人、技术负责人、质量检验员和车辆技术评估人员,尤其要做到。

办事公道,对于机动车维修从业人员的具体要求:一是依法办事,严格按照机动车维修各项工艺技术标准,进行机动车维修作业,自觉维护各项技术工艺标准的严肃性,保证机动车维修质量;二是裁量公正,机动车维修质量检验、车辆技术评估的结论要力求公正、准确、合理、适当,维护消费者的合法权益,维护企业的声誉;三是尽职尽责,敢于管理、敢于负责任、敢于承担风险,把严格管理建立在热爱本职工作的基础上,不怕困难,不回避矛盾,坚持原则,任劳任怨,以对党和国家、对行业、对人民高度负责的精神,信尽职守,保证机动车维修质量和服务水平。

4. 服务群众

服务群众是为人民服务精神的直接表达。

所谓服务群众就是为人民群众服务。服务群众指出了我们的职业与人民群众的关系,指出了我们工作的主要服务对象是人民群众,指出了我们应当依靠人民群众,时时刻刻为群众着想,急群众所急,忧群众所忧,乐群众所乐。

一切依靠人民群众,一切服务于人民群众,是我们党的群众路线的重要内容。服务群众是党的群众路线在社会主义职业道德方面的具体表现,这也是社会主义职业道德与私有制社会职业道德的分水岭。

服务群众是对所有从业人员的要求。在社会主义社会,每个从业人员都是群众中的一员,既是为别人服务的主体,又是别人服务的对象。每个人都有权享受他人职业服务,同时又承担着为他人作出职业服务的义务。因此,服务群众作为职业道德,是对所有从业者的要求。

服务群众对于机动车维修从业人员的具体要求:首先,要真正做到服务群众,不仅要树立服务群众的观念,还要将群众观念落实到机动车维修职业活动中去。要做到文明礼貌,优质服务,就要求从业人员说话和气、热情主动、耐心周到。热情主动表现为热情大方、态度积极;耐心周到表现为心平气和、沉着冷静,想服务对象所想、急服务对象所急。真正把服务对象的事情当作自己的事情来办,让服务对象体会到一种宾至如归的感觉,保持承修、托修双方之间长期的良好的合作关系。其次,要认真钻研业务,具备为群众服务的技能。机动车技术发展很快,对维修工艺和维修技术方面的要求越来越高,要做好机动车维修工作,一定要学习机动车电子控制等新技术,学会使用机动车检测诊断设备,学习机动车维修企业的技术质量管理知识,学习质量检验技术的有关理论,勇于实践,不断提高自己的工作技能;要认真学习管理业务知识,熟悉机动车维修工时定额和收费标准,努力提高管理工作业务素质,实现岗位的价值;还要不断拓宽知识层面,提高综合分析、解决问题的能力,努力提高本职工作能力和水平;对国家的方针、政策、法规和标准,更要认真学习、自觉遵守,提高思想觉悟,树立正确的人生观、价值观,为促进行业的发展和提高企业经济效益而努力工作。

5. 奉献社会

奉献社会,就是全心全意为社会作贡献,这是为人民服务精神的最高体现。有这种精神境界的人,就能把自己的一切都奉献给国家、人民和社会。

所谓奉献,就是不期望等价的回报和酬劳,而愿意为他人、为社会、为真理、为正义献出自己的力量,包括宝贵的生命。奉献社会不仅有明确的信念,而且有崇高的行为。

奉献社会的精神主要强调的是一种忘我的全身心投入的精神。当一个人专注于某种事业时,他关注的是这一事业对于人类、对于社会的意义。他会为此而兢兢业业,任劳任怨,不计较个人得失,甚至不惜献出自己的生命。

奉献社会是职业道德中的最高境界。奉献社会是一种人生境界,是一种融合在事业中的高尚人格。与爱岗敬业、诚实守信、办事公道、服务群众这四项规范相比较,奉献社会是职业道德中的最高要求,同时也是做人的最高境界。爱岗敬业、诚实守信是对从业人员职业行为的基础要求,做不到这两项要求,就很难做好工作;办事公道、服务群众比前两项要求更高了一些,需要有一定的道德修养作基础;奉献社会,则是这五项要求中最高的,一个人只要达到一心为社会作奉献的境界,他的工作就必然能做得很好,就能实现全心全意为人民服务。

奉献社会对于机动车维修从业人员的具体要求是:以本业为荣,以本职为乐,积极为机动车维修行业发展奉献出自己的力量,不能只讲索取,不讲奉献。在机动车维修工作中,不计名利、勇于吃苦、任劳任怨,用"毫不利己,专门利人"的精神,最大限度地满足服务对象的需求,在奉献中充分体现自己的人生价值。

二 机动车维修行业行为规范

(一)全国汽车维修行业行为规范公约

为加强机动车维修行业精神文明建设,建立机动车维修行业诚信机制,营造良好的机动车维修市场经济秩序，切实维护车辆所有人的合法权益，2003 年，中国汽车维修行业协会制定了《全国汽车维修行业行为规范公约》。要求全国机动车维修业户共同遵守，自觉执行，相互监督。《全国汽车维修行业行为规范公约》主要内容为如下八个方面。

1. 守法经营，接受监督

遵守国家法律、法规和规章，端正经营行为，全面公开机动车维修作业规范、收费标准、监督电话；严格按照国家有关规定合理结算费用，依法开具发票；自觉接受行政监督、舆论监督、社会监督。

2. 诚信为本，公平竞争

坚持诚信为本，以优质服务、用户满意为宗旨参与市场竞争；公正签订并忠实履行机动车维修合同，不擅自减少作业项目，不使用假冒伪劣配件，不作虚假广告宣传。

3. 尊重客户，热忱服务

牢固树立"质量第一，客户至上"的观念，从业人员持证上岗，亮牌服务，举止文明；建立客户档案，定期跟踪回访，主动征求意见；开展提醒服务，答复客户咨询，排除客户疑虑；努力满足客户要求，维护客户正当权益。

4. 弘扬职业道德，建设精神文明

发展企业文化，建立服务品牌；倡导爱岗敬业精神，树立团队合作意识，充分调动企业员工的积极性，开创奋发向上的比、学、赶、帮新局面；开展服务规范化达标活动，树立行业新风尚。

5. 规范操作，保证质量

建立健全机动车维修质量保证体系，全面贯彻执行国家标准、行业标准、地方标准和企业标准；认真做好机动车维修检验记录，按规定签发汽车维修出厂合格证，及时受理客户投诉，承担质量保证责任。

6. 文明生产，保护环境

搞好文明生产和安全生产，防止污染，保护环境，不断完善设施和服务功能，做到厂区整洁，环境优美，布局合理；实现作业现场安静，维修工具、零件、场地、人身清洁，工具、零件、油水不落地。

7. 自我管理，自我发展

自觉抵制非法行为，勇于同侵害行业利益的行为作斗争，捍卫行业合法权益；通过正常渠道反映企业的意见与要求，不断提升行业整体素质。

8. 科技兴业，开拓创新

确立科技兴业新思路，积极推广应用机动车维修新技术、新工艺、新材料、新设备；更新管理理念，优化企业管理，增强市场竞争能力；加强行业培训与交流，开展业内的横向联合与协作，加速行业技术进步。

（二）守法经营，建立行业诚信机制

1. 企业诚信的重要性

对于一个企业来说，在市场经济条件下，最重要的是树立良好的信誉，树立起值得他人信赖的企业形象。所谓信誉，是由信用和名誉合成的。信用是指在职业活动中诚实可信，名誉是指在职业活动中重视名声和荣誉。信誉体现了社会承认一个行业在职业活动中的价值，从而影响行业的地位和作用。

失信的危害主要有三点：一是破坏了企业正常经营，败坏了企业的声誉，引发信任危机；二是严重影响社会的投资和消费，企业会失去今后的市场；三是严重干扰了正常信用体系的发展，甚至造成社会风气的败坏和道德水平的滑坡。失信可能会在短时间内牟取暴利，但与种种弊端相比，实在得不偿失，最终吃亏的是自己。从长远来看，诚信就是竞争力，诚信度也将成为企业的无形资产。

2. 诚信的基础是守法经营

市场经济是法制经济，一切经济活动必须由带有普遍性、强制性的法律来规范。企业诚信的基础是守法经营，这也是企业能够长期稳定、持续发展的必要条件。作为机动车维修企业只有做到守法经营，端正经营行为，才能真正成为机动车维修市场的主体，才能建立规范有序的机动车维修市场秩序。

首先，要做到经营主体合法，即从事机动车维修经营活动的企业必须符合国家相关法律、法规要求，具备开业条件，经过审批，取得道路运输管理机构的许可证明，并在工商行政管理机关办理完工商执照，才能开展经营活动。

其次，要做到经营行为合法，应当严格按照规定的条件和行为规范开展经营活动：一要遵守国家法律、法规和规章；二要严格按照技术标准和工艺流程进行修车作业，确保修车质量，并实行质量保证期制度；三要规范收费行为，公布机动车维修工时定额和收费标准，合理收取费用；四要自觉接受行政监督、舆论监督、社会监督，依法规范经营行为，杜绝无证经营，不按规范作业，“假维护”、“假检测”，使用假冒伪劣配件，不执行质量保证期制度，不按规定明码标价，乱收费用等损害消费者合法权益的失信行为。

3. 建立机动车维修行业诚信机制

信誉是市场经济的重要基础，规范有序的机动车维修市场的经济活动需要良好的信誉环境。在机动车维修行业建立诚信机制，改革管理方式、解决维修市场信息不对称的矛盾，充分发挥优胜劣汰机制的作用，用市场的办法解决市场的问题，是对机动车维修市场实施标本兼治的有效途径。通过诚信机制的建设，促进广大机动车维修企业加强诚信意识，注重人才培养，增强技术能力，规范经营行为，提高维修质量，提供社会满意的服务，实现真正意义上的“诚信修车”，促进整个行业协调发展。

为进一步推动《全国汽车维修行业行为规范公约》的贯彻实施，促进汽车维修行业诚信机制的建设，倡导诚实守信的经营理念，营造公平竞争的市场环境，达到构建和谐社会的目的，中国汽车维修行业协会在全行业开展了创建诚信经营汽车维修企业的活动，并颁发了《全国汽车维修诚信经营企业评估指标体系》。该体系共计9项39条，几乎涵盖了与汽车维修企业诚信经营密切相关的所有内容，由接待客户、签订合同、车辆维修、车辆验交、配件保证体系、质量保证体系、服务保证体系、财务和社会资信以及客户评价等部分组成。《全国汽车维修诚信经营企业评估指标体系》在突出针对性的同时，重视保证、预防作用，注重权重差异和可操作性，包含了汽车维修诚信经营企业应当具备的物质条件、人员素质、管理水平和服务意识。

通过建立诚信企业评价体系，认真地进行等级评定，真实、及时地发布信息，使企业生产经营社会诚信透明化，让车主了解企业，到诚信企业放心修车；通过企业诚信等级发布，引导维修业务向诚信企业集中，利用市场经济资源优化配置的规律，为诚信企业创造发展机遇，促进企业开展正当竞争；进行诚信评估、定期发布信息，形成行业协会、企业、社会、媒体共同营造促进经济发展、社会进步的诚信环境。实践表明，开展“诚信维修，规范服务”为宗旨的诚信活动，有利于在全行业营造“守信用、讲信誉、重信义”的良好氛围，进一步促进维修企业强化服务意识，转变服务理念，改善服务设施，规范服务行为，提高服务质量，创建服务品牌，切实保护维修市场消费者的合法权益，树立起维修行业在社会上的良好信誉。

(三)公民道德建设的主要内容

中共中央2001年9月20日发布了《公民道德建设实施纲要》(中发〔2001〕15号)。

公民道德建设的主要内容如下：

(1)从我国历史和现实的国情出发，社会主义道德建设要坚持以为人民服务为核心，以集体主义为原则，以爱祖国、爱人民、爱劳动、爱科学、爱社会主义为基本要求，以社会公德、职业道德、家庭美德为着力点。在公民道德建设中，应当把这些主要内容具体化、规范化，使之成为全体公民普遍认同和自觉遵守的行为准则。

(2)为人民服务作为公民道德建设的核心，是社会主义道德区别和优越于其他社会形态道德的显著标志。它不仅是对共产党员和领导干部的要求，也是对广大群众的要求。每个公民不论社会分工如何、能力大小，都能够在本职岗位，通过不同形式做到为人民服务。在新的形势下，必须继续大张旗鼓地倡导为人民服务的道德观，把为人民服务的思想贯穿于各种具体道德规范之中。要引导人们正确处理个人与社会、竞争与协作、先富与共富、经济效益与社会效益等关系，提倡尊重人、理解人、关心人，发扬社会主义人道主义精神，为人民、为社会多做好事，反对拜金主义、享乐主义和极端个人主义，形成体现社会主义制度优越性、促进社会主义市场经济健康有序发展的良好道德风尚。

(3)集体主义作为公民道德建设的原则，是社会主义经济、政治和文化建设的必然要求。在社会主义社会，人民当家做主，国家利益、集体利益和个人利益根本上的一致，使集体主义成为调节三者利益关系的重要原则。要把集体主义精神渗入社会生产和生活的各个层面，引导人们正确认识和处理国家、集体、个人的利益关系，提倡个人利益服从集体利益、局部利益服从整体利益、当前利益服从长远利益，反对小团体主义、本位主义和损公肥私、损人利己，把个人的理想与奋斗融入广大人民的共同理想和奋斗之中。

(4)爱祖国、爱人民、爱劳动、爱科学、爱社会主义是作为公民道德建设的基本要求，也是每个公民都应当承担的法律义务和道德责任。必须把这些基本要求与具体道德规范融为一体，贯穿公民道德建设的全过程。要引导人们发扬爱国主义精神，提高民族自尊心、自信心和自豪感，以热爱祖国、报效人民为最大光荣，以损害祖国利益、民族尊严为最大耻辱，提倡学习科学知识、科学思想、科学精神、科学方法，艰苦创业、勤奋工作，反对封建迷信、好逸恶劳，积极投身于建设有中国特色社会主义的伟大事业。

(5)社会公德是全体公民在社会交往和公共生活中应该遵循的行为准则，涵盖了人与人、人与社会、人与自然之间的关系。在现代社会，公共生活领域不断扩大，人们相互交往日益频繁，社会公德在维护公众利益、公共秩序，保持社会稳定方面的作用更加突出，成为公民个人道德修养和社会文明程度的重要表现。要大力倡导以文明礼貌、助人为乐、爱护公物、保护环境、遵纪守法为主要内容的社会公德，鼓励人们在社会上做一个好公民。

(6)职业道德是所有从业人员在职业活动中应该遵循的行为准则，涵盖了从业人员与服务对象、职业与职工、职业与职业之间的关系。随着现代社会分工的发展和专业化程度的增强,市场竞争日趋激烈,整个社会对从业人员职业观念、职业态度、职业技能、职业纪律和职业作风的要求越来越高。要大力倡导以爱岗敬业、诚实守信、办事公道、服务群众、奉献社会为主要内容的职业道德,鼓励人们在工作中做一个好建设者。

(7)家庭美德是每个公民在家庭生活中应该遵循的行为准则,涵盖了夫妻、长幼、邻里之间的关系。家庭生活与社会生活有着密切的联系,正确对待和处理家庭问题,共同培养和发展夫妻爱情、长幼亲情、邻里友情,不仅关系到每个家庭的美满幸福,也有利于社会的安定和谐。要大力倡导以尊老爱幼、男女平等、夫妻和睦、勤俭持家、邻里团结为主要内容的家庭美德,鼓励人们在家庭中做一个好成员。

第二节　机动车维修法律法规

一《中华人民共和国道路运输条例》

《中华人民共和国道路运输条例》(以下简称《道路运输条例》)经2004年4月14日国务院第48次常务会议通过,自2004年7月1日起施行。根据2012年11月9日《国务院关于修改和废止部分行政法规的决定》修订,自2013年1月1日起施行。《道路运输条例》是我国第一部由国务院制定下达的规范道路运输经营活动和管理行为的行政法规。

机动车维修是道路运输的重要组成部分,在《道路运输条例》中对机动车维修经营与管理有专门的规定和要求。

(一)对推动我国道路运输业发展的重大意义

制定出台《道路运输条例》,主要有以下四个方面的需要。

1.解决了我国道路运输市场管理无法可依的迫切需要

道路运输作为覆盖领域最广、线路最多、与人民群众生产生活联系最为密切的运输方式,长期以来主要依据部门规章和地方性法规进行管理,使全国统一开放、竞争有序的道路运输市场格局难以形成。《道路运输条例》的制定出台,为从根本上整治市场秩序建立了法治基础。《道路运输条例》总结了改革开放以来我国道路运输业发展的成功经验,借鉴了世界发达国家的立法经验与成果,吸收了各地在道路运输管理过程中探索的符合市场经济体制要求的成功做法,规范了政府部门的行业行政管理行为。

2.交通行政部门落实《行政许可法》的需要

《道路运输条例》坚持以人为本和全面、协调、可持续发展观,明确了道路运输管理职责,以保障运输安全为核心,以维护旅客、货主和其他消费者的利益为重点,以建立统一开放、竞争有序的全国道路运输市场为目标,建立和完善了道路运输市场准入、市场监管、市场退出三个机制,大大减少了道路运输行政许可的项目和层次。《道路运输条例》所设定的一系列规章制度,有利于道路运输管理机构转变管理职能,有利于从被动管理向主动管理转变,从重审批弱监管向弱审批重监管方面转变,从传统管理向现代化管理转变。

3.适应我国加入世界贸易组织后的需要

随着全球经济一体化的推进和区域经济的发展,更多的外商包括一些国际上著名的大型跨国公司将进入我国道路运输市场。《道路运输条例》的颁布实施,一方面可以确保国内企业和国外企业的公平竞争,保护国内、国外投资者的合法权益;另一方面可以为外商在我国投资道路运输业提供法律保障,履行我国政府的对外承诺。

4. 适应了建立全国统一开放、竞争有序的道路运输市场体系的需要

这部法规在规范道路运输经营者的经营行为,破除地方保护和地区封锁,打击车辆超载及非法经营等违法行为方面作出了规定,为交通部门做好市场监管、培育健康的市场发展环境和秩序等方面提供了重要依据。

(二)基本内涵和原则

《道路运输条例》根据《行政许可法》的立法精神,体现了有权必有责、用权受监督、侵权需赔偿的权力运作规律,在设立行政许可方面采取了非常慎重的态度。一方面,把关系人民群众生命财产安全的事项,如旅客运输和危险品运输,作为审批的重点,采取严格的市场准入;另一方面,对普通货物运输、运输站场经营、机动车维修和驾驶员培训等事项,放宽了市场准入条件,尽可能体现公平、公正、公开和便民、高效、降低管理成本的要求。

《道路运输条例》主要坚持了以下原则。

1. 保障运输安全生产

《道路运输条例》从市场准入、经营行为规范、市场监管等多个环节把关,设定了严格、有效的法律制度。在市场准入方面,《道路运输条例》要求有与其经营业务相适应并经检测合格的车辆、有符合规定条件的驾驶人员、有健全的安全生产管理制度,对危险货物运输管理更体现了从严管理的原则,要求必须有检测合格的专用车辆和取得上岗资格证的从业人员等。在经营行为规范方面,《道路运输条例》对旅客、运输经营者、押运人员、驾驶人员、运输站(场)经营者等作出了严格的要求。在市场监管方面,《道路运输条例》明确了道路运输管理机构的职责,并对影响运输安全的违法行为设定了相应的行政处罚条款。

2. 建立全国统一的道路运输市场

建立全国统一的道路运输市场,规范市场秩序,加强市场监管,维护公平竞争,打击扰乱市场秩序和经营欺诈等违法行为,是行政机关的重要职责。《道路运输条例》从建立诚实信用、公平竞争制度,鼓励发展乡村道路运输,打破地区封锁、地方保护,推动国内、国际市场一体化等方面提出了明确要求。由于近年来我国与周边国家间的国际道路运输发展势头增长迅猛,需求量也越来越大,《道路运输条例》专门列一章对国际道路运输进行了调整和规范,将国内运输市场和国际运输市场进行了有效衔接,实现了国内、国际运输市场和管理的一体化。

3. 维护消费者权益

保护公民、法人和其他组织的合法权益,是公共行政和公共服务的一个重要使命,是依法行政所追求的最终目标。维护人民群众利益,以人为本,是《道路运输条例》的立法重点。《道路运输条例》要求客运经营者应当为旅客提供良好的乘车环境,采取必要的措施防止在运输过程发生侵害旅客人身、财产安全的违法行为;设定了旅客和行李赔偿限额制度,规定客运经营者、危险货物运输经营者应当为旅客或者危险货物投保承运人责任险,明确规定要实行机动车维修质量保证期制度。

4. 约束和监管行政行为

道路运输管理机构依法作出的行政许可、行政处罚和行政强制措施都涉及人民群众的切身利益,如果使用不当,会直接损害人民群众的利益。为防止滥用权、乱执法,《道路运输条

例》确定了公平、公正、公开和便民的管理原则,加大了对道路运输管理机构和工作人员的监管力度,要求县级以上人民政府交通主管部门加强道路运输管理,实施对道路运输管理工作的指导监督,上级道路运输管理机构应当对下级道路运输管理机构的执法活动实施监督,道路运输管理机构及其工作人员履行职责时,应当严格按照职责权限和程序进行监督检查,不得乱设卡、乱收费、乱罚款,并自觉接受社会和公民的监督。

(三)对机动车维修经营的规定

1. 机动车维修经营属于道路运输相关业务

在总则中,规定了《道路运输条例》的立法宗旨、适用范围、道路运输经营活动的含义、基本原则、道路运输管理机关等。其中第二条规定了《道路运输条例》的适用范围和道路运输经营活动的含义,即"从事道路运输经营以及道路运输相关业务的,应当遵守本条例",以及"前款所称道路运输经营包括道路旅客运输经营(以下简称客运经营)和道路货物运输经营(以下简称货运经营);道路运输相关业务包括站(场)经营、机动车维修经营、机动车驾驶员培训"。这一条明确了机动车维修经营属于道路运输相关业务,是《道路运输条例》规范的范围,从事机动车维修经营的行为(或活动)和人(包括公民、法人或其他组织)应当遵守《道路运输条例》。本条所谓"机动车维修经营",是指经营以维持或恢复机动车技术状况和正常功能、延长机动车使用寿命为作业任务所进行的维护和修理。机动车维修分为机动车维护和机动车修理。机动车修理又分为机动车总成修理、机动车整车修理和机动车零部件修理。

在总则中,还规定了"从事道路运输经营以及道路运输相关业务,应当依法经营,诚实信用,公平竞争"。

2. 从事机动车维修经营应当具备的条件

《道路运输条例》对从事机动车维修经营应当具备的条件进行了规定,申请从事机动车维修经营的,应当具备下列条件:

(1)有相应的机动车维修场地。

(2)有必要的设备、设施和技术人员。

(3)有健全的机动车维修管理制度。

(4)有必要的环境保护措施。

申请从事机动车维修经营的,应当具备《道路运输条例》规定的条件,《道路运输条例》规定的条件是必须具备的法定条件。以上四项条件必须同时具备,缺一不可。

3. 从事机动车维修经营业务的许可程序

《道路运输条例》规范了道路运输相关业务许可程序,规定如下:

(1)维修经营业务申请。申请从事机动车维修经营业务的,应当向所在地县级道路运输管理机构提出申请。这里所说的"所在地",是指机动车维修经营者的住所地或者主要业务经营地。"提出申请",是申请人向道路运输管理机构提出从事机动车维修经营业务活动的意思表示。一般情况下,以提出书面申请为宜,一是保证提出申请的严肃性,便于道路运输管理机构审查和作出决定;二是防止因是否提出申请发生争议而无据可查。

(2)申请条件的材料。提出申请的同时,应当附送《道路运输条例》规定从事机动车维修经营应当具备的条件的相关材料。这些材料应当能够证明申请人符合《道路运输条例》规定的条件。如果申请两项以上业务的,应当同时报送相应材料。

(3)申请受理。县级道路运输管理机构应当自受理申请之日起15日内审查完毕,作出许可或者不予许可的决定,并书面通知申请人。

(4)办理营业登记。机动车维修经营者向工商行政管理机关办理有关登记手续,应当事先取得道路运输管理机构的许可证明,并必须持许可证明方可向工商行政管理机关办理有关登记手续。这里所说的"许可证明",是指县级道路运输管理机构作出许可决定后向被许可人出具的正式文书。

4. 规范机动车维修行为

《道路运输条例》对规范机动车维修行为作出了规定:

(1)按照国家有关技术规范对机动车进行维修。《道路运输条例》中规定的技术规范包括国家标准或行业标准,如《汽车维护、检测、诊断技术规范》(GB/T 18344—2001)等。

(2)保证维修质量,不得使用假冒伪劣配件维修机动车。机动车维修经营者必须对所承担的机动车维修质量负责,没有达到规定要求的,必须对当事人予以赔偿。机动车维修经营者不得使用假冒伪劣配件维修机动车。

(3)公布机动车维修工时定额和收费标准,合理收取费用。机动车维修经营者应当公布机动车维修工时定额和收费标准,让消费者明明白白消费,了解维修真相;同时,必须按照公开的《汽车维修工时定额》和《汽车维修收费标准》,计算作业工时和收取维修费用,不得随意加价,乱收费。

5. 机动车维修须建立机动车维修检验制度和质量保证期制度

《道路运输条例》对机动车维修须建立机动车维修检验制度和质量保证期制度作出了规定:

(1)机动车进行二级维护、总成修理或者整车修理的,必须进行维修质量检验。机动车进行二级维护、总成修理或者整车修理后的维修质量检验是法定的。维修质量检验的方式是多种多样的,鼓励各维修企业可自行建立符合维修质量检验要求的、满足二级维护、总成修理、整车修理检测功能的检验工序,作为机动车维修的一个环节;保证维修质量,方便机动车使用者。

(2)机动车维修实行质量保证期制度。质量保证期内因维修质量原因造成机动车无法正常使用的,机动车维修经营者应当无偿返修。

6. 关于机动车维修的禁止性规定

(1)不得承修已报废的机动车。根据国家有关规定,报废汽车应当回收。这里所指的报废车是指达到国家报废标准,或者虽未达到国家报废标准,但发动机或者底盘严重损坏,经检验不符合国家机动车运行安全技术条件,或者达不到国家机动车污染物排放标准的机动车。

(2)不得擅自改装机动车。改装机动车是指通过改变车辆技术性能,包括动力性能、经济性能,将原车改制成其他用途车辆的行为。擅自改装机动车会影响道路运输安全,本条所指的擅自改装机动车,是指未经批准,随意对机动车进行改装。不包括合法改装机动车。

7. 法律责任

(1)关于非法从事机动车维修业务的法律责任。《道路运输条例》规定,未经许可擅自从事道路运输站(场)经营、机动车维修经营、机动车驾驶员培训的,由县级以上道路运输管理机构责令停止经营;有违法所得的,没收违法所得,处违法所得2倍以上10倍以下的罚款;没有违法所得或者违法所得不足1万元的,处2万元以上5万元以下的罚款;构成犯罪的,依法追究刑事责任。

(2)关于非法转让、出租道路运输许可证件的法律责任。《道路运输条例》规定,客运经营者、货运经营者、道路运输相关业务经营者非法转让、出租道路运输许可证件的,由县级以上道路运输管理机构责令停止违法行为,收缴有关证件,处2000元以上1万元以下的罚款;有违法所得的,没收违法所得。

(3)关于违法维修机动车的法律责任。《道路运输条例》规定,机动车维修经营者使用假冒伪劣配件维修机动车,承修已报废的机动车或者擅自改装机动车的,由县级以上道路运输管理机构责令改正;有违法所得的,没收违法所得,处违法所得2倍以上10倍以下的罚款;没有违法所得或者违法所得不足1万元的,处2万元以上5万元以下的罚款,没收假冒伪劣配件及报废车辆;情节严重的,由原许可机关吊销其经营许可;构成犯罪的,依法追究刑事责任。

二《机动车维修管理规定》

《机动车维修管理规定》(交通部令2005年第7号,以下简称《维修管理规定》)于2005年8月1日起正式实施。

(一)颁布实施的意义

《维修管理规定》是机动车维修行业发展的纲领性文件,是《道路运输条例》的重要实施性规章之一,《维修管理规定》的颁布实施必将对维护机动车维修市场秩序,保护机动车维修各方当事人,特别是车主的合法权益,促进机动车维修业的健康发展等产生积极而深远的影响。

1. 是交通部门依法行政,履行维修管理职责的要求

依法行政要求交通主管部门必须严格依照法定的职权和程序履行职责,管理好、引导好机动车维修行业是交通主管部门义不容辞的责任。《维修管理规定》具体细化了《道路运输条例》及相关法律、法规的相关要求,规范了许可分类、许可条件、许可管理的层次和程序,设定了经营者应当遵循的管理制度和义务,完善了对经营者从业行为的要求,增强了管理部门实施行政许可、监督检查、行政处罚的可操作性,也为更科学、更规范地履行机动车维修管理职责搭建了服务平台。

2. 是机动车维修行业发展的迫切需要

当前,我国机动车维修行业呈现良好发展态势,机动车维修市场主体多元化、经营多样化、维修专业化日趋明显。一是品牌经营、连锁经营、专业维修、网络服务、全天候维修服务等服务方兴未艾;二是机动车维修市场中国有集体、私营、外资等不同经济成分协调发展;三是快修、连锁服务等维修经营新形式发展迅猛,特别是汽车工业的集约化发展,加快了机动车维修的专业化进程,事故车修理、品牌经营,以及汽车免拆清洗、美容等专一车型、专一维修项目和服务内容的专业维修发展迅速。同时,随着我国市场经济体制的逐步确立,汽车技术的不断进步,以及轿车进入家庭步伐的加快,机动车维修企业正处于一个从传统的"以车为本"的生产型企业向现代的"以人为本"的服务型企业转变过程中,对机动车维修服务提出了更新更高的要求。《维修管理规定》立足于解决行业发展与行业管理的热点、难点问题,对于行业发展方向、质量保证、纠纷调解等,有针对性地提出了解决措施,能动地适应了新形势下行业发展的需要。《维修管理规定》的制定下达是机动车维修行业法制化进程的重大突破,也是交通部门在机动车维修行业实现依法行政的具体体现。通过《维修管理规定》的实施,机动车维修行业服务社

会的能力将有较大幅度的提升。

(二)主要内容

《维修管理规定》共七章,即总则、经营许可、维修经营、质量管理、监督检查、法律责任和附则,共五十七条。《维修管理规定》以维护市场秩序,保障维修需求为根本出发点,特别注重管理思路的创新、管理方式的改革以及对车主权益的保护,对机动车维修经营范围及经营者义务、监督检查、法律责任等都进行了重新调整和规范。

1.总则

主要包括《维修管理规定》的立法目的、立法依据、适用范围、基本管理思路和引导方向等内容的原则规定。

(1)立法目的。一是规范机动车维修经营活动,维护机动车维修市场秩序;二是保护机动车维修各方当事人的合法权益;三是保障机动车运行安全,保护环境,节约能源;四是促进机动车维修业的健康发展。

(2)适用范围。《维修管理规定》的适用范围,即所有从事机动车维修经营的,应当遵守《维修管理规定》。“从事机动车维修经营的”,既包含行为范围(行为或活动),又包含主体范围(公民、法人或其他组织,即个人和单位)。机动车维修经营,是指以维持或者恢复机动车技术状况和正常功能,延长机动车使用寿命为作业任务所进行的维护、修理以及维修救援等相关经营活动。

(3)机动车维修管理基本思路。机动车维修经营者的经营基本准则:机动车维修经营者应当依法经营,诚实信用,公平竞争,优质服务。

机动车维修管理工作应当遵循的基本原则:公平、公正、公开和便民。

(4)行业发展方向。《维修管理规定》在调整和规范市场经营与管理行为的同时,确立了行业发展方向,鼓励机动车维修企业实行集约化、专业化、连锁经营,促进机动车维修业的合理分工和协调发展。鼓励推广应用机动车维修环保、节能、不解体检测和故障诊断技术,推进行业信息化建设和救援、维修服务网络化建设,提高机动车维修行业整体素质,满足社会需要。

(5)机动车维修管理体制。交通运输部主管全国机动车维修管理工作。县级以上地方人民政府交通主管部门负责组织领导本行政区域的机动车维修管理工作。县级以上道路运输管理机构具体实施本行政区域内的机动车维修管理工作。

2.经营许可

《维修管理规定》规定了机动车维修经营许可的分类、从事机动车维修经营业务的条件、许可申请程序、审批时限、许可证件有效期、许可事项变更等,是机动车维修经营许可必须坚持的最基本原则。

1)机动车维修经营许可分类

机动车维修经营依据维修车型种类、服务能力和经营项目实行分类许可。

机动车维修经营业务根据维修对象分为汽车维修经营业务、危险货物运输车辆维修经营业务、摩托车维修经营业务和其他机动车维修经营业务四类。

汽车维修经营业务、其他机动车维修经营业务根据经营项目和服务能力分为一类维修经营业务、二类维修经营业务和三类维修经营业务。

摩托车维修经营业务根据经营项目和服务能力分为一类维修经营业务和二类维修经营

业务。

2)机动车维修经营者的业务范围

(1)获得一类汽车维修经营业务、一类其他机动车维修经营业务许可的,可以从事相应车型的整车修理、总成修理、整车维护、小修、维修救援、专项修理和维修竣工检验工作。

(2)获得二类汽车维修经营业务、二类其他机动车维修经营业务许可的,可以从事相应车型的整车修理、总成修理、整车维护、小修、维修救援和专项修理工作。

(3)获得三类汽车维修经营业务、三类其他机动车维修经营业务许可的,可以分别从事发动机、车身、电气系统、自动变速器维修及车身清洁维护、涂漆、轮胎动平衡和修补、四轮定位检测调整、供油系统维护和油品更换、喷油泵和喷油器维修、曲轴修磨、汽缸镗磨、散热器(水箱)维修、空调维修、车辆装潢(篷布、坐垫及内装饰)、车辆玻璃安装等专项工作。

(4)获得一类摩托车维修经营业务许可的,可以从事摩托车整车修理、总成修理、整车维护、小修、专项修理和竣工检验工作。

(5)获得二类摩托车维修经营业务许可的,可以从事摩托车维护、小修和专项修理工作。

(6)获得危险货物运输车辆维修经营业务许可的,除可以从事危险货物运输车辆维修经营业务外,还可以从事一类汽车维修经营业务。

3)从事机动车维修经营业务应当符合的条件

(1)有与其经营业务相适应的维修车辆停车场和生产厂房。租用的场地应当有书面的租赁合同,且租赁期限不得少于1年。停车场和生产厂房面积按照国家标准《汽车维修业开业条件》(GB/T 16739—2004)相关条款的规定执行。

(2)有与其经营业务相适应的设备、设施。所配备的计量设备应当符合国家有关技术标准要求,并经法定检定机构检定合格。从事汽车维修经营业务的设备、设施的具体要求按照国家标准《汽车维修业开业条件》(GB/T 16739—2004)相关条款的规定执行;从事其他机动车维修经营业务的设备、设施的具体要求,参照国家标准《汽车维修业开业条件》(GB/T 16739—2004)执行,但所配备设施、设备应与其维修车型相适应。

(3)有必要的技术人员。具体规定如下:

①从事一类和二类维修业务的,应当各配备至少1名技术负责人员和质量检验人员。技术负责人员应当熟悉汽车或者其他机动车维修业务,并掌握汽车或者其他机动车维修及相关政策法规和技术规范;质量检验人员应当熟悉各类汽车或者其他机动车维修检测作业规范,掌握汽车或者其他机动车维修故障诊断和质量检验的相关技术,熟悉汽车或者其他机动车维修服务收费标准及相关政策法规和技术规范。技术负责人员和质量检验人员总数的60%应当经全国统一考试合格。

②从事一类和二类维修业务的,应当各配备至少1名从事机修、电器、钣金、涂漆的维修技术人员。从事机修、电器、钣金、涂漆的维修技术人员应当熟悉所从事工种的维修技术和操作规范,并了解汽车或者其他机动车维修及相关政策法规。机修、电器、钣金、涂漆维修技术人员总数的40%应当经全国统一考试合格。

③从事三类维修业务的,按照其经营项目分别配备相应的机修、电器、钣金、涂漆的维修技术人员;从事发动机维修、车身维修、电气系统维修、自动变速器维修的,还应当配备技术负责人员和质量检验人员。技术负责人员、质量检验人员及机修、电器、钣金、涂漆维修技术人员总

数的 40% 应当经全国统一考试合格。

(4)有健全的维修管理制度。包括质量管理制度、安全生产管理制度、车辆维修档案管理制度、人员培训制度、设备管理制度及配件管理制度。具体要求按照国家标准《汽车维修业开业条件》(GB/T 16739—2004)相关条款的规定执行。

(5)有必要的环境保护措施。具体要求按照国家标准《汽车维修业开业条件》(GB/T 16739—2004)相关条款的规定执行。

4)从事机动车维修经营的必须获得经营许可

(1)申请从事机动车维修经营的,应当向所在地的县级道路运输管理机构提出申请,并提交下列材料:

①《交通行政许可申请书》。

②经营场地、停车场面积材料、土地使用权及产权证明复印件。

③技术人员汇总表及相应职业资格证明。

④维修检测设备及计量设备检定合格证明复印件。

⑤按照汽车、其他机动车、危险货物运输车辆、摩托车维修经营,分别提供所规定条件的其他相关材料。

(2)道路运输管理机构应当按照《中华人民共和国道路运输条例》和《交通行政许可实施程序规定》规范的程序实施机动车维修经营的行政许可。

(3)道路运输管理机构对机动车维修经营申请予以受理的,应当自受理申请之日起 15 日内作出许可或者不予许可的决定。符合法定条件的,道路运输管理机构作出准予行政许可的决定,向申请人出具《交通行政许可决定书》,在 10 日内向被许可人颁发机动车维修经营许可证件,明确许可事项;不符合法定条件的,道路运输管理机构作出不予许可的决定,向申请人出具《不予交通行政许可决定书》,说明理由,并告知申请人享有依法申请行政复议或者提起行政诉讼的权利。

机动车维修经营者应当持机动车维修经营许可证件依法向工商行政管理机关办理有关登记手续。

道路运输管理机构在查验申请资料齐全有效后,应当场或在 5 日内予以许可,并发给相应许可证件。

(4)机动车维修经营许可证件实行有效期制。从事一、二类汽车维修业务和一类摩托车维修业务的证件有效期为 6 年;从事三类汽车维修业务、二类摩托车维修业务及其他机动车维修业务的证件有效期为 3 年。

机动车维修经营许可证件由各省、自治区、直辖市道路运输管理机构统一印制并编号,县级道路运输管理机构按照规定发放和管理。

(5)机动车维修经营者应当在许可证件有效期届满前 30 日到作出原许可决定的道路运输管理机构办理换证手续。

(6)机动车维修经营者变更名称、法定代表人、地址等事项的,应当向作出原许可决定的道路运输管理机构备案。机动车维修经营者需要终止经营的,应当在终止经营前 30 日告知作出原许可决定的道路运输管理机构办理注销手续。

3. 维修经营

《维修管理规定》规定了机动车维修经营者的基本行为准则,以及在安全生产、环保要求、收费结算、行业统计、连锁经营等经营活动中的责任和义务。

1)机动车维修经营者的基本行为准则

(1)机动车维修经营者应当按照经批准的行政许可事项开展维修服务。

(2)机动车维修经营者不得擅自改装机动车,不得承修已报废的机动车,不得利用配件拼装机动车。

(3)机动车维修经营者应当加强对从业人员的安全教育和职业道德教育,确保安全生产。机动车维修从业人员应当执行机动车维修安全生产操作规程,不得违章作业。

(4)机动车维修产生的废弃物,应当按照国家的有关规定进行处理。

(5)机动车维修经营者应当公布机动车维修工时定额和收费标准,合理收取费用。

2)关于机动车维修经营收费的规定

(1)机动车维修经营收费基本原则。公布机动车维修工时定额和收费标准,合理收取费用,以切实维护机动车维修各方当事人的合法权益。

(2)执行工时定额的方法。机动车维修工时定额可按各省机动车维修协会等行业社团组织统一制定的标准执行,也可按机动车维修经营者报所在地道路运输管理机构备案后的标准执行,也可按机动车生产厂家公布的标准执行。当上述标准不一致时,优先使用机动车维修经营者备案的标准。

(3)实行工时单价报备制度。机动车维修经营者应当将其执行的机动车维修工时单价标准报所在地道路运输管理机构备案。

(4)机动车维修经营者应当使用规定的结算票据,并向托修方交付维修结算清单。机动车维修经营者不出具规定的结算票据和结算清单的,托修方有权拒绝支付费用。

3)关于机动车维修经营统计工作的规定

(1)机动车维修经营者应当按照规定,向道路运输管理机构报送统计资料。

(2)道路运输管理机构应当为机动车维修经营者保守商业秘密。

4)关于机动车维修连锁经营企业的规定

机动车维修连锁经营企业总部应当按照统一采购、统一配送、统一标识、统一经营方针、统一服务规范和价格的要求,建立连锁经营的作业标准和管理手册,加强对连锁经营服务网点经营行为的监管和约束,杜绝不规范的商业行为。

4. 质量管理

《维修管理规定》围绕机动车维修质量工作设定了一系列法律制度,系统规范了机动车维修经营者在质量管理方面的法定义务。具体规定了机动车维修经营者从事维修作业适用的标准,使用维修配件的要求,维修技术人员的管理制度,维修竣工质量检验制度,维修质量保证期制度,维修质量信誉考核制度,维修质量纠纷的解决途径等。

1)关于机动车维修经营者维修作业适用标准的规定

机动车维修经营者应当按照国家、行业或者地方的维修标准和规范进行维修。尚无标准或规范的,可参照机动车生产企业提供的维修手册、使用说明书和有关技术资料进行维修。

2)关于机动车维修经营者在维修活动中规范使用配件的规定

(1)机动车维修经营者不得使用假冒伪劣配件维修机动车。

(2)机动车维修经营者应当建立采购配件登记制度,记录购买日期、供应商名称、地址、产品名称及规格型号等,并查验产品合格证等相关证明。

(3)机动车维修经营者对于换下的配件、总成,应当交托修方自行处理。

(4)机动车维修经营者应当将原厂配件、副厂配件和修复配件分别标识,明码标价,供用户选择。

3)关于机动车维修质量检验的规定

(1)机动车维修经营者对机动车进行二级维护、总成修理、整车修理的,应当实施维修前诊断检验、维修过程检验和竣工质量检验制度。

(2)承担机动车维修竣工质量检验的机动车维修企业或机动车综合性能检测机构,应当使用符合有关标准并在检定有效期内的检测、计量设备,按照有关标准进行检测,如实提供检测结果证明,并对检测结果承担法律责任。

4)关于机动车维修竣工出厂合格证的规定

机动车维修竣工质量检验合格的,维修质量检验人员应当签发《机动车维修竣工出厂合格证》;未签发《机动车维修竣工出厂合格证》的机动车,不得交付使用,车主可以拒绝交费或接车。《机动车维修竣工出厂合格证》由省级道路运输管理机构统一印制和编号,县级道路运输管理机构按照规定发放和管理。

禁止伪造、倒卖、转借《机动车维修竣工出厂合格证》。

5)关于机动车维修档案管理的规定

机动车维修经营者对机动车进行二级维护、总成修理、整车修理的,应当建立机动车维修档案。机动车维修档案主要内容包括:维修合同、维修项目、具体维修人员及质量检验人员、检验单、竣工出厂合格证(副本)及结算清单等。机动车维修档案保存期为两年。

6)建立机动车维修专业技术人员的考试和管理制度

道路运输管理机构应当加强对机动车维修专业技术人员的管理,严格执行专业技术人员考试和管理制度。

7)建立机动车维修竣工出厂质量保证期制度

(1)汽车和危险货物运输车辆整车修理或总成修理质量保证期为车辆行驶 2 万 km 或者 100 日;二级维护质量保证期为车辆行驶 5000km 或者 30 日;一级维护、小修及专项修理质量保证期为车辆行驶 2000km 或者 10 日。

摩托车整车修理或者总成修理质量保证期为摩托车行驶 7000km 或者 80 日;维护、小修及专项修理质量保证期为摩托车行驶 800km 或者 10 日。

其他机动车整车修理或者总成修理质量保证期为机动车行驶 6000km 或者 60 日;维护、小修及专项修理质量保证期为机动车行驶 700km 或者 7 日。

质量保证期中行驶里程和日期指标,以先达到者为准。

机动车维修质量保证期,从维修竣工出厂之日起计算。

(2)在质量保证期和承诺的质量保证期内,因维修质量原因造成机动车无法正常使用,且承修方在 3 日内不能或者无法提供因非维修原因而造成机动车无法使用的相关证据的,机动车维修经营者应当及时无偿返修,不得故意拖延或者无理拒绝。

在质量保证期内,机动车因同一故障或维修项目经两次修理仍不能正常使用的,机动车维修经营者应当负责联系其他机动车维修经营者,并承担相应修理费用。

(3)机动车维修经营者应当公示承诺的机动车维修质量保证期。

8)关于机动车维修质量投诉及调解的规定

(1)道路运输管理机构应当受理机动车维修质量投诉,积极按照维修合同约定和相关规定,调解维修质量纠纷。

(2)机动车维修质量纠纷双方当事人均有保护当事车辆原始状态的义务。必要时可拆检车辆有关部位,但双方当事人应同时在场,共同认可拆检情况。

(3)对机动车维修质量的责任认定需要进行技术分析和鉴定,且承修方和托修方共同要求道路运输管理机构出面协调的,道路运输管理机构应当组织专家组或委托具有法定检测资格的检测机构作出技术分析和鉴定。鉴定费用由责任方承担。

9)建立机动车维修经营者质量信誉考核制度

(1)机动车维修质量信誉考核内容应当包括经营者基本情况、经营业绩(含奖励情况)、不良记录等。

(2)道路运输管理机构应当建立机动车维修企业诚信档案。机动车维修质量信誉考核结果是机动车维修诚信档案的重要组成部分。

(3)道路运输管理机构建立的机动车维修企业诚信信息,除涉及国家秘密、商业秘密外,应当依法公开,供公众查阅。

5. 监督检查

(1)道路运输管理机构应当加强对机动车维修经营活动的监督检查。道路运输管理机构的工作人员应当严格按照职责权限和程序进行监督检查,不得滥用职权、徇私舞弊,不得乱收费、乱罚款。

(2)道路运输管理机构应当积极运用信息化技术手段,科学、高效地开展机动车维修管理工作。

(3)道路运输管理机构的执法人员在机动车维修经营场所实施监督检查时,应当有 2 名以上人员参加,并向当事人出示交通运输部监制的交通行政执法证件。检查的情况和处理结果应当记录,并按照规定归档。当事人有权查阅监督检查记录。

(4)从事机动车维修经营活动的单位和个人,应当自觉接受道路运输管理机构及其工作人员的检查,如实反映情况,提供有关资料。

6. 法律责任

(1)违反《维修管理规定》规定,有下列行为之一,擅自从事机动车维修相关经营活动的,由县级以上道路运输管理机构责令其停止经营;有违法所得的,没收违法所得,处违法所得 2 倍以上 10 倍以下的罚款;没有违法所得或者违法所得不足 1 万元的,处 2 万元以上 5 万元以下的罚款;构成犯罪的,依法追究刑事责任:

①未取得机动车维修经营许可,非法从事机动车维修经营的。

②使用无效、伪造、变造机动车维修经营许可证件,非法从事机动车维修经营的。

③超越许可事项,非法从事机动车维修经营的。

(2)违反《维修管理规定》规定,机动车维修经营者非法转让、出租机动车维修经营许可证件的,由县级以上道路运输管理机构责令停止违法行为,收缴转让、出租的有关证件,处以 2000 元以上 1 万元以下的罚款;有违法所得的,没收违法所得。

(3)违反《维修管理规定》规定，机动车维修经营者使用假冒伪劣配件维修机动车，承修已报废的机动车或者擅自改装机动车的，由县级以上道路运输管理机构责令改正，并没收假冒伪劣配件及报废车辆；有违法所得的，没收违法所得，处违法所得 2 倍以上 10 倍以下的罚款；没有违法所得或者违法所得不足 1 万元的，处 2 万元以上 5 万元以下的罚款，没收假冒伪劣配件及报废车辆；情节严重的，由原许可机关吊销其经营许可；构成犯罪的，依法追究刑事责任。

(4)违反《维修管理规定》规定，机动车维修经营者签发虚假或者不签发机动车维修竣工出厂合格证的，由县级以上道路运输管理机构责令改正；有违法所得的，没收违法所得，处以违法所得 2 倍以上 10 倍以下的罚款；没有违法所得或者违法所得不足 3000 元的，处以 5000 元以上 2 万元以下的罚款；情节严重的，由许可机关吊销其经营许可；构成犯罪的，依法追究刑事责任。

(5)违反《维修管理规定》规定，有下列行为之一的，由县级以上道路运输管理机构责令其限期整改；限期整改不合格的，予以通报：

①机动车维修经营者未按照规定执行机动车维修质量保证期制度的。

②机动车维修经营者未按照有关技术规范进行维修作业的。

③伪造、转借、倒卖机动车维修竣工出厂合格证的。

④机动车维修经营者只收费不维修或者虚列维修作业项目的。

⑤机动车维修经营者未在经营场所醒目位置悬挂机动车维修经营许可证件和机动车维修标志牌的。

⑥机动车维修经营者未在经营场所公布收费项目、工时定额和工时单价的。

⑦机动车维修经营者超出公布的结算工时定额、结算工时单价向托修方收费的。

⑧机动车维修经营者不按照规定建立维修档案和报送统计资料的。

⑨违反本规定其他有关规定的。

三《道路运输从业人员管理规定》

《道路运输从业人员管理规定》(交通部令 2006 年第 9 号，以下简称《从业人员管理规定》)，自 2007 年 3 月 1 日正式实施。

(一)颁布实施的重要意义

《从业人员管理规定》是《道路运输条例》关于道路运输从业人员管理的专项配套规章。《从业人员管理规定》对道路运输从业人员的管理原则、管理范围、资格考试和认证程序，从业资格证件管理、从业行为、违章处罚等作了具体规范，是道路运输从业人员管理的一部纲领性、系统性规章。

(二)确立的立法宗旨、基本原则和制度

(1)《从业人员管理规定》集中体现了“加强道路运输从业人员管理，提高道路运输从业人员综合素质”的立法宗旨。

《从业人员管理规定》所称道路运输从业人员是指经营性道路客货运输驾驶员、道路危险货物运输从业人员、机动车维修技术人员、机动车驾驶培训教练员、道路运输经理人和其他道路运输从业人员。

(2)《从业人员管理规定》确立了道路运输从业人员管理的基本原则:道路运输从业人员应当依法经营、诚实信用、规范操作、文明作业;道路运输从业人员管理工作应当公平、公正、公开和便民。

(3)国家对道路运输从业人员实行从业资格考试制度,对道路运输从业行为实行诚信考核和计分考核制度。

(三)道路运输从业人员资格管理的主要内容

1. 明确从业资格条件

从业资格是对道路运输从业人员所从事的特定岗位职业素质的基本评价。《道路运输条例》规定,道路运输从业人员应符合相应年龄、学历、职称、驾驶证件和安全驾车等基本条件,并应经过相应基本知识考试合格。

从事机动车维修的技术人员,应分别对机动车维修相关政策法规和技术规范,业务知识,维修、检测、诊断和检验技术,服务收费标准等经设区的市级道路运输管理机构考试合格。

2. 组织实施从业资格考试

《从业人员管理规定》提出的从业资格考试制度具体内容如下:

(1)国家对道路运输从业人员实行从业资格考试制度。机动车维修技术人员、机动车驾驶培训教练员取得从业资格的比例分别是相关经营者依法获取机动车维修和机动车驾驶员培训经营许可的必要条件之一。

(2)道路运输从业人员从业资格考试应当按照交通运输部编制的考试大纲、考试题库、考核标准、考试工作规范和程序组织实施。

(3)机动车维修技术人员从业资格考试由设区的市级道路运输管理机构组织实施,每季度组织一次考试。

(4)申请参加机动车维修技术人员从业资格考试的,应当向其户籍地或者暂住地设区的市级道路运输管理机构提出申请,填写《机动车维修技术人员从业资格考试申请表》,并提供下列材料:

①身份证明及复印件;

②学历证明及复印件,申请参加技术负责人员从业资格考试的,也可以提供技术职称证明及复印件;

申请质量检验人员从业资格考试的,应当同时提供机动车驾驶证及复印件和维修技术工作经历证明。

(5)道路运输从业人员从业资格考试成绩有效期为1年,考试成绩逾期作废。

(6)申请人在从业资格考试中有舞弊行为的,取消当次考试资格,考试成绩无效。

3. 实施从业资格管理档案

(1)交通主管部门或者道路运输管理机构应当建立道路运输从业人员从业资格管理档案。道路运输从业人员从业资格管理档案包括:从业资格考试申请材料,从业资格考试及从业资格证件记录,从业资格证件换发、补发、变更记录,违章、事故及诚信考核、继续教育记录等。

(2)交通主管部门和道路运输管理机构应当向社会提供道路运输从业人员相关从业信息的查询服务。

4. 实施从业资格证件管理

（1）经营性道路客货运输驾驶员、道路危险货物运输从业人员、机动车维修技术人员、道路运输经理人和其他道路运输从业人员经考试合格后，取得《中华人民共和国道路运输从业人员从业资格证》。

（2）已获得从业资格证件的人员需要增加相应从业资格类别的，应当向原发证机关提出申请，并按照规定参加相应培训和考试。

（3）道路运输从业人员从业资格证件由交通运输部统一印制并编号。具体工作委托交通专业人员资格评价中心负责。机动车维修技术人员从业资格证件由设区的市级道路运输管理机构发放和管理。

（4）道路运输从业人员从业资格证件有效期为6年。道路运输从业人员应当在从业资格证件有效期届满30日前到原发证机关办理换证手续。

道路运输从业人员从业资格证件遗失、毁损的，应当到原发证机关办理证件补发手续。

道路运输从业人员服务单位变更的，应当到交通主管部门或者道路运输管理机构办理从业资格证件变更手续。

道路运输从业人员从业资格档案应当由原发证机关在变更手续办结后30日内移交户籍迁入地或者现居住地的交通主管部门或者道路运输管理机构。

（5）道路运输从业人员有下列情形之一的，由发证机关注销其从业资格证件：

①持证人死亡的。

②持证人申请注销的。

③经营性道路客货运输驾驶员、道路危险货物运输从业人员、机动车驾驶培训教练员年龄超过60周岁的。

④经营性道路客货运输驾驶员、道路危险货物运输驾驶员、机动车维修质量检验人员、机动车驾驶培训教练员的机动车驾驶证被注销或者被吊销的。

⑤超过从业资格证件有效期180日未申请换证的。

凡被注销的从业资格证件，应当由发证机关予以收回，公告作废并登记归档；无法收回的，从业资格证件自行作废。

（6）交通主管部门和道路运输管理机构应当将道路运输从业人员的违章行为记录在《中华人民共和国道路运输从业人员从业资格证》的违章记录栏内，并通报发证机关。发证机关应当将该记录作为道路运输从业人员诚信考核和计分考核的依据，并存入管理档案，机动车驾驶培训教练员违章记录直接记入教练员档案，并作为诚信考核的重要内容。

（7）道路运输从业人员诚信考核和计分考核周期为12个月，从初次领取从业资格证件之日起计算，诚信考核等级分为优良、合格、基本合格和不合格，分别用AAA级、AA级、A级和B级表示。在考核周期内，累计计分超过规定的，诚信考核等级为B级。

省级交通主管部门和道路运输管理机构应当将道路运输从业人员每年的诚信考核和计分考核结果向社会公布，供公众查阅。

（四）申请道路运输从业人员资格考试的办理程序和条件

申请参加经营性道路客货运输驾驶员、机动车维修技术人员和道路危险货物运输驾驶人员、装卸管理人员、押运人员从业资格考试的，应当向其户籍地或者暂住地的设区的市级道路运输管理机构和设区的市级交通主管部门提出申请;申请参加机动车驾驶培训教练员从业资格考试的,应当向户籍地或者暂住地的省级道路运输管理机构提出申请。

申请参加道路运输从业人员资格考试,应当符合《从业人员管理规定》要求的相应条件,填写相应的《道路运输从业人员资格考试申请表》,提供《从业人员管理规定》所要求的身份证、驾驶证、学历证等复印件和安全驾驶证明、相关工作经历证明、相关培训证明等材料。

(五)道路运输从业人员从业资格证件管理及新、旧从业资格证件衔接问题

道路运输从业人员从业资格证件由交通运输部统一印制、编号,有效期 6 年,全国通用。道路运输从业人员在从事道路运输活动时,应当携带相应的从业资格证件。

(六)法律责任

(1)《从业人员管理规定》规定,有下列行为之一的人员,由县级以上道路运输管理机构责令改正,处 200 元以上 2000 元以下的罚款;构成犯罪的,依法追究刑事责任:

①未取得相应从业资格证件,驾驶道路客货运输车辆的。

②使用失效、伪造、变造的从业资格证件,驾驶道路客货运输车辆的。

③超越从业资格证件核定范围,驾驶道路客货运输车辆的。

(2)《从业人员管理规定》规定,有下列行为之一的人员,由设区的市级人民政府交通主管部门处 2 万元以上 10 万元以下的罚款;构成犯罪的,依法追究刑事责任:

①未取得相应从业资格证件,从事道路危险货物运输活动的。

②使用失效、伪造、变造的从业资格证件,从事道路危险货物运输活动的。

③超越从业资格证件核定范围,从事道路危险货物运输活动的。

(3)《从业人员管理规定》规定:道路运输从业人员有下列不具备安全条件情形之一的,由发证机关吊销其从业资格证件:

①经营性道路客货运输驾驶员、道路危险货物运输从业人员、机动车驾驶培训教练员身体健康状况不符合有关机动车驾驶和相关从业要求且没有主动申请注销从业资格的。

②经营性道路客货运输驾驶员、道路危险货物运输驾驶员、机动车驾驶培训教练员发生重大以上交通事故,且负主要责任的。

③机动车维修技术人员发生重大生产安全事故,且负主要责任的。

④发现重大事故隐患,不立即采取消除措施,继续作业的。

(七)对机动车维修从业人员的管理规定

1. 机动车维修从业人员管理的范围

机动车维修从业技术人员包括:机动车维修技术负责人员、质量检验人员以及从事机修、电器、钣金、涂漆、车辆技术评估(含检测)作业的技术人员。

机动车维修其他从业人员是指除上述人员以外的机动车维修企业价格核算员及业务接待员。

2. 机动车维修技术人员从业基本条件

(1)道路运输从业人员应当依法经营,诚实信用,规范操作,文明从业。

(2)技术负责人员应当符合下列条件:

①具有机动车维修或者相关专业大专以上学历,或者具有机动车维修或相关专业中级以

上专业技术职称。

②熟悉机动车维修业务，掌握机动车维修相关政策法规和技术规范。

(3)质量检验人员应当符合下列条件：

①具有高中以上学历。

②熟悉机动车维修检测作业规范，掌握机动车维修故障诊断和质量检验的相关技术，熟悉机动车维修服务收费标准及相关政策法规和技术规范。

(4)从事机修、电器、钣金、涂漆、车辆技术评估(含检测)作业的技术人员应当符合下列条件：

①具有初中以上学历。

②熟悉所从事工种的维修技术和操作规范，并了解机动车维修及相关政策法规。

四《机动车维修企业质量信誉考核办法(试行)》

依据《机动车维修管理规定》及有关规章，交通部(公路司)组织起草了《机动车维修企业质量信誉考核办法(试行)》(以下简称《考核办法》)，2006 年 12 月 25 日交通部以(交公路发〔2006〕719 号文)《关于印发〈机动车维修企业质量信誉考核办法(试行)〉的通知》，颁布实施。

(一)质量信誉考核的原则

质量信誉考核，是指在考核周期内对机动车维修企业的从业人员素质、安全生产、维修质量、服务质量、环境保护、遵章守纪和企业管理等方面进行的综合评价。凡在中华人民共和国境内已获取经营许可的机动车维修企业，均应遵守《考核办法》。

机动车维修企业质量信誉考核工作应当遵循公平、公正、公开和便民的原则。《考核办法》要求机动车维修企业应当自觉遵守国家有关法律、法规及规章，加强管理，诚信经营，履行社会责任，为社会提供安全、优质、方便的维修服务；各级交通主管部门和道路运输管理机构应当鼓励和支持质量信誉等级高的机动车维修企业发展。

交通运输部负责全国机动车维修企业质量信誉考核工作。县级以上人民政府交通主管部门负责组织领导本行政区域的机动车维修企业质量信誉考核工作。县级以上道路运输管理机构按照本办法规定的职责，负责具体实施机动车维修企业质量信誉考核工作。

(二)质量信誉等级与考核指标

机动车维修企业质量信誉等级分为优良、合格、基本合格和不合格，分别用 AAA 级、AA 级、A 级和 B 级表示。

机动车维修企业质量信誉考核指标包括以下内容。

(1)从业人员素质指标：维修技术人员获取从业资格证件情况。

(2)安全生产指标：安全生产制度实施情况及安全生产状况。

(3)维修质量指标：质量保证体系建设和实施情况。

(4)服务质量指标：服务公示情况、有责投诉次数、服务质量事件和用户满意度。

(5)遵章守纪指标：守法经营和违章情况。

(6)环境保护指标：环保设施设备技术状况和运用情况，废气、废水、废油以及空调制冷剂等维修废物回收处理情况。

(7)企业管理指标:质量信誉档案建立情况、企业形象、获奖情况、连锁经营情况。

(三)质量信誉考核方法

机动车维修企业质量信誉考核实行计分制,考核总分为 1000 分,加分为 100 分。在考核总分中从业人员素质考核占 100 分,安全生产考核占 150 分,维修质量考核占 200 分,服务质量考核占 200 分,遵章守纪考核占 150 分,环境保护考核占 150 分,企业管理考核占 50 分。企业管理指标中企业形象、获奖情况、连锁经营情况为加分项目。

一、二类汽车维修企业质量信誉考核记分标准由交通运输部统一制定;三类汽车维修企业及一、二类摩托车维修企业和其他机动车维修企业的质量信誉考核记分标准由省级道路运输管理机构参照一、二类汽车维修企业质量信誉考核记分标准统一制定。

机动车维修企业质量信誉等级,由道路运输管理机构按照下列条件进行考核。

1. AAA 级企业

(1)考核期内未发生一次死亡 1 人及以上的安全生产责任事故和重大、特大恶性服务质量事件。

(2)考核期内未出现超越许可事项或使用无效、伪造、变造机动车维修经营许可证件,非法从事机动车维修经营的违法违章行为。

(3)考核期内未出现使用假冒伪劣配件维修机动车、承修已报废的机动车、擅自改装机动车或利用配件拼装机动车的违法违章行为。

(4)考核总分和加分合计不低于 850 分,且企业从业人员素质、安全生产等考核分数在该项总分的 80% 以上。

2. AA 级企业

(1)未达到 AAA 级企业的考核条件。

(2)考核期内未发生一次死亡 1 人及以上的安全生产责任事故和重大、特大恶性服务质量事件。

(3)考核期内未出现超越许可事项或使用无效、伪造、变造机动车维修经营许可证件,非法从事机动车维修经营的违法违章行为。

(4)考核期内未出现使用假冒伪劣配件维修机动车、承修已报废的机动车、擅自改装机动车或利用配件拼装机动车的违法违章行为。

(5)考核总分和加分合计不低于 700 分,且企业从业人员素质、安全生产等考核分数在该项总分的 65% 以上。

3. A 级企业

(1)未达到 AA 级企业的考核条件。

(2)考核期内未发生一次死亡 1 人及以上的安全生产责任事故和特大恶性服务质量事件。

(3)考核期内未出现超越许可事项或使用无效、伪造、变造机动车维修经营许可证件,非法从事机动车维修经营的违法违章行为。

(4)考核期内未出现使用假冒伪劣配件维修机动车、承修已报废的机动车、擅自改装机动车或利用配件拼装机动车的违法违章行为。

(5)考核总分和加分合计不低于 600 分,且企业从业人员素质、安全生产等考核分数在该项总分的 60% 以上。

4. B 级企业

考核期内有下列情形之一的,质量信誉等级为 B 级:

(1)发生一次死亡 1 人及以上的安全生产责任事故或特大恶性服务质量事件。

(2)出现超越许可事项或使用无效、伪造、变造机动车维修经营许可证件,非法从事机动车维修经营的违法违章行为。

(3)出现使用假冒伪劣配件维修机动车、承修已报废的机动车、擅自改装机动车或利用配件拼装机动车的违法违章行为。

(4)考核总分和加分合计低于 600 分或者企业从业人员素质、安全生产等考核分数在该项总分的 60% 以下的。

重大恶性服务质量事件是指由于企业原因,对社会造成不良影响,而受到市级交通主管部门或者道路运输管理机构通报批评的服务质量事件;特大恶性服务质量事件是指由于企业原因,对社会造成恶劣影响,而受到省级以上交通主管部门或者道路运输管理机构通报批评的服务质量事件。

(四)建立质量信誉档案

机动车维修企业应当建立质量信誉档案,并及时将相关内容和材料记入质量信誉档案。主要内容包括:

(1)企业基本情况,包括企业名称、法人代表名称、机动车维修经营许可证件、工商执照、分公司名称及所在地、从业人员情况等。

(2)安全生产事故记录,包括每次事故的时间、地点、事故原因、死伤人数、经济损失及处理情况。

(3)服务质量事件记录,包括每次事件的时间、原因、社会影响、通报部门或机构。

(4)违章经营情况,包括每次违章经营的时间、责任人、违章事实、查处机关、行政处罚和通报情况。

(5)投诉情况,包括每次投诉的投诉人、投诉内容、受理部门、投诉方式、曝光媒体名称、社会影响及处理等情况。

(6)企业管理情况,包括质量信誉档案建立情况、连锁经营情况、服务人员统一标志及持证上岗情况,以及获得市、厅级以上集体荣誉称号的情况。

机动车维修企业所在地县级或者设区的市级道路运输管理机构应当通过企业上报、行政执法、纠纷调解、受理投诉和社会举报等多种渠道,收集并汇总有关信息,建立包含机动车维修企业各年度质量信誉考核表及考核结果为主要内容的机动车维修企业诚信档案,并将相关信息存入机动车维修企业管理信息系统。

(五)质量信誉考核程序

机动车维修企业质量信誉考核工作每年进行一次。考核周期为每年的 1 月 1 日至 12 月 31 日。考核工作应当在考核周期次年 3 月至 6 月进行。机动车维修企业应在每年的 3 月底前,根据本企业的质量信誉档案对上年度的质量信誉情况进行总结,向所在地县级或设区的市级道路运输管理机构申请考核,并提交质量信誉考核申请表、本企业上年度的质量信誉情况总结及与质量信誉考核指标相对应的相关材料。

道路运输管理机构在日常工作中已经掌握被考核机动车维修企业质量信息考核指标情况的,可不再要求机动车维修企业报送此项指标的相关材料。

在异地设有分公司的机动车维修企业,按上述要求提供材料时,应当提供分公司的质量信誉情况。分公司所在地县级或设区的市级道路运输管理机构应当对分公司的质量信誉情况进行核实,出具书面证明,并对确认结果负责。

连锁经营机动车维修企业可直接由总部向所在地县级或设区的市级道路运输管理机构提出申请,按上述要求提供材料时,应当提供连锁经营网点的质量信誉情况。连锁经营网点的质量信誉情况由连锁经营总部进行核实,出具书面保证,并承担由此引发的法律责任。道路运输管理机构对连锁网点的相关情况不再进行实质考核。

对机动车维修企业进行质量信誉考核,应当依照下列程序进行:

(1)机动车维修企业所在地的县级道路运输管理机构应当根据本机构的机动车维修企业质量信誉管理档案,对机动车维修企业报送的质量信誉材料进行核实。发现不一致的,应当要求机动车维修企业进行说明或者组织调查。核实结束后,应当根据各项考核指标的初步结果进行打分,对机动车维修企业质量信誉等级进行初评,并将各项考核指标数据和所得分数、初评结果上报设区的市级道路运输管理机构。

机动车维修企业所在地为设区市的,由所在地设区的市级道路运输管理机构负责对机动车维修企业质量信誉情况进行核实,并对企业质量信誉等级进行初评。

(2)设区的市级道路运输管理机构应当将机动车维修企业的考核数据、所得分数和初步考核结果,书面通知被考核机动车维修企业。

(3)设区的市级道路运输管理机构将辖区机动车维修企业的各项考核指标数据、所得分数和初步考核结果,在当地主要新闻媒体、本机构网站或本级交通主管部门网站上进行为期15天的公示。

(4)被考核企业或其他单位、个人对公示结果有异议的,可在公示期间向设区的市级道路运输管理机构书面申诉或举报。

举报人应如实签署姓名或单位名称,并附联系方式,否则,不予受理。

道路运输管理机构应当为举报人保密,不得向其他单位或个人泄漏举报人的姓名及有关情况。

(5)公示结束后,设区的市级道路运输管理机构应当对企业的申诉和社会反映的情况进行调查核实,根据调查核实结果对企业的质量信誉等级进行评定,并将考核结果上报省级道路运输管理机构。

省级和设区的市级道路运输管理机构应于6月30日前在当地主要新闻媒体、本机构网站或本级交通主管部门网站上公布上一年度机动车维修企业质量信誉考核结果,并在网站上建立专项查询系统,方便社会各界查询机动车维修企业历年的质量信誉等级。

AAA级机动车维修企业可由省级道路运输管理机构向社会发布,AA级及以下的机动车维修企业可由设区的市级道路运输管理机构向社会发布。具体发布权限由省级道路运输管理机构确定。

机动车维修企业下设的分公司与总公司一起进行质量信誉考核;分公司所在地县级或设区的市级道路运输管理机构应当对分公司的质量信誉情况进行核实,出具书面证明,并对确认结果负责。

连锁经营机动车维修企业可直接由总部向所在地县级或设区的市级道路运输管理机构提出申请,包括提供连锁经营网点的质量信誉情况。连锁经营网点的质量信誉情况由连锁经营总部进行核实,出具书面保证,并承担由此引发的法规责任。道路运输管理机构对连锁网点的相关情况不再进行实质考核。

具备质量信誉等级的机动车维修企业需要分立或合并,应当按照本办法规定重新进行质量信誉考核,原质量信誉等级自动失效。

(六)质量信誉管理

机动车维修企业质量信誉等级标注在机动车维修经营许可证件(副本)的备注栏内。

对新办机动车维修企业,在经营满一个日历年度后,依照本办法规定进行质量信誉考核,首次考核周期为经营许可之日至考核年度的 12 月 31 日,并在质量信誉等级后注明"新办企业",自第二个考核年度开始直接标注质量信誉等级。

机动车维修企业发生名称、法定代表人等事项变更,应当在办理经营许可证变更手续时,一并办理质量信誉管理相关手续,原质量信誉等级不变。

道路运输管理机构可以根据机动车维修企业质量信誉等级的高低,对企业采取推荐参加政府采购招投标、重大事故车维修加入全国机动车维修救援网络等激励措施。

连续 3 年考核为 AAA 级的机动车维修企业,在许可证件有效期届满时,申请继续经营的,可由作出原许可决定的道路运输管理机构直接办理换证手续。鼓励 AAA 级的机动车维修企业投资参股(股比超过 50%)或以特许经营、品牌连锁等形式扩大维修网点,维修网点可享用原企业的质量信誉等级。

道路运输管理机构应当加强对机动车维修企业质量信誉的宣传工作,引导托修车辆的单位和个人优先选择质量信誉等级高的机动车维修企业,运用市场机制鼓励机动车维修企业注重质量、维护信誉。机动车维修企业可以使用其质量信誉等级进行新闻宣传或者从事相关的商业活动。

机动车维修企业质量信誉等级为 B 级的,道路运输管理机构应当责令其进行整改,实施重点监管,整改不合格已存在重大安全隐患或者因维修质量问题造成一次死亡 3 人以上道路交通事故的,由作出原许可决定的道路运输管理机构予以通报。

机动车维修企业有下列情形之一的,其年度质量信誉等级为 B 级:

(1)不按要求参加年度质量信誉考核或不按要求提供质量信誉考核材料,且不按要求补正的。

(2)在质量信誉考核过程中弄虚作假、隐瞒情况或提供虚假材料的。

(3)未按要求建立质量信誉档案,或在质量信誉考核过程中不配合,导致质量信誉考核工作无法进行的。

五 机动车维修管理相关法规

(一)环境保护法规

1.《中华人民共和国大气污染防治法》

1)《大气污染防治法》的主要内容

《中华人民共和国大气污染防治法》(以下简称《大气污染防治法》)由中华人民共和国第

九届全国人民代表大会常务委员会第十五次会议于 2000 年 4 月 29 日修订通过，自 2000 年 9 月 1 日起施行。《大气污染防治法》共七章：总则、大气污染防治的监督管理、防治燃煤产生的大气污染、防治机动车船排放污染、防治废气、尘和恶臭污染、法律责任、附则，共六十六条。

修订后的《大气污染防治法》对重点城市的大气污染防治突出了以下内容：一是加强对机动车的污染防治；二是加大城市扬尘的控制力度；三是禁止超过排放标准排放污染物；四是实行大气污染物排放的总量控制和许可制度；五是建立排污收费制度；六是强化法律责任。

2)《大气污染防治法》提出有关防治机动车船排放污染的措施

《大气污染防治法》提出防治机动车船排放污染的具体措施如下：

(1)机动车船必须达标排放。这是对机动车船排放大气污染物控制最基本的要求。为贯彻《环境保护法》和《大气污染防治法》，控制机动车污染物排放，改善环境空气质量，近些年国家质量技术监督局和环保局组织陆续制定或修订发布了一系列有关机动车排放污染物限值及测试方法方面的国家标准。另外，根据本法的规定，省、自治区、直辖市人民政府经国务院批准，也可以制定严于国家标准的地方机动车船大气污染物排放标准。

(2)超过排放标准的机动车船，任何单位和个人不得制造、销售或者进口。国家鼓励生产和消费使用清洁能源的机动车船。

(3)加强对机动车船排放污染的监督。要控制日益严重的机动车污染，一方面是要从新车着手，控制机动车污染物排放的源头；另一方面，对在用车排放的控制也是绝对不可忽视的。本法对机动车实行了“新车新标准，老车老标准”的办法。这也是国际上通行的惯例。

在用机动车必须符合制造当时的在用机动车污染物排放标准。这一规定正是“新车新办法，老车老办法”原则的充分体现。对于达不到制造当时的在用车污染物排放标准的机动车，一律不得上路行驶。

(4)对机动车维修单位的要求。在用车的排放控制，应当以强化检查/维护(I/M)制度为主，使其保持良好的技术状态，并根据各城市的具体情况，采取适宜的鼓励车辆淘汰和更新的措施。这是控制在用车污染物排放的基本原则。机动车维修单位，应当按照防治大气污染的要求和国家有关技术规范进行维修，使在用机动车达到规定的污染物排放标准。另外，为了防止汽车维修过程中产生的有害气体排入大气，按机动车维修企业环境保护条件要求，调试车间或调试工位应设置“汽车尾气收集净化装置”。

2.《中华人民共和国固体废物污染环境防治法》

《中华人民共和国固体废物污染环境防治法》(以下简称《固废防治法》)由中华人民共和国第十届全国人民代表大会常务委员会第十三次会议于 2004 年 12 月 29 日修订通过，自 2005 年 4 月 1 日起施行。修订后的《固废防治法》共六章九十一条，除了总则、法律责任、附则外，还包括：固体废物污染环境防治的监督管理、固体废物污染环境的防治、危险废物污染环境防治的特别规定。

3.《中华人民共和国水污染防治法》及其实施细则

1)《中华人民共和国水污染防治法》

《中华人民共和国水污染防治法》(以下简称《水污染防治法》)于 2008 年 2 月 28 日第十届全国人民代表大会常务委员会第三十二次会议修订通过，自 2008 年 6 月 1 日起施行。修订后的《水污染防治法》共八章九十二条。除了总则、法律责任、附则外，还包括：水污染防治的标准和规划、水污染防治的监督管理、水污染防治措施、饮用水水源和其他特殊水体保护、水污染事故处置等的特别规定。

2)《中华人民共和国水污染防治法实施细则》

《中华人民共和国水污染防治法实施细则》(以下简称《水污染防治法实施细则》)的颁布,对新时期我国环境保护部门实施《水污染防治法》提供了有力的法律依据,是《水污染防治法》的进一步补充和完善,特别是对加强重点流域水污染防治工作,加强监督,严格执法,具有重大的意义。《水污染防治法实施细则》共六章四十九条,具有针对性和现实性,可操作性强,更利于实施等特点。

4. 环境保护法规在机动车维修企业的实施

机动车维修企业承担着维护和修复机动车排放性能的艰巨任务,同时在自身生产过程中也会产生废油、废水、废气,以及废旧蓄电池、废旧轮胎、废旧汽车配件和生产与办公垃圾等大量固体废物,如果不加以控制,或回收、处理不当,对环境、对企业员工的职业健康都会造成一定危害。

机动车维修企业应具备的环境保护条件,应在环境保护管理制度和环境保护措施两部分加以落实。

1)环境保护管理制度

企业应针对环境保护法规的宣传贯彻、环境保护工作的责任和具体工作制定相关环境保护管理制度,内容主要包括:

(1)认真贯彻执行"预防为主、防治结合、综合治理"的环境保护方针,遵守国家《环境保护法》、《大气污染防治法》、《环境噪声污染防治法》等有关环境保护的法律法规、规章及标准。

(2)定期进行环境保护教育和环保常识培训,教育职工严格执行各工种工艺流程、工艺规范和环境保护制度。

(3)建立废油、废液、废气、废蓄电池、废轮胎及垃圾等有害物质集中收集、有效处理和保持环境整洁的环境保护管理制度,包括危险废物管理计划。

(4)对"三废"处理、通风、吸尘、净化、消声等设施落实管理责任,确保运行良好。

(5)严禁违法转移和非法经营危险废物回收的行为。

(6)全面实施在用车辆的检查/维护制度(I/M 制度),严格作业规范,确保车辆排放和噪声达标。

2)环境保护措施

(1)建造符合标准、防雨防渗的固体废物的暂存设施,尤其是危险废物的暂存设施;有害物质存储区域应界定清楚,必要时应有隔离、控制措施。

(2)作业环境以及按生产工艺安装、配置的处理"三废"、通风、吸尘、净化、消声等设施,均符合国家环境保护法规、标准的规定。

(3)涂漆车间设有专用的废水排放及处理设施,采用干打磨工艺的,设有粉尘收集装置和除尘设备,并设有通风设备。

(4)机动车维修调试车间或调试工位设置汽车尾气收集净化装置。

(5)在维修作业过程中,严禁车辆使用不合格的净化装置和消声装置。

(6)车辆竣工出厂前,要严格检查车辆尾气排放和噪声指标,对尾气排放和噪声指标不符合国家标准的,不得放行出厂。

(二)质量管理法规

1.《中华人民共和国产品质量法》

《中华人民共和国产品质量法》于1993年2月制定,2000年7月作了修订。新修订的《中华人民共和国产品质量法》(以下简称《产品质量法》)自2000年9月1日起实施。该法对于加强产品质量监督管理、提高产品质量水平、明确产品质量责任、保护消费者的合法权益、维护社会经济秩序具有十分重要的意义。

1)《产品质量法》的立法目的和调整范围

(1)《产品质量法》的立法目的。制定《产品质量法》是为了加强对产品质量的监督管理,提高产品质量水平,明确产品质量责任,保护消费者的合法权益,维护社会经济秩序。

(2)《产品质量法》的调整范围。《产品质量法》的调整对象是产品。《产品质量法》所称的产品是指经过加工、制作,用于销售的物品。这里所指的产品必须同时具备以下三个条件:

①产品必须是经过加工、制作的物品。而未经人们加工、制作的天然物品和自然生长品不属于《产品质量法》所称的产品。

②产品必须是用于销售的。凡不是用于销售的产品,不是《产品质量法》所调整的产品。

③产品应是动产。《产品质量法》所称产品不包括不动产。

(3)《产品质量法》的适用范围。在中华人民共和国境内从事产品生产、销售活动,必须遵守本法。

机动车维修质量管理虽然不在《产品质量法》的适用范围,但必须遵循《产品质量法》提出的有关质量管理的基本原则。

2)《产品质量法》的主要内容

修订后的《产品质量法》共六章七十四条。除了总则、法律责任、附则外,还包括:产品质量的监督,生产者、销售者的产品质量责任和义务,损害赔偿等内容。

(1)总则。对本法若干重大问题作了原则规定。

(2)产品质量的监督。强调了政府作为社会经济活动的宏观组织者和管理者,也必须对产品质量进行必要的监督和宏观管理,以维护社会经济秩序,保护消费者的合法权益。

(3)生产者、销售者的产品质量责任和义务。规定了生产者、销售者对产品质量所应当承担的责任和义务。

(4)损害赔偿。介绍了关于因产品质量问题引起的损害赔偿的规定。

3)《产品质量法》在机动车维修行业的贯彻实施

(1)建立健全机动车维修质量管理体系和质量管理制度。《产品质量法》明确的产品质量的管理方针和原则,可指导本行业进一步健全机动车维修质量管理体系,完善机动车维修质量评定标准和质量管理制度,进一步强化质量监督检查工作,积极推行企业质量体系认证,促进行业质量管理工作进一步走向规范化。

(2)加强机动车配件质量监控。机动车配件质量严重影响机动车维修质量,除了配件生产者对质量负有主要责任外,机动车维修企业同样承担着配件使用质量监控和配件代销的任务。为贯彻《产品质量法》,机动车维修企业应建立健全机动车配件质量管理制度,落实配件入库检验工作和配件质量索赔工作,切实保障承、托修双方的合法权益,保障机动车维修质量。

2.《中华人民共和国标准化法》

1)《中华人民共和国标准化法》的主要内容

《中华人民共和国标准化法》(以下简称《标准化法》)由中华人民共和国第七届全国人民代表大会常务委员会第五次会议于1988年12月29日通过并公布,自1989年4月1日起施行。《标准化法》是中华人民共和国的一项重要法律,规定了我国标准化工作的方针、政策、任务和标准化体制等。《标准化法》分为五章二十六条,其主要内容是:确定了标准体制和标准化管理体制,规定了制定标准的对象与原则以及实施标准的要求,明确了违法行为的法律责任和处罚办法。

《标准化法》是制定标准,推行标准化,实施标准化管理和监督的依据。《标准化法》的颁布,标志着我国标准化工作已进入法制管理的新阶段。标准化是组织专业化生产的技术纽带,《标准化法》的颁布,有利于发展社会化大生产,有利于发展社会主义商品经济;标准是科研、生产、交换和使用的技术依据。《标准化法》规定,企业必须按标准组织生产,对于那些涉及人民生命财产安全的产品,必须强制执行,对违反者要追究其法律责任。《标准化法》的颁布,有利于维护国家、集体和个人三者的利益。

《标准化法》将我国标准分为国家标准、行业标准、地方标准、企业标准四级。国家标准、行业标准分为强制性标准和推荐性标准。保障人体健康,人身、财产安全的标准和法律、行政法规规定强制执行的标准是强制性标准;其他标准是推荐性标准。

国家标准由国务院标准化行政主管部门制定。对没有国家标准而又需要在全国某个行业范围内统一的技术要求,可以制定行业标准。行业标准由国务院有关行政主管部门制定,并报国务院标准化行政主管部门备案,在公布国家标准之后,该项行业标准即行废止。

2)《标准化法》在机动车维修行业的实施

目前,我国机动车维修行业执行的国家标准有:《汽车维修业开业条件》(GB/T 16739—2004)、《摩托车维修业开业条件》(GB/T 18189—2008)、《汽车维护、检测、诊断技术规范》(GB/T 18344—2001)、《营运车辆综合性能要求和检验方法》(GB 18565—2001)和《机动车运行安全技术条件》(GB 7258—2012)等,是规范机动车维修行业管理,指导汽车维修、检测工作的重要依据。

3.《中华人民共和国计量法》

《中华人民共和国计量法》(以下简称《计量法》)于1986年7月1日实施。根据2009年中华人民共和国第十一届全国人民代表大会常务委员会第十次会议《全国人民代表大会常务委员会关于修改部分法律的决定》进行修正,2009年8月27日施行。《计量法》共六章三十五条,除了总则、法律责任、附则外,还包括:计量基准器具、计量标准器具和计量检定、计量器具管理、计量监督等内容。

1)立法目的

为了加强计量监督管理,保障国家计量单位制的统一和量值的准确可靠,有利于生产、贸易和科学技术的发展,适应社会主义现代化建设的需要,维护国家、人民的利益,制定本法。

2)《计量法》的适用范围

在中华人民共和国境内,建立计量基准器具、计量标准器具,进行计量检定,制造、修理、销售、使用计量器具,必须遵守本法。

3)法定计量单位制

国家采用国际单位制。国际单位制计量单位和国家选定的其他计量单位,为国家法定计量单位。国家法定计量单位的名称、符号由国务院公布。非国家法定计量单位应当废除。废除的办法由国务院制定。

4)计量工作的监督管理

国务院计量行政部门对全国计量工作实施统一监督管理。县级以上地方人民政府计量行政部门对本行政区域内的计量工作实施监督管理。

5)计量基准器具和计量标准器具

(1)计量基准器具:国务院计量行政部门负责建立各种计量基准器具,作为统一全国量值的最高依据。

(2)计量标准器具:县级以上地方人民政府计量行政部门根据本地区的需要,建立社会公用计量标准器具,经上级人民政府计量行政部门主持考核,合格后使用。

6)计量检定

计量检定必须按照国家计量检定系统表进行。国家计量检定系统表由国务院计量行政部门制定。

计量检定必须执行计量检定规程。国家计量检定规程由国务院计量行政部门制定。没有国家计量检定规程的,由国务院有关主管部门和省、自治区、直辖市人民政府计量行政部门分别制定部门计量检定规程和地方计量检定规程,并向国务院计量行政部门备案。

计量检定工作应当按照经济合理的原则,就地就近进行。

7)机动车维修质量检验中的计量管理工作

(1)计量器具的购置要求:①按照计量法的总则规定,使用计量器具必须遵守《计量法》,自觉遵守《计量法》的规定,所以,机动车维修企业在购置计量器具时,一定要认准产品是否具有生产许可证和计量检定合格证;②在购买进口计量器具时,也应注意其是否符合计量检定的要求。

(2)计量器具的使用要求:①保持计量器具的清洁和测量准确度;②定期将计量器具送计量检定机构检定;③不使用准确度有误的计量器具。

(3)计量管理工作内容:①建立计量器具管理台账;②严格使用法定计量单位;③定期进行计量检定;④服从计量行政管理部门的计量监督检查。

(三)经营管理法规

1.《中华人民共和国合同法》

1)《中华人民共和国合同法》的主要内容

《中华人民共和国合同法》(以下简称《合同法》)于1999年3月15日经第九届全国人民代表大会第二次会议审议通过,1999年10月1日起施行。《合同法》是民商法的重要组成部分,是规范市场交易,保护合同当事人合法权益,维护社会经济秩序,促进社会主义现代化建设的基本法律。《合同法》分为总则、分则和附则三部分,共二十三章四百二十八条。

《合同法》涉及生产、生活领域的方方面面,与企业的生产经营和人们的生活密切相关。制定一部统一的、较为完备的《合同法》,规范各类合同,能够更好地适应社会主义市场经济发展的需要,对于及时解决经济纠纷,保护当事人的合法权益,维护社会经济秩序,促进社会主义现代化建设,具有十分重要的作用。

2)《合同法》在机动车维修行业的实施

为加强机动车维修行业管理,维护机动车维修经营活动的正常秩序,保障承、托修双方当事人的合法权益,1992 年,交通部会同国家工商行政管理局联合发布了《汽车维修合同实施细则》;2005 年,交通部 7 号令《机动车维修管理规定》中有关机动车维修档案管理明确规定:机动车维修档案主要内容包括维修合同。

(1)机动车维修合同属于《合同法》规范的范围。因此,必须遵循《合同法》的一般规定。

①合同当事人的法律地位平等,一方不得将自己的意志强加给另一方。

②当事人依法享有自愿订立合同的权利,任何单位和个人不得非法干预。

③当事人应当遵循公平原则,确定各方的权利和义务。

④当事人行使权利、履行义务,应当遵循诚实信用原则。

⑤当事人订立、履行合同,应当遵守法律、行政法规,尊重社会公德,不得扰乱社会经济秩序,损害社会公共利益。

⑥依法成立的合同,对当事人具有法律约束力。当事人应当按照约定履行自己的义务,不得擅自变更或者解除合同。依法成立的合同,受法律保护。

(2)机动车维修合同在《合同法》中属于"承揽合同"规范的范畴。承揽合同是承揽人按照定作人的要求完成工作,交付工作成果,定作人给付报酬的合同。承揽合同的内容包括承揽的标的、数量、质量、报酬、承揽方式、材料的提供、履行期限、验收标准和方法等条款。

2.《中华人民共和国消费者权益保护法》

1)《消费者权益保护法》的主要内容

消费者是指为生活消费需要,购买、使用商品或者接受服务的单位和个人。

消费者权益保护法规是调整国家、经营者和消费者三者之间在保护消费者权益的过程中发生的社会关系的法律规范的总称。它是经济法的重要组成部分。1993 年 10 月 31 日第八届全国人大常委会第四次会议通过了《中华人民共和国消费者权益保护法》(以下简称《消费者权益保护法》),自 1994 年 1 月 1 日起实施。根据 2009 年中华人民共和国第十一届全国人民代表大会常务委员会第十次会议《全国人民代表大会常务委员会关于修改部分法律的决定》进行修正,自 2009 年 8 月 27 日起施行。《消费者权益保护法》共八章五十五条,除了总则、法律责任、附则外,还包括:消费者的权利、经营者的义务、国家对消费者合法权益的保护、消费者组织、争议的解决。

2)《消费者权益保护法》在机动车维修行业的实施

根据《消费者权益保护法》对消费者的法定范围,在机动车维修服务中,托修方是服务对象,是消费者。

(1)托修方的权益主要有以下几个方面:

①送修车的财产安全不受损害。

②有权了解机动车维修所用材料与配件价格和修车工时单价。

③有权选择与其报修作业项目相适应的机动车维修企业和作业项目。

④所付维修费用符合收费标准。

⑤受到损害有权索赔。

⑥有权监督、投诉机动车维修服务质量等侵害其权益的行为。

(2)承修方对托修方权益保护应尽的法律责任包括:

①严格履行双方约定的机动车维修合同。

②认真听取托修方对机动车维修的要求和意见,接受托修方的监督。

③确保生产安全。

④向托修方提供修理工时定额标准、实际消耗的工时以及维修所用的配件、材料价格的真实信息(工时清单、材料清单),供审核。

⑤严格执行机动车维修技术标准,确保机动车维修质量,出具《机动车维修竣工出厂合格证》(含质量保证卡)。

⑥建立并向托修方提供机动车维修检验记录、检测数据等机动车维修技术档案。

(四)安全与劳动保护法规

1.《中华人民共和国安全生产法》

安全生产,事关人民群众生命财产安全、国民经济持续快速健康发展和社会稳定大局,党中央、全国人大和国务院高度重视安全生产立法工作。《中华人民共和国安全生产法》(以下简称《安全生产法》)于2002年6月29日第九届全国人民代表大会常务委员会第二十八次会议通过,自2002年11月1日起施行。2011年对《中华人民共和国安全生产法》进行了修正。制定《安全生产法》,主要是要解决社会主义市场经济体制下安全生产工作如何法律化、制度化的问题。《安全生产法》共七章一百一十九条,除了总则、法律责任、附则外,还包括:生产经营单位的安全生产保障、从业人员的权利和义务、安全生产的监督管理、生产安全事故的应急救援与调查处理等内容。

1)立法目的

为了加强安全生产监督管理,防止和减少生产安全事故,保障人民群众生命和财产安全,促进经济发展。

2)适用范围

本法适用于在中华人民共和国领域内从事生产经营活动的单位的安全生产管理。

3)安全生产管理方针

安全生产管理坚持安全第一、预防为主的方针。

4)生产经营单位在安全生产方面的义务

(1)生产经营单位必须遵守有关安全生产的法律、法规。

(2)生产经营单位必须加强安全生产管理。生产经营单位加强安全生产管理,是一项法定义务。

(3)建立、健全安全生产责任制度。确保安全生产的关键是建立、健全安全生产责任制度,使安全生产有人管,安全生产责任制的落实有人抓。通过安全生产责任制度的落实,从源头上消除事故隐患,从制度上预防生产安全事故的发生。

(4)完善安全生产条件。这里的“安全生产条件”是指生产经营单位在安全生产中的设施、设备、场所、环境等“硬件”方面的条件,这些条件是与安全生产责任制度相配套的。

5)生产经营单位的从业人员在安全生产方面的权利与义务

从业人员既是安全生产保护的对象,又是实现安全生产的基本要素。为了实现安全生产,防止和减少生产安全事故，必须保障生产经营单位的从业人员依法享有获得安全保障的权利，同时，从业人员也必须履行安全生产方面的义务。

(1)从业人员在安全生产方面的权利主要包括：

①从业人员有依法获得社会保险的权利。生产经营单位在与从业人员订立的劳动合同中，应当载明有关保障从业人员劳动安全和依法为从业人员办理工伤社会保险的事项。生产经营单位与从业人员订立的合同中，不得含有免除或者减轻生产经营单位对从业人员因生产安全事故伤亡依法应承担的责任的内容。

②从业人员有了解作业场所和工作岗位存在的危险因素的权利。生产经营单位有义务将从业人员作业场所和工作岗位中存在的可能导致生产安全事故的危险因素如实、全面地告诉从业人员。

③从业人员有权了解和掌握事故的防范措施和事故应急措施，并对本单位的安全生产工作提出意见和建议。生产经营单位有义务将生产安全事故的防范措施和事故的应急措施告知从业人员。

④从业人员有对安全生产工作中存在的问题提出批评、检举和控告的权利，有权拒绝违章指挥和强令冒险作业。生产经营单位不得因从业人员对本单位安全生产工作提出批评、检举、控告或者拒绝违章指挥和强令冒险作业而降低从业人员的工资、福利等待遇或者解除与其签订的劳动合同。

⑤从业人员发现直接危及人身安全的紧急情况时，有进行紧急避险的权利。即可以停止作业或者在采取可能的应急措施后撤离作业场所。

⑥从业人员因生产安全事故受到损害时，除依法享有工伤社会保险外，还有依照民事法律的相关规定，向本单位提出赔偿要求的权利。

(2)生产经营单位的从业人员在享有安全生产保障的权利的同时，也必须履行相应的安全生产方面的义务。生产经营单位从业人员在安全生产方面的义务主要包括：

①遵守国家有关安全生产的法律、法规和规章。有关安全生产的法律、法规和规章是安全生产的基本要求和保证，每一个从业人员都有义务认真遵守。

②从业人员在作业过程中，应当严格遵守本单位的安全生产规章制度和操作规程，服从安全生产管理。

③从业人员在作业过程中，应当正确佩戴和使用劳动防护用品，严禁在作业过程中放弃使用防护、保护用品或者不正确佩戴和使用劳动防护用品。

④从业人员应当自觉地接受生产经营单位有关安全生产的教育和培训，掌握所从事工作应当具备的安全生产知识。

⑤从业人员在作业过程中发现事故隐患或者其他不安全因素的，应当立即向现场安全生产管理人员或者本单位的负责人报告。

6)安全生产工作监督管理体制

(1)国务院负责安全生产监督管理的部门依照本法，对全国安全生产工作实施综合监督管理；县级以上地方各级人民政府负责安全生产监督管理的部门依照本法，对本行政区域内安全生产工作实施综合监督管理。

(2)国务院有关部门依照本法和其他有关法律、行政法规的规定，在各自的职责范围内对有关的安全生产工作实施监督管理;县级以上地方各级人民政府有关部门依照本法和其他有关法律、法规的规定,在各自的职责范围内对有关的安全生产工作实施监督管理。

7)生产经营单位应当认真执行有关安全生产的国家标准或者行业标准

《安全生产法》中规定的保障安全生产的国家标准和行业标准,属于强制性标准,具有和法律、法规同等的效力。生产经营单位必须执行,任何单位和个人都无权擅自变更、降低这类标准。严格执行有关安全生产的法规是生产经营单位的一项法定义务,也是防患于未然、减少或者杜绝生产安全事故的基本条件。

8)国家实行生产安全事故责任追究制度

国家有关部门将依照本法和有关法律、法规的规定,追究生产安全事故责任人员的法律责任。

9)《安全生产法》在机动车维修企业中的具体实施

《机动车维修管理规定》规定:机动车维修经营者应当加强对从业人员的安全教育和职业道德教育,确保安全生产。机动车维修从业人员应当执行机动车维修安全生产操作规程,不得违章作业。

按照《安全生产法》的有关管理原则和交通部上述规定,机动车维修企业在创立之初就应该建立完善的安全生产管理制度及各项安全生产操作规程,并配备有丰富经验的人员,专职从事安全教育和安全监督管理工作。

机动车维修企业的安全生产管理工作主要体现在以下方面:

(1)企业员工生产过程中的安全管理。机动车维修企业的车间操作员工,面临着许多操作安全问题。对从业人员从进入企业的第一天开始,除了不断强化安全意识之外,必须不间断地对他们进行安全操作规范教育和实际生产时的监督管理,让他们牢记机动车维修中的安全“六防”,并由专职安全生产管理人员随时加以监督管理。

①防溜车。机动车是随时都可以吞噬生命的“铁老虎”,而维修车间以及车间周围又是车辆频繁移动的场所,职工在这样的环境中作业,首先要有足够的防范意识,具体要做到:车辆被千斤顶举升或者开进检查地沟时,必须将前后车轮用三角木块塞紧,工作人员才能接近车辆和进行维修作业;人工移动车辆或者指挥倒车,必须选择安全位置,并且应该有两人以上共同完成操作;严禁无驾驶资格的人员在作业区域驾驶操作;试车员试车时,必须悬挂试车牌照,在公安机关核定的时间和路段试车,试车时,不得随意搭乘其他人员;拖曳损坏车辆应该指派有经验的员工,按照操作要领进行作业。

②防坠落。车间举升车辆,一定要确认设备负载是否匹配,设备是否完好,确信支撑位置恰当、绑扎牢靠、锁止有效之后,作业人员才能进入车下工作;在车辆上部操作的人员,首先要顾及下部操作人员的安全,不得随意将工具、配件摆放在作业部位,以免重物下滑击打下部工位操作人员,引起伤害事故;指挥重物起吊,不能站在有可能被坠落重物击打的位置。

③防挤压。车辆之间要留有足够的操作空间;搬抬重物要有专人指挥、协调动作,以免伤及动作缓慢的个人;多人协调操作的工作,要有一人负责口令指挥。

④防中毒。机动车维修作业中涉及的有毒有害物质比较多,应该特别引起重视,主要包括:对运输危险品的车辆,维修前一定要认真冲洗,不要钻进储罐内作业;充电间要与蓄电池作业间隔离开,并且要安装通风设备;充电操作人员不进行充电操作时,要远离充电间;喷漆车间

要与漆工作业间隔离；喷漆操作人员要加强个人防护；危险品仓库与一般物品分开存放；剧毒物资要专门设库存放，指定专人保管，并且有严格的进出库审批手续和领发料登记台账。

⑤防烫伤。散热器“开锅”时严禁发动机熄火和开启散热器盖；清洗蒸煮锅没有泄压前严禁开启；利用过热蒸汽清洗零件时，必须采取有效的防护措施；焊工、锻工以及热处理车间带有余热的零件不得随意乱放，应设立明显的隔离圈；利用经验法判断零件温升时，只能用手背测试。

⑥防意外伤害。如用压缩空气吹干零件时，气管不能对着人体头、面部；所有经过机械加工的零件，不要用手触摸零件尖角处，以免割伤皮肤；不能将水倒入浓硫酸中进行稀释；车间里行走要防止误踩油污或者可以滚动的零件而滑跌等。

(2)企业用电安全管理。机动车维修企业使用的移动设备多，某些车间空气湿度高，车间里导电物体多，用电安全的责任重大，应引起高度重视。企业用电安全管理的具体工作主要包括：

①要经常检查移动用电设施完好状况，发现破损漏电器材，必须立即停止使用，进行更换或者维修。

②教育职工不能乱拉私接电线，不得在车间里扔工具和零件等，以免碰断电线引起短路或者触电事故。

③低压工作灯不能错插进高压电插座。

④一旦发生触电事故，首先切断电源，再用绝缘物对触电人员施救，以防连锁事故的发生。

(3)企业消防安全管理。机动车维修企业生产的一个显著特点是“油火不分家”，因此，消防安全是维修企业的重要职责。企业消防安全管理的具体工作主要包括：

①使用石油产品作为清洗剂和稀释剂的企业或者车间，不允许进行焊接等有明火的作业。

②运输危险品的车辆，只能在具有危险品车辆维修资格的企业维修。

③维修企业的废油废液要经常清理，不得乱堆乱放。

④机修、喷漆、充电作业等车间及仓库区，严禁烟火。

(4)环境安全管理。机动车维修企业要做好环境安全管理工作，主要包括：

①对存放剧毒品、危险品等要建立完整的安全管理规定，实行专库、专人保管。

②对送修的机动车要严格检验、识别，发现有走私、盗抢、拼装等可疑迹象时，要稳住客户，及时报警。

③严禁企业违反环保法规随意排放废液、废气。

④喷漆车间和钣金、轮胎作业等排放高噪声的车间，应该设立在下风口和尽量远离人员居住的方位。

⑤企业应加强夜间巡逻值班，防止偷盗待修或者修理竣工的机动车辆的行为发生。

(5)职业病防治安全管理工作。主要包括：

①对某些仓库保管员、涂漆工、充电工、轮胎作业工、钣金工等接触有毒有害物质和噪声危害的工作人员，要加强劳动防护，并且定期组织职工进行必要的体检，按照规定发放必须的营养补贴。

②对处于妊娠期的女工、患有慢性病的职工和已经患有职业病的职工，要调剂工种，减轻劳动强度和职业危害。

2.《中华人民共和国劳动法》

《中华人民共和国劳动法》(以下简称《劳动法》)于1994年7月5日颁布,自1995年1月1日起施行。2009年对《劳动法》进行了修正。《劳动法》共十三章一百零七条,内容丰富,规定具体,针对性强,除了总则、监督检查、法律责任、附则外,还包括促进就业、劳动合同和集体合同、工作时间和休息休假、工资、劳动安全卫生、女职工和未成年工特殊保护、职业培训、社会保险和福利、劳动争议等九章,对劳动者的权利和义务、劳动关系的确立和调整、劳动标准的确定和执行以及劳动部门的工作规范和职责,都作了明确规定。

1)《劳动法》立法的基本原则

(1)《劳动法》是依据《宪法》中有关劳动者基本权利和义务的规定制定的。

(2)《劳动法》的主要宗旨是保护劳动者的合法权益,同时也考虑到劳动者与用人单位双方的权利与义务的对等。比如在规定职工可以辞职的同时,也规定用人单位可以依法辞退职工,从而保证了劳动者择业自主权和用人单位的用人自主权。

(3)既要充分考虑到中国国情,又要借鉴外国的成功经验,承担我国已批准的国际劳工公约所应履行的义务,为逐步与国际惯例接轨创造条件。

(4)在制定《劳动法》时,既考虑到法律的统一性,又考虑到地域和经济发展水平的差异性。比如关于最低工资的规定,国家对确定和调整最低工资标准的参考因素作了明确规定,但最低工资的具体标准由各省、市、自治区自行确定。

2)《劳动法》的重大意义

(1)《劳动法》突破了计划经济按不同所有制形式分别立法的传统模式,对不同所有制下的劳动者的权利和义务,按照同一标准作了统一规定,适应了我国社会经济发展中公有制经济与非公有制经济并存的局面,有利于保护全体劳动者和不同所有制单位的合法权益,形成劳动者及企业之间平等竞争的局面,从而会促进社会主义统一市场的形成。

(2)《劳动法》以法律形式确定建立劳动关系应当建立劳动合同。

(3)按照市场经济的规律,确定了集体合同制度。《劳动法》规定工会可以代表职工与企业就劳动报酬、工作时间、休息休假、劳动安全卫生、保险福利等事项,在平等协商的基础上订立集体合同。

(4)《劳动法》以基本法律的形式第一次明确了工时休假制度,使宪法规定的劳动者这一基本权利得到具体确认。

(5)充分落实了劳动者择业、辞职自主权和企业用人、分配自主权,为劳动者成为择业主体和企业成为用人主体提供了法律保障。

(6)确立了最低工资保障制度,规定了工资支付的基本原则。

(7)《劳动法》明确了国家确定职业分类,制定职业技能标准,实行职业资格证书制度,实施职业技能考核鉴定,为我国建立职业技能开发体系,深化职业培训制度改革,全面开发劳动者的职业技能,提高我国劳动者整体素质,提供了法律依据和保障。

(8)《劳动法》肯定了社会保险制度改革的成果,充分体现了党的十四届三中全会关于社会保险制度改革的精神,明确了逐步向社会统筹过渡的方向,对基本保险、企业补充保险和个人储蓄性保险分别作了原则规定;对社会保险基金经办机构和监督机构的职责制定了法律规范,同时规定了用人单位和劳动者缴纳社会保险费的义务和法律责任,为建立有中国特色的社会保险制度指明了方向。

3)劳动者的权利和义务

(1)《劳动法》规定,劳动者的权利主要有:

①劳动权。

②民主管理权。

③休息权。

④获得劳动报酬权。

⑤劳动保护权。

⑥职业培训和业务进修权。

⑦物质帮助权等。

(2)《劳动法》规定,劳动者的义务主要有:

①按照规定的数量和质量完成生产任务和工作任务。

②遵守劳动纪律和用人单位各项规章制度。

③学习科学文化和技术业务知识。

④保守企业商业秘密。

⑤遵守各项劳动法律规范等。

4)用人单位的权利和义务

(1)《劳动法》规定,用人单位的权利主要有:

①决定录用、调动和解除与职工劳动关系的权利。

②用人单位机构设置的决定权。

③用人单位管理人员的任用、聘任权及解聘权。

④工资、奖金分配的提出权。

⑤对职工依法奖惩权等。

(2)《劳动法》规定,用人单位的义务主要有:

①依法考核录用和招聘职工。

②合理组织生产。

③保障职工代表大会和工会行使其职权。

④支付职工劳动报酬。

⑤不断改善劳动条件等。

5)关于劳动安全卫生

(1)《劳动法》规定劳动者在劳动安全卫生方面的权利主要有:

①劳动者对用人单位管理人员违章指挥、强令冒险作业,有权拒绝执行。

②对危害生命安全和身体健康的行为,有权提出批评、检举和控告。

③劳动者在劳动安全卫生方面的义务主要是:劳动者在劳动过程中必须遵守安全操作规程。

(2)《劳动法》规定用人单位在劳动安全卫生方面的义务是:

①用人单位必须建立、健全劳动安全卫生制度,严格执行国家劳动安全卫生规程和标准,对劳动者进行劳动安全卫生教育,防止劳动过程中的事故,减少职业危害。

②用人单位必须为劳动者提供符合国家规定的劳动安全卫生条件和必要的劳动防护用品,对从事有职业危害作业的劳动者应当定期进行健康检查。

③劳动安全卫生设施必须符合国家规定的标准。新建、改建、扩建工程的劳动安全卫生设施必须与主体工程同时设计、同时施工、同时投入生产和使用。

6)关于职业培训

《劳动法》规定:

(1)国家通过各种途径,采取各种措施,发展职业培训事业,开发劳动者的职业技能,提高劳动者素质,增强劳动者的就业能力和工作能力。

(2)国家确定职业分类,对规定的职业制定职业技能标准,实行职业资格证书制度,由经过政府批准的考核鉴定机构负责对劳动者实施职业技能考核鉴定。

(3)用人单位应当建立职业培训制度,按照国家规定提取和使用职业培训经费,根据本单位实际,有计划地对劳动者进行职业培训。

(4)从事技术工种的劳动者,上岗前必须经过培训。

7)《劳动法》在机动车维修企业中的具体实施

《劳动法》从法律的角度规范了劳资双方的行为,成为最直接关系到劳动者权益的法律依据,因此对《劳动法》在企业的实施广泛受到各行各业劳动者的关注。在机动车维修企业中,《劳动法》的具体实施主要体现在以下方面:

(1)与劳动者签订有效的劳动合同。机动车维修企业的劳动力资源流动比较频繁,许多企业高技能员工的流失现象,已经成为令企业经营者头痛的问题。另一方面,由于许多企业没有按时与员工签订有效的劳动合同,员工的切身利益也受到种种侵害。长此以往,这个问题将变为困扰企业良性发展的障碍之一。

签订劳动合同应该在双方自愿和平等的基础上,严格依照《劳动法》所规定的条款和劳动主管部门与合同主管部门所设定的劳动合同示范文本格式进行,不能采取实用主义和各取所需的态度,任意节选和删改这些相关条款。

机动车维修企业在与劳动者签订劳动合同时,一定要注意以下问题:

①除了明确双方的权利和义务之外,还要写明双方均认为合情合理的违约责任,以便于双方互相约束,逐步减少技术工人频繁“跳槽”、影响整个行业健康发展的问题。

②在签订劳动合同时,不要将合同期限定得过于短暂,特别是对那些具有一定技术专长的技术人员和操作能手,更要给他们一个比较稳定和宽松的工作环境,以利于促进企业的技术进步。

③在企业和劳动者之间,企业是强者,对劳动合同的格式条款,更要注意其所拟的劳动合同应该符合法律规定,否则,一旦发生劳动争议,劳动仲裁部门将会作出不利于企业的解释。

(2)按照国家有关规定,及时给付劳动者合理的报酬。按照《劳动法》的有关规定,企业在给付劳动者报酬时应该具体做到:

①企业必须向劳动者提供必要的生活保障,严格实行不低于当地政府制定的最低生活保障水平的薪酬制度。

②实行计件工资制的企业,在确定工资发放方案时,应该保证职工在生产淡季也能取得不低于当地政府规定的最低基本生活费用。

(3)对员工进行必要的技能培训。机动车维修行业不仅是一个劳动密集型产业链,同时也是一个技能密集型产业机构。企业要想取得良好的业绩,必须花大力气着力提高从业人员的业务素质、技术水平和操作技能。

(4)重视劳动保护。毋庸置疑,机动车维修企业的许多工种,作业条件都比较艰苦,其中部分工种作业中还会产生有毒有害物质,直接威胁着职工的身体健康。因此,企业一定要关注工作场所的环境治理和重视职工的劳动保护,具体工作主要包括:

①车身维修车间要单独设置,与周围其他车间有效隔离,以避免钣金作业中的噪声侵扰和喷漆作业中的芳香烃等有害气味危害,造成对职工身体的不良影响。

②喷漆车间应该具有良好通风条件和污水处理装置,要与漆工作业间有效隔离。

③为钣金工配备消声耳塞和护目眼镜,为喷漆工配备防毒口罩,并给他们发放相应营养补贴,定期进行尘肺等职业健康安全检查。

④蓄电池作业间应该与充电车间实施隔离,充电车间要阴凉通风,避免使用可能产生电火花的无屏蔽插座和禁止一切明火作业。

⑤设置专门的焊接车间、锻工车间和热处理车间、电镀车间的企业,对这些工种要按照规定发放相应的劳动防护用品,避免高温作业和有毒有害物质对这些职工的伤害。

⑥轮胎维修作业人员应佩戴护目眼镜和防尘口罩,定期对他们进行尘肺检查。

⑦危险品和剧毒品仓库应该指定专人负责,加强安全保护,防止意外发生。

⑧禁止使用含铅汽油和其他危害人体健康的清洗剂,注意车间的夏季通风和冬期保暖。

⑨定期组织职工参加常规体检。

(5)合理解决劳资纠纷。机动车维修企业和其他行业一样,都难免存在劳资纠纷。解决劳资纠纷应该体现人性化的管理思路,尽量避免激化矛盾,通过平等协商、亲情呼唤,调解纠纷,达成共识。解决劳资纠纷应特别注意以下方面:

①在企业与员工发生分歧时,严禁使用暴力手段威胁、恐吓员工,企业经营者应该心平气和地约请职工代表对话协商,或者采取召开特别职工代表大会以及通过工会组织出面广泛征求意见的方法,化解矛盾、取得谅解。

②在企业没有能力化解纠纷的情况下,可以动员职工通过向上一级主管部门反映,劳动仲裁,或者运用法律途径寻求妥善解决的办法,使劳资纠纷得到在法律规定范围内的合理解决。

第三节 汽车维修标准体系

一 标准的基本知识

(一)标准的定义和作用

标准是对重复性事物和概念所做的统一规定。它以科学、技术和实践经验的综合成果为基础,经有关方面协商一致,由主管机构批准,以特定形式发布,作为共同遵守的准则和依据。

标准定义包含下列含义:

(1)制定标准的对象是重复性事物或概念。虽然制定标准的对象,早已从生产、技术领域延伸到经济工作和社会活动的各个领域,但这里所指的并不是所有事物或概念,而是比较稳定的重复性事物或概念。如汽车维修工作。

(2)标准产生的客观基础是"科学、技术和实践经验的综合成果"。这就是说,一是科学技术成果,二是实践经验的总结,并且这些成果与经验都是经过分析、比较和选择,能综合反映其客观规律性的"成果"。

(3)标准在产生过程中要"经有关方面协商一致"。标准不能凭少数人的主观意志,而应该发扬民主、与各有关方面协商一致,"三稿定标"。

(4)标准的本质特征是统一。标准是"由标准主管机构批准以特定形式发布,作为共同遵守的准则和依据"的统一规定。不同级别的标准是在不同适用范围内进行统一,不同类型的标准是从不同侧面进行的统一。

(二)标准的分类及代号

1. 标准的分类

1)按标准的约束性分类

标准具有相对统一的、固定的特性,既具有法律的约束性,在理论上又是可协调的。依据《中华人民共和国标准化法》(以下简称《标准化法》)的规定,标准按法律的约束性程度不同分为强制性标准和推荐性标准两类。

(1)强制性标准。国家通过法律的形式明确要求对于一些标准所规定的技术内容和要求必须强制执行,不允许以任何理由或方式加以违反或变更,这样的标准称之为强制性标准。根据《标准化法》规定,保障人体健康,人身、财产安全的标准和法律、行政法规规定强制执行的标准是强制性标准,其他标准是推荐性标准。省、自治区、直辖市标准化行政主管部门制定的有关工业产品安全、卫生要求的地方标准,在本行政区域内是强制性标准。

强制性标准是国家技术法规的重要组成部分。根据《标准化法》的规定,企业和有关部门对涉及经营、生产、服务、管理有关的强制性标准都必须严格执行。对违反强制性标准而造成不良后果以至重大事故者由法律、行政法规规定的行政主管部门依法根据情节轻重给予行政处罚,直至由司法机关追究刑事责任。

(2)推荐性标准(在标准代号后加"/T")。国家鼓励自愿采用的具有指导作用而又不宜强制执行的标准属于推荐性标准。推荐性标准所规定的技术内容和要求具有普遍的指导作用,允许使用单位结合自身的实际情况,灵活加以选用。

2)按标准的适用范围或审批权限分类

标准按适用范围,即应用领域和有效范围可分为国际标准、国外先进标准(区域标准)、国家标准、行业标准、地方标准和企业标准。

(1)国际标准。是指国际标准化组织(ISO)和国际电工委员会(IEC)等所制定的标准,以及目前国际标准化组织已列入《国际标准题内关键词索引》中的 27 个国际组织制定的标准和公认具有国际先进水平的其他国际组织制定的某些标准。如 ISO 9000 质量保证标准就是由国际标准化组织(ISO)制定的国际标准。国家鼓励积极采用国际标准。

(2)国外先进标准。是指国际上有影响的区域标准。

(3)国家标准。由国务院标准化行政主管部门,包括国家质量监督检验检疫总局、中国国家标准化管理委员会等制定的需要在全国范围内统一的技术要求。

(4)行业标准。没有国家标准而又需在全国某个行业范围内统一的技术标准,由国务院有关行政主管部门制定并报国务院标准化行政主管部门备案。

(5)地方标准。没有国家标准和行业标准而又需在省、自治区、直辖市范围内统一的工业产品的安全、卫生要求,由省、自治区、直辖市标准化行政主管部门制定并报国务院标准化行政主管部门和国务院有关行业行政主管部门备案的标准。

(6)企业标准。企业生产的产品没有国家标准、行业标准和地方标准,由企业制定的作为组织生产的依据的相应标准,或在企业内制定适用的严于国家标准、行业标准或地方标准的企业标准(含内控标准),并按省、自治区、直辖市人民政府的规定备案(不含内控标准)的标准。

综上所述,虽然各类标准有各自不同的适用范围,但在权威性方面,国内各级标准中国家标准权威最高,其他标准在类似要求上不得与其抵触。

3)按标准的内容属性分类

标准可分为技术标准、管理标准和工作标准。各类标准分别介绍如下:

(1)技术标准。技术标准是对标准化领域中需要协调统一的技术事项而制定的标准。技术标准主要用以规范事物的技术性内容,主要包括:基础标准、产品标准、方法标准和安全、卫生与环保标准、信息技术标准等。

(2)管理标准。管理标准是对标准化领域中需要协调统一的管理事项所制定的标准。其主要作用是规定人们在生产活动和社会生活中的组织结构、职责权限、过程方法、程序文件以及资源分配等事宜。管理标准主要包括生产管理、技术管理、经营管理和劳动组织管理等。

(3)工作标准。工作标准是对标准化领域中需要协调统一的工作事项所制定的标准。工作标准主要包括作业方法、设计程序、工艺流程等,也包括针对具体岗位而规定的人员和组织在生产经营管理活动中的职责、权限,对各种过程的定性要求,以及活动程序和考核评价要求。

4)按标准作用的对象分类

按作用的对象分类,技术标准可分为基础标准、产品标准、方法(检测、试验)标准、安全标准、卫生标准和环境保护标准等。

(1)基础标准。在一定范围内作为其他标准的基础并普遍通用,具有广泛指导意义的标准。

(2)产品标准。为保证产品的适用性,对产品必须达到的某些或全部特性要求所制定的标准。

(3)方法(检测、试验)标准。以产品性能与质量方面的试验、检查、分析、抽样、统计、计算、测定、作业等各种方法为对象而制定的标准。

(4)安全标准。以保护人和物的安全为目的而制定的标准。如《机动车安全运行技术条件》(GB 7258—2012)。

(5)卫生标准。为保护人的健康,对食品、医药及其他方面的卫生要求而制定的标准。

(6)环境保护标准。为保护环境和有利于生态平衡对大气、水体、土壤、噪声、振动、电磁波等环境质量、污染管理、监测方法及其他事项而制定的标准。

2. 标准的代号

为便于研究和应用标准,国家规定了标准的编号规则。标准代号由 4 部分组成,例如"《汽车维护、检测、诊断技术规范》(GB/T 18344—2001)"。标准代号第 1 部分为标准级别代号(如例中的"GB/T",表示推荐性国家标准);第 2 部分为标准顺序号(如例中的"18344");第

3 部分为标准发布年号(如例中的“2001”);第 4 部分为标准名称(如例中的“《汽车维护、检测、诊断技术规范》”)。标准级别代号的编制规则如下:

(1)国家标准代号。强制性国家标准代号为 GB,推荐性国家标准代号为 GB/T。

(2)行业标准代号。按行业不同分别代号,一般取行业汉语拼音的前两个字母。如机械行业标准代号为 JB,汽车行业标准代号为 QC,交通行业标准代号为 JT。推荐性行业标准为行业标准代号后加“/T”。

(3)地方标准代号。由汉语拼音字母“DB”加上省、自治区、直辖市行政区划代码前两位数再加斜线,组成强制性地方标准代号。再加“/T”,组成推荐性地方标准代号。各省、自治区、直辖市代码,如:北京市为 110000、上海市为 310000。

(4)企业标准代号。由符号“Q/”加企业代号(3 位字母)组成企业标准代号。

(三)标准的制定、发布、管理、实施与监督

1.标准的制定与发布

目前,世界上有近 300 个国际和区域性组织制定标准或技术规则,其中最大的是国际标准化组织(ISO)、国际电工委员会(IEC)、国际电信联盟(ITU)。ISO、IEC、ITU 标准为国际标准。此外,被 ISO 认可的其他国际组织制定的标准也视为国际标准。

我国的标准化工作职责,按照《标准化法》规定,具体分工和落实要求如下:

(1)国家标准由国务院标准化行政主管部门制定。

(2)行业标准由国务院有关行政主管部门按行业标准计划的安排,组织行业标准负责起草单位提出行业标准征求意见稿,经征求各有关方面意见的修改稿为送审稿,送全国专业标准化技术委员会或专业标准化技术归口单位,并报国务院标准化行政主管部门备案,在公布相关国家标准之后,该项行业标准即行废止。行业标准由行业标准归口部门审批、编号、发布。

(3)地方标准由省、自治区、直辖市标准化行政主管部门制定,并报国务院标准化行政主管部门和国务院有关行政主管部门备案,在公布国家标准或者行业标准之后,该项地方标准即行废止。

(4)企业的产品标准须报当地政府标准化行政主管部门和有关行政主管部门备案。已有国家标准或者行业标准的,国家鼓励企业制定严于国家标准或者行业标准的企业标准,在企业内部适用。法律对标准的制定另有规定的,依照法律的规定执行。

2.标准的管理、实施与监督

(1)标准的修订、更新与废止。《标准化法》要求:标准实施后,制定标准的部门应当根据科学技术的发展和经济建设的需要适时进行复审,以确认现行标准继续有效或者予以修订或废止。标准复审周期一般不超过 5 年。

(2)标准的组织实施。标准的实施,即有组织、有计划、有措施地将标准规定的内容贯彻到生产、流通、使用等领域中去的过程。它是标准化工作的任务之一,也是标准化工作的目的。标准的组织实施工作,大致分为计划、准备、实施、检查和总结 5 个阶段。标准实施的主要形式有 3 种:①直接贯彻,即对标准的条文不作任何压缩和补充,原原本本地进行贯彻;②压缩贯彻,即标准贯彻时,对标准的内容进行压缩与部分选用;③补充贯彻,即其内容比较概括、标准中的指标不能满足需要时,对其内容和质量指标补充,以技术规范的形式下达,包括质量手册、维修手册(作业指导书)等贯彻落实。

(3)标准实施的监督。标准实施的监督是国家行政机关对标准贯彻执行情况进行督促、检查、处理的活动。它是政府标准化行政主管部门和其他有关行政主管部门领导和管理标准化活动的重要手段,也是标准化工作任务之一,其目的是促进标准的贯彻,监督标准贯彻执行的效果,考核标准的先进性和合理性。通过对标准实施的监督,随时发现标准中存在的问题,为进一步修订标准提供依据。

二 汽车维修标准体系

多年来,我国的汽车维修行业已初步建立健全了汽车维修与检测方面的标准体系。汽车维修标准化技术委员会遵循“全面成套、层次恰当、划分明确”的原则,结合国外成功经验,把汽车维修专业范围内的标准按标准对象、标准项目、标准级别与性质及相互间内在联系,编制成系统性技术文件,形成标准体系表,使其按内在联系形成一个整体,既便于标准制定与管理部门对标准不断更新和完善,更方便标准使用部门对标准更好地掌握和运用。

(一)汽车维修标准体系结构

汽车维修标准体系总结构分为两个部分三个层次,如图1-1-1所示。其中,两个部分为“汽车维修管理、服务标准”和“汽车维修基础和通用标准”;三个层次的第一层(101～102)为基础和通用标准,这类标准在一定范围内作为其他标准的基础并普遍使用,对汽车维修工作具有广泛的指导作用;第二层(201～203)为专用修理技术标准,也可称为方法标准,是以试验、检查、分析、抽样、统计、计算、测定、作业等各种方法为对象制定的标准;第三层(301～303)为维护、修理、检测设备标准,属于产品标准,包括品种规格、技术性能、试验方法、检验规则、包装、储存、运输等标准。每个层次的类别不同,但是标准内在之间都有着密切联系。考虑到标准的发展,结构框图中预留了“质量保证”的位置。

(二)汽车维修检测技术标准的发展方向

为了进一步发挥汽车维修标准在推动行业技术进步、规范市场秩序方面的作用,根据我国目前有关汽车维修标准的现状与国外先进国家的差距,全国汽车维修标准化技术委员会提出发展我国汽车维修标准步骤的设想,主要包括:

1. 优先制定、修订汽车维修行业最高层次的基础标准

基础标准的重要性已被标准化工作者所认识,近几年来,已陆续组织制定并发布了如《汽车维修术语》(GB/T 5624—2005)、《汽车维修业开业条件》(GB/T 16739—2004)、《汽车综合性能检测站通用技术条件》(GB/T 17993—2005)、《汽车修理业质量检验人员技术水平要求》(JT/T 425—2000)等标准,被排在“体系表”中“101”、“102”的基础标准之中。这些标准都是为政府或行业规范汽车维修市场、提高汽车维修行业整体素质及水平的一些重要标准,今后还应优先考虑这些基础标准的制定、修订工作。

2. 重视有关安全、环保、节能方面的标准

这类标准有《在用燃气汽车改装技术要求》、《汽车防抱制动系统检测技术条件》(JT/T 510—2004)、《汽车举升机》(JT/T 155—2004)、《滚筒反力式汽车制动检验台》(GB/T 13564—2005)、《汽车排气分析仪》(JT/T 386—2004)等。这些标准紧紧围绕了国家可持续发展的战略方针。

3. 发动企业开发产品标准

产品标准在“体系表”中占了很大的比重,主要有汽车维护设备、修理加工设备和检测诊断设备。这类标准是提高汽车维修行业汽车维修质量和效率的基础。随着汽车的技术进步和汽车维修向专业化方向发展,产品不断更新换代,产品标准将发挥越来越重要的作用。制定、修订产品标准应发挥企业的优势和积极性,尽可能多使企业参加到产品标准的制定、修订工作中来。

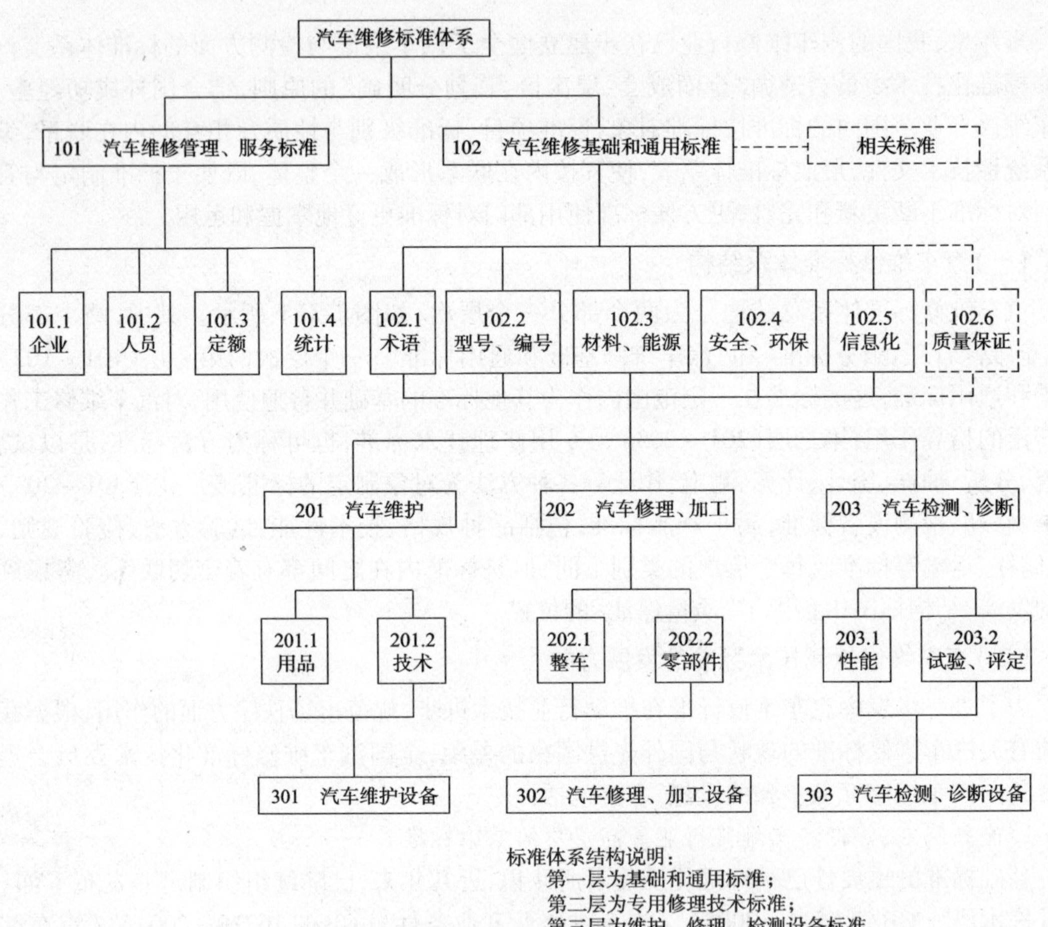

图 1-1-1 汽车维修标准体系结构

三 汽车维修企业标准化工作

(一)企业标准化工作的重要性

1. 技术标准是企业科学管理的基础

(1)技术标准是合同中确认质量的重要依据。市场经济进行的商品交换和经济往来,主要通过合同的形式来实现,在这些合同中,技术标准是质量的技术依据。如汽车维修竣工出厂质量验收的技术标准,合同中应明确规定,并以此作为供需双方检验产品质量的依据,当然首先是作为生产单位的质量考核依据。

(2)技术标准是企业组织生产的重要技术依据。企业进行正常生产,必须有适合的原辅材料,只有使用合格的原辅材料,只有规范的操作工艺才能生产出合格的产品。何谓“合格”、“规范”,其衡量的载体就是技术标准。只有严格按照技术标准组织生产、进行质量把关,才能确保最终产品的合格。因此,技术标准是企业正常生产过程中必不可少的技术支撑。

(3)技术标准是质量纠纷仲裁的重要依据。随着汽车维修质量保证期的法定化,车主维权意识的日益增强,汽车维修质量纠纷处理会越来越成为困扰企业经营者和维修行业管理部门的难题。汽车维修质量问题主要反映在维修过程中执行操作规范的到位程度,因而,质量纠纷的调解、仲裁或判决,很大程度上取决于技术标准的执行情况。

2. 运用技术标准战略提高企业竞争能力

在当今知识经济时代,专利、著作权、商标、专有权、政策、互联网域名等,所有有价值的知识资源,都正在成为新经济的先知先觉者们“争圈”的对象。如今,若对知识做一个全新的分类,可分为:内容类知识、方法类知识、规则类知识等。方法类知识比内容类知识重要,规则类知识则是最有力量的知识。因为内容类知识是关于“是什么”和“为什么”的知识,方法类知识是关于“怎么做”及“谁来做”的知识,而规则类知识不但约束了怎么做事,约束了什么人做事,更重要的是约束了竞争对手:你只能这样做,不能那样做。人们当今流行的一种说法,即:三流企业卖力气,二流企业卖产品,一流企业卖技术,而超一流企业则是卖规则!这里讲的规则是什么?在技术领域与知识产权战略领域就是技术标准,在市场经济中就是“游戏规则”。超一流企业是通过创造和运作标准或规则获得超额利润的。因此,企业实施技术标准战略的最高目标就是要形成自己的技术标准,然后推而广之有效地用它来左右市场,跨越技术性的贸易壁垒。

但是,在目前我国总体技术标准水平比较落后的大背景下,企业直接引进、使用别国或国际先进的技术标准,既有利于提高产品质量和市场竞争力,也有助于扩大服务领域,也是技术标准战略在企业层面运用的重点。因此,目前在许多以引进国外先进的管理规范和维修技术标准而建立的集汽车销售、维修、配件供应及质量信息反馈为一体的4S站,在市场上的技术竞争力是突出的,得到了广泛的社会认可,就是一个很好的例证。

(二)企业标准化工作的任务

根据《企业标准化管理办法》的规定,企业标准化管理工作的基本任务是:执行国家有关标准化的法律、法规,实施国家标准、行业标准和地方标准,制定和实施企业标准,并对标准的实施进行检查。

作为专业从事汽车维修的企业或业户,应根据企业规模的大小,酌情在企业技术质量管理层次设置专门机构(技术科或质检科)或专人(技术员、质量检验员、档案员),专职负责企业标准化工作。其任务是:

(1)贯彻国家的标准化工作方针、政策、法律、法规,编制本企业标准化工作计划。

(2)搜集、整理、更新、统一归口管理各类企业相关技术、管理标准和国内外标准化资料,建立档案;组织制定、修订企业标准,健全企业标准体系。

(3)组织实施国家标准、行业标准、地方标准和企业标准。

(4)负责对本企业实施标准的情况进行监督检查。

(5)参与研制新产品、改进产品、技术改造和技术引进中的标准化工作,提出标准化要求,做好标准化审查。

(6)做好标准化效果的评价与计算,总结标准化工作经验。

(7)对本企业有关人员进行标准化宣传教育,对本企业有关部门的标准化工作进行指导。

(8)承担上级标准化行政主管部门和有关行政主管部门委托的标准化工作任务。

(三)企业标准的搜集、选用、制定和管理

1. 企业标准选用和制定的基本原则

(1)贯彻国家和地方有关的方针、政策、法律、法规,全面搜集并及时更新有关标准版本,严格执行强制性国家标准、行业标准和地方标准,即企业标准一定要保证严于上级标准,包括国家、行业及地方标准。

(2)保证安全、卫生,充分考虑使用要求,保护消费者利益,保护环境。

(3)有利于企业技术进步,保证和提高产品质量,改善经营管理和增加社会经济效益。

(4)积极采用国际标准和国外先进标准。

(5)有利于合理利用国家资源、能源,推广科学技术成果,有利于产品的通用互换,符合使用要求,技术先进,经济合理。

(6)有利于对外经济技术合作和对外贸易。

(7)本企业内的企业标准之间应协调一致。

2. 制定企业标准的程序

制定企业标准的程序主要包括:编制计划、调查研究,起草标准草案、征求意见,对标准草案进行必要的验证,审查、批准、编号,发布标准。

(四)标准与规范的实施和监督

汽车维修标准是指导企业生产过程与经营管理的基本准则,标准可以通过相配套的技术规范,包括维修手册、检验规程等,在企业生产技术管理过程中得到具体实施,主要体现在以下方面:

(1)用国家标准《汽车维修业开业条件》等来指导企业建设和经营发展的决策。

(2)用国家标准《机动车维修从业人员从业资格条件》等实施企业人力资源管理。

(3)用国家标准《汽车维护、检测、诊断技术规范》及维护工艺规程、车型维修手册等维修技术标准和规范指导维修作业,实施生产技术管理。

(4)用国家标准《机动车安全运行技术条件》、《营运车辆综合性能要求和检验方法》和具体各项检验规范,指导维修质量检验工作。

对标准与规范的执行实施监督是企业管理的重要手段,目前通过企业建立健全ISO质量管理体系的形式,完善企业标准化工作,使技术规范渗透到每个工位、每一个生产经营管理过程,是经实践证明行之有效的一种技术质量管理模式,值得推广。

第四节 汽车维修检测主要技术标准

一 汽车维修管理主要技术标准

汽车维修管理标准在“汽车维修标准体系结构”中属于“基础和通用标准”类,是为协调统

一汽车维修行业管理事项所制定的标准，如规范企业市场准入条件的标准、规范行业从业人员技术要求的标准等，是行业管理和企业管理的重要依据。此类标准主要内容介绍如下。

(一)《汽车维修业开业条件》(GB/T 16739—2004)

该标准由中华人民共和国国家质量监督检验检疫总局、中国国家标准化管理委员会2004年1月6日发布，2005年1月1日起实施。

该标准分为两部分：《汽车维修业开业条件　第1部分：汽车整车维修企业》(GB/T 16739.1—2004)；《汽车维修业开业条件　第2部分：汽车专项维修业户》(GB/T 16739.2—2004)。两部分分别规定了汽车整车维修企业和汽车专项维修业户必须具备的人员、组织管理、设施、设备等条件。

该标准属于推荐性国家标准，但是，交通部门规章《机动车维修管理规定》(交通部令2005年第7号)将其确定为汽车维修企业开业的必要条件，而具有强制力。该标准是交通行政主管部门对汽车整车维修企业(一类、二类)和专项维修业户(三类)进行开业审核和管理的依据。标准第1部分适用于汽车整车维修企业；第2部分适用于汽车专项维修业户，分别介绍如下。

1.《汽车维修业开业条件　第1部分：汽车整车维修企业》(GB/T 16739.1—2004)

1)汽车整车维修企业的定义及分类

标准定义的"汽车整车维修企业"为：有能力对所维修车型的整车、各个总成及主要零部件进行各级维护、修理及更换，使汽车的技术状况和运行性能完全(或接近完全)恢复到原车的技术要求，并符合相应国家标准和行业标准的规定的汽车维修企业。整车维修企业按规模大小分为一类汽车整车维修企业和二类汽车整车维修企业。

2)汽车整车维修企业按主修车型的分类

整车维修企业可以有主修车型，并根据主修车型的不同在开业条件方面有所区别。标准将主修车型分为三种情形，具体划分规定是：

(1)小型车——车身总长不超过6m的载客车辆和最大设计总质量不超过3500kg的载货车辆。

(2)大中型客车——车身总长超过6m的载客车辆。

(3)大型货车——最大设计总质量超过3500kg的载货车辆、挂车及专用汽车的车辆部分。

3)汽车整车维修企业人员条件

标准对企业关键岗位人员的数量配备和持证上岗等人员条件作了明确规定。企业关键岗位人员包括：管理负责人、技术负责人及检验、业务、价格核算、维修(机修、电器、钣金、涂漆)等。

(1)企业管理负责人、技术负责人及检验、业务、价格核算、维修(机修、电器、钣金、涂漆)等关键岗位至少应配备1人，并应经过有关培训，取得行业主管部门颁发的从业资格证书，持证上岗。

(2)企业管理负责人应熟悉汽车维修业务，具备企业经营、管理能力，并了解汽车维修及相关行业的法规及标准。

(3)技术负责人应具有汽车维修或相关专业的大专以上文化程度，或具有汽车维修或相关专业的中级以上专业技术职称。应熟悉汽车维修业务,并掌握汽车维修及相关行业的法规及标准。

(4)检验人员数量应与其经营规模相适应,其中至少应有 1 名总检验员和 1 名进厂检验员。

(5)业务人员应熟悉各类汽车维修检测作业,从事汽车维修工作 3 年以上,具备丰富的汽车技术状况诊断经验,熟练掌握汽车维修服务收费标准及相关政策法规。

(6)企业工种设置应覆盖维修业务中涉及的各专业。维修人员的专业知识和业务技能应达到行业主管部门规定的要求。

4)汽车整车维修企业组织管理条件

标准重点对汽车整车维修企业在经营管理和质量管理条件方面作出相应规定。

(1)经营管理条件。标准从具备相关法规等文件资料、规范业务工作流程、健全经营管理体系、实行计算机管理等制度 4 个方面对整车维修企业经营管理条件作出相应规定。

①应具有与汽车维修有关的法规等文件资料。

②应具有规范的业务工作流程,并明示业务受理程序、服务承诺、用户抱怨受理制度等。

③应具有健全的经营管理体系,设置技术负责、业务受理、质量检验、文件资料管理、材料管理、仪器设备管理、价格结算等岗位并落实责任人。

④应实行计算机管理。

(2)质量管理条件。标准从具备技术标准和相关维修资料、健全各项制度、建立技术档案等制度 4 个方面对整车维修企业质量管理条件作出相应规定。

①应具有汽车维修的国家标准和行业标准以及相关技术标准。

②应具有所维修车型的维修技术资料及工艺文件,确保完整有效并及时更新。

③应具有汽车维修质量承诺、进出厂登记、检验、竣工出厂合格证管理、技术档案管理、标准和计量管理、设备管理及维护、人员技术培训等制度。

④应建立汽车维修档案和进出厂登记台账。汽车维修档案应包括维修合同,进厂、过程、竣工检验记录,出厂合格证副页,结算凭证和工时、材料清单等。

5)汽车整车维修企业安全生产条件

标准重点对汽车整车维修企业在建立安全管理制度和安全保护措施,健全安全操作规程,具有危险品使用与存储安全防护措施和设施,厂房场地符合安全、环保和消防的要求 4 个方面提出汽车整车维修企业安全生产条件。

(1)企业应具有与其维修作业内容相适应的安全管理制度和安全保护措施,建立并实施安全生产责任制。安全保护设施、消防设施等应符合有关规定。

(2)企业应有各工种、各类机电设备的安全操作规程,并将安全操作规程明示在相应的工位或设备处。

(3)使用、存储有毒、易燃、易爆物品,腐蚀剂,压力容器等均应有相应的安全防护措施和设施。

(4)生产厂房和停车场应符合安全、环保和消防等各项要求。

6)汽车整车维修企业环境保护条件

标准对建立环境保护管理制度,“三废”处理,涂漆车间和测试车间的环境保护 4 个方面作出规定。

(1)企业应具有废油、废液、废气、废蓄电池、废轮胎及垃圾等有害物质集中收集、有效处理和保持整洁的环境保护管理制度。有害物质存储区域应界定清楚,必要时应有隔离、控制措施。

(2)作业环境以及按生产工艺配置的处理"三废"(废油、废液、废气)、通风、吸尘、净化、消声等设施,均应符合有关规定。

(3)涂漆车间应设有专用的废水排放及处理设施,采用干打磨工艺的,应用粉尘收集装置和除尘设备,应设有通风设备。

(4)调试车间或调试工位应设置汽车尾气收集净化装置。

7)汽车整车维修企业设施条件

标准规定汽车整车维修企业接待室、停车场、生产厂房三者在面积和设置方面应满足相关设施条件。

(1)接待室(含客户休息室)。企业应设有接待室,一类企业的面积不少于 $40m^2$,二类企业的面积不少于 $20m^2$。接待室应整洁明亮,明示各类证、照、主修车型、作业项目、工时定额及单价等,并应有客户休息的设施。

(2)停车场。企业应有与承修车型、经营规模相适应的合法停车场地,一类企业的面积不少于 $200m^2$,二类企业的面积不少于 $150m^2$。企业租赁的停车场地,应具有合法的书面合同书。停车场地面平整坚实,区域界定标志明显。

(3)生产厂房。生产厂房地面应平整坚实,面积应能满足所有设备的工位布置、生产工艺和正常作业。一类企业的面积不少于 $800m^2$,二类企业的面积不少于 $200m^2$。租赁的生产厂房应具有合法的书面合同书。

8)汽车整车维修企业设备条件

标准规定汽车整车维修企业应配备与其所承修车型相适应的量具、机工具及手工具。量具应定期进行检定。通用设备、专用设备及检测设备,其规格和数量应与其生产纲领和生产工艺相适应。各种设备应符合相应的产品技术条件等国家标准和行业标准的要求。在汽车维修专用设备配置方面,对维修不同类型车辆的企业提出不同的设备配置要求,并规定部分不常用设备或大型设备允许外协,主要检测设备中检测排放污染以外的设备对二类企业允许外协,强调了一类企业和二类企业在规模和功能上的区别,也充分体现了标准的科学性和合理性。

(1)整车维修企业通用设备配置要求见表 1-1-1,对一、二类企业有统一要求。

整车维修企业通用设备 表 1-1-1

序 号	设 备 名 称	序 号	设 备 名 称
1	钻床	4	压力机
2	电焊及气体保护焊设备	5	空气压缩机
3	气焊设备		

(2)整车维修企业专用设备配置要求见表 1-1-2,其中对主修车型不同的企业分别提出不同要求。

整车维修企业专用设备 表1-1-2

<table>
<tr><th>序号</th><th>设备名称</th><th>大中型客车</th><th>大型货车</th><th>小型车</th><th>其他要求</th></tr>
<tr><td>1</td><td>换油设备</td><td colspan="3">✓</td><td></td></tr>
<tr><td>2</td><td>轮胎轮辋拆装设备</td><td colspan="3">✓</td><td></td></tr>
<tr><td>3</td><td>轮胎螺母拆装机</td><td>✓</td><td>✓</td><td>—</td><td></td></tr>
<tr><td>4</td><td>车轮动平衡机</td><td colspan="3">✓</td><td></td></tr>
<tr><td>5</td><td>四轮定位仪</td><td>—</td><td>—</td><td>✓</td><td></td></tr>
<tr><td>6</td><td>转向轮定位仪</td><td>✓</td><td>✓</td><td></td><td></td></tr>
<tr><td>7</td><td>制动鼓和制动盘维修设备</td><td>✓</td><td>✓</td><td></td><td></td></tr>
<tr><td>8</td><td>汽车空调制冷剂加注回收设备</td><td>✓</td><td>—</td><td>✓</td><td></td></tr>
<tr><td>9</td><td>总成吊装设备</td><td colspan="3">✓</td><td></td></tr>
<tr><td>10</td><td>汽车举升机</td><td>—</td><td>—</td><td>✓</td><td>一类应不少于5台</td></tr>
<tr><td>11</td><td>地沟设施</td><td>✓</td><td>✓</td><td>—</td><td>一类应不少于2个</td></tr>
<tr><td>12</td><td>发动机检测诊断设备</td><td colspan="3">✓</td><td>应具备示波器、转速表、发动机检测专用真空表的功能</td></tr>
<tr><td>13</td><td>数字式万用电表</td><td colspan="3">✓</td><td></td></tr>
<tr><td>14</td><td>故障诊断设备</td><td>—</td><td>—</td><td>✓</td><td></td></tr>
<tr><td>15</td><td>汽缸压力表</td><td colspan="3">✓</td><td></td></tr>
<tr><td>16</td><td>汽油喷油器清洗及流量测量仪</td><td>—</td><td>—</td><td>✓</td><td></td></tr>
<tr><td>17</td><td>正时仪</td><td colspan="3">✓</td><td></td></tr>
<tr><td>18</td><td>燃油压力表</td><td>—</td><td>—</td><td>✓</td><td></td></tr>
<tr><td>19</td><td>液压油压力表</td><td colspan="3">✓</td><td></td></tr>
<tr><td>20</td><td>连杆校正器</td><td colspan="3">✓</td><td>允许外协</td></tr>
<tr><td>21</td><td>无损探伤设备</td><td colspan="3">✓</td><td>修理大中型客车必备,其他允许外协</td></tr>
<tr><td>22</td><td>车身清洗设备</td><td>—</td><td>—</td><td>✓</td><td></td></tr>
<tr><td>23</td><td>打磨抛光设备</td><td>✓</td><td>—</td><td>✓</td><td></td></tr>
<tr><td>24</td><td>除尘除垢设备</td><td>✓</td><td>—</td><td>✓</td><td></td></tr>
<tr><td>25</td><td>型材切割机</td><td colspan="3">✓</td><td></td></tr>
<tr><td>26</td><td>车身整形设备</td><td colspan="3">✓</td><td></td></tr>
<tr><td>27</td><td>车身校正设备</td><td>—</td><td>—</td><td>✓</td><td></td></tr>
<tr><td>28</td><td>车架校正设备</td><td>✓</td><td>✓</td><td>—</td><td>二类允许外协</td></tr>
<tr><td>29</td><td>悬架试验台</td><td>—</td><td>—</td><td>✓</td><td>二类允许外协</td></tr>
<tr><td>30</td><td>喷烤漆房及设备</td><td>✓</td><td>—</td><td>✓</td><td></td></tr>
</table>

续上表

<table>
<tr><th>序号</th><th>设备名称</th><th>大中型客车</th><th>大型货车</th><th>小型车</th><th>其他要求</th></tr>
<tr><td>31</td><td>喷油泵试验设备</td><td colspan="3">✓</td><td rowspan="11">允许外协</td></tr>
<tr><td>32</td><td>喷油器试验设备</td><td colspan="3">✓</td></tr>
<tr><td>33</td><td>调漆设备</td><td>✓</td><td>—</td><td>✓</td></tr>
<tr><td>34</td><td>自动变速器维修设备(见 GB/T 16739.2—2004 中 5.4.4)</td><td>—</td><td>—</td><td>✓</td></tr>
<tr><td>35</td><td>立式精镗床</td><td colspan="3">✓</td></tr>
<tr><td>36</td><td>立式珩磨机</td><td colspan="3">✓</td></tr>
<tr><td>37</td><td>曲轴磨床</td><td colspan="3">✓</td></tr>
<tr><td>38</td><td>曲轴校正设备</td><td colspan="3">✓</td></tr>
<tr><td>39</td><td>凸轮轴磨床</td><td colspan="3">✓</td></tr>
<tr><td>40</td><td>激光淬火设备</td><td colspan="3">✓</td></tr>
<tr><td>41</td><td>曲轴、飞轮与离合器总成动平衡机</td><td colspan="3">✓</td></tr>
</table>

注:✓——要求具备。

— ——不要求具备。

(3)整车维修企业主要检测设备配置要求见表 1-1-3,对一、二类企业有不同要求。

整车维修企业主要检测设备 表 1-1-3

<table>
<tr><th>序 号</th><th>设备名称</th><th>其他要求</th><th>序 号</th><th>设备名称</th><th>其他要求</th></tr>
<tr><td>1</td><td>声级计</td><td></td><td rowspan="2">5</td><td rowspan="2">制动检验台</td><td rowspan="2">修理大型货车及二类允许外协</td></tr>
<tr><td>2</td><td>排气分析仪或烟度计</td><td></td></tr>
<tr><td>3</td><td>汽车前照灯检测设备</td><td>二类允许外协</td><td>6</td><td>车速表检验台</td><td>二类允许外协</td></tr>
<tr><td>4</td><td>侧滑试验台</td><td>二类允许外协</td><td>7</td><td>底盘测功机</td><td>允许外协</td></tr>
</table>

2.《汽车维修业开业条件 第 2 部分:汽车专项维修业户》(GB/T 16739.2—2004)

1)汽车专项维修业户的定义及分类

该标准将汽车专项维修业户定义为:从事汽车发动机、车身、电气系统、自动变速器、车身清洁维护、涂漆、轮胎动平衡及修补、四轮定位检测调整、供油系统维护及油品更换、喷油泵和喷油器维修、曲轴修磨、汽缸镗磨、散热器(水箱)、空调维修、汽车装潢(篷布、坐垫及内装饰)、门窗玻璃安装等专项维修作业的业户(三类),共 16 项。

2)汽车专项维修业户开业通用条件

对汽车专项维修业户开业通用条件,即在其服务技术能力上的基本要求,标准作了详细规定,包括:

(1)人员条件。从事专项维修关键岗位的人员数量应能满足生产的需要,并取得行业主管部门颁发的从业资格证书,持证上岗。

(2)法规、标准、技术文件要求。应具有相关的法规、标准、规章等文件以及相关的维修技术资料和工艺文件等,并确保完整有效、及时更新。

(3)业务工作流程与明示内容的要求。应具有规范的业务工作流程,并明示业务受理程序、服务承诺、用户抱怨受理制度等。

(4)设施条件(一般性要求)。生产厂房的面积、结构及设施应满足专项维修作业设备的工位布置、生产工艺和正常作业要求。停车场地界定标志明显,不得占用道路和公共场所进行作业和停车,地面应平整坚实。租赁的生产厂房、停车场地应具有合法的书面合同书。应符合安全生产、环保和消防等各项要求。

(5)设备条件(一般性要求)。配备的设备应与其生产作业规模及生产工艺相适应,其技术状况应完好,符合相应的产品技术条件等国家标准或行业标准的要求,并能满足加工、检测精度的要求和使用要求。检测设备及量具应按规定经有资质的计量检定机构检定合格。

(6)安全生产与环境保护条件。使用、存储有毒、易燃、易爆物品,粉尘、腐蚀剂、污染物、压力容器等均应有安全防护措施和设施。作业环境以及按生产工艺安装、配置的处理“三废”(废油、废液、废气)、通风、吸尘、净化、消声等设施,均应符合国家有关法规、标准的规定。

3)汽车专项维修业户开业专用条件

汽车专项维修业户开业,除必须具备通用技术条件外,标准还分别就各类专项维修的不同经营范围规定了开业的专用条件,分别简述如下:

(1)发动机专项修理开业专用条件:

①人员条件。企业管理负责人、技术负责人及检验人员等均应经过有关培训,并取得行业主管部门颁发的从业资格证书,持证上岗。企业管理负责人应熟悉汽车维修业务,具备企业经营、管理能力,并了解发动机维修及相关行业的法规及标准。技术负责人应具有汽车维修或相关专业的大专以上文化程度,或具有汽车维修或相关专业的中级以上专业技术职称。应熟悉汽车维修业务,并掌握汽车维修相关行业的法规及标准。检验人员应不少于2名。发动机主修人员应不少于2名。

②组织管理。应具有健全的经营管理体系,设置技术负责、业务受理、质量检验、文件资料管理、材料管理、仪器设备管理、价格结算等岗位并落实责任人。应具有汽车维修质量承诺、进出厂登记、检验记录及技术档案管理、标准和计量管理、设备管理及维护、人员技术培训等制度并严格实施。

③设施条件。应设有接待室,其面积应不少于20m^2。接待室应整洁明亮,明示各类证、照、作业项目及计费工时定额等,并应有客户休息的设施。停车场面积应不少于30m^2。生产厂房应不少于200m^2。

④主要设备。从发动机总成修理工艺需求出发,标准规定应配置:压力机,空气压缩机,发动机解体清洗设备,发动机等总成吊装设备,发动机试验设备,废油收集机,数字式万用电表,汽缸压力表,量缸表,正时仪,汽油喷油器清洗及流量测量仪,燃油压力表,喷油泵试验设备,喷油器试验设备,连杆校正器,排气分析仪,烟度计,无损探伤设备,立式精镗床,立式珩磨机,曲轴磨床,曲轴校正设备,凸轮轴磨床,激光淬火设备,曲轴、飞轮与离合器总成动平衡机等,共

25 项维修设备。

(2) 车身专项维修开业专用条件:

①人员条件。企业管理负责人、技术负责人及检验人员条件与“发动机专项修理开业专用条件”中的要求相同。检验人员应不少于 1 名。车身主修及维修涂漆人员均不少于 2 名。

②组织管理条件。企业的组织管理条件与“发动机专项修理开业专用条件”中的要求相同。

③设施条件。应设有接待室,其面积应不少于 $20m^2$。接待室应整洁明亮,明示各类证、照、作业项目及计费工时定额等,并应有客户休息的设施。停车场面积应不少于 $30m^2$。生产厂房应不少于 $120m^2$。

④主要设备。从车身维修工艺需求出发,标准规定应配置:电焊及气体保护焊设备,气焊设备,压力机,空气压缩机,汽车外部清洗设备,打磨抛光设备,除尘除垢设备,型材切割机,车身整形设备,车身校正设备,车身尺寸测量设备,喷烤漆房及设备,调漆设备(允许外协),共 13 项维修设备。

(3) 电气系统专项维修开业专用条件:

①人员条件。企业管理负责人、技术负责人及检验人员条件与“发动机专项修理开业专用条件”中的要求相同。检验人员应不少于 1 名。电子电器主修人员应不少于 2 名。

②组织管理条件。企业的组织管理条件与“发动机专项修理开业专用条件”中的要求相同。

③设施条件。应设有接待室,其面积应不少于 $20m^2$。接待室应整洁明亮,明示各类证、照、作业项目及计费工时定额等,并应有客户休息的设施。停车场面积应不少于 $30m^2$。生产厂房应不少于 $120m^2$。

④主要设备。从电气系统维修工艺需求出发,标准规定应配置:空气压缩机,故障诊断设备,数字式万用电表,充电机,电解液比重计,高频放电叉,汽车前照灯检测设备(允许外协),电路检测设备等,共 8 项维修设备。

(4) 自动变速器专项修理开业专用条件:

①人员条件。企业管理负责人、技术负责人及检验人员条件与“发动机专项修理开业专用条件”中的要求相同。检验人员应不少于 1 名。自动变速器专业主修人员应不少于 2 名。

②组织管理条件。企业的组织管理条件与“发动机专项修理开业专用条件”中的要求相同。

③设施条件。应设有接待室,其面积应不少于 $20m^2$。接待室应整洁明亮,明示各类证、照、作业项目及计费工时定额等,并应有客户休息的设施。停车场面积应不少于 $30m^2$。生产厂房应不少于 $200m^2$。

④主要设备。从自动变速器修理工艺需求出发,标准规定应配置:自动变速器翻转设备,自动变速器拆解设备,变矩器维修设备,变矩器切割设备,变矩器焊接设备,变矩器检测(漏)设备,零件高压清洗设备,电控变速器测试仪,油路总成测试机,液压油压力表,自动变速器总成测试机,自动变速器专用测量器具,共 12 项维修设备。

(5)车身清洁维护专项维修开业专用条件：

①人员条件。至少有 2 名经过专业培训的车身清洁人员。

②设施条件。生产厂房面积不少于 40m^2。停车场面积不少于 30m^2。

③主要设备。标准规定应配置：举升设备或地沟，汽车外部清洗设备及污水处理设备，吸尘设备，除尘、除垢设备，打蜡设备，抛光设备，共 6 项维修设备。

④节水条件。取得节水管理部门的批准，符合当地节水及环保要求。

(6)车身涂漆专项维修开业专用条件：

①人员条件。至少有 1 名经过专业培训的汽车维修涂漆人员。

②设施条件。生产厂房面积不少于 120m^2。停车场面积不少于 40m^2。

③主要设备。标准规定应配置：举升设备，除锈设备，砂轮机，空气压缩机，喷烤漆房(从事轿车喷漆必备)或喷漆设备，调漆设备(允许外协)，吸尘、通风设备，共 7 项维修设备。

(7)轮胎动平衡及修补专项维修开业专用条件：

①人员条件。至少有 1 名经过专业培训的轮胎维修人员。

②设施条件。生产厂房面积不少于 30m^2。停车场面积不少于 30m^2。

③主要设备。标准规定应配置：空气压缩机，漏气试验设备，轮胎气压表，千斤顶，轮胎螺母拆装机或专用拆装工具，轮胎轮辋拆装、除锈设备或专用工具，轮胎修补设备，车轮动平衡机，共 9 项维修设备。

(8)四轮定位检测调整专项维修开业专用条件：

①人员条件。至少有 1 名经过专业培训的汽车四轮定位检测调整维修人员。

②设施条件。生产厂房面积不少于 40m^2。停车场面积不少于 30m^2。

③主要设备。标准规定应配置：举升设备，四轮定位仪，空气压缩机，轮胎气压表，共 4 项维修机具设备。

(9)供油系统维护及油品更换专项维修开业专用条件：

①人员条件。至少有 1 名经过专业培训的汽车供油系统维护及油品更换维修人员。

②设施条件。生产厂房面积不少于 40m^2。停车场面积不少于 30m^2。

③主要设备。标准规定应配置：不解体油路清洗设备，换油设备，废油收集设备，举升设备或地沟，空气压缩机，共 5 项维修设备。

(10)喷油泵、喷油器专项维修开业专用条件：

①人员条件。至少有 1 名经过专业培训的汽车高压油泵维修人员。

②设施条件。生产厂房面积不少于 30m^2。停车场面积不少于 30m^2。

③主要设备。标准规定应配置：喷油泵、喷油器清洗和试验设备，喷油泵、喷油器密封性试验设备(从事喷油泵、喷油器维修的业户)，弹簧试验仪，千分尺，塞尺，共 5 项维修机具设备。

(11)曲轴修磨专项维修开业专用条件：

①人员条件。至少有 1 名经过专业培训的曲轴修磨人员。

②设施条件。生产厂房面积不少于 60m^2。停车场面积不少于 30m^2。

③主要设备。标准规定应配置：曲轴磨床，曲轴校正设备，曲轴动平衡设备，平板，V 形块，百分表及磁力表座，外径千分尺，无损探伤设备，吊装设备，共 9 项维修机具设备。

(12)汽缸镗磨专项维修开业专用条件:

①人员条件。至少有1名经过专业培训的汽缸镗磨人员。

②设施条件。生产厂房面积不少于60m^2。停车场面积不少于30m^2。

③主要设备。标准规定应配置:立式精镗床,立式珩磨机,压力机,吊装起重设备,汽缸体水压试验设备,量缸表,外径千分尺,塞尺,激光淬火设备(从事激光淬火必备),平板,共10项维修机具设备。

(13)散热器专项维修开业专用条件:

①人员条件。至少有1名经过专业培训的散热器维修人员。

②设施条件。生产厂房面积不少于30m^2。停车场面积不少于30m^2。

③主要设备。标准规定应配置:清洗及管道疏通设备,气焊设备,钎焊设备,空气压缩机,喷漆设备,散热器密封试验设备,共6项维修机具设备。

(14)空调专项维修开业专用条件:

①人员条件。至少有1名经过专业培训的汽车空调维修人员。

②设施条件。生产厂房面积不少于40m^2。停车场面积不少于30m^2。

③主要设备。标准规定应配置:汽车空调制冷剂加注回收设备,气焊设备,空调电器检测设备,空调专用检测设备,数字式万用电表,共5项维修机具设备。

(15)汽车装潢(篷布、坐垫及内装饰)专项维修开业专用条件:

①人员条件。至少有1名经过专业培训的汽车装潢维修人员。

②设施条件。生产厂房面积不少于30m^2。停车场面积不少于30m^2。

③主要设备。标准规定应配置:缝纫机,锁边机,工作台或工作案,台钻或手电钻,电熨斗,裁剪工具,烘干设备,共7项维修机具设备。

(16)汽车玻璃安装专项维修开业专用条件:

①人员条件。至少有1名经过专业培训的汽车玻璃安装维修人员。

②设施条件。生产厂房面积不少于30m^2,停车场面积不少于30m^2。

③主要设备。标准规定应配置:工作台,玻璃切割工具,注胶工具,玻璃固定工具,直尺、弯尺,玻璃拆装工具,吸尘器,共7项维修机具设备。

(二)《摩托车维修业开业条件》(GB/T 18189—2008)

该标准由中华人民共和国国家质量监督检验检疫总局、中国国家标准化管理委员会于2008年10月21日发布,2009年4月1日起实施。该标准规定了摩托车维修业的分类及开业应具备的人员、组织管理、安全生产与环境保护、设施、设备等条件。该标准属于推荐性国家标准,适用于一类、二类摩托车维修企业的经营许可审验,是交通行政主管部门对摩托车维修企业开业审核和管理的依据。标准的主要内容介绍如下。

1.摩托车维修业的分类

标准规定:摩托车维修业按经营规模大小分为一类摩托车维修企业和二类摩托车维修企业。

2.摩托车维修企业开业条件

1)人员

(1)岗位设置及人员数量要求见表1-1-4。

人员数量、生产厂房面积、维修工具及设备要求 表 1-1-4

项 目	一类摩托车维修企业	二类摩托车维修企业
人员数量	应设置技术负责人岗位至少配备 1 名检验员和 4 名维修技术人员	应设置技术负责人和检验员岗位至少配备 2 名维修技术人员
生产厂房面积 (m^2)	≥50	≥20
维修工具及设备	①轮胎拆装设备或专用工具; ②补胎专用工具; ③充电设备; ④空气压缩机; ⑤砂轮机; ⑥钳工作业台及工具; ⑦扭力扳手; ⑧塞尺; ⑨万用表; ⑩手电钻; ⑪轮胎气压表; ⑫汽缸压力表; ⑬外径千分尺; ⑭内径千分表; ⑮游标卡尺; ⑯气门研磨设备或工具; ⑰维修专用工具及各种拉压具; ⑱台钻; ⑲举升作业平台; ⑳焊接设备; ㉑镗缸设备; ㉒磨缸设备; ㉓涂漆设备; ㉔排气分析仪	①轮胎拆装工具; ②补胎专用工具; ③充电设备; ④空气压缩机; ⑤砂轮机; ⑥钳工作业台及工具; ⑦扭力扳手; ⑧塞尺; ⑨万用表; ⑩手电钻; ⑪轮胎气压表; ⑫汽缸压力表; ⑬外径千分尺; ⑭内径千分表; ⑮游标卡尺; ⑯气门研磨设备或工具; ⑰镗缸设备(允许外协); ⑱磨缸设备(允许外协); ⑲涂漆设备(允许外协); ⑳排气分析仪(允许外协)

(2)技术负责人应熟悉摩托车维修业务及专业知识,了解相关的行业法规及标准。

(3)检验员应熟悉摩托车维修的相关标准、政策法规和技术要求,具有行业主管部门颁发的从业资格证书。

(4)维修技术人员应熟悉所从事工种的维修技术和操作规范,并了解摩托车维修及相关技术要求。

2)组织管理、安全生产与环境保护

(1)应明示各类证、照、作业项目、收费标准及服务承诺等。

(2)应备有国家、行业和地方的摩托车维修技术标准及所承修摩托车的维修技术资料。

(3)应制定质量保证、检验、设备及配件管理、技术档案管理、安全管理等各项制度。

(4)应建立安全生产责任制,制定安全操作规程并明示。安全防护、消防设施等应符合有关规定。

(5)摩托车维修产生的废弃物,其收集、存放和处理应符合国家有关的环保规定。

3)设施

(1)应有与维修作业相适应的生产厂房和停车场地。

(2)租赁的生产厂房和停车场,应具有合法的租赁合同,租赁期限不得少于1年。

(3)生产厂房应整洁、明亮,通风、排水、照明设施良好,地面平整坚实。

(4)摩托车配件应按类别摆放整齐,存放在清洁、干燥处。

4)设备

应配备与其维修作业相适应的维修工具及设备,其技术状况应完好,符合相应的产品技术条件等国家标准或行业标准的要求。应配备的维修工具及设备见表1-1-4。

(三)《机动车维修从业人员从业资格条件》(GB/T 21338—2008)

《机动车维修从业人员从业资格条件》(GB/T 21338—2008)由中华人民共和国国家质量监督检验检疫总局中国国家标准化管理委员会于2008年1月9日发布,2008年7月1日实施。该标准规定了机动车维修从业人员的岗位职责、任职资格等要求。适用于机动车维修企业负责人、机动车维修企业技术负责人、机动车维修质量检验员、机修人员、电器维修人员、钣金(车身修复)人员和涂漆(车身涂装)人员、车辆技术评估人员、机动车维修业务员和机动车维修价格结算员等从业人员的资格判定和审核。

1.有关机动车维修从业人员的定义

(1)机动车维修企业负责人:机动车维修企业中全面负责各项经营活动的责任人。

(2)机动车维修技术负责人:机动车维修企业中全面负责各项技术管理工作的责任人。

(3)机动车维修质量检验员:机动车维修企业中从事各项质量检验的人员。

(4)机修人员:机动车维修企业中从事机动车机械及其控制系统维修作业的人员。

(5)电器维修人员:机动车维修企业中从事机动车电气系统维修作业的人员。

(6)钣金(车身修复)人员:机动车维修企业中从事车身修复作业(涂装作业除外)的人员。

(7)涂漆(车身涂装)人员:机动车维修企业中从事车身涂装作业的人员。

(8)车辆技术评估人员:机动车维修企业或机动车综合性能检测站中从事机动车性能检测和机动车技术状态评定的人员。

(9)机动车维修业务员:机动车维修企业中从事客户接待工作的人员。

(10)机动车维修价格核算员:机动车维修企业中对机动车维修进行价格核定和结算的人员。

2.从业资格条件

1)机动车维修企业负责人

(1)岗位职责。

①执行国家、地方和行业相关法律、法规、规章、标准和规范,依法经营企业。

②负责企业的经营管理工作,对企业的经营和企业的发展全面负责。

③负责制定企业的各项管理制度,并组织实施。

④负责设置企业内部管理机构,领导、协调、监督各职能部门的工作。

⑤负责建立健全维修质量保证体系,并组织实施。

⑥负责建立健全安全生产、环境保护等管理体系,并组织实施。

(2)任职资格。

①基本条件:具有大专(含)以上文化程度;具有3年以上的机动车维修企业管理实践。

②专业知识:掌握国家、地方和行业相关的法律、法规、规章及制度;了解机动车维修专业知识及相关的标准和规范;熟悉机动车维修企业管理知识;掌握机动车维修企业管理软件操作知识;了解机动车维修专业知识;熟悉机动车维修企业管理(包括人事、财务、行政、业务、配件、质量等)知识;熟悉机动车后市场相关知识。

③专业技能:具有经营和策划能力;具有人力资源管理及组织协调能力;具有生产、技术和质量管理能力;具有计划、统计、分析及基本的资金运作能力。

2)机动车维修技术负责人

(1)岗位职责。

①负责建立和实施企业机动车维修质量保证体系,对质量保证体系进行监控及文件修订。

②负责制定企业各项技术质量管理制度和工艺文件,并组织实施、检查和修订。

③负责企业日常技术管理工作,对机动车维修质量负责,组织解决机动车维修中出现的疑难技术问题,对机动车维修质量事故和质量纠纷提出处理意见和改进措施。

④负责制定本企业技术开发、技术改造、技术革新方案并组织实施,对技术成果组织推广运用。

⑤负责制定技术培训计划并组织实施。

⑥贯彻执行机动车维修工时定额和收费标准。

(2)任职资格。

①基本条件:具有机动车维修或相关专业的大专(含)以上学历,或具有机动车维修或相关专业的中级(含)以上专业技术职称;具有在机动车维修企业5年以上的工作实践。

②专业知识:熟悉与机动车维修相关的法律、法规、规章及制度;掌握与机动车维修相关标准和规范;掌握机动车维修专业知识;掌握机动车维修企业的技术质量管理知识;熟悉机动车维修工时定额和收费标准。

③专业技能:能熟练使用机动车检测诊断设备,对车辆进行检测诊断;具有机动车故障分析诊断能力,组织解决机动车维修中出现的疑难技术问题;具有制定企业各项技术质量管理制度和工艺文件的能力;具有处理机动车维修质量事故和质量纠纷的能力;能搜集和整理技术资料,指导生产实践;能制定完善的技术培训计划并组织实施;具有机动车维修企业管理软件的操作应用能力。

3)机动车维修质量检验员

(1)岗位职责。

①负责机动车维修进厂检验,确定维修项目,填写进厂检验单。

②负责机动车维修过程的质量监控,填写过程检验单,并指导维修人员对维修车辆的故障进行深入诊断。

③负责机动车维修竣工出厂检验,填写维修竣工出厂检验单,签发维修竣工出厂合格证。

④协助技术负责人分析处理质量事故和纠纷,提出改进和预防措施,并组织实施。

⑤配合业务员完成机动车或总成维修进厂和竣工出厂的交接工作。

⑥负责对机动车配件的质量进行监控。

⑦负责指导和培训相关人员对机动车维修质量进行检验。

(2)任职资格。

①基本条件:具有高中(含)以上学历,获得机修人员或电器维修人员职业资格并连续在该岗位工作2年以上;具有与本企业承修车型相适应的机动车驾驶证,并安全驾驶1年以上。

②专业知识:熟悉机动车维修管理的相关法律、法规、规章及制度;掌握机动车的结构、原理和性能以及主修车型的维修技术标准和规范;掌握机动车检测诊断和机动车维修质量检验原理、方法和技术规范;掌握常用仪器、仪表和量具的工作原理、性能和使用方法;掌握常用检测诊断设备的工作原理、性能和使用方法;熟悉机动车维修质量保证体系知识;熟悉机动车常用材料的性能和机动车配件质量控制知识;了解机动车综合性能要求和检验方法。

③专业技能:能熟练运用相应检验仪器、仪表和量具以及检测诊断设备完成机动车维修进厂、维修过程和维修竣工出厂的各项质量检验工作,正确填写机动车维修进厂检验单、过程检验单和维修竣工出厂检验单和维修竣工出厂合格证;能协助技术负责人对机动车维修质量事故进行分析和鉴定,提出改进和预防措施,并组织实施;能配合业务员进行车辆或总成维修进厂和维修竣工出厂的检验交接;能对机动车配件质量进行常规检验;能指导和培训相关人员对机动车维修质量进行检验;具有查阅和运用技术资料对维修车辆的故障进行深入诊断的能力;具有正确执行标准判定检验结果的能力。

4)机修人员

(1)岗位职责。

①在生产过程中执行安全操作规程,按工艺规范正确完成机动车机械及其控制系统的维修作业。

②协助质量检验员工作,对机修质量负责。

③指导本岗位其他人员的技术操作。

④配合协调其他岗位的工作。

⑤负责本岗位技术问题的搜集、整理和上报。

⑥负责本岗位的现场管理。

(2)任职资格。

①基本条件。具有初中(含)以上文化程度。连续从事机修工作3年以上,或本专业中职毕业连续从事机修工作2年以上,或本专业高职(含)以上毕业连续从事机修工作1年以上。

②专业知识。了解本岗位工艺、工时、标准和规范。熟悉安全生产、环境保护和质量管理的知识。熟悉电工电子学的基本知识,掌握机动车电路图识图知识。掌握机械制图、液压传动、公差与配合、机动车常用材料知识。掌握机动车维修专业知识,了解机动车新材料、新工艺、新设备和新技术。掌握发动机、底盘及其控制系统零部件的常规检验方法。掌握发动机、底盘及其控制系统维修工艺规程和竣工验收标准。掌握发动机、底盘及其控制系统故障诊断原理和方法。了解常用维修检测仪器和设备的工作原理及使用方法。

③专业技能。具有按工艺规范完成机动车发动机、底盘及其控制系统的故障诊断和维修作业的能力。能熟练使用维修检测仪器和设备准确诊断并排除车辆故障。能熟练应用技术资料解决本岗位的技术问题。具有搜集、整理、分析和处理本岗位技术问题的能力。能指导本岗位其他人员完成机修作业。

5)电器维修人员

(1)岗位职责。

①负责机动车电气系统的检测诊断和维修作业。

②在生产过程中执行安全操作规程,按工艺规范正确完成机动车电气系统的维修作业。

③协助质量检验员工作,对机动车电器维修质量负责。

④指导本岗位其他人员的技术操作。

⑤配合协调其他岗位的工作。

⑥负责本岗位技术问题的搜集、整理和上报。

⑦负责本岗位的设备的日常管理。

⑧负责本岗位的现场管理。

(2)任职条件。

①基本条件:具有初中(含)以上文化程度;连续从事机动车电器维修工作 3 年以上,或本专业中职毕业连续从事机动车电器维修工作 2 年以上,或本专业高职(含)以上毕业连续从事机动车电器维修工作 1 年以上。

②专业知识:了解本岗位工艺、工时、标准和规范;熟悉安全生产、环境保护和质量管理的知识;掌握电工电子学的基本知识、电路图识图知识,掌握车用传感器的基本知识;掌握机动车电器的结构、电路原理和检测诊断方法;熟悉发动机、底盘及其控制系统的结构和基本工作原理;熟悉常用机动车维修检测仪器和设备的工作原理及使用方法。

③专业技能:具有完成机动车电气系统故障诊断和维修作业的能力;能熟练使用电器维修所需要的各种检测仪器和设备,准确判断并排除车辆电气系统故障;能应用技术资料解决机动车电器维修的技术问题;具有搜集、整理、分析处理机动车电器维修技术问题的能力;能指导本岗位其他人员完成机动车电器维修作业。

6)钣金(车身修复)人员

(1)岗位职责。

①负责制定合理的车身修复工艺方案并实施车身修复作业。

②配合协调其他岗位的工作。

③指导本岗位其他人员的技术操作。

④协助质量检验员工作,对车身修复质量负责。

⑤负责本岗位技术问题的搜集、整理和上报。

⑥负责本岗位设备的日常管理、使用与维护。

⑦负责本岗位的现场管理。

(2)任职资格。

①基本条件:具有初中(含)以上文化程度;连续从事车身修复工作 3 年(含)以上,或相关专业中职毕业连续从事车身修复工作 2 年以上,或相关专业高职毕业连续从事车身修复工作 1 年以上;应持有相关部门发放的具有焊工初级以上的职业资格证书。

②专业知识:了解本岗位工艺、工时、标准和规范;熟悉劳动安全与环境保护知识;了解机动车构造知识与维修知识、机械基础知识,熟悉车身材料知识;了解机动车碰撞知识及定损知识;了解机械制图知识,掌握车身测量知识;掌握车身修复工艺知识与车身修复相关的技术标

准;掌握车身修复设备的工作原理与使用、维护知识;掌握材料加热及焊接知识。

③专业技能:能制定合理的车身修复工艺方案,并实施车身修复作业;能应用车身技术资料正确实施车身修复;能正确使用和维护车身检测、维修设备;能根据车身材料采取相应的防腐工艺;能对车身修复过程记录并正确填写车身修复档案;能指导本岗位其他人员完成车身修复作业;能按照劳动安全和环境保护操作规程作业,能正确使用各种防护器具,能实施简单救护。

7)涂漆(车身涂装)人员

(1)岗位职责。

①负责制定合理的车身涂装工艺方案并实施车身涂装作业。

②配合协调其他岗位的工作。

③指导本岗位其他人员的技术操作。

④协助质量检验员工作,对车身涂装质量负责。

⑤负责本岗位技术问题的搜集、整理和上报。

⑥负责本岗位的设备的日常管理。

⑦负责本岗位的现场管理。

(2)任职资格。

①基本条件:具有初中(含)以上文化程度;连续从事车身涂装工作3年(含)以上,或相关专业中职毕业连续从事车身涂装工作2年以上,或相关专业高职毕业连续从事车身涂装工作1年以上;具有与从事本岗位工作需求相适应的身体条件。

②专业知识:了解本岗位工艺、工时、标准和规范;了解劳动安全与环境保护知识;了解机动车结构与机动车维修的基本知识;掌握机动车车身材料知识及车身涂装材料知识,掌握车身涂装颜色知识;掌握机动车涂装设备的工作原理与使用、维护知识;掌握车身涂装工艺知识与相关技术标准;掌握车身养护基本知识。

③专业技能:能制定合理的车身涂装工艺方案,并实施车身涂装作业;能熟练进行调漆操作;能根据车身材料采取相应的防腐工艺;能进行车身维护的基本作业和划痕修复;能熟练使用3种以上品牌的涂料进行涂装作业;能熟练使用、维护涂装工具和设备;能对车身涂装过程检验进行记录并正确填写车身涂装档案;能对本岗位其他人员进行培训并指导其完成车身涂装作业;能按照劳动安全和环境保护操作规程作业,能正确使用各种防护器具,能实施简单救护。

8)车辆技术评估人员

(1)岗位职责。

①严格执行国家检测标准,把好质量关。

②负责实施机动车技术性能检测,对检测的机动车做出技术状态的评定。

③负责向委托单位提供技术咨询,并提供客观真实的检测数据。

④对检测有疑问的车辆进行复检,对发生的检测质量问题及时处理解决。

(2)任职资格。

①基本条件:具有机动车维修或相关专业的高中(含)以上文化程度;具有机动车检测站连续3年以上的工作实践;具有相应机动车驾驶证,且2年以上驾龄。

②专业知识:掌握国家、地方和行业相关的法律、法规、规章、标准和规范;掌握机动车结构、原理和性能及主要车型的相关检测标准;掌握机动车检测诊断原理、方法和技术规范;掌握常用检测诊断设备、仪器、仪表和量具的工作原理和性能,掌握其使用及校准方法;掌握机动车性能要求和检验方法,熟悉车辆技术评定的基本知识;熟悉质量保证体系的知识;熟悉机动车检测站计算机控制系统、联网的使用和维护知识。

③专业技能;能熟练使用机动车检测设备,对车辆进行检测;具有组织实施机动车性能检测,并对机动车作出技术状态评定的能力;具有车辆技术评估检测质量管理及处理检测质量纠纷的能力;能制订技术培训计划并付诸实施;具有计算机控制系统操作应用能力。

9)机动车维修业务员

(1)岗位职责。

①负责机动车维修业务接待工作。

②负责对报修车辆进行初步诊断、估算维修费用、签订维修合同。

③负责跟踪检查维修过程、维修进度和维修质量。

④协助质量检验员对车辆进行竣工检查验收和车辆移交工作,协助办理维修费用结算手续。

⑤负责客户的跟踪服务,建立和管理客户档案,接待及协助处理客户投诉。

(2)任职资格。

①基本条件:具有机动车维修专业中职(含)以上的文化水平;具有 2 年以上机动车维修工作经验,有机动车驾驶证。

②专业知识:熟悉与本行业相关的各种法律法规;熟悉机动车维修工时、收费标准及零配件价格;掌握机动车构造和工作原理;了解机动车常见故障及故障诊断的基本方法;熟悉机动车各工种维修工艺流程及技术要求;熟悉机动车零配件常识。

③专业技能:能制定及实施业务接待流程;能对车辆进行初步诊断,确定维修项目,估算维修费用,签订维修合同,引导客户正确进行车辆维护和修理;能协助相关人员对维修过程、维修进度和维修质量进行跟踪;能协助质量检验员对竣工车辆进行检查验收;能熟练操作计算机;能建立客户档案。

10)价格结算人员

(1)岗位职责:执行国家、地方有关汽车维修价格的政策和标准;负责机动车维修价格的核算和结算。

(2)任职资格。

①基本条件:具有高中以上(含高中)文化程度;具有在机动车维修企业 2 年以上工作实践。

②专业知识:熟悉国家、地方、行业有关机动车维修价格的政策和标准;熟悉机动车维修工时定额及机动车零配件定价方法;了解机动车维修工艺流程及技术要求;了解零部件的修复工艺和常用材料;了解机动车零配件知识;掌握计算机办公软件及机动车维修企业管理软件。

③专业技能:能进行机动车维修价格核算和结算,能进行信息搜集、统计和分析,能熟练使用计算机办公软件及机动车维修企业管理软件。

(四)《汽车维修行业计算机管理信息系统技术规范》(JT/T 640—2005)

该标准由中华人民共和国交通部于2005年9月21日发布,2006年1月1日起实施。该标准规定了汽车维修行业计算机管理信息系统的构成、数据信息、系统功能、配置、接口和性能,以及系统的安装和维护要求。该标准属于推荐性交通行业标准,适用于道路运输管理机构的汽车维修行业计算机信息管理和汽车维修企业计算机信息管理。其他机动车维修行业的计算机信息管理可参照执行。标准的主要内容介绍如下。

1. 系统构成和数据信息

1)系统构成

该标准规定,汽车维修行业计算机管理信息系统由两部分组成:一是汽车维修行业管理信息系统;二是汽车维修企业管理信息系统。

2)汽车维修行业管理信息系统建立的基本原则

该标准规定:汽车维修行业管理信息系统数据信息集应符合要求,主要数据信息包括:业户信息、车辆信息、人员信息、单证信息,并以附录A规定了该系统的详细数据信息项目。

3)汽车维修企业管理信息系统建立的基本原则

该标准规定:汽车维修企业管理信息系统数据信息集应符合要求,主要数据信息包括:基本信息、车辆维修业务管理信息,并以附录B规定了该系统的详细数据信息项目。

2. 系统功能

1)汽车维修行业管理信息系统功能

该标准规定:汽车维修行业管理信息系统对业户、车辆、从业人员等管理应具有相应的增加、删除、修改等权限控制机制,实现业务办理、业户管理、车辆管理、从业人员管理、单据管理、查询统计等功能。

2)汽车维修企业管理信息系统功能

该标准规定:汽车维修企业管理信息系统对业务接待、采购进货、配件销售、工具、人员等管理应具有相应的增加、删除、修改等权限控制机制,实现以下功能:

(1)车辆维修管理,包括业务接待、生产调度、检验、车辆维修技术档案、维修结算、查询统计等。

(2)配件管理,包括采购进货、配件销售储存管理、账务管理、工具设备管理、人员管理、基本信息管理、查询统计等。

(五)《汽车综合性能检测站能力的通用要求》(GB/T 17993—2005)

该标准由中华人民共和国国家质量监督检验检疫总局、中国国家标准化管理委员会于2005年7月21日发布,2005年12月1日起实施。该标准规定了汽车综合性能检测站开展汽车综合性能检测工作应具备的服务功能,管理、技术能力,以及场地和设施的要求。

1. 汽车综合性能及汽车综合性能检测站的定义

1)汽车综合性能

该标准将汽车综合性能定义为:在用汽车动力性、安全性、燃料经济性、使用可靠性、排气污染物和噪声,以及整车装备完整性与状态、防雨密封性等多种技术性能的组合。

2)汽车综合性能检测站

该标准将汽车综合性能检测站定义为:按照规定程序、方法,通过一系列技术操作行为,对在用汽车综合性能进行检测(验)评价工作并提供检测数据、报告的社会化服务机构,简称综检站。

2. 综检站的功能

(1)依法对营运车辆的技术状况进行检测;

(2)依法对车辆维修竣工质量进行检测;

(3)接受委托,对车辆改装(造)、延长报废期,及其相关新技术、科研鉴定等项目进行检测;

(4)接受交通、公安、环保、商检、计量、保险和司法机关等部门、机构的委托,对其进行规定项目的检测。

3. 综检站管理要求

该标准对综检站在组织,质量体系,文件控制,服务,抱怨处理,事故、差错控制,记录、报告的控制,质量审核和评审等方面的具体管理要求作了详细规定。

4. 综检站技术能力要求

综检站作为一个提供技术性能检测服务的机构,应该具有一定的技术能力,为此,该标准从人员、检测项目与参数、检测仪器设备、计算机控制检测系统等方面的技术能力要求作了具体规定。

5. 综检站场地和设施要求

该标准对综检站在场地和设施方面规定了基本要求,并对检测线的工位设计、检测工艺流程布置、检测线出入口指示及安全防护装置,检测间的空间布局、通风和防雨设施、通道地面平整度以及采光照明、停车场和试车道路等的设计要求作了严格规定。

二 汽车维修主要技术标准

汽车维修技术标准在“汽车维修标准体系结构”中属于“专用修理技术标准”类,也称为“方法”类标准,用以规范汽车维修作业行为,如有关汽车维护作业规范、汽车修理竣工技术要求方面的标准等,是汽车维修技术质量管理的重要依据。此类标准主要介绍如下。

(一)《汽车维护、检测、诊断技术规范》(GB/T 18344—2001)

该标准由中华人民共和国国家质量监督检验检疫总局、中国国家标准化管理委员会于2001年3月26日发布,2001年12月1日起实施。该标准规定了汽车日常维护、一级维护、二级维护的周期,作业内容和技术规范。该标准属于推荐性国家标准,适用于所有在用汽车。

1. 汽车维护的定义及作业中心内容

(1)日常维护。以清洁、补给和安全检视为作业中心内容,由驾驶员负责执行的车辆维护作业。

(2)一级维护。除日常维护作业外,以清洁、润滑、紧固为作业中心内容。并检查有关制动、操纵等安全部件,由维修企业负责执行的车辆维护作业。

(3)二级维护。除一级维护作业外。以检查、调整转向节、转向摇臂、制动蹄片、悬架等经过一定时间的使用容易磨损或变形的安全部件为主,并拆检轮胎,进行轮胎换位,检查调整发动机工作状况和排气污染控制装置等,由维修企业负责执行的车辆维护作业。

2. 汽车维护分级和周期

该标准规定:汽车维护分为日常维护、一级维护和二级维护,各级维护周期分别是:

(1)日常维护的周期为出车前,行车中,收车后。

(2)汽车一、二级维护周期的确定,应以汽车行驶里程为基本依据。汽车一、二级维护行驶里程依据车辆使用说明书的有关规定,同时依据汽车使用条件的不同,由省级交通行政主管部门确定。对于不便用行程里程统计、考核的汽车,可用行驶时间间隔确定一、二级维护周期。其时间(天)间隔可依据汽车使用强度和条件的不同。参照汽车一、二级维护里程周期确定。

3. 维护作业规范

在该标准中,对日常维护、一级维护和二级维护的维护作业规范作了详细说明。

(二)《液化石油气汽车维护检测规范》(JT/T 511—2004)

该标准由中华人民共和国交通部2004年4月16日发布,2004年7月15日起实施。该标准规定了液化石油气(以下简称LPG)汽车维修企业具备的技术条件,LPG汽车维护、检测的周期、作业内容和技术要求。该标准属于推荐性交通行业标准,适用于LPG汽车,包括单一燃料LPG汽车和LPG/汽油两用燃料汽车。标准的主要内容介绍如下。

1. LPG汽车相关定义

(1)单一燃料液化石油气汽车。只有一套液化石油气燃料供给系统、只能燃用液化石油气单一燃料的汽车。

(2)液化石油气/汽油两用燃料汽车。具有两套相互独立的燃料供给系统,一套供给液化石油气,另一套供给汽油,这两套燃料供给系统可分别但不可同时向发动机供给燃料的汽车。

(3)液化石油气专用装置。为了在汽车上燃用液化石油气,在汽车上专门安装的由储气部件、供气部件、控制部件或燃料转换部件等组成的一整套燃料供给系统。

2. LPG汽车维修企业应具备的条件

(1)基本条件。LPG汽车维修企业应符合《汽车维修业开业条件》(GB/T 16739—2004)的相关规定。

(2)人员条件(专项要求)。进行LPG汽车维修的作业人员需经过专业培训,经考核合格,取得行业主管部门颁发的LPG汽车维修上岗证;竣工检验人员应取得行业主管部门核准的LPG汽车检验员资格证。

(3)LPG专项维修生产技术条件。

①具备维修LPG汽车专用装置特殊要求所需的维修、检测、诊断仪器设备,包括密封性及压力检查等手段;

②设有密封性检查、卸压操作的专用场地和存放专用装置的库房;

③LPG汽车维修作业车间通风良好,不得有地沟及通往地下设施的通口,在有LPG泄漏可能的场所应明示防明火、防静电的标志;

④有可行有效的消防安全管理措施和必备的设备、消防人员等。

(4)LPG专用装置产品技术条件及使用技术条件。维修所用LPG专用装置的产品质量应符合《汽车用液化石油气加气口(螺旋式)》(GB/T 18364.1—2001)、《机动车用液化石油气钢瓶》(GB 17259—2009)、《液化石油气汽车专用装置技术条件》(QC/T 247—2002)、《汽车用液化石油气蒸发调压器》(QC/T 672—2000)、《汽车用液化石油气电磁阀》(QC/T 673—2007)、

《汽车用汽油电磁阀》(QC/T 675—2000)等相应技术法规，并由经批准具备 LPG 专用装置生产资质的企业提供；气瓶的运输、储存、经销和使用应符合有关部门的规定。

3. LPG 汽车维护分级、周期、作业内容与安全生产技术要求

(1)LPG 汽车维护的分级和周期。LPG 汽车除了燃料供应系统与燃油汽车有所区别，其他部分是相同的，因此，对 LPG 汽车的定期强制维护，该标准规定：LPG 汽车维护的分级和周期应符合《汽车维护、检测、诊断技术规范》(GB/T 18344—2001)的规定。

(2)LPG 汽车各级维护作业中心内容。该标准分别对 LPG 汽车日常维护、一级维护和二级维护的作业中心内容作了规定，基本内容与《汽车维护、检测、诊断技术规范》(GB/T 18344—2001)相仿，重点强调了对 LPG 装置检查、紧固的维护要求，并规定 LPG 汽车一级维护以上作业必须由 LPG 汽车维修企业负责执行。

(3)LPG 汽车维护作业的安全生产技术要求。LPG 及 LPG 装置属于易燃易爆物品，且鉴于气体燃料的特点，维修作业应特别注意安全操作规程。标准对此作了特别规定，并规定了在发生险情时应采取的安全应急措施，内容包括 LPG 汽车维护作业前的安全检查规定；维护作业中操作步骤安排应先进行涉及 LPG 装置的维护；当需要进行焊割等有明火的作业时的安全操作规程；如需在气瓶附近打磨或切割时的安全操作规程；LPG 汽车如发生漏气应采取的安全处理措施；如发生火情时应采取的安全处理措施。

4. LPG 汽车维护、检测作业技术规范

在该标准中，分别 LPG 汽车日常维护作业规范、LPG 汽车一级维护作业规范、LPG 汽车二级维护作业规范和 LPG 汽车检验要求作了详细规定。

(三)《轿车车身维护技术要求》(JT/T 509—2004)

该标准由中华人民共和国交通部于 2004 年 4 月 16 日发布，2004 年 7 月 15 日起实施。该标准规定了轿车车身、底盘外表及发动机舱外表维护的主要内容与工艺要求。该标准属于推荐性交通行业标准，适用于轿车车身维护。标准的主要内容介绍如下。

1. 轿车车身维护主要内容

标准对轿车车身维护部位和项目作了规定，车身维护作业部位包括车身、底盘外表和发动机舱外表三部分，各部作业内容包括：

(1)车身维护。含车身清洁，研磨，抛光，新车开蜡，打蜡，封釉，玻璃贴膜，内部清洁维护，附件清洁维护作业。

(2)底盘外表清洁。

(3)发动机舱外表清洁。

2. 轿车车身维护工艺要求

按照上述车身维护作业内容，标准逐项对其操作工艺要求作了规定，主要内容有：

(1)车身清洁工艺要求。标准分别规定了车身清洁的条件和步骤，并对各道工序的操作工艺和用料(包括高压水冲洗工艺、清洗用水和洗涤剂、擦拭工艺、清除沥青的工艺、冲净的工艺、擦干及车内清洁的要求等)分别作了规定。

(2)车身漆面研磨工艺要求。标准分别规定了车身漆面研磨的环境条件和步骤，并对各道工序的操作要点以及研磨后对车体的处理工艺作了规定。

(3)车身漆面抛光工艺要求。标准分别规定了车身漆面抛光前应进行的操作项目、抛光

时的操作要点、抛光完成后的检查和清洁要求,以及车身漆面抛光后应达到的质量标准。

(4)新车开蜡工艺要求。标准分别规定了车身漆面开蜡前应进行的操作项目、开蜡的环境温度要求、开蜡操作要点和新车开蜡完成后的清洁和应及时打蜡的要求。

(5)打蜡工艺要求。标准分别规定了车身漆面上蜡前应进行的清洁和漆面检查要求、车身表面温度要求、车蜡选用要求,以及前风窗玻璃下方的塑胶板等一些特殊部位进行清洁、上蜡处理的要求。

(6)封釉工艺要求。标准分别规定了车身漆面封釉工艺操作的环境条件、封釉前应进行的漆面处理(包括打磨、研磨、抛光、除蜡清洁等工序)的工艺要求、振抛封釉操作要点,以及封釉后的处理工艺规范。

(7)玻璃贴膜工艺要求。标准分别规定了玻璃贴膜工艺操作的环境条件、玻璃贴膜的工艺要求和质量标准。

(8)车身内部清洁维护工艺要求。标准分别规定了车身内部清洁维护作业的环境条件,规定了车身内部清洁维护内容,包括:地毯、绒布座椅及座椅面料、仪表台、空调通风口、转向盘、变速杆、驻车制动器操纵杆、安全带、车门、门柱、门框边缘、车门内衬(旁板)和拉扶手、车门锁、铰链部位、踏板的支点处、车门内侧底部的排水孔等部位清洁、检查的工艺要求和技术要点,并规定:作业完成后,打开汽车电器、仪表等应工作正常。

(9)附件清洁维护工艺要求。标准分别规定了对车身附件,包括保险杠等塑胶件、轮毂、轮胎、金属、电镀件、铝合金件等不同材料的部件的清洁维护工艺要求。

3. 底盘外表清洁工艺要求

标准分别规定了对底盘外表清洗并干燥,对车身底部和底盘、悬架等处的锈痕或伤痕的处理,对底盘部位全面喷涂底盘防护材料,喷涂操作工艺,施工后对底盘漆面的要求。

4. 发动机舱外表清洁工艺要求

标准分别规定了对发动机舱外表进行清洁、检查的工艺要求,包括"对熔断器(配电)盒、发电机、分电器、汽车控制主电控单元,以及各功能的控制模块、传感器及接插件等,应进行覆盖、包裹,防止潮湿","线束或塑胶物件,应喷涂胶质件润光剂加以保护"等的要求,以及电气线路清洁安全操作的技术要点。

(四)《汽车发动机电子控制系统修理技术要求》(GB/T 19910—2005)

该标准由中华人民共和国国家质量监督检验检疫总局、中国国家标准化管理委员会于2005年9月14日发布,2006年4月1日起实施。该标准规定了汽车发动机电子控制系统维修前检查、视情维修,以及维修后检验的技术要求。该标准属于推荐性国家标准,适用于装用汽车发动机电子控制系统的点燃式汽油发动机的车辆,是指导汽车维修企业对汽车发动机电子控制系统修理和维修质量管理的主要技术依据。标准的主要内容介绍如下。

1. 汽车发动机电子控制系统的术语和定义

该标准将汽车发动机电子控制系统定义为:汽车发动机电子控制单元根据各传感器传送来的信息,分析发动机运行中的各种参数,并予以综合处理,以期达到较为满意的工作效果。一般分为3个子系统,即进排气控制系统、燃油控制系统和计算机控制系统。

2. 汽车发动机电子控制系统维修前检查技术要求

标准规定了对汽车发动机电子控制系统维修前检查的要求、检查项目、检验方法、安全操作技术要点等。

3. 汽车发动机电子控制系统视情维修技术要求

标准规定：针对所检查到的非正常工作的系统部件，需更换的元器件应予以更换，根据该标准附录中的故障分析及维修方案中的提示进行维修，使之恢复正常的工作状态并记录，并提出维修技术要求。

4. 汽车发动机电子控制系统维修后检验技术要求

标准规定：系统在视情修理后，应对有故障的系统部件用专用或通用的检测仪逐项进行检查，其测量参数、信号应在正常范围内或处于正常状态，并对检验项目和操作技术要点作出相应规定。

（五）《汽车盘式制动器修理技术条件》（GB/T 18343—2001）

该标准由中华人民共和国国家质量监督检验检疫总局于 2001 年 3 月 26 日发布，自 2001 年 12 月 1 日起实施。该国家标准是汽车修理系列标准之一，以保证修理完毕车辆的制动性能为目标，与《机动车运行安全技术条件》（GB 7258—2012）配套使用，规定了汽车盘式制动器主要零部件的修理技术要求及有关参数，对盘式制动器的修理提出了具体的要求，包括盘式制动器主要零配件的拆卸、检验、修理、换新、安装等工艺过程。该标准是指导维修操作和实施维修质量检验工作的重要依据。标准的主要内容如下。

1. 盘式制动器维修总体要求

标准对盘式制动器维修的针对性（修前准备工作）、安全性及操作基本要点作了具体规定。

2. 盘式制动器主要零部件修理技术要领

标准规定了包括制动钳、制动盘和制动摩擦块的拆卸分解、检查、维修、装配的技术要领，包括具体操作工艺过程，强调液压部件检修的注意事项，并给出一般技术参数。

3. 盘式制动器维修检验规则

标准规定了盘式制动器维修检验规则，要求：汽车进行更新制动摩擦块和（或）修理制动盘之后，必须进行磨合，整车应进行制动性能的检验；标准规定了制动器磨合和制动性能检验的具体方法，并规定：经检验合格后应出具检验合格证或相关证明。

（六）《汽车制动传动装置修理技术条件》（GB/T 18275.1～.2—2000）

该标准由中华人民共和国国家质量监督检验检疫总局于 2000 年 12 月 18 日发布，2001 年 9 月 5 日起实施。该标准分为两部分：《汽车制动传动装置修理技术条件　气压制动》（GB/T 18275.1—2000）、《汽车制动传动装置修理技术条件　液压制动》（GB/T 18275.2—2000）。两部分分别规定了汽车气压或液压制动传动装置修理的基本技术要求、试验方法和检验规则，适用于汽车制动气压或液压传动装置的修理。该标准属于推荐性国家标准，为规范维修操作、使修理后制动操作装置的能量能够顺利有效地提供给制动器，确保制动安全可靠，为加强汽车修理行业技术管理提供依据。标准各部分内容分别介绍如下。

1.《汽车制动传动装置修理技术条件　气压制动》（GB/T 18275.1—2000）

本部分标准适用于汽车气压制动传动装置的修理。标准对气压制动传动装置各部件规定了修理基本技术要求、传动系统试验方法和检验规则等，主要内容包括：

(1)气压制动传动装置各部件修理基本技术要求。标准分别规定了空气压缩机修理技术要求、压力控制器修理技术要求、油水分离器修理技术要求、储气筒修理技术要求、制动阀修理技术要求、制动气室修理技术要求、制动连接件及制动管路修理技术要求、制动踏板技术要求、整车制动系统密封性技术要求。

(2)检验方法的规定。标准分别规定了制动阀密封性试验方法、制动阀静特性试验方法、制动气室密封性试验方法的技术要求和有关限值。

(3)检验规则。标准规定了制动传动系统经对各零部件检验、空气压缩机磨合试验、制动阀逐件进行密封性试验后合格方能投入使用的有关原则,明确规定:制动阀应逐件进行密封性试验,符合制动阀密封性能的要求,方能出厂和投入使用;各零部件须经检验合格后,方能出厂或交付使用;修理的空气压缩机应进行磨合试验,达到原厂规定的技术要求后,方能出厂和投入使用。

(4)其他技术要求。本标准规定未规定的技术要求,应符合原设计规定;修竣的各部件,经防锈处理后,应存放在通风、干燥、清洁之处。

2.《汽车制动传动装置修理技术条件　液压制动》(GB/T 18275.2—2000)

本部分标准适用于汽车液压制动传动装置的修理。标准对液压制动传动装置各部件规定了修理基本技术要求、传动系统试验方法和检验规则等,主要内容包括:

(1)液压制动传动装置各部件修理基本技术要求。标准分别规定了液压制动主缸和轮缸修理技术要求、真空增压器修理技术要求、真空助力器修理技术要求、气压增压器修理技术要求、气压加力器修理技术要求、其他维修技术要求。

(2)试验方法规定。标准分别规定了主缸和轮缸密封性试验、主缸和轮缸耐压性能试验、真空增压器止回阀密封性试验、真空助力器真空密封性试验的测试参数和试验操作具体方法。

(3)检验规则。标准规定了制动传动装置经对修理后各零部件检验,主缸、轮缸密封性和耐压性试验,真空增压器止回阀密封性试验,真空助力器真空密封性试验合格后方能投入使用的有关原则。

(4)其他技术要求。本标准未规定的技术要求,应符合原设计规定;修复后的各部件,经防锈处理后,应存放在通风、干燥、清洁之处。

(七)《汽车大修竣工出厂技术条件》(GB/T 3798.1～.2—2005)

该标准由中华人民共和国国家质量监督检验检疫总局、中国国家标准化管理委员会于2005年3月21日发布,2005年8月1日起实施。

该标准分为两部分:《汽车大修竣工出厂技术条件　第1部分:载客汽车》(GB/T 3798.1—2005);《汽车大修竣工出厂技术条件　第2部分:载货汽车》(GB/T 3798.2—2005)。两部分分别规定了载客汽车或载货汽车大修竣工出厂的技术要求及质量保证要求。

该标准属于推荐性国家标准,第1部分适用于大修竣工出厂的载客汽车,第2部分适用于大修竣工出厂的载货汽车。这里所指的载客汽车,标准定义为——在设计和技术特性上用于载运乘客及其随身行李的包括驾驶员座位在内座位数超过9座的汽车;载货汽车,标准定义为——在设计和技术特性上主要用于运送货物的汽车。该标准是指导汽车整车大修作业和汽车维修质量检验人员进行9座以上客车和所有各类载货汽车大修质量检验,包括过程检验和竣工检验的依据。标准的主要内容介绍如下。

1.《汽车大修竣工出厂技术条件　第1部分:载客汽车》(GB/T 3798.1—2005)

该标准对包括驾驶员座位在内座位数超过9座的载客汽车,规定了其整车大修竣工出厂的技术条件和质量保证要求。

1)竣工出厂基本要求

标准规定了载客汽车整车大修竣工出厂检验时的基本检验项目和技术要求,共13项,可以归纳为如下3部分:

(1)整车基本检查要求。标准对整车外观,主要结构参数(包括整备质量、轴距),各部运行温度和密封性,各仪表运行状况,发动机、底盘喷(涂)漆等各方面规定了基本检查项目和技术要求。

(2)各工作介质的检查要求。标准对润滑及其他工作介质的使用规定了检查的项目和技术要求,包括:各润滑脂(油)嘴,各总成润滑剂,动力转向装置、变速器、分动器、主减速器,液力传动装置,发动机冷却系统,气压制动防冻装置,液压制动装置,空调制冷剂,风窗清洗装置等,要求"加注规定品质与数量的介质"。

(3)各部安全可靠性检查要求。对各连接部位和连接件,包括各总成与车架连接部位、全车所有螺栓和螺母、一般紧固件、各铆接件、各焊接部位等,标准分别规定了检查要求,并特别强调:一次性锁止螺栓不得重复使用,不得用螺栓连接代替铆钉连接等。对"影响汽车行驶安全的转向系、制动系和行驶系的关键零部件",标准规定:"不得使用修复件。"对有关悬架减振系统的大修竣工出厂检验技术要求,标准规定:"不应改变其原车的平稳性能指标。"

2)竣工出厂各总成机构要求

标准分别规定了竣工出厂各总成机构要求,包括:①发动机的技术要求;②转向操纵机构技术要求;③转向盘的最大自由转动量、车轮定位、最大转向角、汽车转向轮的横向侧滑量等基本参数检验、测试项目与技术要求;④传动机构技术要求;⑤行走机构技术要求;⑥制动机构技术要求;⑦车身、车架技术要求;⑧照明和信号装置及其他电气设备技术要求。

3)竣工出厂主要性能指标要求

标准分别规定了竣工出厂主要性能指标要求,包括:动力性、经济性、排放性能、制动性能、滑行性能、转向轻便性、汽车噪声和喇叭声级。

4)整车大修质量保证

标准规定了整车大修质量保证的形式(签发"汽车大修出厂合格证"及有关技术文件)和质量保证期(半年或行驶2万km)。

2.《汽车大修竣工出厂技术条件　第2部分:载货汽车》(GB/T 3798.2—2005)

该标准对载货汽车,规定了其整车大修竣工出厂的技术条件和质量保证要求。

1)竣工出厂基本要求

标准规定了载货汽车整车大修竣工出厂检验时的基本检验项目和技术要求,共12项。

2)竣工出厂各总成机构要求

标准分别规定了竣工出厂各总成机构要求,包括:①发动机的技术要求;②转向操纵机构技术要求;③传动机构技术要求;④行走机构技术要求;⑤制动机构技术要求;⑥车身、车架、驾驶室技术要求;⑦照明和信号装置及其他电气设备技术要求。

3)竣工出厂主要性能指标要求

标准分别规定了竣工出厂主要性能指标要求，包括：动力性、经济性、排放性能、制动性能、滑行性能、转向轻便性、汽车噪声和喇叭声级。

4）整车大修质量保证

标准规定了整车大修质量保证的形式（签发"汽车大修出厂合格证"及有关技术文件）和质量保证期（半年或行驶2万km）。

（八）《商用汽车发动机大修竣工出厂技术条件》（GB/T 3799.1～.2—2005）

该标准由中华人民共和国国家质量监督检验检疫总局、中国国家标准化管理委员会于2005年3月21日发布，2005年8月1日起实施。该标准分为两部分：《商用汽车发动机大修竣工出厂技术条件　第1部分：汽油发动机》（GB/T 3799.1—2005）、《商用汽车发动机大修竣工出厂技术条件　第2部分：柴油发动机》（GB/T 3799.2—2005）。两部分分别规定了商用汽车汽油发动机和商用汽车柴油发动机大修竣工出厂的技术要求、质量保证和包装要求。该标准所指商用汽车，按国家标准GB/T 3730.1—2001确立的术语定义应为：除乘用车（在其设计和技术特性上主要用于载运乘客及其随身行李和/或临时物品的汽车，包括驾驶员座位在内最多不超过9个座位）之外的所有车辆。该标准属于推荐性国家标准，第1部分适用于大修竣工出厂的汽油发动机，第2部分适用于大修竣工出厂的柴油发动机。该标准是汽车维修质量检验人员进行商用汽车发动机大修质量检验，包括过程检验和竣工检验的依据。主要内容介绍如下。

1.《商用汽车发动机大修竣工出厂技术条件　第1部分：汽油发动机》（GB/T 3799.1—2005）

该标准规定了商用汽车汽油发动机大修竣工出厂的技术要求、质量保证和包装要求，适用于商用汽车汽油发动机（往复活塞式）。

1）发动机大修竣工出厂外观检验技术要求

（1）发动机外观整洁与漆面检查技术要求。发动机的外观应整洁、无油污。发动机外表应按规定喷漆，漆层应牢固，不得有起泡、剥落和漏喷现象。

（2）发动机各部件及附件检查技术要求。发动机点火、燃料供给、润滑、冷却和进排气等系统的附件应齐全，安装正确、牢固。

（3）发动机各部分密封性能和电气部分检查技术要求。发动机各部分应密封良好，不得有漏油、漏水、漏气现象；电气部分应安装正确、绝缘良好。

2）发动机装备大修竣工出厂检验技术要求

标准规定了汽油发动机大修各装备过程检验和竣工检验的项目和技术要求，共8项，主要包括：

（1）外购的零部件和附件的产品质量要求。

（2）零部件修复质量及装配工艺技术要求。

（3）发动机增压装置检验技术要求。

（4）发动机限速装置安装、调整与拆除的技术要求。

（5）电子控制燃油喷射系统装置检验技术要求。

（6）发动机冷磨、热试技术要求。

3）发动机大修竣工出厂性能检测技术要求

标准规定了汽油发动机大修竣工出厂性能检测的项目和技术要求，共11项，包括：

(1)发动机运转状况检验技术要求。

(2)启动性能检验技术要求。

(3)怠速运转性能检验技术要求。

(4)进气歧管真空度(怠速时)检验技术要求。

(5)增压发动机的增压压力及温度检验技术要求。

(6)机油压力(怠速和高速时)和警示装置检验技术要求。

(7)额定功率和最大转矩测试技术要求。其中规定:在标准状态下,发动机额定功率和最大转矩不得低于原设计标定值的90%。

(8)最低燃料消耗率和机油消耗量(经济性)测试技术要求。

(9)排放性能,包括排放控制装置和排放污染物含量检验技术要求。

(10)发动机噪声测量技术要求。

(11)电子控制燃油喷射系统技术参数和性能检验技术要求。

4)发动机大修质量保证技术要求

标准规定了商用汽车汽油发动机大修质量保证的竣工质量检验技术措施、过程质量控制要求、大修技术档案和质量保证期方面的要求。其主要内容包括:

(1)必须对修竣发动机性能指标(额定功率、最大转矩、燃料经济性)进行检验。

(2)发动机在装配过程中,要进行过程检验并记录,竣工检验合格的发动机应签发合格证。

(3)发动机维修技术资料应归档管理。

(4)大修竣工出厂的发动机质量保证期。规定为:自竣工之日起,不少于半年或行驶里程为20000km(以先到者为准),并强调实施质量保证期的前提——送修方应按技术文件要求进行使用和维护。

5)发动机总成包装技术要求

标准规定了按"送修方提出的包装要求"进行发动机总成包装的技术要求。

2.《商用汽车发动机大修竣工出厂技术条件 第2部分:柴油发动机》(GB/T 3799.2—2005)

本部分规定了商用汽车柴油发动机大修竣工出厂的技术要求、质量保证和包装要求,适用于商用汽车柴油发动机(往复活塞式)。

1)发动机大修竣工出厂外观检验技术要求

标准规定了柴油发动机大修竣工出厂外观检验的项目和技术要求,共3项。

(1)发动机外观整洁与漆面检查技术要求。

(2)发动机各部件及附件,包括辅助启动装置的检查技术要求。

(3)发动机各部分密封性能和电气部分检查技术要求。

2)发动机装备大修竣工出厂检验技本要求

标准规定了柴油发动机大修各装备过程检验和竣工检验的项目和技术要求,共10项,主要包括:外购的零部件和附件的产品质量要求,零部件修复质量及装配工艺技术要求,发动机装有的排气制动装置检验技术要求,喷油泵、喷油器、调速器调试、检测技术要求,发动机增压装置检验技术要求,发动机限速装置安装、调整与拆除的技术要求,电子控制燃油喷射系统装置检验技术要求,发动机冷磨、热试技术要求。

3)发动机大修竣工出厂性能检测技术要求

标准规定了柴油发动机大修竣工出厂性能检测的项目和技术要求,共11项,主要包括:

(1)发动机运转状况检验技术要求,特别强调发动机超速断油控制装置和紧急停机装置检验技术要求。

(2)启动性能检验技术要求。

(3)怠速运转性能检验技术要求。

(4)增压发动机的增压压力及温度检验技术要求。

(5)柴油发动机稳定调速率检测技术要求。

(6)机油压力和警示装置检验技术要求。

(7)额定功率和最大转矩测试技术要求。规定:在标准状态下,发动机额定功率和最大转矩不得低于原设计标定值的90%。

(8)最低燃料消耗率和机油消耗量(经济性)测试技术要求。

(9)排放性能,包括排放控制装置和排放污染物含量检验技术要求。

(10)发动机噪声测量技术要求。

(11)电子控制燃油喷射系统技术参数和性能检验技术要求。

4)发动机大修质量保证技术要求

标准规定了商用汽车柴油发动机大修质量保证的竣工质量检验技术措施、过程质量控制要求、大修技术档案和质量保证期。其主要内容包括:

(1)必须对修竣发动机性能指标(额定功率、最大转矩、燃料经济性)进行检验。

(2)发动机在装配过程中,要进行过程检验并记录,竣工检验合格的发动机应签发合格证。

(3)发动机维修技术资料应归档管理。

(4)大修竣工出厂的发动机质量保证期规定为:自竣工之日起,不少于半年或行驶里程为2万km(以先到者为准),并强调实施质量保证期的前提——送修方应按技术文件要求进行使用和维护。

5)发动机总成包装技术要求

标准规定了按"送修方提出的包装要求"进行发动机总成包装的技术要求。

(九)《大客车车身修理技术条件》(GB/T 5336—2005)

该标准由中华人民共和国国家质量监督检验检疫总局、中国国家标准化管理委员会于2005年3月21日发布,2005年8月1日起实施。该标准规定了大客车车身修理的技术要求、附件及电器的安装与使用要求、竣工检验及质量保证要求。该标准将所述大客车定义为:在设计和技术特性上用于载运乘客及其随身行李,包括驾驶员座位在内座位数超过16座的汽车。该标准属于推荐性国家标准,适用于大客车车身修理规范操作行为和质量检验,是大客车车身修理质量评定的依据之一。标准的主要内容介绍如下。

1. 车身修理技术要求

标准规定了大客车车身各部修理作业和过程检验技术要求,主要包括:①车身骨架修理技术要求;②车身内外蒙皮及饰件修理技术要求;③铆接与焊接修理技术要求;④喷漆修理技术要求;⑤其他技术要求。

2. 车身附件及电器的安装要求

标准规定了大客车车身附件安装技术要求和电器安装技术要求。

3. 车身修理竣工检验项目及技术要求

标准规定了车身修理竣工检验项目及技术要求,包括:①车身外观、外形尺寸和装备检查;②整备质量及各轴负荷分配的最大值所增加的质量要求;③各操纵机构的安装情况检查;④车窗玻璃、顶窗、安全门检查;⑤路试车身各部蒙皮安装可靠性要求;⑥电气设备及各种仪表工作状况检查。

4. 车身修理质量保证

标准规定了车身修理质量保证的要求和质量保证期(半年或行驶2万km)。

三 汽车检测主要技术标准

汽车检测技术标准在"汽车维修标准体系结构"中属于"专用修理技术标准"类,为检验"方法"类标准,用以规范汽车检测和技术评定行为,如有关汽车安全性能检验标准、汽车排放检测标准等,是汽车检测技术管理和汽车维修质量评定工作的重要依据。此类标准主要介绍如下。

(一)《营运车辆综合性能要求和检验方法》(GB 18565—2001)

该标准由中华人民共和国国家质量监督检验检疫总局、中国国家标准化管理委员会于2000年7月13日发布,2002年8月1日起实施。该标准规定了营运车辆,即从事道路客货运输的经营性车辆的动力性、燃料经济性、制动性、转向操纵性、照明和信号装置及其他电气设备、排放与噪声控制、密封性、整车装备的基本技术要求和检验方法。该标准是车辆综合性能检测、评定的重要依据之一。该标准属于强制性国家标准,适用于营运车辆,非营运车辆可参照执行。标准的主要内容介绍如下。

1. 营运车辆动力性要求和检验方法

标准分别规定了发动机性能和整车动力性能的要求和检验方法,其主要内容如下。

1)发动机性能要求

包括:发动机动力性,启动性能,各汽缸压缩压力及每缸压力与各缸平均压力的差,发动机点火、燃料供给、润滑、冷却和排气等系统的完好性,柴油机的停机装置技术状况。标准具体规定了各项发动机性能参数的限值及检验方法。

2)整车动力性能要求

标准分别规定了整车动力性的评价指标、检测工况、限值及合格条件等,主要内容归纳如下:

(1)整车动力性评价指标及检测工况。标准规定:整车动力性可用底盘测功机,采用汽车发动机额定转矩和额定功率时的工况,检测汽车驱动轮输出功率来评价。

(2)驱动轮输出功率的限值及动力性合格的条件。标准规定:采用校正驱动轮输出功率与相应的发动机输出总功率的百分比作为驱动轮输出功率的限值,并给出相应计算公式和国产营运车辆的校正驱动轮输出功率的限值,其他车辆可参照执行。

(3)整车动力性检测和评价工况。标准特别规定:轿车的动力性按额定转矩工况进行检测和评价。

2. 营运车辆燃油经济性要求和检验方法

标准规定了燃油经济性指标、检验方法及限值:按规定的检验方法测得的汽车百公里燃油消耗量不得大于该车型原厂规定的相应车速等速百公里燃料消耗量的110%。

3. 营运车辆制动性要求和检验方法

标准对营运车辆制动性的各项要求和检验方法作了明确规定,主要包括:①制动系统功能要求;②制动系统基本参数要求;③驻车制动性能要求;④制动装置的要求;⑤台试制动性能要求;⑥路试制动性能要求;⑦当车辆经自试后,对其制动性能有质疑时的处理规定。

4. 营运车辆转向操纵性技术要求和检验方法

标准对营运车辆转向操纵性的各项要求和检验方法作了明确规定,主要包括:①转向盘最大自由转动量的要求;②转向轻便性测试要求;③转向轮的横向侧滑量要求;④车轮定位值要求;⑤车辆的最小转弯直径、转向轮的最大转向角技术要求;⑥悬架特性要求;⑦动力转向(或助力转向)性能参数的要求;⑧转向操作稳定性和行驶稳定性要求;⑨转向机构部件检验要求。

5. 照明和信号装置及其他电气设备技术要求和检验方法

标准对营运车照明和信号装置及其他电气设备的各项要求和检验方法作了明确规定,主要包括:①前照灯光来照射位置技术要求;②前照灯远光光束发光强度要求;③汽车灯具及操作装置安装要求;④灯光照射技术要求;⑤仪表与信号装置技术要求;⑥照明和信号装置电源及线路技术要求。

6. 排放与噪声控制技术要求和检验方法

1)排气污染物控制技术要求和检验方法

标准分别对装配点燃式发动机和装配压燃式发动机车辆的排气污染物控制,规定了检测方法和排放限值。主要内容包括:①双怠速法或加速模拟工况(ASM)法测试装配点燃式发动机车辆排气污染物的规定;②怠速法测试装配点燃式发动机车辆排气污染物的规定;③自由加速排气可见污染物试验法测试装配压燃式发动机的车辆排气污染物的规定;④自由加速烟度试验测试装配压燃式发动机的车辆排气污染物的规定;⑤汽油车燃油蒸发污染物排放控制技术要求;⑥汽车曲轴箱污染物排放控制技术要求。

2)汽车噪声控制技术要求和检验方法

标准分别规定了汽车定置噪声、客车车内噪声声级、汽车驾驶员耳旁噪声声级、喇叭声级的测量方法和限值标准。

7. 密封性技术要求和检验方法

标准分别对客车防雨密封性、汽车各部连接件密封性和制动系统密封性的技术要求和检验方法作了规定。

8. 整车装备技术要求

标准对客车整车装备的各项技术要求作了明确规定,主要包括:①基本要求;②车辆尺寸参数要求;③车辆质量参数要求;④车速表检查技术要求;⑤滑行性能检测及技术要求;⑥异响检查技术要求;⑦润滑状况检查技术要求;⑧车架、车身与驾驶室技术要求;⑨行驶系统技术要求;⑩传动系统技术要求;⑪安全防护装置要求;⑫危险货物运输车辆技术要求;⑬汽车列车技术要求;⑭集装箱运输车技术要求。

9. 检验方法

标准分别对汽车驱动轮输出功率、燃料经济性、制动性能、转向操纵性、汽车噪声等各项性能参数的检验方法作了具体规定。主要内容如下:

(1)用底盘测功机按给定有关标准检测汽车驱动轮输出功率的规定。

(2)用底盘测功机或路试检测汽车等速百公里燃料消耗量,并规定了检测条件、检测步骤、检测方法、检测结果计算、检测数据校正、重复性检验等要求。

(3)分别规定了台试或路试制动性能的检验方法,并规定可采取新型制动性能测试仪器进行路试制动性能检验,如采用平板式制动试验台等。

(4)规定了转向操纵性检验,包括转向盘最大自由转动量检验、转向轮侧滑量检验的方法。

(5)分别规定了用悬架装置检测台或用平板检测台,进行悬架特性检验的方法和技术要点。

(6)分别规定了用底盘测功机或用路试方法进行滑行距离检验,以及滑行阻力测试的方法和技术要求。

(7)按相关标准进行前照灯光束照射位置检验规定。

(8)分别对各种汽车排气污染物检验方法,包括双怠速试验、加速模拟工况试验、怠速试验、自由加速试验,提出依据相应技术标准进行检验的技术要求。

(9)分别对汽车定置噪声检验、客车车内噪声检验、驾驶员耳旁噪声检验的技术要求作了规定。

(10)规定了客车防雨密封性的检验方法。

(11)规定了车速表检验方法。

(二)《机动车运行安全技术条件》(GB 7258—2012)

国家标准《机动车运行安全技术条件》(GB 7258—2012)是我国机动车运行安全管理最基本的技术标准,是进行注册登记检验和在用机动车检验、机动车查验、事故车检验的主要技术依据,同时也是我国机动车新车定型强制性检验、新车出厂检验及进口机动车检验的重要技术依据之一。

该标准于2012年5月11日由国家质量监督检验检疫总局和国家标准化管理委员会批准发布,自2012年9月1日起在全国范围内实施。本标准适用于在我国道路上行驶的所有机动车,但不适用于有轨电车及并非为在道路上行驶和使用而设计和制造、主要用于封闭道路和场所作业施工的轮式专用机械车。标准主要内容介绍如下。

1. 各类机动车的术语和定义

该标准对所提及的机动车及各类机动车等术语和定义作了规定,对区别不同机动车的安全运行技术条件有指导意义。被定义的各类机动车包括:机动车、汽车、载客汽车、乘用车客车、公路客车、长途客车、卧铺客车、旅游客车、公共汽车、城市客车、校车、幼儿校车、小学生校车、中小学生校车、专用校车、载货汽车、货车、半挂牵引车、低速汽车、三轮汽车、低速货车、低速载货汽车、危险货物运输车、专项作业车、气体燃料汽车、两用燃料汽车、双燃料汽车、纯电动汽车、插电式混合动力汽车、教练车、残疾人专用汽车、挂车、牵引杆挂车、全挂车、中置轴挂车、半挂车、汽车列车、乘用车列车、货车列车、牵引杆挂车列车、全挂拖斗车、全挂汽车列车、中置轴挂车列车、铰接列车、半挂汽车列车、摩托车、普通摩托车、两轮普通摩托车、边三轮摩托车、正三轮摩托车、轻便摩托车、两轮轻便摩托车、正三轮轻便摩托车、拖拉机运输机组、轮式专用机械车、特型机动车等。

2. 整车技术条件

标准对整车标志、外廓尺寸、后悬、轴荷和质量参数、核载、比功率、侧倾稳定角及驻车稳定角、图形和文字标志、外观、漏水检查、漏油检查、车速表指示误差、行驶轨迹、驾驶员耳旁噪声要求、环保要求、产品使用说明书、其他要求等技术要求分别作了规定。

3. 发动机技术条件

标准规定了发动机动力性能(功率限值)、启动性能、柴油机停机装置、发动机点火、燃料供给、润滑、冷却和进排气等系统完好技术要求。

4. 转向系统技术条件

标准规定了机动车转向系统设置、结构参数、技术性能、各部件的完好性等方面的要求。

5. 制动系统技术条件

标准规定了机动车制动系统基本结构要求、各制动系统的技术性能、储气筒、制动报警装置、制动性能检验等方面的技术要求。主要包括以下内容:制动系统基本要求、行车制动、应急制动、驻车制动、辅助制动、液压制动的特殊要求、气压制动的特殊要求、储气筒、制动报警装置、路试检验制动性能、台试检验制动性能等。

6. 照明、信号装置和其他电气设备技术条件

标准规定了机动车电气系统基本要求、照明和信号装置的要求、前照灯的技术要求、其他电气设备和仪表的技术。主要包括以下内容:电气系统基本要求,照明和信号装置的数量、位置、光色和最小几何可见度,照明和信号装置的一般要求,车身反光标识和车辆尾部标志板,前照灯,其他电气设备和仪表。

7. 行驶系统技术条件

标准规定了行驶系统各部件,包括轮胎、车轮总成、悬架系统及连接件的技术要求,规定了有关技术参数的标准和测试方法。

8. 传动系统技术条件

标准规定了传动系统各总成部件的技术要求、工作性能和有关技术参数的限值。主要包括以下内容:离合器、变速器和分动器、传动轴、驱动桥、超速报警和限速功能、车速受限车辆的特殊要求等。

9. 车速受限车辆的特殊要求

标准规定了三轮汽车和低速货车等车速受限车辆的技术特性要求。

10. 车身技术条件

标准规定了车身的基本要求、客车的特殊要求、货运机动车的特殊要求、摩托车的特殊要求、车门和车窗、座椅(卧铺)、内饰材料和隔声隔热材料、号牌板(架)、其他要求等。

11. 机动车安全防护装置技术要求

标准规定了对机动车各项安全防护装置的技术要求。主要包括:汽车安全带、车外后视镜和前下视镜、前风窗玻璃刮水器、应急出口、燃料系统的安全保护、气体燃料专用装置的安全防护、牵引车与被牵引车的连接装置、货车和专项作业车和挂车侧面及后下部防护装置、客车的

特殊要求、货车的特殊要求、危险货物运输车的特殊要求、三轮汽车和拖拉机运输机组的特殊要求、其他要求等。

12. 消防车、救护车、工程救险车和警车的附加要求

标准分别对消防车、救护车、工程救险车和警车提出安全技术条件方面的附加要求,主要包括:车身颜色的规定、装备与其功能相适应的装置的技术要求、安装使用的警报器和标志灯具的规定和安装技术要求。

(三)《机动车安全技术检验项目和方法》(GB 21861—2008)

该标准由中华人民共和国国家质量监督检验检疫总局、中国国家标准化管理委员会于2008 年 5 月 26 日发布,2009 年 6 月 1 日起实施。该标准规定了机动车安全技术检验的检验项目和检验方法等要求。

该标准适用于机动车安全技术检验机构对在我国道路上行驶的机动车进行安全技术检验,该标准也适用于进口机动车检验机构对入境机动车进行安全技术检验。对经有关部门批准进行实际道路试验的机动车进行安全技术检验时,可参照该标准进行。

该标准规定了机动车检验方式和检验项目、检验流程和对送检机动车的基本要求、车辆唯一性认定、联网查询、线外检验、线内检验、路试检验、二轮和三轮机动车检验的补充说明、检验结果审核和检验报告处置、检验报告签发与资料收存等要求。标准主要内容介绍如下。

1. 机动车安全技术检验方式和检验项目

该标准以表的形式分别列出机动车安全技术检验方式和检验项目。其中检验方式包括:车辆唯一性认定、联网查询、线外检验、线内检验和路试检验。

2. 机动车检验流程和对送检机动车的基本要求

(1)检验流程。该标准以流程图的形式给出“机动车安全技术检验流程”,包括从“车辆登记(登录)→车辆唯一性认定→联网查询→线外检验→线内检验→审核→签章→车辆出站”全过程及其过程中的其他处理程序要求。

(2)对送检机动车的基本要求。该标准规定:送检机动车应清洁,无明显漏油、漏水、漏气现象,轮胎完好,轮胎气压正常且胎冠花纹中无异物,发动机怠速应正常。对达不到以上基本要求的送检机动车,机动车安全技术检验机构应要求整改符合要求后再进行安全技术检验。在用车检验时,送检人应提供送检机动车的机动车行驶证和有效的机动车第三者责任强制保险凭证,对不能提供以上证件、凭证的送检机动车,机动车安全技术检验机构不应予以安全技术检验。

3. 机动车安全检验方法

该标准详细规定了线外检验、线内检验、路试检验、二轮和三轮机动车检验方法的操作规程和技术要求。

(四)《点燃式发动机汽车排气污染物限值及测量方法(双怠速法和简易工况法)》(GB 18285—2005)

该标准由国家环境保护总局、国家质量监督检验检疫局于2005 年5 月30 日发布,2005 年7 月1 日起实施。该标准规定了装用点燃式发动机汽车怠速和高怠速工况下排气污染物排放限值及测量方法,同时规定了点燃式发动机轻型汽车稳态工况法、瞬态工况法和简易瞬态工况

法三种简易工况法的测量方法。本标准具有强制执行的效力，适用于装用点燃式发动机的新生产和在用汽车。标准的主要内容介绍如下。

1. 排气污染物排放限值

(1)新生产汽车排气污染物排放限值。对装用点燃式发动机的新生产汽车，形式核准和生产一致性检查的排气污染物排放限值作了规定，其中以2005年7月1日为时限，对此期起生产的第一类轻型汽车、第二类轻型汽车和重型汽车在怠速和高怠速两种工况下CO和HC排放的体积分数分别作了规定。

(2)在用汽车排气污染物排放限值。对装用点燃式发动机的在用汽车的排气污染物排放限值作了规定。分别以1995年7月1日、2000年7月1日、2001年10月1和2004年9月1日为时限，对此期前或此期起生产的轻型、重型汽车分别作了规定。

标准对在用车辆的排放限值，紧密结合了车辆的新旧程度和技术含量，科学、合理地作了不同规定，差距较大。

(3)过量空气系数(λ)的要求。对于使用闭环控制电子燃油喷射系统和三元催化转化器技术的汽车，标准规定要进行过量空气系数(λ)的测定，并给出了发动机在高怠速转速时参数λ的标准范围(1.00±0.03或制造厂规定的范围内)和测试前应按照制造厂使用说明书的规定预热发动机的测试技术要点。

2. 排气污染物排放测量方法

(1)对排放测量仪器作了规定。该标准规定，按不同排放标准生产的汽油车，或装用不同阶段生产的发动机的车辆，排放测量仪器应分别符合相应要求。

(2)对排放测量程序，包括测量技术要求作了规定。标准规定了怠速法排放测量程序，给出了被测车的技术要求、仪器安装的技术要领、测量步骤、操作要求和数据读取等技术要点。

(3)规定了对单一燃料车和两用燃料车排放检测的不同要求。标准规定：单一燃料车按燃气进行排放检测；两用燃料车应分别进行排放检测。

3. 排放测量结果的判定规则

该标准给出两条对排放测量结果进行判定的规则：

(1)所列车型CO和HC排放测试结果有一项不合格，即判为不合格。

(2)对于使用闭环控制电子燃油喷射系统和三元催化转化器技术装置的汽车，过量空气系数(λ)超出范围，即判为不合格。

4. 在用汽车的排放监控

(1)排放监控测量方法。标准规定，自本标准实施之日起，全国点燃式发动机排放监控采用双怠速法；在机动车保有量大、污染严重的地区，也可按规定采用简易工况法。标准分别给出了稳态工况、瞬态工况和简易瞬态工况法三种简易工况的测量方法。

(2)排放监控方案的确定。标准规定：各省级环境保护行政主管部门根据当地实际情况，确定排放监控方案、选择排放监控测量方法，但同一类型车辆环保定期检测时不得采用二种或二种以上测量方法。

(3)简易工况法测量的排放限值。标准规定：采用简易工况法测量的地区，应按国务院下达的相关原则和方法，制定地方排气污染物限值，经省级人民政府批准、报国务院备案后实施。

(五)《车用压燃式发动机和压燃式发动机汽车排气烟度排放限值及测量方法》(GB 3847—2005)

该标准由国家环境保护总局、国家质量监督检验检疫总局于2005年5月30日发布,2005年7月1日起实施。该标准为贯彻《中华人民共和国环境保护法》和《中华人民共和国大气污染防治法》,控制汽车污染物排放,改善环境空气质量而制定。对车用压燃式发动机和压燃式发动机汽车的排气烟度排放限值及测量方法作了规定。本标准具有强制执行的效力,适用范围包括:

(1)压燃式发动机排气烟度的排放,包括发动机形式核准和生产一致性检查。

(2)压燃式发动机汽车排气烟度的排放,包括新车形式核准和生产一致性检查。

(3)按《柴油车自由加速烟度排放标准》(GB 14761.6—1993)生产制造的在用汽车测量方法与原《柴油车自由加速烟度测量滤纸烟度法》(GB 3846—1993)规定的波许烟度法相同,相应的排放限值及测量方法列入本标准。

(4)污染物排放符合GB 18352—2005的装用压燃式发动机的轻型汽车。

本标准不适用于低速载货汽车和三轮汽车。

标准对所采用的有关术语和定义作了规定,包括:净功率、压燃式发动机、冷启动装置、不透光烟度计、最高额定转速、最低额定转速、轮边功率、最大轮边功率(MaxHP)。光吸收系数(k)、发动机最大转速(MaxPPM)、实测最大轮边功率时的转鼓线速度(VelMaxHP)、新生产汽车和在用汽车。本标准由国家环境保护总局解释。

标准具体规定共分4个部分,包括第Ⅰ部分:压燃式发动机的排气烟度排放控制要求;第Ⅱ部分:装用发动机形式核准已批准的压燃式发动机汽车的排气烟度排放控制要求;第Ⅲ部分:装用未单独进行发动机形式核准的压燃式发动机汽车的排气烟度排放控制要求;第Ⅳ部分:在用汽车的排气烟度排放控制要求。

(六)《营运车辆技术等级划分及技术评定要求》(JT/T 198—2004)

该标准由中华人民共和国交通部于2004年3月17日发布,2004年6月1日起实施。标准规定了营运车辆技术状况等级的评定内容、评定规则、等级划分、评定项目和技术要求,适用于营运车辆,是交通行政主管部门对营运车辆进行技术管理的重要依据,也是指导汽车维修和汽车综合性能检测部门对营运车辆实施维修和检验工作的技术法规之一。标准的主要内容介绍如下。

1. 营运车辆技术评定内容

标准明确规定了营运车辆技术评定内容,包括:营运车辆整车装备及外观检查、动力性、燃料经济性、制动性、转向操纵性、前照灯发光强度和光束照射位置、排放污染物限值、车速表示值误差等。

2. 营运车辆技术评定规则

标准分别对营运车辆技术评定的原则和营运车辆技术等级划分作了有关规定。其中:

(1)评定原则。标准规定了营运车辆综合性能应达到的技术要求,营运车辆技术等级评定项目和技术要求,营运车辆的技术等级评定的检测方法。

(2)等级划分。标准规定:营运车辆技术等级划分为一级、二级和三级,并分别对各级应达到的技术要求作了具体规定。

3. 营运车辆技术评定项目和技术要求

标准给出营运车辆技术等级的评定项目和技术要求，评定项目包括 10 个部分，共 43 项：整车装备与外观(23 项，含：整车装备与标识，车架、车身、驾驶室、车门、车窗、车轮、轮胎等各部件完好、齐全，各部密封性能，无异响，润滑良好，安全可靠)；动力性(2 项，驱动轮输出功率和滑行性能)；燃料经济性(1 项，等速百公里油耗)；制动性(5 项，制动力、制动力平衡、制动协调时间、车轮阻滞力、驻车制动)；转向操纵性(3 项，转向轮横向侧滑量、转向盘最大自由转动量、悬架特性)；前照灯(2 项，发光强度、光束照射位置)；排放污染物控制(4 项，汽油车怠速污染物排放、双怠速污染物排放、柴油车自由加速烟度、排气可见污染物)；喇叭声级(1 项)；车辆防雨密封性(1 项)；车速表示值误差(1 项)。

各项评定项目的技术要求，包括参数标准和测试方法，在本标准中都有针对不同营运车辆技术等级要求给出在《营运车辆综合性能要求和检验方法》(GB 18565—2001)中相对应的规定。

第二章 练习题及模拟试卷

第一节 机动车维修技术人员职业道德

一 练习题

(一)判断题

1. 职业是社会成员对社会所承担的职责和工作。 ( )
2. 人们通常将所从事的、作为主要生活来源的工作称之为职业。 ( )
3. 职业道德是从业人员在职业活动中应该遵循的行为准则。 ( )
4. 职业道德表现为从事某一职业的人们所特有的道德心理和道德品质。 ( )
5. 职业道德可以帮助从业人员形成比较稳定的职业心理和职业习惯。 ( )
6. 职业道德在很大程度上会影响整个社会的道德风貌。 ( )
7. 职业道德往往采用制度、守则、公约、承诺、誓言、条例以及标语口号等表现形式。 ( )
8. 社会主义职业道德体现了公民权利与义务相统一的精神。 ( )
9. 从业人员职业道德水平的高低影响职业形象,与产品质量和服务质量关系不大。 ( )
10. 为人民服务是社会主义职业道德的最高标准。 ( )
11. 机动车维修职业道德反映了机动车维修职业与其他职业之间、机动车维修与社会之间、机动车维修职业内部职工之间的职业道德关系。 ( )
12. 机动车维修职业信誉表现为社会对机动车维修职业的信任感和机动车维修在社会生活中的声誉。 ( )
13. 精工细作、完工及时、安全可靠、优质高效地向用户提供维修服务,是机动车维修从业人员的基本职业责任。 ( )
14. 机动车维修职业尊严是指社会或他人对机动车维修职业的尊重,也指机动车维修从业人员对机动车维修职业的尊重和爱护。 ( )
15. 机动车维修技术人员可以利用所掌握的维修技术,利用工作之便为自己牟利。 ( )
16. 机动车维修从业人员按规范操作,不需要精打细算、点滴节约。 ( )
17. 敬业就是兢兢业业、忠于职守。 ( )
18. 诚实守信就是忠诚老实、信守承诺,是为人处世的一种美德。 ( )
19. 机动车维修严格执行国家标准、地方标准及行业相关的法律、法规、规章和规范是从业人员对托修方诚实守信的基本体现。 ( )

20. 机动车维修从业人员不能诚实守信会直接影响企业的诚信度。 ( )

21. 无论对什么样的客户都同样热情，是在机动车维修服务过程中“办事公道”的具体体现。 ( )

22. 奉献就是不期望等价的回报和酬劳，而愿意为他人、为社会、为真理、为正义献出自己的力量，包括宝贵的生命。 ( )

23. 奉献精神是一种融合在事业中的高尚人格。 ( )

24. 在市场经济条件下，倡导无私奉献的精神，目的是使企业减少劳动力成本。 ( )

25. 一个人只要达到一心为社会作奉献的境界，他的工作就必然能做得很好，就能实现全心全意为人民服务。 ( )

26.《全国汽车维修行业行为规范公约》的主要内容有 8 个方面。 ( )

27.《全国汽车维修行业行为规范公约》中的“接受监督”仅指自觉接受托修方监督。 ( )

28. “不擅自减少作业项目，不使用假冒伪劣配件，不作虚假广告宣传”是《全国汽车维修行业行为规范公约》中“守法经营，接受监督”提出的要求。 ( )

29. “开展服务规范化达标活动，树立行业新风尚”是建设机动车维修行业精神文明的有效措施之一。 ( )

30. 企业认真做好机动车维修检验记录，是具体落实《全国汽车维修行业行为规范公约》中“规范操作，保证质量”的行为之一。 ( )

31.《全国汽车维修行业行为规范公约》中“文明生产，保护环境”一条对作业现场未提出明确要求。 ( )

32. “维修工具、零件、场地、人身清洁；工具、零件、油水不落地”，是《全国汽车维修行业行为规范公约》中“文明生产，保护环境”提出的具体要求。 ( )

33. “信誉”具有信用和名誉两方面的含义。 ( )

34. 企业能够长期稳定、持续发展主要靠社会关系，企业诚信差一点不是很重要。 ( )

35. 诚信的基础是守法经营，包括经营主体合法、经营行为合法。 ( )

36. 在机动车维修行业建立诚信机制，是对机动车维修市场实施标本兼治的有效途径。 ( )

37. “企业信誉”是指企业在职业活动中的名声。 ( )

38. 为人民服务体现了社会主义职业道德建设的先进性和广泛性要求的统一。 ( )

39. 行业信誉体现了社会承认的该行业在职业活动中的价值。 ( )

40. 实践表明，开展“诚信维修，规范服务”为宗旨的诚信建设活动，有利于在全行业营造“守信用、讲信誉、重信义”的良好氛围。 ( )

41.《公民道德建设实施纲要》要求：社会主义道德建设要坚持以为人民服务为核心，以集体主义为原则。 ( )

42.《公民道德建设实施纲要》要求：要把集体主义精神渗入社会生产和生活的各个层面，引导人们正确认识和处理国家、集体、个人的利益关系。 ( )

43. 在改革开放、市场经济全球化的今天，不再强调民族自尊心、自信心和自豪感。 ( )

44.《公民道德建设实施纲要》提出:要大力倡导家庭美德,鼓励人们在家庭里做一个好成员。 ( )

(二)单项选择题

1. 职业具有一定的( )。

A. 社会责任性　　B. 社会公益性　　C. 社会实践性

2.《公民道德建设实施纲要》规定,社会主义道德建设要坚持以为人民服务为( )。

A. 原则　　B. 核心　　C. 基本要求

3. ( )是社会主义道德的集中体现,也是社会主义职业道德的核心内容。

A. 爱岗敬业　　B. 诚实守信　　C. 为人民服务

4. 纪律是介于法律与道德之间的一种( ),它既要求人们能自觉遵守,又带有一定的强制性。

A. 法令　　B. 制度　　C. 行为规范

5. 职业道德的基本职能是( )。

A. 服务职能　　B. 调节职能　　C. 保证职能

6.《公民道德建设实施纲要》规定,社会主义道德建设要坚持以爱祖国、爱人民、爱劳动、爱科学、爱社会主义为( )。

A. 基本要求　　B. 核心　　C. 原则

7. 在实际工作中自觉自愿地履行职业责任,就是( )的具体表现。

A. 完成生产任务　　B. 履行机动车维修职业义务　　C. 遵纪守法

8. 机动车维修职业所承担的社会责任从宏观上讲,具有( )的职能。

A. 保障机动车技术状况　　B. 保障托修方利益　　C. 保障道路运输事业发展

9. 机动车维修从业人员应自觉控制和支配职业行为,努力维护机动车维修的( )。

A. 职业尊严　　B. 职业良心　　C. 职业义务

10. 恢复机动车技术状况,保证安全生产,充分发挥机动车的效能和降低运行消耗,是我国机动车维修职业的( )。

A. 质量要求　　B. 评价标准　　C. 社会责任

11. 机动车维修最主要的特征就是以其( ),恢复汽车的使用性能,使汽车能正常运行。

A. 服务的周到性　　B. 技术的可靠性　　C. 设施的完备性

12. 机动车维修从业人员职业道德规范是指机动车维修从业人员在机动车维修工作中( )的职业道德准则和行为规范。

A. 必须遵循　　B. 努力提倡　　C. 积极推广

13. 爱岗是敬业的( )。

A. 结果　　B. 体现　　C. 基础

14. 办事公道是衡量机动车维修从业人员( )水平的重要标志。

A. 政策　　B. 职业道德　　C. 领导

15. 在职业活动中做到( ),是为了保证每个人在社会上的合法地位和平等权利。

A. 公正公平　　B. 廉洁奉公　　C. 团结协作

16. 服务群众是(　　)的直接表达。

A. 党的群众路线　　B. 共产主义理想　　C. 为人民服务精神

17. 认真钻研业务、提高工作技能是在服务群众方面对于机动车维修从业人员的(　　)。

A. 基本条件　　B. 具体要求　　C. 具体体现

18. 在机动车维修服务工作中,不计名利、勇于吃苦、任劳任怨,最大限度地满足服务对象的需求,积极为机动车维修行业发展奉献出自己的力量,这是(　　)对于机动车维修从业人员的具体要求。

A. 爱岗敬业　　B. 诚实守信　　C. 奉献社会

19. 奉献社会就是(　　)。

A. 大公无私的情怀　　B. 克己奉公的品德　　C. 全心全意为社会作贡献

20. 与爱岗敬业、诚实守信、办事公道、服务群众这四项道德规范相比较,奉献社会是职业道德中的(　　),同时也是做人的最高境界。

A. 最高要求　　B. 基础要求　　C. 严格要求

21. 爱岗敬业、诚实守信是对从业人员职业行为的(　　)。

A. 最高要求　　B. 基础要求　　C. 严格要求

22. 为加强行业精神文明建设,(　　)组织制定了《全国汽车维修行业行为规范公约》。

A. 中国汽车维修行业协会　　B. 交通部　　C. 国务院文明办

23. 公正签订并忠实履行机动车维修合同是《全国汽车维修行业行为规范公约》中所提出的“(　　)”要求的一种体现。

A. 守法经营,接受监督　　B. 诚信为本,公平竞争　　C. 尊重客户,热忱服务

24. 牢固树立“质量第一,客户至上”的观念,从业人员持证上岗,亮牌服务,举止文明,是《全国汽车维修行业行为规范公约》中所提出的“(　　)”要求的一种体现。

A. 守法经营,接受监督　　B. 尊重客户,热忱服务

C. 弘扬职业道德,建设精神文明

25. “发展企业文化,建立服务品牌,倡导爱岗敬业精神,树立团队合作意识,充分调动企业员工积极性,开创奋发向上的比、学、赶、帮新局面”是《全国汽车维修行业行为规范公约》中“(　　)”的具体要求。

A. 诚信为本,公平竞争　　B. 自我管理,自我发展

C. 弘扬职业道德,建设精神文明

26. “认真做好机动车维修检验记录,按规定签发机动车维修出厂合格证”,是《全国汽车维修行业行为规范公约》中“(　　)”的具体要求。

A. 诚信为本,公平竞争　　B. 规范操作,保证质量

C. 弘扬职业道德,建设精神文明

27. “搞好文明生产和安全生产,防止污染,保护环境,不断完善设施和服务功能,做到厂区整洁,环境优美,布局合理”是《全国汽车维修行业行为规范公约》中“(　　)”的具体要求。

A. 弘扬职业道德,建设精神文明　　B. 规范操作,保证质量

C. 文明生产,保护环境

28.《全国汽车维修行业行为规范公约》中“(　　)”提出要“确立科技兴业新思路”。

A. 诚信为本,公平竞争　　B. 科技兴业,开拓创新

C. 弘扬职业道德,建设精神文明

29.“更新管理理念,优化企业管理,增强市场竞争能力”是《全国汽车维修行业行为规范公约》中“(　　)”的具体要求。

A. 诚信为本,公平竞争　　B. 科技兴业,开拓创新

C. 弘扬职业道德,建设精神文明

30.“加强行业培训与交流,开展业内的横向联合与协作,加速行业技术进步”是《全国汽车维修行业行为规范公约》中“(　　)”的具体要求。

A. 诚信为本,公平竞争　　B. 自我管理,自我发展　　C. 科技兴业,开拓创新

31. 维修企业诚信的基础是(　　)。

A. 文明礼貌　　B. 热忱服务　　C. 守法经营

32. 市场经济是法制经济,一切经济活动必须由带有普遍性、强制性的(　　)来规范。

A. 法律　　B. 领导指示　　C. 技术标准

33. 企业守法经营,首先要做到经营主体合法,即从事机动车维修经营活动的企业必须符合国家相关法律、法规要求,具备相应开业条件,经过许可取得(　　)。

A. 工商执照　　B. 经营许可证　　C. 维修资质

34.“严格按照技术标准和工艺流程进行修车作业,并实行质量保证期制度”是企业守法经营方面有关(　　)的具体体现。

A. 经营主体合法　　B. 经营行为合法　　C. 维修工艺规范

35. 维修企业“假维护”、“假检测”,使用假冒伪劣配件,是损害(　　)合法权益的失信行为。

A. 经营者　　B. 行业　　C. 消费者

36. 通过诚信机制的建设,促进广大汽车维修企业增强(　　),增强技术能力,规范经营行为,提高维修质量,实现真正意义上的“诚信修车”。

A. 质量意识　　B. 法制意识　　C. 诚信意识

37.《公民道德建设实施纲要》要求:社会主义道德建设要坚持以(　　)为核心。

A. 四项基本原则　　B. 党的领导　　C. 为人民服务

38.《公民道德建设实施纲要》要求:社会主义道德建设要以(　　)为原则。

A. 共产主义　　B. 社会主义　　C. 集体主义

39.《公民道德建设实施纲要》要求:社会主义道德建设要以社会公德、职业道德、家庭美德为(　　)。

A. 目标　　B. 着力点　　C. 基本要求

40. 在公民道德建设中,应当把《公民道德建设实施纲要》所要求的主要内容具体化、规范化,使之成为全体公民普遍认同和自觉遵守的(　　)。

A. 法律条款　　B. 规章制度　　C. 行为准则

41. 爱祖国、爱人民、爱劳动、爱科学、爱社会主义作为公民道德建设的(　　),是每个公民都应当承担的道德责任。

A. 目标　　B. 着力点　　C. 基本要求

42. 社会公德是公民个人(　　)和社会文明程度的重要表现。

A. 文化素质　　B. 道德修养　　C. 精神状态

43. (　　)涵盖了夫妻、长幼、邻里之间的关系。

A. 社会公德　　B. 职业道德　　C. 家庭美德

44. 尊老爱幼、男女平等、夫妻和睦、勤俭持家、邻里团结是(　　)的主要表现。

A. 社会公德　　B. 职业道德　　C. 家庭美德

(三)多项选择题

1. 建立职业道德规范用于(　　)。

A. 强化人们的法制观念　　B. 规范从业人员的职业行为

C. 调整职业生活中发生的各种关系　　D. 确保职业活动正常进行

2. 职业道德涵盖了(　　)之间的关系。

A. 职工与家庭　　B. 职业与职工　　C. 职业与职业　　D. 从业人员与服务对象

3. 在内容方面,职业道德必须鲜明地表达(　　)方面的道德准则。

A. 职业义务　　B. 职业责任　　C. 职业行为　　D. 职业生涯

4. (　　)是职业道德的具体表现形式。

A. 法律　　B. 守则　　C. 公约　　D. 技术标准

5. 职业道德具有以下特点:(　　)。

A. 适用范围的有限性　　B. 发展历史的继承性

C. 表达形式的多样性　　D. 贯彻执行的纪律性

6. 职业道德是社会道德体系的重要组成部分,它既具有社会道德的一般作用,又具有自身的特殊作用,具体表现为(　　)。

A. 有助于调节从业人员内部以及从业人员与服务对象间的关系

B. 有助于维护和提高本行业的信誉

C. 有助于促进本行业的发展

D. 有助于提高全社会的道德水平

7. 我国机动车维修职业的社会责任主要是(　　)。

A. 恢复机动车技术性能

B. 保证安全生产

C. 充分发挥机动车的效能和降低运行消耗

D. 为汽车制造业作贡献

8. 每一位机动车维修从业人员都要自觉遵守以爱岗敬业、(　　)为主要内容的职业道德,为机动车维修业的发展作出奉献。

A. 诚实守信　　B. 办事公道　　C. 服务群众　　D. 奉献社会

9.《公民道德建设实施纲要》把“(　　)”作为公民职业道德建设的重要内容。

A. 服务群众　　B. 公平竞争　　C. 爱岗敬业　　D. 奉献社会

10. 机动车维修从业人员应承担和履行的职业道德义务是(　　)。

A. 热爱机动车维修　　B. 献身机动车维修

C. 确保道路运输车辆技术状况完好　　D. 努力发展交通运输业

11. 职业尊严与(　　)有密切关系。

A. 职业义务　B. 职业责任　C. 职业纪律　D. 职业道德

12. 机动车维修的社会责任具体讲就是对(　　)负责。

A. 机动车技术状况　B. 托修方　C. 企业员工　D. 本企业

13. 机动车维修职业道德的主要内容包括爱岗敬业、诚实守信、(　　)。

A. 办事公道　B. 服务群众　C. 不怕困难　D. 奉献社会

14. "诚信"就是(　　)。

A. 忠诚老实　B. 信守承诺　C. 自信　D. 宽容

15.《全国汽车维修行业行为规范公约》要求"守法经营,接受监督"包括自觉接受(　　)。

A. 行政监督　B. 舆论监督　C. 社会监督　D. 同行监督

16.《全国汽车维修行业行为规范公约》中"科技兴业,开拓创新"提出"积极推广应用机动车维修(　　)"。

A. 新技术　B. 新工艺　C. 新材料　D. 新设备

17. 失信的危害包括(　　)。

A. 破坏了企业正常经营,败坏了企业的声誉,引发信任危机

B. 严重影响社会的投资和消费,企业会失去今后的市场

C. 严重干扰了正常信用体系的建立

D. 造成社会风气的败坏和道德水平的滑坡

18.《公民道德建设实施纲要》提出公民道德建设要引导人们正确处理(　　)等关系。

A. 个人与社会　B. 竞争与协作　C. 先富与共富　D. 经济效益与社会效益

二 练习题答案

(一)判断题

1. ✓　2. ✓　3. ✓　4. ✓　5. ✓　6. ✓　7. ✓　8. ✓　9. ×　10. ✓　11. ✓
12. ✓　13. ✓　14. ✓　15. ×　16. ×　17. ✓　18. ✓　19. ✓　20. ✓　21. ✓　22. ✓
23. ✓　24. ×　25. ✓　26. ✓　27. ×　28. ×　29. ✓　30. ✓　31. ×　32. ✓　33. ✓
34. ×　35. ✓　36. ✓　37. ×　38. ✓　39. ✓　40. ✓　41. ✓　42. ✓　43. ×　44. ✓

(二)单项选择题

1. A　2. B　3. C　4. C　5. B　6. A　7. B　8. C　9. A　10. C　11. B
12. A　13. C　14. B　15. A　16. C　17. B　18. C　19. C　20. A　21. B　22. A
23. B　24. B　25. C　26. B　27. C　28. B　29. B　30. C　31. C　32. A　33. A
34. B　35. C　36. C　37. C　38. C　39. B　40. C　41. C　42. B　43. C　44. C

(三)多项选择题

1. BCD　2. BCD　3. ABC　4. BC　5. ABCD　6. ABCD　7. ABC
8. ABCD　9. AD　10. ABCD　11. ABCD　12. AB　13. ABD　14. AB
15. ABC　16. ABCD　17. ABCD　18. ABCD

第二节 机动车维修法律法规

一 练习题

(一)判断题

1. 机动车维修经营属于道路运输相关业务。 ( )

2. 按《道路运输条例》的规定,申请机动车维修的经营者,取得机动车维修经营许可证件后,还应当依法向工商行政管理机关办理有关登记手续。 ( )

3.《道路运输条例》规定,机动车维修经营者不得使用假冒伪劣配件维修机动车。( )

4. 按《道路运输条例》的规定,机动车维修经营者不得承修已报废的机动车。 ( )

5. 机动车维修经营依据维修车型种类、服务能力和经营项目实行分类许可。 ( )

6. 一类机动车维修企业可以从事危险货物运输车辆维修。 ( )

7. 获得危险货物运输车辆维修经营许可的,可以从事相应车型一类汽车维修经营业务。 ( )

8. 获得二类汽车维修经营业务许可的,不可以从事整车修理、总成修理工作。 ( )

9. 机动车维修经营者不得擅自改装机动车,但可以利用配件拼装机动车。 ( )

10.《机动车维修管理规定》中规定,机动车维修产生的废弃物,应当按照国家的有关规定进行处理。 ( )

11. 机动车维修经营者不出具规定的结算票据和结算清单的,托修方有权拒绝支付费用。 ( )

12.《机动车维修管理规定》中规定,机动车维修经营者应当将配件明码标价,供用户选择。 ( )

13. 承担机动车维修竣工质量检验的机动车维修企业或机动车综合性能检测机构应对检测结果承担法律责任。 ( )

14.《机动车维修管理规定》所指的质量检验制度包括自检、互检和专职检验。 ( )

15. 未签发机动车维修竣工出厂合格证的机动车,不得交付使用,车主可以拒绝交费或接车。 ( )

16.《机动车维修管理规定》中规定机动车维修档案的主要内容包括:托修方、车牌号码、车型、发动机型号、底盘号、维修类别、维修合同编号和进出厂日期。 ( )

17.《机动车维修管理规定》中规定,质量保证期中行驶里程和日期指标,以行驶里程为主,以日期为参考。 ( )

18. 出现机动车维修质量纠纷,质量纠纷双方当事人均可以向道路运输管理机构提出维修质量纠纷调解申请。 ( )

19. 当出现机动车维修质量纠纷时,承修方为了查实"因非维修原因而造成机动车无法使用的相关证据",必要时可自行拆检车辆有关部位。 ( )

20. 当事人无权向道路运输管理机构提出查阅质量信誉考核监督检查记录的要求。 ( )

21.《机动车维修管理规定》中规定,承修已报废的机动车或者擅自改装机动车,情节严重的,由原许可机关吊销其经营许可;构成犯罪的,依法追究刑事责任。 ( )

22.《机动车维修管理规定》中规定,机动车维修经营者未在经营场所公布收费项目、工时定额和工时单价,由县级以上道路运输管理机构责令其停止经营。 ( )

23. 道路运输从业人员应当依法经营,诚实信用,规范操作,文明从业。 ( )

24. 机动车维修技术人员取得从业资格的比例是机动车维修经营者依法获取经营许可的必要条件之一。 ( )

25. 质量检验人员无须了解机动车维修服务收费标准及行业相关政策法规。 ( )

26. 申请参加机动车维修技术人员从业资格考试的,都必须提供学历证明及复印件。 ( )

27. 道路运输从业人员从业资格管理档案中包括违章、事故及诚信考核、继续教育记录。 ( )

28. 机动车维修技术人员经考试合格后,可以取得《道路运输从业人员从业资格证》。 ( )

29. 已获得从业资格证件的人员需要增加相应从业资格类别的,应当向原发证机关提出申请,并按照规定参加相应培训和考试。 ( )

30. 道路运输从业人员服务单位变更的,无须到交通主管部门或者道路运输管理机构办理从业资格证件变更手续。 ( )

31. 机动车维修质量检验人员的机动车驾驶证被注销或者被吊销的,由发证机关注销其从业资格证件。 ( )

32. 道路运输管理机构应当将道路运输从业人员的违章行为记录在《道路运输从业人员从业资格证》的违章记录栏内,并通报发证机关。 ( )

33. 道路运输管理机构应当将道路运输从业人员每年的诚信考核和计分考核结果向社会公布,供公众查阅。 ( )

34. 机动车维修技术人员发现重大事故隐患,不立即采取消除措施,继续作业的,由发证机关吊销其从业资格证件。 ( )

35.《机动车维修企业质量信誉考核办法(试行)》规定:质量信誉考核工作每年进行一次,机动车维修企业在每年的 12 月底前,向所在地县级或设区的市级道路运输管理机构提交相关材料。 ( )

36. 在中华人民共和国境内,已获取经营许可的机动车维修企业,自愿申请进行机动车维修企业质量信誉考核,也可以不参加。 ( )

37. 机动车维修企业质量信誉等级分为优良、合格、基本合格和不合格,分别用 AAA 级、AA 级、A 级和 B 级表示。 ( )

38. 机动车维修企业质量信誉考核中,从业人员素质指标主要考核维修技术人员获取从业资格证件的情况。 ( )

39.《机动车维修企业质量信誉考核办法(试行)》规定:机动车维修企业质量信誉考核中环境保护考核项目占 100 分。 ( )

40. 交通运输部对各类别汽车维修企业和摩托车维修企业规定了全国统一的质量信誉考

核记分标准。 ( )

41. 机动车维修企业质量信誉考核期内未发生一次死亡 1 人及以上的安全生产责任事故和特大恶性服务质量事件，是获得机动车维修企业质量信誉等级 A 级以上的必要条件之一。 ( )

42. 机动车维修企业质量信誉考核为 A 级的，考核总分和加分合计不低于600 分。 ( )

43. 机动车维修企业质量信誉档案不包括安全生产事故记录。 ( )

44. 机动车维修企业质量信誉档案包括质量投诉情况。 ( )

45. 道路运输管理机构在日常工作中，已经掌握被考核机动车维修企业质量信息考核指标情况的，可不再要求机动车维修企业报送此项指标的相关材料。 ( )

46. 机动车维修企业下设的分公司与总公司单独进行质量信誉考核；子公司的质量信誉等级由其所在地道路运输管理机构单独考核。 ( )

47.《机动车维修企业质量信誉考核办法(试行)》规定：连锁经营网点的质量信誉情况应由连锁经营总部进行核实，出具书面保证，道路运输管理机构对连锁网点的相关情况可不再进行实质考核。 ( )

48. 被质量信誉考核企业或其他单位、个人对机动车维修企业的质量信誉考核公示结果有异议的，可随时向设区的市级道路运输管理机构书面申诉或举报。 ( )

49. 道路运输管理机构应当为机动车维修企业的质量信誉考核举报人保密，不得向其他单位或个人泄露举报人的姓名及有关情况。 ( )

50. 机动车维修企业发生名称、法定代表人等事项变更，原质量信誉等级失效。 ( )

51. 道路运输管理机构可以根据机动车维修企业质量信誉等级的高低，对企业采取推荐参加政府采购招投标、重大事故车维修、加入全国机动车维修救援网络等激励措施。 ( )

52. 机动车维修经营者，应当按照防治大气污染的要求和国家有关技术规范进行维修，使在用机动车达到规定的污染物排放标准。 ( )

53. 按机动车维修企业环境保护条件要求，企业应具备废油、废液、废气、废蓄电池、废轮胎及垃圾等有害物质集中收集、有效处理和保持环境整洁的环境保护管理制度。 ( )

54. 严禁机动车维修企业违反环保法规随意排放废液、废气。 ( )

55. 严禁违法转移和非法经营危险废物回收的行为。 ( )

56. 实施机动车排放污染控制的 I/M(检查/维护)制度，是机动车维修企业贯彻《大气污染防治法》的具体体现。 ( )

57.《产品质量法》明确了产品质量管理的方针和原则，与提供技术服务的机动车维修企业无关。 ( )

58. 按《计量法》的要求，机动车维修企业在购置计量器具时一定要认准产品是否具有生产许可证和计量检定合格证。 ( )

59. 计量器具购买时严格把好关，以后就不用送检了。 ( )

60. 用人单位必须为劳动者提供符合国家规定的劳动安全卫生条件和必要的劳动防护用品。 ( )

61.《劳动法》从法律的角度规范了劳资双方的行为，是最直接关系到劳动者权益的法律。 ( )

62. 签订劳动合同应该在双方自愿和平等的基础上,严格依照劳动合同示范文本格式进行。 ( )

63. 按《劳动法》规定,企业要关注工作场所的环境治理和重视职工的劳动保护。 ( )

64. 机动车维修合同对承修、托修双方不具有法律约束力。 ( )

65. 可以由修理厂单方面更改机动车维修合同中的修理内容或所用配件,以保证维修质量。 ( )

66. 从业人员既是安全生产保护的对象,又是实现安全生产的基本要素。 ( )

67. 按《安全生产法》规定,从业人员有权拒绝违章指挥和强令冒险作业。 ( )

68. 从业人员发现直接危及人身安全的紧急情况时,可以停止作业或者在采取可能的应急措施后撤离作业场所。 ( )

69. 无驾驶资格的修理人员在作业区域可以驾驶车辆,但不能出厂门。 ( )

70. 维修企业危险品仓库与一般物品应分开存放,剧毒物资要专门设库存放,指定专人保管,并且有严格的进出库审批手续和领发料登记台账。 ( )

71. 按维修企业用电安全管理要求,要经常检查移动用电设施的完好状况。 ( )

72. 按维修企业消防安全管理要求,使用石油产品作为清洗剂和稀释剂的企业或者车间,不允许进行焊接等有明火的作业。 ( )

73. 机动车维修车间及仓库区,严禁烟火。 ( )

74. 轮胎维修作业人员应佩戴护目眼镜和防毒口罩。 ( )

75. 企业与员工发生分歧时,严禁使用暴力手段威胁恐吓员工。 ( )

76. 国家有关部门应当依照《安全生产法》追究生产安全事故责任人员的法律责任。 ( )

(二)单项选择题

1.《道路运输条例》是我国第一部规范道路运输经营活动和管理行为的( )。

A. 行政法规　　B. 国家标准　　C. 行业规章

2. 在国家行政管理中,机动车维修业是( )的组成部分。

A. 汽车制造业　　B. 道路运输业　　C. 机械行业

3.《道路运输条例》规定,申请从事机动车维修经营业务的,应当向所在地县级( )提出申请。

A. 道路运输管理机构　　B. 公安机关交通管理部门　　C. 工商管理部门

4.《机动车维修管理规定》中规定,机动车维修经营者应当持( )依法向工商行政管理机关办理有关登记手续。

A. 营业执照　　B. 税务登记证　　C. 机动车维修经营许可证件

5.《机动车维修管理规定》中规定,在质量保证期内因维修质量原因造成机动车无法正常行驶的,维修经营者应该( )。

A. 返修,并收取少量维修费用　　B. 无偿返修

C. 仅收取返修材料费

6.《道路运输条例》规定,机动车维修经营者对机动车进行二级维护、总成修理或者整车修理的,应当进行维修质量检验。检验合格的,维修质量检验人员应当签发( )。

A. 维修记录　　B. 过程检验单

C. 机动车维修竣工出厂合格证

7.《机动车维修管理规定》中规定，机动车维修经营者应当将其执行的机动车维修工时单价标准报所在地道路运输管理机构(　　)。

A. 批准　　B. 审核　　C. 备案

8.《机动车维修管理规定》中规定，机动车维修经营业务根据维修对象分为(　　)类。

A. 二　　B. 三　　C. 四

9.《机动车维修管理规定》鼓励机动车维修企业实行集约化、专业化、(　　)，促进机动车维修业的合理分工和协调发展。

A. 现代化　　B. 连锁经营　　C. 多种经营

10.《机动车维修管理规定》鼓励推广应用机动车维修环保、节能、(　　)和故障诊断技术。

A. 高科技　　B. 安全　　C. 不解体检测

11.《机动车维修管理规定》中规定，(　　)以上道路运输管理机构负责具体实施本行政区域内的机动车维修管理工作。

A. 省级　　B. 市级　　C. 县级

12.《机动车维修管理规定》中规定，获得(　　)类汽车维修经营业务许可的，可以从事相应车型的维修竣工检验工作。

A. 一　　B. 二　　C. 三

13. 按《机动车维修管理规定》，获得(　　)维修经营业务许可的，除可以从事危险货物运输车辆维修经营业务外，还可以从事一类汽车维修经营业务。

A. 汽车　　B. 危险货物运输车辆　　C. 其他机动车

14.《机动车维修管理规定》中规定，机动车维修经营许可证件实行有效期制。从事一、二类汽车维修业务和一类摩托车维修业务的证件有效期为(　　)年。

A. 3　　B. 5　　C. 6

15.《机动车维修管理规定》中规定，从事三类汽车维修业务、二类摩托车维修业务及其他机动车维修业务的证件有效期为(　　)年。

A. 3　　B. 5　　C. 6

16.《机动车维修管理规定》中规定，从事一类和二类维修业务的企业，其技术负责人员和质量检验人员总数的(　　)应当经全国统一考试合格。

A. 40%　　B. 50%　　C. 60%

17.《机动车维修管理规定》中规定，质量检验人员应当熟悉各类汽车或者其他机动车维修检测(　　)。

A. 技术参数　　B. 作业规范　　C. 程序

18.《机动车维修管理规定》中规定，从事一类和二类维修业务的应当各配备至少1名技术负责人员和(　　)。

A. 业务负责人员　　B. 结算员　　C. 质量检验人员

19.《机动车维修管理规定》中规定，机动车维修经营者应当加强对从业人员的安全教育和(　　),确保安全生产。

A. 操作技能教育　　B. 职业道德教育　　C. 安全操作规程教育

20.《机动车维修管理规定》中规定,为确保安全生产,机动车维修从业人员应当执行机动车维修(　　),不得违章作业。

A. 技术规范　　B. 业务流程　　C. 安全生产操作规程

21.《机动车维修管理规定》中规定,机动车维修经营者应当按照国家、行业或者地方的(　　)和规范进行维修。

A. 维修制度　　B. 法规政策　　C. 维修标准

22.《机动车维修管理规定》中规定,机动车维修经营者应当建立采购配件(　　)制度,记录购买日期、供应商名称、地址、产品名称及规格型号等。

A. 管理　　B. 出入库管理　　C. 登记

23.《机动车维修管理规定》中规定,采购配件在登记入库时,应查验(　　)等相关证明。

A. 采购发票　　B. 产品合格证　　C. 检验单

24.《机动车维修管理规定》中规定,承担机动车维修竣工质量检验的机动车维修企业或机动车综合性能检测机构应当使用符合有关标准并在检定有效期内的设备,按照(　　)进行检测。

A. 岗位职责　　B. 设备操作规范　　C. 有关标准

25.《机动车维修管理规定》中规定,机动车维修竣工出厂合格证由(　　)道路运输管理机构统一印制和编号,县级道路运输管理机构按照规定发放和管理。

A. 省级　　B. 市级　　C. 县级

26.《机动车维修管理规定》中规定,道路运输管理机构应加强对机动车维修专业技术人员的管理,严格执行专业技术人员(　　)和管理制度。

A. 培训　　B. 奖励　　C. 考试

27. 机动车维修档案保存期为(　　)年。

A. 一　　B. 二　　C. 三

28.《机动车维修管理规定》中规定,在质量保证期内,机动车因同一故障或维修项目经(　　)次修理仍不能正常使用的,机动车维修经营者应当负责联系其他机动车维修经营者,并承担相应修理费用。

A. 一　　B. 二　　C. 三

29.《机动车维修管理规定》中规定,对机动车维修经营者实行(　　)考核制度。

A. 产值利润　　B. 质量信誉　　C. 返修率

30.《机动车维修管理规定》中规定,机动车维修质量保证期,从维修(　　)之日起计算。

A. 竣工　　B. 竣工出厂　　C. 结算

31.《机动车维修管理规定》中规定,在质量保证期和承诺的质量保证期内,因维修质量原因造成机动车无法正常使用,且(　　)在3日内不能或者无法提供因非维修原因而造成机动车无法使用的相关证据的,机动车维修经营者应当及时无偿返修。

A. 车主　　B. 承修方　　C. 托修方

32.《机动车维修管理规定》中规定,道路运输管理机构应当受理机动车维修质量投诉,积极按照(　　)和相关规定调解维修质量纠纷。

A. 行业标准　　B. 维修合同约定　　C. 投诉方要求

33.《机动车维修管理规定》中规定,道路运输管理机构在调解维修质量纠纷时,组织专家组或委托具有法定检测资格的检测机构进行技术分析和鉴定所产生的费用由(　　)承担。

A. 承修方　　B. 托修方　　C. 责任方

34.《机动车维修管理规定》中规定,道路运输管理机构应当建立机动车维修企业诚信档案。机动车维修(　　)考核结果是机动车维修诚信档案的重要组成部分。

A. 上线检测一次合格率　　B. 返修率　　C. 质量信誉

35.《机动车维修管理规定》中规定,道路运输管理机构的执法人员在机动车维修经营场所实施监督检查时,应当由(　　)名以上人员参加,并向当事人出示交通部监制的交通行政执法证件。

A. 4　　B. 3　　C. 2

36.《机动车维修管理规定》中规定,机动车维修经营者使用假冒伪劣配件维修机动车,由县级以上道路运输管理机构责令改正,并没收假冒伪劣配件,有违法所得的,没收违法所得,处违法所得(　　)的罚款。

A. 2 倍以上 10 倍以下　　B. 1 倍以上 5 倍以下　　C. 1 倍以上 3 倍以下

37.《道路运输从业人员管理规定》中规定,机动车维修技术人员从业资格考试由设区的市级道路运输管理机构组织实施,每(　　)组织一次考试。

A. 年　　B. 季度　　C. 月

38.《机动车维修管理规定》中规定,机动车维修经营者超出备案的结算工时定额、结算工时单价向托修方收费的,由县级以上道路运输管理机构(　　)。

A. 处以违法所得 2 倍以上 10 倍以下的罚款

B. 责令其停止经营

C. 责令其限期整改

39.《机动车维修管理规定》中规定,机动车维修经营者不按照规定建立维修档案和报送统计资料的,由县级以上道路运输管理机构责令其限期整改;限期整改不合格的,予以(　　)。

A. 罚款处理　　B. 通报批评　　C. 吊销执照

40.《道路运输从业人员管理规定》中规定,国家对道路运输从业人员实行(　　)。

A. 持证上岗制度　　B. 从业资格考试制度　　C. 人力资源管理制度

41.《道路运输从业人员管理规定》明确指出,从业资格是对道路运输从业人员所从事的特定岗位(　　)的基本评价。

A. 职业资格　　B. 任职条件　　C. 职业素质

42.《道路运输从业人员管理规定》中规定,机动车维修技术负责人应当具有机动车维修或者相关专业(　　)以上学历,或者具有机动车维修或相关专业中级以上专业技术职称。

A. 本科　　B. 中专　　C. 大专

43.《道路运输从业人员管理规定》中规定,申请参加机动车维修技术人员从业资格考试的,应当向其户籍地或者暂住地设区的(　　)道路运输管理机构提出申请,填写《机动车维修技术人员从业资格考试申请表》。

A. 县、区级　　B. 市级　　C. 省级

44.《道路运输从业人员管理规定》中规定,道路运输从业人员从业资格证件由(　　)统一印制并编号,具体工作委托交通专业人员资格评价中心负责。

A. 市级行业管理部门　　B. 省级行业管理部门　　C. 交通部

45.《道路运输从业人员管理规定》中规定,机动车维修技术人员从业资格证件由(　　)发放和管理。

A. 交通部　　B. 省级道路运输管理机构

C. 设区的市级道路运输管理机构

46.《道路运输从业人员管理规定》中规定,道路运输从业人员诚信考核等级分为四级,最好的一级为优良,用(　　)级表示。

A. A　　B. AA　　C. AAA

47.《道路运输从业人员管理规定》中规定,道路运输从业人员诚信考核和计分考核周期为(　　)个月,从初次领取从业资格证件之日起计算。

A. 6　　B. 12　　C. 24

48.(　　)以上道路运输管理机构按照《机动车维修企业质量信誉考核办法(试行)》规定的职责,负责具体实施机动车维修企业质量信誉考核工作。

A. 省级　　B. 市级　　C. 县级

49.《机动车维修企业质量信誉考核办法(试行)》规定,质量信誉等级分为优良、合格、基本合格和不合格,分别用(　　)表示。

A. 优、良、中、差　　B. AAA级、AA级、A级和B级

C. 甲、乙、丙、丁

50. 机动车维修企业质量信誉考核中,安全生产指标包括(　　)实施情况及安全生产状况。

A. 质量管理制度　　B. 安全生产制度　　C. 安全生产岗位职责

51. 机动车维修企业质量信誉考核中,维修质量指标包括(　　)建设和实施情况。

A. 质量管理制度　　B. 质量管理网络　　C. 质量保证体系

52. 机动车维修企业质量信誉考核中,企业管理指标包括(　　)建立情况、企业形象、获奖情况和连锁经营情况等。

A. 质量管理制度　　B. 企业管理程序　　C. 质量信誉档案

53. 托修方有权了解机动车维修所用材料与配件的价格和修车(　　)。

A. 技术秘密　　B. 盈利状况　　C. 工时单价

54.《机动车维修企业质量信誉考核办法(试行)》规定,重大恶性服务质量事件是指由于企业原因,对社会造成不良影响,而受到(　　)交通主管部门或者道路运输管理机构通报批评的服务质量事件。

A. 县区级　　B. 市级　　C. 省级

55.《机动车维修企业质量信誉考核办法(试行)》规定,特大恶性服务质量事件是指由于企业原因,对社会造成恶劣影响,而受到省级以上交通主管部门或者道路运输管理机构

(　　)的服务质量事件。

A. 通报批评　　B. 严重警告　　C. 经济处罚

56. 按机动车维修企业安全生产条件要求,企业应具备与其维修作业相适应的安全管理制度和安全保护措施,建立并实施(　　)。

A. 安全操作规程　　B. 岗位责任制　　C. 安全生产责任制

57.《机动车维修企业质量信誉考核办法(试行)》规定,连续三年考核为(　　)级的机动车维修企业,在许可证件有效期届满时,申请继续经营的,可由作出原许可决定的道路运输管理机构直接办理换证手续。

A. A　　B. AA　　C. AAA

58.《大气污染防治法》规定,机动车船必须达标排放。这里所说的达标是指达到国家或者(　　)制定的机动车船大气污染物排放标准。

A. 行业　　B. 地方　　C. 制造厂

59. 机动车维修企业采用干打磨工艺的(　　),设有粉尘收集装置、除尘设备和通风设备,是环境保护措施之一。

A. 钣金车间　　B. 机修车间　　C. 涂漆车间

60. 按《大气污染防治法》的要求,机动车维修调试车间或调试工位应设置(　　)。

A. 除尘设备　　B. 汽车尾气收集净化装置　　C. 消声装置

61. (　　)不符合《产品质量法》所称的产品条件。

A. 经过加工、制作的物品　　B. 用于销售　　C. 不动产

62. 对没有国家标准而又需要在全国某个行业范围内统一的技术要求,可以制定(　　)。

A. 企业标准　　B. 行业标准　　C. 国家标准

63. 按《计量法》规定,维修企业使用的计量器具应定期送到计量检定机构(　　)。

A. 检验　　B. 校正　　C. 检定

64. 机动车维修合同在《合同法》中属于(　　)规范的范畴。

A. 承揽合同　　B. 委托合同　　C. 技术合同

65. 按维修企业安全生产要求,车辆开进检查地沟,必须将前后车轮(　　)后,工作人员才能接近车辆和进行维修作业。

A. 停稳　　B. 用千斤顶顶起　　C. 用三角木块塞紧

66. 按维修企业用电安全管理要求,一旦发生触电事故,应首先(　　)。

A. 用绝缘物对触电人员施救　　B. 拨打 110

C. 切断电源

67. 按职业病防治安全管理工作要求,对接触有毒有害物质和噪声危害的工作人员,要加强劳动防护,并且定期组织职工进行必要的(　　)。

A. 防护训练　　B. 体检　　C. 疗养

68. 按《劳动法》规定,企业应与劳动者签订(　　)。

A. 责任书　　B. 协议　　C. 劳动合同

69. 机动车维修企业在与劳动者签订劳动合同时,除了明确双方的权利和义务之外,还要写明双方均认为合情合理的(　　),以便于双方互相约束。

A. 劳动报酬　　B. 违约责任　　C. 岗位职责

70. 员工出现劳动纠纷,在本企业没有能力化解的情况下,可以通过(　　)进行劳动仲裁。

A. 劳动仲裁部门　　B. 工会组织　　C. 上一级主管部门

71.《劳动法》明确了国家确定职业分类,制定职业技能标准,实行(　　)制度。

A. 持证上岗　　B. 职业资格证书　　C. 等级工

(三)多项选择题

1. 制定出台《道路运输条例》是为了(　　)。

A. 解决我国道路运输市场管理无法可依的迫切需要

B. 落实《行政许可法》管理道路运输市场的需要

C. 适应加入世界贸易组织后道路运输市场管理的需要

D. 适应建立全国统一开放、竞争有序的道路运输市场体系的需要

2. 根据《道路运输条例》的规定:"申请从事机动车维修经营的,应当具备(　　)等条件。"

A. 有相应的机动车维修场地　　B. 有必要的设备、设施和技术人员

C. 有健全的机动车维修管理制度　　D. 有必要的环境保护措施

3. 机动车维修经营者应当公布机动车维修(　　),合理收取费用。

A. 技术标准　　B. 工时定额　　C. 管理制度　　D. 收费标准

4. 从事机修、电器、钣金、涂漆的维修技术人员应当熟悉所从事工种的(　　),并了解汽车或者其他机动车维修及相关政策法规。

A. 岗位职责　　B. 维修技术　　C. 职业道德　　D. 操作规范

5. 从事发动机维修、车身维修、电气系统维修、自动变速器四类专项维修的,除了按照其经营项目配备相应的机修、电器、钣金、涂漆的维修技术人员外,还应当配备(　　)。

A. 技术负责人员　　B. 质量检验人员　　C. 业务人员　　D. 结算人员

6. 申请从事机动车维修经营的,应当向所在地的县级道路运输管理机构提出申请,并提交(　　)。

A. 申请书和经营场地证明　　B. 技术人员名单及资质证明

C. 资金账号　　D. 设备及计量检定证明

7. 机动车维修连锁经营企业总部应当按照(　　)的要求,建立连锁经营的作业标准和管理手册。

A. 统一经营方针、统一服务规范和价格　　B. 统一标识

C. 统一店面大小、统一人员数量　　D. 统一采购、统一配送

8.《机动车维修管理规定》规定,机动车维修经营者对机动车进行(　　)的,应当实行维修前诊断检验、维修过程检验和竣工质量检验制度。

A. 故障排除　　B. 二级维护　　C. 总成修理　　D. 整车修理

9. 机动车维修经营者对机动车进行(　　)的,应当建立机动车维修档案。

A. 小修　　B. 二级维护　　C. 总成修理　　D. 整车修理

10. 机动车维修经营者有(　　)行为的,由县级以上道路运输管理机构责令其限期整改;限期整改不合格的,予以通报。

A. 未按照规定执行机动车维修质量保证期制度

B. 未按有关技术规范进行维修作业

C. 伪造、转借、倒卖机动车维修竣工出厂合格证

D. 机动车维修经营者只收费不维修或者虚列维修作业项目

11.《道路运输从业人员管理规定》中所指的机动车维修技术人员，包括机动车维修(　　)，以及从事机修、电器、钣金、涂漆、车辆技术评估(含检测)作业的技术人员。

A. 企业负责人　　B. 质量检验人员　　C. 技术负责人员　　D. 业务接待员

12.《道路运输从业人员管理规定》中规定，道路运输从业人员从业资格考试应当按照交通部编制的(　　)组织实施。

A. 考试大纲　　B. 考试题库　　C. 考核标准　　D. 考试工作规范和程序

13.《道路运输从业人员管理规定》中规定，质量检验人员应具有高中以上学历，熟悉机动车维修检测作业规范，掌握机动车维修(　　)的相关技术。

A. 操作工艺　　B. 故障诊断　　C. 竣工验收　　D. 质量检验

14.《道路运输从业人员管理规定》中规定，申请参加质量检验人员从业资格考试，必须提供(　　)。

A. 身份证明及复印件　　B. 维修技术工作经历证明

C. 学历证明及复印件　　D. 机动车驾驶证及复印件

15. 质量信誉考核是指在考核周期内对机动车维修企业的(　　)等方面进行的综合评价。

A. 从业人员素质　　B. 维修和服务质量

C. 安全生产和环境保护　　D. 遵章守纪和企业管理

16.《机动车维修企业质量信誉考核办法(试行)》中规定，机动车维修企业质量信誉考核过程中，对服务质量的考核指标应包括：(　　)。

A. 服务公示情况　　B. 有责投诉次数

C. 服务质量事件　　D. 用户满意度

17.《机动车维修企业质量信誉考核办法(试行)》中规定，机动车维修企业质量信誉考核过程中，对企业环境保护的考核指标，包括：环保设施设备技术状况和运用情况，废气、废水、废油以及空调制冷剂等维修废物(　　)情况。

A. 清除　　B. 回收　　C. 保存　　D. 处理

18.《机动车维修企业质量信誉考核办法(试行)》中规定，机动车维修企业质量信誉考核总分和加分合计低于600分或者(　　)等考核分数在该项总分的60%以下的，质量信誉等级为B级。

A. 企业从业人员素质　　B. 服务质量

C. 维修质量　　D. 安全生产

19.《机动车维修企业质量信誉考核办法(试行)》中规定，服务质量事件记录，包括每次事件的(　　)。

A. 时间　　B. 原因　　C. 社会影响　　D. 通报部门或机构

20. 修订后的《大气污染防治法》对重点城市的大气污染防治突出了(　　)等内容。

A. 加强对机动车的污染防治

B. 加大城市扬尘的控制力度

C. 禁止超过排放标准排放污染物

D. 实行大气污染物排放的总量控制和许可制度

21. 机动车维修企业在维修生产中产生的固体废物,包括(　　)等。

A. 废旧蓄电池　B. 废旧轮胎　C. 废旧汽车配件　D. 生产与办公垃圾

22. 企业应按国家环境保护法规的规定,按生产工艺要求安装、配置(　　)等设施。

A. 处理“三废”　B. 通风　C. 吸尘　D. 净化和消声

23.《固体废物污染环境防治法》的主要内容包括(　　)。

A. 固体废物污染环境防治的监督管理　B. 固体废物污染环境的防治

C. 危险废物污染环境防治的特别规定　D. 法律责任

24.《中华人民共和国标准化法》规定,我国标准分为(　　)。

A. 国家标准　B. 行业标准　C. 地方标准　D. 企业标准

25. 机动车维修经营者必须按照公开的(　　)计算作业工时和收取维修费用,不得随意加价、乱收费。

A. 汽车维修技术标准　B. 汽车维修工时定额

C. 汽车维修收费标准　D. 汽车维修质量标准

26.《安全生产法》规定,国家安全生产管理坚持(　　)方针。

A. 安全第一　B. 三不放过　C. 防患未然　D. 预防为主

27. 机动车维修企业经营条件中的“安全生产条件”是指:生产经营单位在安全生产中(　　)等“硬件”方面的条件。

A. 设施　B. 设备　C. 场所　D. 环境

28.《机动车维修管理规定》中规定,机动车维修经营者应当加强对从业人员的(　　),确保安全生产。

A. 安全教育　B. 职业道德教育　C. 法制教育　D. 文化培训

29. 车间举升车辆,一定要确认(　　)。

A. 设备负载匹配　B. 设备完好　C. 支承位置恰当　D. 锁止有效

30. 从业人员在作业过程中,应当严格遵守本单位的安全生产(　　),服从安全生产管理。

A. 规章制度　B. 工作规范　C. 制度　D. 操作规程

31. 从业人员在作业过程中发现事故隐患或者其他不安全因素的,应当立即向(　　)报告。

A. 消防部门　B. 现场安全生产管理人员

C. 公安部门　D. 本单位的负责人

32.《劳动法》规定,劳动者的权利主要有:(　　);劳动保护权;职业培训和业务进修权等。

A. 劳动权　B. 享受保险和福利的权利

C. 休息权　D. 获得劳动报酬权

二 练习题答案

(一)判断题

1. ✓　2. ✓　3. ✓　4. ✓　5. ✓　6. ×　7. ✓　8. ×　9. ×　10. ✓　11. ✓
12. ✓　13. ✓　14. ×　15. ✓　16. ×　17. ×　18. ✓　19. ×　20. ×　21. ✓　22. ×
23. ✓　24. ✓　25. ×　26. ✓　27. ✓　28. ✓　29. ✓　30. ×　31. ✓　32. ✓　33. ✓
34. ✓　35. ×　36. ×　37. ✓　38. ✓　39. ×　40. ×　41. ✓　42. ✓　43. ×　44. ✓
45. ✓　46. ×　47. ✓　48. ×　49. ✓　50. ×　51. ✓　52. ✓　53. ✓　54. ✓　55. ✓
56. ✓　57. ×　58. ✓　59. ×　60. ✓　61. ✓　62. ✓　63. ✓　64. ×　65. ×　66. ✓
67. ✓　68. ✓　69. ×　70. ✓　71. ✓　72. ✓　73. ✓　74. ×　75. ✓　76. ✓

(二)单项选择题

1. A　2. B　3. A　4. C　5. B　6. C　7. C　8. C　9. B　10. C　11. C
12. A　13. B　14. C　15. A　16. C　17. B　18. C　19. B　20. C　21. C　22. C
23. B　24. C　25. A　26. C　27. B　28. B　29. B　30. B　31. B　32. B　33. C
34. C　35. C　36. A　37. B　38. C　39. B　40. B　41. C　42. C　43. B　44. C
45. C　46. C　47. B　48. C　49. B　50. B　51. C　52. C　53. C　54. B　55. A
56. C　57. C　58. B　59. C　60. B　61. C　62. B　63. C　64. A　65. C　66. C
67. B　68. C　69. B　70. C　71. B

(三)多项选择题

1. ABCD　2. ABCD　3. BD　4. BD　5. AB　6. ABD　7. ABD
8. BCD　9. BCD　10. ABCD　11. BC　12. ABCD　13. BD　14. ABCD
15. ABCD　16. ABCD　17. BD　18. AD　19. ABCD　20. ABCD　21. ABCD
22. ABCD　23. ABCD　24. ABCD　25. BC　26. AD　27. ABCD　28. AB
29. ABCD　30. AD　31. BD　32. ACD

第三节　汽车维修标准体系

一 练习题

(一)判断题

1. 标准是由主管机构批准，以特定形式发布，应该共同遵守的准则和依据。　(　　)
2. 标准是对重复性事物和概念所作的统一规定。　(　　)
3. 标准具有法律的约束性，都必须强制执行。　(　　)
4. 国家标准权威性最高，要求也最高，行业标准或企业标准可以比国家标准要求低。　(　　)
5. 强制性国家标准代号为 GB，推荐性国家标准代号为 GB/T。　(　　)
6. 对标准实施进行监督，是政府有关部门领导和管理标准化活动的重要手段。　(　　)

7. 汽车维修标准体系是在汽车维修专业范围内按标准对象、标准项目、标准级别与性质及相互间内在联系编制成的系统性技术文件。 ( )

8. 汽车维修标准体系总结构分为“汽车维修管理、服务标准”和“汽车维修基础和通用标准”两个部分。 ( )

9. 技术标准是企业科学管理的基础。 ( )

10. 对本企业实施标准的情况负责监督检查是企业标准化工作的主要任务之一。 ( )

11. 企业标准化工作的任务就是搜集、整理、更新、统一归口管理各类标准。 ( )

12. 调查研究是制定企业标准的必要程序。 ( )

13. 技术规范是为标准在企业生产技术管理过程中得到具体实施相配套的。 ( )

14. 企业建立健全ISO质量管理体系,是对标准与规范执行情况实施监督的重要手段。 ( )

(二)单项选择题

1. 标准按法律的( )程度不同分为强制性标准和推荐性标准两类。

A. 强制性　　B. 约束性　　C. 规范性

2. 涉及保障人体健康、人身财产安全的标准和法律、行政法规规定强制执行的标准,都是( )。

A. 推荐性标准　　B. 国家标准　　C. 强制性标准

3. ( )是国家技术法规的重要组成部分。

A. 推荐性标准　　B. 强制性标准　　C. 国际标准

4. 没有国家标准而又需在全国某个行业范围内统一的标准是( )。

A. 国家标准　　B. 行业标准　　C. 地方标准

5. 汽车维修标准体系第二层次为专用修理技术标准,也可称为( )。

A. 产品标准　　B. 技术管理标准　　C. 方法标准

6. 对标准实施进行( ),可以随时发现标准中存在的问题,为进一步修订标准提供依据。

A. 宣贯　　B. 动员　　C. 监督

7.《汽车维修业开业条件》是规范汽车维修市场准入的( )。

A. 国家标准　　B. 行业标准　　C. 企业标准

(三)多项选择题

1. 标准是对( )所作的统一规定。

A. 行为　　B. 重复性事物　　C. 概念　　D. 事物

2. 标准制定以( )的综合成果为基础。

A. 法规　　B. 科学　　C. 技术　　D. 实践经验

3. 我国标准按适用范围分为( )。

A. 国家标准　　B. 行业标准　　C. 地方标准　　D. 企业标准

4. 按标准的内容属性分类,通常把标准分为( )几类。

A. 技术标准　　B. 管理标准　　C. 工作标准　　D. 产品标准

5. 技术标准主要用以规范事物的技术性内容，主要包括：基础标准、(　　)、信息技术标准。

A. 产品标准　　B. 技术管理标准　　C. 方法标准　　D. 安全、卫生与环保标准

6. 汽车维修标准可以通过相配套的技术规范，包括(　　)等，在企业生产技术管理过程中得到具体实施。

A. 检验规程　　B. 维修手册　　C. 工时定额　　D. 车辆使用说明书

二 练习题答案

(一) 判断题

1. ✓　2. ✓　3. ×　4. ×　5. ✓　6. ✓　7. ✓　8. ✓　9. ✓　10. ✓　11. ×　12. ✓　13. ✓　14. ✓

(二) 单项选择题

1. B　2. C　3. B　4. B　5. C　6. C　7. A

(三) 多项选择题

1. BC　2. BCD　3. ABCD　4. ABC　5. ACD　6. AB

第四节　汽车维修检测主要技术标准

一 练习题

(一) 判断题

1.《汽车维修业开业条件》(GB/T 16739.1 ~ .2—2004)是交通行政主管部门对汽车整车维修企业和专项维修业户进行开业审核和管理的依据。(　　)

2.《汽车维修业开业条件》(GB/T 16739.1 ~ .2—2004)是强制性的行业标准。(　　)

3.《汽车维修业开业条件　第1部分：汽车整车维修企业》(GB/T 16739.1—2004)对汽车整车维修企业的定义是：有能力对所维修车型的整车、各个总成及主要零部件进行各级维护、修理及更换的维修企业。(　　)

4.《汽车维修业开业条件　第1部分：汽车整车维修企业》(GB/T 16739.1—2004)规定，汽车整车维修企业按服务能力分为一类汽车整车维修企业和二类汽车整车维修企业。(　　)

5.《汽车维修业开业条件　第1部分：汽车整车维修企业》(GB/T 16739.1—2004)中所指的一、二类汽车整车维修企业，其经营范围不相同。(　　)

6.《汽车维修业开业条件　第2部分：汽车专项维修业户》(GB/T 16739.2—2004)中没有设定“供油系统维护及油品更换”汽车专项维修项目。(　　)

7.《汽车维修业开业条件　第1部分：汽车整车维修企业》(GB/T 16739.1—2004)对汽车整车维修企业关键岗位的人员条件作了规定。(　　)

8.《汽车维修业开业条件　第1部分：汽车整车维修企业》(GB/T 16739.1—2004)规定，

汽车整车维修企业接待室、停车场、生产厂房在面积和设置方面应满足相关条件。（　　）

9.《汽车维修业开业条件　第1部分:汽车整车维修企业》(GB/T 16739.1—2004)对维修不同类型车辆的汽车整车维修企业提出了不同的设备配置要求。（　　）

10.按《汽车维修业开业条件　第1部分:汽车整车维修企业》(GB/T 16739.1—2004)规定,汽车整车维修企业部分不常用设备或大型设备允许外协。（　　）

11.《汽车维修业开业条件　第1部分:汽车整车维修企业》(GB/T 16739.1—2004)中要求汽车整车维修企业配置的所有检测设备,对二类整车维修企业均允许外协。（　　）

12.《汽车维修业开业条件　第1部分:汽车整车维修企业》(GB/T 16739.1—2004)规定,汽车整车维修企业必须配置发动机检测诊断设备。（　　）

13.按《汽车维修业开业条件　第1部分:汽车整车维修企业》(GB/T 16739.1—2004)规定,汽车整车维修企业都必须配备无损探伤设备。（　　）

14.从事汽车发动机、车身、电气系统等专项维修作业的业户是汽车专项维修业户。

（　　）

15.《汽车维修业开业条件　第2部分:汽车专项维修业户》(GB/T 16739.2—2004)规定,汽车专项维修业户开业,除必须满足规定的通用技术条件外,还必须满足专项维修开业的专用条件。（　　）

16.《摩托车维修业开业条件》(GB/T 18189—2008)规定了一二类摩托车维修企业的人员、组织管理、安全生产与环境保护、设施、设备等条件。（　　）

17.《摩托车维修业开业条件》(GB/T 18189—20008)规定,一类摩托车维修企业必须至少配备1名检验员。（　　）

18.《摩托车维修业开业条件》(GB/T 18189—2008)规定,二类摩托车维修企业应设置技术负责人和检验员岗位。（　　）

19.《机动车维修从业人员从业资格条件》(GB/T 21338—2008)规定,机动车维修企业负责人是机动车维修企业中全面负责各项技术管理工作的责任人。（　　）

20.《机动车维修从业人员从业资格条件》(GB/T 21338—2008)规定,机修人员是机动车维修企业中从事机动车机械及其控制系统维修作业的人员。（　　）

21.《机动车维修从业人员从业资格条件》(GB/T 21338—2008)规定,机动车维修质量检验员任职资格的基本条件:应具有中专以上学历,获得机修人员或电器维修人员职业资格并连续在该岗位工作2年以上;具有与本企业承修车型相适应的机动车驾驶证,并安全驾驶1年以上。（　　）

22.《机动车维修从业人员从业资格条件》(GB/T 21338—2008)规定,电器维修人员应具有初中(含)以上文化程度。（　　）

23.《汽车维修行业计算机管理信息系统技术规范》(JT/T 640—2005)规定,汽车维修行业管理信息系统应能实现业务办理、业户管理、车辆管理、从业人员管理、单据管理、查询统计等功能。（　　）

24.《汽车综合性能检测站能力的通用要求》(GB/T 17993—2005)对汽车综合性能检测站开展汽车综合性能检测工作应具备的场地和设施没有明确要求。（　　）

25.《汽车维护、检测、诊断技术规范》(GB/T 18344—2001)适用于所有在用汽车。

（　　）

26.《汽车维护、检测、诊断技术规范》(GB/T 18344—2001)规定,汽车一级维护作业以清洁、润滑、紧固为中心,以确保行车安全和排放合格为目标。 ( )

27.《汽车维护、检测、诊断技术规范》(GB/T 18344—2001)规定,汽车一级维护、二级维护周期的确定,应以汽车行驶里程为基本依据。 ( )

28.《汽车维护、检测、诊断技术规范》(GB/T 18344—2001)规定,汽车二级维护以更换"三滤"为作业中心内容。 ( )

29.《汽车维护、检测、诊断技术规范》(GB/T 18344—2001)规定,汽车二级维护以检查、调整为作业中心内容。 ( )

30.《液化石油气汽车维护检测规范》(JT/T 511—2004)规定了液化石油气汽车维修企业应具备的技术条件。 ( )

31.按《液化石油气汽车维护检测规范》(JT/T 511—2004)的定义,液化石油气专用装置包括储气部件、供气部件和控制部件或燃料转换部件等。 ( )

32.按《液化石油气汽车维护检测规范》(JT/T 511—2004)规定,LPG 汽车各级维护作业分为 LPG 汽车日常维护、一级维护和二级维护。 ( )

33.《轿车车身维护技术要求》(JT/T 509—2004)规定了轿车车身、底盘外表及发动机舱外表维护的主要内容与工艺要求。 ( )

34.《轿车车身维护技术要求》(JT/T 509—2004)中所指车身维护,包括车身清洁、研磨、抛光、新车开蜡、打蜡、封釉、玻璃贴膜等。 ( )

35.《汽车发动机电子控制系统修理技术要求》(GB/T 19910—2005)规定了汽车发动机电子控制系统维修前检查、视情维修以及维修后检验的技术要求。 ( )

36.《汽车发动机电子控制系统修理技术要求》(GB/T 19910—2005)规定,发动机电子控制系统在视情修理后,应对有故障的系统部件用专用或通用的检测仪逐项进行检查。 ( )

37.《汽车盘式制动器修理技术条件》(GB/T 18343—2001)是指导汽车盘式制动器维修操作和实施维修质量检验工作的重要依据。 ( )

38.《汽车制动传动装置修理技术条件》(GB/T 18275.1 ~2—2000)分别规定了汽车气压或液压制动传动装置修理的基本技术要求、试验方法和检验规则。 ( )

39.《汽车大修竣工出厂技术条件》(GB/T 3798.1 ~.2—2005)中所定义载客汽车为在设计和技术特性上用于载运乘客及其随身行李的包括驾驶员座位在内座位数超过 6 座的汽车。 ( )

40.《汽车大修竣工出厂技术条件》(GB/T 3798.1 ~.2—2005)规定,一次性锁止螺栓不得重复使用。 ( )

41.《汽车大修竣工出厂技术条件》(GB/T 3798.1 ~.2—2005)规定,汽车大修质量保证的形式是签发"汽车大修出厂合格证"及有关技术文件。 ( )

42.《汽车大修竣工出厂技术条件》(GB/T 3798.1 ~.2—2005)规定,可以用螺栓连接代替铆钉连接。 ( )

43.《汽车大修竣工出厂技术条件》(GB/T 3798.1 ~.2—2005)对车辆的整备质量、轴距有规定。 ( )

44.《汽车大修竣工出厂技术条件》(GB/T 3798.1 ~.2—2005)规定,整车大修质量保证期

为半年或行驶 2 万 km。 ( )

45.《商用汽车发动机大修竣工出厂技术条件》(GB/T 3799.1～.2—2005)规定了商用汽车汽油发动机和商用汽车柴油发动机大修竣工出厂的技术要求、质量保证和包装要求。 ( )

46.《商用汽车发动机大修竣工出厂技术条件 第 1 部分:汽油发动机》(GB/T 3799.1—2005)规定,汽油发动机大修竣工出厂发动机外表应视情喷漆。 ( )

47.《商用汽车发动机大修竣工出厂技术条件》(GB/T 3799.1～.2—2005)发动机大修竣工检验要求中,规定了机油压力和警示装置的检验技术要求。 ( )

48.《商用汽车发动机大修竣工出厂技术条件》(GB/T 3799.1～.2—2005)规定,在标准状态下,发动机额定功率和最大转矩不得低于原设计标定值的 75%。 ( )

49.《大客车车身修理技术条件》(GB/T 5336—2005)规定了大客车车身修理的技术要求和竣工检验及质量保证要求等。 ( )

50.《大客车车身修理技术条件》(GB/T 5336—2005)规定了大客车车身附件及电器的安装与使用要求。 ( )

51.《大客车车身修理技术条件》(GB/T 5336—2005)规定的车身修理竣工检验项目中,包括修理后整备质量增加量的限值要求。 ( )

52.《营运车辆综合性能要求及检验方法》(GB 18565—2001)为强制性行业标准。 ( )

53.《营运车辆综合性能要求和检验方法》(GB 18565—2001)规定了营运车辆动力性、燃料经济性、制动性、转向操纵性、照明和信号装置及其他电气设备、排放与噪声控制、密封性、整车装备的基本技术要求和检验方法。 ( )

54.在我国道路上运行的所有车辆必须达到《营运车辆综合性能要求和检验方法》(GB 18565—2001)规定的要求。 ( )

55.《营运车辆综合性能要求和检验方法》(GB 18565—2001)规定,轿车的动力性按额定转矩工况进行检测和评价。 ( )

56.《营运车辆综合性能要求和检验方法》(GB 18565—2001)规定:按规定的检验方法测得的汽车百公里燃油消耗量不得大于该车型原厂规定的相应车速等速百公里燃料消耗量的 120%。 ( )

57.《机动车运行安全技术条件》(GB 7258—2012)是我国机动车运行安全管理最基本的技术标准。 ( )

58.《机动车运行安全技术条件》(GB 7258—2012)是我国机动车新车定型强制性检验、新车出厂检验及进口机动车检验的重要技术依据之一。 ( )

59.《机动车运行安全技术条件》(GB 7258—2012)适用于在我国道路上行驶的包括有轨电车在内的所有机动车。 ( )

60.《机动车安全技术检验项目和方法》(GB 21861—2008)规定了机动车安全技术检验的检验项目和检验方法等要求。 ( )

61.《机动车安全技术检验项目和方法》(GB 21861—2008)不适用于进口机动车检验机构对入境机动车进行安全技术检验。 ( )

62. 自《点燃式发动机汽车排气污染物限值及测量方法(双怠速法和简易工况法)》(GB 18285—2005)实施之日起,所有点燃式发动机排放监控采用怠速法。（　）

63.《点燃式发动机汽车排气污染物限值及测量方法(双怠速法和简易工况法)》(GB 18285—2005)具有强制执行的效力。（　）

64.《点燃式发动机汽车排气污染物限值及测量方法(双怠速法和简易工况法)》(GB 18285—2005)中所指简易工况法包括稳态工况法、瞬态工况法和简易瞬态工况法三种。（　）

65.《点燃式发动机汽车排气污染物限值及测量方法(双怠速法和简易工况法)》(GB 18285—2005)适用于装用点燃式发动机的新生产汽车,不包括在用汽车。（　）

66.《点燃式发动机汽车排气污染物限值及测量方法(双怠速法和简易工况法)》(GB 18285—2005)规定,对于使用闭环控制电子燃油喷射系统和三元催化转化器技术的汽车进行过量空气系数(λ)的测定。（　）

67. 在进行过量空气系数(λ)测试前,《点燃式发动机汽车排气污染物限值及测量方法(双怠速法和简易工况法)》(GB 18285—2005)没有严格规定要预热发动机。（　）

68. 对于两用燃料汽车,《点燃式发动机汽车排气污染物限值及测量方法(双怠速法和简易工况法)》(GB 18285—2005)要求对两种燃料分别进行排放检测。（　）

69. 对于使用闭环控制电子燃油喷射系统和三元催化转化器的车辆,《点燃式发动机汽车排气污染物限值及测量方法(双怠速法和简易工况法)》(GB 18285—2005)规定,检测的过量空气系数(λ)若超出规定范围,可提供故障分析的参考,不作为排放不合格的判定依据。（　）

70.《点燃式发动机汽车排气污染物限值及测量方法(双怠速法和简易工况法)》(GB 18285—2005)规定,在机动车保有量大、污染严重的地区,可采用简易工况法实施在用汽车排放监控。（　）

71.《点燃式发动机汽车排气污染物限值及测量方法(双怠速法和简易工况法)》(GB 18285—2005)规定,对于同一类型车辆环保定期检测时,可以采用二种或二种以上的排气污染物排放检测方法。（　）

72.《车用压燃式发动机和压燃式发动机汽车排气烟度排放限值及测量方法》(GB 3847—2005)适用范围包括低速载货汽车和三轮汽车。（　）

73. 自《车用压燃式发动机和压燃式发动机汽车排气烟度排放限值及测量方法》(GB 3847—2005)实施之日起,压燃式发动机在用汽车排放监控,采用排气烟度排放限值(自由加速)及测量方法。（　）

74.《车用压燃式发动机和压燃式发动机汽车排气烟度排放限值及测量方法》(GB 3847—2005)对车用压燃式发动机和压燃式发动机汽车的排气烟度排放限值及测量方法作了规定。（　）

75.《营运车辆技术等级划分和评定要求》(JT/T 198—2004)规定了营运车辆技术状况等级的评定内容、评定规则、等级划分、评定项目和技术要求。（　）

76.《营运车辆技术等级划分和评定要求》(JT/T 198—2004)规定,营运车辆技术等级划分为一级、二级和三级。（　）

77. 按《营运车辆技术等级划分和评定要求》(JT/T 198—2004)规定,营运汽车技术等级评定检测应依据《营运车辆综合性能要求和检验方法》(GB 18565—2001)规定的要求进行。 ( )

78. 按《营运车辆技术等级划分和评定要求》(JT/T 198—2004)规定,营运车辆技术评定内容,不包括排放污染物检测。 ( )

(二)单项选择题

1.《汽车维修业开业条件》(GB/T 16739—2004)规定,汽车整车维修企业检验人员数量应与其( )相适应。

A. 维修车型　　B. 企业性质　　C. 经营规模

2.《汽车维修业开业条件》(GB/T 16739—2004)规定,具有相关汽车维修技术标准是汽车整车维修企业( )之一。

A. 经营管理条件　　B. 质量管理条件　　C. 安全生产条件

3. 按《汽车维修业开业条件》(GB/T 16739. 1—2004)规定,有各工种、各类机电设备的安全操作规程,是汽车整车维修企业( )之一。

A. 经营管理条件　　B. 质量管理条件　　C. 安全生产条件

4.《汽车维修业开业条件　第 1 部分:汽车整车维修企业》(GB/T 16739. 1—2004)中规定,大型货车整车维修企业主要检测设备中( )允许外协。

A. 声级计　　B. 排气分析仪或烟度计　　C. 制动检验台

5. 按《汽车维修业开业条件　第 2 部分:汽车专项维修业户》(GB/T 16739. 2—2004)的规定,汽车专项维修业户按专项维修作业范围不同分为( )种。

A. 10　　B. 12　　C. 16

6. 按《汽车维修业开业条件　第 2 部分:汽车专项维修业户》(GB/T 16739. 2—2004)的规定,发动机专项修理业户开业专用条件中检验员配置要求不少于( )人。

A. 1　　B. 2　　C. 3

7.《摩托车维修业开业条件》(GB/T 18189—2008)中规定,摩托车维修企业分为( )类。

A. 一　　B. 二　　C. 三

8.《机动车维修从业人员从业资格条件》(GB/T 21338—2008)规定机动车维修企业负责人任职资格基本条件:具有( )大专(含)以上文化程度;具有 3 年以上的机动车维修企业管理实践。

A. 本科　　B. 大专　　C. 高中

9.《机动车维修从业人员从业资格条件》(GB/T 21338—2008)规定机动车维修技术负责人任职资格基本条件:具有机动车维修或相关专业的大专(含)以上学历,或具有机动车维修或相关专业的中级(含)以上专业技术职称,具有在机动车维修企业( )以上的工作实践。

A. 2 年　　B. 3 年　　C. 5 年

10. 机动车维修企业应严格按( )指导汽车二级维护作业和竣工质量检验。

A.《汽车维护、检测、诊断技术规范》(GB/T 18344—2001)

B.《商用发动机大修竣工出厂技术条件》(GB/T 3799. 1 ~ . 2—2005)

C.《机动车安全运行技术条件》(GB 7258—2012)

11.《汽车维护、检测、诊断技术规范》(GB/T 18344—2001)规定,由驾驶员负责执行的车辆维护作业是(　　)。

A. 日常维护　　B. 一级维护　　C. 二级维护

12.《汽车维护、检测、诊断技术规范》(GB/T 18344—2001)规定,日常维护作业中心内容是(　　)。

A. 清洁、补给和安全检视　　B. 清洁、润滑、紧固　　C. 检查、调整

13.《汽车维护、检测、诊断技术规范》(GB/T 18344—2001)规定,汽车二级维护基本作业项目的作业内容以(　　)为主。

A. 小修　　B. 检查、调整　　C. 拆检

14. 按《液化石油气汽车维护检测规范》(JT/T 511—2004)规定,进行 LPG 汽车维修的作业人员需经过(　　),经考核合格,取得行业主管部门颁发的 LPG 汽车维修上岗证。

A. 中级工培训　　B. 专业培训　　C. 安全培训

15.《轿车车身维护技术要求》(JT/T 509—2004)中车身清洁工艺要求规定了车身清洁的(　　)和步骤。

A. 项目　　B. 条件　　C. 工艺

16.《轿车车身维护技术要求》(JT/T 509—2004)规定,车身清洁工艺过程最后一道工序是(　　)。

A. 擦干　　B. 清除车身表面的焦油、沥青等污物

C. 车内清洁

17.《轿车车身维护技术要求》(JT/T 509—2004)规定了车身漆面上蜡前应进行的清洁和(　　)要求。

A. 漆面检查　　B. 漆面除锈　　C. 漆面抛光

18.《汽车发动机电子控制系统修理技术要求》(GB/T 19910—2005)适用于(　　)的车辆。

A. 装用汽车发动机电子控制系统的点燃式汽油发动机

B. 装用汽车发动机电子控制系统的压燃式柴油发动机

C. 装用汽车发动机电子控制系统的双燃料发动机

19.《汽车发动机电子控制系统修理技术要求》(GB/T 19910—2005)是指导汽车维修企业对汽车发动机电子控制系统修理和(　　)的主要技术依据。

A. 经营管理　　B. 维修质量管理　　C. 安全生产

20.《汽车盘式制动器修理技术条件》(GB/T 18343—2001)规定了汽车盘式制动器(　　)的修理技术要求及有关参数。

A. 制动盘　　B. 主要零部件　　C. 制动摩擦块

21.《汽车制动传动装置修理技术条件　液压传动》(GB/T 18275.2—2000)规定:修复后的各部件,经防锈处理后,应存放在通风、(　　)、清洁之处。

A. 阴凉　　B. 干燥　　C. 潮湿

22. 按《汽车大修竣工出厂技术条件　第 1 部分:载客汽车》(GB/T 3798.1—2005)规定,

载客汽车是指在设计和技术特性上用于载运乘客及其随身行李的,包括驾驶员座位在内座位数超过(　　)座的汽车。

A. 9　　B. 19　　C. 22

23. 按《商用汽车发动机大修竣工出厂技术条件　第 1 部分:汽油发动机》(GB/T 3799.1—2005)规定,发动机大修出厂时,在标准状态下,发动机额定功率和最大转矩不得低于原设计标定值的(　　)。

A. 85%　　B. 90%　　C. 80%

24. 按《商用汽车发动机大修竣工出厂技术条件　第 1 部分:汽油发动机》(GB/T 3799.1—2005)规定了大修竣工出厂的发动机质量保证期为:自竣工之日起,不少于(　　)(以先到者为准)。

A. 半年或行驶里程为 10000km　　B. 半年或行驶里程为 20000km

C. 一年或行驶里程为 40000km

25.《大客车车身修理技术条件》(GB/T 5336—2005)将大客车定义为包括驾驶员座位在内座位数超过(　　)的汽车。

A. 9 座　　B. 16 座　　C. 35 座

26.《营运车辆综合性能要求和检验方法》(GB 18565—2001)规定,营运车辆油耗限值应小于等于该车型原厂规定的相应车速等速百公里燃料耗量的(　　)。

A. 100%　　B. 105%　　C. 110%

27.《机动车运行安全技术条件》(GB 7258—2012)标准规定了三轮汽车和(　　)等车速受限车辆的技术特性要求。

A. 载客汽车　　B. 低速货车　　C. 教练车

28. 自《点燃式发动机汽车排气污染物排放限值及测量方法(双怠速法及简易工况法)》(GB 18285—2005)实施之日起,全国点燃式发动机在用汽车排放监控,采用(　　)排气污染物排放限值及测量方法。

A. 怠速法　　B. 双怠速法　　C. 自由加速工况法

29.《车用压燃式发动机和压燃式发动机汽车排气烟度排放限值及测量方法》(GB 3847—2005)自(　　)起实施。

A. 2005 年 7 月 1 日　　B. 2006 年 7 月 1 日　　C. 2007 年 1 月 1 日

30.《车用压燃式发动机和压燃式发动机汽车排气烟度排放限值及测量方法》(GB 3847—2005)中规定了压燃式发动机汽车(　　)下排气污染物排放限值及测量方法。

A. 怠速工况　　B. 高怠速工况　　C. 自由加速工况

31.《营运车辆技术等级划分和评定要求》(JT/T 198—2004)是(　　)。

A. 国家标准　　B. 行业标准　　C. 地方标准

32. 营运车辆技术等级评定和检测依据(　　)进行。

A.《营运车辆综合性能要求和检验方法》(GB 18565—2001)

B.《营运车辆技术等级划分和评定要求》(JT/T 198—2004)

C.《机动车运行安全技术条件》(GB 7258—2012)

33.《营运车辆技术等级划分和评定要求》(JT/T 198—2004)适用于(　　)。

A. 所有在用车　　B. 所有新车　　C. 营运车辆

34.《营运车辆技术等级划分和评定要求》(JT/T 198—2004)规定，营运车辆技术等级分(　　)级。

A. 一　　B. 二　　C. 三

(三)多项选择题

1. 国家标准《汽车维修业开业条件》(GB/T 16739.1～.2—2004)分为(　　)两部分。

A. 汽车一类维修企业　　B. 汽车二类维修企业
C. 汽车整车维修企业　　D. 汽车专项维修业户

2.《汽车维修业开业条件》(GB/T 16739.1～.2—2004)规定了汽车整车维修企业和汽车专项维修业户必须具备的(　　)等条件。

A. 人员　　B. 组织管理　　C. 设施　　D. 设备

3.《汽车维修业开业条件》(GB/T 16739.1～.2—2004)对汽车整车维修企业管理负责人、技术负责人及(　　)等关键岗位人员配备和持证上岗作了规定。

A. 检验　　B. 业务
C. 价格核算　　D. 维修(机修、电器、钣金、涂漆)

4.《汽车维修业开业条件》(GB/T 16739.1～.2—2004)，将汽车整车维修企业按主修车型分为(　　)三种。

A. 小型车　　B. 中型车　　C. 大中型客车　　D. 大型货车

5.《汽车维修业开业条件》提出的汽车整车维修企业设备条件，包括(　　)配备的要求。

A. 通用设备　　B. 专用设备　　C. 主要检测设备　　D. 诊断仪表

6.《汽车维修业开业条件　第1部分：汽车整车维修企业》(GB/T 16739.1—2004)规定，汽车整车维修企业应配置发动机检测诊断设备，且应具备(　　)的功能。

A. 示波器　　B. 点火正时检测
C. 发动机检测专用真空表　　D. 转速表

7. 按《汽车维修业开业条件》(GB/T 16739.2—2004)规定，汽车专项维修业户开业通用条件包括(　　)。

A. 人员条件
B. 设施条件、设备条件一般性要求和安全生产与环境保护条件
C. 规范的业务工作流程要求
D. 法规、标准、技术文件要求

8.《汽车维修业开业条件》(GB/T 16739.2—2004)规定，从事供油系统维护及油品更换专项维修业务的业户，应具备的设备包括(　　)。

A. 不解体油路清洗设备　　B. 换油设备和废油收集设备
C. 举升设备或地沟　　D. 空气压缩机

9.《汽车维修业开业条件》(GB/T 16739.1—2004)规定了汽车整车维修企业必须具备的组织管理条件，重点包括(　　)。

A. 经营管理　　B. 生产管理　　C. 业务管理　　D. 质量管理

10.《摩托车维修业开业条件》(GB/T 18189—2008)规定了摩托车维修业的分类及开业应

具备的(　　)等条件。

A. 人员　　B. 组织管理

C. 安全生产与环境保护　　D. 设施和设备

11.《机动车维修从业人员从业资格条件》(GB/T 21338—2008)规定了(　　)等从业人员的岗位职责、任职资格等要求。

A. 机动车维修企业负责人　　B. 机动车维修业务员

C. 机动车维修价格结算员　　D. 机动车维修技术人员

12.《机动车维修从业人员从业资格条件》(GB/T 21338—2008)规定了价格结算人员所应具备的专业技能包括(　　)等。

A. 能进行机动车维修价格核算和结算　　B. 能进行信息搜集、统计和分析

C. 能熟练使用计算机办公软件　　D. 能熟练使用机动车维修企业管理软件

13.《汽车维修行业计算机管理信息系统技术规范》(JT/T 640—2005)规定了汽车维修行业计算机管理信息系统的构成、(　　)、配置、接口和性能,以及系统的安装和维护要求。

A. 数据信息　　B. 系统功能　　C. 网页设计　　D. 安全措施

14.《汽车维修行业计算机管理信息系统技术规范》(JT/T 640—2005)规定,汽车维修行业计算机管理信息系统由(　　)两部分组成。

A. 汽车维修行业管理信息系统　　B. 维修费用结算系统

C. 汽车维修企业管理信息系统　　D. 维修救援网络系统

15.《汽车维修行业计算机管理信息系统技术规范》(JT/T 640—2005)规定,车辆维修管理信息系统应具有(　　)功能。

A. 业务接待、生产调度　　B. 检验、车辆维修技术档案

C. 维修结算、查询统计　　D. 配件管理

16.《汽车综合性能检测站能力的通用要求》(GB/T 17993—2005)规定,汽车综合性能检测站的功能是(　　)。

A. 依法对营运车辆的技术状况进行检测

B. 依法对车辆维修竣工质量进行检测

C. 接受委托,对车辆改装(造)、延长报废期及相关新技术、科研鉴定等项目进行检测

D. 接受有关部门、机构的委托,进行规定项目的检测

17.《汽车综合性能检测站能力的通用要求》(GB/T 17993—2005)提出了汽车综合性能检测站技术能力要求,包括(　　)。

A. 人员　　B. 检测项目与参数

C. 检测仪器设备　　D. 计算机控制检测系统

18.《汽车维护、检测、诊断技术规范》(GB/T 18344—2001)规定了汽车日常维护、一级维护、二级维护的(　　)。

A. 周期　　B. 作业内容　　C. 工时定额　　D. 技术规范

19.《汽车维护、检测、诊断技术规范》(GB/T 18344—2001)规定,汽车一级维护,除日常维护作业外,以清洁、润滑、紧固为作业中心内容。并检查有关(　　)等安全部件,由维修企业负责执行的车辆维护作业。

A. 发动机　　B. 变速器　　C. 制动　　D. 操纵

20.《汽车维护、检测、诊断技术规范》(GB/T 18344—2001)规定,汽车二级维护以检查、调整(　　)等经过一定时间的使用容易磨损或变形的安全部件为主,由维修企业负责执行的车辆维护作业。

A. 转向节　　B. 转向摇臂　　C. 制动蹄片　　D. 悬架

21.《液化石油气汽车维护、检测规范》(JT/T 511—2004)适用于液化石油气(LPG)汽车,包括(　　)。

A. 单一燃料 LPG 汽车　　B. CNG 汽车

C. LPG/汽油两用燃料汽车　　D. 双燃料汽车

22.《液化石油气汽车维护、检测规范》(JT/T 511—2004)中,对液化石油气汽车各级维护作业内容与技术要求,强调了对液化石油气装置(　　)的要求。

A. 检查　　B. 调整　　C. 修理　　D. 紧固

23.《轿车车身维护技术要求》(JT/T 509—2004)规定了轿车车身、底盘外表及发动机舱外表维护的(　　)。

A. 周期　　B. 主要内容　　C. 技术标准　　D. 工艺要求

24.《汽车发动机电子控制系统修理技术要求》(GB/T 19910—2005)将汽车发动机电子控制系统定义为:汽车发动机电子控制单元根据各传感器传送来的信息,分析发动机运行中的各种参数,并予以综合处理,以期达到较为满意的工作效果。一般分为(　　)个子系统。

A. 进排气控制系统　　B. 燃油控制系统　　C. 润滑系统　　D. 计算机控制系统

25.《汽车盘式制动器修理技术条件》(GB/T 18343—2001)规定,盘式制动器主要零配件的(　　)安装等工艺过程。

A. 拆卸　　B. 检验　　C. 修理　　D. 换新

26.《汽车制动传动装置修理技术条件》(GB/T 18275. 1 ~ . 2—2000)分别规定了汽车(　　)修理的基本技术要求、试验方法和检验规则。

A. 制动器　　B. 制动管路

C. 气压制动传动装置　　D. 液压制动传动装置

27.《汽车制动传动装置修理技术条件　液压传动》(GB/T 18275. 2—2000)主要内容包括(　　)。

A. 液压制动传动装置各部件修理基本技术要求

B. 试验方法规定

C. 检验规则

D. 其他技术要求

28.《汽车大修竣工出厂技术条件》(GB/T 3798. 1 ~ 2—2005)适用于(　　)。

A. 载客汽车　　B. 载货汽车　　C. 轿车　　D. 乘用车

29.《汽车大修竣工出厂技术条件》(GB/T 3798. 1 ~ 2—2005)规定了载客或载货汽车大修竣工出厂的(　　)。

A. 检验　　B. 技术条件要求　　C. 质量保证　　D. 排放性能

30.《汽车大修竣工出厂技术条件》(GB/T 3798. 1 ~ 2—2005)规定,影响汽车行驶安全的

(　　)的关键零部件,不得使用修复件。

A. 传动系统　B. 制动系统　C. 转向系统　D. 行驶系统

31.《商用汽车发动机大修竣工出厂技术条件》(GB/T 3799.1 ~.2—2005)规定了商用汽车大修竣工出厂的(　　)和包装要求。

A. 检验　B. 技术要求　C. 质量保证　D. 排放性能

32.《商用汽车发动机大修竣工出厂技术条件　第 1 部分:汽油发动机》(GB/T 3799.1—2005)规定,汽油发动机大修竣工出厂外观检验的项目包括(　　)。

A. 发动机外观整洁与漆面检查　B. 发动机各部及附件检查

C. 发动机各部分密封性能　D. 电气部分检查

33. 按《商用汽车发动机大修竣工出厂技术条件　第 1 部分:汽油发动机》(GB/T 3799.1—2005)规定,发动机大修竣工要求,电子控制燃油喷射系统(　　)应符合原制造厂维修技术要求。

A. 技术参数　B. 故障显示　C. 性能　D. 控制方式

34. 按《商用汽车发动机大修竣工出厂技术条件》(GB/T 3799.1 ~.2—2005)的规定,承修单位应按要求对修竣发动机的(　　)等性能参数进行检验。

A. 点火提前角　B. 额定功率　C. 最大转矩　D. 燃料经济性

35. 按《商用汽车发动机大修竣工出厂技术条件》(GB/T 3799.1—2005)的规定,发动机大修竣工检验要求进行试机检查(　　)时的机油压力。

A. 中速　B. 高速　C. 怠速　D. 最高转速

36. 按《商用汽车发动机大修竣工出厂技术条件　第 1 部分 汽油发动机》(GB/T 3799.1—2005)的规定,发动机大修竣工检验要求检测发动机动力性的参数是(　　)等。

A. 额定功率　B. 最大功率　C. 额定转矩　D. 最大转矩

37.《大客车车身修理技术条件》(GB/T 5336—2005)标准规定了车身修理竣工检验项目及技术要求,包括(　　)等。

A. 车身外观、外形尺寸和装备检查　B. 各操纵机构的安装情况检查

C. 电气设备及各种仪表工作状况检查　D. 车窗玻璃、顶窗、安全门检查

38.《营运车辆综合性能要求和检验方法》(GB 18565—2001)规定,营运车辆整车动力性评价指标是(　　)。

A. 发动机性能　B. 整车动力性能　C. 启动性能　D. 滑行性能

39.《机动车运行安全技术条件》(GB 7258—2012)是进行(　　)的主要技术依据。

A. 注册登记检验　B. 机动车检验　C. 机动车查验　D. 事故车检验

40.《机动车运行安全技术条件》(GB 7258—2012)定义的校车包括(　　)。

A. 幼儿校车　B. 小学生校车　C. 中小学生校车　D. 专用校车

41.《机动车运行安全技术条件》(GB 7258—2012)规定了机动车转向系统(　　)等方面的要求。

A. 设置　B. 结构参数　C. 技术性能　D. 各部件的完好性

42.《机动车安全技术检验项目和方法》(GB 21861—2008)规定了机动车安全检验的方式有(　　)等。

A. 线外检验　　B. 线内检验　　C. 路试检验　　D. 外观检验

43.《机动车安全技术检验项目和方法》(GB 21861—2008)规定在用车检验时,送检人应提供(　　)。

A. 机动车驾驶员驾驶证　　B. 机动车行驶证

C. 有效的机动车第三者责任强制保险凭证　　D. 机动车环保凭证

44. 对(　　),国家标准《点燃式发动机汽车排气污染物排放限值及测量方法(双怠速法及简易工况法)》(GB 18285—2005)规定,要进行过量空气系数(λ)的测定。

A. 使用闭环控制电子燃油喷射系统的汽车　　B. 轿车

C. 装有三元催化转化器的汽车　　D. 污染严重超标的汽车

45.《点燃式发动机汽车排气污染物排放限值及测量方法(双怠速法及简易工况法)》(GB 18285—2005)规定,所列车型(　　)排放测试结果有一项不合格,即判为不合格。

A. CO_2　　B. CO　　C. HC　　D. NO

46.《营运车辆技术等级划分及技术评定要求》(JT/T 198—2004)规定了营运车辆技术状况等级的(　　)等。

A. 评定内容　　B. 评定规则

C. 等级划分　　D. 评定项目和技术要求

47.《营运车辆技术等级划分及技术评定要求》(JT/T 198—2004)明确规定了营运车辆技术评定内容,包括:营运车辆整车装备及外观检查(　　)等。

A. 动力性　　B. 燃料经济性　　C. 排放污染物限值　　D. 车速表示值误差

二　练习题答案

(一)判断题

1. ✓　2. ×　3. ✓　4. ✓　5. ×　6. ×　7. ✓　8. ✓　9. ✓　10. ✓　11. ×
12. ✓　13. ×　14. ✓　15. ✓　16. ✓　17. ✓　18. ✓　19. ×　20. ✓　21. ×　22. ✓
23. ✓　24. ×　25. ✓　26. ×　27. ✓　28. ×　29. ✓　30. ✓　31. ✓　32. ✓　33. ✓
34. ✓　35. ✓　36. ✓　37. ✓　38. ✓　39. ×　40. ✓　41. ✓　42. ×　43. ✓　44. ✓
45. ✓　46. ×　47. ✓　48. ×　49. ✓　50. ✓　51. ✓　52. ×　53. ✓　54. ×　55. ✓
56. ×　57. ✓　58. ✓　59. ×　60. ✓　61. ×　62. ×　63. ✓　64. ✓　65. ×　66. ✓
67. ×　68. ✓　69. ×　70. ✓　71. ×　72. ×　73. ✓　74. ✓　75. ✓　76. ✓　77. ✓
78. ×

(二)单项选择题

1. C　2. B　3. C　4. C　5. C　6. B　7. B　8. B　9. C　10. A　11. A
12. A　13. B　14. B　15. B　16. C　17. A　18. A　19. B　20. B　21. B　22. A
23. B　24. B　25. B　26. C　27. B　28. B　29. A　30. C　31. B　32. B　33. C
34. C

(三)多项选择题

1. CD　2. ABCD　3. ABCD　4. ACD　5. ABC　6. ACD　7. ABCD

8. ABCD 9. AD 10. ABCD 11. ABCD 12. ABCD 13. AB 14. AC
15. ABC 16. ABCD 17. ABCD 18. ABD 19. CD 20. ABCD 21. AC
22. AD 23. BD 24. ABD 25. ABCD 26. CD 27. ABCD 28. AB
29. BC 30. BCD 31. BC 32. ABCD 33. AC 34. BCD 35. BC
36. AD 37. ABCD 38. AB 39. ABCD 40. ABCD 41. ABCD 42. ABC
43. BC 44. AC 45. BC 46. ABCD 47. ABCD

第五节 模拟试卷及参考答案

一 模拟试卷

(一)判断题(30 题,每题 1 分,共 30 分)

1. 人们通常将所从事的、作为主要生活来源的工作称之为职业。 ( )

2. 为人民服务是社会主义职业道德的最高标准。 ( )

3. 诚实守信就是忠诚老实、信守承诺,是为人处世的一种美德。 ( )

4.《全国汽车维修行业行为规范公约》的主要内容有 8 个方面。 ( )

5.《全国汽车维修行业行为规范公约》中“文明生产,保护环境”一条对作业现场未提出明确要求。 ( )

6. 行业信誉体现了社会承认的该行业在职业活动中的价值。 ( )

7. 获得二类汽车维修经营业务许可的,不可以从事整车修理、总成修理工作。 ( )

8.《机动车维修管理规定》中规定机动车维修档案的主要内容包括:托修方、车牌号码、车型、发动机型号、底盘号、维修类别、维修合同编号和进出厂日期。 ( )

9. 机动车维修技术人员取得从业资格的比例是机动车维修经营者依法获取经营许可的必要条件之一。 ( )

10. 道路运输管理机构应当将道路运输从业人员的违章行为记录在《道路运输从业人员从业资格证》的违章记录栏内,并通报发证机关。 ( )

11.《机动车维修企业质量信誉考核办法(试行)》规定:质量信誉考核工作每年进行一次,机动车维修企业在每年的 12 月底前,向所在地县级或设区的市级道路运输管理机构提交相关材料。 ( )

12. 机动车维修企业质量信誉考核为 A 级的,考核总分和加分合计不低于 600 分。 ( )

13. 实施机动车排放污染控制的 I/M(检查/维护)制度,是机动车维修企业贯彻《大气污染防治法》的具体体现。 ( )

14. 用人单位必须为劳动者提供符合国家规定的劳动安全卫生条件和必要的劳动防护用品。 ( )

15. 按《安全生产法》规定,从业人员有权拒绝违章指挥和强令冒险作业。 ( )

16. 轮胎维修作业人员应佩戴护目眼镜和防毒口罩。 ( )

17. 对标准实施进行监督,是政府有关部门领导和管理标准化活动的重要手段。 ( )

18. 调查研究是制定企业标准的必要程序。（　　）

19.《汽车维修业开业条件　第 1 部分：汽车整车维修企业》（GB/T 16739.1—2004）中所指的一、二类汽车整车维修企业，其经营范围不相同。（　　）

20.《汽车维修业开业条件　第 1 部分：汽车整车维修企业》（GB/T 16739.1—2004）规定，汽车整车维修企业接待室、停车场、生产厂房在面积和设置方面应满足相关条件。（　　）

21. 按《汽车维修业开业条件　第 1 部分：汽车整车维修企业》（GB/T 16739.1—2004）规定，汽车整车维修企业都必须配备无损探伤设备。（　　）

22.《摩托车维修业开业条件》（GB/T 18189—20008）规定，一类摩托车维修企业必须至少配备 1 名检验员。（　　）

23.《机动车维修从业人员从业资格条件》（GB/T 21338—2008）规定，机动车维修企业负责人是机动车维修企业中全面负责各项技术管理工作的责任人。（　　）

24.《汽车维护、检测、诊断技术规范》（GB/T 18344—2001）规定，汽车一级维护、二级维护周期的确定，应以汽车行驶里程为基本依据。（　　）

25.《汽车发动机电子控制系统修理技术要求》（GB/T 19910—2005）规定了汽车发动机电子控制系统维修前检查、视情维修，以及维修后检验的技术要求。（　　）

26.《汽车大修竣工出厂技术条件》（GB/T 3798.1～.2—2005）规定，可以用螺栓连接代替铆钉连接。（　　）

27.《大客车车身修理技术条件》（GB/T 5336—2005）规定的车身修理竣工检验项目中，包括修理后整备质量增加量的限值要求。（　　）

28.《机动车运行安全技术条件》（GB 7258—2012）适用于在我国道路上行驶的包括有轨电车在内的所有机动车。（　　）

29. 在进行过量空气系数（λ）测试前，《点燃式发动机汽车排气污染物限值及测量方法（双怠速法和简易工况法）》（GB 18285—2005）没有严格规定要预热发动机。（　　）

30.《营运车辆技术等级划分和评定要求》（JT/T 198—2004）规定了营运车辆技术状况等级的评定内容、评定规则、等级划分、评定项目和技术要求。（　　）

（二）单项选择题（30 题，每题 1 分，共 30 分）

1. 职业道德的基本职能是（　　）。
A. 服务职能　　B. 调节职能　　C. 保证职能

2. 爱岗是敬业的（　　）。
A. 结果　　B. 体现　　C. 基础

3. 爱岗敬业、诚实守信是对从业人员职业行为的（　　）。
A. 最高要求　　B. 基础要求　　C. 严格要求

4. “更新管理理念，优化企业管理，增强市场竞争能力”是《全国汽车维修行业行为规范公约》中“（　　）”的具体要求。
A. 诚信为本，公平竞争　　B. 科技兴业，开拓创新
C. 弘扬职业道德，建设精神文明

5.《公民道德建设实施纲要》要求：社会主义道德建设要坚持以（　　）为核心。
A. 四项基本原则　　B. 党的领导　　C. 为人民服务

6. 尊老爱幼、男女平等、夫妻和睦、勤俭持家、邻里团结是（　　）的主要表现。

A. 社会公德　　B. 职业道德　　C. 家庭美德

7.《道路运输条例》规定，申请从事机动车维修经营业务的，应当向所在地县级（　　）提出申请。

A. 道路运输管理机构　　B. 公安机关交通管理部门　　C. 工商管理部门

8.《道路运输条例》规定，机动车维修经营者对机动车进行二级维护、总成修理或者整车修理的，应当进行维修质量检验。检验合格的，维修质量检验人员应当签发（　　）。

A. 维修记录　　B. 过程检验单

C. 机动车维修竣工出厂合格证

9.《机动车维修管理规定》中规定，机动车维修经营业务根据维修对象分为（　　）类。

A. 二　　B. 三　　C. 四

10.《机动车维修管理规定》中规定，从事一类和二类维修业务的企业，其技术负责人员和质量检验人员总数的（　　）应当经全国统一考试合格。

A. 40%　　B. 50%　　C. 60%

11.《机动车维修管理规定》中规定，道路运输管理机构应加强对机动车维修专业技术人员的管理，严格执行专业技术人员（　　）和管理制度。

A. 培训　　B. 奖励　　C. 考试

12.《道路运输从业人员管理规定》中规定，国家对道路运输从业人员实行（　　）。

A. 持证上岗制度　　B. 从业资格考试制度　　C. 人力资源管理制度

13.《道路运输从业人员管理规定》中规定，道路运输从业人员诚信考核等级分为四级，最好的一级为优良，用（　　）级表示。

A. A　　B. AA　　C. AAA

14. 机动车维修企业质量信誉考核中，企业管理指标包括（　　）建立情况、企业形象、获奖情况和连锁经营情况等。

A. 质量管理制度　　B. 企业管理程序　　C. 质量信誉档案

15.《大气污染防治法》规定，机动车船必须达标排放。这里所说的达标是指达到国家或者（　　）制定的机动车船大气污染物排放标准。

A. 行业　　B. 地方　　C. 制造厂

16. 机动车维修合同在《合同法》中属于（　　）规范的范畴。

A. 承揽合同　　B. 委托合同　　C. 技术合同

17.《劳动法》明确了国家确定职业分类，制定职业技能标准，实行（　　）制度。

A. 持证上岗　　B. 职业资格证书　　C. 等级工

18. 汽车维修标准体系第二层次为专用修理技术标准，也可称为（　　）。

A. 产品标准　　B. 技术管理标准　　C. 方法标准

19.《汽车维修业开业条件》（GB/T 16739.1 ~.2—2004）规定，汽车整车维修企业检验人员数量应与其（　　）相适应。

A. 维修车型　　B. 企业性质　　C. 经营规模

20. 按《汽车维修业开业条件》（GB/T 16739.1—2004）规定，有各工种、各类机电设备的安全操作规程，是汽车整车维修企业(　　)之一。

A. 经营管理条件　　B. 质量管理条件　　C. 安全生产条件

21.《汽车维修业开业条件　第1部分：汽车整车维修企业》(GB/T 16739.1—2004)中规定，大型货车整车维修企业主要检测设备中(　　)允许外协。

A. 声级计　　B. 排气分析仪或烟度计　　C. 制动检验台

22. 按《汽车维修业开业条件　第2部分：汽车专项维修业户》(GB/T 16739.2—2004)的规定，发动机专项修理业户开业专用条件中检验员配置要求不少于(　　)人。

A. 1　　B. 2　　C. 3

23.《摩托车维修业开业条件》(GB/T 18189—2008)中规定，摩托车维修企业分为(　　)类。

A. 一　　B. 二　　C. 三

24.《机动车维修从业人员从业资格条件》(GB/T 21338—2008)规定机动车维修企业负责人任职资格基本条件：具有(　　)(含)以上文化程度；具有3年以上的机动车维修企业管理实践。

A. 本科　　B. 大专　　C. 高中

25.《汽车维护、检测、诊断技术规范》(GB/T 18344—2001)规定，日常维护作业中心内容是(　　)。

A. 清洁、补给和安全检视　　B. 清洁、润滑、紧固　　C. 检查、调整

26.《轿车车身维护技术要求》(JT/T 509—2004)规定，车身清洁工艺过程最后一道工序是(　　)。

A. 擦干　　B. 清除车身表面的焦油、沥青等污物

C. 车内清洁

27.《汽车盘式制动器修理技术条件》(GB/T 18343—2001)规定了汽车盘式制动器(　　)的修理技术要求及有关参数。

A. 制动盘　　B. 主要零部件　　C. 制动摩擦块

28. 按《商用汽车发动机大修竣工出厂技术条件　第1部分：汽油发动机》(GB/T 3799.1—2005)规定了大修竣工出厂的发动机质量保证期为：自竣工之日起，不少于(　　)(以先到者为准)。

A. 半年或行驶里程为10000km　　B. 半年或行驶里程为20000km

C. 一年或行驶里程为40000km

29. 自《点燃式发动机汽车排气污染物排放限值及测量方法(双怠速法及简易工况法)》(GB 18285—2005)实施之日起，全国点燃式发动机在用汽车排放监控，采用(　　)排气污染物排放限值及测量方法。

A. 怠速法　　B. 双怠速法　　C. 自由加速工况法

30.《营运车辆技术等级划分和评定要求》(JT/T 198—2004)适用于(　　)。

A. 所有在用车　　B. 所有新车　　C. 营运车辆

(三)多项选择题(20题，每题2分，共40分)

1. 建立职业道德规范用于(　　)。

A. 强化人们的法制观念　　B. 规范从业人员的职业行为
C. 调整职业生活中发生的各种关系　　D. 确保职业活动正常进行

2. 职业道德具有以下特点:(　　)。
A. 适用范围的有限性　　B. 发展历史的继承性
C. 表达形式的多样性　　D. 贯彻执行的纪律性

3.《公民道德建设实施纲要》把"(　　)"作为公民职业道德建设的重要内容。
A. 服务群众　　B. 公平竞争　　C. 爱岗敬业　　D. 奉献社会

4. 机动车维修职业道德的主要内容包括爱岗敬业、诚实守信、(　　)。
A. 办事公道　　B. 服务群众　　C. 不怕困难　　D. 奉献社会

5. 根据《道路运输条例》的规定:"申请从事机动车维修经营的,应当具备(　　)等条件。"
A. 有相应的机动车维修场地　　B. 有必要的设备、设施和技术人员
C. 有健全的机动车维修管理制度　　D. 有必要的环境保护措施

6. 从事发动机维修、车身维修、电气系统维修、自动变速器四类专项维修的,除了按照其经营项目配备相应的机修、电器、钣金、涂漆的维修技术人员外,还应当配备(　　)。
A. 技术负责人员　　B. 质量检验人员　　C. 业务人员　　D. 结算人员

7.《机动车维修管理规定》规定,机动车维修经营者对机动车进行(　　)的,应当实行维修前诊断检验、维修过程检验和竣工质量检验制度。
A. 故障排除　　B. 二级维护　　C. 总成修理　　D. 整车修理

8.《道路运输从业人员管理规定》中所指的机动车维修技术人员,包括机动车维修(　　),以及从事机修、电器、钣金、涂漆、车辆技术评估(含检测)作业的技术人员。
A. 企业负责人　　B. 质量检验人员　　C. 技术负责人员　　D. 业务接待员

9.《机动车维修企业质量信誉考核办法(试行)》中规定,服务质量事件记录,包括每次事件的(　　)。
A. 时间　　B. 原因　　C. 社会影响　　D. 通报部门或机构

10. 机动车维修企业经营条件中的"安全生产条件"是指:生产经营单位在安全生产中(　　)等"硬件"方面的条件。
A. 设施　　B. 设备　　C. 场所　　D. 环境

11.《劳动法》规定,劳动者的权利主要有:(　　);劳动保护权;职业培训和业务进修权等。
A. 劳动权　　B. 享受保险和福利的权利
C. 休息权　　D. 获得劳动报酬权

12. 标准是对(　　)所作的统一规定。
A. 行为　　B. 重复性事物　　C. 概念　　D. 事物

13.《汽车维修业开业条件》(GB/T 16739.1 ~ .2—2004)对汽车整车维修企业管理负责人、技术负责人及(　　)等关键岗位人员配备和持证上岗作了规定。
A. 检验　　B. 业务
C. 价格核算　　D. 维修(机修、电器、钣金、涂漆)

14.《汽车维修业开业条件　第1部分:汽车整车维修企业》(GB/T 16739.1—2004)规定,

汽车整车维修企业应配置发动机检测诊断设备，且应具备（　　）的功能。

A. 示波器　　B. 点火正时检测

C. 发动机检测专用真空表　　D. 转速表

15.《摩托车维修业开业条件》（GB/T 18189—2008）规定了摩托车维修业的分类及开业应具备的（　　）等条件。

A. 人员　　B. 组织管理

C. 安全生产与环境保护　　D. 设施和设备

16.《汽车维护、检测、诊断技术规范》（GB/T 18344—2001）规定了汽车日常维护、一级维护、二级维护的（　　）。

A. 周期　　B. 作业内容　　C. 工时定额　　D. 技术规范

17.《汽车盘式制动器修理技术条件》（GB/T 18343—2001）规定，盘式制动器主要零配件的（　　）安装等工艺过程。

A. 拆卸　　B. 检验　　C. 修理　　D. 换新

18.《商用汽车发动机大修竣工出厂技术条件　第1部分：汽油发动机》（GB/T 3799.1—2005）规定，汽油发动机大修竣工出厂外观检验的项目包括：（　　）。

A. 发动机外观整洁与漆面检查　　B. 发动机各部分及附件检查

C. 发动机各部分密封性能　　D. 电气部分检查

19.《机动车运行安全技术条件》（GB 7258—2012）是进行（　　）的主要技术依据。

A. 注册登记检验　　B. 机动车检验　　C. 机动车查验　　D. 事故车检验

20.《营运车辆技术等级划分及技术评定要求》（JT/T 198—2004）规定了营运车辆技术状况等级的（　　）等。

A. 评定内容　　B. 评定规则　　C. 等级划分　　D. 评定项目和技术要求

二 模拟试卷参考答案

（一）判断题

1. ✓　2. ✓　3. ✓　4. ✓　5. ×　6. ✓　7. ×　8. ×　9. ✓　10. ✓　11. ×
12. ✓　13. ✓　14. ✓　15. ✓　16. ×　17. ✓　18. ✓　19. ×　20. ✓　21. ×　22. ✓
23. ×　24. ✓　25. ✓　26. ×　27. ✓　28. ×　29. ×　30. ✓

（二）单项选择题

1. B　2. C　3. B　4. B　5. C　6. C　7. B　8. C　9. C　10. C　11. C
12. B　13. C　14. C　15. B　16. A　17. B　18. C　19. C　20. C　21. C　22. B
23. B　24. B　25. A　26. C　27. B　28. B　29. B　30. C

（三）多项选择题

1. BCD　2. ABCD　3. AD　4. ABD　5. ABCD　6. AB　7. BCD
8. BC　9. ABCD　10. ABCD　11. ACD　12. BC　13. ABCD　14. ACD
15. ABCD　16. ABD　17. ABCD　18. ABCD　19. ABCD　20. ABCD

第二篇

模块 D:发动机与底盘检修技术

第一章 专业知识部分

第一节 机修基础知识

一 机械基础知识

(一)机械识图

1. 零件图的识读

在生产过程中,直接指导制造和检验零件用的图样称零件工作图(简称零件图)。

如图 2-1-1 所示,一张零件图应具备以下内容:一组视图、完整的尺寸、必要的技术要求和标题栏等。一般把最能反映零件结构形状特征的一面作为主视图的投影方向。

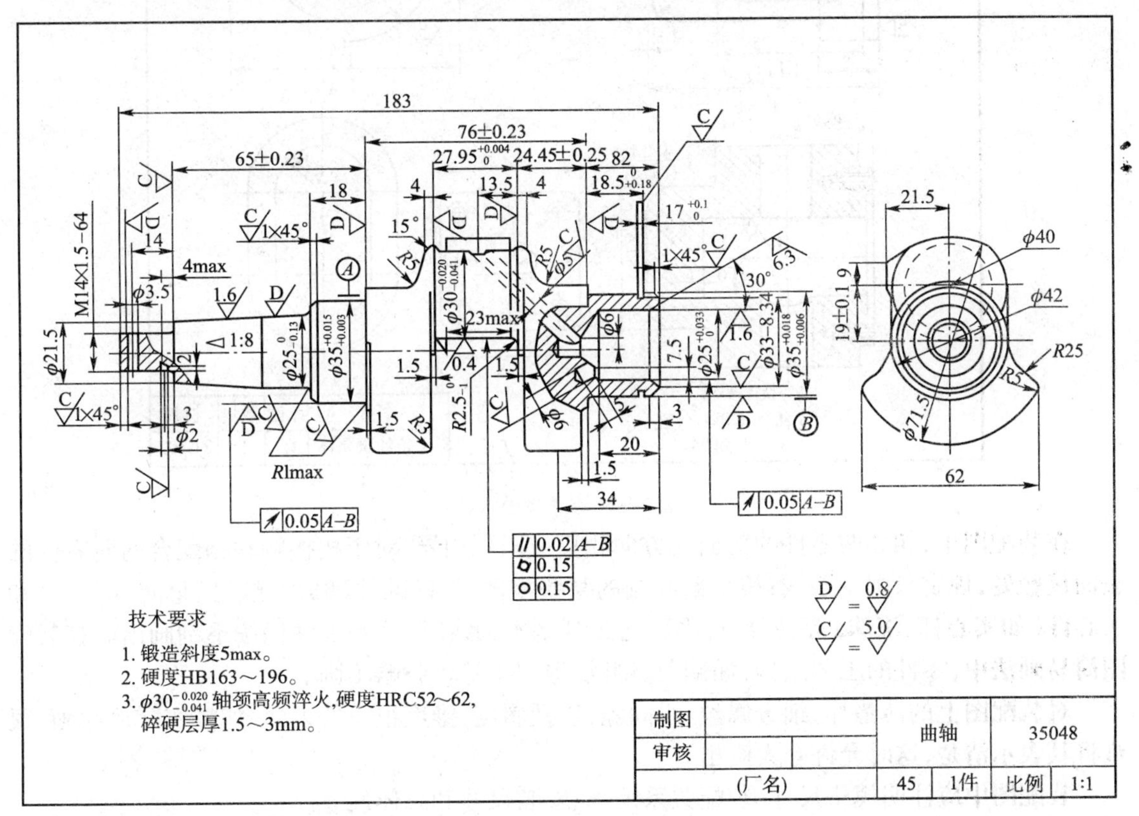

图 2-1-1 零件图的内容

识读零件图的一般步骤是如下:

(1)看标题。主要了解零件的名称、材料、数量及所采用的比例。

(2)分析视图。要想象出零件的形状与结构。

(3)读零件图上的尺寸,明确各部分的大小及其相对位置。

(4)看技术要求,掌握技术质量指标。

2. 装配图

装配图是表示零件或机器的工作原理、零件之间的装配关系和连接方式等要求的技术文件。

如图 2-1-2 所示,一张完整的装配图有下列内容:一组视图、必要的尺寸、技术要求、零件序号、明细表和标题栏等。

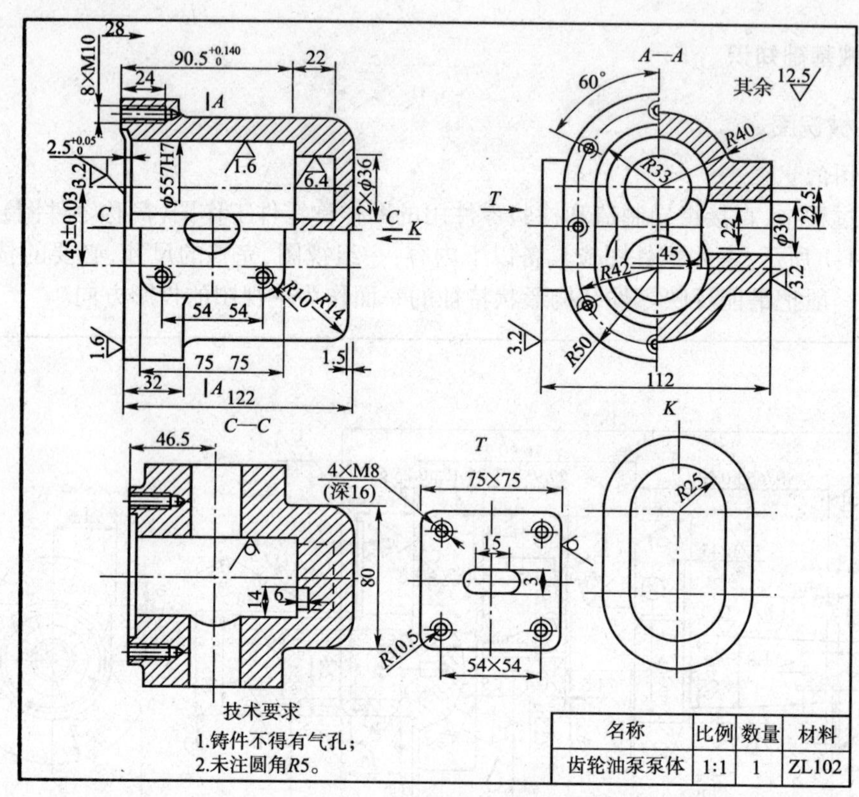

名称	比例	数量	材料
齿轮油泵泵体	1:1	1	ZL102

图 2-1-2 装配图的内容

在装配图中,相邻两零件的剖面线方向相反或间隔相异;对于相接触和相配合的两零件的表面接触处,规定只画一条线;按不剖绘制的某些零件,如标准件(螺母、螺钉、垫圈、销、键)和实心件(如实心杆、滚珠)等,若剖切平面通过其基本轴线时,这些零件仍按不剖画出。在装配图简易画法中,零件的工艺结构,如倒角、倒圆、退刀槽等可省略不画。

对装配图上的薄垫片、细金属丝、小间隙,以及斜度、锥度很小的表面,如按实际尺寸画,很难将其表示清楚,这时允许夸大画出。

装配图中应注明规格尺寸、装配关系尺寸、安装尺寸和总体尺寸。

装配图的识读方法与步骤如下:

(1)概括了解。

(2)分析表达方案,理解表达意图。

(3)对序号、看零件、明确装配关系。

(4)分析零件的结构形状和作用。

(5)看技术要求,了解有关性能和要求。

(6)综合归纳,想象整体。

(二)机械零件

1. 公差与配合的基本术语及定义

1)孔和轴

在公差与配合的标准中,孔主要指圆柱形内表面,也包括其他内表面中由单一尺寸确定的部分;轴主要指圆柱形外表面,也包括其他外表面中由单一尺寸确定的部分。

2)尺寸

(1)尺寸。是指用特定单位表示长度值的数字,如直径、半径、深度、宽度、中心距。

(2)公称尺寸。是指设计给定的尺寸。

(3)实际尺寸。是指通过测量得到的尺寸。

(4)极限尺寸。是指允许尺寸变化的两个界限值,其中较大的一个界限值称为上极限尺寸,较小的一个界限值称为下极限尺寸。

3)尺寸偏差、公差及公差带

(1)尺寸偏差(简称偏差)是指某一尺寸减其公称尺寸所得的代数差。偏差分为极限偏差和实际偏差,而极限偏差又分为上极限偏差和下极限偏差。上极限偏差是上极限尺寸减其公称尺寸所得的代数差,孔、轴上极限偏差分别用代号 ES 和 es 表示;下极限偏差是下极限尺寸减其公称尺寸所得的代数差,孔、轴下极限偏差分别用代号 EI 和 ei 表示。实际偏差是实际尺寸减其公称尺寸所得的代数差。

(2)尺寸公差(简称公差)是指尺寸允许的变动量。公差等于上极限尺寸与下极限尺寸之代数差的绝对值,也等于上极限偏差与下极限偏差之代数差的绝对值。公差是一个无正、负号的数值,且不能为零。

(3)尺寸公差带(简称公差带)。公差、偏差的数值与公称尺寸相比要小得多,为了简化说明,实用中一般以公差带图表示,如图 2-1-3 所示。在公差带图中,确定偏差的一条基准直线,称为零偏差线(零线),通常零线表示公称尺寸。正偏差位于零线之上,负偏差位于零线之下。在公差带图中,代表上、下极限偏差的两条直线所限定的一个区域,称为公差带。

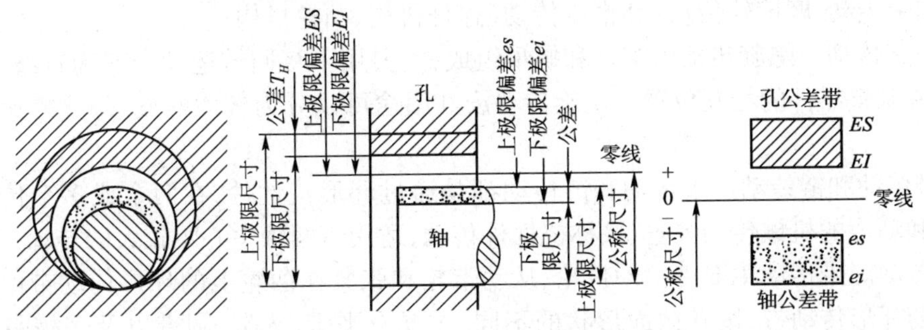

图 2-1-3　尺寸偏差、公差及公差带示意图

(4)基本偏差。用来确定公差带相对零线位置的上极限偏差或下极限偏差。

4)配合

(1)配合。是指公称尺寸相同的、相互结合的孔和轴公差带之间的关系。

(2)间隙配合。配合是指具有间隙(包括最小间隙等于零)的配合。间隙配合主要用于孔、轴间的活动连接。

(3)过盈配合。是指具有过盈(包括最小过盈等于零)的配合。过盈配合用于孔、轴间的紧密连接,不允许两者有相对运动。

(4)过渡配合。是指可能具有间隙或过盈的配合。

5)基准制

所谓基准制,即以两个相配零件中的一个为基准件,并选定标准公差带,然后按使用要求的最小间隙或最小过盈,确定非基准件公差带位置,从而形成各种配合的一种制度。

基孔制是基本偏差为一定的孔的公差带,与不同基本偏差的轴公差带形成各种配合的一种制度。基孔制中配合的孔,称为基准孔,它是配合的基准件,而轴为非基准件。标准规定,基本偏差(下极限偏差)为零,即 $EI=0$,而上极限偏差为正值,即公差带在零线上侧。

基轴制是基本偏差为一定轴的公差带,与不同基本偏差的孔公差带形成各种配合的一种制度。基轴制中配合的轴,称为基准轴,它是配合的基准件,而孔为非基准件。标准规定,基本偏差(上极限偏差)为零,即 $es=0$,而下极限偏差为负值,即公差带在零线下侧。

2. 典型零件的定位方式

轴上零件的定位和固定是两个不同的概念。轴上零件的定位是针对装配而言的,是为了保证轴上零件准确的安装位置;轴上零件的固定是针对工作而言的,是为了使轴上零件在运转中保持原位不动。

轴向定位和固定是指将轴上的零件沿轴线方向进行定位和固定。轴上零件通常采用轴肩、轴环、圆锥面,以及采用轴端挡圈、轴套、圆螺母、弹性挡圈等零件进行轴向定位和固定。

周向定位和固定是指将轴上的零件在圆周方向进行定位和固定。轴上零件通常采用平键、半圆键、楔键、花键、销、紧定螺钉、过盈配合等进行周向定位和固定。

3. 常见机械传动形式

机械传动系统由各种传动零件或装置(如螺旋传动、带传动、链传动、齿轮传动、蜗杆传动、连杆机构、凸轮机构),轴及轴系零部件(如轴承、联轴器),制动器等零部件组成。

机械传动根据其传动原理的不同分为啮合传动(如齿轮传动、行星齿轮传动、链传动),摩擦传动(如带传动、摩擦轮传动)和推压传动(连杆机构、凸轮机构)。

(1)螺旋传动。螺旋传动由螺杆和螺母组成,主要用于将回转运动变换为直线运动,同时传递动力或调整零件的相互位置。螺旋传动按其用途可以分为传力螺旋、传导螺旋和调整螺旋三类。

(2)带传动和链传动。带传动和链传动都是通过环形挠性件,在两个或多个传动轮之间传递运动和动力的机械传动装置,又称挠性件传动,适用于两轴中心距较大的传动。

①带传动。带传动主要由主动带轮、从动带轮和张紧在两轮上的环形传动带组成。带传动中所用的环形传动带,按其截面形状的不同,主要有平带、V 带、圆带以及多楔带和同步齿形带。

带传动的特点:带具有良好的弹性,可以缓冲、吸振,传动平稳,噪声小;过载时,带在带轮上打滑，可防止其他零件损坏，起安全保护作用，适用于两轴中心距较大的场合。

②链传动。链传动是由安装在两根平行轴上的主动链轮、从动链轮以及环绕在链轮上的封闭链条所组成。依靠链轮与中间挠性件链条相啮合，将主动链轮的运动和动力传递给从动链轮。

与带传动相比，链传动的特点是：能保持准确的平均传动比；传动尺寸相同时，传动能力较大；传动效率较高，压轴力较小；可在温度较高、湿度较大、有油污、腐蚀等恶劣条件下工作；由于瞬时传动比不恒定，工作中冲击、噪声较大，不如带传动平稳。

(3)齿轮传动。齿轮传动是利用齿轮副来传递运动和(或)动力的一种机械运动。齿轮传动能实现空间任意位置两轴的传动，也可以实现回转运动和直线运动之间的转换。齿轮传动的类型如下：

①两轴线平行的圆柱齿轮传动。按照轮齿相对轴线的方向，圆柱齿轮传动又可分为直齿圆柱齿轮传动、斜齿圆柱齿轮传动和人字齿齿轮传动三种。圆柱齿轮传动按照啮合情况又可分成外啮合齿轮传动、内啮合齿轮传动及齿轮与齿条传动。

②两轴线相交的锥齿轮传动。相交轴锥齿轮传动又有直齿和曲齿之分。

③两轴线交错的齿轮传动。交错轴齿轮传动又可分为交错轴斜齿轮传动和蜗杆传动。

(三)汽车常用材料

1. 金属材料的性能

在金属材料的所有性能中，力学性能是最基本和最重要的，因为它是产品设计和材料选择的主要依据。机械零件或工具在使用过程中要受到各种载荷的作用，金属材料在载荷的作用下所反映出来的性能，称为力学性能。金属材料的力学性能主要有强度、硬度、塑性、冲击韧性、疲劳强度等。

(1)强度。强度是指金属材料在载荷作用下，抵抗塑性变形和断裂的能力。

(2)硬度。硬度是指金属材料抵抗局部变形，特别是塑性变形、压痕或划痕的能力。

(3)塑性。金属材料在载荷作用下，断裂前发生塑性变形(永久变形)而不被破坏的能力称为塑性。

(4)冲击韧性。金属材料抵抗冲击载荷而不致破坏的性能，称为冲击韧性。

(5)疲劳强度。疲劳强度是指金属材料在无限多次交变载荷作用下而不破坏的最大应力称为疲劳强度。

2. 非金属材料的性能

常用的非金属材料有塑料、橡胶、陶瓷、玻璃、合成纤维、摩擦材料、涂装材料、复合材料和黏结剂等。

(1)塑料通常按其受热后所表现的行为分为热塑性塑料和热固性塑料。热塑性塑料是一类可以反复通过提高温度使之软化、降低温度使之硬化的材料。热固性塑料加热时软化，然后固化成形，这一过程不能重复进行。

(2)橡胶具有高的弹性，优良的伸缩性能和积储能量的能力，而成为常用的密封、抗振、减振及传动材料。

(3)陶瓷按性能特点和应用，可分为压电陶瓷、高温陶瓷、磁性陶瓷、电容器陶瓷及电光陶瓷等。

(4)玻璃通常具有透明、硬而脆、隔声的特性,有较好的化学稳定性,特制的玻璃还具有绝热、导电、防爆和防辐射等一系列特殊的功能。

(5)复合材料是两种或两种以上物理和化学本质不同的固体材料通过人工复合而成。复合材料的主要优点在于使各组成材料在性能上做到取长补短并保持各自的最佳特性。

(四)汽车运行材料

1. 发动机润滑油

发动机润滑油在机械中主要有减摩、冷却、防腐、密封和清洗等作用。润滑油可按质量和黏度进行分类。

1)发动机润滑油的分级方法

(1)质量分级。我国将发动机油划分为汽油机油(用"S"表示)和柴油机油(用"C"表示)两个系列。汽油机油分 SA ~ SH 8 个质量等级,柴油机油分为 CA、CB、CC、CD、CD-Ⅱ、CE、CF-4 7个质量等级,级别越靠后,性能越好。

(2)黏度分级。现在新的发动机油牌号是按最大低温动力黏度、最高边界泵送温度和100℃时最小运动黏度来划分的。我国将发动机油分为单级油和多级油,单级油共有 6 个低温黏度级号(0W、5W、10W、15W、20W、25W)和 5 个 100℃运动黏度级号(20、30、40、50、60)。其中低温黏度级号的发动机油适用于冬天寒冷地区,100℃运动黏度级号的发动机油适用于温度较高的地区。多级油主要有 5W/20、5W/30、10W/30、15W/40、20W/40 牌号,其中分子 5W、10W、15W、20W 表示低温黏度等级,分母 20、30、40 表示 100℃时的运动黏度等级。多级油可以四季通用。

2)发动机润滑油的选用

发动机润滑油主要依据发动机的结构特点、使用条件、气候条件等选择润滑油的质量等级和黏度级别。

一般来说,高等级的发动机油可代替低等级的发动机油使用,但低等级的发动机油绝不能代替高等级的发动机油。

2. 齿轮油

由于齿轮传动装置的类型、工作条件等的不同、对润滑油性质的要求也不一样,因此,应根据齿轮的类型、工作条件等来选择性能与之相适应的齿轮油。要求车辆齿轮油使用时低温表观黏度不大于150Pa · s,在这个黏度下,齿轮油能够在起步后 15s 内到达前轴承及时保证其正常润滑,这个黏度为汽车起步的极限黏度。它决定着齿轮油运用的最低气温,是齿轮油适用的依据之一。

1)齿轮油的分类

我国车辆齿轮油按质量等级分类,有普通齿轮油、中负荷齿轮油和重负荷齿轮油三类。

2)齿轮油的选用

齿轮油的选用原则一般是先根据齿轮类型、负荷大小和齿面相对滑动速度高低选用性能级别,再根据使用的最低环境温度和最高操作温度确定齿轮油的黏度级别。气温低、负荷小,可选用黏度较小的齿轮油;反之,气温较高,负荷较重,则应选黏度较高的齿轮油。

3. 制动液

就原料来源而言,汽车制动液分醇型制动液、矿物油型制动液、合成型制动液三类。

我国将制动液分为 JG0、JG1、JG2、JG3、JG4、JG5 级别，其中 JG3、JG4、JG5 分别对应美国联邦机动车安全委员会制定的 DOT3、DOT4、DOT5 级别。JG0 级制动液推荐在严寒地区使用；JG1、JG2 级制动液一般用于普通车辆的液压制动系统；JG3 级制动液可使用于我国的广大地区，适用于各种高级轿车和轻、中、重型车的液压制动系统；JG4 级制动液适用于制动液操作温度较高的轿车；JG5 则用于对制动液有特殊要求的车辆。

4. 冷却液

冷却液由水、防冻剂、添加剂三部分组成，按防冻剂成分不同可分为酒精型、甘油型、乙二醇型等类型的冷却液。

汽车发动机冷却液防冻性的选择原则是发动机冷却液的冰点要低于环境最低温度 10℃左右。

5. 汽车轮胎

现代汽车绝大多数采用充气轮胎。充气轮胎按轮胎内空气压力的大小可分为高压胎(0.470M～0.680MPa)、低压胎(0.147M～0.490MPa)和超低压胎(0.147MPa 以下)；按保持空气方法的不同，充气轮胎分为有内胎轮胎和无内胎轮胎两种；按胎体帘布层结构不同，还可分为斜交轮胎和子午线轮胎。

子午线胎减振性好、附着性能高、胎面耐穿刺，在恶劣条件下行驶，轮胎不易爆破，所以应用广泛。但子午线胎胎侧部分防刺性能较差。

二 电工电子基础

(一) 电子元件

1. 汽车电子元件的种类

常用的电子元件包括二极管型元件和晶体管型元件两大类。

(1)二极管类元件。二极管按制造材料不同，分硅二极管和锗二极管，按用途可分普通整流二极管、稳压二极管、发光二极管和光敏二极管等。

(2)晶体管类元件。晶体管是由两上 PN 结构成的半导体器件，它有三个区和三个引出电子极。晶体管基极以字母 b 表示，发射极以字母 e 表示，集电极以字母 c 表示。晶体管有 NPN 型和 PNP 型两种，如图 2-1-4 所示，图中箭头表示晶体管的电流方向。

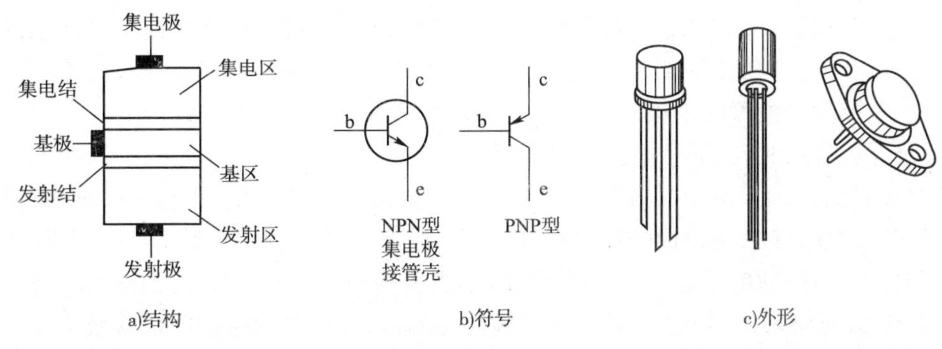

图 2-1-4　晶体管图形符号

按制造晶体管的材料不同，有硅晶体管和锗晶体管两大类，但硅管和锗管又都有 NPN 和

PNP 两种管型。

2. 汽车电子元件的原理与特性

(1)普通二极管。将二极管正极与电源正极相接,二极管负极与电源负极相接,二极管会呈导通状态;相反,将二极管正极与电源负极相接,二极管负极与电源正极相接,二极管会呈截止状态,这就是二极管的单向导电特性。

普通二极管除具有正向导通性、反向截止特性外,还具有反向击穿特性。当加在二极管两端的反向电压大于某一值后,反向电流突然急剧增大,此时称二极管被反向击穿。

(2)稳压二极管。稳压二极管是一种具有稳压作用的特殊二极管,其外形与普通二极管基本相同,文字符号用 V 表示。稳压二极管的正向特性与普通二极管相同,呈导通状态。

稳压二极管在反向电压较小时,管子只有极其微小的反向电流,呈截止状态。当反向电压达到某一数值 U 时,管子突然导通,电压即使增加很少,也会引起较大电流。这种现象称为“击穿”,U 称为击穿电压(即稳压二极管的稳定电压)。在反向击穿区,稳压二极管的电流在很大范围内变化,U 却基本不变,这就是稳压二极管的稳压作用。

由于稳压二极管是工作在反向击穿状态,所以把它接到电路中时,应该反接,即稳压二极管的正极应接被稳定电压的负极,稳压二极管的负极应接被稳定电压的正极。

(3)光敏二极管。光敏二极管的反向电流随光照强度的增加而上升。在管壳上备有一个玻璃窗口以便于接受光照。光敏二极管的主要特点是:光敏二极管工作在反向状态,反向电流与光的照度成正比。

(4)发光二极管。发光二极管通以正向电流时会发出光。发光二极管常用来作为显示器件,除单个使用外,也常作成七段式或矩阵式字符显示器件。

(5)晶体管的特性。晶体管可以处于放大、截止及饱和三种工作状态。

晶体管各电极的电流分配关系是:发射极电流 I_e 等于基极电流 I_b 和集电极电流 I_c 之和。晶体管内部结构决定了发射极电流中只有一小部分分配给基极,而大部分分配给了集电极。所以,当晶体管基极电流 I_b 有一微小变化时,集电极电流就相应有较大的变化,这就是晶体管的电流放大作用,因此可通过 I_b 来控制 I_c。值得注意的是,晶体管电流放大的实质是以微小电流控制较大电流,并不是真正把微小电流放大了。所以晶体管是一种以小控大、以弱控强的器件。

3. 汽车电子元件的检测

(1)二极管的检测。在测量二极管的正、反向阻值时,当测得的阻值较小时,红表棒(内接表内电池的负极)与之相接的那个电极就是二极管的负极,与黑表棒(内接表内电池的正极)相接的那个电极为二极管的正极;反之,当测得阻值较大时,与红表棒相接的那个电极为二极管的正极,与黑表棒相接的那个电极就是负极。

(2)晶体管的检测。由于晶体管有发射结和集电结两个 PN 结,因此可根据 PN 结正向电阻小、反向电阻大的特点,利用万用表的欧姆挡来判别晶体管是 NPN 型还是 PNP 型。

将万用表欧姆挡的旋钮置于 $R\times1\text{k}$ 位置,使黑表棒与集电极 c 接触,红表棒与发射极 e 接触(对于 PNP 管应将表棒对调)。对于质量较好的晶体管,此时测得的阻值应较大。若阻值太小,就表明晶体管的热稳定性能差,已基本不能使用;若阻值接近或等于零,则说明晶体管内部已被击穿不能使用;若阻值慢慢减小(即表针漂移不定),则说明晶体管的热稳定性能极差,也不能使用。

(二)基本电路

现代汽车有越来越多的电气设备,要使这些电器工作,需要用导线和车体把电源、过载保护器件、控制器件及用电设备等装置连接起来,构成能使电流流通的路径,这种路径称为汽车电路。

1. 汽车电路的特点

汽车电路的基本特点是:单线制、负极搭铁、各用电器互相并联。

汽车电路基本连接方式为串联和并联。汽车电路的基本状态是通路、短路和断路,电路中的元器件在电路图中用专门的符号或图框加文字标注表达。

单线制是指靠车体的金属部分代替一部分导线的连接方式。

电源及用电器与车体连接的部位称为搭铁。由于采用电源负极搭铁的方式,在搭铁处不易形成氧化物,所以,目前汽车上均采用负极搭铁。

在汽车电路中,为了让各用电器能独立工作,互不干扰,各用电器均采用并联方式连接,每条电路均有自己的控制器件及过载保护器件。

2. 汽车电路的分类

汽车电路根据控制器件与用电器之间有无使用继电器,可分为直接控制电路和间接控制电路。

(1)直接控制电路。直接控制电路指不使用继电器,控制器件直接控制用电器的电路,在这样的电路中,控制器件与用电器串联,直接控制用电器。

(2)间接控制电路。在控制器件与用电器之间使用继电器的电路称为间接控制电路。间接控制电路中的继电器主要由电磁线圈和触点组成,其作用是通过线圈的小电流控制经过触点的用电器工作的大电流。

3. 汽车电路的原理

1)电路状态

电路通常有通路、断路、短路及接触不良四种状态。

(1)通路是指电路按规定路径处处连通的状态。通路也称"闭路",此时电路中有工作电流通过。

(2)断路是指电路中有支路被断开的状态。断路也称"开路",此时该支路不能形成电流。

(3)接触不良是指电路在导体接触部位因接触面有氧化层、脏污、接触压力不足或接触面过小造成的电阻过大的现象。严重接触不良会造成电路断路。

(4)短路是指电路电流未经过规定的路径通过,而在中途相搭接的地方通过的状态。汽车电路中具有一定电位的部位与金属机体相碰时发生的短路现象称为"搭铁"故障。

2)电路基本定律

(1)部分电路欧姆定律。流过导体的电流 I 与这段导体两端的电压 U 成正比,与这段导体的电阻 R 成反比,这个规律称为部分电路欧姆定律。

(2)全电路欧姆定律。全电路是指含有电源的闭合电路。全电路中的电流强度 I 与电源的电动势 E 成正比,与整个电路的电阻(即内电路电阻 r 与外电路电阻 R 的总和)成反比。这个规律称为全电路欧姆定律。

(3)基尔霍夫第一定律。又称节点电流定律,所谓"节点"是指三条或三条以上支路的汇交点。节点电流定律的内容是:流进一个节点的电流之和恒等于流出这个节点的电流之和,或者说流过任意一个节点的电流的代数和为零。

(4)基尔霍夫第二定律。又称回路电压定律。所谓“回路”是指电路中任一闭合路径。回路电压定律的内容是:在任意回路中,电动势的代数和恒等于各电阻上电压降的代数和。

3)电路元件的连接

(1)电阻连接。电阻器在电路中起着稳定或调节电流、电压的作用。

①电阻的串联。两个以上的电阻首尾依次相连,中间无分支的连接方式,称为电阻的串联。电阻串联的特点有:电阻串联后的等效电阻(即总电阻)等于分电阻的总和,串联电阻中流过每个电阻的电流都相等,总电阻两端的总电压等于各个电阻两端的电压之和,各电阻上的电压与总电压之比等于各电阻与总电阻之比。

②电阻的并联。将几个电阻的一端连在一起,在各电阻的另一端也连在一起的连接方式,称为电阻的并联。电阻并联的特点有:电路中的总电阻倒数等于各支路电阻倒数之和,电路中各支路两端电压相等,电路中的总电流等于各支路的电流之和。

(2)电池的连接。

①串联电池组。将前一个电池的负极与后一个电池的正极依次连接,就组成了串联电池组。串联电池组的特点是:总电动势等于各个电池的电动势之和;总内阻等于各个电池的内阻之和;不同容量的电池不得串联使用,否则小容量的电池易造成“反极”损坏。

②并联电池组。把电动势及内阻相同的电池正极都连接在一起,将电池的负极连接在一起,就形成了并联电池组。并联电池组的特点是:总电动势等于单个电池电动势,流经外电路的电流等于各分电池的电流之和,n 只并联电池的总内阻 $r = r_1/n$,不同电动势或不同内阻的电池不得并联使用。如果并联,将损坏电池。

(3)电容器的连接。任何两个彼此绝缘而又相互靠近的导体,都可以看成是电容器。电容器的作用是储存和释放电荷(即充、放电)。

①电容器的串联。将几只电容器依次相连,中间无分支的连接方式,称为电容器的串联。电容器串联的特点是:串联电容器的等效电容(总电容)C 的倒数等于各个电容量的倒数之和,总电压 U 等于各个电容器上的电压之和。

②电容的并联。将几只电容器一端连接在一起,另一端也连接在一起的连接方式,称为电容的并联。电容器并联的特点是:并联后的等效电容(总电容)C 等于各个电容器的容量之和,每个电容器两端承受的电压相等,并等于电源电压。

(三)磁与电磁

1. 磁场的概念

物体能吸引铁、镍、钴等金属或它们合金的性质称为磁性,具有磁性的物体称为磁体。磁体上磁性最强的部位称为磁极。任何磁体都有两个磁极,通常以 S 表示磁体的南极(常涂红色),以 N 极表示北极(常涂绿色或白色)。磁极间相互作用的规律是:同性相斥,异性相吸。

磁力线是为形象描述磁场的强弱和方向而引入的假想线。它具有以下三个特点:

(1)磁力线是互不交叉的闭合曲线,在磁体外部由 N 极指向 S 极,在磁体内部由 S 极指向 N 极。

(2)磁力线上任意一点的切线方向,就是该点的磁场方向(即小磁针 N 极的指向)。

(3)磁力线越密磁场越强,磁力线越疏磁场越弱。与磁场方向垂直的单位面积 S 上的磁通量称为磁感应强度,用 T 表示,单位为“特斯拉”。

2. 电流的磁场

电流周围存在着磁场,这种“动电生磁”的现象称为电流的磁效应。直线电流、环形电流产生的磁场方向可用安培定则来判断。直线电流产生的磁场,以右手拇指的指向表示电流方向,弯曲四指的指向即为磁场方向。环形电流产生的磁场,以右手弯曲的四指表示电流方向,则拇指所指的方向为磁场方向。

电磁线圈作用在铁磁材料所产生的磁场比真空中产生的磁场要强几千至几万倍。因此,实用中的电磁线圈常带有铁芯。

(四)电路图识图

1. 汽车电路图分类

汽车电路图主要用于表达各电气系统的工作原理及电器间的连接关系,同时还可标示各电器、线束等在车上的具体位置。尽管不同车型的电路图各异,但根据各图的特点,可分成电气线路图、电路原理图和定位图。

电路原理图重在表达各电气系统电路的工作原理,既可以是全车电路图,也可以是各系统电路原理图。尽管各汽车制造公司的汽车电路图表达方式不一,但一般都具有以下特点:

(1)通过电器符号表达各电器,并通过这些符号可了解该电器的基本结构和作用。

(2)在大多数图中,电源线在图上方,搭铁线在图下方,电流方向自上而下。

(3)各电器不再按电器在车上的安装位置布局,而是依据工作原理在图中合理布局,各系统处于相对独立的位置,从而易于对各用电设备进行单独的电路分析。

(4)各电器旁边通常标注有电器名称及代码。

(5)电路原理图中所有开关及用电器均处于不工作的状态。

(6)导线一般标注有颜色和规格代码,有的车型还标注有该导线所属电气系统的代码。

2. 电路图读图基本方法

电路图识读技巧有以下几个方面:

(1)电路按其作用来分,可分为电源电路、搭铁电路、信号电路、控制电路。

(2)直接连接在一起的导线(也可经由熔断丝、铰接点连接)必须具有一个共同的功能,如都为电源线、搭铁线、信号线、控制线。

(3)在分析各条电路(电源电路、信号电路、控制电路、搭铁电路)的作用时,经常会用到排除法判断电路,即对不易判断功能的电路,通过排除其不可能的功能来确定其实际功能。

(4)注意各元器件的串、并联关系,特别要注意几个元器件共用电源线、共用搭铁线和共用控制线的情况。

(5)传感器经常共用电源线、搭铁线,但决不会共用信号线。执行器会共用电源线、搭铁线、控制线。

三 电子控制基础

(一)汽车微机系统的组成和工作

1. 汽车微机系统的功能

电子控制单元(Electronic Control Unit,ECU)具备以下基本功能:接收传感器或其他装置输入的信息,给传感器提供参考(基准)电压,将输入的信息转变为微机所能接收的信号;存储、计算、分析处理信息,计算出输出值所用的程序,存储该车型的特征参数,存储运算中的数据(随存随取)、存储故障信息;根据信息参数求出执行命令数值,将输出的信息与标准值对比,查出故障;把弱信号变为强的执行命令并输出执行命令,输出故障信息;自我修正功能(自适应功能)。

2. ECU 的组成

ECU 主要由输入回路、A/D(模/数)转换器、微机和输出回路四部分组成。

1)输入回路

ECU 输入回路的作用是将系统中各传感器检测到的信号经过 I/O(Input/Output——输入/输出)接口送入微机,完成在汽车运行过程中对其工况状态的实时检测。

ECU 在控制过程中,需要检测的输入的传感器信号有模拟信号和数字信号两种。信号的类型不同,输入 ECU 后的处理方法也不一样。

传感器模拟信号经过相应的输入回路后,再经过模/数(A/D)转换器转换之后,才以数字量的形式送入微机的中央处理器(CPU)中。数字信号经过输入回路之后,通过 I/O 接口可直接送入微机。

综上所述,从传感器输出的信号输入 ECU 后,首先通过输入回路,其中数字信号直接输入微机,模拟信号则由 A/D 转换器转变成数字信号之后再输入微机。

2)A/D(模/数)转换器

由传感器输入的模拟信号,微机不能直接处理,所在要用模/数(A/D)转换器将模拟信号转换成数字信号,再输入微机。

3)微机

微机的功用是能够根据汽车运行工况的需要,把各种传感器送来的信号用内存的程序和数据进行运算处理,并把处理的结果送往输出回路。微机由中央处理器(CPU)、存储器、输入/输出装置(I/O 接口)等组成。

(1)中央处理器(CPU)。CPU 的功用是读出命令并执行数据处理任务。

(2)存储器。存储器是 ECU 的主要组成部分,一般由几个只读存储器(ROM)和随机存储器(RAM)构成。

ROM 是只能读出的存储器,这是用于存放固定信息的存储器,也称常量存储器。内容一次写入后就不能变更,但可以调出使用。ROM 存储的内容,即使切断电源,其记忆内容也不会消失,通电以后又可以立即调出使用,所以适用于各种永久性程序和不变常数的长期保存。

随机存储器(RAM)既能读出也能写入记忆在任意地址上的数据。但是如果切断电源,存储的数据就丢失,所以 RAM 只适应于暂时保留控制过程中的处理数据(即微机操作时可改变的数据)。

有关维护周期或车辆监测系统检测发现的故障信息(故障码)保存在随机存储器(RAM)内,防止这些信息的消失,存储器的电源是常通不断的。

(3)输入/输出装置(I/O 接口)。微机所进行的信息接收与发送,它与外界进行的数据交换都是通过输入/输出装置(I/O 接口)来完成的。

(4)总线。在微机系统中,中央处理器、存储器、I/O 接口相连时都使用公用的总线。汽车微机系统内部各单元之间的数据传递就是由总线实现的。根据传输信号的不同,微机总线可分为数据总线、地址总线和控制总线三种。

4)输出回路

微机输出的是数字信号,并且输出电压也低,用这种输出信号一般不能驱动执行元件进行工作,因此采用输出回路,将其转换成可以驱动执行元件的输出信号,它起着控制信号的生成与放大功能。

在多点顺序喷射系统中,需要按发动机各缸工作次序分别向各缸喷油器提供一定宽度的脉冲驱动信号,因此,在ECU的喷油器驱动电路中,应具有缸序判别与定时两个功能。

ECU点火输出回路的主要任务是将电流放大,同时也包括对点火线圈的最大初级电流进行限制调节。

出于微机输出端油泵继电器的使用安全,在点火开关打开而发动机却又是停车时,此油泵继电器可以中断对电动汽油泵的供电,使其停止供油。

5)汽车ECU的基本特点

(1)汽车ECU的电源电压一般为11~16V,负极搭铁。

(2)汽车ECU内部的芯片工作电压为5V±0.1V(早期也有12V)。

(3)汽车ECU内部都有独立的时钟电路,不需要外脉冲同步。

(4)汽车ECU都具备较强的抗干扰、抗振动、抗温度变化及抗电压变化(11~16V)功能。

(5)汽车ECU所接收的信号可以是模拟电压或电流信号,也可以是脉冲交流信号,还可以是数字信号或开关信号。

(6)汽车ECU输出的信号以开关信号为主,其次为电流信号和脉冲信号。

(7)汽车ECU控制的对象一般为电磁线圈(电动机、电磁阀、点火线圈、比例阀、步进电动机及继电器线圈),同时也能控制电阻(故障指示灯)及输出数据(通信用)。

(8)汽车ECU具有足够的智能化,具有故障自诊断和检测能力。

(9)除少数例外,所有汽车ECU都使用5V电源驱动其传感器。

3. 汽车微机系统的工作

汽车微机系统要完成预定的任务,事先必须将一系列的指令程序储存在汽车微机的程序存储器中,这些指令程序在制造时就已经确定好了。

多数汽车微机系统使用独立的供电系统(一般为5~7V),供发动机和车身微机及其他有关电路和传感器用电。这种供电系统要尽可能避免干扰,为此其供电和搭铁接头通常是和蓄电池主要供电系统(12V)的接头分开的,称为无“噪声”隔离接头,其他辅助电气设备的线路都不能接到这一套独立的供电和搭铁接头上。

(二)汽车电子控制系统的基本组成

汽车电子控制系统的组成按其构成元件的作用可以分为信号输入装置、电控单元(ECU)和执行元件三大部分。下面以汽油发动机电子控制系统为例,介绍其控制内容、功能和系统组成。

1. 发动机电子控制系统的控制内容和功能

1)电控汽油喷射系统(EFI)

电控汽油喷射系统的控制主要包括喷油量、喷油定时、燃油停供及电动汽油泵控制。

(1)喷油量控制。ECU将发动机转速和进气量信号作为主控制信号,确定基本喷油量(喷油器开启的时间长短)。并根据其他有关输入信号加以修正,最后确定总喷油量。

(2)喷油定时控制。ECU根据发动机各缸的点火顺序,将喷射时间控制在一个最佳的时刻。

(3)汽油停供控制。汽油停供控制包括减速断油控制和限速断油控制。汽车行驶中,驾驶员快松加速踏板时,ECU将会切断汽油喷射控制电路,停止喷油,以降低减速时HC及CO的排放量。当发动机转速降至一特定转速时,又恢复供油。发动机加速时,发动机转速超过安全转速或汽车车速超过设定的最高车速,ECU将会在临界转速时切断汽油喷射控制电路,停止喷油,防止超速。

当点火开关打开后,ECU将控制电动汽油泵工作2~3s,以建立必需的油压。

2)电控点火装置(ESA)

点火装置的控制主要包括点火提前角、通电时间及爆震控制。

(1)点火提前角控制。发动机运转时,ECU根据发动机的转速和负荷信号,确定基本点火提前角,并根据其他有关信号进行修正,最后确定点火提前角。

(2)通电时间(闭角)控制。ECU根据蓄电池电压及转速信号,控制点火线圈初级电路的通电时间。

(3)爆震控制。当ECU收到爆震传感器输出的信号后,ECU对信号进行滤波处理并判定有无爆震,在检测到爆震时,立即把点火时刻变成滞后角(点火推迟),在无爆震时,则采用提前角反馈控制形式。

3)排放控制

当发动机温度达到一定温度时,根据发动机负荷和转速,ECU控制EGR阀作用,使废气进行再循环,以降低NO_x排放量。

2. 信号输入装置及输入信号

发动机电子控制系统的信号输入,主要是通过各种传感器或其他控制装置将各种控制信号输入ECU的。

例如:节气门位置传感器。节气门位置传感器用来检测节气门的开度状态,如怠速(全关)、全开及节气门开闭的速率信号,输入ECU,和其他传感器的输入信号一起用来确定发动机所处的工作状况,控制汽油喷射及其他控制系统。对于采用电子节气门系统的车辆,该传感器输入ECU的信息用于反馈节气门的实际开度,ECU根据该信息判定节气门调节电动机调节的节气门开度是否和驾驶员踩加速踏板的程度相一致。

3. 输出装置及输出信号

输出装置又称执行元件,是接收ECU的输出信号,受ECU控制,具体执行某项控制功能的装置。ECU一般是控制执行元件电磁线圈的搭铁回路,也有的是ECU控制的某些电子控制电路,如电子点火控制器。

(三)汽车电子控制系统的控制方式

1. 开环控制

在控制系统中,若系统的输出量对系统的控制作用没有影响,则称为开环控制系统。在开环系统中,既不需要对输出量进行测量,也不需要将输出量反馈到系统输入端与输入量进行比较。在汽车电子控制系统中,不带氧传感器的电控汽油喷射系统就是开环控制系统。

在任何开环控制系统中,系统的输出量都不被用来与参考输入量进行比较。因此,对应于每一个参考输入量,便有一个相应的固定工作状态与之对应。

2. 闭环控制

闭环控制系统是一种利用系统本身的调节功能,使系统输出信号对控制产生直接影响的系统。因此,闭环系统也就是反馈控制系统。

在汽车控制系统中,闭环控制的应用非常广泛。例如,带氧传感器的电控汽油喷射系统、带爆震传感器的电控点火系统、带 EGR 阀位置传感器的 EGR 系统、具有输入和输出轴转速传感器的电控自动变速器系统、驱动防滑转控制(ASR)系统等。

闭环控制系统的优点是采用了反馈控制,因而使系统响应对外界干扰和内部系统参数变化很不敏感。在闭环控制系统中,稳定性始终是一个重要的问题,因为闭环系统可能引起过调现象,从而造成系统作等幅振荡或变幅振荡。

3. 自适应式控制系统

系统本身能够随着环境条件或结构不可预计的变化,自行调整或修改系统参数控制系统,称为自适应式控制系统。按照其调节方式的不同,自适应控制系统可以分为前馈自适应控制和反馈自适应控制两种基本形式。

四 液压与气压传动基础

(一)液压传动基础

液压传动是利用压力油液作为传递动力的工作介质。液压传动是一个不同能量的转换过程。液压传动的一个基本原理是:压力决定于负载。

1. 液压传动系统的组成

一个完整的、能够正常工作的液压系统,应该由能源装置、执行装置、控制调节装置、辅助装置、工作介质五个主要部分组成。液压千斤顶是一种简单的液压传动装置。

(1)能源装置。能源装置是供给液压系统压力油,把机械能转换成液压能的装置。最常见形式是液压泵。

(2)执行装置。执行装置是把液压能转换成机械能的装置。其形式有作直线运动的液压缸,有作回转运动的液压马达,它们又称液压系统的执行元件。

(3)控制调节装置。控制调节装置是对系统中的压力、流量或流动方向进行控制或调节的装置。如溢流阀、节流阀、换向阀、开停阀。

(4)辅助装置。上述三部分之外的其他装置,如油箱、滤油器、油管。它们对保证系统正常工作是必不可少的。

(5)工作介质。传递能量的液压油。

2. 液压传动系统图的图形符号

我国已经制定了一种用规定的图形符号来表示液压原理图中的各元件和连接管路的国家标准,基本要求如下:

(1)液压传动系统图的图形符号只表示元件的职能,连接系统的通路,不表示元件的具体结构和参数,也不表示元件在机器中的实际安装位置。

(2)液压传动系统图中元件符号内的油液流动方向用箭头表示，线段两端都有箭头的，表示流动方向可逆。

(3)液压传动系统图中符号均以元件的静止位置或中间零位置表示，当系统的动作另有说明时，可作例外。

3. 液压传动的特点

(1)液压传动的优点。由于液压传动是油管连接，所以借助油管的连接可以方便灵活地布置传动机构，这是比机械传动优越的地方；液压传动装置具有质量轻、结构紧凑、惯性小等特点；液压传动可在大范围内实现无级调速，借助阀或变量泵、变量马达，可以实现无级调速，调速范围可达1:2000，并可在液压装置运行的过程中进行调速；液压传动传递运动均匀平稳，负载变化时速度较稳定；液压装置易于实现过载保护——借助于设置溢流阀等；液压件能自行润滑，因此使用寿命长。

(2)液压传动的缺点。液压系统中的漏油等因素，影响运动的平稳性和准确性，使得液压传动不能保证严格的传动比；液压传动对油温的变化比较敏感，温度变化时，液体黏性变化，引起运动特性的变化，使得工作的稳定性受到影响，所以它不宜在温度变化很大的环境下工作；为了减少泄漏，液压元件的配合件制造精度要求较高，加工工艺较复杂；液压传动要求有单独的能源，不像电源那样使用方便，液压系统发生故障不易检查和排除。

(二)气压传动基础

气压传动是以压缩空气为工作介质进行能量传递的一种传动形式。气压传动与液压传动一样，主要用于实现动力远程传递、电气控制信号转换等。由于气压传动工作介质是气体，因此气压传动具有工作安全、操作方便、省能、高效、价廉，且无油、无污染等特点。但受气体可压缩性大的影响，气压传动灵敏性不如液压传动，同时，系统噪声大，自润滑性差。

1. 气压传动系统的组成

气压传动系统由气源装置、执行元件、控制元件和辅助元件四个部分组成。

(1)气源装置。气源装置的主体部分是空气压缩机。它将原动机(如电动机)供给的机械能转变为气体的压力能，为各类气动设备提供动力。

(2)执行元件。执行元件包括各种汽缸和气马达。它的功用是将气体的压力能转变为机械能，传递给工作部件。

(3)控制元件。控制元件包括各种阀类，如各种压力阀、流量阀、方向阀、逻辑元件，用于控制压缩空气的压力、流量和流动方向以及执行元件的工作程序，以便使执行元件完成预定的运动规律。

(4)辅助元件。辅助元件是使压缩空气净化、润滑、消声以及用于元件间连接所需的装置，如各种过滤器、干燥器、油雾器、消声器及管件。它们对保持气动系统可靠、稳定和持久地工作，起着十分重要的作用。

2. 气压传动的特点

(1)优点。气压传动与机械、电气、液压传动相比，有以下优点：以空气为工作介质，不仅易于取得，而且用后排入大气，处理方便，也不污染环境；因空气的黏度很小，在管道中流动时的能量损失很小，因而便于集中供气和远距离输送；气动动作迅速，调节方便，维护简单，不存在介质变质及补充等问题；工作环境适应性好、工作安全可靠，过载时能自动保护；气动元件结构简单,成本低,寿命长。

(2)缺点。由于空气具有较大的可压缩性,因而气压传动运动平稳性较差,因工作压力低(一般为0.3M~1MPa),不易获得较大的输出力或力矩;气压传动有较大的排气噪声;另外,由于湿空气在一定的温度和压力条件下能在气动系统的局部管道和气动元件中凝结成水滴,促使气动管道和气动元件腐蚀和生锈,导致气动系统工作失灵。

五 汽车识别代码(VIN码)与配件编码规则

(一)汽车识别代码(VIN码)

汽车识别代码(VIN码)是国际上通行的标识机动车辆的代码,是汽车制造厂为了识别一辆汽车而规定的一组字码,它由一组拉丁字母和阿拉伯数字组成,共17位,故又称17位码。17位VIN码的每一位代码代表着汽车某一方面的信息参数。

各国有关车辆识别代码的技术法规各有所异,但也有共同之处,如汽车识别代码的第9位必须是工厂检查数字代码。

一般来说,VIN码在文件上表示时应写成一行,且不要空格。每辆车的VIN码应在车辆部件上(玻璃除外),除车辆修理外,该部件是不可拆的。VIN码也可以永久性固定在车辆部件上的标牌上,此标牌不损坏则不能拆掉。

对于VIN码在汽车上的安装位置,各国汽车生产厂家的各类车型也不尽相同。美国规定VIN码应安装在汽车仪表板左侧,在车外透过风窗玻璃可以清楚地看到而便于检查。欧洲共同体则规定VIN码应安装在汽车右侧的底盘车架上或标写在厂家铭牌上。我国《车辆识别代码(VIN)管理规则》规定:汽车识别代码应尽量位于车辆的前半部分、易于看到且能防止磨损或替换的部位。

我国规定汽车识别代码由三个部分组成,第一部分为世界制造厂识别代码(WMI);第二部分为车辆说明部分(VDS);第三部分为车辆指示部分(VIS)。

(1)世界制造厂识别代码(WMI)由三位字母或数字组成(用来标识车辆制造厂的唯一性),它们必须经过申请、批准和备案后方能使用。我国常见汽车制造厂家的WMI编号:LSV表示上海大众;LSG表示上海通用;LFV表示一汽大众,LDC表示神龙汽车,LEN表示北京吉普,LHG表示广州本田,LHB表示北汽福田,LKD表示哈飞汽车,LS5表示长安汽车,LNP表示南京菲亚特,LSG表示上汽奇瑞,LNB表示北京现代,LFP表示一汽轿车,LGB表示东风汽车,LDN表示东南汽车。

(2)车辆说明部分(VDS)由六位字码(即VIN码的第4位到第9位)组成。分别由制造厂用不同的数字或字母标明车辆型号或品牌、车辆类型、种类、系列、车身类型、发动机或底盘类型、驾驶室类型以及汽车车辆的其他特征参数。如果制造厂不用其中的一位或几位字码,应在该位置填入制造厂选定的字母或数字占位。该部分的最后一位,即17位代码的第9位为制造厂检验位。检验位由0~9中的任一数字或字母X标明,其作用是核对VIN码记录的准确性。

(3)车辆指示部分(VIS)由8位字码组成,其最后4位字码应是数字。第1位字码,即17位代码的第10位,表示汽车生产年份,用阿拉伯数字0~9和大写的罗马字母A~Z(不包括字母I、O、Q)表示。例如:2008年代码为8,2009年代码为9,2010年代码为A,2011年代码为B……,依此类推。车辆指示部分第2位字码可以用来指示装配厂,若无装配厂,制造厂可规定其他内容。

(二)汽车配件编码规则

1. 丰田汽车配件编码

为了便于汽车配件的采购、销售和仓储管理,世界上各大汽车制造厂家都对其生产的汽车配件采用编码分类,即每一个配件都用一个由阿拉伯数字和英文字母组成的代码表示,但每个厂家表示的方法都不同,即编码的长度、组成及编码中每位的含义各不相同。

丰田汽车配件编码由 10 位数字组成,中间用“—”隔开,部分配件用 12 位数字组成,如下所示:×××××—×××××—××。第一部分 5 位数字表示配件的名称,称为基础号码;第二部分 5 位数字表示每个配件的车型、规格尺寸及设计改进顺序,称为设计号码;第三部分 2 位数字表示配件的颜色及其他特殊部分,仅在部分配件上使用,称为颜色号码。

丰田汽车配件编码第一部分的前两位数字一般表示汽车配件的一个总成。丰田公司把全车的一般配件,按功能划分为若干个小组,并给每个小组给定两位数字的代码,称为小组编码。例如,用 45 表示转向器。

由两个以上维修用主要配件综合在一个包装内,称为修理包。丰田汽车修理包配件编码全部由 04 开头。如密封套编号为 04438—33021。

标准件是按国际标准化组织(ISO)确定规格的配件,品种包括螺栓、螺钉、螺母、垫圈、铆钉、销、V 带、油封、滚动轴承、衬套等。在第一部分基础号码的第 1 位定为 9,这是标准件用代码。

丰田公司专用工具配件编码一般都以 09 开头,但部分随车工具除外。

2. 一汽大众配件编码

在德国大众管理体系中,配件通过阿拉伯数字和英文 26 个字母的组合,使之成为一套简明完整、精确、科学的配件编码系统,每一个配件只对应一个编码,每组数字,每个字母都表示这个配件的某种性质,人们只要找出这个编码,就可以从库存品种中找出所需的配件来。德国大众配件编码一般由 14 位组成,其配件编码可分成 5 部分。

德国大众汽车配件号按照其结构顺序排列的配件号由三位数(001 ~ 999)组成,如果配件不分左右或既可在左边又可在右边使用,最后一位数字为单数。如果配件分左右件,一般单数为左边件,双数为右边件。

第二节　发动机结构与检修

一　发动机基本原理

(一)发动机的分类和总体构造

1. 发动机的分类

发动机是将某一种形式的能量转换为机械能的机器。汽车发动机一般是将液体燃料或气体燃料和空气混合后直接输入发动机内部燃烧产生热能,热能再转变为机械能,因此又称内燃机。汽车发动机可以按不同特征进行分类,常用分类方法有以下几种:

(1)按使用燃料分类。按使用燃料不同,汽车发动机可分为汽油发动机、柴油发动机、单燃料燃气发动机、两用燃料发动机、混合燃料发动机等。

(2)按点火方式分类。按点火方式不同,汽车发动机可分为点燃式发动机和压燃式发动机。

点燃式发动机是利用高压电火花点燃汽缸内的混合气来完成做功的,如汽油发动机。它所使用的燃料一般是点燃温度低、自燃温度高的燃料。

压燃式发动机是利用高温、高压使汽缸内的混合气自行着火燃烧来完成做功的,如柴油发动机。它所使用的燃料一般是点燃温度较高,但自燃温度较低的燃料。

(3)按活塞运动方式分类。按活塞运动方式不同,汽车发动机可分为往复活塞式发动机和旋转活塞式(转子式)发动机。现代汽车发动机多采用往复活塞式发动机。往复活塞式发动机按完成一个工作循环所需活塞的行程数不同,又可分为四冲程发动机和二冲程发动机。把曲轴转两圈(720°),活塞在汽缸内上下往复运动四个行程,完成一个工作循环的发动机称为四冲程发动机。把曲轴转一圈(360°),活塞在汽缸内上下往复运动两个行程,完成一个工作循环的发动机称为二冲程发动机。

(4)按冷却方式分类。按冷却方式不同,汽车用发动机可分为水冷式发动机和风冷式发动机。现代汽车发动机绝大多数采用水冷却方式,并且用冷却液代替水作冷却介质,以防止冷却水冬季结冰,损坏发动机。

(5)按汽缸数目分类。按汽缸数目不同,汽车用发动机可分为单缸发动机和多缸发动机,多缸发动机有双缸发动机、三缸发动机、四缸发动机、五缸发动机、六缸发动机、八缸发动机、十二缸发动机等。现代汽车发动机多采用四缸发动机、六缸发动机和八缸发动机。

(6)按汽缸布置方式分类。按汽缸布置方式不同,汽车用发动机可分为对置式发动机、直列式发动机、斜置式发动机和V形发动机。

(7)按进气方式分类。按进气方式不同,汽车用发动机可分为自然吸气(非增压)式发动机和强制进气(增压)式发动机。

2. 发动机的总体构造

汽油发动机通常由两大机构、五大系统组成,而柴油发动机由两大机构、四大系统组成。两大机构是指曲柄连杆机构和配气机构,五大系统系是指燃料供给系统、冷却系统、润滑系统、点火系统(柴油机无此系统)和启动系统。

(1)曲柄连杆机构。曲柄连杆机构是发动机借以产生动力,并将活塞的往复直线运动转变为曲轴的旋转运动而输出动力的机构。曲柄连杆机构主要由汽缸盖、汽缸体、活塞、连杆、曲轴和飞轮等组成。

(2)配气机构。配气机构的功用是根据发动机的工作需要,适时地打开进气门或排气门,使可燃混合气及时地充入汽缸,或使废气及时地从汽缸内排出;而在发动机不需要进气或排气时,则利用气门将进气通道或排气通道关闭,以保证汽缸密封。配气机构主要由气门、气门弹簧、液压挺柱、凸轮轴、正时齿轮等组成。

(3)燃料供给系统。燃料供给系统的功用是向汽缸内供给可燃混合气,并控制进入汽缸内的可燃混合气的数量,以调节发动机的输出功率和转速,最后将燃烧后的废气排出汽缸。

汽油机的燃料供给系统由燃油箱、燃油滤清器、燃油泵、节气门体、喷油器、空气滤清器、进排气歧管和排气消声器等组成。

(4)点火系统(柴油机无此系统)。汽油机点火系统的功用是按一定时刻向汽缸内提供电火花,及时点燃汽缸中被压缩的可燃混合气。点火系统通常由电源(蓄电池和发电机)、点火开关、点火线圈、火花塞等组成。

(5)冷却系统。冷却系统的功用是利用冷却液冷却高温零件,并通过散热器将热量散发到大气中去,以保证发动机正常工作。水冷式冷却系统通常由水泵、散热器、风扇、节温器、水套等组成。

(6)润滑系统。润滑系统的功用是将清洁的润滑油分送至各个摩擦表面,以减小摩擦和磨损,并清洗、冷却摩擦表面,从而延长发动机的使用寿命。润滑系统一般由机油泵、机油滤清器、集滤器、限压阀、润滑油道、油底壳等组成。

(7)启动系统。启动系统的功用是带动飞轮旋转以获得必要的动能和启动转速,使静止的发动机启动并转入自行运转状态。启动系统包括启动机及其附属装置。

(二)发动机的基本工作原理

1.发动机基本术语

发动机的基本术语如图2-1-5所示。

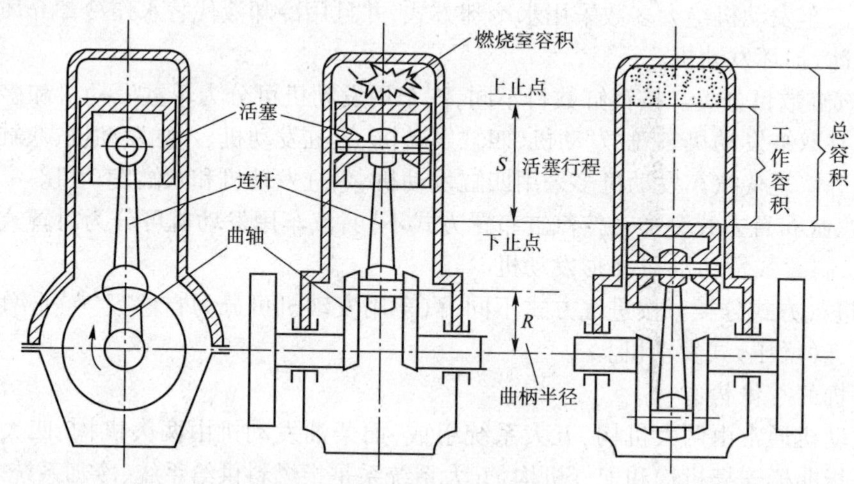

图2-1-5 发动机基本术语

(1)上止点(TDC)。活塞在汽缸里作往复直线运动时,当活塞向上运动到最高位置,即活塞顶部距离曲轴旋转中心最远的极限位置,称为上止点。

(2)下止点(BDC)。活塞在汽缸里作往复直线运动时,当活塞向下运动到最低位置,即活塞顶部距离曲轴旋转中心最近的极限位置,称为下止点。

(3)活塞行程。活塞从一个止点到另一个止点移动的距离,即上、下止点之间的距离称为活塞行程。对于四冲程发动机而言,对应一个活塞行程,曲轴旋转180°。

(4)曲柄半径。曲轴旋转中心到曲柄销中心之间的距离称为曲柄半径,一般用R表示。通常活塞行程为曲柄半径的两倍,即$S=2R$。

(5)汽缸工作容积。活塞从一个止点运动到另一个止点所扫过的容积,称为汽缸工作容积。

(6)燃烧室容积。活塞位于上止点时,活塞顶部与汽缸盖之间的容积称为燃烧室容积。

(7)汽缸总容积。活塞位于下止点时,其顶部与汽缸盖之间的容积称为汽缸总容积。汽缸总容积就是汽缸工作容积和燃烧室容积之和。

(8)排量。多缸发动机各汽缸工作容积的总和,称为发动机排量。

(9)压缩比。汽缸总容积与燃烧室容积之比称为压缩比。

2. 发动机基本工作原理

1)四冲程发动机基本工作原理

如图 2-1-6 所示,四冲程发动机的运转是按进气行程、压缩行程、做功行程和排气行程的顺序不断循环反复的。

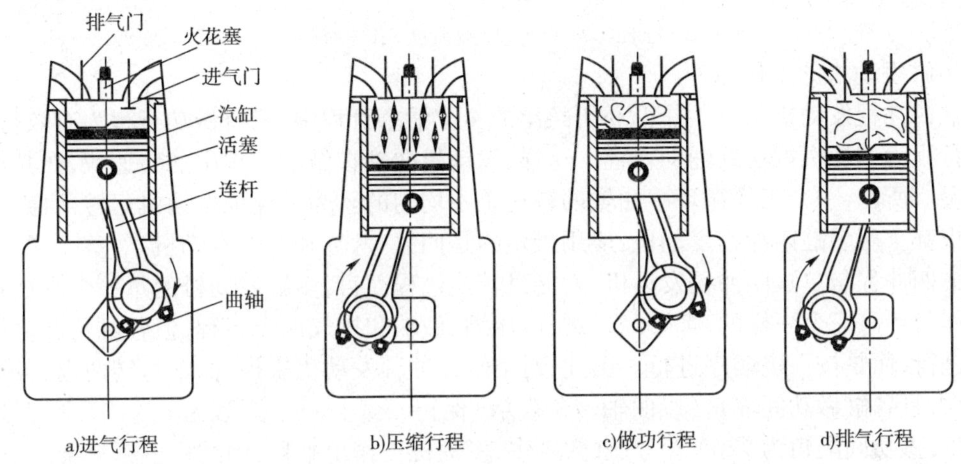

图 2-1-6 四冲程汽油发动机的工作原理

(1)进气行程。进气行程中,进气门打开,排气门关闭。

(2)压缩行程。在压缩行程中,进气门和排气门都关闭,当活塞到达压缩上止点,压缩行程结束时气体的压力和温度主要随压缩比的大小而定,压缩比越大,压缩终了时汽缸内的压力和温度越高,则燃烧速度越快,发动机功率也越大。对于汽油机而言,如果压缩比太高,容易引起爆震。

(3)做功行程。当活塞运动到接近压缩行程上止点附近时,火花塞跳火点燃汽缸内的可燃混合气。这时由于进气门和排气门均处于关闭状态,使缸内气体温度和压力同时升高,高温高压的气体膨胀,推动活塞由上止点向下止点运动,并通过连杆带动曲轴旋转输出机械能,直到活塞到达下止点时,做功行程结束。

(4)排气行程。在做功行程结束后,汽缸内的可燃混合气通过燃烧转变为废气。此时排气门开启,进气门处于关闭状态,活塞在曲轴和连杆的带动下由下止点向上止点运动,废气在自身残余压力和活塞的推力作用下从汽缸内经排气门排出,直到活塞到达上止点时,排气行程结束。

四冲程发动机机经过进气、压缩、做功、排气四个行程完成一个工作循环,这期间活塞在上、下止点往复运动了四个行程,相应地曲轴旋转了两圈。

2)二冲程发动机基本工作原理

二冲程发动机的工作循环也是由进气、压缩、做功、排气过程组成,但它是在曲轴旋转一圈

(360°),活塞上下往复运动的两个行程内完成的,如图 2-1-7 所示。

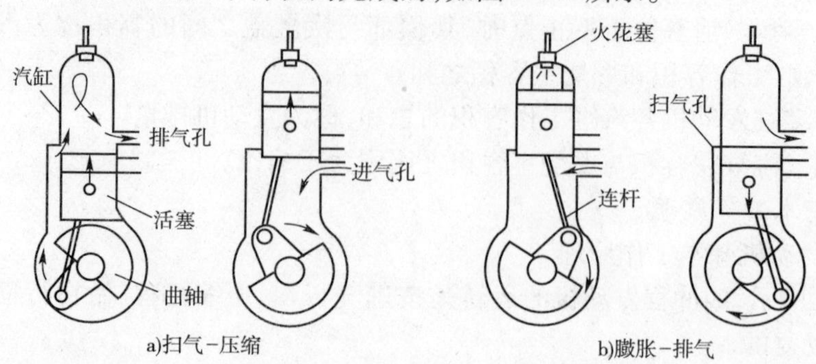

图 2-1-7 二冲程发动机机工作原理

3)多缸发动机的工作原理

单缸四冲程发动机每个工作循环所经历的 4 个活塞行程中,只有做功行程为有效行程,其他 3 个行程为消耗机械功的辅助行程。这样,发动机曲轴在做功行程中的转速快,在其他行程中转速慢。所以,一个工作循环中曲轴的转速是不均匀的。为了保证发动机运转平稳,现代汽车发动机都采用多缸四冲程发动机,应用最多的是四缸、六缸和八缸发动机。

多缸四冲程与单缸四冲程发动机,就能量转换过程而言,多缸发动机的每一个汽缸和单缸机的工作过程是完全一样的,都要经过进气、压缩、做功和排气四个行程,但各缸的做功行程并非同时进行,而是按一定顺序进行。因此,对多缸四冲程发动机来说,曲轴每转两周,各缸分别做功一次,且各缸做功间隔角(以曲轴转角表示)保持一致。对于缸数为 i 的四冲程直列式发动机而言,做功间隔角为 $720°/i$。汽缸数越多,发动机工作越平稳,但结构也越复杂。

(三)发动机主要性能指标与特性

1. 发动机的性能指标

发动机的性能指标是用来衡量发动机性能好坏的标准。发动机的主要性能指标有动力性能指标、经济性能指标和排放性能指标。

1)动力性能指标

动力性能指标是指曲轴对外做功能力的指标,包括有效转矩、有效功率和曲轴转速。

(1)有效转矩。有效转矩指发动机通过曲轴或飞轮对外输出的转矩,单位为 N·m,通常用 T_e 表示。有效转矩是作用在活塞顶部的气体压力通过连杆传给曲轴产生的转矩,并克服了摩擦、驱动附件等损失之后从曲轴对外输出的净转矩。

(2)曲轴转速。曲轴转速指发动机曲轴每分钟的转数,单位为 r/min,通常用 n 表示。

(3)有效功率。有效功率指发动机通过曲轴或飞轮对外输出的功率,单位为 kW,它等于有效转矩和曲轴转速的乘积。通常用 P_e 表示。

发动机产品铭牌上标明的功率及相应转速称为额定功率和额定转速。

2)经济性能指标

通常用燃油消耗率来评价发动机的经济性能。燃油消耗率 g_e(又称有效耗油率)是指单位有效功率的燃油消耗量,也就是发动机每发出 1kW 有效功率在 1h 内所消耗的燃油质量(以 g 为单位),燃油消耗率单位为 g/kW·h。通常发动机铭牌上给出的有效耗油率 g_e 是最小值。

3)排放性能指标

发动机排放性能指标包括排放烟度、有害气体(CO、HC、NO_x)排放量、噪声等。

2. 发动机特性

发动机特性是指发动机的主要性能指标(有效转矩 T_e、有效功率 P_e、有效耗油率 g_e)随其运转工况(负荷、转速)变化而变化的关系。把发动机性能指标随发动机曲轴转速变化的关系称为发动机速度特性,而把性能指标随负荷变化的关系称为发动机负荷特性。

发动机速度特性指发动机的性能指标 T_e、P_e、g_e随发动机转速 n 变化的规律,用曲线表示,称为速度特性曲线。节气门全开时的速度特性称为发动机外特性;节气门不全开的任意位置所得到的速度特性都称为部分特性。发动机的外特性代表了发动机所具有的最高动力性能。

二　曲柄连杆机构结构与检修

曲柄连杆机构由机体组、活塞连杆组和曲轴飞轮组组成。

(一)机体组的结构与检修

机体组主要由汽缸体、汽缸套、曲轴箱、汽缸垫、汽缸盖等组成,如图 2-1-8 所示。

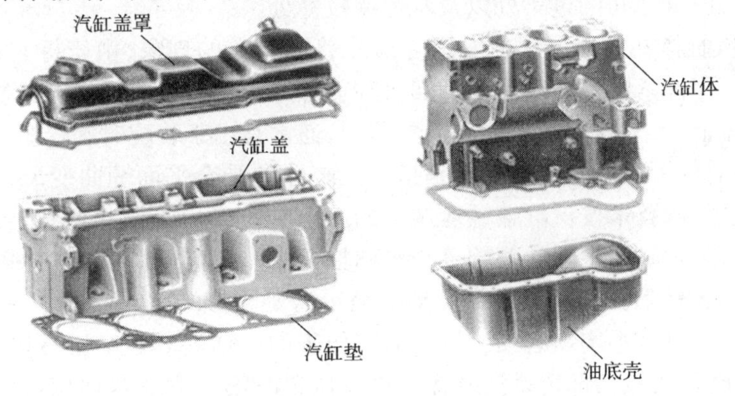

图 2-1-8　机体组

1. 机体组零件的结构

1)汽缸体

汽缸体的作用是承受发动机负荷,在其内部安装有曲柄连杆机构和配气机构,在其外部安装有发动机的所有部件。发动机的汽缸体和曲轴箱常制成一体,而且多缸发动机的各个汽缸也合铸成一个整体,称为汽缸体—曲轴箱,简称汽缸体。汽缸体上半部有若干个为活塞在其中运动导向的圆柱形空腔,称为汽缸。下半部为支撑曲轴的曲轴箱,其内腔为曲轴旋转的空间。

根据汽缸排列形式不同,汽缸体可分为直列式、V 形式、对置式等形式。曲轴箱有平分式、龙门式和隧道式三种结构形式。

2)汽缸套

现代汽车多采用在汽缸体内镶入耐磨性较好的汽缸套,以延长汽缸的使用寿命,汽缸套还具有引导活塞作上、下垂直运动,并将活塞的热量传出的作用。根据其是否与冷却液相接触,汽缸套分为干式汽缸套和湿式汽缸套。

3)汽缸盖

汽缸盖用来封闭汽缸的上部,并与活塞顶、汽缸壁共同构成燃烧室。在汽缸盖上加工有气门座、气门导管孔、凸轮轴安装座孔、火花塞座孔(汽油机)或喷油器座孔(柴油机)、与汽缸体相通的冷却液套、润滑油道等。

4)汽缸垫

汽缸体与汽缸盖间装有汽缸垫,用来保证汽缸体与汽缸盖结合面间的密封,防止气体、冷却液和润滑油等的泄漏。汽缸垫的材料应具有一定的弹性,目前应用的汽缸垫主要有金属—石棉衬垫、金属—复合材料衬垫和纯金属衬垫等多种形式。汽缸垫的作用是弥补汽缸体和汽缸盖接触面的平面度,防止漏气、漏水。

2. 机体组零件的检修

1)汽缸体与汽缸盖常见的损伤

汽缸体与汽缸盖的主要损伤形式有裂纹、变形和磨损。

(1)裂纹。汽缸体产生裂纹的原因主要有:曲轴在高速运转时产生振动,增加了汽缸体的负荷,在汽缸体的薄弱部位发生裂纹;发动机处于高温状态时突然加入大量冷水;镶换汽缸套时,过盈量过大或压装工艺不当造成汽缸局部裂纹;装配螺栓时拧紧力矩过大。汽缸盖的裂纹多发生在进、排气门座之间的过梁处以及水道壁较薄处。

(2)变形。汽缸体在使用过程中发生变形是普遍存在的现象,由于拆装螺栓时力矩过大或不均,或不按顺序拧紧以及在高温下拆卸汽缸盖等原因,会引起汽缸体与汽缸盖的结合平面翘曲变形;汽缸体上、下平面在螺纹孔口周围凸起,通常是由于装配时螺栓扭紧力矩过大,或装配时螺纹孔中未清理干净。汽缸盖变形是指与汽缸体的结合平面翘曲变形,通常是由于拆装汽缸盖时操作不当,以及未按汽缸盖螺栓规定的顺序和拧紧力矩操作所致。汽缸盖螺栓的拆装应按顺序操作,装配时由中间向两端逐个对称拧紧;拆卸时,则由两端向中间逐个对称拧松。

(3)磨损。汽缸的磨损程度是衡量发动机是否需要大修的重要依据之一。在正常磨损情况下,汽缸磨损的特点是不均匀磨损。汽缸沿工作表面在活塞环运动区域内呈上大下小的不规则锥形磨损。磨损的最大部位是活塞在上止点位置时第一道活塞环相对应的汽缸壁,而活塞环接触不到的上口几乎没有磨损而形成了明显的“缸肩”。汽缸沿圆周方向的磨损也是不均匀的,形成不规则的椭圆形。

2)汽缸体与汽缸盖的变形检测

检查汽缸体上平面的平面度时,在图 2-1-9 所示六个方向上放置直尺,并用塞尺测量直尺与汽缸体上平面之间的间隙,测得的最大值即为汽缸体上平面的平面度误差。其使用极限:铝合金汽缸体一般为 0.25mm,铸铁汽缸体一般为 0.10mm。

汽缸体上平面的平面度误差若超过使用极限,应进行磨削或铣削加工,总加工量一般不允许超过 0.30mm。

3)汽缸磨损的检测

汽缸磨损的检查如图 2-1-10 所示。清洁汽缸壁上的油污和积炭后,在汽缸的上、中、下三个不同的高度及汽缸的纵向和横向两个方向的六个部位,用量缸表测量汽缸直径,然后根据测量结果计算出汽缸的最大磨损量、圆度和圆柱度。圆度误差是指同一横截面上磨损的不均匀性。用同一横截面上不同方向测得的最大与最小直径差值之半作为圆度误差。圆柱度误差是指沿汽缸轴线的轴向截面上磨损的不均匀性。其数值是被测汽缸表面任意方向所测得的最大与最小直径差值之半。

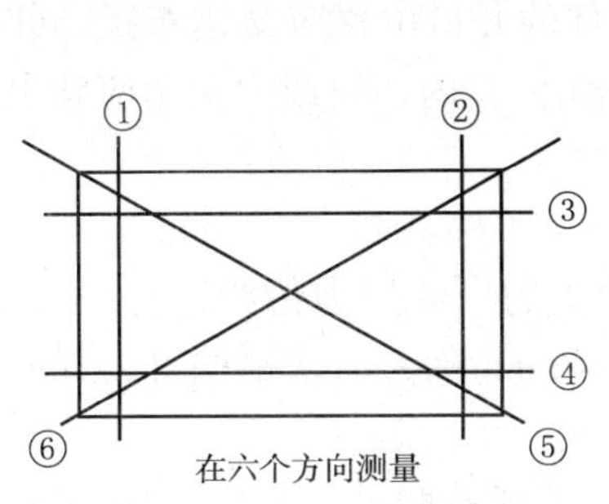

图 2-1-9　汽缸体上平面度的检查

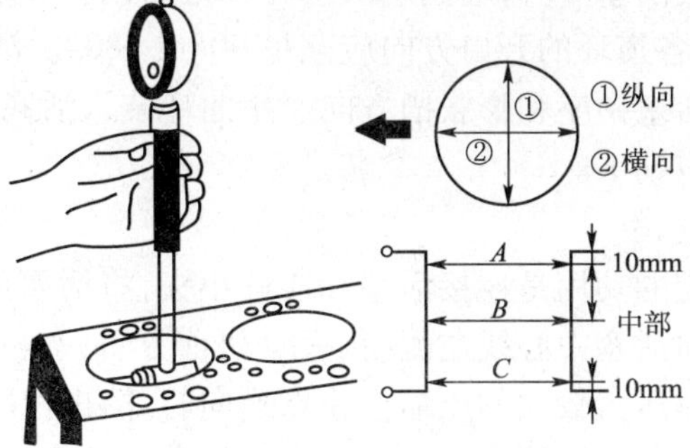

图 2-1-10　汽缸磨损的检查

汽缸磨损若未超过其使用极限，可更换活塞环继续使用。若汽缸磨损超过使用极限，应进行镗磨修理或镶套修理，必要时予以更换。

（二）活塞连杆组结构与检修

活塞连杆组主要由活塞、活塞环、活塞销、连杆（含连杆轴承）等组成，如图 2-1-11 所示。

1. 活塞连杆组零件的结构

1）活塞

活塞的主要作用是承受汽缸中气体压力所造成的作用力，并将此力通过活塞销传给连杆，以推动曲轴旋转。活塞顶部还与汽缸盖和汽缸壁共同组成燃烧室。

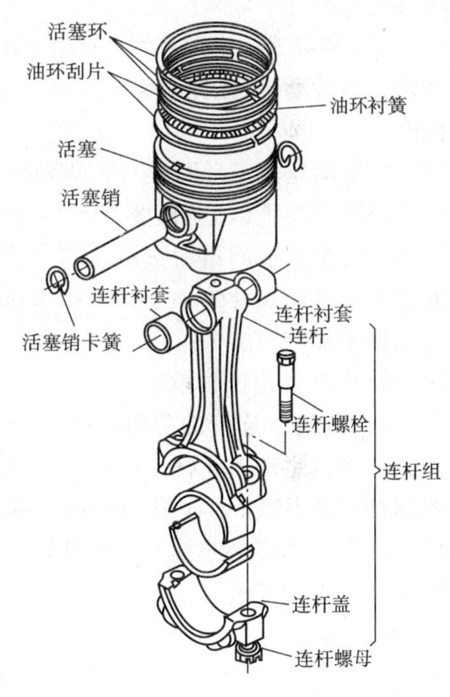

图 2-1-11　活塞连杆组

活塞的基本构造分顶部、头部和裙部三部分。活塞顶部是燃烧室的一部分，其形状与选用的燃烧室的形式有关，汽油机活塞顶部有平顶、凹顶和凸顶等形式；活塞头部是指活塞顶部至最下面一道活塞环槽之间的部分，活塞头部主要用来安装活塞环，其作用是承受气体压力、防止漏气、将热量通过活塞环传给汽缸壁；活塞环槽以下的所有部分称为活塞裙部，活塞裙部可起导向的作用，发动机工作时，由于气体压力和活塞销座处金属较多的影响，活塞裙部沿活塞销轴线方向膨胀量较大，所以在常温下，活塞裙部截面形状呈椭圆形，椭圆形长轴垂直于活塞销方向，其目的是保证在热态下活塞与汽缸的配合间隙均匀。

2）活塞环

活塞环按其功用可分为气环和油环两类。

（1）气环。气环用于密封汽缸，以防止燃烧室内的气体泄漏到曲轴箱内，并将活塞顶部的热量传给汽缸壁，由冷却液带走。在各种发动机上装用的气环按其断面形状可分为矩形环、锥形环、梯形环、桶面环、扭曲环、反扭曲锥形环等。一般发动机上每个活塞装有 2 ~ 3 道气环。

（2）油环。油环有整体式油环和组合式油环两种，其作用是刮除汽缸壁上多余的机油，并在汽缸壁布油。通常发动机的每个活塞装有 1 道油环。

在组装活塞环时,应注意活塞环标记面朝上。第一道环的开口方向,应背向发动机做功时的受力面,各道环的开口方向应互呈 90°或 180°。活塞环的开口位置应交错布置,同时还应避开活塞的活塞销座和膨胀槽方向。扭曲环装入活塞环槽时,其内切口或内倒角应朝上;外切口或外倒角应朝下。

3)活塞销

活塞销的功用是连接活塞和连杆小头,将活塞所承受的气体压力传给连杆。活塞销座孔轴线通常向活塞中心线左侧(由发动机前方看)偏移 1 ~2mm,称为活塞销偏置,目的是防止活塞在受气体压力较大的压缩上止点换向时,撞击汽缸壁而产生"敲缸"。

活塞销与活塞销座孔和连杆小头衬套孔的连接配合方式有两种,即全浮式和半浮式。

(1)全浮式。全浮式活塞销能在连杆小头衬套孔和活塞销座孔内作自由转动,可以保证活塞销沿圆周磨损均匀,因此应用较普遍。为防止活塞销轴向窜动而损坏汽缸壁,在活塞销座两端装有弹性卡环来限位。

(2)半浮式。半浮式活塞销是用螺栓将活塞销夹紧在连杆小头孔内,这时活塞销只在活塞销孔内转动,在连杆小头孔内不转动。因而连杆小头孔内不装衬套,活塞销座孔孔内也不装挡圈。

安装活塞销卡环时,应注意检查是否装入槽内,活塞销卡环的圆弧面朝向活塞顶部,活塞销卡环开口朝下(活塞裙部方向)。在选装活塞销时,应注意其颜色标记与活塞是否一致。在活塞销装配前应测量活塞裙部的尺寸,如活塞销装配后,测量活塞裙部的尺寸,比装配前测量的活塞裙部的尺寸缩小 0.01 ~0.02mm,说明选配该尺寸正确。发动机活塞销装配过紧,易造成活塞中部与汽缸壁拉伤。

4)连杆及连杆轴承

(1)连杆。连杆的功用是将活塞承受的气体压力传给曲轴,使活塞的往复直线运动变为曲轴的旋转运动。连杆由连杆小头、连杆杆身和连杆大头(包括连杆盖)三部分组成。连杆小头与活塞销相连,为润滑连杆衬套和活塞销,在连杆小头和连杆衬套上加工有集油孔或集油槽。连杆大头连接曲轴上的连杆轴颈,连杆大头是分开的,分开的部分称连杆盖,连杆盖与连杆用连杆螺栓连接。

(2)连杆轴承。连杆大头内孔装有两半的连杆轴承,轴承有一定的弹性,安装后轴承背面与连杆大头内孔紧密贴合,形成过盈配合。连杆大头的内孔加工有连杆轴承定位凹槽,安装时轴承背面的凸键卡在凹槽中,使连杆轴承正确定位。连杆轴承的内表面加工有油槽,用以储油保证可靠润滑。

2. 活塞连杆组零件的检修

1)活塞的选配

(1)活塞质量的选配。为保证发动机的平衡,更换新活塞时必须仔细称量活塞的质量,新活塞质量与旧活塞应相同,即使加大尺寸的活塞也应如此。同组活塞的质量误差不应超过规定值,否则应适当车削裙部内壁或重新选配。

(2)活塞与汽缸的选配。活塞与汽缸选配的目的是保证其配合间隙符合标准。测量活塞裙部直径和汽缸直径,并计算其配合间隙,配合间隙应符合标准。活塞直径应在垂直活塞销方向的裙部进行测量,测量的位置各型发动机有不同的规定,应按原厂规定位置测量活塞直径。

2)活塞环的选配

更换活塞环时,应选用与汽缸和活塞同一修理尺寸级别的活塞环,同时还应检查其侧隙和开口间隙是否符合标准,以保证活塞环与环槽和汽缸的良好配合。轿车活塞环侧隙一般为0.03 ~0.07mm,开口间隙为0.10 ~0.50mm。检查活塞环开口间隙时,将活塞环放入汽缸内,使活塞倒置将活塞环推到汽缸中部位置,然后用塞尺插入活塞环开口检查其间隙值。活塞环开口间隙过小,可进行锉修;活塞环开口间隙过大或有其他损坏,则必须更换。

3)连杆变形的检验与校正

连杆变形主要是弯曲和扭曲,其主要危害是导致汽缸、活塞和连杆轴承异常磨损。对采用全浮式连接的活塞销,连杆弯曲可能会引起活塞销卡环脱出。连杆变形量的检查必须使用专用的连杆检测仪器。

检查连杆变形时,将连杆轴承盖装好,活塞销装入连杆小头,再将连杆大头固定在检测器的定心轴上,然后把三点式量规的 V 形槽贴紧活塞销,用塞尺测量检测器平面与量规指销之间的间隙。在对连杆变形进行校正时,通常是先校正扭曲,再校正弯曲。

(三)曲轴飞轮组结构与检修

1. 曲轴飞轮组零件的结构

曲轴飞轮组主要由曲轴、飞轮、扭转减振器、带轮、正时齿轮(或链轮)等组成,如图 2-1-12 所示。

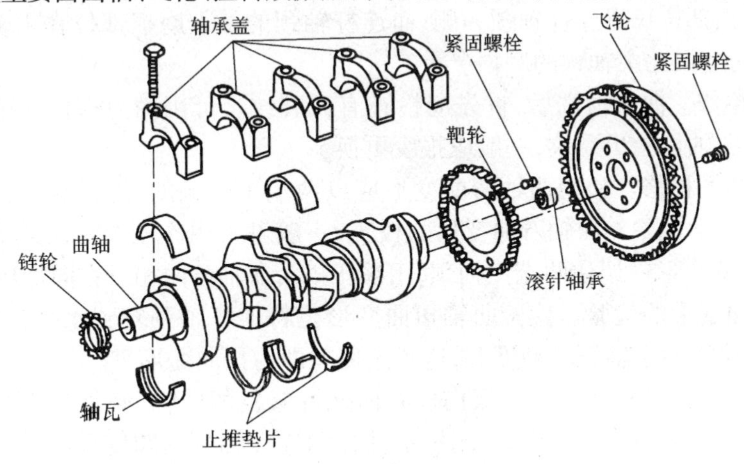

图 2-1-12 发动机曲轴飞轮组

1)曲轴

曲轴的主要作用是将活塞连杆组传来的气体压力变为转矩向外输出给底盘的传动机构和行驶机构推动车辆行驶,同时还要通过连杆推动各缸活塞进气、压缩和排气,并驱动配气机构及其他辅助装置。

曲轴通过主轴颈支承在汽缸体上,按其支承情况曲轴可分为全支承式和非全支承式两种。全支承曲轴特点是每个轴拐的两端都有支承点(主轴颈),即主轴颈数比连杆颈数多一个。非全支承曲轴的主轴颈数少于或等于连杆颈数。与非全支承曲轴相比较,全支承曲轴抗弯曲刚度高,主轴承载荷轻,其缺点是曲轴的结构和工艺较复杂,且曲轴长度较大。柴油机工作载荷沉重,故都用全支承曲轴。为了限制曲轴的轴向位移,在曲轴上装有轴向定位装置。

曲轴后端通常有甩油凸环及回油螺纹以防止漏油,螺旋方向与曲轴旋转方向一致,可把润滑油引回到曲轴箱。组装两半片式曲轴后油封时需注意,两半片式曲轴后油封带有回油唇,其回油唇有方向,不能装反,如装反易漏油。

2)曲轴轴承

曲轴轴承(主轴承)通常为分开的滑动轴承,按其承载方向可分为径向轴承和轴向(推力)轴承。轴承具有钢背,轴承表面为铜—铅、巴比合金、铝或锡等软金属,轴承上有定位凸起,轴承上加工有油槽和油孔。为了防止曲轴发生前后轴向移动,通常采用止推轴承或止推垫片对曲轴进行轴向定位。

3)飞轮

飞轮是一个转动惯量很大的圆盘,其主要功用是储存做功行程的一部分能量,以克服各辅助行程的阻力,使曲轴均匀旋转,使发动机具有克服短时超载的能力。此外,飞轮又常作为汽车传动系统中摩擦离合器的主动盘。

发动机飞轮的外缘上镶有齿圈,启动时启动机上的齿轮与之啮合,供发动机启动用。

2. 曲轴飞轮组零件的检修

1)曲轴的检修

曲轴的常见损伤形式有轴颈磨损、弯扭变形和裂纹等。曲轴主轴颈和连杆轴颈的磨损是不均匀的,且磨损部位有一定的规律性。主轴颈和连杆轴颈径向最大磨损部位相互对应,即各主轴颈的最大磨损部位靠近连杆轴颈一侧;而连杆轴颈的最大磨损部位在主轴颈一侧。实践证明,连杆轴颈的磨损比主轴颈的磨损严重。

(1)裂纹的检修。曲轴清洗后,首先应检查有无裂纹。可用磁力探伤或染色渗透剂进行裂纹的检验。若曲轴检验出裂纹,一般应报废更换。

(2)曲轴弯曲的检修。检验曲轴弯曲变形应以两端主轴颈的公共轴线为基准,检查中间主轴颈的径向圆跳动误差。曲轴弯曲变形的校正,一般可采用冷压校正法或敲击校正法。冷压校正是将曲轴用 V 形铁架住两端主轴颈,用油压机沿曲轴弯曲相反方向加压。

(3)曲轴扭曲变形的检验。检验曲轴扭曲变形是将连杆轴颈转到水平位置上,用百分表分别确定同一方位上两个轴颈的高度差,这个高度差即为扭曲变形量。

(4)曲轴轴颈磨损的检修。对经探伤检查而允许修复的曲轴,必须再进行轴颈磨损量的检查。先检视轴颈有无磨痕和损伤,再测量主轴颈和连杆轴颈的圆度和圆柱度误差。对曲轴短轴颈的磨损以检验圆度误差为主,对长轴颈则必须检验圆度误差和圆柱度误差。

曲轴轴颈的磨削应在弯曲、扭曲校正后进行。在进行曲轴磨削时,曲轴的各道主轴颈和连杆轴颈分别磨削成同级修理尺寸,以便选择统一的轴承。磨削曲轴时,必须保证主轴颈和连杆轴颈各轴心线的同轴度,以及两轴心线间的平行度。

在曲轴磨削时,定位基准的选择原则:根据基准统一的要求,首先应选择与曲轴制造加工时的定位基准相统一;其次,应选择在工作中不易磨损的过盈(或过渡)配合的轴颈表面。

在磨削曲轴主轴颈时,一般选择曲轴前端启动爪螺孔的内倒角和曲轴后端中心轴承座孔为定位基准。在磨削连杆轴颈时,可选择曲轴前端正时齿轮轴颈和曲轴后端飞轮凸缘的外圆柱面为定位基准。磨削曲轴时,应先磨削主轴颈,然后磨削连杆轴颈。连杆轴颈磨削后,要求连杆轴颈轴线与主轴颈轴线的平行度误差不大于 0.01mm。

2)飞轮的检修

飞轮壳裂损和飞轮表面龟裂是飞轮常见的损坏形式。飞轮工作平面有严重烧灼或磨损沟槽深度超过0.50mm时，应进行修整。曲轴、飞轮、离合器总成组装后进行动平衡试验。更换飞轮或齿圈、离合器压盘或总成之后，都应重新进行组件的动平衡试验。

3)曲轴轴承的选配

曲轴轴承损伤主要形式有磨损、合金层疲劳剥落和黏着咬死等。发动机总成修理时，应更换全部轴承。轴承选配包括选择合适内径的轴承、检验轴承的高出量、自由弹开量、定位凸点和轴承钢背表面质量等内容。要求曲轴轴承在自由状态下的曲率半径大于座孔的曲率半径，保证轴承压入座孔后，可借轴承自身的弹力作用与轴承座贴合紧密。轴承装入座孔内，上、下两片的每端均应高出轴承座平面0.03～0.05mm，以保证轴承与座孔紧密贴合，提高散热效果。当代汽车发动机的曲轴轴承已按直接选配的要求设计制造，不需要再进行刮削。

(四)曲柄连杆机构常见故障诊断与排除

曲柄连杆机构的故障属于机械类故障，此类故障大多数是以异响出现的。

1. 曲轴主轴承响

曲轴主轴承响的特征：发动机转速突然变化时，发出低沉连续“镗镗”的金属敲击声，严重时发动机机体发生振动；响声随发动机转速提高而增大，随负荷的增大而增大，产生响声的部位在汽缸下部。单缸“断火”时，响声无明显变化，相邻两缸“断火”时，响声会明显减弱。

曲轴主轴承响的主要原因：轴承与轴颈磨损而导致配合间隙过大；主轴承盖螺栓松动；主轴承与座孔配合松动；轴承润滑不良，使轴瓦合金层烧蚀脱落。

2. 连杆轴承响

连杆轴承响的特征：在突然加速时，有明显连续“铛铛”敲击声。响声在怠速时较小，中速时较为明显，发动机温度升高后，响声无变化。单缸“断火”后，响声明显减弱或消失。

连杆轴承响的主要原因：连杆轴承盖螺栓松动；连杆轴承与轴颈磨损过甚，致使径向间隙过大；轴承润滑不良，造成轴承合金层烧毁、脱落；连杆轴承与座孔配合松动。

3. 活塞敲缸响

活塞敲缸响的特征：发动机怠速时，在汽缸的上部发出清晰的“嗒嗒嗒”敲击声；冷车时响声明显，热车时响声减弱或消失；该缸“断火”后，响声减弱或消失。

活塞敲缸响的原因：活塞与汽缸壁的间隙过大，活塞在汽缸内摆动，导致撞击汽缸壁而发出响声；活塞销与连杆衬套装配过紧；活塞顶碰到汽缸垫；连杆变形。

4. 活塞销响

活塞销响的特征：怠速和中速时响声比较明显、清脆，为有节奏的“嗒、嗒”声；发动机转速变化时，响声的周期也随着变化；发动机温度升高后，响声不减弱；该缸“断火”后，响声减弱或消失；恢复该缸工作的瞬间，会出现明显的响声或连续两个响声。

活塞销响的主要原因：活塞销与连杆小端衬套配合松旷；活塞销与活塞销座孔配合松旷。

三 配气机构的结构与检修

(一)配气机构的组成和类型

1. 配气机构的作用

配气机构的作用是按照发动机各缸的做功次序和每一缸工作循环的要求，定时地将各缸进气门与排气门打开、关闭,以便发动机进行进气、压缩、做功和排气。

2. 配气机构的组成

配气机构由气门组和气门传动组组成,如图 2-1-13 所示。气门组的作用是封闭进、排气道,包括气门、气门座、气门导管和气门弹簧等零部件。气门传动组的作用是使进、排气门按配气相位规定的时刻开闭,且保证有足够的开度,包括凸轮轴、凸轮轴正时带轮、正时齿形带、张紧轮、液压挺柱等部件。

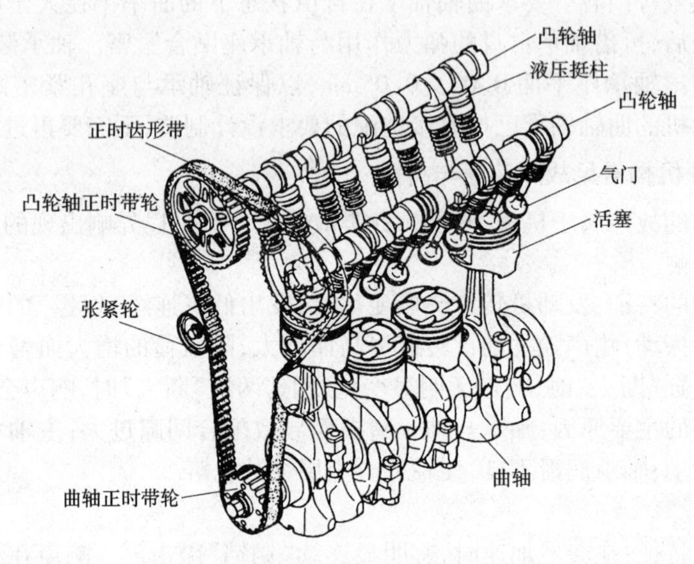

图 2-1-13　配气机构

3. 配气机构的分类

配气机构按凸轮轴安装位置的不同,可将配气机构分成凸轮轴下置式、凸轮轴中置式和凸轮轴顶置式三种;按气门布置的位置不同,配气机构可分为气门侧置式和气门顶置式两种;根据凸轮轴的驱动方式不同,配气机构可分为链条驱动式、齿形带驱动式、齿轮驱动式和辅助齿轮驱动式;按每缸气门数的不同,配气机构可分为每缸两气门式和每缸多气门式。

一般发动机较多采用一个进气门和一个排气门。在很多新型汽车发动机上多采用每缸四气门(即两个进气门和两个排气门)或五气门(即三个进气门和两个排气门)的结构。采用这种形式后,进气门总的通过断面较大,充气效率较高,排气门的直径可适当减小,使其工作温度相应降低,提高了工作可靠性。此外,采用多气门后还可适当减小气门升程,改善配气机构的性能。当每缸采用多气门时,气门排列的方案通常是同名气门排成一列,分别用进气凸轮轴和排气凸轮轴驱动。

4. 配气机构的工作原理

发动机工作时,曲轴通过曲轴正时带轮、正时齿形带、凸轮轴正时带轮驱动凸轮轴旋转,当凸轮轴转到凸轮的凸起部分顶到液压挺柱时,通过液压挺柱,压缩气门弹簧,使气门离座,即气门开启。当凸轮凸起部分离开液压挺柱时,气门便在气门弹簧弹力的作用下上升而落座,气门关闭。气门的开启是通过气门传动组的作用来完成的,而气门的关闭则是由气门弹簧来完成的。气门的开闭时刻与规律完全取决于凸轮的轮廓曲线形状。

由于四冲程发动机每完成一个工作循环,曲轴旋转2周,而各缸进、排气门各开启1次,完成一次进气和排气,此时凸轮轴只旋转1周,因此,曲轴与凸轮轴的转速比为2:1,即凸轮轴正时齿轮的齿数是曲轴正时齿轮齿数的2倍。

(二)气门组零件的结构与检修

1.气门组零件的结构及功用

气门组主要由气门、气门弹簧、气门座、气门导管、气门锁片等零部件组成,如图2-1-14所示,其作用是实现汽缸的密封。

1)气门

气门由头部、杆身组成。头部用来封闭进、排气道,杆身用来在气门开闭过程中起导向的作用。一般发动机进气门头部直径比排气门大,若两气门一样大时,排气门有记号。气门密封锥面与顶平面之间的夹角称为气门锥角。在气门升程相同的情况下,气门锥角小,可以获得较大的气流通过截面,进气阻力较小。气门密封锥面应与气门座配对研磨。

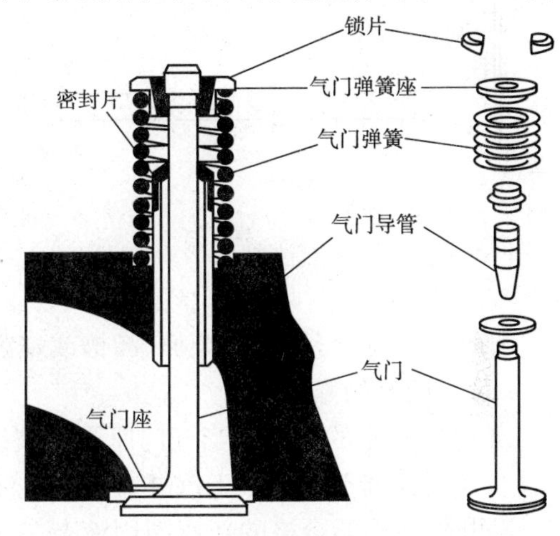

图2-1-14 气门组的结构

2)气门座

汽缸盖上的进、排气道与气门锥面相结合的部位称为气门座,气门座的锥角和气门锥角相同,一般也是30°或45°。气门座不仅有密封作用,还起到了冷却气门的作用。

3)气门导管

气门导管的功用是给气门的运动作导向,保证气门的往复直线运动和气门关闭时能正确地与气门座贴合,并为气门杆散热。气门导管的外表面与汽缸盖的配合有一定的过盈量,以保证良好地传热和防止松脱。气门导管与气门杆之间留有0.05~0.12mm的间隙,使气门杆能在导管内自由运动。

2.气门组零件的检修

1)气门与气门座的配合要求

气门与气门座圈的配合是配气机构的重要环节,它影响到汽缸的密封性,对发动机的动力性和经济性关系极大。对两者的配合应满足如下要求:

(1)气门与座圈的工作锥面角度应一致。为改善气门与气门座圈的磨合性能,磨削气门的工作锥面时,其锥面角度比座圈小0.5°~1°。

(2)气门与座圈的密封带位置在中部靠内侧(气门杆侧)。过于靠外,会使气门的强度降低;过于靠内,会造成与座圈接触不良。

(3)气门与座圈的密封带宽度应符合原设计规定。排气门大于进气门的宽度;柴油机的宽度大于汽油机的宽度。密封带宽度过小,将使气门磨损加剧;宽度过大,容易烧蚀气门。

(4)气门工作锥面与杆部的同轴度误差应不大于0.05mm。

(5)气门杆与导管的配合间隙应符合原厂规定。

2)气门的检修

(1)气门杆弯曲的检查与修理。将气门杆部支撑在两只V形支架上,用百分表检查气门杆中部,检查时将百分表触头与气门杆接触,将气门杆转动一周,百分表摆差的一半即为气门杆的直线度误差。若弯曲变形超过允许极限,应校正或更换气门。气门杆弯曲校正应在压床上进行冷压校正,方法是使弯曲拱面向上,用压床使其产生反变形,校压量一般为实际弯曲变形量的10倍,保持2min。气门杆的弯曲变形量用直线度误差表示,一般应不大于0.03mm。

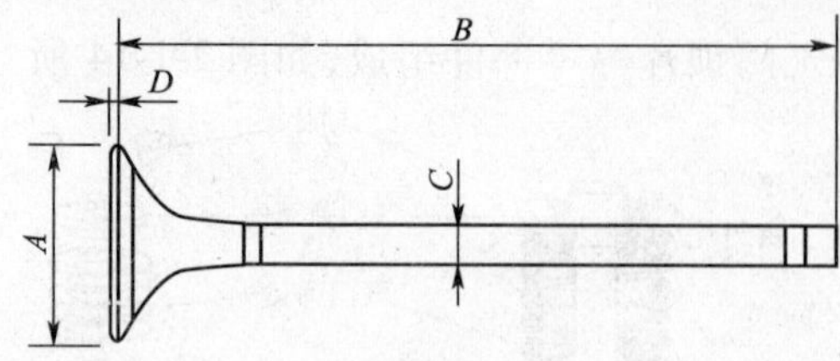

图2-1-15　气门尺寸

A-气门头部直径;B-气门总长度;C-气门杆直径;D-气门头部厚度

(2)气门磨损和烧蚀的检查与修理。气门磨损情况可通过测量图2-1-15所示的各尺寸进行检查,若测得尺寸不符合规定,应更换气门。

气门密封锥面有轻微斑痕、沟槽或烧蚀,可在专用气门光磨机上进行光磨修理。光磨的气门可与气门座之间有0.5°~1.0°的气门密封干涉角,这样有利于气门与气门座磨合。修理后的气门尺寸应符合规定,修理气门后还应铰修气门座,并进行气门研磨。气门密封锥面斑痕、沟槽或烧蚀严重时,应更换气门。

3)气门座的修理

(1)气门座的镶换。当气门座圈有裂纹、松动、烧蚀或磨损严重,或铰削气门座后,装入新气门,气门大端平面仍低于汽缸盖燃烧室平面2mm以上,应镶换新的气门座圈。镶换新的气门座圈时,将检验合格的新座圈用液态二氧化碳(干冰)或液氮冷却,时间不少于10min,同时将汽缸盖的座圈承孔用汽油喷灯或在箱式炉中加热至100~150℃,取出加热的汽缸盖和冷缩的气门座圈,并在座圈外涂上一层密封胶,将座圈压入承孔内。

(2)气门座的铰削。气门座的铰削通常用气门座铰刀进行手工加工。气门座铰刀是由多只不同直径、不同锥角的铰刀组成。气门座一般应先粗铰后精铰,铰削方法如下:

①按气门头部直径和气门座各锥面角度选择一组合适的气门座铰刀。按气门导管内径选择合适的气门座铰刀杆,铰刀杆插入气门导管应转动灵活而不松旷。

②先用45°(或30°)的粗铰刀加工气门座工作锥面,直到全部露出金属光泽。

③用修理好的气门或新气门进行试配,根据气门密封锥面接触环带的位置和宽度进行铰削修正。若接触环带偏向气门杆部,应用75°的铰刀修正;若接触环带偏向气门顶部,应用15°的铰刀修正。铰削好的气门座工作面宽度应符合规定,接触环带应处在气门密封锥面中部偏气门顶的位置。

④最后用45°的细铰刀精铰气门座工作锥面,并在铰刀下面垫上细砂布修磨。

(3)气门的研磨。研磨气门时,将气门作往复和旋转运动与气门进行研磨,注意旋转角度不宜过大,以免磨出环形磨痕,一般以10°~30°为宜。

4)气门杆与气门导管磨损的检修

气门导管的磨损情况可通过测量气门导管与气门杆配合间隙间接检查,配合间隙的检查有两种方法:一种是直接测量气门导管内径和气门杆直径,并计算其配合间隙;另外一种是先把气门安装在气门导管内,再将气门提起10~15mm(相对汽缸盖平面),然后用百分表测量气门头部的摆动量。气门导管与气门杆配合间隙若超过允许极限时,可换用一个新气门重新进行检查,根据测量结果视情况确定更换气门或气门导管,必要时两者一起更换。

更换气门导管时,应首先弄清气门导管有无台肩或开口锁环。镶配气门导管时,应在选配好的导管外径涂上少量机油,铝合金汽缸盖应在水中加热至 80 ~ 100℃,然后用铳子从汽缸盖上面向燃烧室方向打入气门导管并装卡环。

5)气门密封性检查

可通过以下方法检查气门与气门座之间的密封性。

(1)渗漏法。将汽缸盖水平倒置,使燃烧室朝上,向燃烧室内倒入煤油,观察煤油是否从气门与气门座之间的密封处渗漏,如果发生渗漏,则说明气门与气门座密封性不良,应重新修理气门座和研磨气门。

(2)充气法。用带有气压表的专用检验器对燃烧室内充入 60k ~ 70kPa 的相对压力,然后观察气压表读数在规定时间内是否下降,如果读数不下降,则说明气门与气门座之间的密封性良好,否则应重新修理气门座和研磨气门。

(3)画线法。用铅笔在气门锥面上每隔 4mm 画上一条线条,然后将该气门装入相应气门座,略压紧并转动气门 45° ~ 90°,取出气门,检查铅笔线条,如果线条被均匀切断,则表示气门与气门座之间的密封良好,否则应重新修理气门座和研磨气门。

(三)气门传动组零件的结构及检修

1. 气门传动组零件的结构

气门传动组由凸轮轴和凸轮轴正时齿轮、挺柱、挺柱导管、推杆和摇臂总成等组成,其主要作用是使进、排气门按照配气相位规定的时间开启与关闭。

1)凸轮轴

凸轮轴是由发动机曲轴驱动而旋转,用来驱动和控制各缸气门的开启和关闭,使其符合发动机的工作顺序、配气相位及气门开度的变化规律等要求。凸轮分为两类:驱动进气门的进气凸轮和驱动排气门的排气凸轮。凸轮轴上各缸的进气凸轮(或者排气凸轮)称为同名凸轮。从凸轮轴的前端来看,各缸同名凸轮的相对位置按发动机做功顺序逆凸轮轴转动方向排列。传统配气机构气门的开闭时刻和规律完全取决于凸轮的轮廓曲线形状。凸轮的磨损与变形会造成配气相位的改变,气门升程的减少,影响发动机正常工作。

2)挺柱

挺柱的作用是将凸轮的推力传递给推杆或气门杆,并承受凸轮轴旋转时所施加的侧向力。挺柱可分为普通挺柱和液压挺柱两种。

为了防止受热膨胀后气门关闭不严,大多数发动机预留了气门间隙,但这又会造成气门开启、关闭时的冲击,产生磨损和噪声。为解决这一矛盾,目前越来越多的发动机(尤其是轿车发动机)采用了长度随温度轻微变化的液压挺柱,而不采用预留气门间隙的方法。液压挺柱的作用是保证配气机构无间隙驱动。

3)摇臂

摇臂的功用是将气门传动组的推力改变方向并驱动气门开启。摇臂是一个两臂不等长的双臂杠杆,采用摇臂驱动气门开启的配气机构,虽机构比较复杂,但可通过选择摇臂两端的长度,在气门升程一定时减小凸轮升程,同时气门间隙的调整也比较方便。

常见摇臂总成主要由摇臂轴、摇臂轴支座、摇臂及定位弹簧等组成。摇臂总成所有零件均安装在摇臂轴上,并通过摇臂轴支座用螺栓安装在汽缸盖上,为防止摇臂轴在其支座孔内转动或轴向窜动,用紧固螺钉将摇臂轴固定。

2. 气门传动组零件的检修

1)凸轮磨损的检查

凸轮的常见故障有表面磨损、擦伤和麻点剥落等,其中以磨损最为常见。凸轮的磨损是不均匀的,一般凸轮的顶尖附近磨损较严重。凸轮磨损后,凸轮高度减小,会使气门的最大升程减小,影响发动机工作时的进排气阻力。因此,凸轮的磨损程度可通过测量凸轮的高度或凸轮升程来检查。

2)凸轮轴弯曲的检查与修理

检查凸轮轴弯曲变形可用其两端轴颈外圆或两端的中心孔作基准,测量中间一道轴颈的径向圆跳动量。凸轮轴颈向圆跳动量一般为0.01~0.03mm,允许极限一般为0.05~0.10mm。若超过极限值,可对凸轮轴进行冷压校正,必要时应更换。

3)凸轮轴轴颈及轴承磨损的检查与修理

凸轮轴轴颈及轴承的磨损情况可通过测量其配合间隙来检查,凸轮轴轴颈与轴承配合间隙可参照曲轴轴承间隙测量方法进行测量。凸轮轴轴颈与凸轮轴轴承的配合间隙一般为0.02~0.10mm,允许极限一般为0.10~0.20mm。

多数发动机凸轮轴轴颈和轴承无修理尺寸,当轴颈与轴承的配合间隙超过其允许极限时,必须更换凸轮轴或凸轮轴轴承,必要时两者同时更换。

4)凸轮轴轴向间隙的检查与修理

检查凸轮轴轴向间隙时,拆下气门传动组其他零件后,用百分表测头抵在凸轮轴端,前后推拉凸轮轴,百分表指针的摆动量即为凸轮轴轴向间隙。

凸轮轴轴向间隙若超过允许极限,可减小隔圈的厚度或更换止推凸缘。

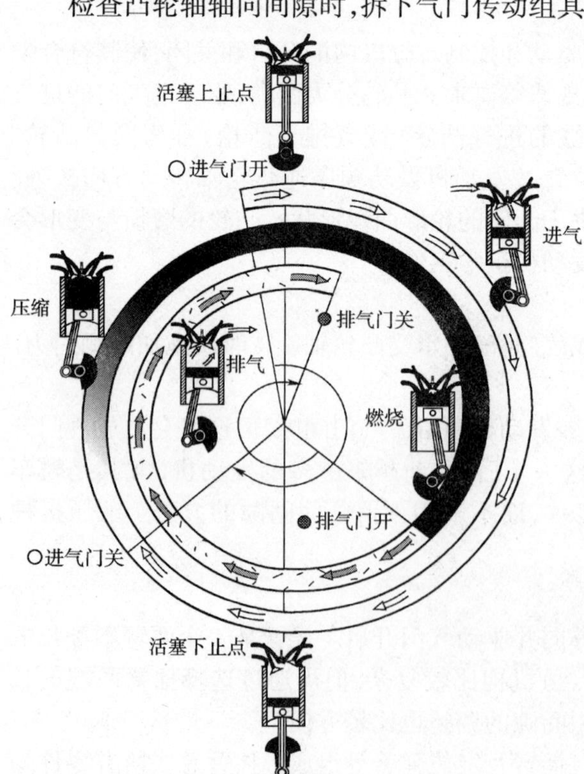

图2-1-16 配气相位图

(四)配气相位与配气相位的检测

所谓配气相位是用曲轴转角表示的进、排气门的开启时刻和开启延续时间,通常用环形图表示,即配气相位图,如图2-1-16所示。

1)配气相位分析

(1)进气门早开。增大了进气行程开始时气门的开启高度,减小进气阻力,增加进气量。

(2)进气门晚关。延长了进气时间,在大气压和气体惯性力的作用下,增加进气量。

(3)排气门早开。借助汽缸内的高压自行排气,大大减小了排气阻力,使排气干净。

(4)排气门晚关。延长了排气时间,在废气压力和废气惯性力的作用下,使排气干净。

由于进气门早开,排气门晚关,势必造成在同一时间内(在排气上止点时)两个气门同时开启。把与两个气门同时开启时间相当的曲轴转角称为气门重叠角。

一般凸轮轴由曲轴正时齿(链)轮驱动,在进行正时安装时,只要保证正时传动记号对准,即可保证准确的配气相位。

2)配气相位的检查

各车型的维修手册上都提供了发动机配气相位角度,但要直接测量进、排气门的开启和关闭角度却很难。实际工作中,往往采用以新发动机在排气上止点时进、排气门叠开的升程作为标准,将发动机的测量结果与标准比较,来判断被检查发动机的配气相位是否提前或延迟。

如果进气门升程太大,排气门降程太小,则配气相位提前;反之,如进气门升程太小,排气门升程太大,则配气相位延迟。正时传动带拉长对配气相位也有影响。

3)配气相位的调整

汽车在使用过程中,正时齿(链)轮的连接花键磨损、液压挺柱发动机的机油压力过低、凸轮轴变形和磨损、正时链的磨损或正时带的老化等,都会导致配气相位的变化。并且不同的工况和不同的使用条件,对配气相位的要求也不尽一样,因此有必要对配气相位进行调整。

调整配气相位时,应根据不同情况采取不同的措施。如果个别气门配气相位偏早或偏迟不大时,可通过调整该气门间隙的方法予以解决;若是进气门的微开量与排气门的微开量相比有大有小,且不符合规定值时,表明各缸迟早不一,通常是由于凸轮磨损严重造成的,应修磨或更换凸轮轴;如果各缸进气门的微开量比排气门都大,表明进、排气门的配气相位均提前,应将其适当推迟,反之,表明配气相位均延迟,应将所有各缸进、排气门的配气相位均适当提前。

(五)气门间隙及气门间隙的调整

1. 气门间隙

气门间隙是指气门完全关闭(凸轮的凸起部分不顶挺柱)时,气门杆尾端与摇臂或挺柱之间的间隙。气门间隙的作用是给热膨胀留有余地,保证气门密封。不同机型,气门间隙的大小不同。根据实验确定,一般冷态时,排气门间隙大于进气门间隙。如果气门间隙过大,进、排气门开启延迟,缩短了进、排气时间,降低了气门的开启高度,改变了正常的配气相位,会使发动机因进气不足、排气不净而功率下降。如果气门间隙过小,发动机工作后,零件受热膨胀,将气门推开,使气门关闭不严,会造成漏气,功率下降,并使气门的密封表面严重积炭或烧坏,甚至气门撞击活塞。

2. 气门间隙调整

气门间隙的作用之一是保证有正确的配气相位,故调整配气相位的最好方法是将气门间隙与配气相位统一起来调整。

气门间隙的二次调整法即“双排不进法”。“双”指该缸的两个气门间隙均可调,“排”指该缸仅排气门间隙可调,“不”指两个气门间隙均不可调,“进”指该缸的进气门间隙可调。

例如:做功顺序为1-3-4-2的四冲程发动机,在第3缸活塞处于压缩上止点时,可以检查调整3缸进、排气门和4缸排气门和1缸进气门的气门间隙。

(六)可变气门正时机构与检修

合理选择气门正时,保证最好的充气效率,是改变发动机性能极为重要的技术问题。在进、排气门开闭的四个过程中,进气门迟闭角的改变对充气效率影响最大。通过改变进气门迟闭角可以改变充气效率随转速变化的趋向,以调整发动机的转矩,满足不同的使用要求。加大进气门迟闭角,高转速时充气效率的增加有利于发动机最大功率的提高,但对低速和中速性能则不利;减小进气门迟闭角,能够防止气体被推回进气管,有利于提高最大转矩,但降低了最大功率。理想的气门正时应当是根据发动机工作情况及时作出调整,应具有一定程度的灵活性。

1. 本田可变气门正时机构

本田(可变气门正时及升程电子控制系统)(VTEC 系统)使气门正时和气门升程根据发动机转速的变化作出相应的实时调整,使汽缸的充气量同时能够满足发动机低转速和高转速下的不同需要,从而提高发动机的动力性和经济性。

本田可变气门正时机构实行单气门与双气门之间的切换,主要是依据发动机的转速进行的,其工作原理如图 2-1-17 所示。

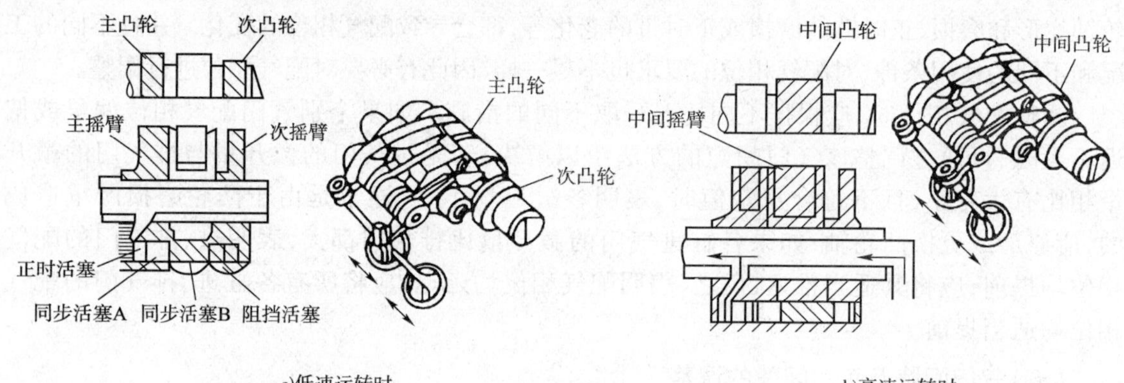

图 2-1-17 可变气门正时机构的工作原理及工作状态

发动机低速运转时,VTEC 机构使三个摇臂彼此分离,此时,主凸轮通过主摇臂驱动主进气门,中间凸轮驱动中间摇臂空摆,次凸轮的升程非常小,通过次摇臂驱动次进气门微量开启,其目的是防止次进气门附近积聚燃油。配气机构处于单进、双排气门工作状态,单进气门由主凸轮驱动。

当发动机高速运转,且发动机转速、负荷、冷却液温度及车速达到设定值时,计算机控制 VTEC 机构将主摇臂与中间摇臂、次摇臂与中间摇臂插接成一体,成为一个同步工作的组合摇臂。此时,由于中间凸轮升程最大,组合摇臂受中间凸轮驱动,两个进气门同步工作,进气门的配气相位和升程与发动机低速时相比,其升程、提前开启角和迟后关闭角均增大。当发动机转速下降到设定值时,计算机控制电路切断 VTEC 机构电磁阀电流,正时活塞一侧的机油压力降低,各摇臂油缸孔内的活塞在复位弹簧作用下复位,三个摇臂又彼此分离而独立工作。

2. 大众车系可变气门正时机构

上海帕萨特 B5 轿车装备的 ANQ5 发动机可变配气相位机构的结构如图 2-1-18 所示。曲轴通过齿形带首先驱动排气凸轮轴旋转,排气凸轮轴通过链条驱动进气凸轮轴旋转,在两轴之间设置一个凸轮轴调整器,在内部液压缸的作用下,调节器可以上升和下降,由于排气凸轮轴的位置是不可以调节的，因此，调节器的上升和下降就可以调节发动机进气凸轮轴的位置。液压缸的油路与汽缸盖上的油路连通，工作压力由可变气门正时电磁阀控制，而可变气门正时电磁阀由 ECU 进行控制。

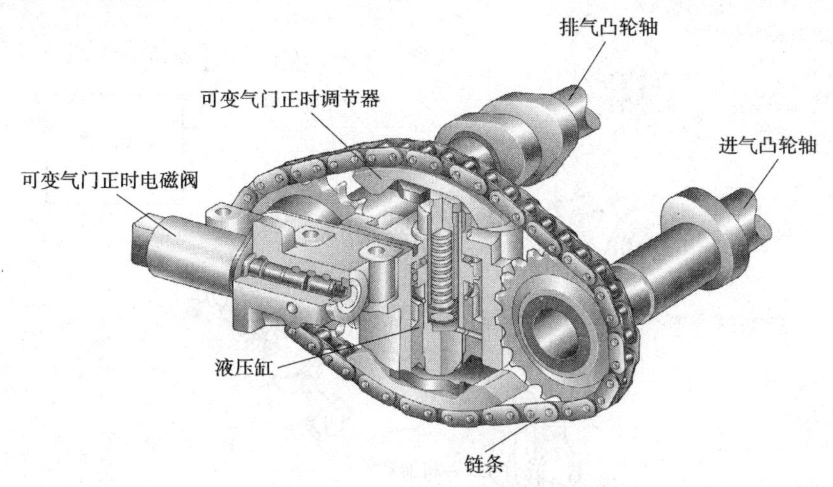

图 2-1-18　帕萨特 B5 轿车可变配气相位机构的结构

当发动机高速状态时(为了充分利用进气流的惯性，要求增大进气迟后关闭角)，正时调节器向上运动，使链条的上部被张紧，下部被放松。排气凸轮轴首先要拉紧下部链条成为紧边，进气凸轮轴才能被排气凸轮轴带动。就在下部链条由松变紧的过程中，排气凸轮轴已转过了一个角度，进气凸轮才开始动作，进气门关闭得较迟，从而使发动机在高速时产生高功率。

当发动机转速较低时(要求进气门迟后关闭角减小)，正时调节器向下运动，使上部链条被放松，下部链条被张紧。由于排气凸轮轴受到正时齿形带制约不能转动，从而使进气凸轮轴偏转一个角度，较早关闭进气门，使发动机在中速和低速范围内能产生高转矩。

在可变正时机构中，将进、排气凸轮轴上的花键槽与轴承盖上的标记对齐，此时进、排气凸轮轴上的花键槽之间应该有 16 个传动链节。

3. 丰田车系可变气门正时机构

丰田汽车公司双 VVT－i 智能可变气门正时系统是一种控制进/排气凸轮轴气门正时的机构。

丰田汽车公司双 VVT－i 智能可变气门正时系统是在进/排气凸轮轴与传动链之间装有油压离合装置，让进/排气凸轮轴与链轮之间转动的相位差可以改变，通过调整凸轮轴转角对气门正时进行优化，其结构如图 2-1-19 所示。在凸轮轴正时机油控制阀的控制下，可在进/排气凸轮轴上的气门正时提前和滞后液压油路中传递机油压力，使 VVT－i 控制器的固定在进/排气凸轮轴上的叶片沿圆周方向旋转，连续改变进/排气门正时。

四　汽油机燃料供给系统结构与检修

(一)汽油机燃料供给系统的作用、类型及基本组成

1. 汽油喷射系统的作用

汽油机燃料供给系统的作用是不断地输送滤清的汽油和清洁的新鲜空气，根据发动机各

种不同工作情况的要求,配制出一定数量和浓度的可燃混合气,供入汽缸,并在燃烧做功后,将废气排入大气中去。在直接或间接地检测发动机吸入的空气量的同时,按设定的空燃比供给与之相适应的汽油量的过程称作混合气配制。可燃混合气中汽油含量的多少称为可燃混合气的浓度。

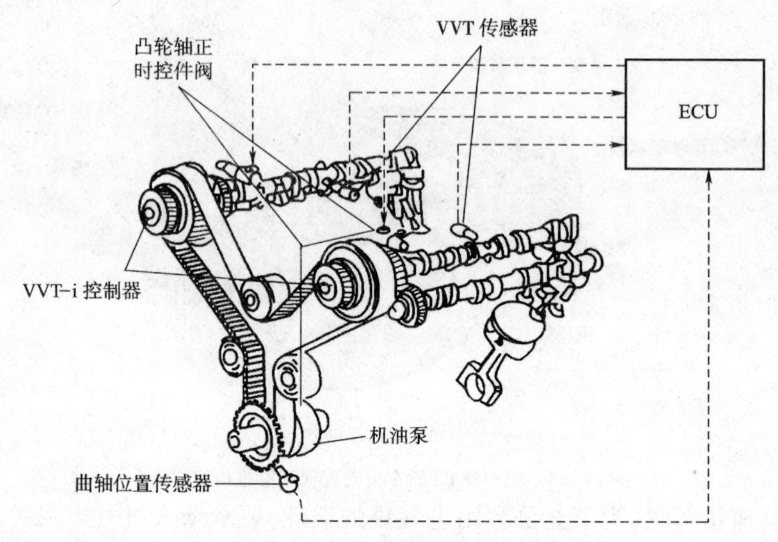

图 2-1-19 丰田可变配气相位机构的组成

2. 汽油喷射系统的分类

1)按喷射位置分类

根据汽油喷射的位置,汽油喷射系统可分为直接喷射到汽缸内部的缸内直接喷射系统和喷射到进气管内的缸外进气管汽油喷射系统两大类。而进气管汽油喷射系统又分为单点汽油喷射系统和多点汽油喷射系统。缸内直接喷射系统是将喷油器安装于汽缸盖上直接向汽缸内喷油,目前此类喷射方式也逐渐普及使用。

(1)多点汽油喷射(MPI)系统。多点汽油喷射系统是指在每一缸的进气门前均安装 1 只喷油器,喷油器适时喷油。空气和汽油在进气门附近形成汽油混合气,这种喷油系统能较好地保证各缸混合气的均匀。

(2)单点汽油喷射(SPI)系统。单点汽油喷射系统是指在进气管集合部(节气门体上)只装 1 只或 2 只喷油器向进气歧管中喷油形成可燃混合气,进气行程时,汽油混合气被吸入汽缸内,喷油间隔角与喷油器个数和发动机汽缸数有关。这种喷射系统因喷油器位于节气门体上集中喷射,故又称节气门体喷射系统或集中喷射系统。

2)按喷射时刻分类

按汽油喷射时刻,汽油喷射系统可以分为连续喷射系统和间歇喷射系统。

(1)连续喷射。连续喷射是喷油器稳定地连续地喷油,其流量正比于进入汽缸的空气量。在发动机运转期间汽油连续不断地喷射,其喷油量的大小不取决于喷油器,而取决于汽油计量分配器中汽油计量槽孔的开度及进出油口间的压差。

(2)间歇喷射。间歇喷射又可分为与发动机转速同步的同步喷射和与发动机转速不同步的异步喷射两种喷射方式。间歇喷射广泛地应用于现代电控汽油喷射系统中。在发动机运转期间，汽油间歇喷射的喷油量大小取决于喷油器开启持续时间，即ECU指令的喷油脉冲宽度。

3）按喷射时序分类

按喷射时序，多点间歇汽油喷射系统还可分同时喷射、分组喷射和次序喷射。

（1）同时喷射。同时喷射是指发动机在运转期间，各缸喷油器同时开启且同时关闭，由ECU的同一个喷油指令控制所有的喷油器同时动作。

（2）分组喷射。分组喷射是将喷油器分成两组或三组（六缸机）交替喷射，ECU发出两路或三路（六缸机）喷油指令，每路指令控制一组喷油器。

（3）次序喷射。次序喷射是指喷油器按发动机各缸进气行程的顺序轮流喷射，它具有喷射正时，由ECU根据曲轴转角（位置）传感器提供的信号，辨别各缸的进气行程，适时发出各缸的喷油脉冲信号，以实现次序喷射的功能。

4）按空气量的检测方式分类

发动机的吸入空气量可根据节气门开度或进气管压力和发动机转速基本推算出来，吸入空气量的检测可分为直接检测和间接检测两类。直接检测又称质量流量方式，间接检测又可分为速度密度方式和节流速度方式。

（1）质量流量方式。质量流量方式是利用空气流量传感器直接测量吸入的空气量。ECU根据测得的空气流量和发动机转速计算出需要喷射的汽油量并控制喷油器工作。

（2）速度密度方式。速度密度方式是利用发动机的转速和进气管压力推算出每一循环吸入发动机的空气量，再根据推算出的空气量计算汽油的喷射量。

（3）节流速度方式。节流速度方式是利用节气门开度和发动机转速，推算每一循环吸入发动机的空气量，根据推算出的空气量，计算汽油的喷射量。

5）按检测空气传感器方式分类

根据检测空气用传感器方式的不同可分为进气歧管压力计量式汽油喷射系统、叶片式空气流量传感器计量式汽油喷射系统、卡门涡旋式空气流量传感器计量式汽油喷射系统、热线式空气流量传感器计量式汽油喷射系统和热膜式空气流量传感器计量式汽油喷射系统。

进气歧管压力计量式的电控汽油喷射系统（即前述速度密度式）是将进气歧管绝对压力和转速信号送到ECU，由ECU根据该信号计算出吸入发动机的空气量，再产生与之相对应的喷油脉冲，控制电磁式喷油器喷射适量的汽油。

采用叶片式空气流量传感器、卡门涡旋式空气流量传感器计量式电控汽油喷射系统，其空气量的计量方式均属体积流量型。电控汽油喷射系统采用体积流量型的空气计量方式时，需要考虑大气压力的修正问题。热线和热膜空气流量传感器计量式汽油喷射系统是直接测量进入汽缸内的空气质量，属于质量流量型的空气计量方式。

6）按控制系统有无反馈分类

按控制系统有无反馈，可将汽油喷射系统分为开环控制系统和闭环控制系统两类。

（1）开环控制系统。发动机的各工况控制参数（喷油量和点火提前角）存储于ECU的存储器（ROM）中，在发动机运行中，ECU检测发动机的各输入量，根据这些输入量，从ROM中查取相应的控制参数输出控制信号，而不去检测控制结果，对控制结果的好坏不能作出分析判断，这种控制系统称为开环控制系统。

（2）闭环控制系统。在开环控制系统中增加一个氧传感器，安置在排气管内，监测排气中氧的含量,并将该信号输送给 ECU,随时修正喷入发动机的汽油量,维持混合气空燃比的平均值在理论空燃比附近。在实际工作过程中,采用闭环控制后,ECU 根据检测的实际结果决定增减喷油量的大小,而不再根据其他输入信号进行控制,这种控制又称反馈控制。

在空燃比控制过程中,可用氧传感器监测混合气的浓度,一旦检测到混合气浓的信号,就控制减少喷油量,反之,增加喷油量。由于闭环控制只适合于部分工况,所以,系统中不能全部采用闭环控制,而且闭环控制中其他的基本控制量也必须是固定的,但是闭环控制精度高,不受发动机各零件老化、磨损的影响,所以目前开环与闭环都广泛应用在电控汽油喷射系统中。

3. 电控系统的基本组成

电控汽油喷射系统尽管类型不少,品种繁多,但无论哪种类型,都具有相同的控制原则:即 ECU 为控制核心,以空气流量和发动机转速为控制基础,以喷油器等为控制对象,保证获得与发动机各种工况相匹配的最佳混合气成分。电控汽油喷身系统可分为进气系统、燃油供给系统和电子控制系统。

1)进气系统

进气系统的功用是测量和控制汽油燃烧时所需的空气量,为发动机可燃混合气的形成提供必需的空气。L 型和 D 型进气系统组成如图 2-1-20 和图 2-1-21 所示。

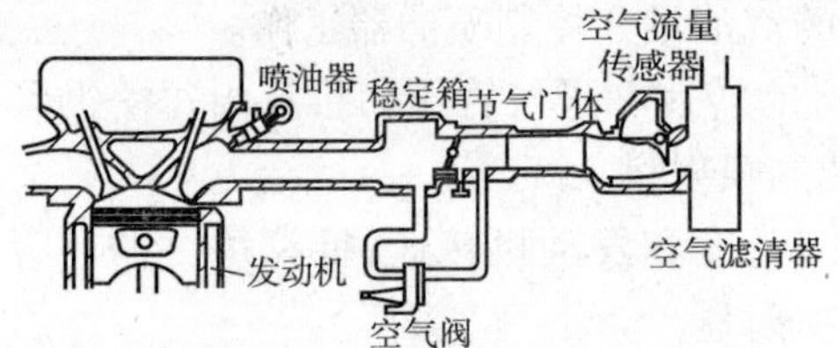

图 2-1-20　L 型进气系统结构示意图

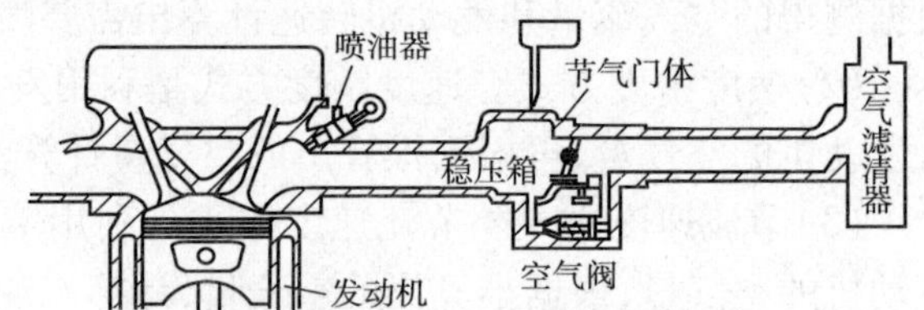

图 2-1-21　D 型进气系统结构示意图

车辆正常行驶时,空气流量由进气通道中的节气门来控制。怠速时,节气门关闭,空气由旁通气道通过。怠速转速控制是由怠速调整螺钉和怠速空气调节器调整流经旁通气道的空气量来实现的。

2)燃料供给系统

燃料供给系统的功用是向汽缸内供给燃烧时所需要的汽油。燃料供给系统主要由电动汽油泵、汽油滤清器、汽油脉动缓冲器、喷油器、汽油压力调节器及供油总管等组成,如图 2-1-22 所示。汽油由电动汽油泵从油箱中泵出,经汽油滤清器过滤后,由汽油压力调节器调压,然后经输油管配送给各个喷油器和冷启动喷油器,喷油器根据 ECU 发出的指令,将适量的汽油喷入各进气歧管或进气总管。

3)电子控制系统

电子控制系统的功能是根据发动机运转状况和车辆运行状况确定汽油最佳喷射量。该系统由传感器、ECU 和执行器组成,其结构框图如图2-1-23所示。

(二)进气系统主要部件结构与检修

现代汽车发动机电控系统的进气系统除了控制、调节、测量进气量的装置以外,为了提高充气系数和提高进气控制精度,目前发动机进气系统中大量采用了废气蜗轮增压、可变进气管长度、电子节气门等技术。

1. 进气测量装置结构与检修

进气测量装置主要包括空气流量传感器、进气歧管绝对压力传感器和进气温度传感器。

1)空气流量传感器结构与检修

空气流量传感器安装在空气滤清器和节气门之间,用来测量进入汽缸内空气量的多少。目前汽车上所用的空气流量传感器按照结构形式可以分为叶片式空气流量传感器、卡门涡旋式空气流量传感器、热线式空气流量传感器和热膜式空气流量传感器四种。

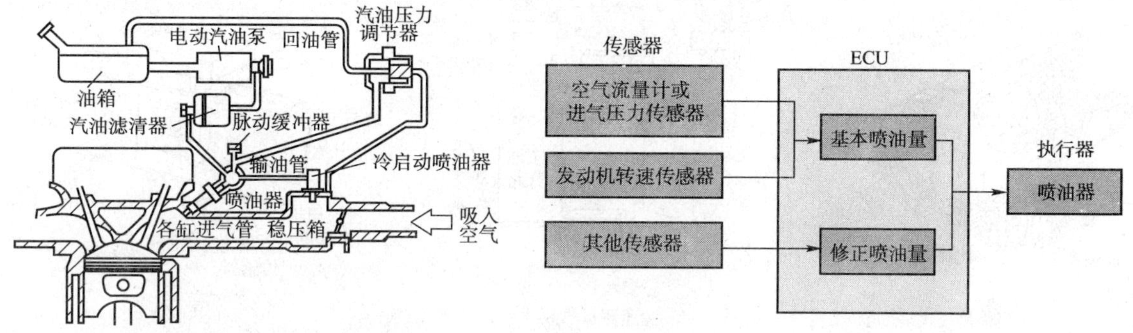

图 2-1-22　燃料供给系统的组成

图 2-1-23　电子控制系统框图

(1)叶片式空气流量传感器。其结构如图 2-1-24 所示,由测量板(叶片)、缓冲板、阻尼室、旁通气道、怠速调整螺钉、复位弹簧、进气温度传感器等组成。

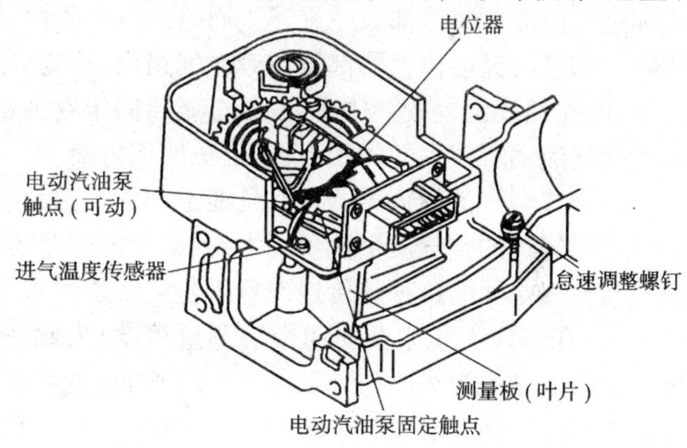

图 2-1-24　叶片式空气流量传感器的结构

叶片式空气流量传感器电位器是以电位变化检测空气量的装置,它与空气流量传感器测量板同轴安装,能把因测量板开度而产生的滑动电阻变化转换为电压信号,并送给 ECU。在测量板的回转轴上,装有一根螺旋复位弹簧,当吸入空气推开测量板的力与弹簧变形后的复位力相平衡时,测量板即停止转动。用电位计检测出测量板的转动角度,即可得知空气流量。叶片式空气流量传感器电位器检测空气量有电压比与电压值两种方式。由于电路设计上的不同,叶片式空气流量传感器的电压输出形式有两种,一种是电压值随进气量的增加而升高,另一种则是电压值随进气量的增加而降低。

(2)卡门旋涡式空气流量传感器。其结构按照旋涡数的检测方式不同,可以分为反光镜检测方式和超声波检测方式两种。卡门旋涡式空气流量传感器与叶片式空气流量传感器直接测得的均是空气的体积流量,因此在空气流量传感器内均装有进气温度传感器,以便对随气温而变化的空气密度进行修正,从而正确计算出进气质量流量。卡门涡流式空气流量传感器信号一般是以频率输出。当空气流量变化时,电压始终不变,而输出的脉冲频率发生变化,因此不能根据测量电压高低确定流量变化。对于卡门涡旋式空气流量传感器,进气量越大,脉冲信号的频率越高,进气量越小,脉冲信号频率越低。卡门涡流式空气流量传感器一般应注意检查进气通道及梳流格栅的清洁性。空气通道及梳流格栅不清洁将直接影响空气流动的平稳性,特别是在发动机高速运转时,这些污染将造成空气产生振动而被记作流量信号,从而影响空气流量传感器检测精度。

(3)热线(热膜)式空气流量传感器。其基本构成是感知空气流量的白金热线,根据进气温度进行修正的温度补偿电阻(冷线)和控制热线电流并产生输出信号的控制电路板,以及空气流量传感器的壳体,如图 2-1-25 所示。

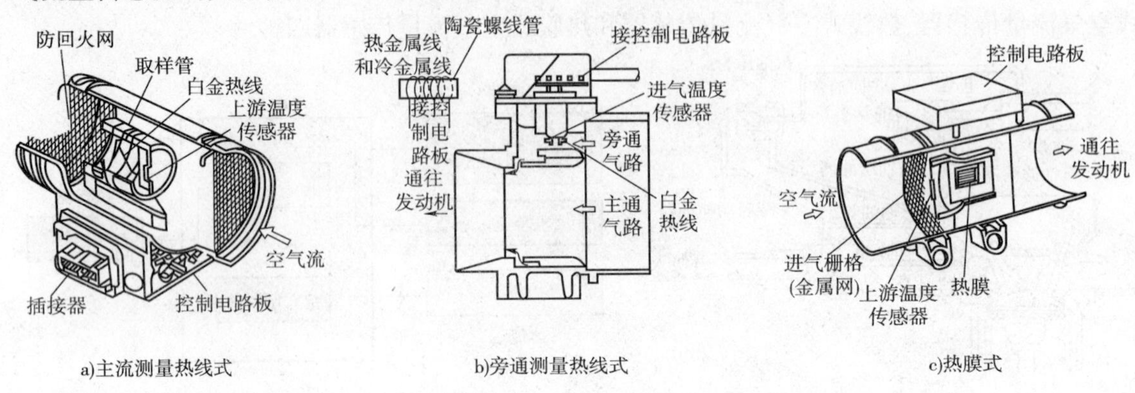

图 2-1-25 热式空气流量传感器

根据白金热线在壳体内的安装部位不同,热线式空气流量传感器有三种形式:一种是把热线和进气温度传感器都放在进气主通路的取样管内,称为主流测量式;另一种是把热线缠在绕线管上和进气温度传感器都放在旁通气路内,称为旁通测量式;第三种是发热体不是热线而是热膜,即在热线位置放上热膜,发热金属膜固定在薄的树脂膜上,这种结构可使发热体不直接承受空气流动所产生的作用力,以延长使用寿命。

热线式空气流量传感器在空气通道中放置热线,由于其热量被空气吸收,热线本身变冷。热线周围通过的空气质量流量越大,被带走的热量也越多。热线式空气流量传感器就是利用热线与空气之间的这种热传递现象进行空气质量流量测量的。热线式空气流量传感器长期使用后,会在热线上积累杂质而影响测量精度,为此在流量传感器上采用烧净措施解决这个问题。每当发动机熄火时(或启动时),ECU 自动接通热线式空气流量传感器壳体内的电子电路,加热热线,使其温度在 1s 内升高 1000℃。由于热线式空气流量传感器测量的是进气质量流量,它已把空气密度、海拔等影响考虑在内,因此可以得到非常精确的空气流量信号。热线(热膜)式空气流量传感器计量方式主要以空气质量为主,一般不受进气温度影响。

很多维修人员一般认为热线式空气流量传感器有了自洁功能后,热线部分便不易被污染,应该说这个观点不对。原因在于,曲轴箱蒸气及空气滤芯若过脏,空气流量传感器进气格栅也易受到污染。当热线式空气流量传感器进气格栅过脏时,因空气在高速流动时产生扰流,使空气不能被准确计量,从而导致发动机加速时混合气过稀,产生回火现象,这种情况下就需要清洁空气流量传感器进气格栅。

2)进气歧管绝对压力传感器结构与检修

进气歧管绝对压力传感器能依据发动机的负荷状态测出进气歧管内绝对压力的变化,并转换成电压信号与转速信号一起输送到 ECU,作为决定喷油器基本喷油量的依据。

进气歧管绝对压力传感器就其信号产生原理可分为半导体压敏电阻式、电容式、膜盒传动的可变电感式和表面弹性波式等,其中电容式和半导体压敏电阻式进气歧管绝对压力传感器在当今发动机电子控制系统中应用较为广泛。

（1）半导体压敏电阻式进气歧管绝对压力传感器。它是利用半导体的压阻效应来工作的，其输出信号电压应能随真空度的增大而不断下降。其常见故障有真空软管老化破裂、压力转换元件损坏。

（2）电容式进气歧管绝对压力传感器。它是使氧化铝膜片和底板彼此靠近排列，形成电容，利用电容依膜片上下的压力差而改变的性质，获得与压力成比例的电容值信号，把电容（压力转换元件）连接到传感器混合集成电路的振荡器电路中，则传感器产生可变频率的信号，其输出信号的频率与进气歧管绝对压力成正比。

3）进气温度传感器结构与检修

进气温度传感器是确定汽油基本喷油量的三个主要传感器之一，进气温度传感器是检测发动机吸入（进入空气流量传感器）空气温度用的传感器，并将空气温度信号转变成 ECU 能识别的电信号传送给 ECU，它根据进气温度的高低，做不同程度的额外喷油。进气温度传感器内部结构是一个负温度系数的热敏电阻，其信号电压值与温度成反比（即温度越高，信号电压越低）。

当进气温度传感器在叶片式及卡门涡旋式空气流量传感器上使用时，由于吸入空气温度的变化会引起空气密度发生变化，因此需要进行喷油量修正，这时通常是将进气温度传感器安装在空气流量传感器的空气测量部位。

2. 进气量调节装置的结构与检修

发动机进气量调节装置的功能是按照驾驶员的意愿或者发动机工况的变化情况调节发动机进气量，以适应发动机工况的变化。进气量调节装置主要包括节气门体、节气门位置传感器、电子节气门系统、怠速空气调节装置、可变进气控制系统、废气蜗轮增压装置等。

1）节气门体和节气门位置传感器的结构与检修

节气门体位于空气流量传感器和发动机之间的进气管上，通过操纵加速踏板可以控制节气门的开度，以此来反映驾驶员的意图，使进气通道变化，从而控制发动机运转工况。节气门体上装有节气门位置传感器，它的作用是把节气门的开度大小转换成电压信号传给发动机 ECU，作为 ECU 判定发动机工况的主要依据。根据节气门开启的控制方式不同，节气门体可以分为机械式节气门体、半自动节气门体和电子式全自动节气门体。

（1）机械式节气门体。其上附带了怠速控制阀和节气门位置传感器。怠速控制阀可以安装在节气门体上或安装在节气门体附近的旁通进气道上。节气门的开启角度通过拉索由加速踏板操纵，节气门位置传感器向发动机 ECU 发送节气门开度信号。

怠速控制阀卡死常造成发动机怠速不能自动适应调节，会导致开空调、挂挡（自动变速器）时发动机怠速过低或熄火、发动机冷启动困难（因空气量过少）、车辆滑行时发动机熄火等故障。怠速控制阀开度过大时，则会造成发动机怠速转速过高、冷车高怠速转速过低等故障。机械式节气门体出厂时，经过调试会保持 1°～3°的初始开度，以维持发动机对初始最低怠速转速的要求。

（2）半自动节气门体。其上省去了怠速控制阀，安装了节气门调节电动机，但仍带有节气门拉索。节气门的开启角度有两种控制方式：系统正常时，由发动机 ECU 驱动节气门调节电动机进行控制；当系统出现故障时，则由拉索通过节气门离合器控制节气门的开启。

半自动节气门体工作时是 ECU 驱动直流电动机,然后通过减速齿轮驱动节气门的开启,由于此种机构取消了怠速控制阀,ECU 通过不断改变节气门的开启角度实现对发动机启动怠速、暖机怠速、空调怠速、缓冲怠速及附件负荷怠速等工况的稳定控制,同时还可以实现正常转速控制及加速控制。由于取消了怠速控制阀,故半自动节气门体在安装或清洗,或更换新的节气门体后,需重新进行自适应设定,否则节气门将处于备用工作状态,ECU 将不能正常驱动节气门调节电动机,此时发动机怠速将无法正常控制,从而出现怠速转速过高、忽高忽低及车辆滑行熄火、加速熄火等故障。

(3)电子式全自动节气门体。其完全取消了节气门拉索,安装了节气门位置传感器、节气门调节电动机、节气门调节电动机反馈传感器以及加速踏板位置传感器。电子式全自动节气门体的优点是功能强,控制灵活,发动机加速响应性好,很容易实现驱动牵引力控制(ASR)和定速巡航、自动变速器换挡防冲等多种附加功能,同时简化了整车设计,降低了成本;使用电子节气门体的车辆,即使在驾驶员没有踩下加速踏板的情况下,ECU 也可以根据不同的工况调节发动机的转矩,这就显著改善了汽油经济性和排放净化性等发动机性能指标。其缺点是一旦系统出现故障,发动机只能在备用模式下以固定转速工作,不能通过加速踏板实现加速和减速。电子式全自动节气门体与半自动节气门体结构基本相同,区别是去掉了节气门拉索,增加了加速踏板位置传感器。

(4)节气门位置传感器。其安装在节气门轴上,用来检测节气门开度,以反映发动机的不同工况(怠速、加速、减速)以及发动机的负荷状态。对于装备自动变速器的车辆,节气门位置传感器信号还是自动变速器进行自动换挡控制的重要参数。常见的节气门位置传感器有滑变电阻式、触点开关式和霍尔式等类型,现在汽车上多用霍尔式节气门位置传感器。

霍尔式节气门位置传感器包括固定在轴上的永久磁铁、能根据磁通量密度输出电压的霍尔 IC 以及介于两者之间具有引导磁通量功能的定子组成。节气门全闭时,通过霍尔 IC 的磁通量密度保持在最小值,以得到最小的电压输出;节气门全开时,通过霍尔 IC 的磁通量密度保持在最大值,以得到最大的电压输出。节气门位置传感器能经由主系统与次系统输出,从而可以增进系统监测故障的准确性,并加强失效安全的功能以提高可靠性。霍尔式节气门位置传感器的导通性不能用万用表检测,其性能好坏可以通过示波器检测信号电压波形来进行判断。

(5)节气门和节气门传感器常见故障。正常情况下,节气门会保持 1°~5°的初始开度来维持发动机的怠速。发动机在工作一段时间后,节气门处会聚集灰尘等杂质,导致节气门脏污,这会使进气量减少,ECU 就会控制节气门开度增大以增加进气量。当节气门脏污严重时,ECU 将驱动节气门逐渐开大,当节气门开度超出设定的范围时,就会出现自适应超出范围的故障。出现这种故障时,可以清洗节气门,然后做自适应设定。

(6)节气门清洗。节气门应该拆下清洗,清洗时,一般使用罐装压力清洗液,清洗节气门时需要反复开启节气门,不要打开节气门后猛地松开使节气门关闭,这样容易损坏节气门位置传感器和节气门阀片。

(7)节气门体的自适应设定。清洗节气门后,怠速时节气门的开度就会减小。为了使 ECU 可以适应这种变化,就需要使用专用故障检测仪进行自适应设定。如果 ECU 识别了节气门的最小怠速位置和最大怠速位置,就识别了怠速节气门电位器的电压范围。这样,当 ECU 收到任一位置的电压信号时,就能判断出节气门的开度。节气门自适应设定就是让 ECU 识别节气门体的基本参数。在下列情况下需要进行自适应设定:更换 ECU 或 ECU 断电,更换节气门体,拆装或清洗过节气门体。

2)电子节气门系统结构与检修

节气门的作用是控制发动机的进气流量,决定发动机的运行工况。驾驶员通过操作加速踏板来操纵节气门开度。加速踏板和节气门的连接方式有两种:刚性连接和柔性连接。传统加速踏板采用刚性连接,即通过拉杆或拉索传动连接加速踏板和节气门的机械连接方式,因此节气门开度完全取决于加速踏板的位置,即驾驶员的操作意图。但从动力性和经济性角度来看,发动机并不总是完全处于最佳运行工况,而且驾驶员的误操作也给安全性带来隐患。柔性连接方式取消了传统的机械连接,通过 ECU 控制节气门快速精确地定位,因此又称电子节气门。它的优点在于能根据驾驶员的需求愿望以及整车各种行驶状况确定节气门的最佳开度,保证车辆最佳的动力性和汽油经济性,并具有牵引力控制、巡航控制等控制功能,提高安全性和乘坐舒适性。

(1)电子节气门系统的组成。电子节气门系统主要由加速踏板位置传感器、电子节气门体和发动机 ECU 组成。电子节气门体由节气门、节气门调节电动机、节气门位置传感器和齿轮传动装置等组成。

①节气门位置传感器。在电子节气门系统中,节气门位置传感器是一个双电位器传感器,由发动机 ECU 提供 5V 电压,它随节气门开度的变化向发动机 ECU 同时输送两个反映节气门实际开度的信号电压。由于两个电位器是同相安装的,当节气门位置发生变化时,其电阻同时线性增加或减小。当加入 5V 电压后,转化为与电阻值变化相应的电压输出。这两个信号电压是反向(其中一个升高时另一个降低)线性变化的。

②加速踏板位置传感器。在电子节气门系统中,加速踏板位置传感器位于发动机舱内,通过一根拉索与加速踏板连接。加速踏板位置传感器也是一个双电位器传感器,由发动机 ECU 提供 5V 电压。它向发动机 ECU 同时输送两个反映加速踏板位置(移动行程)的信号电压。这两个信号电压随加速踏板位置的变化而同向(同时升高或降低)线性变化,但变化的速度及范围互不相同。发动机 ECU 根据加速踏板位置传感器信号控制发动机的怠速、加速、减速、瞬间转速和中断喷油等。

③节气门控制电动机。在电子节气门系统中,节气门控制电动机一般选用步进电动机或直流电动机,经过两级齿轮减速来调节节气门开度。早期以使用步进电动机为主。步进电动机精度较高、能耗低、位置保持特性较好,但其高速性能较差,不能满足节气门较高的动态响应性能的要求,所以现在比较多地采用直流电动机,直流电动机精度高、反应灵敏、便于伺服控制。

④电控单元(ECU)。在电子节气门系统中,ECU 包括两部分:信息处理模块和电动机驱动电路模块。信息处理模块接受来自加速踏板位置传感器的电压信号,经过处理后得到节气门最佳开度,并把相应的电压信号发送到电动机驱动电路模块。电动机驱动电路模块接受来自信息处理模块的信号,控制电动机转动相应的角度,使节气门达到或保持相应的开度。节气门控制电动机的驱动电路应保证电动机能双向转动。

(2)电子节气门的工作原理。电子节气门的工作原理是 ECU 根据加速踏板位置传感器的信号通过控制电动机运转,经齿轮传动装置使节气门转到适当的开度,而节气门位置传感器将反映节气门实际开度的信号输送给发动机ECU,接着,ECU将节气门位置传感器和加速踏板位置传感器的信号进行比较,以确认节气门开度是否满足要求。如果不满足,则ECU继续驱动电动机来调节节气门的开度。加速踏板位置传感器和节气门位置传感器的双电位器结构使ECU能精确地根据驾驶员的意图来控制节气门开度,并满足空调、自动变速器、动态稳定控制、车速调节或发动机冷却风扇等对发动机转矩的要求。当同时出现多项要求时,发动机ECU根据内部确定的优先等级来满足优先等级最高的项目要求,此时节气门的实际开度与驾驶员对节气门的开度要求不一定相同。发动机的怠速由发动机ECU通过电子节气门总成控制,在发动机上没有怠速空气控制阀。

(3)电子节气门总成的初始化。电子节气门总成的初始化是发动机ECU读取包括节气门的最大开度和关闭位置等位置的信息。在未完成对电子节气门总成初始化的情况下,发动机ECU不能很好地通过调节节气门的开度来控制发动机转矩。在更换了发动机ECU、更换或修复了电子节气门总成、清洗电子节气门总成、对发动机ECU进行了编程或编码之后,电子节气门总成需要进行初始化。

(4)加速踏板位置传感器的初始化。加速踏板位置传感器的初始化就是读取加速踏板在停止位置和最大行程位置与加速踏板位置传感器信号的关系,它是发动机ECU执行驾驶员意图的必要条件。更换了发动机ECU、维修或更换了加速踏板位置传感器、对发动机ECU进行了编程或编码之后,加速踏板位置传感器需要进行初始化。

(5)电子节气门系统的故障与救援模式。电子节气门系统产生故障后,发动机ECU就因不能控制节气门的开度而进入相应的救援模式。对于电子节气门系统,当发生电动机被短路而连续转动故障时,发动机ECU根据驾驶员的意图控制供油量和点火提前角,但将发动机转速限制在1100r/min之内。

3)怠速控制系统结构与检修

(1)怠速控制系统的类型。发动机在无负荷情况下以最低稳定转速运转,称为发动机怠速。发动机怠速控制方式随车型有所不同,对电控汽油喷射系统来说,目前可分为旁通空气道控制式和节气门直动式两种类型,如图2-1-26所示。

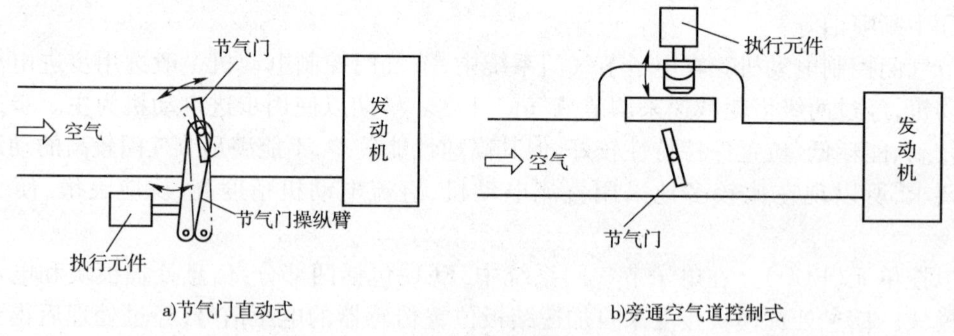

图2-1-26　怠速控制机构的类型

旁通空气道控制式怠速控制执行机构按结构分为机械式和电子控制式两种。机械式怠速控制执行机构又有双金属片式和石蜡式两种;电子控制式的怠速控制执行机构有平动电磁阀式、旋转电磁阀式和步进电动机式三种,其中步进电机式应用较多。

(2)怠速控制系统的组成。怠速控制系统主要由传感器、ECU和执行元件三部分组成。

各组成部分的功用见表 2-1-1。首先 ECU 根据各传感器的检测信号进行判断发动机是否处于怠速工况及发动机负荷的变化情况，并根据存储在 ECU 的怠速控制程序确定一个怠速运转的目标转速，并与实际怠速转速进行比较，根据比较结果控制执行元件工作，以调节进气量，使发动机的怠速转速达到所确定的目标值。

怠速控制系统组成部分及其功用　　表 2-1-1

组　件		功　能
传感器	发动机转速传感器	检测发动机转速
	节气门位置传感器	检测发动机怠速状态
	车速传感器	检测汽车行驶速度
	冷却液温度传感器	检测发动机冷却液温度
	启动开关信号	检测发动机的启动工况
	空调开关（A/C）信号	检测空调的工作状态
	空挡启动开关（P/N）信号	检测换挡手柄位置
	动力转向开关信号	检测动力转向装置的工作状态
	发电机负荷信号	检测发电机负荷的变化
	液力变矩器负荷信号	检测液力变矩器负荷的变化
执行器	怠速控制阀	控制怠速进气量
ECU		根据各传感器的输入信号，把发动机的实际转速与各传感器信号所确定的目标转速进行比较。根据比较结果，确定相当于目标转速的控制量，驱动执行机构，使怠速保持在目标转速范围内

（3）步进电动机式怠速控制阀。步进电动机型怠速控制执行机构的结构如图 2-1-27 所示，步进电动机主要由转子和定子组成，丝杠机构将步进电动机的旋转运动转变为阀杆的直线运动，控制阀与阀杆制成一体，使阀芯做轴向移动，改变阀芯与阀座之间的间隙。步进电动机型怠速控制阀安装在节气门体上。

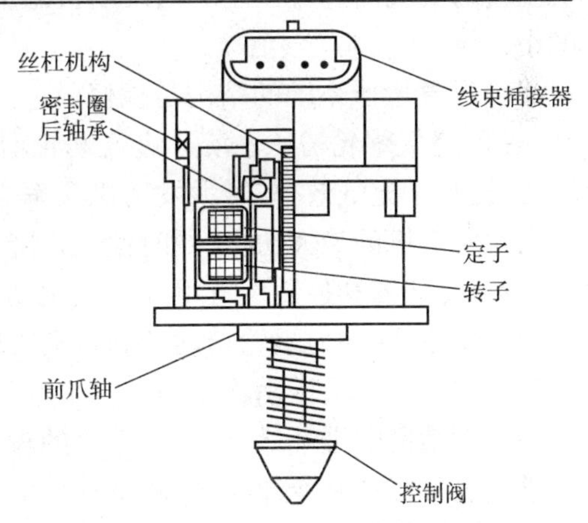

图 2-1-27　步进电动机型怠速控制执行机构的结构

为了实现发动机在目标怠速转速下稳定运转，怠速控制系统主要完成启动初始位置的设定、启动控制、暖机控制、怠速稳定控制、怠速预测控制、电器负荷增多时的怠速控制等控制内容。

①启动初始位置设定。为了保证怠速控制阀在发动机再启动时处于全开位置，在发动机点火开关关闭后，ECU 继续向主继电器供电，使怠速控制阀继续保持接通状态数秒，为下次启动做好准备，然后主继电器才断电。

②启动后控制。由于发动机启动前 ECU 已把怠速控制阀的初始位置设定在最大开度位置，因此发动机启动后，若怠速控制阀仍保持全开，则会引起发动机转速过高。为了避免出现这种情况，在启动过程中，当发动机转速达到由冷却液温度确定的对应转速时，ECU 控制步进

电动机转动,使怠速控制阀逐渐关小到冷却液温度对应的开度。

③暖机控制。暖机过程中,ECU 控制步进电动机转动,使怠速控制阀从启动后的开度逐渐关小,当冷却液温度达到 70℃时,暖机控制结束,怠速控制阀达到正常怠速开度。

④反馈控制。当发动机处于怠速工况运转时,如果发动机的实际转速与 ECU 存储器中所存放的目标转速差超过一定值(如 20r/min),ECU 即控制步进电动机转动,通过相应地增减旁通空气量,使发动机的实际转速与目标转速相同。目标转速和怠速工况时的负荷有关,对应空挡启动开关是否接通、是否使用空调、用电器增加等不同情况,都有确定的目标转速。

⑤发动机转速变化的预控制。发动机处于怠速工况时,空调开关、空挡启动开关等接通或者断开,都会引起发动机怠速负荷变化,产生较大的怠速转速波动。为了减小负荷变化对怠速转速的影响,ECU 在收到以上开关量信号,发动机转速变化出现前,就控制步进电动机转动,预先把怠速控制阀开大或关小一个固定的距离。

⑥学习控制。ECU 通过控制步进电动机的转动,进而控制怠速控制阀的位置,调整发动机怠速转速。由于发动机在使用过程中其性能会发生变化,因此这时怠速控制阀的位置虽然没有变化,但实际怠速转速也会偏离初始数值。出现这种情况时,ECU 除了用反馈控制使怠速转速仍达到目标值外,还将此时步进电动机转过的步数存储在备用储存器中,供以后的怠速控制用。

(4)节气门直动式怠速控制阀执行机构。节气门直动式怠速控制装置是通过节气门体控制部件中的怠速稳定控制器直接控制节气门的开启来实现怠速稳定控制的,它没有怠速空气旁通道。怠速稳定控制器是由一个直流电动机通过齿轮传动控制节气门开启的机构。节气门直动式怠速控制装置中,发动机怠速时,怠速稳定控制器根据发动机的负荷(进气量)和发动机温度对节气门进行控制。当发动机温度低时,节气门开度大,当发动机温度高时,节气门开度小。

4)进气增压系统的结构与检修

(1)进气蜗轮增压系统。进气蜗轮增压系统的作用是利用发动机排放的废气能量给进气增压,提高了充气效率,增大发动机功率。利用废气蜗轮增压可以在不增大发动机体积的情况下增大发动机的最大功率,同时使油耗降低,排污减小。其系统组成如图 2-1-28 所示,主要由增压器、冷却器和控制装置组成。当发动机工作时,发动机排出的废气冲击安装在排气管道中的动力蜗轮,使动力蜗轮转动,同时,动力蜗轮带动与其同轴的安装在进气管道中的增压蜗轮,使其一起转动。增压蜗轮相当于一个空气压缩机,可将进气管道内的空气增压后送给发动机,以提高发动机的进气量,提高发动机的输出功率。另外,为了降低增压后空气的温度,在进气管道中通常安装有冷却器,以对增加后的空气进行冷却;为了实现对增压系统压力进行控制,还装有压力传感器、电磁阀及控制单元等控制装置。

蜗轮增压器上装有一个排气减压阀(安装在蜗轮废气入口处),其目的是防止增压压力太高。如果增压压力达到一定值,减压驱动器就打开排气减压阀,使一部分排气绕过蜗轮直接从出口排出,降低了蜗轮转速从而降低增压压力。

由于滑轮增压器轴转动的速度非常高,因而对它的润滑、冷却就非常重要。增压器采用压力润滑,中间有进出油口与发动机主油道相通。蜗轮增压器故障的主要原因就是缺油,因而必须保持适量的润滑油。

虽然增压器能提高发动机的充气效率,增大发动机的功率,但增压压力过大,会引起发动机过热,发生爆震,引起发动机故障。现代发动机虽然采用爆震传感器,实行点火提前角的闭环控制,不会产生爆震,但点火过迟,会使热损失增加,发动机过热,反而使功率下降。所以,最好还是对增压压力实行控制,不致使增压压力过大。当代汽车上增压压力控制通常通过四种途径来实现:排气减压阀、增压控制电磁阀、进气管绝对压力传感器和发动机转速。

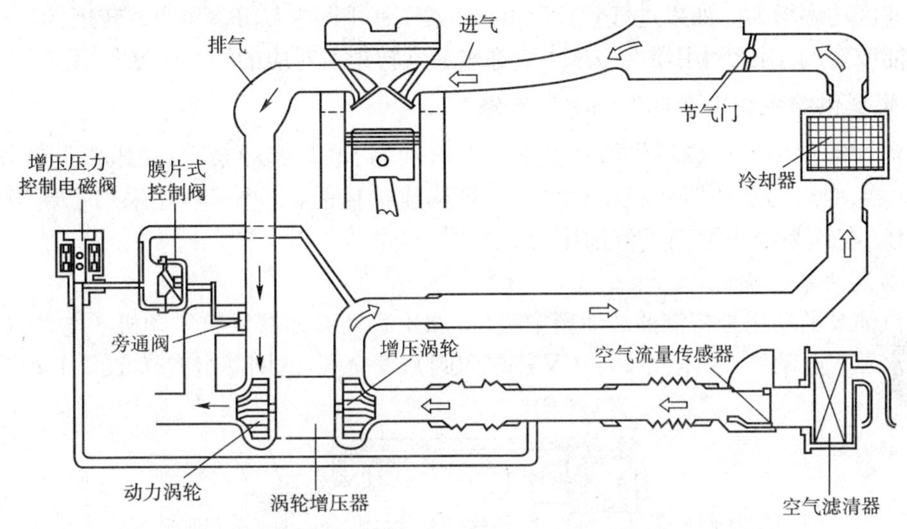

图 2-1-28 废气蜗轮增压控制系统的组成

在非增压发动机上,进气歧管绝对压力传感器通常用于监测进气歧管压力,作为喷油量的主控信号。但在增压发动机上,该传感器还用来监测蜗轮增压器的增压。当进气歧管压力达到特定值时,进气歧管绝对压力传感器给 ECU 发出一信号,切断发动机供油,从而使发动机转速及导致这一结果的增压压力降低。一旦进气歧管压力降至该值以下,就继续供油。

蜗轮增压器存在两个缺点:①在发动机转速很高时,蜗轮转速也很高,进气压力超出上限,使进气量超出需要。②发动机转速低时达不到蜗轮需要的转速,进气压力低于规定下限,使空气量不能满足所需,发动机功率又会达不到规定要求,即增压滞后。补救的方法就是在蜗轮增压器上加一旁通支路,当发动机转速较高时,部分废气走旁通支路而不通过增压器,从而保证不超过最佳压缩比,进而达到所要求的发动机功率。旁通支路在发动机怠速时几乎是关闭的,旁通支路的开闭由真空膜片室控制。

对于装有蜗轮增压器发动机而言,如果长时间怠速运转,增压器的叶轮轮背处会产生一定的负压,从而导致机油向外泄漏,因此应避免发动机长时间怠速运转。曲轴箱内压力超过规定值会使增压器回油管路内压力升高,回油不畅而造成密封环漏油,应经常检查曲轴箱的通风状态,以及下排气管路是否畅通。空气滤清器滤芯因灰尘过多造成阻塞时,增压器的进气负压会升高,叶轮的轮背处会出现过高的负压而造成密封环漏油,因此需定期检查和更换空气滤清器及滤芯。蜗轮增压发动机启动后需怠速运转 3 ~ 5min,熄火之前必须怠速运转 3 ~ 5min,这样可以防止增压器在缺乏润滑油的情况下运转,并可以防止增压器内的残留润滑油碳化。

(2)进气惯性增压控制系统(ACIS)。进气惯性增压控制系统是利用进气流惯性产生的压力波提高进气效率。当气体高速流向进气门时,如果进气门突然关闭,进气门附近气体流动突然停止,但是由于惯性,进气管仍在进气,于是将使进气门附近的气体被压缩,压力上升。当气体的惯性过后,被压缩的气体开始膨胀,向进气气流相反方向流动,压力下降。膨胀气体波传到进气管口时又被反射回来,形成压力波。如果上述进气压力脉动波与进气门开闭配合好,使反射的压力波集中到要打开的进气门旁,在进气门打开时就会形成增压进气的效果。一般而言,进气管长时,压力波的波长也长,可使发动机中低转速区功率增大;进气管短时,压力波的波长也短,可使发动机高速区功率增大。如果进气管长度可以改变,则可兼顾大功率和增大转矩,但一般进气管长度是不能改变的,因此利用惯性增压一般都按最大转矩所对应的转速区域利用。

(三)燃料供给系统主要部件结构与检修

电控汽油喷射发动机燃料供给系统主要由汽油箱、电动汽油泵、汽油压力调节器、汽油滤清器、喷油器、冷启动喷油器和温度时间开关等构成。目前,一些车辆还采用了新型无回油汽油供给系统,在该系统中取消了汽油压力调节器。

1. 电动汽油泵

电动汽油泵的功用是将汽油从油箱中吸出,加压后经喷油器供给发动机。电动汽油泵的基本结构由永磁式电动机、泵体、止回阀(又称单向阀)、安全阀、滤网等组成,如图 2-1-29 所示。

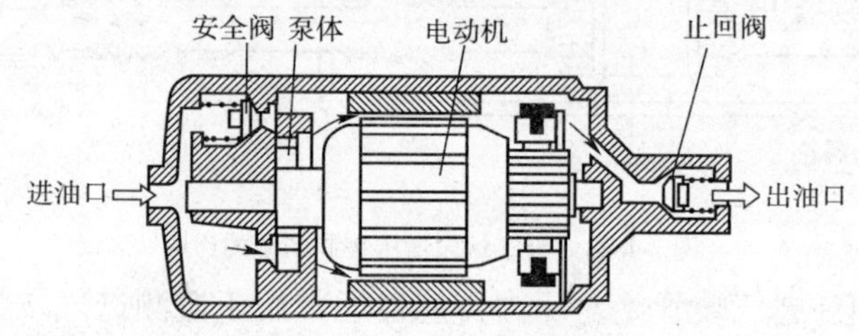

图 2-1-29　电动汽油泵结构

1)泵体

电动汽油泵根据其结构不同可分为滚柱泵、齿轮泵、蜗轮泵和侧槽泵等形式。滚柱泵是目前电动汽油泵最常用的结构形式,它由电动机驱动的转子(与泵套偏心安装)、转子外围的泵套和转子与泵套之间起密封作用的滚柱等构成。齿轮泵由带外齿的主动齿轮、带内齿的从动齿轮和泵套组成,后两者与主动齿轮偏心安装。

2)安全阀

电动汽油泵安全阀的作用是防止在工作中,出油口下游因某些原因出现堵塞时,发生管路破损和汽油漏泄事故。在电动汽油泵工作中,当出油口出现堵塞,工作压力上升到 400kPa 时,安全阀打开,高压汽油由泵的吸入侧连通,汽油在泵和电动机内部循环,这样可以使汽油压力的上升不高于设定汽油压力,防止管路内油压过高。

3)止回阀

电动汽油泵的止回阀可防止汽油倒流,保持管路残余压力,便于发动机热启动。当发动机熄火,电动汽油泵刚刚停止压送汽油时,止回阀便立即关闭,以保持泵和汽油压力调节器之间的汽油具有一定压力,该压力称为残余压力。通常,汽油一遇高温就要产生蒸气,汽油蒸气会引起电动汽油泵及喷油器的工作性能下降,其结果会造成发动机在高温情况下不易启动的问题。设置止回阀可以使发动机熄火后油路内汽油仍保持一定压力,减少了气阻现象,使发动机高温启动容易。

电动汽油泵本身最常见的故障是滤网堵塞、泵内阀泄漏和电动机故障，电动汽油泵因磨损而导致泵油压力不足的故障则较少见。

2. 汽油压力调节器

汽油压力调节器的作用是控制喷油器的喷油压力和进气歧管的绝对压力的压差保持恒定（即保持喷油压力与喷油环境压力的差值一定）。这样，从喷油器喷出的汽油量便唯一取决于喷油器的开启持续时间，使发动机 ECU 在各种负荷和转速下都能精确地进行喷油量控制。因为发动机所要求的汽油喷射量，是根据加给喷油器的通电时间长短来控制的。

3. 喷油器

1）喷油器的类型

电控汽油喷射系统用喷油器按用途可分为 SPI 用喷油器和 MPI 用喷油器；按燃料的输入位置可分为上部给料式和下部给料式；按喷口的形式可分为轴针式和孔式（球阀式、片阀式）等；按电磁线圈阻值可分为低阻式和高阻式。

2）喷油器的结构及原理

轴针式喷油器主要由喷油器外壳、喷油嘴、针阀、套在针阀上的衔铁以及根据喷油脉冲信号产生电磁吸力的电磁线圈组成，如图 2-1-30 所示。

喷油器的喷油量，取决于针阀行程、喷口面积及喷射环境压力与汽油压力的压差等因素。当上述这些因素一旦确定，则喷油量就取决于针阀的开启时间，即电磁线圈的通电时间。

3）喷油器的电压修正

喷油器的动态喷射量，会随喷油器驱动电源电压的高低而变化。当电源电压升高时，流经喷油器电磁线圈的电流增加，电磁线圈的吸力能较快地增大，从而使喷油器开阀时间缩短，针阀全开时间即有效喷射时间增长，因而电源电压升高，喷射量增加；反之，电源电压降低，喷射量减少。由于汽车上的电源电压不是恒定的，为了消除电源电压变化时对喷油量的影响，在电源电压变化时，常采用改变通电时间的方法予以修正。电源电压低时适当延长喷射时间，电源电压高时适当缩短喷射时间。其修正值随喷油器的规格及驱动方式的不同而略有差异。

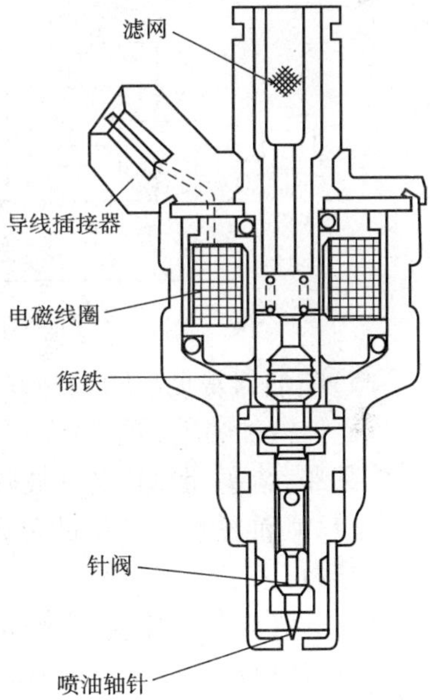

图 2-1-30　轴针式喷油器结构

4）喷油器的驱动方式

喷油器的结构不同，则驱动方式也不同。喷油器的驱动方式可分为电压驱动型和电流驱动型两种方式，如图 2-1-31 所示。电流驱动型只适用于低电阻喷油器，电压驱动型既可用于低电阻喷油器，又可用于高电阻喷油器。低电阻喷油器可与电压驱动方式或电流驱动方式配合使用。低电阻喷油器与电压驱动方式配合使用时，应在驱动回路中加入附加电阻。

（1）电流驱动方式。如图 2-1-32 所示，电流驱动方式的喷油器回路中没有使用附加电阻。高电阻喷油器与电压驱动方式配合使用。由于在功率晶体管 VT_1 截止时，喷油器的电磁线圈存在电感，在线圈两端可能产生很高的感应电动势，此电动势与电源电压一起作用在功率晶体管上，可能将其击穿。为了保护功率晶体管和缩短喷油器关阀时间，在驱动回路中常设 CR 消弧回路。

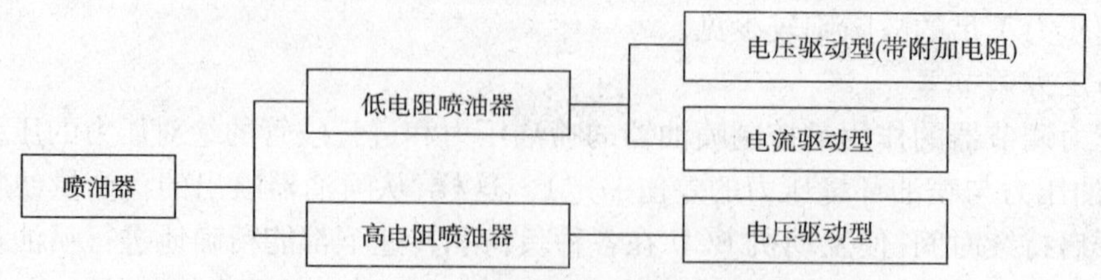

图 2-1-31　喷油器驱动方式

(2)电压驱动方式。如图 2-1-33 所示,在采用电压驱动喷油器回路时,为了确保响应性,通常使用 CR 消弧回路。当采用电流驱动喷油器回路时,为了利用喷油器回路本身来改善响应性,一般使用齐纳二极管,可以节省空间,降低成本。电流驱动喷油器回路的迟滞时间(无效喷射)最短,其次为电压驱动低电阻喷油器型,电压驱动高电阻喷油器型最长。

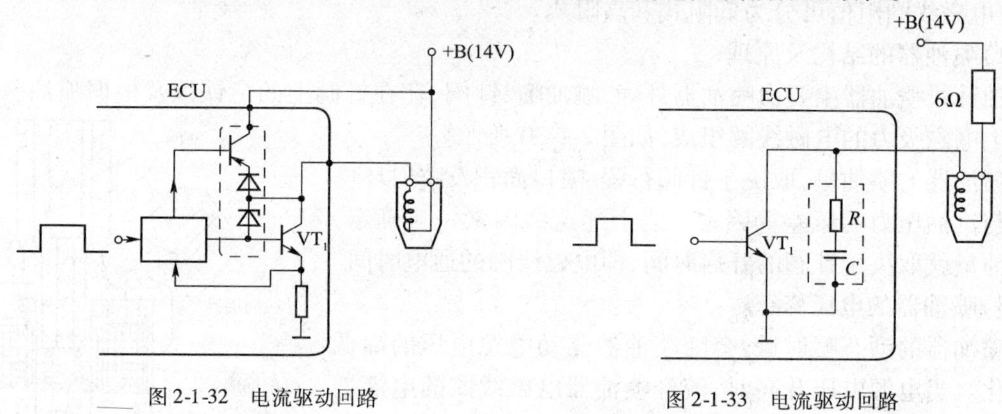

图 2-1-32　电流驱动回路　　　图 2-1-33　电流驱动回路

5)喷油器常见故障及检修

电控汽油喷射系统喷油器易损故障可分为机械故障和电路故障两种。机械故障表现为喷油器黏滞、堵塞、泄漏;电气故障表现为线圈断路、线圈短路和线圈老化。

(1)喷油器黏滞。该故障是在发动机 ECU 发出喷油信号,喷油器的电磁线圈通电后产生电磁吸力,由于针阀与阀座的间隙被残存的黏胶物阻塞,致使吸动柱塞升起的动作发涩,达不到规定的针阀开启速度,影响正常喷油量。喷油器发生黏滞故障后,发动机出现怠速不稳、启动困难、加速性能变差等症状。产生喷油器黏滞的主要原因是使用了劣质汽油而引起的。劣质汽油中的石蜡和胶质,会在短期内引起喷油器黏滞,造成发动机早期故障发生。

(2)喷油器堵塞。该故障可分为内部堵塞和外部堵塞两种状况。内部堵塞的原因是汽油中混入杂质和污物堵塞的喷油器内部的运动间隙,使喷油器机械动作失效。外部堵塞的原因是喷油器外部的喷射口被积炭和污物堵塞,造成喷油器喷射工作失效。喷油器发生堵塞故障后,发动机启动困难、运转不稳、怠速熄火、加速性能变差,甚至造成发动机喘抖,导致零件异常磨损情况恶化。由于喷油器堵塞的程度、状况不同,发动机出现早期故障的症状也不同。

(3)喷油器性能检查。将喷油器与蓄电池连接好,通电 15s,用量筒测量喷油器的喷油量,并观察汽油雾化情况。要求每个喷油器的喷油量与标准喷油量相差不得超过 10%。每个喷油器需测试 2 ~ 3 次,以保证喷油器喷油量的准确率。检测完喷油器后,脱开蓄电池与喷油器的连接线,在保持油路系统正常油压的情况下检查喷油器处有无漏油,要求每分钟漏油不得多于两滴。

(4)喷油器的清洗。用超声波正向、反向清洗喷油器。正向可以彻底清洗喷油器阀腔和阀座,反向则可以彻底洗脱滤网上的杂质。正反向清洗后,再用高速洁净气流吹净喷油器内的残留液体,以避免清洗液与测试液混合后产生沉淀物。

6)喷油器堵塞故障的诊断

利用废气分析仪可检查喷油器堵塞故障。当某缸断火后,喷入汽缸的汽油会通过排气管排出,这将使废气分析仪中 HC 读数增高。当切断良好喷油器 1 缸的点火后,会引起 HC 读数明显增高,当切断有故障喷油器 1 缸的点火后,HC 读数增高较少。因此,通过废气分析仪中 HC 变化量可以确定出有故障的喷油器。进行该项检测时,切断 1 缸点火后可使 HC 读数在 $200 \times 10^{-6} \sim 300 \times 10^{-6}$变化。

利用废气分析仪 CO 读数变化情况,也能对发动机各缸喷油器进行检测,断火后会使 CO 读数减少,CO 读数减少越快,喷油器向汽缸内喷出的汽油越多。因此,断火后 CO 读数减少小的汽缸的喷油器可能有堵塞故障。

4.燃油滤清器

燃油滤清器可清除燃油中的杂质,防止堵塞喷油器等部件,减少运动部件的磨损。

燃油滤清器一般采用纸滤芯,燃油滤清器的滤芯应根据车辆行驶里程、使用的燃油质量情况及时更换,以确保发动机稳定运行,提高可靠性。不同车型滤清器的更换周期不同,应根据车辆说明书上的更换周期进行更换,具体的更换周期见表 2-1-2。

常见发动机的燃油滤清器更换周期 表 2-1-2

发动机型号	更换周期(km)
卡罗拉 1RZ	80000
凯越 L91 或 L71	40000
桑塔纳 2000GSi 轿车 AJR	60000

5.油路故障诊断方法

电控汽油喷射式发动机为了便于再次启动,在发动机熄火后,汽油管路中仍保持着较高的汽油压力。在拆卸汽油管道、进行检修或更换汽油滤清器、电动汽油泵、喷油器等部件时,应释放掉汽油管道内的油压。

测量发动机运转时的汽油压力,然后拔下汽油压力调节器上的真空软管,并检查汽油压力,此时的汽油压力应比发动机怠速运转时的汽油压力高 50kPa 左右,如果压力变化不符合要求,即说明汽油压力调节器工作不良,应更换。

当汽油系统保持压力不符合标准值时,应检查电动汽油泵保持压力、汽油压力调节器保持压力和喷油器有无泄漏故障。将油压表接入汽油管路,直接给电动汽油泵接上蓄电池电压,并保持 10s,让电动汽油泵运转,用包上软布的钳子将汽油压力调节器的回油管夹紧,使回路停止回油,5min 后观察汽油压力,该压力称为汽油压力调节器保持压力。如果该压力仍然低于汽油系统保持压力的标准值,说明汽油系统保持压力过低的故障不在汽油压力调节器;相反若此时压力大于标准值,则说明汽油压力调节器有泄漏,应更换。

(四)电控系统主要部件结构与检修

1.传感器的结构与检修

1)冷却液温度传感器

冷却液温度传感器安装在发动机节温器出水口附近,它的功用是检测发动机冷却液温度。在发动机暖机过程中需要一定的附加加浓,其加浓量主要取决于发动机的温度、负荷和转速。对于装备自动变速器的车辆,当冷却液温度低于55℃时,液力变矩器的锁止离合器不能进入锁止工况;当冷却液温度低于70℃时,自动变速器不能升入高速挡;当冷却液温度过高时,自动变速器ECU会让液力变矩器锁止,帮助发动机冷却液降低温度,防止发动机过热。

冷却液温度传感器由封闭在金属盒内的对温度变化非常敏感的负温度系数热敏电阻(NTC电阻)构成,利用电阻值的变化来检测冷却液的温度。冷却液温度越低电阻值越大,冷却液温度越高电阻值越小。将该传感器的信号输入到ECU,就可以根据冷却液温度进行喷油量的控制。

2)曲轴位置传感器

曲轴位置传感器是发动机电子控制系统中最主要的传感器之一,它提供点火时刻(点火提前角)、确认曲轴位置的信号,用于检测活塞上止点、曲轴转角及发动机转速。具有这种功能的传感器形式很多,其中使用最多的是磁脉冲式传感器、霍尔效应式传感器。

(1)霍尔式传感器。霍尔式传感器主要由触发叶轮、霍尔集成电路、导磁钢片(磁轭)与永久磁铁等组成,基本结构如图2-1-34所示。触发叶轮安装在转子轴上,叶轮上制有叶片(叶片数与发动机汽缸数相等)。当触发叶轮随转子轴一同转动时,叶片便在霍尔集成电路与永久磁铁之间转动。霍尔集成电路由霍尔元件、放大电路、稳压电路、温度补偿电路、信号变换电路和输出电路等组成。

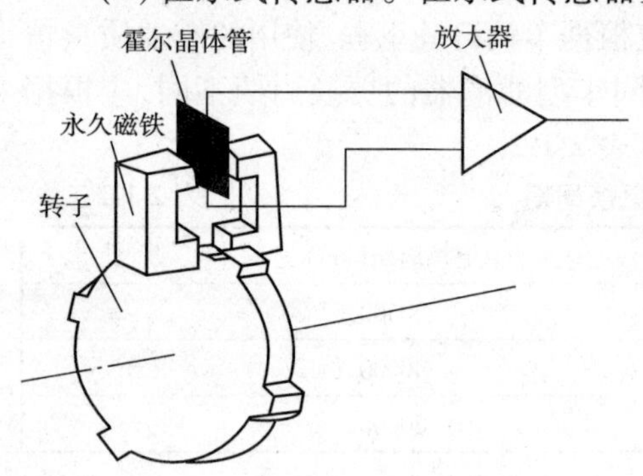

图2-1-34 霍尔式传感器工作原理

工作时,由ECU提供电源电流给霍尔元件,触发叶轮的叶片便从霍尔集成电路与永久磁铁之间的气隙中转过,使磁场强度改变,霍尔晶体管产生的霍尔电压经放大后输送给ECU。ECU根据霍尔电压产生的时刻确定凸轮轴位置,根据霍尔电压产生的次数确定曲轴转角和发动机转速。霍尔电压随磁场强度的变化而变化,磁场越强,电压越高;磁场越弱,电压越低。

(2)磁脉冲式传感器。其主要由信号转子、线圈和永久磁铁组成,如图2-1-35所示。当信号转子旋转时,磁路中的气隙就会周期性的发生变化,磁路的磁阻和穿过信号线圈磁头的磁通量随之发生周期性的变化。根据电磁感应原理,线圈中就会感应产生交变电动势,ECU根据电压变化的次数来判断曲轴的位置和转数。

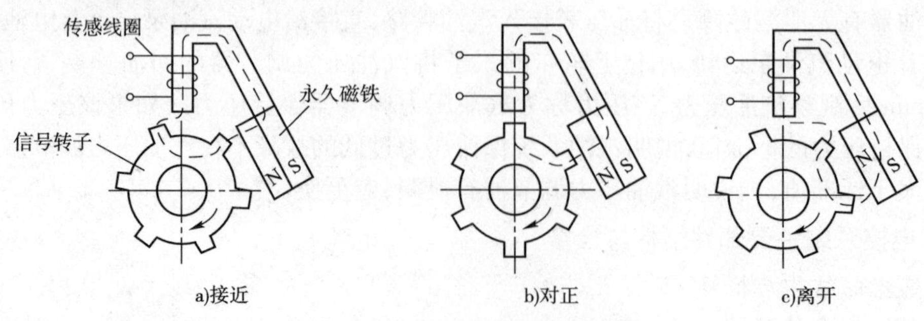

图2-1-35 磁感应式传感器工作原理

3)氧传感器

氧传感器安装在排气管上,用来检测排气中氧的浓度,并将该信号转变为电信号输入ECU,ECU根据该信号,对喷油进行修正,实现空燃比的反馈控制。目前使用的氧传感器有氧化锆(ZrO_2)式、氧化钛(TiO_2)式和宽量程氧传感器三种。

(1)氧化锆(ZrO_2)式氧传感器。氧化锆氧传感器的构造如图2-1-36所示,其基本元件是氧化锆管,氧化锆管固定在带有安装螺纹的固定套内,在氧化锆管的内、外表面均覆盖着一薄层铂作为电极,传感器内侧通大气,外侧直接与排气管中的废气接触。在氧化锆管外表面的铂层上,还覆盖着一层多孔的陶瓷涂层,并加有带槽口的防护套管,用来防止废气对铂电极产生腐蚀;在传感器的线束插接器端有金属护套,其上设有小孔,以便使氧化锆管内侧通大气。

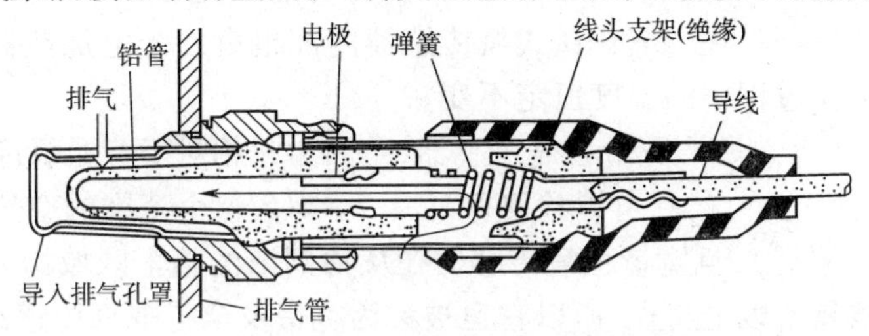

图2-1-36 氧化锆式氧传感器结构

①工作原理。当混合气的实际空燃比小于理论空燃比,即发动机以较浓的混合气运转时,排气中氧含量少,但CO、HC等较多。这些气体在锆管外表面铂的催化作用下与氧发生反应,将耗尽排气中残余的氧,使锆管外表面氧气浓度变为零,这就使得锆管内、外侧氧浓度差加大,两铂极间电压陡增。因此,氧化锆式氧传感器产生的电压将在理论空燃比时发生突变:当混合气较稀时,输出电压几乎为零;当混合气较浓时,输出电压接近1V。

②常见故障。氧传感器的常见故障有铅中毒、积炭、氧传感器内部线路断或脱开、陶瓷元件破损、加热电阻丝烧断。氧传感器的故障会使ECU不能得到排气管中氧浓度的信息,不能对空燃比进行反馈控制,会使发动机油耗和排气污染增加,发动机出现怠速不稳、缺火、喘振(抖)等故障现象。

③检测。在对氧传感器的反馈电压进行检测时,最好使用指针式电压表或示波器,以便直观地反映出反馈电压的变化情况。此外,电压表应是低量程(通常为2V)和高阻抗(阻抗太低会损坏氧传感器)的。氧化锆式氧传感器的检测:拔下氧传感器的导线插接器,使氧传感器不再与ECU连接,将电压表的正极测笔直接与氧传感器反馈电压输出端子C连接,负极测笔搭铁,然后,在发动机正常运转时脱开接在进气管上的曲轴箱强制通风管或其他真空软管,人为地形成稀混合气,此时电压表读数应下降到0.1~0.3V;接上脱开的曲轴箱通风管或真空软管,再拔下冷却液温度传感器导线插接器,且用一个4k~8kΩ的电阻代替冷却液温度传感器(或堵住空气滤清器的进气口),人为地形成浓混合气,此时,电压表读数应上升到0.8~1.0V。也可以用突然踩下或松开加速踏板的方法来改变混合气浓度。在突然踩下加速踏板时,混合气变浓,反馈电压应上升;突然松开踏板时,混合气变稀,反馈电压应下降。如果在混合气浓度变化时,氧传感器输出电压不能相应的改变,则说明氧传感器有故障。此时可拆去一根大真空软管,使发动机高速运转,以清除氧传感器上的铅或积炭,然后再测试。如果氧传感器反馈电压能按上述规律变化,说明氧传感器良好;否则,应更换氧传感器。

拆下氧传感器后可以通过观察氧传感器的外观(氧传感器顶端)的颜色判断氧传感器损坏的原因。氧传感器顶端的正常颜色应为淡灰色,一旦发现氧传感器顶端颜色发生变化时,就表示氧传感器已经失效,黑色顶端的氧传感器表明被炭污染,红棕色顶端的氧传感器表明氧传感器铅中毒,白色顶端的氧传感器表明被硅污染(这多是由于发动机在维修时使用了不符合要求的硅密封胶的缘故)。除了因为炭污染(黑色顶端)可以用火烧的方法恢复氧传感器的工作性能以外,其他情况均需要更换氧传感器。

(2)氧化钛式氧传感器。氧化钛式氧传感器是利用二氧化钛(TiO_2)材料的电阻值随排气中氧含量的变化而变化的特性制成的,故又称电阻型氧传感器。纯二氧化钛在常温下是一种高电阻的半导体,但表面一旦缺氧,其晶格便出现缺陷,电阻随之减小。由于二氧化钛的电阻也随温度不同而变化,因此,在二氧化钛式氧传感器内部也有一个电加热器,以保持氧化钛式氧传感器在发动机工作过程中的温度恒定不变。

(3)宽量程氧传感器。所谓宽量程氧传感器,是因为它相对于普通氧传感器仅能检测 $\lambda=1$ 附近的理论空燃比点的特点,它可以检测又从 0.7~2.5 整个范围的空燃比(目前设计的发动机空燃比 λ 在 1.5 附近),且宽量程氧传感器在从稀到浓的整个区域均呈现线性输出特性。由于宽量程氧传感器具备以上特点,所以它也被称为宽带及全范围氧传感器。

根据氧传感器制造材料的不同,宽量程氧传感器可分为以 ZrO_2 为基体的固体电解质型和利用氧化物半导体电阻变化型两大类;根据传感器的结构的不同,宽量程氧传感器又可分为电池型、临界电流型及泵电池型。

除了利用故障检测仪外,也可以通过万用表对宽量程氧传感器的性能进行检测。在测试时,需要使用两块万用表进行配合测试。具体方法是将一块万用表置于电压挡,表笔接到被测传感器的测量室两侧电极,将另一块万用表置于电流挡,将表笔串到被测氧传感器两侧电极的接线中,启动发动机通过加减速模拟混合气空燃比频繁改变时,观察万用表的数值变化情况。正常情况下,应该可以看到两块万用表的数值呈反相变化:当电压表上升时,电流表指示电流应缓慢下降;当电压表指示下降时,电流表指示电流应上升。如果出现不动或单块表变化,说明传感器损坏。

2. ECU 的检修

ECU 的故障检测一般在原车上进行,因为 ECU 接口较复杂,离车后很难满足多信号、多负载、多电源及多地线的连接。检测车用 ECU 的工具、设备与仪表有:数字万用表、故障检测仪、试灯及示波器等。检查方法包括静态检查和动态检测。

在检测 ECU 端子的电压和电阻时应注意以下事项:

(1)在检测之前,应先检查发动机电子控制系统及其他电子控制系统和电气系统各熔断器、熔断丝及有关导线插接器是否良好。

(2)在点火开关处于“ON”位置时,蓄电池电压应不低于 11V,蓄电池电压过低会影响测量结果。

(3)必须使用高阻抗的万用表(阻抗应大于 10MΩ/V),低阻抗的万用表会损坏 ECU。最好使用汽车专用万用表进行检测。

(4)必须在 ECU 和导线插接器处于连接的状态下测量 ECU 各端子的电压,并且万用表的测笔应从导线插接器的导线一侧插入,进行测量 ECU 各端子的电压。

(5)不可在脱开 ECU 的导线插接器的状态下,直接测量 ECU 的各端子电阻,否则会损坏 ECU。

(6)若要脱开 ECU 的导线插接器测量各控制线路,则应先拆下蓄电池负极搭铁线,不可在蓄电池连接完好的状态下脱开发动机 ECU 导线插接器,否则可能损坏 ECU。

(7)在检测时,应先将 ECU 连同导线一同拆下,在导线插接器处于连接的状态下,按照车型 ECU 技术要求的检测顺序,分别在点火开关断开(OFF)、接通(ON)及发动机运转状态下测量 ECU 各端子与搭铁端子之间的电压。也可以脱开 ECU 导线插接器,测量各控制线路的电阻,从而确定控制线路是否正常。

(五)电控汽油喷射发动机常见故障诊断与排除

1.发动机不能启动

发动机不能启动的现象主要有启动机带不动发动机运转,或能带动,但转动缓慢;启动机能带动发动机正常转动,但不能启动,且无着车征兆;有着车征兆,但发动机不能启动。造成发动机不能启动的原因很多,有启动系统、点火系统、汽油喷射系统及发动机机械故障等。

汽油喷射系统的一般故障通常不会导致发动机不能启动。如果出现了不能启动且无着车征兆的故障,其原因一定是发动机的点火系统、汽油系统或控制系统三者之中的一个或一个以上的系统完全丧失了功能。因此,不能启动的故障诊断和排除,应重点集中在上述三个系统中。通常电子控制汽油喷射式发动机的启动控制系统要求在启动时不踩加速踏板。如果在启动时将加速踏板完全踩下或反复踩加速踏板以求增加供油量,往往会使控制系统的溢油消除功能起作用,从而导致喷油器不喷油,造成不能启动。检查电子点火系统有无高压火花的正确检查方法是:从分电器上拔下高压总线,让高压总线末端距离缸体 5~6mm,或拔下高压分线,将一个火花塞接在高压线上;将火花塞搭铁;接通启动开关,用启动机带动发动机转动,同时观察高压总线末端或火花塞电极处有无强烈的蓝色高压火花。

有着车征兆而不能启动,说明点火系统、汽油喷射系统和控制系统虽然工作失常,但并没有完全丧失功能。这种不能启动故障的原因不外乎是高压火花太弱或点火正时不正确、混合气太稀、混合气太浓、汽缸压力太低等。一般先检查点火系统,然后再检查进气系统、汽油系统、控制系统,最后检查发动机汽缸压力。

采用空气流量传感器测量进气量的汽油喷射系统,只要在空气流量传感器之后的进气管道有漏气就会影响进气量计量的准确性,从而使混合气变稀。严重漏气会导致发动机不能启动。

汽油蒸发排放控制系统和废气再循环系统在启动及怠速运转中是不工作的。如因某种原因而使它们在启动时就进入工作状态,也会影响启动性能。将汽油蒸发回收软管或废气再循环管道堵塞住,再启动发动机。如在这种状态下发动机能正常启动,说明该系统有故障,应认真检查。

2.发动机启动困难

发动机启动困难是指启动机能带动发动机按正常速度转动,有明显着车征兆,但不能启动,或需要连续多次启动或长时间转动启动机才能启动。对于启动困难的故障,应分清是在冷车时出现还是在热车时出现,或者不论冷车热车均出现。这一故障的原因一般是在喷油系统。

导致电控发动机启动困难的故障原因主要有:进气系统中有漏气;汽油压力太低;空气滤

清器滤芯堵塞;冷却液温度传感器故障;空气流量传感器故障;怠速控制阀或空气阀故障;冷启动喷油器不工作(冷车启动困难)或冷启动喷油器一直工作(热车启动困难);温度时间开关故障;喷油器故障(不工作、漏油、堵塞);点火正时不正确;启动开关至 ECU 的接线断路;汽缸压缩压力太低;进气门附近有大量积炭;三元催化转化器堵塞;ECU 故障。发动机怠速运转时进气管真空度若小于 66.7kPa,说明进气系统中有空气泄漏;若大于 66.7kPa,则检查三元催化转化器是否堵塞。如果节气门在 1/4 左右开度时发动机能正常启动,而节气门全关时启动困难,应检查怠速控制阀及空气阀是否正常。

3. 怠速不良

发动机怠速不稳,易熄火的故障原因有:进气系统中有漏气;汽油压力太低;空气滤清器堵塞;喷油器雾化不良、漏油或堵塞;怠速调整不当;怠速控制阀或旁通空气阀工作不良;火花塞工作不良;空气流量传感器有故障;汽缸压缩压力过低。

冷车怠速不稳、易熄火的故障原因有:空气阀故障;怠速控制阀故障;冷却液温度传感器故障。

热车怠速不稳或熄火的故障原因有:怠速调整过低;冷却液温度传感器有故障;怠速控制阀有故障;火花塞工作不良;喷油器工作不良。

热车怠速过高的故障原因有:节气门卡滞、关闭不严;怠速调整不当;空气阀故障;怠速控制阀故障;冷却液温度传感器故障;空调开关、动力转向器压力开关有故障;曲轴箱强制通风阀故障。

怠速上下波动的故障原因有:怠速开关(节气门位置传感器)调整不当,在怠速时怠速开关触点不闭合;喷油器雾化不良或堵塞;空气流量传感器有故障;怠速控制阀或怠速自动控制电路有故障;冷却液温度传感器信号不正确;氧传感器失效或反馈控制电路有故障。

使用空调器或转向时怠速不稳或熄火的故障原因有:发动机初始怠速调整过低,使怠速自动控制无法正常进行;怠速控制阀不工作,在使用空调器或汽车转向时,由于空调压缩机或动力转向液压泵开始工作,增大了发动机负荷,导致怠速过低、运转不稳或熄火;空调开关或动力转向开关及其控制线路有故障,使 ECU 得不到使用空调器和汽车转向的信号,没有进行怠速自动控制,导致怠速过低、不稳或熄火。

4. 加速不良

加速不良的故障原因有:点火提前角不正确;汽油压力过低;进气系统中有漏气;节气门位置传感器或空气流量传感器故障;喷油器工作不良;废气再循环系统工作不正常;进、排气不畅通。

5. 动力不足

发动机动力不足的故障原因有:空气滤清器堵塞;节气门调整不当,不能全开;汽油压力过低;蓄电池电压过低;喷油器堵塞或雾化不良;冷却液温度传感器故障;空气流量传感器故障;点火正时不当或高压火花太弱;发动机汽缸压缩压力过低;排气系统堵塞。

蓄电池电压过低,会引起喷油器喷油量减少,造成发动机动力不足,加速迟缓。

6. 油耗过大

导致发动机动力良好,但耗油量过大,加速时排气管冒黑烟的故障原因可能有:冷却液温度传感器失常;空气流量传感器或进气歧管绝对压力传感器失常;节气门位置传感器失常;汽油压力过高;冷启动喷油器漏油或冷启动控制失常;喷油器漏油。

7. 发动机进气管回火

迅速增大节气门开度时进气管回火的故障原因有：进气系统漏气；点火时间过早；冷启动喷油器不喷油（冷启动时回火）；汽油压力偏低；喷油器工作不良或喷油器控制信号不良；蓄电池电压过低。

8. 排气管放炮

排气管放炮的故障原因有：点火时间过迟；冷启动喷油器不正常供油；喷油器漏油；汽油压力调节器不良（喷油压力过高）；点火系缺火或火花弱；喷油器控制信号不良；排气门漏气；怠速控制系统不良。

五　柴油机燃油供给系统结构与检修

（一）柴油

柴油机使用的燃料是柴油，柴油和汽油一样都是石油制品。在石油蒸馏过程中，温度在200～350℃之间的馏分即为柴油。

1. 柴油的类型和牌号

柴油分为轻柴油和重柴油，汽车柴油机均为高速柴油机，使用轻柴油。我国轻柴油按低温流动性能指标（凝点）命名。国标《轻柴油》（GB 252—1994）中把轻柴油分为10号、5号、0号、-10号、-20号、-35号、-50号7种牌号，其凝点依次为不高于10℃、5℃、0℃、-10℃、-20℃、-35℃和-50℃。

2. 柴油的使用性能指标

柴油的使用性能指标主要包括发火性（又称着火性）、低温流动性、蒸发性、凝点和黏度等。

（1）发火性。发火性是指柴油的自燃能力，用十六烷值评定。十六烷值越高，发火性越好，越容易自燃。但十六烷值高的柴油的凝点也高，因而蒸发性差。故通常汽车用柴油的十六烷值一般为40～60。

（2）蒸发性。蒸发性是指柴油蒸发汽化的能力，用柴油馏出某一百分比的温度范围即馏程和闪点来表示。比如，50%馏出温度即柴油馏出50%的温度，此温度越低，柴油的蒸发性越好。蒸发性好的柴油能在短时间内同空气均匀混合，所以它燃烧速度就快。柴油的闪点指在一定的试验条件下，当柴油蒸气与周围空气形成混合气接近火焰时，开始出现闪火的温度。闪点低，蒸发性好。

（3）低温流动性。用柴油的凝点和冷滤点评定低温流动性。凝点是指柴油失去流动性开始凝固时的温度，而冷滤点则是指特定的试验条件下，在1min内柴油开始不能流过过滤器20mL时的最高温度。一般柴油的冷滤点比其凝点高4～6℃。

（4）黏度。黏度与柴油的流动性有关，黏度随温度而变化，当温度升高时，黏度减小，流动性增强；反之，当温度降低时，黏度增大，流动性减弱。

3. 柴油的选用

选用柴油标号总的原则是在任何气温下，都要保证柴油的流动供给。选用柴油时，应该根据当时当地的气温确定，轻柴油选择按照风险率为10%的最低气温进行选用。要求柴油的凝点应该低于气温5℃以上，以保证柴油在最低气温时不致凝固而影响使用。若柴油牌号不对，冬季使用夏季用油,则易使发动机不能启动或很难启动。

4. 柴油机燃烧过程

在柴油机压缩和做功过程中,根据汽缸中压力和温度的变化特点,可将混合气的燃烧过程按曲轴转角划分为4个阶段,即着火延迟期(备燃期)、速燃期、缓燃期和后燃期。

(1)着火延迟期(备燃期)。着火延迟期是指从喷油始点到燃烧始点之间所对应的曲轴转角。在压缩行程末期,喷入汽缸的雾状柴油从汽缸中的高温空气中吸收热量,并逐步蒸发、扩散,与空气混合,进行燃烧前的物理和化学准备。若着火延迟期过长,缸内形成的混合气数量多,一旦燃烧,会造成汽缸压力急剧升高,造成发动机的工作粗暴。喷油时缸内的温度和压力越高,则着火延迟期越短。柴油的自燃性较好(十六值较高),着火延迟期较短。

(2)速燃期。速燃期是指燃烧始点到汽缸内产生最高压力点之间所对应的曲轴转角。由于产生了火焰中心,并迅速向燃烧室四周传播,汽缸内压力和温度迅速上升,至达到最高值,最高压力点一般出现在上止点后6°~15°曲轴转角处。

(3)缓燃期。缓燃期是指从最高压力点到最高温度点为止的曲轴转角。此阶段边喷油边燃烧,开始燃烧很快,但随着氧气减少、废气增加,燃烧条件变差,故燃烧逐渐减慢,而汽缸内温度却能继续升高达到最高点。最高温度出现在上止点后20°~25°曲轴转角处。

(4)后燃期。后燃期是指从最高温度点到燃料基本烧完为止的曲轴转角。在此期间,汽缸容积迅速增大,压力和温度均降低。

由于柴油的蒸发性和流动性较汽油差,而且柴油机的混合气形成时间较汽油机短促得多,因此,柴油机不得不采用较大的过量空气系数,使喷入汽缸的柴油能够燃烧得比较完全。

(二)传统柴油机燃料供给系统的结构与检修

1. 柴油机燃料供给系统的功用及组成

柴油机燃料供给系统的功用主要是完成燃料的储存、滤清和输送工作,按柴油机各种不同工况的要求,定时、定量、定压并以一定的喷油质量喷入燃烧室,使其与空气迅速而良好地混合和燃烧,最后使废气排入大气。柴油机燃料供给系统由燃油供给系统、空气供给系统、混合气形成系统及废气排出系统四部分组成,如图2-1-37所示。

(1)燃油供给系统。柴油机燃油供给系统主要由柴油箱、输油泵、低压油管、滤清器、喷油器、高压油管和喷油器及回油管等组成。

(2)空气供给系统。柴油机空气供给系统主要由空气滤清器、进气管等组成,有的还有增压器。

(3)混合气形成。柴油机的混合气是在燃烧室内形成的。

(4)废气排出系统。柴油机的废气排出系统主要由排气管和排气消声器组成。

(5)燃油供给路线。柴油机燃油供给系统的低压油路从柴油箱到喷油泵入口,油压一般为0.15M~0.3MPa。柴油机燃油供给系统的高压油路从喷油泵到喷油器,油压在10MPa以上。柴油机燃油供给系统的输油泵供油量比喷油泵的最大喷油量大3~4倍,大量多余的燃油经喷油泵进油室一端的限压阀和回油管流回输油泵的进口或直接流回柴油箱。喷油器工作间隙泄漏的极少量柴油也经回油管流回柴油箱。

2. 喷油器

1)喷油器的功用及类型

喷油器的功用是使一定数量的燃油得到良好的雾化，同时使燃油的喷射按燃烧室类型合理分布。喷油器工作时应满足如下要求：应具有一定的喷射压力和射程，合适的喷雾锥角和雾化质量；喷停要迅速，不发生燃油滴漏；喷油器的喷油规律是开始喷油少，中期喷油多，后期喷油少。喷油器分为开式和闭式两种类型，车用柴油机多数采用闭式喷油器。闭式喷油器按其结构形式可分为孔式和轴针式两种基本类型。

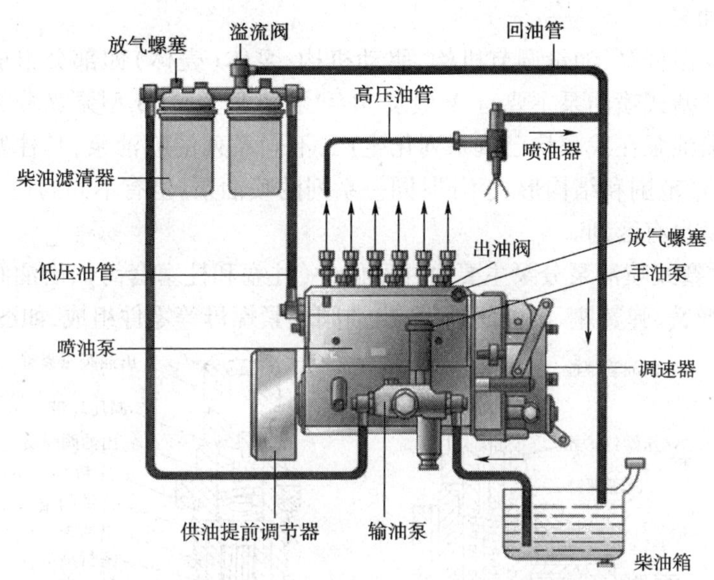

图 2-1-37 柴油机燃料供给系统组成示意图

2）孔式喷油器

孔式喷油器主要由针阀、针阀体、顶杆、调压弹簧、调压螺钉、喷油器体等组成，如图 2-1-38 所示。喷油器针阀和针阀体是一对不能互换的高精密偶件（一般称其为喷油嘴或喷油头）。针阀上部圆柱面与针阀体相应的内圆柱面为高精度的滑动配合，配合间隙为0.001～0.0025mm。此间隙过大，则会泄漏较多的柴油而使油压下降，喷油滞后，影响喷雾质量，减少供油量；间隙过小，则针阀不能自由滑动。孔式喷油器主要用于直接喷射燃烧室，喷油孔的数目一般为 1～8 个，喷孔直径为 0.2～0.8mm，喷孔数与喷孔角度的选择视燃烧室的形状、大小及空气涡流情况而定。

3）轴针式喷油器

为了使柴油机工作柔和，改善后期燃烧条件，喷油器最好在每一循环的供油量中，开始喷油少，中间喷油多，后期喷油少。轴针式喷油器有两个可变的节流断面，通过密封锥面及轴针处的节流断面作用，可较好地满足该种喷油特性要求。轴针式喷油器喷孔直径较大（1～3mm），适用于对喷雾要求不高的涡流室式燃烧室和预燃室式燃烧室。工作时轴针在喷孔内上下往复运动，喷孔不易积炭，而且还能自行清除积炭，有自洁作用。喷油提前角是指开始喷油到活塞到达上止点所对应的曲轴转角。

3. 喷油泵

1）喷油泵的功用及类型

喷油泵的主要功用有：提高油压（定压），即将喷油压力提高到 10M～20MPa；控制喷油时间(定时),即按规定的时间喷油和停止喷油;控制喷油量(定量),即根据柴油机的工作情况,改变喷油量的多少,以调节柴油机的转速和功率。喷油泵在工作时应满足以下要求:按柴油机工作顺序供油,而且各缸供油量均匀;各缸供油提前角要相同;各缸供油延续时间要相等;油压的建立和供油的停止都必须迅速,以防止滴漏现象发生。

车用柴油机喷油泵根据其作用原理不同大体可分柱塞式喷油泵和转子分配式喷油泵。

2)柱塞式喷油泵

柱塞式喷油泵由分泵、油量调节机构、驱动机构、泵体(壳体)四部分组成。目前,国产车用柴油机常用的柱塞式喷油泵主要有 A 型泵、B 型泵和 P 型泵,B 型泵又分为Ⅰ号泵、Ⅱ号泵和Ⅲ泵等。各型喷油泵在我国均已成系列化生产,不同系列的喷油泵,其柱塞行程、分泵中心距、最大循环供油量范围和结构形式不同;同一系列的喷油泵,也有不同的柱塞直径和分泵数,分泵的循环供油量也有区别。

(1)分泵。柱塞式喷油泵分泵主要由柱塞偶件(柱塞和柱塞套筒)、出油阀偶件(出油阀和出油阀座)、复位弹簧、弹簧座、出油阀弹簧、出油阀压紧螺母等零件组成,如图 2-1-39 所示。

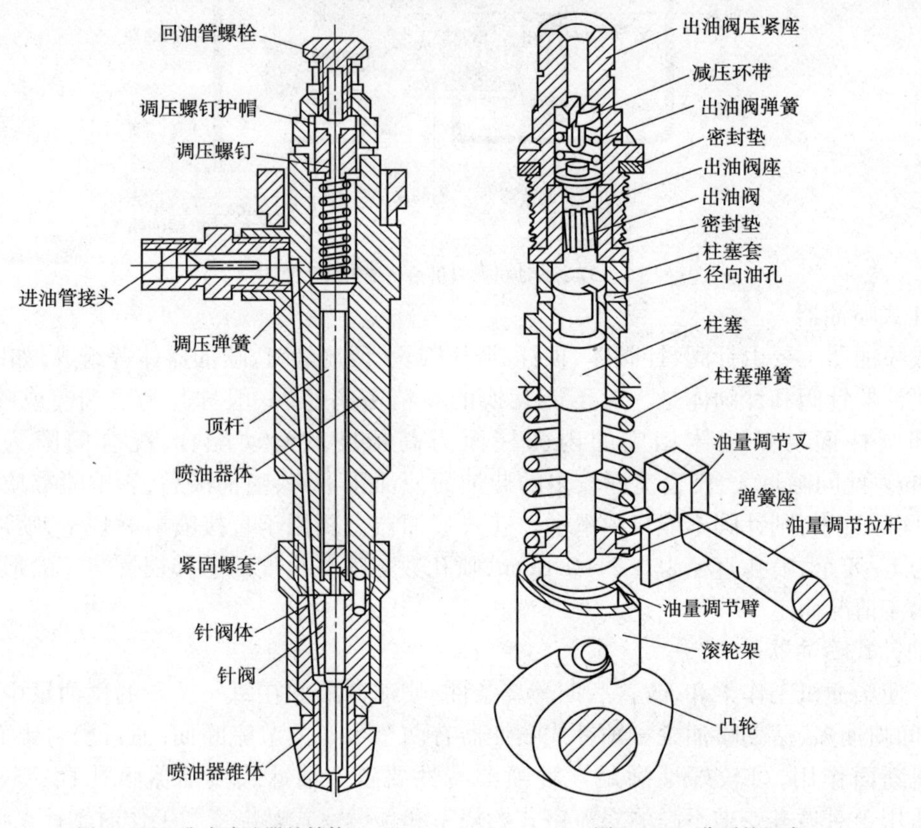

图 2-1-38 孔式喷油器的结构

图 2-1-39 分泵的组成

柱塞和柱塞套筒是一对精密偶件,不能互换。采用柱塞泵的柴油机每缸的供油主要靠对应缸分泵的柱塞偶件提供。柱塞式喷油泵的泵油过程分为进油过程、压油过程和回油过程三阶段,如图 2-1-40 所示。

柱塞在从下止点向上止点运动的全行程中,包括预备行程(柱塞从下止点上升到其上端面将进油孔完全关闭时所移动的距离)、减压带行程(柱塞从预备行程结束到出油阀开启减压带开始离开阀座的导孔时所移动的距离)、有效行程(柱塞从出油阀开启,到柱塞的螺旋线或斜槽上线打开回油孔时移动的距离)和剩余行程(柱塞从有效行程结束开始回油,上升到上止点时移动的距离)。喷油泵每次泵出的油量取决于柱塞有效行程的长短。因此,欲使喷油泵能随发动机工况不同而改变供油量,只需改变有效行程。一般由改变柱塞斜槽棱边与柱塞套上油孔的相对位置来实现。

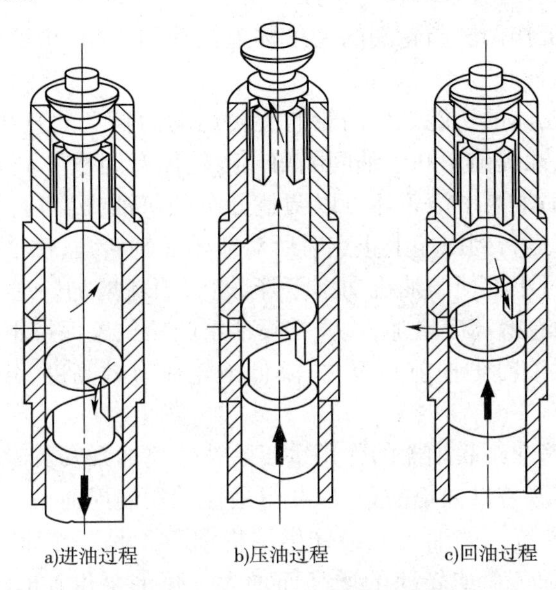

图 2-1-40　柱塞式喷油泵的泵油过程

柱塞偶件的检修主要包括柱塞偶件的外观检验和柱塞的滑动性能试验两个方面的内容。出油阀偶件由出油阀和阀座组成,是精密偶件,配对以后不能互换。

喷油泵出油阀上减压环带的作用:防止喷油前滴油,提高喷射速度;防止喷油后滴油,提高关闭速度;防止燃油倒流,使高压油管内保持一定的残余压力。

柱塞式喷油泵的速度特性是随发动机转速的提高,喷油泵供油量增大。柱塞式喷油泵当要停机时,是通过把喷油泵柱塞的有效行程调为零而实现的。柴油机各缸供油不均匀度的控制,对不同的速度,一般是高速要求高些。

(2)油量调节机构。柴油机是通过调节发动机的喷油量来满足不同工况的需要。喷油泵油量调节机构的作用是执行驾驶员或调速器的指令,转动柱塞改变各分泵的供油量,以适应柴油机负荷和转速变化的需要,并通过它来调整各缸供油的均匀性。油量调节机构主要有拨叉式和齿杆式两种类型。

对于拨叉式油量调节机构,当各缸供油量不等时,可松开固定螺钉改变拨叉在供油拉杆上的位置予以调整。

对于齿杆式油量调节机构,各缸供油均匀性的调整,是通过改变齿圈与传动套筒圆周方向的相对位置来实现的。由于齿杆式油量调节机构零件较多,为了保证各分泵柱塞和齿杆位置一致,各分泵柱塞的传动套筒、齿扇、齿杆等都有装配位置记号,装配时要保证记号对齐。

(3)驱动机构。喷油泵是由柴油机曲轴前端的正时齿轮,通过一组齿轮来驱动的。喷油泵驱动齿轮和中间齿轮上都刻有正时记号。有的喷油泵直接利用其前端壳体上的凸缘盘固定在驱动齿轮后面的箱体上,固定螺栓处是弧形槽连接,可利用壳体相对于凸轮轴的转动来调节供油提前角能大小。

①分泵驱动机构。分泵驱动机构的主要作用是推动柱塞往复运动,完成进油、压油、回油过程,保证供油正时。分泵驱动机构主要由凸轮轴和滚轮体等组成。四冲程柴油机曲轴转两周喷油泵的凸轮轴转一周,各分泵都供一次油。由于加入中间传动齿轮,喷油泵凸轮轴的旋转方向与曲轴相同。相邻工作两缸凸轮间的夹角称为供油间隔角,角度的大小与配气机构凸轮轴同名凸轮的排列相同。

柴油机喷油泵中滚轮体的功能是变凸轮的旋转运动为自身的直线往复运动,推动柱塞上行供油,调整各分泵的供油提前角和供油间隔角。滚轮体有调整垫块式、调整螺钉式和不可调整式三种类型。柴油机喷油泵中滚轮体可以调整分泵的供油提前角,分泵供油提前角是指分泵供油开始,至该缸活塞运行到压缩上止点时所对应的曲轴转角,供油提前角直接影响喷油提前角,喷油提前角过大、过小都使柴油机功率下降,燃油消耗增加。通过调整垫块厚度和拧出调整螺钉,都使滚轮体的有效高度增加,这样在喷油泵凸轮位置保持不变时,使分泵柱塞升高,分泵供油提前角增大(供油时刻提前);反之,降低滚轮体有效高度,分泵供油提前角减小(供油时刻推迟)。

②联轴器。柴油机喷油泵联轴器的作用主要是补偿喷油泵安装时凸轮轴和驱动轴的同轴度偏差;用小量的角位移调节供油提前角,以获得最佳的喷油提前角。

③供油提前角调节装置。柴油机的最佳供油提前角不是一个常数,应随柴油机负荷(供油量)和转速的变化,即随负荷或转速的增高而加大。喷油泵供油时刻可以用供油起始角表示,供油起始角指第 1 缸分泵柱塞开始供油时,应凸轮的中心线与滚轮体中心线的夹角。喷油泵的供油起始角与柴油机的供油提前角完全不是一回事,两者的角度含义不同,一个是凸轮轴的转角,一个是曲轴的转角。喷油泵若柱塞下端、垫块、滚轮和凸轮磨损,则滚轮体的工作高度变小,供油提前角小,供油起始角减小,凸轮与滚轮的接触点(供油始点)即上移,喷油始点压力、喷油持续时间短、每一循环供油量的多少将发生变化,因此必须定期地对供油提前角进行检查和调整。对供油提前角进行调整时,可以对单个分泵进行调整,使分泵供油提前角一致,供油隔角度相等;也可以对整个喷油泵进行统一调整,达到柴油机规定的供油提前角的要求。对单个分泵进行调整时,只需要调整滚轮体的高度即可。对整个喷油泵进行统一调整可通过联轴器或转动喷油泵的壳体来进行。

柴油机转速变化范围较大,还必须使供油提前角在初始角的基础上随转速而变化,因此车用柴油机多装有供油提前角自动调节器。供油提前角自动调节器装于喷油泵凸轮轴的前端,用联轴器来驱动,由主动件、从动件和离心件三部分组成。随柴油机转速的升高,供油提前角不断增大,直到最大转速。当柴油机转速降低时,供油提前角便相应减小。

喷油器喷油提前角的大小,对于柴油机工作过程影响极大。喷油提前角与供油提前角有直接关系。在使用中,通过改变供油提前角的大小来改变喷油提前角。

供油提前角有误差,可通过联轴器进行调整,方法如下:松开连接主动凸缘盘和中间凸缘盘的螺栓,慢慢转动驱动轴(或曲轴)使联轴器转动一定角度,顺喷油泵凸轮轴转动方向转动为推迟提前角,逆喷油泵凸轮轴转动方向转动为提早提前角,然后紧固螺栓。

(4)柱塞式喷油泵的装配与调试。喷油泵解体时,必须检查供油齿杆或拉杆、齿圈或调节叉之间及泵体上是否有装配记号。若没有记号,应先作记号再解体。

对喷油泵进行调试时,应首先调整供油时间,然后调整供油量。供油时间的调试有溢油法和测时管法两种。喷油泵供油量的调节,主要是额定转速供油量和怠速供油量。额定转速供油量是保证柴油机在额定工况时所需的供油量,怠速供油量是维持柴油机怠速运转,克服内部阻力所要求的供油量。在对供油量进行调试时,各缸供油量应均匀稳定,以保证柴油机平稳运转。供油不均匀的调整,以额定转速供油不均匀度最为重要,一般各缸平均供油量差应不大于3%。在喷油泵额定供油量和均匀度调整合格后,在调整怠速油量时,出现某缸供油过多或某缸过少,可将两个出油阀调换试验。

3)转子分配式喷油泵

转子分配式喷油泵按其结构可分为对置转子式分配泵和单柱塞分配泵两种类型。目前轿车柴油机燃料供给系统中广泛使用的VE泵即是德国波许(Bosch)公司生产的单柱塞、轴向压缩分配式喷油泵。VE型分配泵的结构如图2-1-41所示,分配泵的供油系统分为两大部分:第一部分为低压供油装置,主要是内装的滑片式输油泵;第二部分为高压供油装置,主要有凸轮机构(滚子和凸轮盘)、柱塞和柱塞套、油量调节装置(调速器)、供油提前角调节装置和停油装置(断油电磁阀)等。

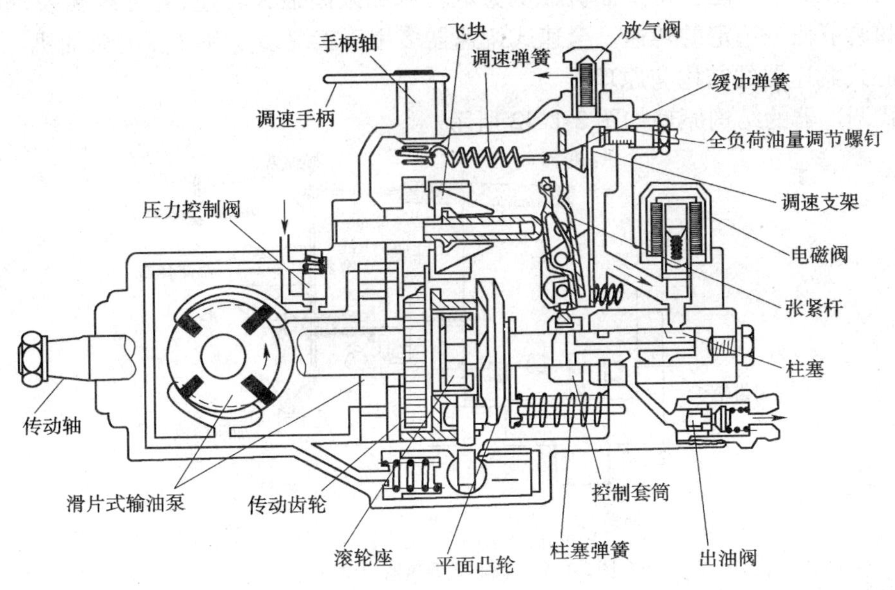

图2-1-41 VE型分配泵的总体结构示意图

VE型分配泵在使用中泵油量的调节是靠驾驶员通过加速踏板控制调速器使油量控制套筒轴向移动来实现的。对于VE型分配泵,当调压阀调定后,泵内油压随发动机的转速增加而增加,供油自动提前装置就是利用泵内压的变化而自动相应的改变供油提前角,以满足发动机不同转速时供油始点的要求。若调压滑阀磨损、卡死或阻滞,均会使供油提前装置失去控制,影响发动机的工作性能。VE型分配泵的供油提前角自动调节装置为液压式调节器,与常见的机械离心式调节器不同,它直接装在分配泵的下部。

4. 调速器

从理论上讲,柴油机工作时,油门开度不变,喷油泵供油拉杆或齿条的位置不变,则每循环的供油量应该不变。但实际工作中,由于喷油泵进、回油孔的节流作用随发动机转速提高而增加,而柱塞泵泄漏量随发动机转速提高而减少,从而导致喷油泵的供油量随发动机转速升降而增减,柴油机的工作很不稳定。柴油机转速升高时,由于供油量增多,柴油机容易发生"超速"(俗称飞车);而转速降低时,由于供油量减少,柴油机容易熄火。因此,柴油机一般都装有调速器。

1)调速器的功用和类型

调速器的功用是在柴油机工作时,根据转速和负荷变化自动调节喷油泵供油量,以稳定和限制柴油机转速,使柴油机在不同工况下均能稳定运转。

调速器按作用原理可分为机械离心式调速器(车用柴油机)、真空膜片式调速器(少数小功率柴油机)和复合调速器(机械离心式和真空膜片式合为一体)。调速器按调节范围可分为两速式调速器和全速式调速器。

两速式调速器能保持柴油机平稳的怠速,防止游车或熄火;又能限制柴油机不超过某一最大转速,从而防止了超速(飞车)。至于中间转速,则利用人工调节供油量。两速式调速器多用于车用柴油机。

全速式调速器不但能保持柴油机最低稳定转速和限制最大转速,并能根据发动机负荷的大小保持和调节任一选定的转速。全速式调速器多用于工况多变和突变的柴油机。

2)离心式调速器的结构与原理

离心式调速器的结构原理如图 2-1-42 所示。

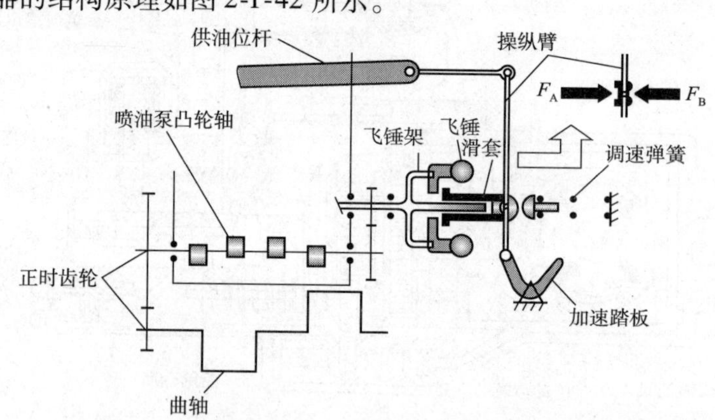

图 2-1-42 离心式调速器原理简图

当柴油机不工作时,操纵臂和供油拉杆在熄火位置,调速弹簧的预紧力使滑套左移,飞锤收拢,离心力推力 $F_A=0$,调速器不工作。

当柴油机工作时,操纵臂和供油拉杆处于某一位置,装在喷油泵凸轮轴后端的飞锤旋转。飞锤在离心力的作用下向外张开,离心力产生的轴向推力 F_A 和调速弹簧的推力 F_B 在某一转速下平衡,使调速器和喷油泵保持在相应的位置处工作。当柴油机转速变化,调速器转速变化,飞锤离心力及其推力 F_A 变化,F_A 和 F_B 失去平衡,滑套位移,调速杆移动,供油量变化,柴油机的转上升或下降,与变化了的负荷 M_Q 重新平衡,稳定到接近原来的转速位置。

(1)当 $M_e = M_Q$ 时，柴油机处于平衡状态，稳定地运转；$F_A = F_B$，滑套不动，调速器处于平衡状态，维持供油。

(2)当 $M_e < M_Q$ 时，柴油机失去平衡状态，转数降低；$F_A < F_B$，滑套左移，调速器失去平衡状态，自动加油，双获得新的平衡。

(3)当 $M_e > M_Q$ 时，柴油机失去平衡状态，转速升高；$F_A > F_B$，滑套右移，调速器失去平衡状态，自动减油，又获得新的平衡。

因此，调速器一定的调速弹簧刚度和预紧力，对应一定的柴油机转速。如果调速弹簧有两个刚度和预紧力，就能控制两个转速，这就是双速式调速器；如果调速器的预紧力可以由驾驶员任意决定，则能控制任意转速，这就是全速式调速器。双速式调速器和全速式调速器的最大区别除工作点不同外，关键在于是否直接操纵供油拉杆或利用调速器间接操纵供油拉杆。

人工调节和自动调节是互不干涉运动的代数和关系。供油拉杆的位移量，是驾驶员和调速器两者分别操纵或同时操纵所产生的位移代数和。

(三)电控柴油机燃料供给系统结构与检修

1. 电控柴油机的类型

第一代柴油机电控燃油喷射系统也称位置控制系统，也称电控泵—管—嘴系统，它用电子伺服机构代替调速器控制供油滑套位置以实现供油量的调整，这类技术已发展到了可以同时控制定时和预喷射的 TICS 系统。

第二代系统也称时间控制系统，也称电控泵—喷嘴系统，其特点是供油仍维持传统的脉动式柱塞泵油方式，但油量和定时的调节则由 ECU 控制电磁阀的开闭时刻所决定。

第三代也称为直接数控系统，也称共轨式喷射系统，它完全脱开了传统的油泵分缸燃油供应方式，通过共轨压力和喷油压力/时间的综合控制，实现各种复杂的供油回路和特性。

2. 泵—管—嘴柴油机电控燃油喷射系统

泵—管—嘴位置式电控燃油喷射系统是通过对滑套位置进行电子控制，从而控制燃油喷射量。ECU 根据加速踏板位置传感器、转速传感器以及油温、冷却液温度传感器所传来的发动机工况信息，进行实时优化计算得到油量和提前角控制值，驱动执行机构调节供油量和提前角，系统控制原理如图 2-1-43 所示。

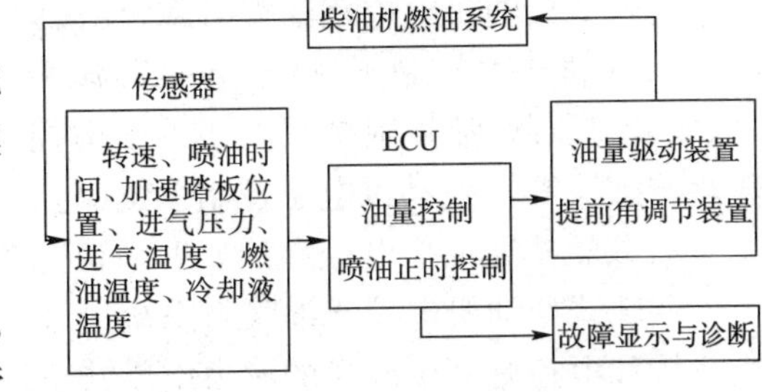

图 2-1-43　泵—管—嘴电控系统控制原理图

泵—管—嘴位置式柴油机电控燃油喷射系统喷油量控制和供油提前角的控制，ECU 需要采集加速踏板位置信号和转速信号基本信号。

3. 泵—喷嘴柴油机电控燃油系统

泵—喷嘴指的是喷油泵、喷油嘴组合在一起。发动机每个缸都有一个泵—喷嘴，不需要高压管或分配式喷射泵。因而避免了在高压油管中的压力脉动，进而可以精确控制喷射循环。泵—喷嘴系统有下列功能：能够产生所需要的高喷射压力，能按正确的时间和正确的喷油量喷射。

泵—喷嘴柴油机电控燃油喷射系统的柴油供给系统主要由油箱、燃油滤清器、油泵、分配管、泵—喷嘴、油温传感器和燃油冷却器等组成，如图 2-1-44 所示。泵—喷嘴柴油供给系统的分配管集成在汽缸盖内的供油管内，其功能是等量地向各缸分配燃油。

泵—喷嘴柴油机电控燃油喷射系统的电子控制系统是由传感器、ECU、执行元件三部分组成。执行元件包括喷油器电磁阀、燃油冷却泵继电器、预热塞继电器、废气再循环电磁阀、增压压力控制电磁阀和进气歧管翻板转换电磁阀等。

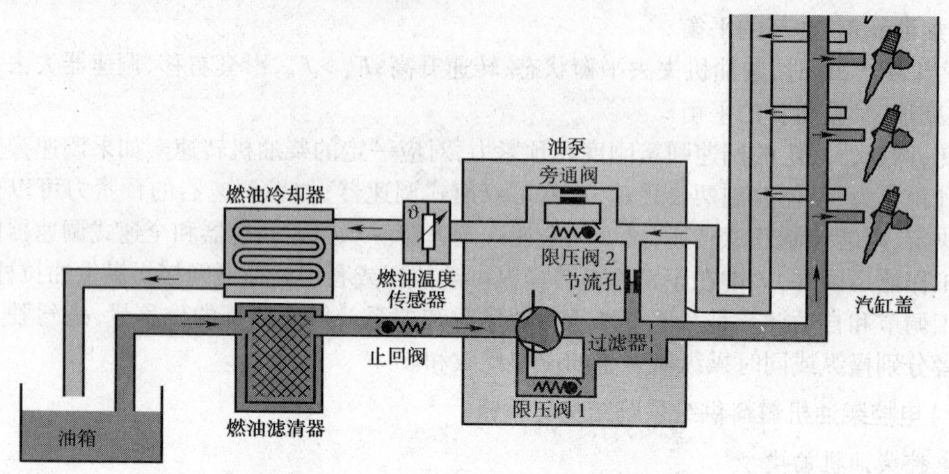

图 2-1-44　泵—嘴式柴油喷射系统的组成

4. 共轨式柴油机电控燃油喷射系统

共轨式柴油机电控燃油喷射系统的柴油供给系统不再采用喷油系统的柱塞泵分缸脉动供油原理,而是用一个设置在高压油泵和喷油器之间的具有较大容积的共轨管把压油泵输出的燃油蓄积起来并抑制压力波动,再通过各高压油管输送到每个喷油器上,由喷油器电磁阀的动作控制喷射的开始和终止,电磁阀起作用的时刻决定喷油定时,起作用的持续时间和共轨压力共同决定喷油量。由于这种系统采用压力时间式燃油计量原理,因此又可称为压力时间控制式电控喷射系统。

共轨上的压力传感器实时反馈共轨中的压力,通过控制 PCV 的电流来调整进入共轨的燃油量和轨道压力,形成独立的共轨压力闭环子系统。

1)共轨式柴油喷射系统组成

共轨式柴油机电控燃油喷射系统由燃油低压子系统(包括油箱、输油泵、滤清器和低压回油管),共轨压力控制子系统(包括高压泵、高压油管、共轨压力控制阀、共轨、共轨压力传感器、安全泄压阀、流量限制阀),燃油喷射控制子系统(包括带有电磁阀的喷油器、凸轮轴和凸轮轴传感器等),发动机电子控制系统(包括 ECU 和各种传感器)组成,如图 2-1-45 所示。

2)共轨式柴油机电控燃油喷射系统类型

共轨式柴油机电控燃油喷射系统可以分为电控无液压放大的高压(蓄压)共轨式柴油喷射系统和电控有液压放大的液力增压共轨式柴油喷射系统两种。

电控无液压放大的高压(蓄压)共轨式柴油喷射系统中,高压供油泵将柴油送入共轨,然后经各高压油管送到电/液控制喷油器。该系统的优点是:由于无液压放大,在电/液控制喷油器中电磁阀控制的是小油量,控制活塞具有小的截面积和行程,不仅电磁阀开关的速率可以提高,而且由于是小油量控制,对喷油速率的控制比较简单,容易实现预喷油。

电控有液压放大的增压共轨式柴油喷射系统中,中压(或低压)供油泵将柴油(或机油)送入共轨,再经过中压(或低压)油管送到具有液压放大机构的电/液控制喷油器。由供油泵、共轨上的油压传感器和电控单元组成的闭环系统对共轨内的柴油(或机油)压力实施精确的控制,用高速电/液控制喷油器对循环喷油量、喷油正时、喷油速率和喷油规律进行控制。

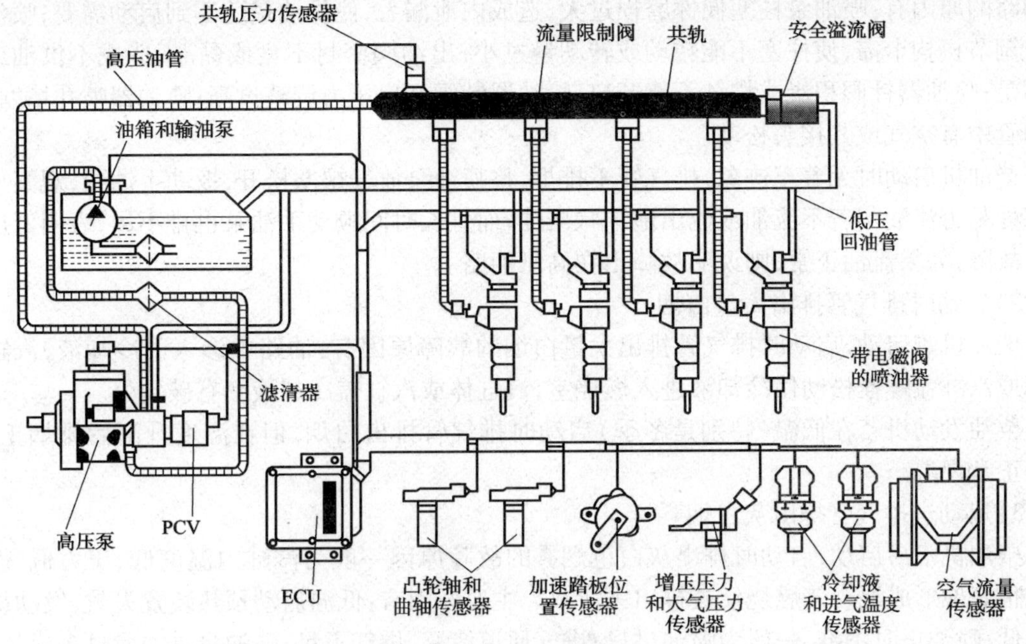

图 2-1-45　共轨式柴油喷射系统的组成

3)共轨式柴油机电控燃油喷射系统的喷射控制

共轨式柴油机电控燃油喷射系统的最大特点是喷油系统的两个基本任务——燃油压力的形成和燃油量的计量,在时间上、在系统中的部位和功能方面都是分开的;燃油压力的形成和燃油的输送基本上与喷油过程无关。通过设置传感器、电控单元和高速电磁阀或电/液控制执行器等组成的电控系统,对循环喷油量以及喷油正时、喷油速率和喷油规律、喷油压力等进行"时间—压力控制"或"压力控制"。其中用得最多的是"时间—压力控制"。

共轨式柴油机电控燃油喷射系统在电/液控制喷油器上方设置了一个电磁式二位三通阀(TWV 阀),由电控单元根据柴油机工况要求而决定的共轨压力(它决定了喷油压力)和电磁阀通电持续时间决定了循环喷油量,通电的时刻决定了喷油始点。由于喷油压力直接取决于共轨油压,或由喷油器中的增压活塞对从共轨来的燃油进行增压,所以通过对共轨油压的控制或改变增压活塞上下面积比,就可改变系统的喷油压力,实现多喷油压力的控制。

(四)柴油机燃供给系统故障诊断

柴油机燃料供给系统常见的故障现象有发动机难启动、发动机动力不足、柴油机工作粗暴和发动要运转不稳等。

1. 柴油机难启动

1)启动时排气管不冒烟

柴油机难启动,听不到爆发声音无启动迹象,排气管无烟排出故障属于低压油路的原因有:油箱内无油或供油不足;油箱开关未打开或加油盖空气孔堵塞;油箱至喷油泵间油路堵塞;油箱至输油泵间管路中有漏气部位,使油路中进入空气;柴油机滤清器或输油泵滤网堵塞;低压油路中溢流阀不密封,使低压油路中不能保持有一定值的油压;输油泵油阀黏滞、密封不严、弹簧折断;输油泵活塞咬死或活塞弹簧折断,使输油泵的机械泵油部分不起泵油作用。属于高压油路的原因有:喷油泵柱塞偶件磨损过大,造成内泄漏大,使供油量达不到启动需要;喷油泵油量调节机构卡滞,使柱塞不能转动或转动量过小;出油阀密封不良或黏滞,造成不供油或供油不足;喷油器针阀积炭或烧结不能开启;喷油器针阀开启压力调整过高;喷油器喷孔堵塞;高压油管中有空气或其接头松动。

柴油机启动时无着车迹象,排气管不排烟,将喷油泵放气螺塞松开,扳动手油泵,观察放气螺塞处是否流油。若不流油或流出泡沫状柴油,而且长时间扳动手油泵也排不尽,表明低压油路有故障;如果流油正常,则说明故障出在高压油路。

2)启动时排气管排出大量白烟

柴油机难启动,启动时排气管排出大量白烟的故障原因有:油路中渗入了冷却液,汽缸垫冲坏或汽缸盖螺栓松动使冷却液进入燃烧室,汽缸体或汽缸盖冷却液套有破裂处。

柴油发动机若在低温(特别是冬季)启动时排气管排出白烟,但在温度升高后排烟正常,这是正常现象。

3)启动进排气管排出灰白烟

柴油机不易启动,启动时排出灰白色烟雾的故障原因一般为汽缸内温度低、压力低、燃油未能很好地形成混合气燃烧便被排出去所致。主要原因有:低温启动预热装置失效,发动机温度过低;喷油正时不准,一般为喷油过早;进气通道堵塞,供气不足;喷油泵供油量过多或过少;喷油器喷油雾化不良,混合气形成质量差;汽缸压力过低,柴油自燃条件差。

2. 发动机动力不足

常见发动机动力不足表现为:发动机运转均匀,无高速,排气管排气量过少;发动机运转不均匀,排气管排烟不正常等。

1)发动机运转均匀、无高速、排气管排气量少

发动机运转均匀、无高速、排气管排气量少的故障原因有:加速踏板拉杆行程不能保证供给最大供油量;调速器调整不当或调速弹簧过软、折断,使喷油泵不能保证最大供油量;喷油泵油量调节拉杆(或齿条)达不到最大供油位置;喷油泵出油阀密封不良;喷油泵柱塞磨损过大黏滞或弹簧折断;输油泵工作不良使供油不足;低压油路堵塞使供油不足;油箱至输油泵管路漏气,使油路中进空气等;喷油器喷油不正常;柴油牌号不对;空气滤清器、排气管消声器堵塞。

2)发动机运转不均匀,排气管排黑烟

柴油机动力不足,运转不均匀,排气管排黑烟,加速时出现敲击声的故障原因有:空气滤清器严重堵塞,造成进气量不足;喷油泵供油量过多或各缸供油不均匀度太大;喷油器喷雾质量不佳或喷油器滴油;供油时间过早;汽缸压缩压力不足;柴油质量低劣。

3. 柴油机工作粗暴

柴油机工作粗暴的故障现象有发动机发出有节奏的(清脆的)金属敲击声,急加速时响声更大,排气管冒黑烟;汽缸内发出低沉不清晰敲击声;敲击声没有节奏并排黑烟。

柴油机工作粗暴的故障原因有喷油时间过早或过迟;喷油雾化不良;进气通道堵塞或空气滤清器堵塞造成进气不足;各缸喷油不均,个别缸供油量过大;喷油器滴油,相对喷油量增加;选用的柴油牌号不当;发动机温度过低。着火延迟期长。

柴油机着火时敲击声均匀,柴油机在加速时,若响声尖锐,排气管冒黑烟,通常是喷油时间过早,应调迟。若加速困难且加速时声调低沉发闷,排气管冒白烟,是喷油时间过迟,应调早。

4. 发动机运转不稳

1)柴油机“游车”

柴油机“游车”的故障现象:发动机在中、低速范围内运转,加速踏板保持在某一位置不变时,发动机转速产生忽高忽低的现象。

柴油机“游车”的故障原因有燃油供给系统油路内有空气,使供油不稳;喷油泵偶件磨损不均,使供油不均;调速器调整不当,各连接件不灵活或间隙过大;供油齿杆与齿圈(或供油拉杆与拨叉)、柱塞与柱塞套紧滞,使供油齿杆(或供油拉杆)移动阻力增大,引起其不灵敏;凸轮轴的轴向间隙过大,造成径向间隙也大,这样喷油泵泵油时,凸轮轴受脉冲振动,其振动又直接传递给调速器飞球或飞块,引起飞球支架跳动,从而使供油齿杆来回抖动。

“游车”一般是喷油泵和调速器部分引起的,在检查喷油泵机械式调速器时,先打开喷油泵边盖,将发动机处于“游车”严重的转速下运转,然后用手抵住调节齿圈并带动齿杆移动,检查供油齿杆移动是否灵活。如果供油齿杆移动不灵活,说明柱塞的转动有阻滞或其他运动件有摩擦阻滞,使供油齿杆灵敏度降低,调速器不能随时调节供油拉杆而造成“游车”,发现供油齿杆移动阻力较大,则应逐一检查出油阀座压紧螺栓拧紧力矩是否过大,泵内是否有水垢或锈蚀的污物引起柱塞生锈后阻滞,齿杆与齿圈啮合处是否嵌有异物,查明后予以排除。若上述检查正常,那么则是调速器工作不正常,喷油泵供油量不均匀或凸轮轴轴向间隙过大,此时应拆下喷油泵总成进行检修。

2)发动机超速

柴油机超速故障现象:柴油机在汽车运行中或自身空转中,尤其是全负荷或超负荷运转突然卸载后,转速自动升高而失去控制的现象。

引起柴油机超速的主要原因有两个方面:一是喷油泵调速器本身的故障,使其丧失了正常的调速特性(如调速器调整不当或卡死);另一方面是柴油机在运转过程中额外的柴油或机油进入燃烧室掺入燃烧。

“飞车”的紧急处理措施是:若汽车在运行中,千万不要脱挡或踩下离合器,应紧急制动直至发动机熄火;若汽车静止发动机空转时,则立即采用断油或断气的方法使发动机熄火;迅速将加速踏板收回到停车位置,拉出灭火拉钮;有减压装置的,迅速将减速手柄拉到减压位置;进、排气管道带阀的可将阀门关闭,如果没有阀门的可拆下空气滤清器,堵住进气管道;供油拉杆或齿杆外露的喷油泵,可迅速将拉杆推向停油位置;松开各缸高压油管或低压油路的油管接头以停止供油;及时挂入高速挡,踩下制动踏板,缓抬离合器,使发动机熄火。

六 启动、点火系结构与检修

(一)启动系统的结构和检修

1. 启动系统的作用和组成

启动系统的作用是使发动机曲轴转动,直到发动机能在自身动力作用下继续运转为止。典型启动系统有 5 个基本组成部件和 2 个不同性质的电气电路。如图 2-1-46 所示,5 个组成部件是蓄电池、点火开关、蓄电池导线、电磁开关(继电器或电磁开关)、启动机,有些车型在点

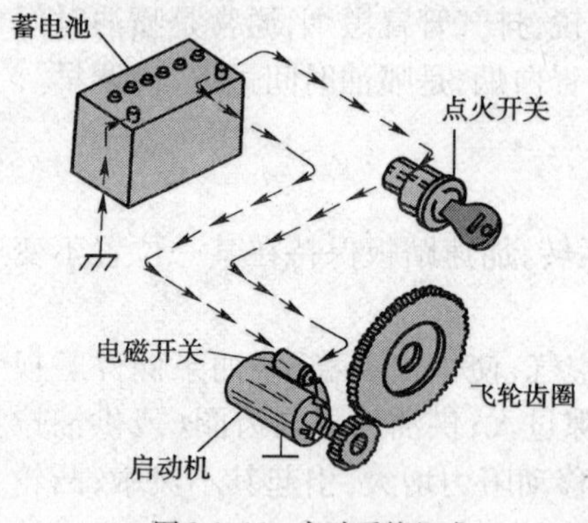

图 2-1-46　启动系统组成

火开关中设置了启动安全开关。

1)电磁开关

每个启动系统都有一个电磁开关,控制电路就是通过电磁开关来接通或关闭启动电路的。电磁开关直接安装在启动机顶上。启动机上的电磁开关有两个作用:一是接通蓄电池和启动机之间的电路;二是拨动启动机小齿轮啮入飞轮齿圈。也有许多汽车厂家用启动机继电器代替电磁开关。启动继电器一般装在靠近蓄电池防护扳上或散热器支架上。与电磁开关不同的是,启动机继电器不能移动小齿轮啮入飞轮齿圈。

2)点火开关

点火开关是汽车的大部分电气系统的电源分配点。一般的点火开关都有5个位置:ACC(附件)——给汽车的电器附件供电,但不包括发动机控制电路、启动机控制电路和点火系统;LOCK(锁止)——用机械方式锁住转向盘和变速杆;OFF(断开)——切断所有点火开关控制电路,但是转向盘和变速杆不锁止;START(启动)——给发动机控制电路、启动机控制电路和点火系统供电;ON(接通)或RUN(运行)——给点火系统发动机控制电路和所有点火开关控制电路供电。

3)启动安全开关

启动安全开关的作用是防止变速器不在空挡位置时启动车辆。只有变速器在空挡位置时,启动安全开关才是闭合的。

4)启动机

启动机是启动系统的核心部件,其作用是将来自蓄电池的电能转变成机械能,然后传给发动机飞轮,使发动机开始运转。

2.启动机的结构、工作原理及检修

1)启动机的基本组成

启动机一般由三部分组成:直流串励式电动机、传动机构、控制装置。传动机构主要由单向离合器和驱动齿轮组成。

(1)直流串励式电动机。如图2-1-47所示,直流串励式电动机主要由电枢、换向器、磁极、电刷和外壳组成,其作用是产生转矩。

①电枢(转子总成)。电枢的作用是产生电磁转矩,换向器的作用是将电流引入电枢绕组,并使不同磁极下导线中的电流方向保持不变。启动机电枢装配过紧可能会造成启动机运转无力。

②磁极。磁极的作用是建立电动机的磁场。一般装有4个(2对)磁极。每个磁极上都装有励磁绕组,4个励磁绕组相互串联,并与电枢串联。磁极通过螺钉固定在圆筒形的启动机外壳内。流过励磁绕组的电流产生的磁极必须N、S极相间排列。励磁绕组的一端接在外壳上的绝缘接线柱上(励磁绕组与外壳是不导通的),另一端和2个非搭铁的电刷相连。

③电刷组件。电刷组件由电刷、电刷架和电刷弹簧组成。

(2)传动机构。启动机的传动机构又称啮合机构,其作用是在发动机启动时,使启动机小齿轮啮入飞轮齿圈，将启动机转矩传给发动机曲轴。在发动机启动后，使启动机小齿轮滑转或与飞轮自动脱离。切断电动机与发动机之间的动力联系。启动机的传动机构实质上是一个单向离合器，它只能单向传递力矩，有滚柱式，摩擦片式，弹簧式等几种类型，其中，最常用的是滚柱式单向离合器。

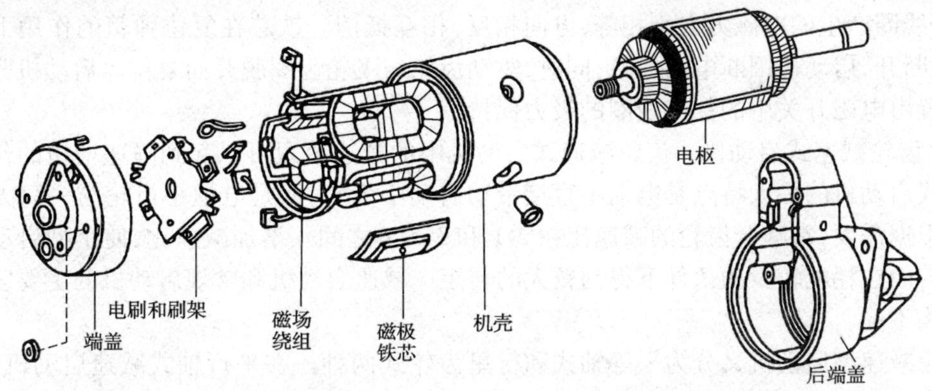

图 2-1-47　直流串励式的结构

(3)控制装置。启动机控制装置即电磁开关，其作用是接通与切断蓄电池与电动机之间的电路，其结构如图 2-1-48 所示，由吸引线圈、保持线圈、柱塞、复位弹簧及接触片等组成。有些汽车还有接入或断开点火线圈附加电阻的作用。

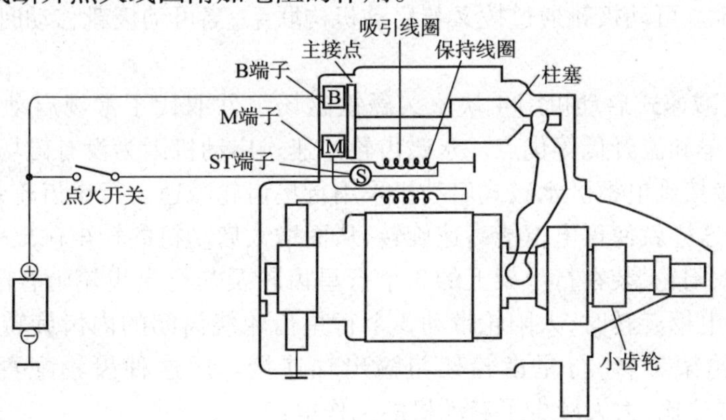

图 2-1-48　电磁开关的构造

2)启动机的分类

根据传动机构不同，启动机可以分成啮合式启动机、电枢移动式启动机、强制啮合式启动机三类。强制啮合式启动机靠人力或电磁力操纵，强制拨动驱动齿轮啮入和脱出飞轮齿圈。这种启动机结构简单、工作可靠、操纵方便，得到广泛应用。

3)启动机的工作原理

现代汽车使用的启动机多是采用单向离合器启动机，这种启动机有直接启动式启动机、齿轮减速式启动机、强制啮合式启动机和永磁式启动机四种。

(1)直接启动式启动机。目前最常用的启动机是电磁开关驱动的直接启动式启动机。当点火开关转到 START(启动)位置时，控制电路接通电磁开关的吸引线圈和保持线圈，使吸引线圈和保持线圈通电产生磁力。电磁开关活动铁芯移动，从而通过拨叉拨动启动机构的小齿轮啮入发动机飞轮齿圈。电磁开关活动铁芯移动到止点时,活动铁芯接触盘使两个主接线柱触点接触从而接通蓄电池到启动电动机的电路,电路流过磁场绕组和电枢,形成磁场,使电枢旋转,拖动发动机旋转。发动机启动后,从启动开关到保持线圈的电流被切断,但在断开启动开关的瞬间,两个主接线柱仍处于接触状态,电流从触点到吸引线圈,再经保持线圈搭铁。这时,两个线圈产生的电磁力大小相等,方向相反,相互抵消。铁芯在复位弹簧的作用下返回原位,触点断开,启动机因断电而停转,同时,驱动齿轮与飞轮齿圈脱开而复位。启动机驱动轮的啮合位置由电磁开关中的保持线圈的吸力保持。

(2)齿轮减速式启动机。齿轮减速式启动机中的减速装置可以起到降速增扭的作用。齿轮减速式启动机的最大特点是电枢不直接带动启动小齿轮,而是电枢小齿轮与一只大齿轮常啮合。根据需要,常啮合齿轮的减速比在 2:1 和 3.5:1 之间。增加减速比,使小型启动机能在高速运转而在耗电较少的条件下得到较大的转矩。减速启动机和常规启动机的主要区别在于传动机构不同。

齿轮减速型启动机又分为平等轴式和行星齿轮式两种。在平行轴式减速启动机中,采用直推的方式使驱动齿轮伸出和飞轮齿圈啮合。在行星齿轮式减速启动机中,行星齿轮边自转边公转。

(3)强制啮合式启动机,它利用启动机的分路磁场绕组来开动启动机构。启动时的大电流由启动机继电器控制。启动机继电器吸合时电流便流过启动绕组,启动绕组建立磁场;磁场吸动一个可动极靴。可动极靴通过拨叉与启动机构联系,当可动极靴移动时,启动小齿轮啮入发动机飞轮齿圈。

(4)永磁齿轮减速式启动机用 4 块永久磁铁磁场组件取代了常规启动机的励磁绕组,具有质量轻,结构简单和温升低等优点。永磁齿轮减速式启动机因为没有磁场绕组,所以电流经换向器和电刷直接接到电枢。永磁式启动机采用行星齿轮减速。行星齿轮系在电枢和小齿轮轴之间传动动力,这样就使得电枢能高速旋转,从而增大启动机的转矩输出。行星齿轮总成由装在电枢轴端的太阳轮、装在行星架上的 3 个行星齿轮及与行星齿轮啮合的齿圈组成。齿轮是保持不动的,当电枢旋转时,太阳轮带动 3 个行星齿轮绕齿圈的内齿旋转,行星齿轮绕齿圈的运动带动行星轮架旋转,行星齿轮架与输出轴连接。用这种齿轮配置得到的减速比为 4.5:1,这样大的减速比,大大减少了启动机的工作电流。

4)启动机主要部件检修

(1)电枢绕组的检查。断路、短路和搭铁是启动机电枢绕组常见的故障。

①短路故障。启动机电枢绕组的短路故障,必须使用电枢感应仪进行检测。用电枢检验仪检测启动机电枢时,将电枢放在电枢感应仪的 V 形槽上,接通电枢感应仪电源,一面转动电枢,一面用一薄钢片在电枢铁芯的每个槽上依次试验。若钢片在某一槽上发生振动,则表示该槽的某一线圈有短路现象。

②断路检查。启动机电枢绕组断路故障多发生在线圈端部与换向器的连接处。所有电枢绕组线头与换向片应卡焊牢固。将电枢检验仪所附毫安表的两根触针,分别接触在水平位置相邻的两个换向片。若毫安表有电流显示,则启动机电枢绕组无断路现象;若毫安表无电流显示,则启动机电枢绕组有断路现象。

③搭铁检查。电枢绕组搭铁故障,使用 220V 交流测试灯检查启动机电枢绕组,将交流测

试灯的两根触针分别接触电枢轴和换向片，若试灯亮，则说明电枢绕组有搭铁现象。

(2)换向器的检查。换向器故障多为表面烧蚀或失圆，可用00号砂纸进行打磨。严重烧蚀或圆度误差大于0.025mm时，应车光车圆。换向片径向厚度不得小于2mm，否则应予更换。换向器云母片应低于换向器铜片圆周表面0.5mm左右。铜片和线头焊接应牢固，不得松动。

(3)磁场绕组的检查。磁场绕组与电枢绕组一样，也有断路、短路和搭铁故障。

①断路的检查。启动机磁场绕组断路可用万用表或低压测试灯检查。在用测试灯检查启动机磁场绕组时，将测试灯的一根触针接触启动机线柱，另一触针接触绝缘电刷，若灯不亮，则说明启动机磁场绕组断路。

②短路的检查。启动机磁场绕组的外部包扎层若已烧焦、脆化，一般表明匝间已绝缘不良。若外部完好无法判断时，把启动机磁场绕组套在铁棒上，放入电枢感应仪，电枢感应仪通电3～5min后，若启动机绕组发热，则表明匝间有短路。

③搭铁的检查。启动机磁场绕组搭铁的检查可用测试灯检查。将启动机绝缘电刷从绝缘电刷架中取出(不要与机壳相碰)，把220V测试灯的两个触针分别与启动机的绝缘电刷和机壳接触，若测试灯亮，则表明磁场绕组因绝缘损坏而搭铁。若测试灯不亮，则表明磁场绕组与机壳绝缘良好。

(4)电磁开关的检查。用万用表测量吸引线圈和保持线圈的电阻，吸引线圈的电阻值一般在0.6Ω以下，而保持线圈的阻值一般在1Ω左右。如果万用表指示电阻无穷大，说明线圈断路；如果万用表指示电阻值小于规定值，说明线圈有短路，均需更换电磁开关。

(5)单向离合器检查。左手抓住离合器，右手转动小齿轮，一个方向能旋转，另一个方向则不能转动，表示离合器正常。

5)启动机的性能试验

启动机试验，一般在电器试验台上进行。

(1)空载试验。测量启动机空载时的电流、电压和转速，其值应符合相应的技术标准。在进行启动机空载试验时，若空载电流大于标准值，而转速低于标准值，表示启动机装配过紧，或电枢绕组、磁场绕组内有短路或搭铁故障。若空载电流和转速都小于标准值，则表示启动机线路中有接触不良的地方，如电刷弹簧压力不足、造成换向器与电刷接触不良等。

(2)全制动试验。在进行启动机全制动试验时，每次制动试验时间不得超过5s，以免损坏启动机或蓄电池。在进行启动机全制动试验时，若转矩小于标准值而电流大于标准值，则表明磁场和电枢绕组中有短路和搭铁故障；若转矩和电流都小于标准值，表明线路中接触不良；若驱动齿轮锁止，而电枢轴仍有缓慢转动，则说明单向离合器打滑。

3. 启动机控制电路

启动系统主要包括启动机和控制电路两个部分。比较常见的发动机启动控制电路有开关直接控制电路、启动继电器控制电路和组合继电器控制电路。

(1)开关直接控制的启动机控制电路。开关直接控制的启动机控制电路如图2-1-49所示。

(2)启动继电器控制的启动机控制电路。启动继电器控制的启动机控制电路如图2-1-50所示。

4. 启动系统的常见故障诊断

启动系统常见的故障有启动机不运转、启动机运转无力及启动机空转等。

1)启动机不运转

启动机不转动的原因有蓄电池存电不足,导线接头松动或极柱太脏;启动机电磁开关触点烧蚀或调整不当而未闭合;磁场绕组或电枢绕组断路、短路或搭铁;绝缘电刷在电刷架内卡死,弹簧折断;电磁开关中的吸引线圈和保持线圈断路、短路等。

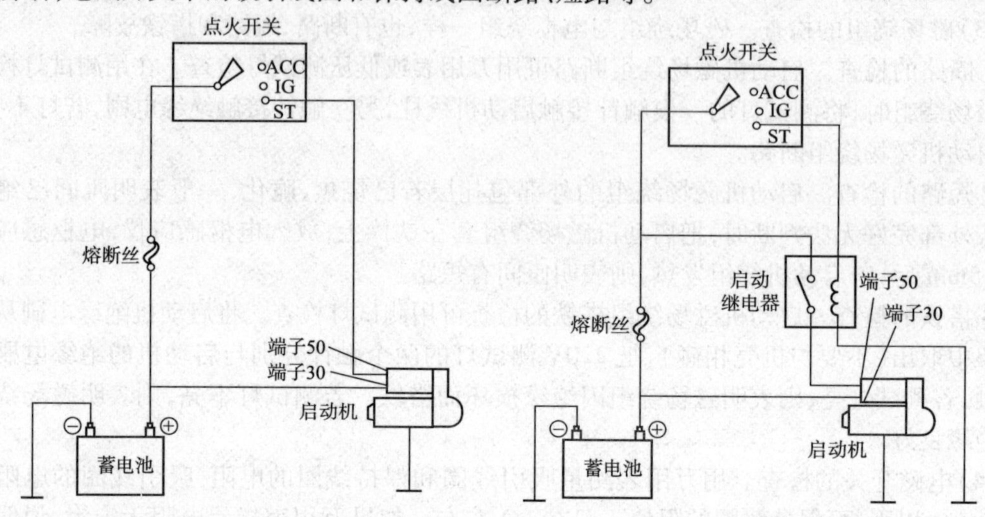

图 2-1-49 开关直接控制的启动机控制电路　　图 2-1-50 有启动继电器的电路

2)启动机运转无力

启动机运转无力的故障原因有换向器脏污(可能是电刷和换向器磨损物填满换向器片槽);电刷磨损过量或电刷弹簧压力不足,使电刷接触不良;磁场绕组或电枢绕组有短路现象;启动机电磁控制开关的接触片烧蚀;发动机启动阻力过大,如大小轴瓦太紧及缸壁间隙过小,或机油不足等。

3)启动机空转

启动机空转的主要故障原因有:调整不当或启动机电磁铁拨叉机构损坏,使驱动齿轮与发动机飞轮齿圈不能啮合;驱动齿轮虽然能与发动机飞轮齿圈啮合,但单向离合器打滑或齿轮齿圈损伤。

(二)点火系统结构与检修

1. 触点式点火系统的结构与检修

1)触点式点火系统的结构

汽车上使用的触点式点火系统主要由电源、点火线圈、分电器、火花塞、点火开关等组成,如图 2-1-51 所示。

(1)电源。点火系统的电源是蓄电池或发电机,作用是供给点火系统所需的电能。发动机启动时由蓄电池供电,正常工作时由发电机供电。

(2)点火开关。点火开关的作用是接通或断开点火系统初级电路,控制发动机启动、工作和熄火。

(3)点火线圈。点火线圈将汽车电源提供的 12V 低压电转变成能击穿火花塞电极间隙的 15k ~ 20kV 的高压直流电。

(4)分电器。分电器主要由断电器、配电器、点火提前角调节装置和电容器等组成,其功用是接通和断开点火线圈初级电路,使点火线圈次级电路产生高压电,并按发动机点火顺序将高压电分送到各汽缸火花塞。

(5)火花塞。火花塞的作用是将高压电引入汽缸燃烧室,产生电火花点燃可燃混合气。

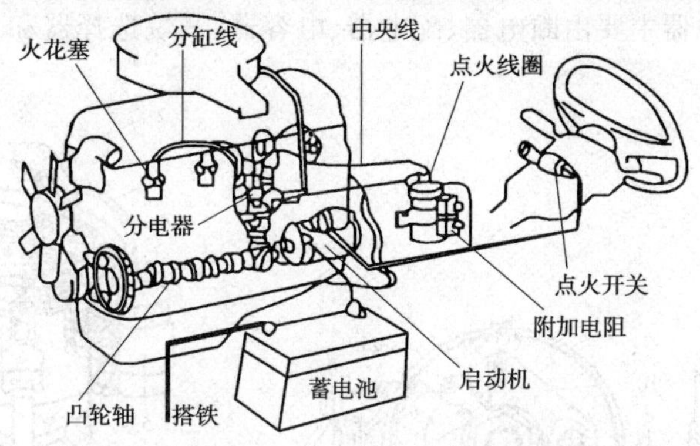

图 2-1-51　传统点火系统的组成

2)触点式点火系统的工作原理

在传统点火系统中,由蓄电池或发电机供给 12V 的低压电,是借点火线圈和断电器将其转变为高压电,再通过分电器分配到各缸火花塞,使其电极间产生电火花的。

传统点火系统的工作原理如图 2-1-52 所示。发动机工作时,断电器轴连同凸轮一起在发动机凸轮轴的驱动下旋转。凸轮转动时,断电器触点交替地闭合和打开。当触点闭合时,接通点火线圈初级绕组的电路,在点火线圈的铁芯中产生磁场,并因铁芯的作用而加强。当断电器凸轮将活动触点打开时,初级电路被切断,初级电流迅速消失,它所形成的磁场也随之消失,两个绕组中的磁通量发生变化,这样在两个绕组中就会感应出电动势。由于次级绕组的匝数多,在次级绕组中就感应出 15k ~20kV 的电动势,足以击穿火花塞的电极间隙,产生电火花点燃可燃混合气。

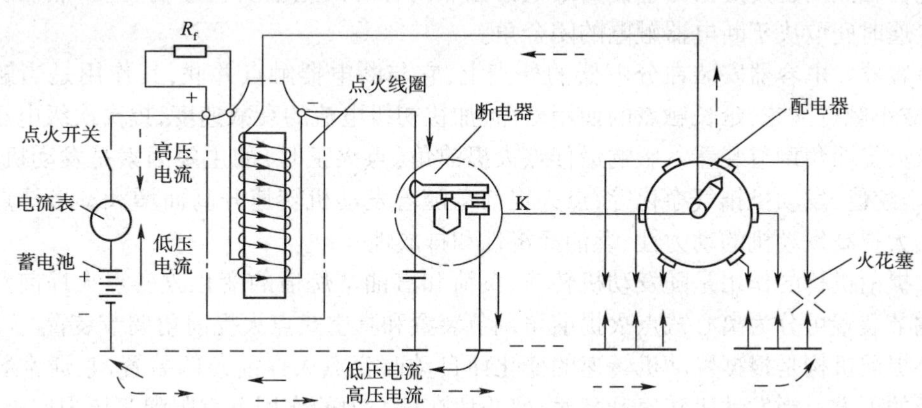

图 2-1-52　传统点火系统的工作原理

3)触点式点火系统主要组成部件的结构与检修

(1)点火线圈。点火线圈按磁路的结构形式不同,可分为开磁路点火线圈和闭磁路点火线圈两种。开磁路点火线圈多用于传统点火系统,而闭磁路点火线圈多用于高能电子点火系统。开磁路点火线圈有两接线柱和三接线柱式,三接线柱式开磁路点火线圈上标有“开关”、“+”、“-”标记,在“开关”与“+”之间有一附加电阻。附加电阻(热变电阻)具有温度升高时电阻迅速增大、温度降低时电阻迅速减小的特点,在发动机工作时能自动调节初级电流,避免高速时断火和低速时点火线圈发热,改善了点火特性和启动性能。

(2)分电器。分电器主要由断电器、配电器、电容器、辛烷选择器和点火提前机构等组成,如图 2-1-53 所示。

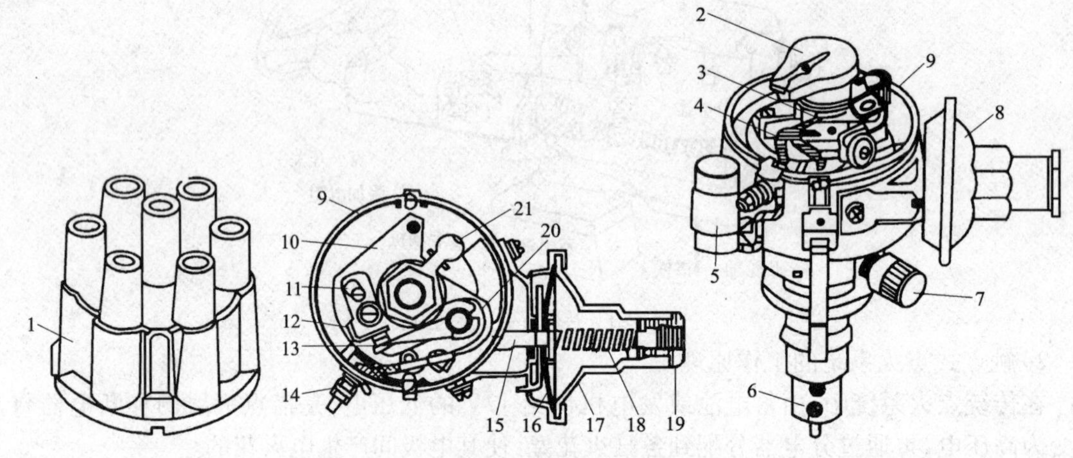

图 2-1-53　分电器结构

1-分电器盖;2-分火头;3-凸轮;4-断电器触点及底板总成;5-电容器;6-联轴器;7-油杯;8-真空提前机构;9-分电器壳体;10-活动底板;11-偏心螺钉;12-固定触点与支架;13-活动触点臂;14-接柱;15-拉杆;16-膜片;17-真空提前机构外壳;18-弹簧;19-螺母;20-触点臂弹簧片;21-油毡及夹圈

①配电器。配电器由分火头和分电器盖组成,其作用是按发动机的工作顺序将高压电分配到各缸火花塞上。

②断电器。断电器由一对触点和凸轮组成,其作用是周期性地接通和切断初级(低压)电路。分电器触点闭合角是指分电器的断电器触点闭合时凸轮轴所转过的角度,点火线圈初级电路的接通时间取决于断电器触电的闭合角。

③电容器。电容器安装在分电器的外壳上,它与断电器触点并联,其作用是当触点打开时,可以减小触点火花,延长触点的使用寿命,加快初级电流的衰减速度,提高次级电压。

④点火提前角调节装置。影响最佳点火提前角(点火正时)的主要因素是发动机转速、负荷、汽油辛烷值、发动机排气净化等,点火提前角随着发动机转速升高而增大。最佳点火提前角可以大大提高发动机的动力性、燃油经济性和排放性。

点火提前机构的作用是随发动机转速、负荷和汽油辛烷值的变化改变点火提前角。点火提前角调节装置可分为离心式点火提前角调节装置和真空式点火提前角调节装置。

离心提前机构是根据发动机转速的变化而自动改变点火提前角的装置,它通常装在断电器固定板的下方。当发动机转速升高时,离心块在离心力的作用下克服弹簧压力向外甩开,离心块上的销钉便推动拨板和凸轮沿分电器轴的旋转方向转过一个角度,使断电器触点提前打开,点火提前角增大。转速降低时,离心力减小,弹簧便将离心块拉向轴心,使点火提前角减小。

真空提前机构是根据发动机负荷的变化而自动改变点火提前角的装置,它装在分电器壳体的外侧。当发动机负荷小时，节气门开度小，小孔处的真空度较大，吸动膜片向右拱曲，拉杆拉动活动底板使之逆着分电器轴的旋转方向转动一个角度，当发动机负荷增大，节气门开度随之增大，小孔处的真空度减小，使点火提前角减小。当发动机处于怠速工况时，小孔位于节气门上方，小孔处的真空度几乎为零，使点火提前角减小或基本不提前，以满足发动机怠速工况的要求。

(3)火花塞。火花塞主要由接线帽、陶瓷绝缘体、中心电极、侧电极和壳体等组成，其电极一般采用耐高温、耐腐蚀的镍锰合金钢或钨、镍锰硅等合金制成，也有采用镍包铜材料制成，以提高散热性能。火花塞的电极间隙一般为0.6～0.7mm，为了降低排放，在采用电子点火系统点燃稀混合气时，电极间隙可增大至1.0～1.2mm。某缸火花塞间隙过小，会造成次级高压过低。

2.电子点火系统的结构与检修

1)电子点火系统的组成与类型

电子点火系统又称半导体点火系统或晶体管点火系统，它主要由点火电子组件、分电器及位于分电器内的点火信号发生器、点火线圈、火花塞等组成，如图2-1-54所示。

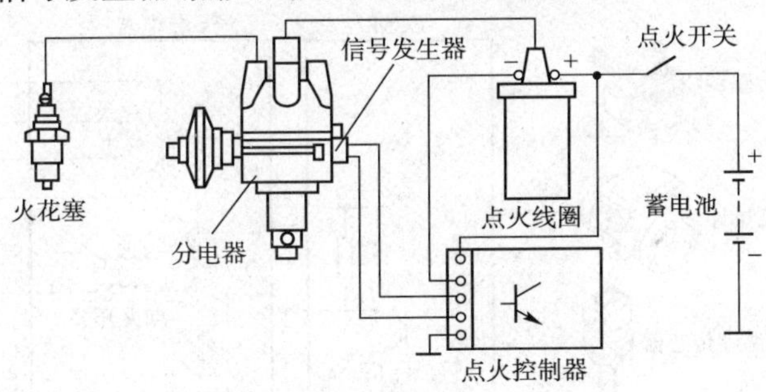

图2-1-54 电子点火系统的组成

点火电子组件也称电子点火器(简称点火器)、点火控制器或点火模块。它是由半导体元器件(如晶体管、晶闸管)组成的电子开关电路，其主要作用是根据点火信号发生器产生的点火脉冲信号，接通和断开点火线圈初级电路，起着与传统点火系统中断电器触点同样的作用。

点火信号发生器装在分电器内，它可根据各缸的点火时刻产生相应的点火脉冲信号，控制点火器接通和断开点火线圈初级电路的具体时刻。

根据点火信号发生器的产生信号方法的不同，电子点火系统可分为磁感应式、霍尔式和光电式电子点火系统三种类型。其中，磁感应式和霍尔式应用较多。

2)磁感应式电子点火系统

磁感应式电子点火系统由电源、点火开关、带电子点火模块的点火线圈，带电磁感应式信号传感器的分电器总成及火花塞等部件组成。电磁感应式分电器主要由磁感应式点火信号传感器、配电器、真空点火提前装置、离心点火提前装置等组成。

3)霍尔式电子点火系统

上海桑塔纳轿车用霍尔式电子点火系统，系统由电源、点火开关、电子点火模块、高能点火线圈、霍尔式分电器总成、火花塞等部件组成。霍尔式分电器总成主要由霍尔式点火信号传感器、配电器、真空点火提前装置、离心式点火提前装置组成。

霍尔式点火发生器触发叶轮叶片与汽缸数相等。上海桑塔纳轿车配用专用高能点火线圈,其初级线圈的阻值应为 0.5 ~ 0.7Ω,次级线圈的阻值应为 2.4k ~ 3.5kΩ。桑塔纳轿车点火控制器的信号输出端电压范围应是 0.4 ~ 9V。霍尔式电子点火模块的性能检测可采用跳火法。

3. 微机控制点火系统的结构与检修

微机控制点火系可根据发动机的工况,计算出最佳点火提前角及闭合角,通过控制晶体管的通、断时刻来控制初级线圈电流,使发动机的动力性、经济性、排放等方面性能达到最优。另外,微机控制点火系统通过爆震传感器对爆震进行反馈控制,使汽油机在大部分运行工况都处于刚好不致产生爆震的临界状态,使汽油机动力性潜力得到了充分发挥。因此,电子点火控制系统属于点火正时闭环控制,在发动机控制系统中,微机控制点火系统也采用闭环控制方法。

微机控制点火系统主要有微机控制有分电器点火系统和微机控制无分电器点火系统两种形式。

1)微机控制有分电器点火系统

有分电器式微机控制点火系统的组成如图 2-1-55 所示,该系统中仍然保留着普通电子点火系统中使用的分电器、高压线等结构。

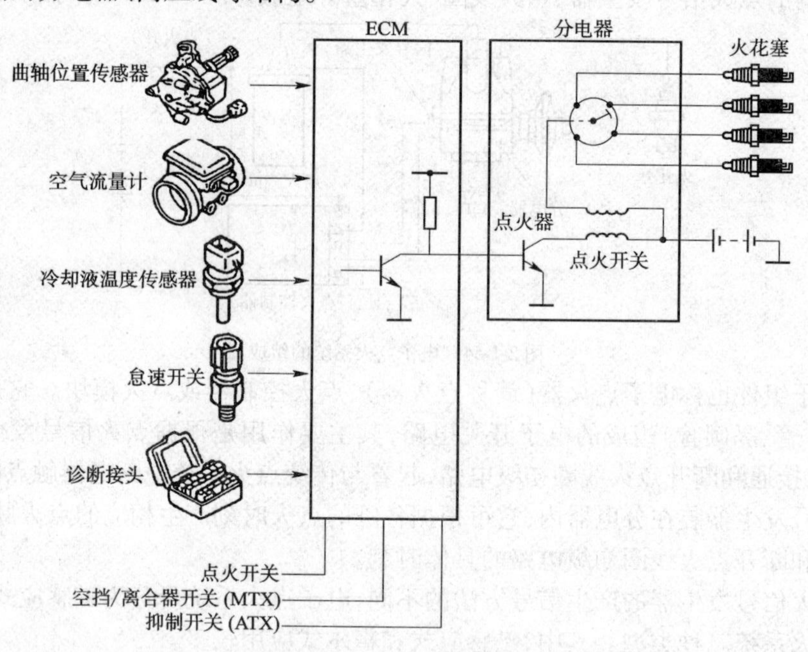

图 2-1-55 有分电器式微机控制点火系统的组成

微机控制有分电器式点火系统与传统点火系统的分电器相比,取消了断电器等装置,因此不再承担初级点火线圈通断控制的任务,仅起到对高压电的分配作用。在大多数情况下,这种分电器都内装有曲轴位置传感器,为 ECU 提供曲轴位置和上止点信号。无论是装有电子点火系统还是装有微机控制点火系统的发动机,没有转速传感器的信号(或曲轴传感器信号)发动机将不能着车。微机控制点火系统的点火线圈都采用闭磁路式,因为其铁芯是闭合的,磁通全部经过铁芯内部。

2)无分电器式微机控制点火系统

无分电器式微机控制点火系统完全取消了传统的分电器,点火线圈产生的高压电直接送到火花塞,因此也称为直接点火系统。由于没有分电器,节省了空间,同时不存在分火头与分电器盖旁电极间产生的火花,因此可有效地降低点火系统对无线电的干扰。无分电器式电子点火系统的点火时刻控制要比带分电器式点火控制系统灵敏。

目前常用的无分电器式电控点火系统有两种方式,即双缸同时点火方式和独立点火方式。

(1)双缸同时点火系统。双缸同时点火系统是指两个汽缸共用一个点火线圈,故这种方式只能用在缸数为双数的发动机上,其控制原理如图 2-1-56 所示。

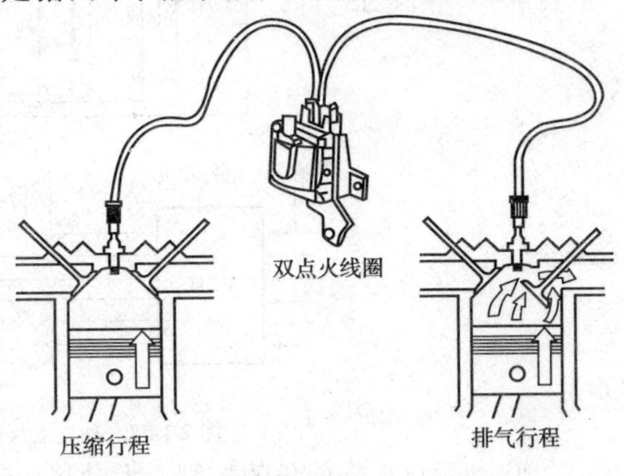

图 2-1-56　两汽缸同时点火系统原理图

无分电器双缸同时点火系统中,点火线圈采用小型闭磁路点火线圈(互感式线圈),次级线圈两端分别与两个火花塞相连接。汽缸组合的原则是:一个缸处于压缩行程的末期,另一缸处于排气行程的末期,曲轴旋转 360°后两缸所处的冲程正好相反。当初级电流突然切断后,在次级线圈上会感应出上万伏的高压电动势,加到火花塞电极之间,跳出高压火花,点燃汽缸内的混合气。然后,当晶体管导通瞬间,初级电流也发生突变,这样在次级线圈中便产生约 1000V 的电压,在一般的分电器式点火系统中,1000V 的高压电不足以击穿火花塞产生跳火。因为分电器中的分火头与旁电极之间的间隙较大,必须要有比这更高的电压才足以跳过这么大的间隙。而在无分电器点火系统中,这样的电压很有可能点燃处于进气行程中汽缸内的混合气。特别是火花塞间隙较小,火花塞误跳火的可能性就更大。这将会引起回火等现象的发生,使发动机无法正常运转。为防止产生这种现象,在点火线圈的次级线圈中串联一个高压二极管。当功率晶体管导通时,产生的感应电动势反向加在高压二极管上,由于二极管的反向截止功能,1000V 的高压电就无法使火花塞跳火。而当功率晶体管截止时,次级线圈产生的高压电与前相反,二极管导通,对此不产生影响,使火花塞顺利跳火。在一个点火线圈驱动两个火花塞的无分电器式电子点火系统中,如其中一缸的火花塞无间隙短路,那么相应的另一缸火花塞仍可跳火。

(2)独立点火方式。无分电器独立点火方式指每一个汽缸的火花塞上各配一个点火线圈,单独对本缸进行点火。样不仅取消了分电器,也同时取消了高压线,故分火性能更好,相比而言,其结构与点火控制电路最为复杂。其结构组成如图 2-1-57 所示。

3)微机控制点火系统的控制内容

微机控制点火系统的控制内容包括点火提前角的控制、通电时间控制(点火能量控制)和爆震控制三个方面。

(1)点火提前角控制。在微机控制点火系统中,电控单元对点火提前角控制分为发动机启动时点火提前角控制和启动后点火提前角控制。

采用微机控制点火提前角时,发动机在各种工况下,ECU 都可保证理想的点火提前角,其点火提前角和传统触点式点火系统相比应提早。

①启动时点火提前角的控制。发动机启动时,电控单元(ECU)不进行最佳点火提前角调整控制,而是根据发动机转速信号 Ne 和启动开关信号输入,以固定不变的点火提前角(一般

为 10°)点火。当发动机转速超过一定值时(大于 500r/min),则自动转入由电控单元控制的最佳点火提前角计算及控制程序。

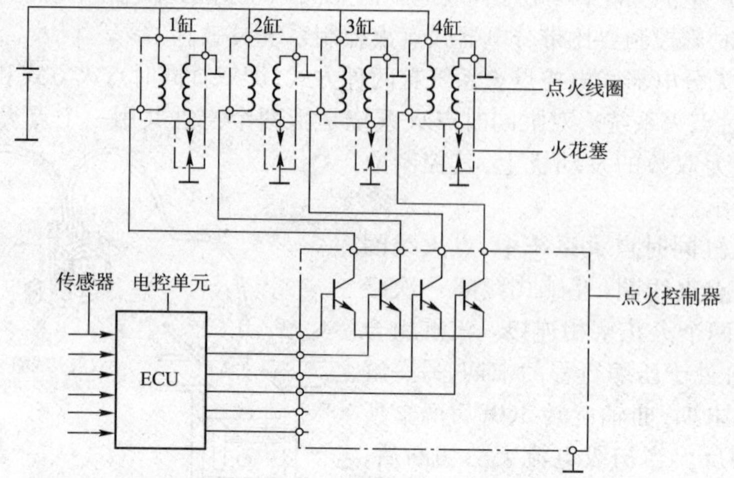

图 2-1-57 独立点火配电方式点火系统原理图

②启动后点火提前角的控制。发动机启动后,电控单元对最佳点火提前角的计算和控制一般按照如下步骤进行:首先根据 G 信号(凸轮轴位置传感器产生两个 G 信号,G1 信号和 G2 信号相隔 270°曲轴转角)和 Ne 信号(发动机曲轴转角)确定初始点火提前角,然后根据发动机转速和负荷确定基本点火提前角,最后根据有关传感器信号确定修正点火提前角,这三项点火提前角的代数和即为实际最佳点火提前角:

最佳点火提前角 = 初始点火提前角 + 基本点火提前角 + 修正点火提前角(或点火延迟角)

为了控制点火正时,电控单元根据上止点位置来确定初始点火提前角,其大小随发动机而异同。

发动机处于怠速工况时,电控单元根据节气门位置信号(怠速触点闭合)、发动机转速信号及空调开关信号,确定基本点火提前角。发动机处于非怠速工况时,电控单元根据发动机转速和负荷(曲轴每转进气量)信号,从预置存储在 ECU 存储器中基本点火提前角脉谱中找出相应工况的基本点火提前角。

除了转速和负荷外,其他对点火提前角有重要影响的因素均归入到修正点火提前角中。电控单元根据有关传感器的信号,分别求出对应的修正值,它们的代数和就是修正点火提前角。修正点火提前角所包括的修正值有:

a. 暖机修正。发动机冷启动后,当冷却液温度低时,应增大点火提前角。随冷却液温度的提高,点火提前角将适当的减小。

b. 过热修正。发动机工作时,随冷却液温度的提高,爆震倾向逐渐增大。当发动机处于正常运行工况(怠速触点 IDL 断开),冷却液温度过高时,为了避免爆震发生,应将点火提前角推迟。

c. 怠速稳定性修正。发动机在怠速期间,由于发动机负荷变化(如空调、动力转向等)而使转速改变,ECU 随时调整点火提前角,使发动机在规定的怠速转速下稳定运转。发动机处于怠速工况时,ECU 不断地计算发动机平均转速,当平均转速低于规定的怠速目标转速时,ECU 根据两者的差值大小相应的增加点火提前角;当平均转速高于规定的怠速目标转速时,相应的推迟点火提前角。

d. 空燃比反馈修正。装有氧传感器的电控燃油喷射系统进行闭环控制时，ECU 根据氧传感器的反馈信号对空燃比进行修正。随着修正喷油量的增加和减少，发动机转速在一定范围内波动。为了提高发动机转速的稳定性，在反馈修正油量减少时，适当地增大点火提前角。

(2) 通电时间控制。通电时间控制又称闭合角控制。对于电感储能式点火系而言，当点火线圈的初级线圈通电后，其初级线圈电流是按指数规律增长的，初级线圈被断开瞬间所能达到的断开电流值与初级线圈接通时间长短有关，只有通电时间达到一定值时，初级线圈电流才可能达到饱和，而次级线圈电压最大；值与初级线圈断开电流成正比，为了获得足够的点火能量，必须使初级线圈电流达到饱和。但是，如果通电时间过长、点火线圈又会发热，并使电能消耗增大。因此，要控制一个最佳通电时间，应兼顾上述两方面的要求。影响初级线圈通过电流的主要因素有发动机转速和蓄电池电压。当发动机转速升高时，适当增大闭合角，以防止初级线圈通过电流值下降，造成次级高压下降，点火困难。蓄电池电压下降时，基于相同的理由，也应适当增大闭合角。

(3) 爆震控制。汽油机爆震燃烧是燃烧室内末端混合气的自燃现象，点火时刻提前，燃烧最大压力就高，因而容易产生爆震。混合气过浓，容易产生爆震燃烧。发动机发出最大转矩的点火时刻(MBT)是在开始发生爆震点火时刻(爆震界限)的附近，最理想的点火时机应该是将点火正时控制在爆震即将发生而还未发生的时刻。轻微的爆震可使发动机功率上升，油耗下降。发动机负荷较小时，发生爆震的倾向几乎为零。具有爆震控制功能的点火系统是用一个爆震传感器检测发动机有无爆震现象，并将信号送至发动机 ECU，ECU 根据此信号来调整点火提前角。爆震时，推迟点火，没有爆震时，提前点火，以保证在任何工况下点火提前角都处于接近发生爆震的最佳角度。

发动机爆震检测方法有汽缸压力检测、发动机机体振动检测和燃烧噪声检测等。最常用的是发动机机体振动检测。采用发动机机体振动检测法的爆震传感器安装在发动机的缸体上，有磁致伸缩式和压电式两种类型，压电式又分为共振型和非共振型。对于共振型爆震传感器而言，发动机爆震时，输出的电压最大。

在检测到发动机爆震时，ECU 立即把点火提前角逐渐减小，直至无爆震产生。随后，又逐渐地增大点火提前角，一直到产生爆震时。采用爆震传感器来进行反馈控制，可使点火提前角在不发生爆震的情况下尽可能地增大。当 ECU 发生某些故障而使后备系统开始工作时，发动机的实际点火提前角就为固定的初始点火提前角。

4. 点火系统故障诊断

点火系统的故障特征主要表现为无火、缺火、火花弱和点火不正时，会造成发动机不能启动或运转不正常。点火能量不足可能会导致发动机大负荷时输出功率下降。点火系故障将会导致油耗过高。

1) 触点式点火系统常见故障检测

1) 发动机不能启动。初级点火线圈短路、火花塞间隙等可能会导致发动机断火，而无法启动。传统带分电器的发动机常用刮火法来判断发动机是否断火。在对传统点火系统进行中央高压线跳火试验中，没有发现火花的原因是高压电路或低压电路有故障。

启动发动机时，发动机供油、供气、高压电都正常，将点火开关复位后，发动机熄火，则故障很可能在点火线圈附加电阻断路。

(2)发动机工作不正常。有一缸或几缸缺火时,会导致发动机工作不正常;高压线插孔漏电可能会影响发动机的加速性能;分电器断电器触点间隙过大或过小,会导致使发动机点火时刻发生变化,影响发动要工作性能;点火线圈性能变差也会导致发动机工作不正常。

单缸断火某一缸时,如果发动机运转无变化,说明该缸没有参与工作;反之,如果发动机运转发生变化,则说明该缸参与了工作。

2)电子点火系统检修

检修电子点火系统时应注意以下事项:

(1)电子点火装置安装时接线必须正确、牢固,尤其注意电源极性不可接错。否则,极易损坏点火电子组件。

(2)电子点火装置必须有可靠的搭铁,尽量减少搭铁处的接触电阻,以确保电路稳定可靠工作。

(3)电子点火装置点火信号线与高压线应分开,以免干扰点火电子组件的正常工作。

(4)洗车时,应尽量避免将水溅到点火电子组件和分电器内。

(5)发动机运转时,不可拆去蓄电池连接线,或用刮火的方法检查发电机发电情况,以免产生瞬间过电压而损坏点火电子组件。

(6)电子点火系统中的点火线圈一般为专用高能点火线圈,应尽量避免用普通点火线圈代用。

(7)高压导线必须连接可靠、牢固。由于电子点火系统中,点火线圈的次级线圈电压一般较高,若连接不好,易使分电器盖及点火线圈绝缘击穿而损坏。

(8)当需摇转发动机而不需要发动机启动时,应从分电器盖上拆下点火线圈高压线,并将其搭铁,决不允许点火线圈在开路状态下工作,否则极易损坏点火线圈和点火电子组件中的功率开关晶体极管。

(9)当需要拆、接电子点火装置连接导线时,或安装和拆卸检测仪器时,应先关断点火开关或断开蓄电池的搭铁线。

七 冷却系统和润滑系统的结构与检修

(一)冷却系统结构与检修

1.冷却系统的功用和组成

冷却系统主要功用是把受热零件吸收的部分热量及时散发出去,保证发动机在最适宜的温度状态下工作。

目前汽车发动机上采用的水冷系统大都是强制循环式水冷系统,利用冷却液泵(俗称水泵)强制冷却液在冷却系统中进行循环流动。强制循环式水冷系统由散热器、水泵、风扇、冷却液套和温度调节装置等组成,如图 2-1-58 所示。

(1)水泵。水泵是冷却系统动力源,其作用是对冷却液施加一定的压力,使冷却液在整个冷却系统循环流动。

(2)散热器。散热器的作用是储存冷却液并增大散热面积,加速冷却液的冷却速度。对于加注防锈、防冻液的汽车发动机,为了减少冷却液的损失,保证冷却系统的正常工作,一般采用散热器加膨胀水箱的结构。

(3)节温器。节温器的作用是控制冷却液的循环路线及流量，自动调节冷却强度，保持冷却液正常的工作温度(95～105℃)。

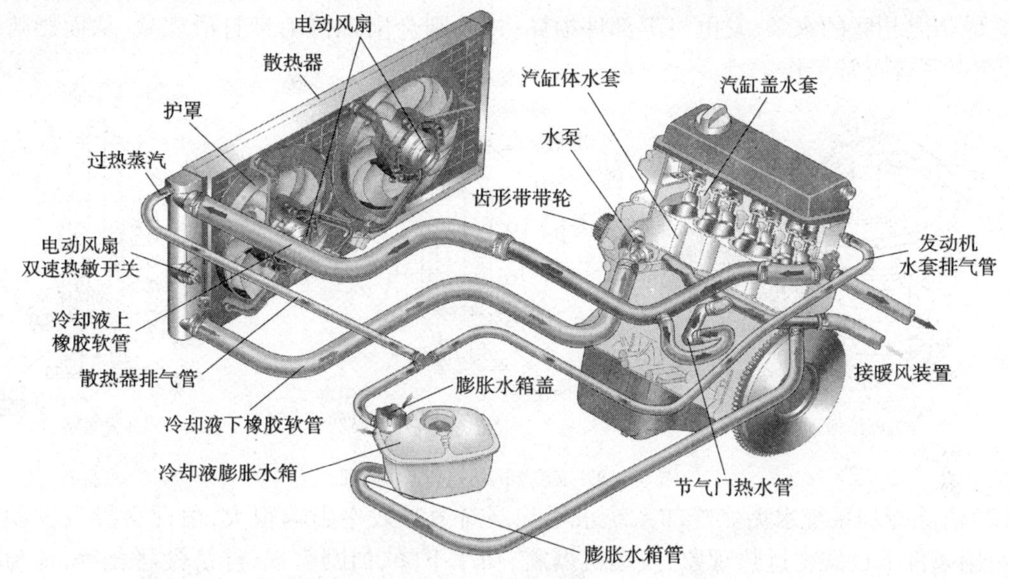

图 2-1-58　发动机水冷却系统布置示意图

(4)风扇。风扇的作用是提高通过散热器芯的空气流速，增加散热效果，加速冷却液的冷却速度。风扇通常安装在散热器后面，由于风扇旋转时产生抽吸作用，水冷系统中空气流是由前向后高速通过散热器，最后吹向发动机的。

水泵由曲轴驱动的传动带驱动，散热器内的冷却液经下水管由水泵加压后通过分液管压送到汽缸体冷却液套和汽缸盖冷却液套内，冷却液在吸收了机体的大量热量后经汽缸盖出液孔、上水管流回散热器。

2. 冷却强度调整

改变冷却系统的冷却强度通常有两种调节方式，一种是改变通过散热器的空气流量；另一种是改变冷却液的循环流量和循环范围。

通常利用节温器来控制通过散热器冷却液的流量。节温器装在冷却液循环的通路中(一般装在汽缸盖的出液口)，根据发动机负荷大小和冷却液温度的高低自动改变冷却液的循环流动路线，以达到调节冷却系统的冷却强度。汽车发动机广泛采用蜡式节温器，其结构和工作原理如图 2-1-59 所示。节温器推杆的一端固定于支架的中心处，另一端插入胶管的中心孔中。胶管与节温器外壳之间形成的腔体内装有精制石蜡。常温时，石蜡呈固态，阀门压在阀座上，这时阀门关闭了通往散热器的水路，来自发动机缸盖出水口的冷却液经水泵又流回汽缸体水套中进行小循环。当发动机冷却液温度升高时，石蜡逐渐变成液态，体积随之增大，迫使橡胶管收缩，从而对推杆上端头产生向上的推力。由于推杆上端固定，故推杆对橡胶管、感应体产生向下的反推力，阀门开启。当发动机冷却液温度达到规定温度以上时，阀门全开，来自汽缸盖出水口的冷却液流向散热器，进行大循环。

3. 冷却系统的检修

冷却系统维护作业重点应放在调整风扇传动带、检查节温器和清除冷却系统水垢等方面。

(1)风扇传动带检查。检查风扇传动带的松紧度时,可用拇指在两风扇传动带轮之间,用30～40N的力垂直作用于风扇传动带方向,一般中型车辆发动机风扇传动带挠度为10～15mm为宜,大型车辆的风扇传动带挠度为15～20mm。风扇传动带挠度过小,意味着传动带过紧,容易造成与之相联的水泵、发电机等部件损坏;过大则会出现传动带打滑现象,从而影响冷却系统、充电系统正常工作。

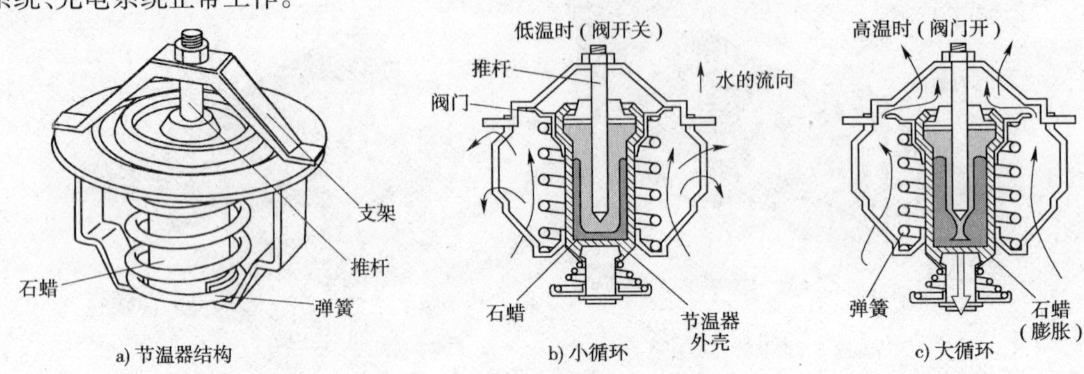

图2-1-59　节温器的结构和工作原理

(2)清除冷却系统水垢。冷却系统水垢积层对散热效率影响很大,由此会导致发动机在正常使用条件下也发生过热现象,发动机爆震、功率下降、加剧磨损、经济性恶化等,都与冷却系统水垢过厚而影响热传导效果有关。因此,定期清洗发动机水垢,是定期维护中不可少的作业项目。用清洗法清除冷却系统水垢时,应先拆下节温器,将冷却液设法与正常循环相反的方向(出液口)压入,直到放出的冷却液清洁为止。

(3)检查节温器。在汽车上检查节温器时,可根据发动机启动后冷却液温度的变化情况进行判定。测量散热器上部和下部的温度,如果两者温度一致并且都很低,说明节温器损坏。

(二)润滑系统构造与维修

1. 润滑系统的功用及组成

1)润滑系统的功用

当发动机工作时,各运动部件都必须用发动机润滑油(又称机油)来润滑。润滑系统的功用就是将机油输送到发动机各个需要润滑的部位,以达到提高发动机工作可靠性和耐久性的目的,其主要功用有润滑、清洗、冷却、密封、防锈蚀、减振缓冲等。

2)润滑方式

由于发动机各运动部件的工作条件的不同,对润滑的强度的要求也不同,因此对不同的运动部件应采用不同的润滑方式。润滑系统的润滑方式可分压力润滑和飞溅润滑。

(1)压力润滑。利用机油泵,将具有一定压力的润滑油源源不断地送往摩擦表面的润滑方式称为压力润滑。例如曲轴主轴承、连杆轴承及凸轮轴轴承等处承受的载荷及相对运动速度较大,需要以一定压力将机油输送到摩擦面的间隙中,方能形成油膜以保证润滑。

(2)飞溅润滑。利用发动机工作时运动零件飞溅起来的油滴或油雾来润滑摩擦表面的润滑方式称为飞溅润滑。这种润滑方式可使裸露在外面承受载荷较轻的汽缸壁,相对滑动速度较小的活塞销,以及配气机构的凸轮表面、挺柱等得到润滑。

3)润滑系统的组成

润滑系统一般由机油泵、油底壳、润滑油管、润滑油道、机油滤清器、机油散热器、各种阀、传感器和机油压力表、机油温度表等组成,如图 2-1-60 所示。

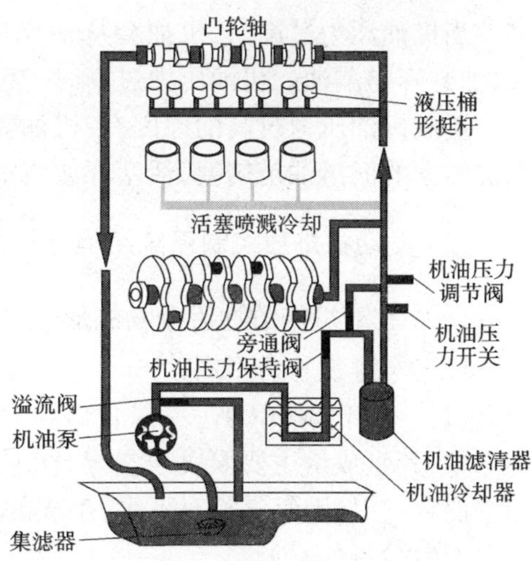

图 2-1-60 润滑系统的组成

(1)机油泵。一般安装在汽缸体的下部,由发动机曲轴直接驱动,将机油输送到发动机各运动部件接触面。机油泵常见的结构形式有外啮合齿轮式机油泵、内啮合齿轮式机油泵和转子式机油泵三种。

(2)机油滤清器。其功用是滤除掉机油中的金属粉末、机油氧化物和燃烧物。一般润滑系统中装有几个不同滤清能力的滤清器,集滤器、粗滤器和细滤器分别串联或并联在主油道中。与主油道串联的滤清器称为全流式滤清器,一般为粗滤器;与主油道并联的滤清器称为分流式滤清器,一般为细滤器。为了防止滤清器堵塞失效,必须定期进行更换,一般在更换机油的同时也更换机油滤清器。

(3)旁通阀。用以保证润滑系统内油路畅通,当机油滤清器堵塞时,机油通过并联在其上的旁通阀直接进入润滑系统主油道,防止主油道断油。

(4)限压阀。润滑系统的机油压力应保持在一定范围内,在润滑系统机油泵和主油道中设有限压阀,限制机油最高压力,以确保安全。

(5)油底壳。又称下曲轴箱,主要用于储存机油并密封曲轴箱。一般用薄钢板冲压而成,内有挡油板和放油螺塞。

2. 润滑系统的检修

润滑系统技术状况变坏的明显标志是机油压力降低和机油变质。机油压力过低或过高,都说明润滑系统工作不良,甚至会造成严重事故。

1)机油泵的检修

(1)检查转子式机油泵。用塞尺测量主动转子和从动转子的顶部间隙;用塞尺和精密直尺,测量 2 个转子和精密直尺间的间隙;用塞尺测量从动转子和机油泵体间的间隙。如果任意间隙大于最大值,则更换机油泵。

(2)检查齿轮式机油泵。用塞尺测量齿轮啮合间隙和齿顶与泵体间隙,如果间隙大于最大值,更换机油泵;用塞尺和精密直尺测量机油泵盖与齿轮端面间隙和泵盖平面度误差;检查泵轴是否弯曲。

2)机油压力低故障诊断

当机油压力过低时,发动机就会出现液压挺柱异响和凸轮轴磨损现象,严重时会出现活塞拉缸或轴瓦抱死等严重故障。

造成机油压力过低的主要原因有:油底壳中机油不足;机油黏度过低或过高;曲轴瓦、连杆瓦与曲轴之间的配合间隙过大;机油泵相互配合的齿轮磨损或转子与转子室之间的配合间隙过大,或机油泵集滤器被堵塞;机油滤清器旁通阀上的弹簧过软或折断;润滑油路中调压阀和回油阀被异物卡滞等。

3)机油压力高故障诊断

当机油压力过高时,机油会从油尺口或加机油口喷出,发动机各个油封承受的压力会增大,油封容易漏油。机油压力过高时,液压挺柱就无法泄压,会导致气门关闭不严。

造成机油压力过高的原因有:机油黏度过高,曲轴瓦、连杆瓦与曲轴之间的配合间隙过小,汽缸体上的润滑油道堵塞,活塞环或汽缸壁磨损严重等。

八 发动机排放控制系统结构与检修

(一)发动机排放物污染物的形成与控制原理

1. 汽车排放物的形成

(1)一氧化碳(CO)。一氧化碳(CO)的形成是碳在氧化反应过程中,因氧气不足而生成的产物,其生成量主要取决于空燃比(或过量空气系数 λ)和燃烧气体的温度。当使用 $\lambda<1$ 的浓混合气时,因氧气相对不足,生成的 CO 较多。即使 $\lambda>1$,如果混合气混合及分配不均匀也会产生少量的 CO。

(2)碳氢化合物(HC)。碳氢化合物(HC)是燃料没有燃烧或不完全燃烧的产物,也有一些是高温下分解的产物。汽车排出的 HC 还有一部分是来自曲轴箱窜气和燃料的蒸发。

(3)氮氧化物(NO_x)。氮氧化物(NO_x)是由空气中的氮和氧在燃烧室高温高压作用下反应生成的。NO_x的生成量取决于燃烧的最高温度、高温持续时间、混合气浓度等。柴油机压缩比高,因而 NO_x是主要有害排放物。

2. 影响排放物的主要因素

1)空燃比

发动机排出的有害气体受空燃比影响很大,如图 2-1-61 所示。

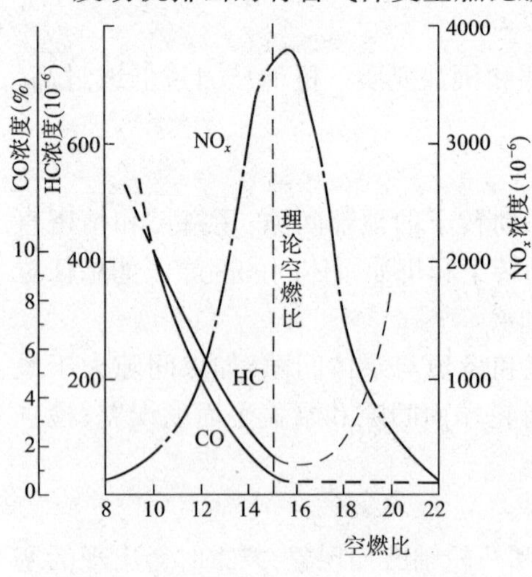

图 2-1-61　CO、HC 和 NO_x排放浓度与空燃比的关系

当空燃比在 14.7 以下时,随着空燃比的下降,混合气浓度增大,氧气不足,不完全燃烧现象严重,使 CO、HC 排放增多,NO_x排放减少。当空燃比大于14.7 时,由于混合气混合不均匀,仍有少量的 CO 生成;但当空燃比大于 16 时,由于氧化反应速度慢,燃烧温度下降,使 HC 排放增多,NO_x减少。在理论空燃比附近,HC、CO 排放浓度最小,而 NO_x排放浓度最大。

2)负荷

汽油机在怠速小负荷时,充气量少,混合气浓,温度低,燃烧速度慢,易引起不完全燃烧,使排放中的 CO、HC 含量增多;中负荷时,混合气较经济,CO、HC 排放减少,但燃烧室温度升高,使 NO_x生成量增多;大负荷时,混合气浓,压力温度升高,有较多的 NO_x生成,CO 浓度也会因氧气不足而上升,而 HC 浓度下降。

3)转速

发动机在节气门开度一定的条件下,随发动机转速升高,混合气混合均匀,燃烧速度加快,减少了热损失,使 CO、HC 排放减少,NO_x排放增多,当转速升到最高车速的 3/4 左右时,燃烧温度最高，NO_x生成量最大。

4）点火时刻

汽车发动机点火提前角推迟可以使NO、HC减少，但不能过迟，否则由于燃烧速度缓慢使HC增多。

5）压缩比

适当降低压缩比，可以使NO_x排放降低。

3. 排气净化措施

1）机外净化法

（1）二次空气喷射法。二次空气喷射系统是将定量的新鲜空气喷入排气系统，使排气中的HC和CO继续燃烧。

（2）催化反应法。排气管中装三元催化转化器，当废气从三元催化转化器中经过时，能同时降低废气中的CO、HC和NO_x。

2）防止汽油蒸气泄漏

采用汽油蒸发排放控制系统和曲轴箱强制通风系统可以有效防止汽油蒸气泄漏。

3）减少发动机有害物的生成

降低排放量最有效的途径是严格控制燃烧过程，大部分CO和HC化合物都是燃烧不完全的产物，而NO_x混合气主要是燃烧温度过高而产生的。为了燃烧完全应使用稀混合气，并保证点火可靠、燃油的汽化、各缸分配均匀和改善混合气在燃烧室内的燃烧状况。为此，需要对进气系统、燃烧室及配气相位等到方面进行改进，目前这方面的措施有电控汽油喷射、电子控制点火、废气再循环、降低燃烧室面容比和改进配气相位等。

（二）三元催化转化器的结构与检修

1. 三元催化转化器的结构与原理

1）三元催化转化器的功能

三元催化转换器安装在排气管中部，其功能是利用转换器中的三元催化剂的作用，将发动机排出废气中的有害气体如碳氢化合物（HC）、一氧化碳（CO）、氮氧化合物（NO_x）转变为无害二氧化碳（CO_2）、水（H_2O）及氮气（N_2）

2）三元催化转化器的结构

三元催化转化器一般由壳体、减振层、载体和催化剂涂层部分组成，如图2-1-62所示。催化转化器壳体由不锈钢材料制成，以防氧化皮脱落造成载体堵塞。载体一般由氧化铝制成，是承载催化剂的一种支撑体。催化剂又称触媒，常用贵重金属如铂、钯、铑制成，可以促进废气中CO、HC氧化反应及NO_x还原反应的速度，而其本身不被消耗和改变。

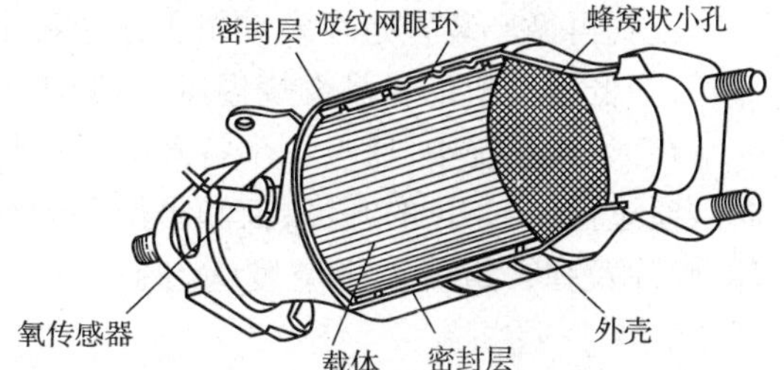

图2-1-62 三元催化转化器的结构

3）三元催化转化器的工作原理

当废气经过催化转化器时，转化器利用金属铂、钯和铑作为催化剂。金属铂具有很强的氧化性，能够使HC、CO继续和排气管中的O_2产生氧化反应，生成H_2O和CO_2；金属钯和铑具有很强的还原性，能够将NO_x还原成N_2和O_2。

采用三元催化转化器系统的发动机通常装有闭环控制燃油喷射系统。ECU 根据氧传感器的信号,把空燃比精确地控制在理论空燃比 14.7 附近。因为发动机只有在理论空燃比工作的情况下,三元催化转化器的转化效率最佳。

2. 三元催化转化器的检修

在使用期内一般情况下无须对三元催化转化器进行定期维修,只有在对发动机进行调试或国家有关部门检测车辆时,才检查三元催化转化器的工作情况。

在检测三元催化转化器工作情况之前,必须首先检查汽车尾气中的 CO_2、O_2 和 HC 的含量,以判断混合气浓度是否合适,混合气浓度合适后,方能检测三元催化转化器的工作情况。

1)废气含量检测

在发动机怠速运转时,用汽车尾气分析仪测量汽车尾气中的 CO 含量,汽车尾气分析仪上 CO 的读数,应该接近于 0,最大值不应超过 0.3%,否则,三元催化转化器可能已经损坏。

2)温度检测

用红外测温仪测量三元催化转化器前、后排气管的温度,在三元催化转化器正常工作时,后端温度应比前端温度至少高出 38℃,若后端温度等于或低于前端,则说明在三元催化转化器内无氧化反应发生,此时应该检查二次空气喷射系统是否有故障。若二次空气喷射系统无故障,则说明三元催化转化器已经损坏,应更换三元催化转化器。

3)堵塞状况的检查

三元催化转化器芯子堵塞的检查方法有:检测进气歧管真空度和排气背压两种方法。

(1)进气歧管真度度法。将废气再循环(EGR)阀上的真空软管取下,并用塞子将管口塞住。将真空表接到进气歧管上,将发动机缓慢加速到 2500r/min,观察真空表读数。若真空表读数瞬间下降后又回升到原有水平(47.5k~74.5kPa),并能稳定地保持在这一水平至少 15s,则说明三元催化转化器没有堵塞;若真空表读数下降,则可能为三元催化转化器或排气管堵塞。

(2)排气背压法。从二次空气喷射管路上脱开接空气泵止回阀的接头,再在二次空气喷射管路中接入一个压力表。在发动机转速为 2500r/min 时观察压力表的读数,此时压力表的读数应该小于 17.24kPa,如果排气背压大于或等于 20.70kPa,则表明排气系统堵塞。

(三)废气再循环系统的结构与检修

1. 废气再循环阀的结构与工作原理

废气再循环装置是在发动机工作过程中,将一部分废气引入进气歧管,返回汽缸内进行再循环,降低发动机的最高燃烧温度,以减少 NO_x 的排放量。

在 EGR 系统中,通过一个特殊的通道将排气歧管与进气歧管连通,在该通道上装有 EGR 阀。通过控制 EGR 的开度,控制再循环的废气量,EGR 阀的结构如图 2-1-63 所示,由壳体、阀体、膜片及弹簧组成。真空度大,阀门开度大,循环的废气量大;反之,真空度小,循环废气量小。

2. 废气再循环的控制

废气再循环控制分成两大类:一是机械式控制 EGR 阀装置,另一种是电子控制 EGR 系统。由于电子控制 EGR 系统结构简单,控制量大,在电控发动机上得到广泛的运用。

常见的普通电子式控制 EGR 系统主要由排气再循环控制阀、排气再循环控制电磁阀、节气门位置传感器、曲轴位置传感器、冷却液温度传感器、启动信号和 ECU 等组成，如图 2-1-64 所示。EGR 阀通过管道将排气管与进气歧管连通，其真空气室的真空度受 EGR 电磁阀控制，ECU 根据发动机转速、空气流量、节气门位置、冷却液温度、点火开关等信号控制 EGR 电磁阀通电时间的长度来控制进入 EGR 阀真空气室的真空度，从而控制 EGR 阀的开度来改变参与再循环废气量。

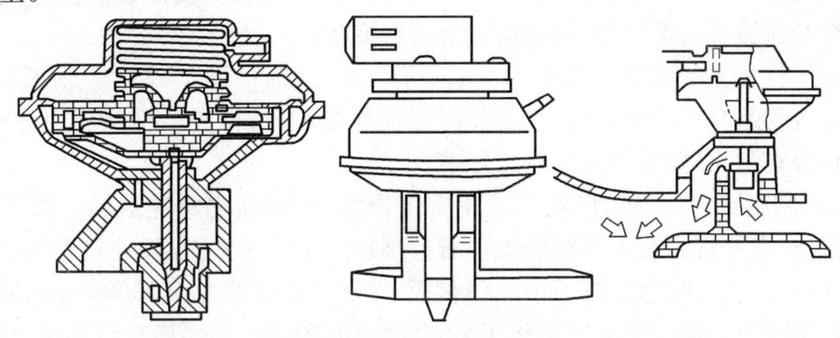

图 2-1-63　EGR 阀的结构

3. 废气再循环的检修

发动机在正常温度下怠速运转，从 EGR 上拆下真空管，用真空泵在阀上加真空，发动机怠速会开始不稳或停车，当移去真空信号时怠速恢复正常。如果发动机怠速反应不正确或没反应，则可能是阀膜片泄漏、密封不严或进气歧管排气通道受阻。

用手动真空泵给 EGR 阀膜片上方施加约 15kPa 的真空度，EGR 阀应能开启，不施加真空度，EGR 阀应能完全关闭，否则应更换 EGR 阀。

（四）燃油蒸发排放控制系统的结构与检修

1. 燃油蒸发排放控制系统的组成及工作原理

为防止燃箱内的汽油蒸气排入大气造成污染，在发动机控制系统中采用了由发动机 ECU 控制的活性炭罐燃油蒸气（Evaporative – EVAP）控制系统，用来收集汽油箱内蒸发的汽油蒸气，并根据发动机工况，将适量的汽油蒸气导入汽缸参加燃烧，从而防止汽油蒸气直接排入大气而造成污染。

在装有燃油蒸气控制系统的汽车上，加油口盖上只有空气阀，而不设蒸气放出阀。燃油蒸气控制系统的组成如图 2-1-65 所示，主要由止回阀、进气管、电磁阀、真空控制阀、定量排放孔、活性炭罐等组成。

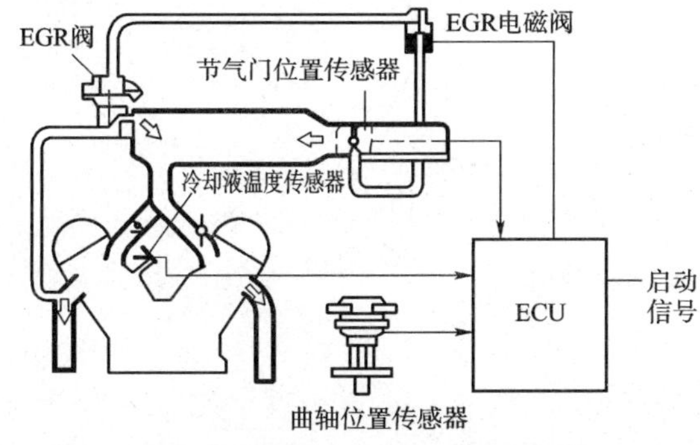

图 2-1-64　普通电子控制 EGR 系统图

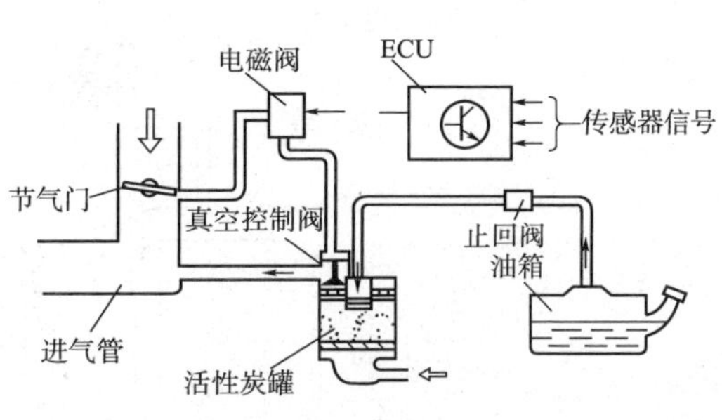

图 2-1-65　燃油蒸气控制系统的组成

在活性炭罐与油箱之间设有排气管和止回阀,当汽油箱内的汽油蒸气超过一定压力时,顶开止回阀经排气管进入活性炭罐,活性炭罐内的活性炭将燃油蒸气吸附在炭罐内。发动机工作时,ECU 根据发动机转速、温度、空气流量等信号,控制炭罐电磁阀的开闭来控制排放控制阀上部的真空度,从而控制排放控制阀的开度。当排放控制阀打开时,燃油蒸气通过排放控制阀被吸入进气歧管。活性炭罐下方设有进气滤芯并与大气相通,使部分清洁空气与活性炭罐内的燃油蒸气一起被吸入进气管,从而防止混合气变浓。

2. 燃油蒸发排放控制系统的检修

检查各连接管路有无破损或漏气,必要时更换连接软管;检查活性炭罐壳体有无裂纹、底部进气滤芯是否脏污,必要时更换炭罐或滤芯。

(1)检查控制管路。将发动机热车至正常工作温度,并使之怠速运转。拔下蒸气回收罐上的真空软管,检查软管内有无真空吸力。若控制装置工作正常,在发功机怠速运转中电磁阀应不通,软管内应无真空吸力。踩下节气门踏板,使发动机转速大于 2000r/min,同时检查上述软管内有无真空吸力。若控制装置工作正常,此时应有吸力。如果检查结果与上述不符,应检查电磁阀及控制线路。

(2)检查真空控制阀。从活性炭罐上拆下真空控制阀,用手动真空泵由真空管接头给真空控制阀施加约 5kPa 真空度时,从活性炭罐侧孔吹入空气应畅通;不施加真空度时,吹入空气则不通。若不符合上述要求,应更换真空控制阀。

(五)二次空气喷射系统的结构与检修

在一定工况下,将新鲜空气送入排气管,促使废气中的一氧化碳和碳氢化合物进一步氧化,从而降低一氧化碳和 HC 的排放量,同时加快三元催化转化器的升温。

空气喷射式二次空气喷射系统的组成如图 2-1-66 所示,它主要由二次空气电磁阀、空气泵、二次空气控制阀、止回阀、继电器和 ECU 等组成。二次空气电磁阀控制二次空气控制阀的工作;空气泵为电动式,提供一定压力的空气;ECU 控制二次空气电磁阀工作,当 ECU 给电磁阀通电时,接通二次空气控制阀的真空通路,二次空气控制阀打开,空气泵将新鲜空气通过止回阀强制泵入排气管。喷射管和空气泵之间装有止回阀,以防高热的废气返回,导致空气泵和软管的损坏。与空气泵相连的还有回火防止阀或者空气泵分流阀。

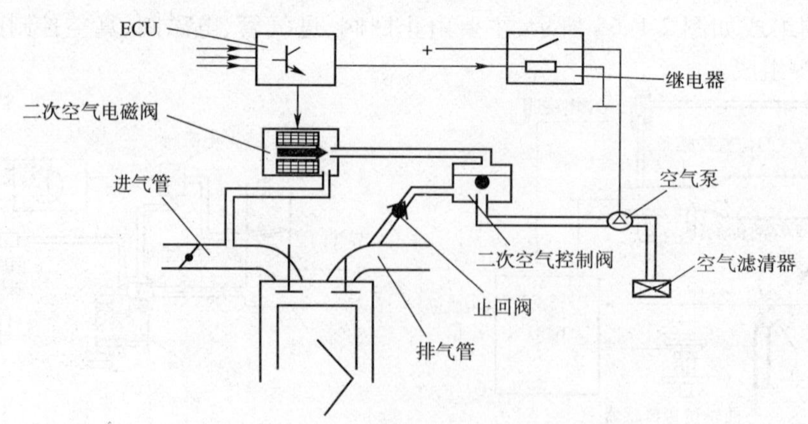

图 2-1-66　空气喷射式二次空气喷射系统的组成

当电控燃油喷射系统进入闭环控制,冷却液温度超过规定范围,发动机转速和负荷超过规定值,ECU 发现有故障时,ECU 不给二次空气电磁阀通电。

九 混合动力系统结构与检修

(一)混合动力系统的结构与检修

1. 混合动力汽车的概念

混合动力汽车(Hybrid E1ectric Vehicle,简称 HEV)是在电动汽车(仅依靠电能驱动的车辆)上加入辅助动力单元,将电力驱动与辅助动力驱动结合起来,充分发挥两者各自的优势及两者相结合产生的新优势的电动汽车。混合动力汽车的电力驱动可采用直流电动机或三相同步(或异步)电动机,辅助动力单元可以采用燃烧某种燃料的原动机或动力发电机组。

2. 混合动力汽车的类型

混合动力汽车按动力传输路线的不同,可将混合动力汽车分为串联、并联和混联三种形式。

1)串联式混合动力汽车

串联式混合动力汽车(Series Hybrid E1ectric Vehicle,SHEV)是由发动机、发电机和驱动电动机三大动力总成组成。发动机、发电机和驱动电动机采用“串联”的方式组成 SHEV 的驱动系统,使用发动机驱动发电机发电,而发出的电能通过电动机来驱动车辆行驶的混合动力汽车称为串联式混合动力汽车,如图 2-1-67 所示。串联式混合动力汽车的最大特点是不管什么工况下,最终都要由电动机来驱动车辆。

串联式混合动力汽车(SHEV)必须装置一个大功率的发动机 - 发电机组件,再用驱动电动机来驱动车辆。发动机、发电机和驱动电动机的功率都要求等于或接近 SHEV 的最大驱动功率。

2)并联式混合动力汽车

并联式混合动力汽车(PHEV)是由发动机、电动机/发电机或驱动电动机两个动力总成组成。发动机、电动机/发电机或驱动电动机采用“并联”的方式组成 PHEV 的驱动系统,如图 2-1-68所示。发动机与电动机分属两套系统,可以分别独立地向汽车传动系统提供转矩,在不同路面上既可以共同驱动,又可以单独驱动。车辆行驶时,电动机除可辅助发动机驱动车辆外,还可作为发电机为蓄电池充电。

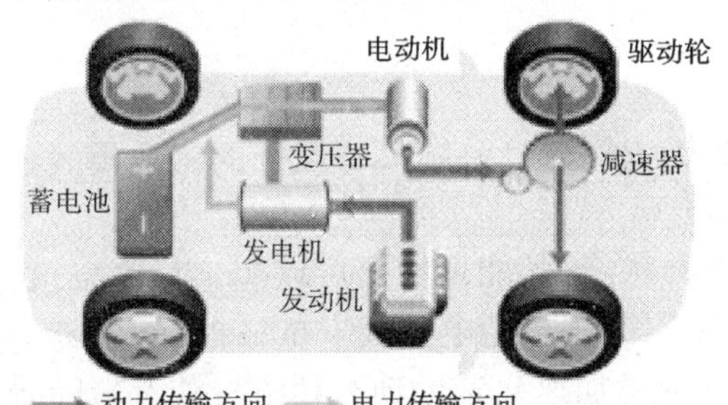

图 2-1-67 串联式混合动力汽车(SHEV)

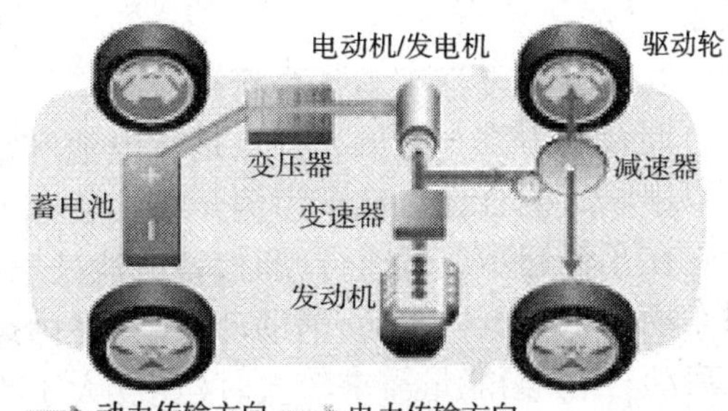

图 2-1-68 并联式混合动力汽车(PHEV)

从 PHEV 的动力系统组成,可大致分为发动机、驱动系统(变速器和驱动桥)、驱动轮等,电动机的动力要与车辆驱动系统相组合,可以在发动机输出轴处进行组合,在变速器(包括驱动桥)处进行组合,在驱动轮处进行组合。虽然 PHEV 有不同的结构模型,但都是以发动机为主要驱动模式。

PHEV 的发动机和驱动电动机两大动力总成都是驱动动力装置,在 PHEV 上可以实现发动机驱动模式,驱动电动机驱动模式和发动机—驱动电动机混合驱动模式三种驱动模式。由于是以发动机驱动为主要驱动模式,其特点是动力特性更加趋近于发动机汽车。

3)混联式混合动力汽车

混联式混合动力汽车(PSHEV)是综合 SHEV 和 PHEV 结构特点组成的 PSHEV,由发动机、电动机/发电机和驱动电动机三大动力总成组成,如图 2-1-69 所示。由于电动机/发电机必然是装在发动机的输出轴上,才能起发动机飞轮和启动机的作用,也才能保持发动机稳定运转并进行发电。因此,电动机的动力要与车辆驱动系统相组合,只能在变速器(包括驱动桥)处进行组合或在驱动轮处进行组合。

(二)混合动力汽车动力系统的组成和工作原理

1. 混合动力汽车动力系统的组成

混合动力汽车的动力系统主要由控制系统、驱动系统、辅助动力系统和蓄电池组等部分组成,如图 2-1-70 所示。

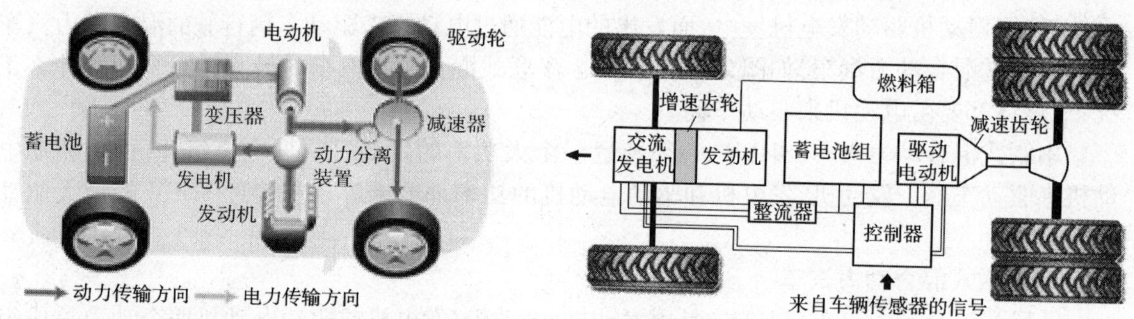

图 2-1-69　混联式混合动力汽车(PSHEV)

图 2-1-70　混合动力汽车动力系统的组成

控制系统的基本功能是实现对驱动电动机的控制;驱动系统的主要功能是使电能转变为机械能,并将能量传递到车轮使车辆行驶;辅助动力系统的主要功能是直接驱动车辆和为蓄电池组充电;蓄电池组的主要功能则是重复存储和释放电能,以满足车辆驱动和发动机启动的要求。

2. 混合动力汽车工作原理

混合动力汽车的最大特点是蓄电池和辅助动力(内燃机)系统具有互补的工作模式。下面以串联式混合动力汽车为例介绍其基本工作原理。

在车辆起步或低速行驶时,蓄电池处于电量饱满状态,其能量输出可以满足行车要求,此时车辆仅依靠电力驱动,辅助动力系统(内燃机)不工作;蓄电池电量低于 60% 时,辅助动力系统启动;当车辆能量需求较大时(速度大于 40km/h 或急加速),辅助动力系统与蓄电池同时为驱动系统提供能量;当车辆能量需求较小时,辅助动力系统为驱动系统提供能量的同时,还给蓄电池充电;当车辆制动时,混合动力系统能将车辆动能转化为电能,并储存在蓄电池中以备下次低速行驶时使用。

(三)丰田混合动力系统

丰田 Prius(普锐斯)混合动力汽车 THS－Ⅱ系统(意为第二代丰田混合动力系统)是一种使用两种动力组合的混联式混合动力系统,其中包括发动机动力和 MG2(2 号电动发电机)动力。该系统核心部分是小排量汽油发动机、高输出功率混合动力 HV 蓄电池、变频器以及变速驱动桥(由行星齿轮组、发电机、电动机、减速器组成)。

丰田 Prius(普锐斯)混合动力汽车 THS－Ⅱ系统主要利用电动机驱动车辆,其电动机的使用比例要比 PHEV 大得多。

十 发动机防盗系统结构与检修

(一)发动机防盗系统的类型、结构及工作原理

发动机防盗系统通过电子应答来判断用户使用的钥匙是否合法,并以此确定是否允许发动机 ECU 工作。若钥匙密码信息不符,发动机 ECU 便无法工作,立即切断启动机电路、点火电路、喷油电路、供油电路、自动变速器电路,使盗贼不能启动发动机。

1. 发动机防盗系统的分类

发动机防盗系统按照阻止启动的方式可以分成两种,一种是通过继电器切断启动机、点火系统、汽油泵、自动变速器(使其电磁阀无法打开)等电路;另一种是使发动机 ECU 处于非法状态。其中后者在启动车辆时,防盗 ECU 首先对有无授权进行检查,当判定为无授权行为时,将通过发动机 ECU 使发动机不能启动。

可以有以下三种方式将密码输入防盗 ECU,通过验证输入密码是否正确对有无授权进行判定。

(1)通过专用键盘或其他控制键盘(如收放机或空调)将授权密码输入防盗 ECU。

(2)通过钥匙卡将密码输入车内接收器或解码装置。

(3)通过点火开关内置转发器接收密码信号。

2. 发动机防盗系统的基本结构及控制功能

1)发动机防盗系统的基本结构

图 2-1-71 所示为通过点火开关内置转发器接收密码的发动机防盗系统的结构框图。发动机防盗系统主要由发射器钥匙(点火钥匙)、发射器钥匙线圈、发射器钥匙放大器、发射器钥匙 ECU、发动机 ECU 等组成。

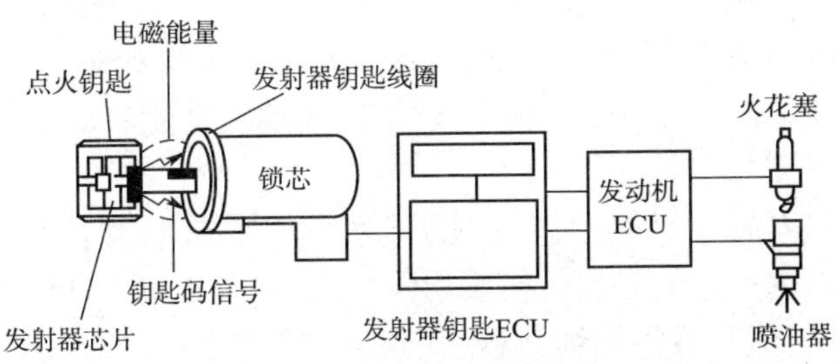

图 2-1-71　发动机防盗结构框图

(1)发射器钥匙(点火钥匙)。在点火钥匙内嵌有发射器芯片,每一个发射器芯片包含有

专用的发射器钥匙码(ID 码),不需要内部电池,该钥匙也可发射钥匙码。

(2)发射器钥匙线圈。发射器钥匙线圈是一个环形线圈,套装在锁芯上,可提供电磁能量给发射器芯片,用来发射钥匙码信号。

(3)发射器钥匙放大器。发射器钥匙放大器装在锁芯后面,用来放大钥匙码信号。

(4)发射器钥匙 ECU。发射器钥匙 ECU 位于前乘客侧仪表台内,最多可记录 8 个(包括主钥匙码 4 个,副钥匙码 2 个)不同的发射器钥匙码。

2)发动机防盗系统的控制功能

发动机防盗系统的主要功能包括取消防盗功能、新钥匙码登记功能、额外发射器钥匙码登记功能和删除发射器钥匙码功能。

(1)取消防盗功能。当点火开关插入锁芯后,发射器芯片钥匙码被发射器 ECU 读出,当该码符合预先存储的钥匙码序列时,系统防盗功能暂被取消,此时发动机即可正常启动。

(2)新钥匙码登记功能。为了便于发射器 ECU 的更换,该系统设置了新钥匙码登记功能。通过这一功能可把新的主钥匙和副钥匙的钥匙码记录在发射器 ECU 内。考虑到实际需要,该系统最多可记录 8 个不同的发射器钥匙码。

(3)额外发射器钥匙码登记功能。考虑到增添新主钥匙或新副钥匙的需要,防盗系统可在保留已登记钥匙码的同时,登记新主钥匙和副钥匙的钥匙码,从而更加便于实际使用。

(4)删除发射器钥匙码功能。除了主钥匙的钥匙码外,删除发射器钥匙码功能可删除所有在发射器钥匙 ECU 登记的发射器钥匙码。

3. 发动机防盗系统的工作原理

发动机防盗系统由发射器芯片内的发射器系统控制,该系统放置在点火钥匙内。

1)发动机防盗系统的设置

发动机防盗系统,当点火钥匙从锁芯拔下时,发动机防盗系统将被自动重新设定。

2)发动机防盗系统的解除

发动机防盗系统的解除包括钥匙码的发射、钥匙码的接收、滚动码的发送以及发射器钥匙 ECU 对滚动码的接收判断与发送四个步骤。

(1)钥匙码的发射过程。为使发射器芯片能发射出钥匙码信号,当点火钥匙插入锁芯后,发射器钥匙 ECU 指令发射器钥匙线圈供应电磁能量,发射器芯片内的电容器把这一能量储存起来,进而转换为电能,发射器芯片就利用这一电能来发射钥匙信号。

(2)钥匙码的接收过程。首先放电器放大线圈接收到钥匙码信号,并把这一信号送到 ECU,然后,ECU 将接收到的钥匙码与预先储存在 ECU 内的钥匙码进行比较并作出判断,若两码相符合,则 ECU 解除防盗系统,否则,防盗系统仍将处于设置状态。

(3)滚动码发送的发送。若防盗系统未被设置,发动机就能启动,发动机 ECU 根据一定的参数产生一个滚动码送至发射器钥匙 ECU。

(4)发射器钥匙 ECU 对滚动码的接收判断与发送。在接收到从发动机 ECU 发出的滚动码后,发射器钥匙 ECU 按一定的参数转换滚动码,并送回发动机 ECU。发动机 ECU 和发射器钥匙 ECU 之间的这种通信联系将持续几秒,直到由发射器钥匙 ECU 发出正确的信号到发动机 ECU 为止。在这期间,若发射器钥匙 ECU 送不出正确的信号,发动机 ECU 将阻止供油点火,发动机因此而无法启动,从而产生防盗作用。

(二)典型汽车发动机防盗系统结构与检修

1.第二代发动机防盗系统的结构与检修

下面以上海桑塔纳 2000GSi 轿车发动机防盗系统为例,介绍其结构原理与故障检修

1)上海桑塔纳 2000GSi 轿车发动机防盗系统组成

如图 2-1-72 所示,上海桑塔纳 2000GSi 轿车发动机防盗系统主要是由防盗 ECU J362(装于转向柱左支架上)、防盗器读识线圈 D2(在点火锁上)、防盗器警告灯 K117(在仪表板上)以及带转发器的汽车钥匙等元件组成。

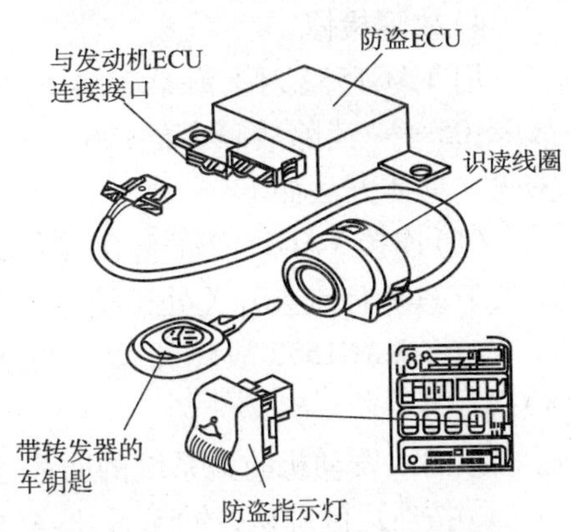

图 2-1-72　桑塔纳 2000GSi 轿车的防盗系统

(1)带转发器的钥匙。每一把钥匙中都有一只棒状转发器,它是长约 13.3mm、直径约 3.1mm 的玻璃壳体内含运算芯片和一个细小的电磁线圈。在系统工作期间,该线圈与识读线圈一起完成防盗 ECU 与转发器中运算芯片的信号及能量传递工作。

(2)识读线圈。识读线圈环绕在点火锁周围,通过一定长度的导线与防盗 ECU 相连。作为防盗 ECU 的负载,担负防盗 ECU 与转发器之间信号及能量的传递任务。当点火开关置于 ON 时,把能量传送给点火钥匙中的脉冲转发器,并把脉冲转发器中存储的程控代码输送给防盗 ECU。

(3)防盗 ECU。防盗 ECU 是一个包含微处理器的电子控制器,只有在点火开关打开时才工作。它进行系统密码运算、比较过程,并控制整个系统的通信过程(包括与转发器的通信和与发动机 ECU 的通信),同时它还完成与 VAG 诊断仪的通信工作。

(4)防盗指示灯。当使用合法的点火钥匙打开点火开关时,安装在仪表板上的防盗指示灯会点亮(3s 内)后熄灭;如果使用非法钥匙或者在防盗系统中存在故障,打开点火开关后,防盗指示灯会连续不停地闪烁,发动机启动 2s 后立即熄灭。

2)上海桑塔纳 2000GSi 轿车发动机防盗系统的基本原理

上海桑塔纳 2000GSi 轿车发动机防盗系统用钥匙中转发器与收发线圈之间的电磁感应并通过无线电波识别技术来阻止非法盗用汽车。在经过上海大众出厂匹配工序之后,每辆桑塔纳 2000GSi 的防盗 ECU 就存储了本车发动机 ECU 识别码(14 位数)以及三把钥匙中转发器的识别码(4 位数),同时每个钥匙转发器中也存储了相应的防盗 ECU 的有关信息。

当用户把钥匙插入锁孔并打开点火开关时,防盗 ECU 首先通过锁孔上的收发绕圈将一随机数传递给钥匙中的转发器,经过一番特定的运算后,钥匙转发器将运算结果反馈回防盗 ECU,防盗 ECU 将反馈回的信息与自己经过相同特定运算的结果相比较,结果如果相吻合,系统即认定该钥匙。防盗 ECU 对发动机 ECU 也要通过特定的通信过程来完成鉴别过程。只有钥匙(转发器)、发动机 ECU 的密码都吻合时,防盗 ECU 才允许发动机 ECU 工作。

防盗 ECU 的数据决定是否启动汽车。同时,VAG 诊断仪可以通过串行通信接口(K－LINE)对系统进行故障诊断、编码等操作。在鉴别密码过程(大约 2s)中,仪表板上的指示灯会保持点亮状态。如果有任何错误发生,发动机 ECU 将停止工作,同时指示灯也会以一定频率闪烁。

3)故障诊断

上海桑塔纳2000GSi轿车发动机防盗系统,当其使用合法钥匙接通点火开关后,如果系统正常,防盗指示灯亮3s后便熄灭。如果使用非法钥匙或者在系统中存在故障,接通点火开关后,相应的故障码便储存在ECU中,同时防盗指示灯会以每秒2次的频率闪烁以提醒操作者。

4)故障检修

用VAG1552对上海桑塔纳2000GSi轿车发动机防盗系统可以完成下列功能:02——查询故障;05——消除故障存储;06——结束输出;08——读测量数据块;10——匹配;11——输入密码。具体方法如下:

(1)连接VAG1552故障阅读仪,选择防盗器电子系统。测试防盗系统必须保证蓄电池电压大于11V且点火开关处于接通状态,操作步骤如下:

①将VAG1552故障阅读仪与变速杆前自诊断插口连接,此时屏幕显示"输入地址码XX"。

②输入发动机防盗系统的防盗器地址码为25,屏幕显示"25-防盗器"。

③按"Q"键确认,约5s后,屏幕显示如下:

330 953 253 IMMO VWZ6ZOTO123456 V01
Coding 00000 WSC01205

其中:330 953 253为防盗ECU零件号,IMMO为电子防盗系统缩写,VWZ6ZOTO123456为防盗ECU的14位编码,V01为防盗ECU软件版本,Coding 00000为编码号,WSC01205为维修站代码。上海桑塔纳2000GSi轿车产品车上使用的防盗ECU上贴有14位编码和4位数密码,新车钥匙圈上挂有一块涂黑的密码牌,刮去涂黑层可见4位密码。配件供应的防盗ECU上以一个黄色的X作为标志,没有14位数编码和4位数密码。更换防盗ECU时,维修站应先用故障阅读仪查出该防盗ECU的14位编码,电传到上海大众售后服务站。然后由上海大众服务站将查得的密码电传给维修站,用于匹配。

(2)输入"02-故障查询"、"05-清除故障存储"、"06-结束输出"、"08-读测数据块"、"10-匹配"执行相应的功能。

上海桑塔纳2000GSi轿车更换发动机ECU J220后,必须重新与防盗系统ECU进行匹配,匹配时必须使用一把合法钥匙才能进行。操作步骤如下:

①连接故障检测仪,接通点火开关,输入25"防盗地址码",按"Q"键确认。

②选择10"匹配"功能。

③输入通道号"000"。

④仪器显示"是否清除已知数值",按"ENTER"键。

⑤仪器显示"已知数值被清除"表示完成匹配程序,此时点火开关是打开的,发动机控制单元的随机代码就被防盗器控制单元读入存储起来。

5)发动机防盗匹配操作和钥匙匹配步骤

(1)更换防盗ECU J362的匹配程序。当更换新的防盗ECU时,发动机ECU的随机代码自动被防盗ECU读入储存起来,应重新做一次所有钥匙匹配程序。当更换从其他车上拆下来的防盗ECU后,需重新做一次发动机ECU与防盗ECU匹配程序,然后重新做一次所有钥匙的匹配程序。

(2)匹配汽车钥匙。匹配汽车钥匙时必须注意以下事项:

①匹配汽车钥匙时必须使用汽车所有的钥匙,必须知道密码。

②匹配汽车钥匙功能将清除以前所有合法钥匙的代码必须将所有的汽车钥匙,包括新配钥匙与防盗 ECU 匹配。

③新配钥匙或者增加钥匙数量,最多合法钥匙不能超过 8 把。

④如果用户遗失一把合法的钥匙,为安全起见,必须将其他所有合法钥匙重新完成一次匹配钥匙程序,这样能使丢失在外的钥匙变为非法,不能启动发动机。

⑤匹配全部钥匙不能超过 30s,如果只是插入钥匙,而没有接通点火开关,那么这把钥匙匹配无效。

⑥每次匹配钥匙的过程顺利完成后,防盗指示灯则点亮 2s,然后熄灭 0.5s,再亮 0.5s,最后熄灭。

2. 第三代发动机防盗系统的构成与故障检测方法

从 2000 年末起帕萨特、宝来、奥迪 A6 等大众/奥迪轿车开始采用第三代防盗系统。与第二代防盗系统相比,第三代防盗系统具有以下特点:

(1)发动机 ECU 是防盗系统的一部分,其不接受没有 PIN 的自适应。在第二代防盗系统中,当发动机 ECU 锁死后,通过自适应值清除即可解除锁止,启动发动机。但在第三代防盗系统中,必须通过密码 PIN 登录发动机 ECU 后才能解除锁止。

(2)钥匙自适应后被锁止,不能再用于其他车辆。钥匙适配后,通过防盗 ECU 在钥匙芯片中写入密码计算公式,钥匙将不能再与其他车辆进行匹配。

(3)在发动机和防盗 ECU 之间的数据采用 CAN 总线进行传递。在第二代防盗系统中,其间数据的传递采用 W 线。

(4)钥匙上压有"W"标记,表明该系统是第三代防盗系统(在奥迪车上没有此标记)。

(5)在防盗 ECU 和发动机 ECU 中,都有防盗 ECU 的 14 位串号和 17 位车辆底盘编号(车辆识别号)。在第二代防盗系统中,发动机 ECU 中没有该串号和车辆底盘编码,所以可通过读取发动机 ECU 中是否具有这两个号码而界定该车防盗系统是否为第三代防盗系统。

1)第三代发动机防盗系统的组成

大众/奥迪第三代发动机防盗系统由发动机 ECU、防盗 ECU(与组合仪表一体)、组合仪表上的防盗指示灯、点火锁芯上的读出线圈和点火钥匙(带脉冲转发器)等组成。防盗 ECU 与组合仪表一体,若该 ECU 损坏,必须更换组合仪表。防盗 ECU 是用来打开/锁止发动机 ECU 的。

2)第三代发动机防盗系统的工作原理

大众/奥迪第三代防盗系统中,从钥匙插入点火开关到启动发动机,防盗系统经过三个步骤:分别是固定码的传输、钥匙与防盗 ECU 之间可变码的传输、防盗 ECU 与发动机 ECU 之间可变码的传输。

3)发动机防盗系统的匹配

大众/奥迪轿车第三代发动机防盗系统登录,应连接故障检测仪,选择 17 或 25 进入防盗系统。

大众/奥迪第三代防盗系统,在匹配的过程中,每把钥匙匹配时间不可超过 30s,否则防盗指示灯以每秒2Hz的频率闪亮,必须重新彻底进行匹配(包括登录与匹配)。

4)解除防盗系统的锁死

大众/奥迪第三代防盗系统,如果输入了错误的启动防盗PIN码,或将无效的钥匙插入点火锁20次以上,防盗系统有可能锁死。如果防盗系统锁死,只能等到锁死时间结束才能进行匹配。按以下方式可以查看锁死时间:地址码17——功能;08——测量数据块024。如果有一个显示通道显示了数值,所显示的就是系统将要锁死的分钟数。如果在锁死时间结束之前断开点火开关,再接通点火开关后锁死时间将恢复至原始值。

第三节 车辆底盘结构与检修

一 传动系统结构与检修

汽车传动系统的作用是将发动机动力按需要传给驱动轮。按结构和传动介质不同,传动系统可分为机械式、液力机械式、静液式和电力式等。目前,汽车上常用的是机械式和液力机械式。

按照发动机安装位置及汽车驱动形式,车辆传动系统布置形式一般包括发动机前置后轮驱动(FR)、发动机前置前轮驱动(FF)、发动机后置后轮驱动(RR)、发动机中置后轮驱动和全轮驱动等形式。轿车上常用的是发动机前置后轮驱动和发动机前置前轮驱动两种布置形式。

发动机前置后轮驱动的机械式传动系统主要由离合器、变速器、万向节和传动轴组成的万向传动装置、主减速器、差速器和半轴等组成。对于四轮驱动的车辆,变速器之后还装有分动器,以将动力分配给前、后轮。对于液力式传动系统,将以液力机械式变速器取代机械式传动系统中的摩擦式离合器和普通齿轮式变速器。

(一)离合器结构与检修

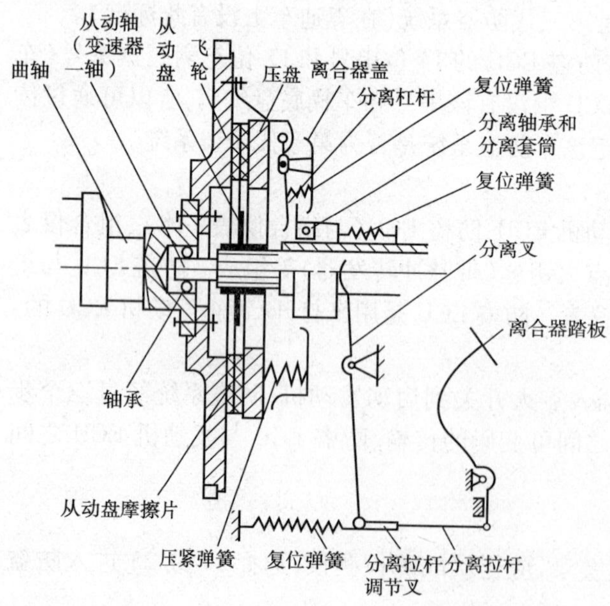

图2-1-73 摩擦离合器的基本组成示意图

1.离合合器的功用、结构及原理

1)离合器的功用

离合器装在发动机与变速器之间,通过离合器的分离与接合,来控制发动机与变速器之间动力切断与传递。

离合器具有传递转矩、保证汽车平稳起步、便于换挡、防止传动系统过载和减振等功能。大多数离合器还装有扭转减振器,能衰减发动机和传动系统的扭转振动。

目前,汽车上普遍采用周布螺旋弹簧离合器和膜片弹簧离合器。

2)离合器结构

摩擦离合器由主动部分、从动部分、压紧机构和操纵机构四部分组成,如图2-1-73所示。

(1)主动部分。包括飞轮、离合器盖

和压盘。离合器盖用螺栓固定在飞轮上，压盘后端圆周上的凸台伸入离合器盖的窗口中，并可沿窗口轴向移动。这样，当发动机转动，动力便经飞轮、离合器盖传到压盘，并一起转动。

(2)从动部分。包括从动盘和从动轴，从动盘带有双面的摩擦衬片，离合器正常接合时分别与飞轮和压盘相接触，为了避免共振，缓和传动系统所受的冲击载荷，在很多汽车离合器从动盘上安装了扭转减振器；从动盘通过花键毂装在从动轴的花键上，从动轴是手动变速器的输入轴(一轴)，其前端通过轴承支承在曲轴后端的中心孔中，后端支承在变速器壳体上。

(3)压紧机构。由若干根沿圆周均匀布置的压紧弹簧组成，它们装在压盘与离合器盖之间，用来将压盘和从动盘压向飞轮，使飞轮、从动盘和压盘三者压紧在一起。

(4)操纵机构。由离合器踏板、分离拉杆、调节叉、分离叉、分离套筒、分离轴承、分离杠杆、复位弹簧等组成。

3)离合器的工作原理

离合器的工作过程可分为接合状态、分离合过程和接合过程。

(1)接合状态。离合器在接合状态下，操纵机构各部件在复位弹簧的作用下回到初始位置，分离杠杆内端与分离轴承之间保持有一定的间隙，压紧弹簧将飞轮、从动盘和压盘三者压紧在一起，发动机的转矩经过飞轮及压盘通过从动盘两摩擦面的摩擦作用传给从动盘，再由从动轴输入变速器。

(2)分离过程。分离离合器时，驾驶员踩下离合器踏板，分离套筒和分离轴承在分离叉的推动下，先消除分离轴承与分离杠杆内端之间的间隙；然后推动分离杠杆内端前移，使分离杠杆外端带动压盘克服压紧弹簧作用力后移，摩擦作用消失，离合器的主、从动部分分离，中断动力传动。

(3)接合过程。接合离合器时，驾驶员缓慢抬起离合器踏板，在压紧弹簧的作用下，压盘向前移动并逐渐压紧从动盘，使接触面间的压力逐渐增加，摩擦力矩也逐渐增加；当飞轮、压盘和从动盘之间接合还不紧密时，所能传动的摩擦力矩较小，离合器的主、从动部分有转速差，离合器处于打滑状态；随着离合器踏板的逐渐抬起，飞轮、压盘和从动盘之间的压紧程度逐渐紧密，主、从动部分的转速也渐趋相等，直到离合器完全接合而停止打滑，接合过程结束。

4)自由行程

离合器在正常接合状态下，分离杠杆内端与分离轴承之间应留有一个间隙，一般为几毫米，这个间隙称为离合器自由间隙。如果没有自由间隙，从动盘摩擦片磨损变薄后压盘将不能向前移动压紧从动盘，这将导致离合器打滑，使离合器所能传动转矩下降，车辆行驶无力，而且会加速从动盘的磨损。

为了消除离合器的自由间隙和操纵机构零件的弹性变形所需要的离合器踏板行程称为离合器踏板自由行程。可以通过拧动调节叉来改变分离拉杆的长度对踏板自由行程进行调整。

2. 离合器检修

1)离合器主动部分元件的检修

压盘损伤主要是翘曲、破裂或过度磨损等。检查压盘表面粗糙度，压盘表面不应有明显的沟槽，沟槽深度应小于0.30mm，轻微的磨损可用油石修平。

离合器盖与飞轮的接合面的平面度应小于0.5mm，如有翘曲、裂纹、螺纹磨损等应更换离合器盖。

2)从动盘的检修

先目视检查,看从动盘摩擦片是否有裂纹、铆钉外露、减振器弹簧断裂等情况,如果有则更换从动盘。

然后检查从动盘摩擦片的磨损程度。摩擦片的磨损程度可用游标卡尺进行测量,铆钉头埋入深度应不小于0.20mm。如果检查结果超过要求,则应更换从动盘。注意:检查的是浅处的铆钉头的深度。

3)压紧装置的检修

用游标卡尺测量膜片弹簧与分离轴承接触部位磨损的深度和宽度。深度应小于0.6mm,宽度应小于5mm,否则应更换。

4)操纵机构的检修

分离轴承是离合器的易损件,其失效形式有端面磨损、轴承发卡或异响。分离轴承内座圈磨损不得超过0.30mm,用手转动应灵活,无尖锐响声或卡滞现象。分离轴承为封闭式,不能拆卸清洗或加润滑剂,若损坏,应换用新件。

5)离合器的装配

飞轮与离合器盖应对正记号装配,无记号应在拆卸前做好记号,以防影响动平衡。安装离合器盖时要对准拆卸时做好的标记,分几次均匀拧紧固定螺栓,直到达到规定拧紧力矩。

离合器从动盘长短毂不允许装反。若有两个从动盘,装配时,应短毂相对,面向中间压盘,否则,无法装复。而带有扭转减振器的从动盘,有减振器的一方应向后,否则,就会使从动盘与飞轮接合不好,引起离合器打滑。

离合器装合后应进行动平衡试验,不平衡度应不大于规定值。平衡后应在离合器盖或飞轮上做上记号。

6)离合器的调整

离合器踏板自由行程是指离合器踏板踩下一定行程而离合器将要起分离作用时的离合器踏板高度与自由状态下的高度之差。离合器踏板自由行程调整是为了获得合适的离合器自由间隙,以使离合器正常工作。离合器踏板自由行程的测量方法是:用直尺先测出离合器踏板在完全放松时的高度,再测出用手掌推下离合器踏板感觉有阻力时的高度,前后两数值之差就是自由行程值。

3.离合器常见故障

1)离合器打滑

离合器打滑的故障现象是:汽车用低速挡起步时,放松离合器踏板后,汽车不能起步或起步困难;汽车加速行驶时,车速不能随发动机转速的提高而提高,感到行驶无力,严重时产生焦煳味或冒烟等现象。

离合器打滑故障原因有:离合器踏板自由行程太小或没有,分离轴承经常压在离合器分离杠杆上,使压盘处于分离状态;压盘弹簧过软或折断;摩擦片磨损变薄、硬化,铆钉外露或粘有油污;离合器和飞轮连接螺栓松动。

2)离合器分离不彻底

离合器分离不彻底的故障现象是:当汽车起步时,将离合器踏板踩到底仍感挂挡困难,虽强行挂入,但不抬离合器踏板汽车就向前驶动或造成发动机熄火;当汽车行驶时,变速器挂挡困难或挂不进挡,并从变速器端发出齿轮撞击声。

离合器分离不彻底的故障原因有：离合器踏板自由行程过大；分离杠杆内端不在同一平面上，个别分离杠杆或调整螺栓折断；离合器从动盘翘曲、铆钉松脱或新换从动盘过厚；从动盘毂键槽与变速器第一轴键齿锈蚀，使从动盘移动困难。

3）离合器异响

离合器异响故障现象是在离合器分离或接合时发出不正常的响声。

离合器异响故障原因有：分离轴承缺少润滑剂，造成干磨或轴承损坏；分离轴承与分离杠杆内端之间无间隙；分离轴承套筒与导管之间油污、尘埃严重或分离轴承复位弹簧与踏板复位弹簧疲劳、折断、脱落，使分离轴承复位不佳；从动盘花键孔与其花键轴配合松旷；从动盘减振弹簧退火、疲劳或折断；从动盘摩擦片铆钉松动或铆钉头外露；双片离合器传动销与中间压盘和压盘的销孔磨损松旷。

（二）手动变速器结构与检修

现代汽车广泛采用活塞式发动机作为动力源，其转矩和转速变化范围较小，而复杂的使用条件则要求汽车牵引力和车速能在相当大的范围内变化。为解决这一矛盾，在传动系统中设置了变速器。

1. 变速器的功用和组成

变速器功用是改变传动比，扩大驱动轮转矩和转速的变化范围，以适应经常变化的行驶条件，如起步、加速、上坡等，同时使发动机在有利的工况下工作；在发动机旋转方向不变的前提下，使汽车能倒退行驶；利用空挡，中断动力传递，以便发动机能够启动、怠速，并便于变速器换挡或进行动力输出。

变速器一般由变速传动机构和变速操纵机构组成，根据需要，还可加装动力输出器。在多轴驱动的汽车上，变速器之后还装有分动器，以便将转矩分别传送给各驱动桥。变速传动机构的主要作用是改变转矩的大小和方向；操纵机构的作用是实现换挡。

2. 普通齿轮变速器工作原理

普通齿轮式变速器是利用不同齿数的齿轮啮合传动来实现转速和转矩的改变。

齿轮传动的基本原理如图 2-1-74 所示，一对齿数不同的齿轮啮合传动时可以变速，而且两齿轮的转速与齿轮的齿数成反比。主动齿轮（即输入轴）的转速与从动齿轮（即输出轴）的转速之比值称为传动比。当小齿轮为主动齿轮，带动大的从动齿轮转动时，则输出轴（从动齿轮）的转速就降低，同时传递的转矩增加，实现减速增矩传动。当以大齿轮为主动齿轮，带动小的从动齿轮转动时，则输出轴（从动齿轮）的转速就升高，同时传递的转矩减小，实现增速减矩传动。当主动齿轮与从齿轮大小相等时，则输出轴（从动齿轮）的转速就等于输入轴（主动齿轮）的转速，同时传递的转矩不变，实现等速等矩传动。相啮合的一对齿轮旋向相反，每经一传动副，其轴改变一次转向。

一对齿轮传动只能得到一个固定的传动比，从而得到一种输出转速，并构成一个挡位。为了扩大变速器输出转速的变化范围，普通齿轮式变速器通常都采用多对大小不同的齿轮啮合传动，这样就构成了多个不同的挡位。对应不同的挡位，均有不同的传动比值，从而得到各种不同的输出转速。所谓几挡变速器是指其前进挡的数目，变速器每次只能以一个挡位工作。

3. 变速器传动机构

变速传动机构主要由一系列相互啮合的齿轮副及其支承轴以及壳体组成，其主要作用是改变发动机曲轴输出转速、转矩和转动方向。按传动轴的数目(不含倒挡轴)不同,汽车上使用的手动变速器可分为两轴式和三轴式两种。

1)两轴式手动变速器

二轴式变速器用于发动机前置前轮驱动的汽车,一般与驱动桥(前桥)合称为手动变速驱动桥。目前,我国常见的国产轿车均采用这种变速器,其结构如图 2-1-75 所示。

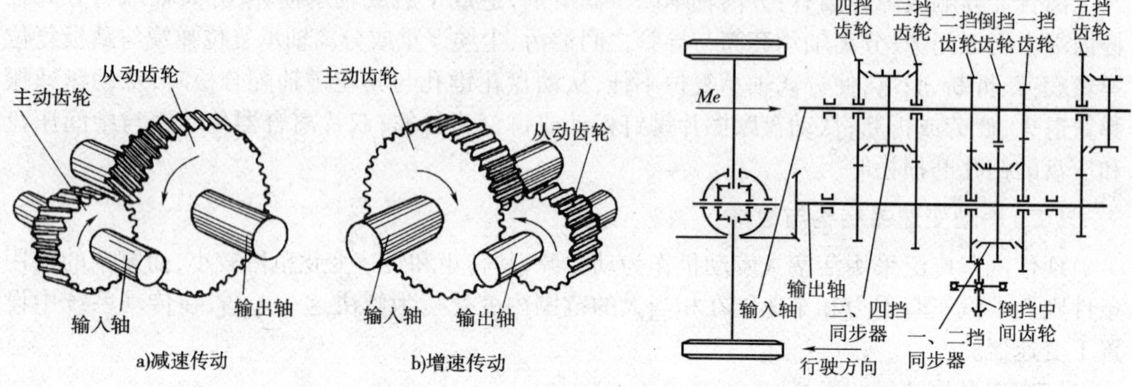

图 2-1-74　齿轮传动的基本原理　　　图 2-1-75　二轴式变速器传动机构示意图

(1)结构。该变速器的变速传动机构有一根输入轴和一根输出轴,两轴平行布置,输入轴也是离合器的从动轴,输出轴也是主减速器的主动锥齿轮轴。该变速器具有五个前进挡和一个倒挡,全部采用锁环式惯性同步器换挡。输入轴上有一 ~ 五挡主动齿轮,其中一、二挡主动齿轮与轴制成一体,三、四、五挡主动齿轮通过滚针轴承空套在轴上。输入轴上还有倒挡主动齿轮,它与轴制成一体。三、四挡同步器和五挡同步器也装在输入轴上。输出轴上有一 ~ 五挡从动齿轮,其中一、二挡从动齿轮通过滚针轴承空套在轴上,三、四、五挡齿轮通过花键套装在轴上。一、二挡同步器也装在输出轴上。在变速器壳体的右端还装有倒挡轴,上面通过滚针轴承套装有倒挡中间齿轮。

(2)挡位动力传递路线。各挡动力传动路线见表 2-1-3。

两轴式变速器动力传动路线　　表 2-1-3

挡位	动力传递路线
一	变速器操纵杆从空挡向左、向前移动,实现: 动力→输入轴→输入轴→挡齿轮→输出轴→挡齿轮→输出轴上一、二挡同步器→输出轴→动力输出
二	变速器操纵从空挡向左、向后移动,实现: 动力→输入轴→输入轴二挡齿轮→输出轴二挡齿轮→输出轴上一、二挡同步器→输出轴→动力输出
三	变速器操纵杆从空挡向前移动,实现: 动力→输入轴→输入轴三、四挡同步器→输入轴三挡齿轮→输出轴三挡齿轮→输出轴→动力输出
四	变速器操纵杆从空挡向后移动,实现: 动力→输入轴→输入轴三、四挡同步器→输入轴四挡齿轮→输出轴上四挡齿轮→输出轴→动力输出
五	变速器操纵杆从空挡向右、向前移动,实现: 动力→输入轴→输入轴上五挡同步器→输入轴上五挡齿轮→输出轴五挡齿轮→输出轴→动力输出
倒	变速器换挡操纵杆从空挡向右、向后移动,实现: 动力→输出轴→输出轴倒挡齿轮→倒挡轴上倒挡齿轮→输出轴倒挡齿轮→输出轴→动力反向输出

2)三轴式手动变速器

三轴式变速器用于发动机前置后轮驱动的汽车。其结构简图如图2-1-76所示,有三根主要的传动轴,一轴、二轴和中间轴,所以称为三轴式变速器,另外还有倒挡轴。

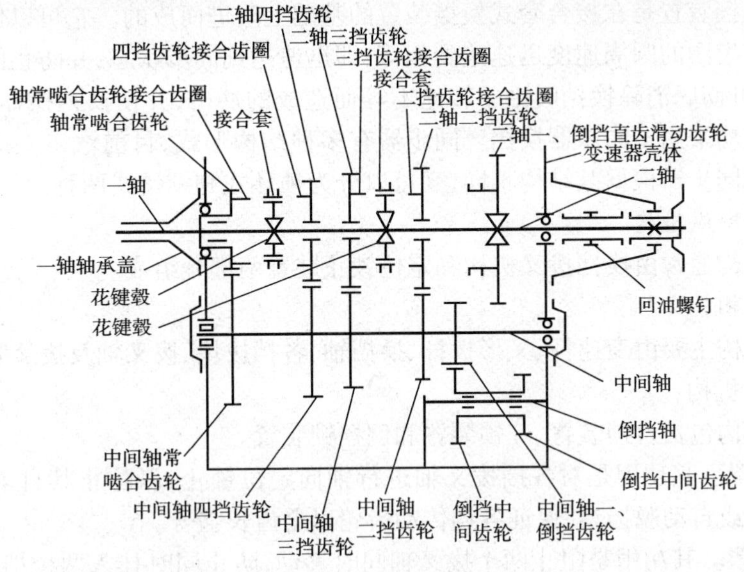

图2-1-76　三轴式变速器

该变速器为五挡变速器,各挡传动情况如下:

(1)空挡:二轴上的各接合套、传动齿轮均处于中间空转的位置,动力不传给第二轴。

(2)一挡:前移一倒挡直齿滑动齿轮12与中间轴一挡齿轮18啮合。动力经一轴齿轮2、中间轴常啮合齿轮23、中间轴齿轮18、二轴一倒挡齿轮12,传到第二轴使其顺时针旋转(与第一轴同向)。

(3)二挡:后移接合套9与二轴二挡齿轮11的接合齿圈10啮合。动力经齿轮2、23、20、11、10、9、24,传到二轴使其顺时针旋转。

(4)三挡:前移接合套9与二轴三挡齿轮7的接合齿圈8啮合。动力经齿轮2、23、21、7、8、9、24,传到二轴使其顺时针旋转。

(5)四挡:后移接合套4与二轴四挡齿轮6的接合齿圈5啮合。动力经齿轮2、23、22、6、5、4、25,传到二轴使其顺时针旋转。

(6)五挡:前移接合套4与一轴常啮合齿轮2的接合齿圈3啮合。动力直接由一轴、2、3、4、25,传到二轴,传动比为1。由于二轴的转速与一轴相同,故此挡称为直接挡。

(7)倒挡:后移二轴上的一、倒挡直齿滑动齿轮12与倒挡齿轮17啮合。动力经齿轮2、23、18、19、17、12,传给二轴使其逆时针旋转,汽车倒向行驶。倒挡传动路线与其他挡位相比较,由于多了倒挡中间齿轮的传动,所以改变了二轴的旋转方向。

3)换挡装置

手动变速器的换挡装置有直齿滑动式、接合套式和同步器式三种。

直齿滑动式换挡装置用于直齿轮传动的挡位,换挡齿轮与轴通过花键相连接。在空挡情况下,与另一齿轮并不啮合。挂挡时,通过直接移动换挡齿轮与另一个齿轮啮合即可。

接合套式换挡装置用于斜齿轮传动的挡位。它利用移动套在花键毂上的接合套,使接合套同时与花键毂和传动齿轮上的接合齿圈啮合而实现挂挡;移动接合套,使接合套与接合齿圈脱开啮合而实现退挡。

同步器式换挡装置是在接合套式换挡装置的基础上改进而成的。它可以保证在换挡时使接合套与待啮合齿圈的圆周速度迅速达到相等,即迅速达到同步状态,并防止两者在同步之前进入啮合,从而可彻底消除换挡时由于转速不等而造成的冲击,并使换挡操作简单。目前,绝大部分的车辆上均采用了同步器换挡。同步器有多种结构形式,目前汽车上广泛采用惯性式同步器。惯性式同步器根据其结构不同,又可以分为锁环式和锁销式两种。

4. 变速器的操纵机构

变速操纵机构通常由换挡拨叉机构和定位锁止装置两部分组成。

1)换挡拨叉机构

换挡拨叉机构主要由变速杆、叉形拨杆、换挡轴、各挡拨块、拨叉轴及拨叉等组成。

2)定位锁止机构

定位锁止机构包括自锁装置、互锁装置和倒挡锁装置。

(1)自锁装置。其功用是对各挡拨叉轴进行轴向定位锁止,以防止其自动产生轴向移动而造成自动挂挡或自动脱挡,并保证各挡传动齿轮以全齿长啮合。

(2)互锁装置。其功用是阻止两个拨叉轴同时移动,防止同时挂入两个挡位,避免因同时啮合的两挡齿轮因其传动比不同而互相卡住,造成运动干涉甚至造成零件损坏。互锁装置的结构形式很多,最常用的有锁球式和锁销式互锁装置。

(3)倒挡锁装置。其功用是防止汽车在前进中因误挂倒挡而造成极大的冲击,使零件损坏,并防止在汽车起步时误挂倒挡而造成安全事故。它要求驾驶员必须进行与挂前进挡不同的操纵方式或对变速杆施加更大的力,才能挂入倒挡,起到提醒作用,从而防止无意中误挂倒挡。倒挡锁也有多种类型,最常用的是弹簧锁销式倒挡锁。

5. 变速器的检修

1)变速器壳体检修

变速器壳体主要损伤形式有壳体变形、裂纹及轴承孔、螺纹孔磨损等。变速器壳体不得有裂纹,对受力不大的部位的裂纹,可用环氧树脂黏结修复;重要和受力较大部位的裂纹,可进行焊修。对与轴承孔贯通的和安装固定孔处裂纹不能修理的,应更换变速器壳体。

2)输入轴和输出轴的检查

输入轴和输出轴不应有裂纹,轴颈及花键不应有严重磨损,轴上的齿轮不应有断齿和严重磨损,否则应更换。检查轴的径向圆跳动,不应超过0.05mm,否则应更换或校正。

3)齿轮和轴承损坏情况的检查

齿面有轻微斑点,在不影响使用的情况下可以用油石修磨。当齿厚磨损超过0.2mm,齿长磨损超过原齿长的15%,或斑点面积超过齿面15%以上,则应更换齿轮。装好滚针轴承和内座圈后,用百分表检查齿轮与内座圈之间的间隙,

4)变速器操纵机构检修

变速器操纵机构的主要损伤形式有磨损、变形、连接松动和弹簧失效等。检查操纵机构各零件的连接应无松动现象,否则,应及时紧固;检查变速杆、拨叉及拨叉轴等应无变形,否则应

校正或更换;检查拨叉与接合套、拨叉与拨叉轴、选挡轴等处的磨损,磨损超限时应更换。

5)变速器装配注意事项

变速器装配质量的好坏对变速器的工作质量影响很大,在装配时,应注意以下几点:

(1)装配前,必须对零件进行认真的清洗,除去污物、毛刺和铁屑等。

(2)注意同步器锁环或锥环的安装位置。在装配过程中,如有旧件时应原位装复,以保证两元件的接触面积。因此,在变速器解体时,应对同步器各元件做好装配记号,以免装错。

(3)安装第一轴、第二轴和中间轴的轴承时,只许用压套垂直压在内圈上,禁止施加冲击载荷,并注意轴承的安装方向。

(4)装入油封前,需在油封的刃口涂少量的润滑脂,要垂直压入,并注意安装方向。

(5)变速器装配后,要检查各齿轮的轴向间隙和各齿轮副的啮合间隙及啮合印痕。

6. 变速器常见故障诊断

手动变速器的常见故障主要有跳挡和挂挡困难等。

1)跳挡

跳挡故障现象是:汽车在加速、减速、爬坡或汽车剧烈振动时,变速杆自动跳回空挡位置。

跳挡故障原因有:自锁装置的钢球未进入凹槽内或挂挡后齿轮未达到全齿长啮合;自锁装置的钢球或凹槽磨损严重,自锁弹簧疲劳过软或折断;齿轮沿齿长方向磨损成锥形;一、二轴轴承过于松旷,使一、二轴和曲轴三者轴线不同心或变速器壳与离合器壳接合平面相对曲轴轴线的垂直变动;二轴上的常啮合齿轮轴向或径向间隙过大;各轴轴向或径向间隙过大。

2)挂挡困难

挂挡困难故障现象是:离合器技术状况良好,但挂挡时不能顺利挂入挡位,常发生齿轮撞击声。

挂挡困难故障原因有:同步器故障;拨叉轴弯曲、锁紧弹簧过硬、钢球损伤等;一轴花键损伤或一轴弯曲;齿轮油不足或过量、齿轮油不符合规格。

(三)自动变速器结构与检修

自动变速器是指汽车驾驶中离合器的操纵和变速器的操纵都实现自动化的变速装置,简称 AT,是英文 Automatic,Transmission 的缩写。目前自动变速器的自动换挡过程都是自动变速器的电子控制单元(英文缩写为 ECU,俗称电脑)控制的,因此自动变速器又可简称为 EAT、ECAT、ECT 等。

1. 自动变速器的组成、类型及工作原理

1)自动变速器组成

自动变速器主要由液力变矩器、行星齿轮机构、油泵、控制系统等几个部分组成。

(1)液力变矩器。位于自动变速器的最前端,安装在发动机的飞轮上,可在一定范围内实现减速增矩。它是一个通过自动变速器油(ATF)传递动力的装置,可以实现动力的柔和传递。

(2)行星齿轮机构。包括行星齿轮组和换挡执行机构,行星齿轮机构是实现变速或变向传递动力的机构;换挡执行机构可以使行星齿轮组处于不同的啮合状态,以实现不同的传动比。

(3)油泵。通常安装在液力变矩器之后,由飞轮通过液力变矩器壳直接驱动,为液力变矩器、控制系统及换挡执行机构提供一定压力的自动变速器油。

(4)控制系统。自动变速器的控制系统有液压式和电液式两种。液压式控制系统包括由许多控制阀组成的阀体及液压管路。电液式控制系统除了阀体及液压管路之外,还包括ECU、传感器、执行器及控制电路等。

2)自动变速器的类型

自动变速器可以按车辆驱动方式、控制方式、变速机构、挡位数的不同来分类。

(1)按驱动方式分类。自动变速器按照汽车驱动方式的不同,可分为前驱动自动变速器和后驱动自动变速器两种。

(2)按控制方式分类。自动变速器按照控制方式的不同,可分为液压控制自动变速器和电子控制自动变速器两种。

(3)按变速机构分类。自动变速器按其变速机构类型不同,可分为普通齿轮式、行星齿轮式和钢带传动三种。

(4)按自动变速器前进挡的挡位数分类。按照自动变速器操纵杆置于前进挡时的挡位数,可以分为四挡、五挡、六挡、八挡等自动变速器。

3)自动变速器工作原理

电子控制自动变速器是通过各种传感器,将发动机转速、节气门开度、车速、发动机冷却液温度、ATF 温度等参数转变为电信号,并输入 ECU;ECU 根据这些信号,按照设定的换挡规律,向换挡电磁阀、油压电磁阀等发出控制指令,换挡电磁阀和油压电磁阀再将 ECU 控制指令转变为液压控制信号,阀体中的各个控制阀根据这些液压控制信号,控制换挡执行机构的动作,从而实现自动换挡。

2. 液力变矩器的结构及原理

液力变矩器利用工作油液将发动机的转矩传递给自动变速器中的齿轮变速机构,并有小范围内的降低转速、增加转矩和自动变速的功能。

液力变矩器有 3 个工作轮,即泵轮、蜗轮和导轮。导轮位于泵轮和蜗轮之间,并与泵轮和蜗轮保持一定的轴向间隙,通过导轮固定套固定于自动变速器壳体上。液力变矩器导轮作用是改变蜗轮上的输出转矩。

在导轮与导轮固定套之间装有单向离合器的液力变矩器称为综合式液力变矩器。这一单向离合器使导轮可以朝顺时针方向旋转(从发动机前面看),但不能朝逆时针方向旋转。在蜗轮转速较低时,单向离合器处于锁止状态,将导轮锁止固定,按液力变矩器特性工作。当蜗轮转速增大到工作液从蜗轮叶片出口处冲向导轮背面,对导轮产生一个顺时针方向的转矩时,单向离合器顺时针方向处于自由状态,导轮便朝着蜗轮转动方向转动,综合式液力变矩器转为按液力耦合器特性工作,从而提高了传动效率。

3. 行星齿轮变速器的结构及原理

1)行星齿轮机构的结构及原理

最简单的行星齿轮机构是由一个太阳轮、一个齿圈、一个行星架和支承在行星架上的几个行星齿轮组成的,称为一个行星排。

由于单排行星齿轮机构有两个自由度,因此它没有固定的传动比,不能直接用于变速传动。为了将单排行星齿轮机构组成具有一定传动比的传动机构,必须将太阳轮、内齿圈和行星架这 3 个基本元件中的 1 个加以固定(即使其转速为 0,也称为制动),或使其运动受到一定约束(即让该机构以某一固定的转速旋转),或将两个基本元件互相连接在一起(即两者转速相同),使行星排变为只有一个自由度的机构,获得确定的传动比。

常见的行星齿轮机构可分为辛普森式和拉威挪式两种

(1)辛普森式行星齿轮机构。是一种双排行星齿轮机构,如图 2-1-77 所示,其结构特点是:前后两个行星排的太阳轮连接为一个整体,称为共用太阳轮组件;前一个行星排的行星架和后一个行星排的齿圈连接为另一个整体,称为前行星架和后齿圈组件;输出轴通常与前行星架和后齿圈组件连接。经过上述组合后,该机构成为一种具有 4 个独立元件的行星齿轮机构,这 4 个独立元件是:前齿圈、前后太阳轮组件、后行星架、前行星架和后齿圈组件。

(2)拉威挪行星齿轮机构。是一种复合式行星齿轮机构,它由一个单行星齿轮式行星排和一个双行星齿轮式行星排组合而成,如图 2-1-78 所示。后太阳轮和长行星轮、行星架、齿圈共同组成一个单行星齿轮式行星排,前太阳轮、短行星轮、长行星轮、行星架和齿圈共同组成一个双行星齿轮式行星排。两个行星排共用一个齿圈和一个行星架。因此它只有 4 个独立元件,即前太阳轮、后太阳轮、行星架、齿圈。

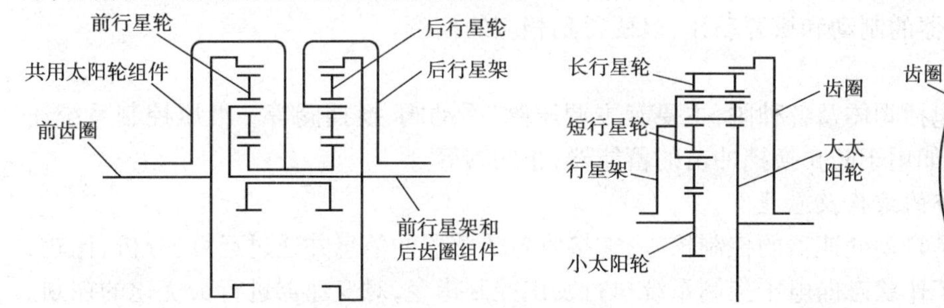

图 2-1-77　辛普森式行星齿轮机构　　图 2-1-78　拉威挪行星齿轮机构结构示意图

2)换挡执行机构的结构及原理

行星齿轮机构的换挡执行机构是通过以不同方式对行星齿轮机构的基本元件进行约束(即固定或连接某些基本元件)来实现的。通过适当地选择被约束的基本元件和约束方式,就可以使该机构具有不同的传动比,从而组成不同的挡位。

行星齿轮机构的换挡执行机构由离合器、制动器和单向离合器 3 种不同的执行元件组成,它有 3 个基本作用,即连接、固定和锁止。

(1)离合器。自动变速器中离合器作用是连接,即将行星齿轮机构的输入轴和行星排的某个基本元件连接,或将行星排的某两个基本元件连接在一起,使之成为一个整体,以实现直接传动。

自动变速器中离合器是一种多片湿式离合器,它通常由活塞、复位弹簧、弹簧座、一组钢片、一组摩擦片、调整垫片、离合器鼓及几个密封圈组成。多片湿式离合器既可用作驱动元件,也可用作锁止元件。

(2)制动器。自动变速器中制动器的作用是将行星排中的太阳轮、齿圈、行星架这 3 个基本元件之一加以固定。目前最常见的是多片湿式制动器和带式制动器。

(3)单向离合器。在行星齿轮机构中单向离合器的作用和离合器、制动器相同,也是用于固定或连接几个行星排中的某些太阳轮、行星架、齿圈等基本元件,让行星齿轮机构组成不同传动比的挡位。因此,它也是行星齿轮机构的换挡元件之一。不同之处在于,它是依靠其单向锁止原理来发挥固定或连接作用的,其连接和固定也只能是单向的。当与之相连接的元件受力方向与锁止方向相同时,该元件即被固定或连接;当受力方向与锁止方向相反时,该元件即被释放或脱离连接。目前最常见的单向离合器有滚柱斜槽式和楔块式两种。

4. 液压控制系统结构及原理

液压控制系统的基本组成包括动力源、执行机构和控制机构三大部分

1)动力源

自动变速器液压控制系统的动力源是油泵,通常安装在液力变矩器之后,由飞轮通过液力变矩器壳直接驱动。自动变速器中油泵的功能有:产生管路压力,向液压控制系统提供油液压力;将压力油输送到液力变矩器,防止油液中出现气泡;使自动变速器油通过散热器进行散热;向自动变速器中的机械传动部件提供润滑油液。常用的油泵有内啮合齿轮泵、转子泵和叶片泵。

2)执行机构

执行机构主要由离合器、制动器油缸等组成。其功用是在控制油压的作用下实现离合器的接合和分离、制动器的制动和松开动作,以便得到相应的挡位。

3)控制机构

液压控制机构包括阀体及各种阀,主要有主调压阀、手动阀、换挡阀等。液压控制系统还包括一些辅助装置,如用于防止换挡冲击的蓄能器、止回阀等。

5. 电子控制系统的结构及原理

电子控制系统是自动变速器的控制核心,它接收各传感器的信息并通过运算、分析、比较,根据自动变速器的工作状态向电子控制系统执行发出控制指令,对变速器进行最优化的控制。

自动变速器的电子控制系统包括传感器、电子控制单元(ECU)和执行器三部分。

1)传感器

传感器用来给控制系统提供输入信号,主要包括节气门位置传感器、车速传感器、发动机转速传感器、输入轴转速传感器、冷却液温度传感器、自动变速器油温度传感器、空挡启动开关、强制降挡开关、制动灯开关、模式选择开关、OD 开关等。

2)执行器

电子控制系统的执行器主要指各种电磁阀。电控自动变速器使用的电磁阀从内部结构上,可分为开关式电磁阀和脉冲式电磁阀两种。开关式电磁阀直接控制液压油路的通断,检测时,可以和蓄电池电压直接相连,以检测其工作性能。在对脉冲式电磁阀进行检测时,要串接一个低电阻值的电阻(如一个 8 ~ 10W 的灯泡)后,再和蓄电池电压相连,以检测其工作性能。

3)ECU

ECU 是电子控制系统的核心,主要完成换挡控制、锁止离合器控制、油压控制、故障诊断和失效保护等功能。

6. 自动变速器的性能检验

自动变速器性能检验可以分为失速试验、时滞试验、油压试验、道路试验、手动换挡试验等。

1)失速试验

失速试验用于检查液力变矩器在失速状态时,发动机所达到的最高转速。失速试验应在下列条件下进行:自动变速器油升温至正常工作温度(约 80℃);拉紧驻车制动器操纵杆,同时

将行车制动踏板踩到底，确保车辆安全制动；换挡操纵手柄置于"D"或"R"挡位；将发动机的加速踏板踩到底时读发动机的最高转速。失速试验用于检查发动机动力输出、导轮功能和齿轮自动变速器内的制动器与离合器的打滑情况，失速转速因车而异，但一般为1800～2500r/min的范围内。失速试验时间严禁超过5s，否则将严重损伤自动变速器，并使自动变速器油过早变质。

2）时滞试验

时滞试验用于测量发动机在怠速运转时，自动变速器的"挂挡时滞"和"摘挡时滞"。时滞时间是执行元件间隙、齿轮副间隙、管路压力、液压控制系统工作性能等的综合反映。离合器和制动器的自由间隙越大，则啮合时间越长，时滞时间也越长。自动变速器管路压力越低，获得离合器活塞工作压力的所需时间越长，则时滞时间越长。一般车辆正常的"挂挡时滞"为1.2s或更少，"摘挡时滞"为1.5s或更少。

3）油压试验

油压试验是在自动变速器工作时，通过测量液压控制系统各油路的压力来判断各元件的功能是否正常，目的是检查液压控制系统各管路及元件是否漏油及各元件（如液力变矩器、蓄压器等）是否工作正常，判别故障是在自动变速器机械系统还是在液压系统。

4）道路试验

道路试验是诊断、分析自动变速器故障最有效的手段之一。自动变速器的道路试验内容主要有：检查换挡车速、换挡质量以及检查换挡执行元件有无打滑等。道路试验要在自动变速器工作温度达50～80℃时进行。

5）手动换挡试验

所谓手动换挡试验，就是将电控自动变速器所有换挡电磁阀与ECU分离，检查换挡操纵手柄在不同位置时自动变速器的挡位。此时由于ECU不参与控制换挡，自动变速器的挡位完全取决于换挡操纵手柄的位置。电控自动变速器可以采用手动换挡试验的方法来确定故障是在电控部分还是在液压控制部分和齿轮自动变速器部分。

7. 自动变速器的检修

1）齿轮自动变速器的检修

（1）离合器的检修。如果发现摩擦片上的数字记号磨掉、出现翘曲变形、表面发黑（烧蚀）、表面出现剥落和裂纹、内花键被拉毛和掉齿等现象都必须更换。摩擦片上的沟槽磨平后，自动变速器油就无法进入摩擦片与钢片之间，此时也必须更换。摩擦表面上含油层（隔离层）被磨光，将无法保持自动变速器油，此时也必须更换。

装配湿式多片离合器时，要注意：更换所有的密封圈，并在所有零件上涂抹自动变速器油；将新摩擦片在自动变速器油中浸泡15min以上；让挡圈有台阶的一面朝卡簧，平整的一面与摩擦片接触；如果有碟簧，使碟簧凸起的一面与活塞直接接触；装配时，选用不同厚度的钢片或挡圈来调整离合器自由间隙，并用塞尺测量（根据各离合器中钢片与摩擦片的总数的不同，自由间隙的范围一般在0.5～2mm）；离合器总成装配完后，用压缩空气（400k～500kPa）检查活塞工作是否正常，如果活塞不能将钢片与摩擦片压紧，则需进一步检查活塞漏气部位和调整离合器自由间隙，待修复后再试验。

（2）带式制动器的检修。检查制动带是否破裂、过热、不均匀磨损、表面剥落等缺陷，检查制动带磨损是否均匀,检查摩擦材料上印刷的数字是否磨掉,如果有任何一种,制动带都应更换。擦净制动带摩擦片上的油,然后用手指轻压制动带摩擦片,应有油溢出,如轻压后无油溢出,说明制动带摩擦片表面含油能力下降,应更换。检查制动鼓表面是否磨损严重,是否有烧蚀,如果磨损严重或有烧蚀,应更换制动鼓。

(3)单向离合器的检修。检查单向离合器时,固定单向离合器的一个元件,另一个元件如果朝一个方向可以自由旋转,而朝另一个方向锁止不转,表明该单向离合器正常。但固定不同的元件,转动起来的效果刚好相反,所以,在装配时要特别注意单向离合器的方向。

2)液压装置的检修

(1)油泵的检修。检查油泵从动轮与泵体之间的间隙、主动轮与从动轮的间隙,如果以上工作间隙超过规定值,应更换油泵。

(2)阀体检修。如果必须对阀体进行拆检修理,一定要按照维修手册对相关零进行拆卸,并用清洁的煤油或酒精清洗所有的阀体零件;检查所有阀芯表面有无刮伤痕迹,如果有轻微刮痕,可用金相砂纸抛光;检查各弹簧有无损坏,测量长度是否符合要求,如果不符合要求就应更换;检查滤网有无损坏或堵塞,如果有应更换;更换所有的纸质衬垫和塑料球阀。

(3)油道检修。在所有控制油道中,最易损坏的是给离合器提供液压的油道,在检修时要特别注意。在修理自动变速器时,所有离合器油道密封圈都必须更换,而且要求在装配时特别小心,以防止刮伤其工作表面,装配完后还要用压缩空气进行密封性试验,即在装配完齿轮自动变速器之后和装配液压装置之前,在壳体上找到通往各执行元件的油道,将压缩空气压力调到400k~500kPa,以脉冲方式给油道供气,应能听到清脆的“突、突”声,并听不到“丝、丝”的漏气声,否则应重新检查密封性。

3)电子控制系统的检修

自动变速器电子控制系统的电子控制单元中装有故障存储器,具有自诊断功能,如果被监测的部件发生了故障,故障的类型会以故障码的形式存储在故障存储器内。可以利用故障诊断仪读取故障码,帮助确定故障部位。

8.自动变速器常见故障诊断

自动变速器常见的故障主要有无挡、驱动无力及换挡品质不佳等。

出现无任何挡故障的实质就是自动变速器不能起到传递动力作用而使发动机动力非正常中断。所谓缺挡故障,是指自动变速器在工作时某一挡位或几个挡位出现无法工作的现象。

导致自动变速器所有挡位驱动无力的原因有:主油路压力低;离合器或制动器严重损坏;单向离合器损坏;油泵损坏;液力变矩器损坏;蓄压器损坏等。

对于自动变速器车辆而言,制动或进挡时,自动变速器锁止离合器的锁止不能被正确解除,可导致发动机熄火故障。

9.无级自动变速器(CVT)概述

CVT是英文Continuously Variable Transmission的缩写,即无级自动变速器。CVT是由两组变速轮盘和一条传动带组成的。CVT采用传动带和工作直径可变的主、从动轮相配合传递动力,CVT可以自动改变传动比,实现传动比的全程无级连续改变。

各种型号的CVT的主要差别集中在发动机动力传递到主动带轮的过程以及带轮半径和夹紧力的控制方法上。

CVT 无级自动变速器的关键部件为无级变速机构，其作用是使自动变速器在起始转矩和终结转矩多种传动比之间连续调整，最终自动选用最佳传动比，使发动机始终处于最佳传动比范围之内，无需再考虑工作性能和燃油经济性。

无级变速机构由两组链轮组成，包括一对主动链轮和一对从动链轮，同时有一根链条运行在两对链轮 V 形沟槽中间，如图 2-1-79 所示。主动链轮由发动机辅助减速机构驱动，发动机动力通过链条传递给从动链轮直至终端驱动。在每组链轮中有一个链轮可以轴向移动，两组链轮必须保持协调相同的调整，以保证链条始终处于张紧状态。CVT 的传动比变化依靠两组链轮不断改变工作直径，即每组链轮均有一个可轴向移动的链轮，其轴向移动由发动机驱动的液压泵提供。CVT 中，每只链轮均有一个活动面和一个固定面。在主动链轮相对从动链轮工作直径较小时，主动链轮可以传递给从动链轮较大的牵引转矩。

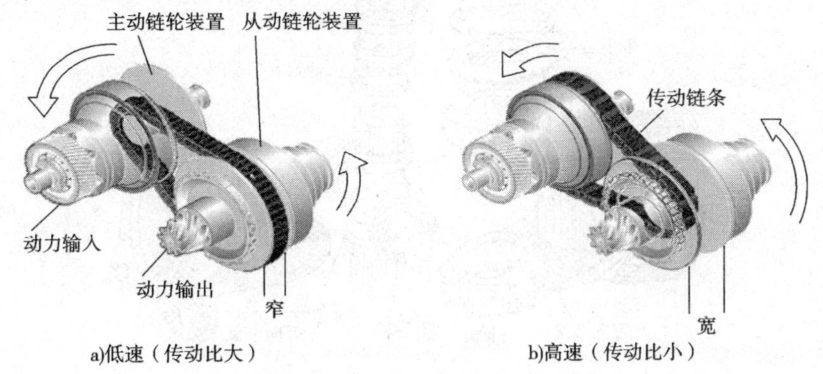

图 2-1-79　传动比变换器的基本组成和原理

(四)万向传动装置结构与检修

1. 万向传动装置的功用及组成

1)万向传动装置的功用

万向传动装置的功用是能在汽车上任何一对有轴间夹角和相对位置经常发生变化的转轴之间传递动力。万向传动装置在汽车上的应用主要有：变速器（或分动器）与驱动桥之间（变速器输出轴与驱动桥输入轴之间必须用万向传动装置连接）、变速器与离合器或与分动器之间、转向驱动桥和断开式驱动桥中、转向操纵机构中。

2)万向传动装置的组成

万向传动装置一般由万向节和传动轴组成，对于传动距离较远的分段式传动轴，还需设置中间支承，如图 2-1-80 所示。

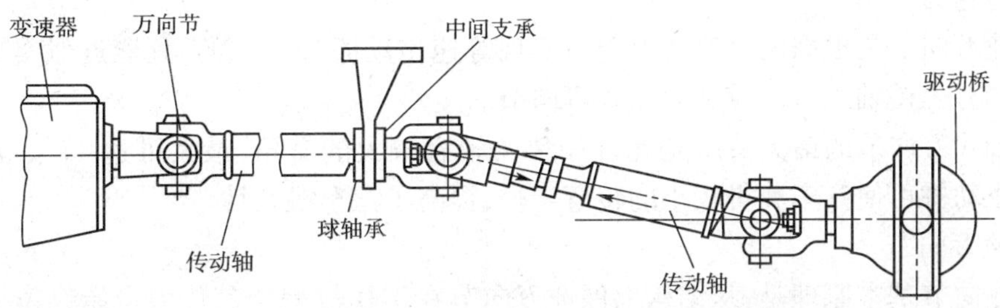

图 2-1-80　万向传动装置的组成

2. 万向节

在汽车上使用的万向节按其速度特性分为不等速万向节(常用的为十字轴式)、准等速万向节(双联式和三销轴式)和等速万向节(包括球叉式和球笼式)。目前在汽车上应用较多的是十字轴式刚性万向节和等速万向节。十字轴式刚性万向节主要用于发动机前置后轮驱动的变速器与驱动桥之间,等速万向节主要用于发动机前置前轮驱动的内、外半轴之间。

1)十字轴式万向节

十字轴式刚性万向节主要由十字轴、万向节叉等组成,如图 2-1-81 所示。万向节叉上的孔分别套在十字轴的四个轴颈上。在十字轴轴颈与万向节叉孔之间装有滚针和套筒,用带有锁片的螺钉和轴承盖来使之轴向定位。

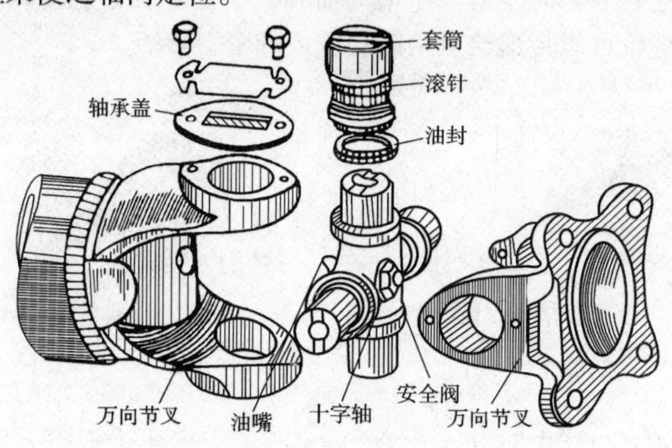

图 2-1-81 十字轴式刚性万向节

十字轴式万向节在其运动中具有不等速特性,即当十字轴式万向节的主动叉是等角速转动时,从动叉是不等角速转动的。所谓不等速性是指从动轴在转动一周内其角速度时而大于主动轴的角速度,时而小于主动轴的角速度。

单个十字轴万向节的不等速特性将使从动轴及其相连的传动部件产生扭转振动,从而产生附加的交变载荷,影响部件寿命。可以采用双十字轴刚性万向节的传动方式,第一万向节的不等速特性可以被第二万向节的不等速特性所抵消,从而实现两轴间的等角速传动。但还必须满足两个条件:第一个万向节的从动叉和第二个万向节的主动叉应在同一平面内,输入轴、输出轴与传动轴的夹角相等。

对传动轴来说,只要传动轴两端的输入轴和输出轴的夹角不为零,它就是不等角速转动,与传动轴的排列方式无关。

2)准等速万向节

准等速万向节是根据两个普通万向节实现等速传动原理制成的,只能近似实现等角速传动。常见的有三销轴式万向节和双联式万向节。

三销轴式万向节的最大特点是允许相邻两轴有较大的交角,最大可达 45°。采用此万向节的转向驱动桥可使汽车获得较小的转弯半径,提高了汽车机动性。

3)等速万向节

等速万向节基本原理是:从结构上保证万向节在工作过程中其传力点始终位于两轴交点的平分面上。等速万向节的常见类型有球叉式、球笼式。

3. 传动轴与中间支承

传动轴是万向传动装置中的主要传力部件。传动轴功用是用来连接变速器(或分动器)和驱动桥,在转向驱动桥和断开式驱动桥中,则用来连接差速器和驱动轮,此时,传动轴分成左右两半,因此也称为半轴。

在传动轴和万向节装配后,必须进行平衡试验,以满足动平衡要求。平衡后在滑动花键部分还制有箭头标记,以便重装时保持两者相对位置不变。

传动轴分段时须加设中间支承,中间支承除对传动轴起支承作用外,还应能补偿传动轴轴向和角度方向的安装误差,以及汽车行驶过程中由于发动机窜动或车架变形等引起的位移。

4. 万向传动装置的检修

拆卸传动轴前,应在每个万向节叉的凸缘上做好标记,以确保作业后原位装复,否则极易破坏万向传动装置的平衡性,造成运转噪声和强烈振动。

拆卸传动轴时,应从传动轴后端与驱动桥连接处开始,先将与后桥凸缘连接的螺栓拧松取下,然后将与中间传动轴凸缘连接的螺栓拧下,拆下传动轴总成。

十字轴上的润滑脂嘴要朝向传动轴以便注油;两偏置油嘴应间隔 180°,以保持传动轴的平衡。

1)十字轴式万向节的检修

万向节分解完成后,需要用汽油清洗各零件,以检查暴露出零件的损伤、磨损情况,而且应按以下要求检查和修复。

(1)检查滚针轴承,如果滚针断裂、油封失效,应更换新件。

(2)检查十字轴轴颈磨损、压痕剥落等情况。十字轴轴颈轻微磨损、轻微压痕或剥落,仍可继续使用,如果轴颈磨损过甚、严重压痕(深度超过 0.1mm)或严重剥落时,应予以更换。

(3)检查万向节叉不得有裂纹或其他严重损伤,否则更换新件。

2)传动轴的检修

(1)目视检查传动轴轴管,不得有裂纹及严重的凹瘪。

(2)检查传动轴轴管全长上的径向圆跳动,应符合技术规定。

(3)检查传动轴花键与滑动叉花键、凸缘叉与所配合花键的侧隙,应不大于 0.15mm,装配后应能滑动自如。

3)中间支承的检修

检查中间支承的橡胶垫环是否开裂、油封磨损是否过甚而失效、轴承松旷或内孔磨损是否严重,如果是,均应更换新的中间支承。

5. 万向传动装置常见故障诊断

万向传动装置由于经常受汽车在复杂道路上行驶的影响,使传动轴在其角度和长度不断变化情况下传递转矩,因此常出现传动轴动不平衡、万向节松旷、发响等故障。

1)传动轴动不平衡

传动轴动不平衡故障现象是:在万向节和伸缩叉技术状况良好时,汽车行驶中发出周期性的响声;速度越高响声越大,甚至伴随有车身振动,握转向盘的手感觉麻木。

传动轴动不平衡的故障原因有:传动轴上的平衡块脱落;传动轴弯曲或传动轴管凹陷;传动轴管与万向节叉焊接不正或传动轴未进行过动平衡试验和校准;伸缩叉安装错位,造成传动轴两端的万向节叉不在同一平面内,不满足等速传动条件。

2)万向节松旷

万向节松旷的故障现象是:在汽车起步或突然改变车速时,传动轴发出“吭”的响声;在汽车缓行时,发出“咣当、咣当”的响声。

万向节松旷的确故障原因有:凸缘盘连接螺栓松动;万向节主、从动部分游动角度太大;万向节十字轴磨损严重。

3)传动轴异响

传动轴异响的故障现象是:汽车行驶中传动装置发出周期性的响声;车速越高响声越大,严重时伴随有车身振抖。

传动轴异响的故障原因有:传动轴动不平衡;由于传动轴变形或平衡块脱落;中间支承吊架固定螺栓松动或万向节凸缘盘连接螺栓松动,使传动轴偏斜。

(五)驱动桥的结构与检修

1.驱动桥的功用、组成及分类

1)驱动桥的功用

驱动桥功用是将万向传动装置(或变速器)传来的动力经减速增矩、改变动力传递方向后,分配到左、右驱动轮,使汽车行驶,并允许左、右驱动轮以不同的转速旋转。

2)驱动桥的组成

驱动桥一般由主减速器、差速器、半轴和桥壳等组成,如图2-1-82所示。

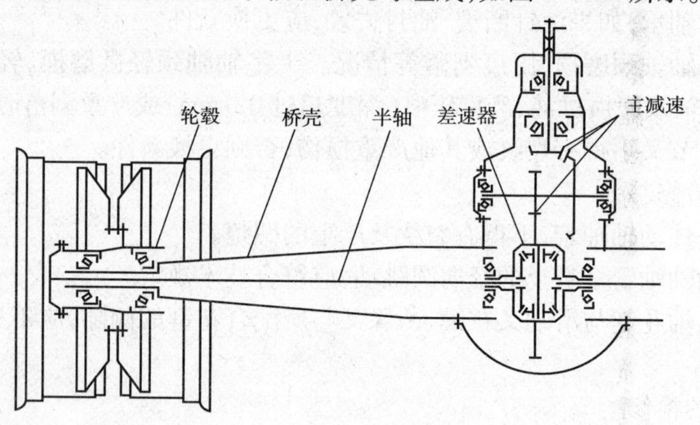

图2-1-82 驱动桥的组成

3)驱动桥的类型

按悬架结构不同,驱动桥分为整体式驱动桥和断开式驱动桥两种。整体式驱动桥采用非独立悬架,断开式驱动桥采用独立悬架。

2.主减速器

1)主减速器的功用

主减速器能够将万向传动装置传来的发动机转矩传给差速器;在动力的传动过程中要将转矩增大并相应降低转速;对于纵置发动机,还要将转矩的旋转方向改变90°。

2)主减速器的类型

按参加传动的齿轮副数目,可分为单级式主减速器和双级式主减速器;按齿轮副结构形式,可分为圆柱齿轮式(又可分为定轴轮系和行星轮系)主减速器和锥齿轮式(又可分为螺旋锥齿轮式和准双曲面锥齿轮式)主减速器。目前,在轿车中主要是应用单级式主减速器。

3)单级主减速器结构

单级主减速器具有结构简单、质量轻、体积小、传动效率高等优点。它由主、从动锥齿轮及其支承调整装置、主减速器壳等组成,其结构如图 2-1-83 所示。主动锥齿轮的齿数少,从动锥齿轮的齿数多。

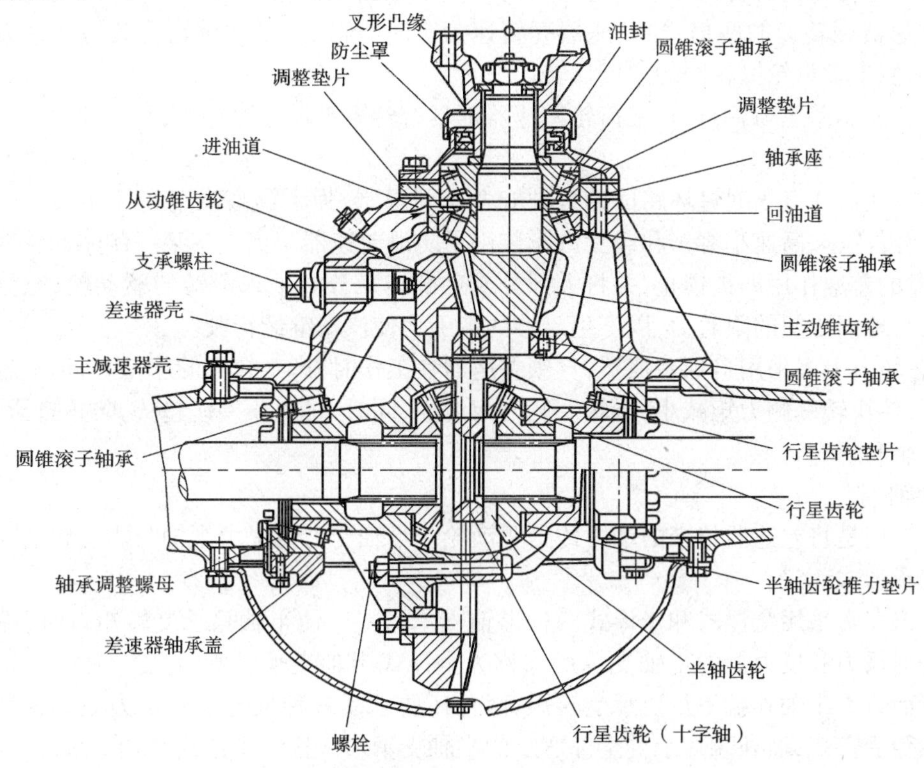

图 2-1-83　单级主减速器

3. 差速器

差速差速器功用是将主减速器传来的动力传给左、右两半轴,并在必要时允许左、右半轴以不同转速旋转,以满足两侧驱动轮差速需要。

1)差速器的结构

行星锥齿轮差速器由四个行星锥齿轮、一个十字形行星锥齿轮轴、两个半轴锥齿轮、差速器壳、垫片等组成。工作时,主减速器动力传至差速器壳,依次经十字轴、行星齿轮和半轴齿轮传给半轴,再由半轴传给驱动车轮。

2)差速器的原理

行星锥齿轮差速器运动原理:当两侧驱动轮没有滑转和滑移趋势,即两侧车轮转速相等(如汽车直线行驶,两侧车轮所受的行驶阻力相等)时,两侧车轮施加于半轴齿轮反作用力相等,由于两半轴齿轮的直径相等,故通过两啮合点施加于行星齿轮的力也相等,行星齿轮相当于一个等臂的杠杆保持平衡,即行星齿轮不自转,而只随行星齿轮轴及差速器壳体一起公转,所以两半轴无转速差,差速器不起作用。当汽车转弯(或两侧驱动轮条件不同)时,通过半轴及半轴齿轮反作用于行星齿轮两啮合点的力将不相等,从而破坏了行星齿轮的平衡,使得行星齿轮除了随差速器壳一起公转外,还要绕行星齿轮轴自转,使两侧车轮以不同的转速在地面上滚动,这就是差速作用。

3)差速器的特性

差速器无论差速与否,都具有两半轴齿轮转速之和始终等于差速器壳转速的两倍,而与行星齿轮自转速度无关的特性。当差速器任何一侧半轴齿轮的转速为零时,另一侧半轴齿轮的转速为差速器壳转速的两倍;当差速器壳转速为零时,若一侧半轴齿轮受其他外来力矩而转动,则另一侧半轴齿轮以相同的速度反转。

无论差速器差速与否,行星锥齿轮差速器都具有转矩等量分配特性。

4)防滑差速器

普通差速器使汽车通过坏路面的行驶能力受到限制,为了提高汽车在坏路面上的通过能力,一些越野汽车、高速小客车和载货汽车装用了防滑差速器。当汽车某一侧驱动轮发生滑转时,差速器的差速作用即被锁止,并将大部分或全部转矩分配给未滑转的驱动轮,充分利用未滑转车轮与地面之间的附着力,以产生足够的牵引力使汽车继续行驶。

目前,轿车上多采用自锁差速器,自锁差速器在工作时,产生较大的摩擦力,形成较大的内摩擦力矩,使快转一侧力矩减小,慢转一侧力矩增加,同时,可阻止差速趋势,防止打滑。

4. 半轴和桥壳

1)半轴

半轴功用是将差速器传来的动力传给驱动轮。半轴受力情况由半轴与驱动轮的轮毂在桥壳上的支承形式而定。

现代汽车常采用全浮式和半浮式两种半轴支承形式。使半轴只承受转矩,而两端均不承受其他任何反力和反力矩的半轴支承形式称为全浮式半轴支承。所谓"浮"是指半轴不承受弯曲载荷而言。半轴外端不仅要承受转矩,而且还要承受各种反力及其反力矩。这种只能使半轴内端免受弯矩,而外端却承受全部弯矩的半轴支承形式称为半浮式半轴支承。

2)桥壳

驱动桥壳的功用是安装并保护主减速器、差速器和半轴。作为行驶系统的组成部分,其功用是安装悬架或轮毂,和从动桥一起支承汽车悬架以上各部分质量,承受驱动轮传来的反力和力矩,并在驱动轮与悬架之间传力。

驱动桥壳可分为整体式桥壳和分段式桥壳两种类型。

5. 驱动桥的装配与调整

主减速器装配中的调整包括主、从动锥齿轮轴承预紧度调整(含差速器轴承预紧度调整),主、从动锥齿轮啮合印痕和啮合间隙调整等项目。

1)调整规则

在进行调整作业时,必须遵守主减速器的调整规则:

(1)先调整轴承预紧度,再调整啮合印痕,最后调整啮合间隙。

(2)主、从动锥齿轮轴承预紧度必须按车型技术要求的数值和方法进行调整与检查,在主减速器调整过程中,轴承预紧度不得变更,始终都应符合车型技术要求。

(3)在保证啮合印痕合格的前提下,调整啮合间隙。啮合印痕、啮合间隙和啮合间隙的变化量都必须符合车型技术要求,否则成对更换齿轮副。

(4)准双曲面锥齿轮、奥利康锥齿轮(等高齿)和格利森锥齿轮(圆弧非等高齿)啮合印痕技术标准不尽相同,调整方法亦有差异。前两种齿轮往往通过移动主动锥齿轮调整啮合印痕,通过移动从动锥齿轮调整啮合间隙;而对格利森齿轮调整则无特殊要求。

2)调整要求

主减速器正确的啮合印痕与齿侧间隙是通过齿轮轴向移动改变其相对位置来实现的,因此锥齿轮传动机构都有轴向位置调整装置,即啮合印痕与齿侧间隙调整装置。

对主、从动锥齿轮啮合印痕与齿侧间隙的调整要求是:主、从动锥齿轮应沿齿长方向接触,其位置控制在齿轮中部偏向小端,离小端端部2~7mm,接触痕迹长度不小于齿长的50%,齿高方向的接触印痕应不小于齿高的50%,一般应距齿顶0.80~1.60mm,齿侧间隙为0.15~0.50mm,但每一对锥齿副轮啮合间隙的变动量不得大于0.15mm。

如果主、从动锥齿轮啮合印痕和齿侧间隙不符合要求时,应按如下口诀进行调整:大进从、小出从;顶进主、根出主。用这种方法调整时,要注意保证齿侧间隙不得小于最小值。实现齿轮位移的具体方法与车辆结构有关。

6.驱动桥常见的故障诊断

驱动桥的主减速器、差速器、半轴、轴承和油封等长期承受冲击载荷,使其各配合副磨损严重、各零部件损坏,导致驱动桥过热、异响等故障发生。

1)过热

驱动桥过热的故障现象是:汽车行驶一段里程后,用手探试驱动桥壳中部或主减速器壳,有无法忍受的烫手感觉。

驱动桥过热的故障原因有:齿轮油变质、油量不足或牌号不符合要求;轴承调整过紧;齿轮啮合间隙和行星齿轮与半轴齿轮啮合间隙调整太小;推力垫片与主减速器从动齿轮背隙过小;油封过紧和各运动副、轴承润滑不良而产生干(或半干)摩擦。

2)异响

驱动桥异响的故障现象是:车辆行驶时能听见从驱动桥部位传出异常声音。

驱动桥异响的故障原因有:主从动齿轮、行星齿轮、半轴齿轮啮合间隙过大;半轴齿轮花键槽与半轴的配合松旷;主、从动锥齿轮啮合不良;主从动齿轮啮合间隙不均;齿轮齿面损伤或轮齿折断。

二　转向系统结构与检修

转向系统的功用是按照驾驶员的意愿改变汽车的行驶方向和保持汽车稳定的直线行驶。汽车转向系统按转向动力源不同,可分为机械式转向系统、液压式动力转向系统和电控动力转向系统。

(一)机械式转向系统结构与检修

1.机械式转向系统的基本组成和工作原理

汽车机械式转向系统由转向操纵机构、机械转向器和转向传动机构三大部分组成,其具体组成如图2-1-84所示。转向操纵机构包括转向盘、转向轴、万向节、转向传动轴;机械转向器有多种类型,汽车上采用较多的是齿轮齿条转向器和循环球转向器;转向传动机构包括转向摇臂、转向直拉杆、转向节臂、转向梯形臂、转向横拉杆等。汽车转向时,驾驶员转动转向盘,通过转向轴、转向节和转向传动轴,将转向力矩输入转向器。

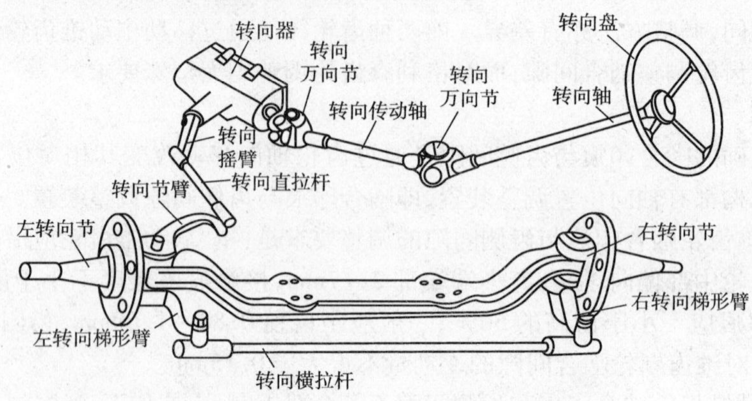

图 2-1-84 机械式转向系统示意图

2. 齿轮齿条式转向器的结构与检修

1)齿轮齿条式转向器的结构

目前,汽车上广泛采用的机械式转向器有齿轮齿条式机械转向器和循环球式机械转向器。齿轮齿条式转向器采用一级传动副,主动副是齿轮,从动副是齿条。主要由壳体、转向齿轮及齿轮轴、齿条、转向减振器、转向器补偿机构、橡胶防尘套等组成,如图 2-1-85 所示。

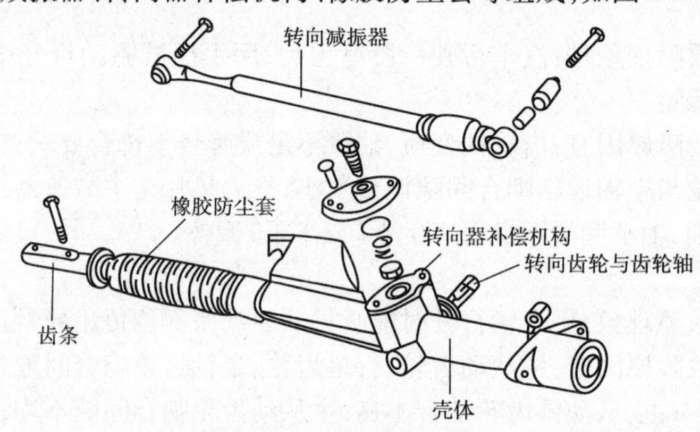

图 2-1-85 齿轮齿条式转向器结构示意图

转向齿轮与转向齿轮轴制成一体,转向齿轮轴通过衬套和球轴承装于壳体上,其伸出端和下转向管柱连接。齿条由右端壳体装入,其右端孔由螺母、盖、密封圈及卡簧密封。齿条左端伸出,其伸出端通过转向支架和左、右横拉杆及减振器连接,并安装有防尘套,以防灰尘进入转向器。

2)齿轮齿条式转向器的检修

(1)拆卸。拆卸分解齿轮齿条式机械转向器时,应先在转向齿条端头与横拉杆连接处打上安装标记。然后,拆卸转向齿条端头,但不能碰伤转向齿条的外表面;拆下转向齿条导块组件后,拉住转向齿条,使齿对准转向齿轮,再拆卸转向齿轮;最后抽出转向齿条。

(2)主要零件检修。用检视法检查,转向器壳体应无裂纹,零件出现裂纹应更换,横拉杆、齿条在总成修理时应进行隐伤检验。

(3)调整。调整转向齿条与转向齿轮的啮合间隙,也称为转向齿条的预紧力。因结构差异,调整方法也有所不同,但常见的有两类:一是改变转向齿条导块与盖之间的垫片厚度来调整转向齿条与转向齿轮轮齿的啮合深度,完成预紧力调整;另一种方法是用盖上的调整螺栓改变转向齿条导块与弹簧座之间的间隙值,完成啮合深度,即预紧力的调整。

3. 循环球式转向器的结构与检修

1)循环球式转向器的结构

循环球式转向器由侧盖、底盖、壳体、钢球、带齿扇的垂臂轴、圆锥轴承、制有齿形的螺母、转向螺杆等组成,如图 2-1-86 所示。

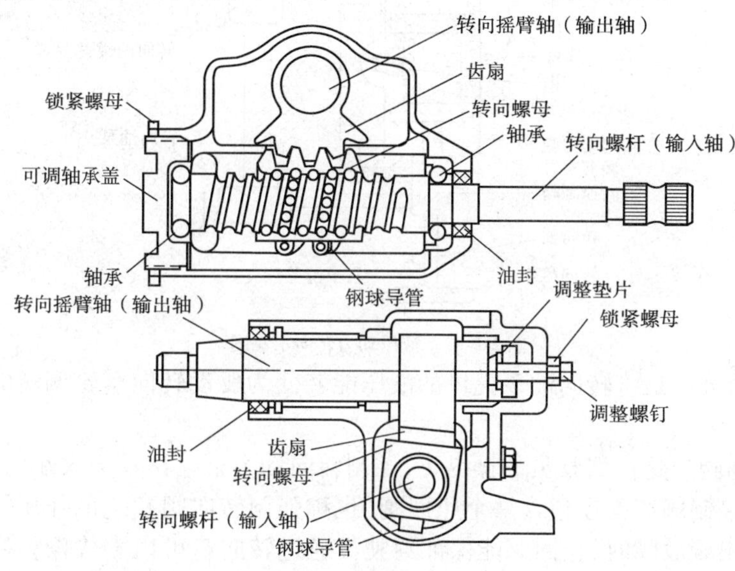

图 2-1-86 循环球式转向器

循环球式转向器采有两级传动副,第一级是螺杆与螺母,第二级是齿条与齿扇。螺杆通过一对向心球轴承安装于壳体内,其上装有制成方形的螺母,形成第一级传动副。在螺杆和螺母之间形成的螺旋形通道内和螺母侧面的两根"U"形导管内装有很多钢球,螺杆转动时钢球在球道内做循环运动,形成"球流",以提高传动效率,并减少螺杆、螺母的磨损。

2)循环球式转向器的检修

(1)拆卸。在拆卸循环球式机械转向器时两循环滚道中的钢球应分别放置,并记清其所对应的滚道位置,以防错乱。

(2)主要零件检修。用检视法检查,转向器壳体出现裂纹应予以更换,用直尺、塞尺检查壳体与侧盖接合面的平面度误差,超规定值时,应修磨平整。

(3)调整。循环球式转向器的调整主要包括轴承预紧度的调整和摇臂自由转动量的调整。

(二)液压动力转向系统结构与检修

1. 液压动力转向系统的组成及工作原理

1)液压动力转向系统的组成

液压动力转向系统主要由转向油泵、转向动力缸、转向控制阀和机械转向器等组成,如图 2-1-87所示。

(1)转向油泵。是液压动力转向系统的动力源,作用是将发动机产生的机械能转变为驱动转向动力缸工作的液压能,再由转向动力缸驱动转向车轮。转向油泵除转向油泵本体外,通常还包括限制转向油泵输出油压的安全阀和调节输出油量的溢流阀等。

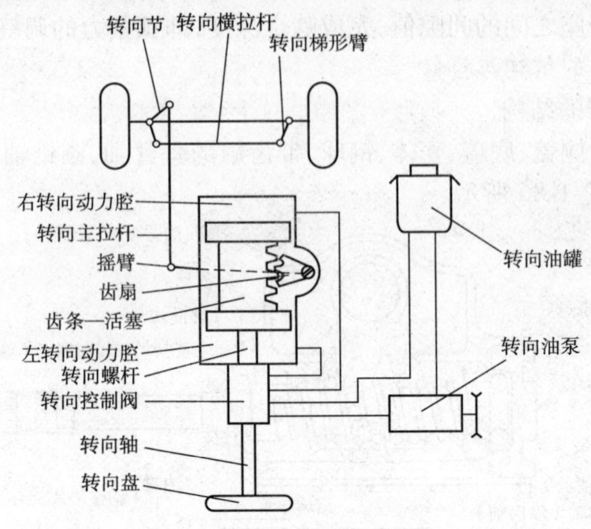

图2-1-87 液压动力转向示意图

(2)转向助力缸。是将转向油泵提供的液压能转变为驱动转向车轮偏转的机械力的转向助力执行元件。

(3)转向控制阀。是在驾驶员的操纵下,控制转向动力缸输出动力大小、方向和增力快慢的控制阀。转向控制阀通常还包含一个止回阀(也称强制转向阀),它的作用是当动力转向系统中的液压部分出现故障时,止回阀能保证驾驶员通过转向盘可以直接操纵机械式转向器工作,使汽车能继续行驶。常见液压动力转向器按照转向控制阀结构的不同可分分滑阀式与转阀式两种。

2)液压动力转向系统工作原理

当汽车直线行驶时,转向控制阀将转向油泵泵出来的工作液与油罐相通,转向油泵处于卸荷状态,动力转向不工作。当汽车需要转弯时,如右转弯,驾驶员向右打转向盘,转向控制阀将转向油泵泵出来的工作液与R腔接通,将L腔与油罐接通,在油压的作用下,齿条—活塞移动,通过扇齿使摇臂轴逆时针转动,拉动主拉杆通过转向节、转向梯形使左、右轮向右摆,从而实现右转向。左转弯则相反。

2. 液压动力转向系统的检修

动力转向系统装配完毕后,应进行油量检查,油压试验,排除系统空气,调整转向油泵传动带紧度等作业,以保证动力转向系统有良好的工作性能。

1)液压动力转向系统的排气

动力转向系统在更换液压油之后和检查储油罐中油位时发现有气泡冒出,说明系统内已渗入了空气,这将会引起转向沉重、前轮摆动、转向油泵产生噪声等故障,必须将系统空气排放干净。排放程序如下:架起转向桥,发动机怠速运转,同时反复向左、向右转动转向盘到极限位置,直至储油箱内泡沫冒出并消除乳化现象,就表明液力转向系统内的空气已基本排除干净。发动机刚刚熄火后,储油罐中应无气泡,液面不得超过上限,停机5min之后,液面应升高约5mm。

2)液压动力转向系统油压检查

动力转向系统的油压,可以表示转向油泵和流量控制阀的技术状况。为了检查系统油压,在检查储油罐液位之前,应在系统内装入油压测试仪,油压测试仪由油压表和截止阀并联而成。具体测试步骤为:将油压测试仪串联在动力转向器进油管道上,转动转向盘,使转向车轮向右转至极限位置;启动发动机,使其转速稳定在1500~1600r/min;关闭截止阀,油压表指示压力应符合车型技术要求(一般不低于7MPa)。注意:截止阀关闭时间不宜超过10s,以免对转向油泵造成不良影响。

3)流量控制阀检修

检查流量控制阀工作性能的方法有两种:一种是检验发动机在怠速范围内急加速时系统内的油压降;另一种是检验无负荷时的油压差。

(三)电动式动力转向系统结构与检修

1.电动式动力转向系统的组成及工作原理

1)电控动力转向系统的组成

电动式动力转向系统(EPS)通常由转矩传感器、车速传感器、电控单元(ECU)、电动机和电磁离合器等组成,如图2-1-88所示。

2)电动式动力转向系统的工作原理

电动式动力转向系统利用电动机作为助力源,根据车速和转向参数等,由ECU完成助力控制。当操纵转向盘时,装在转向盘轴上的转矩传感器不断地测出转向轴上的转矩信号,该信号与车速信号同时输入到ECU。ECU根据这些输入信号,确定助力转矩的大小和方向,即选定电动机电流和转向,调整转向辅助动力的大小。电动机转矩由电磁离合器通过减速机构减速增矩后,加在汽车转向机构上,使之得到一个与汽车工况相适应的转向作用力。

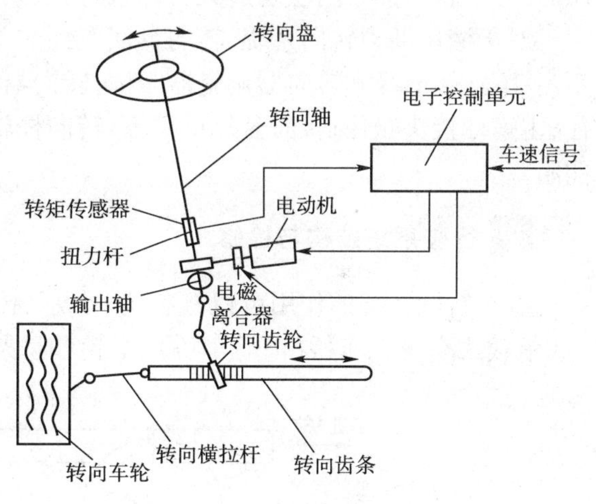

图2-1-88 电动动力转向系统的组成

2.电动式动力转向系统结构与检修

1)转矩传感器

转矩传感器的作用是检测驾驶员作用在转向盘上的转向力矩及转向方向等参数,并将其转变为电信号输送给ECU,以作为控制电动助力大小和方向的主要依据。常用的有电磁感应式转矩传感器和滑动电阻式转矩传感器。

2)电动机

电动式动力转向系统所用的电动机与启动用直流电动机原理基本相同,但电动式动力转向系统所用的电动机一般采用永磁电动机。其最大电流一般为30A左右,电压为DC 12V,额定转矩为10N·m左右。转向助力用直流电动机需要正反转控制。电动式动力转向系统中的电动机只是在需要转向时才接通电源。

3)电磁离合器

电磁离合器装在电动机和减速机构中间,用于控制电动机动力的输出,当电流通过集电环进入离合器线圈时,主动轮产生电磁吸力,带花键的压板被吸引与主动轮压紧,电动机的动力经过轴、主动轮、压板、花键、从动轴传给执行机构。

(四)转向系统故障诊断

1. 机械式转向系统故障诊断

对于机械式转向系统,转向盘自由行程过大的常见原因有:转向器小齿轮与齿条间隙过大;转向器轴承磨损;转向器安装螺栓(母)松动,使转向器产生位移;转向横拉杆球头销磨损;转向万向节磨损;转向柱、传动轴和转向器之间连接螺栓松动;转向盘与转向柱连接松动。

对于机械式转向系统,转向沉重的常见原因有:转向器缺润滑油;前轮胎气压不足;前轮定位不正确;转向器小齿轮与齿条啮合间隙太小;转向器或转向柱轴承损坏;转向横拉杆球头销缺油或损坏。

2. 液压助力转向系统故障诊断

对于液压助力转向系统,转向沉重或助力不足的常见原因有:转向油泵传动带松动;油面低;转向器与转向柱不对正;下连接凸缘松动;轮胎充气不当;流量控制阀卡住;转向油泵输出压力不够;转向油泵内泄漏过大;转向器内泄漏过大。

对于液压助力转向系统,转向盘回正性能差的常见原因有:轮胎充气不足;杆系球销润滑不足;下连接凸缘和转向器调整器摩擦;转向器与转向柱不对正;前轮定位不正确;转向杆系卡住;主销球接头咬住;转向盘外罩摩擦;转向柱轴承过紧或卡滞;滑阀卡住或堵塞;回油软管扭曲阻塞。

三 行驶系统结构与检修

汽车行驶系统的作用可以概括为:支承、传力、缓冲、减振和导向。行驶系统一般由车架(或承载式车身)、车桥(前后车桥)、车轮和悬架(前后悬架)等组成,如图 2-1-89 所示。

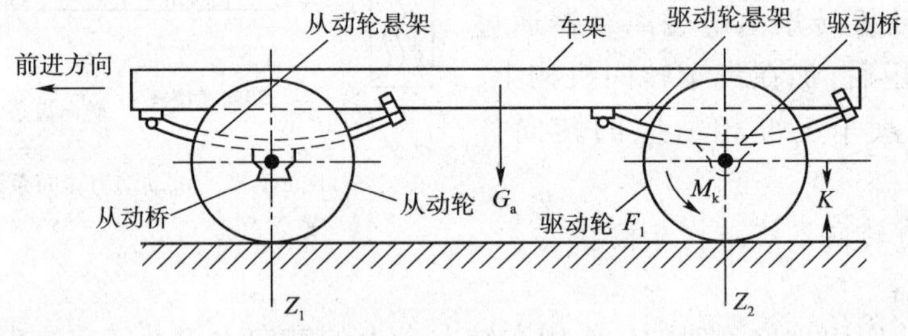

图 2-1-89 行驶系统的组成

(一)车桥和车轮结构与检修

1. 车桥的结构与检修

车桥通过悬架与车架相连,两端安装车轮,功用是传递车架与车轮之间的各种力和力矩。按车桥上车轮的作用不同,车桥分为转向桥、驱动桥、转向驱动桥和支持桥四种类型。

1)转向桥

转向桥通常位于汽车前部,故也称为前桥。转向桥的作用是支承部分质量,安装前轮及制动器(前),连接车架,承受车架与车轮之间的作用力及其产生的弯矩和转矩,同时还要使前轮偏转以实现转向。转向桥基本结构由前轴、转向节、主销、轮毂4部分组成。

2)转向驱动桥

发动机前置前轮驱动以及全轮驱动的汽车,其前桥既作为转向桥,还兼起驱动桥的作用,故称为转向驱动桥。但为了保证既能转向又能驱动的需要,转向驱动桥中,与车轮相连的半轴必须分成两段——内半轴(与差速器相连)和外半轴(与轮毂相连),两者之间用等速万向节连接。另外,主销也同样分制成上下两段,固定在万向节球形支座上,转向节轴颈制成中空,以便外半轴通过。

3)车桥的维修

(1)前轮最大转向角的检查与调整。将前轮转向角调到最大的目的是为了获得最小转弯半径,以保证汽车的通过性。将转向盘向左或向右转至极限位置,前轮胎不与翼子板、钢板、直拉杆等零件碰擦,并有8~10mm的距离为合适。

(2)前轮轮毂轴承的调整。车轮应能灵活地在轮毂轴承上旋转而无卡滞,调整车轮轮毂轴承间隙时,拆去前轮轮毂盖,拧下锁止螺母,取下锁片与锁止垫圈,同时向前后方向转动车轮,使轴承的圆锥形滚柱正确地座于轴承圈的锥面上。拧紧后,反方向旋松调整螺母1~2个锁紧垫片的孔位,使调整螺母上的止动销与锁环上的邻孔相重合,再装上锁紧垫圈与锁紧螺母。

2. 车轮和轮胎的结构与维修

1)车轮的结构与类型

车轮是介于轮胎和车桥之间承受负荷的旋转组件,其功用是安装轮胎,承受轮胎与车桥之间的各种载荷的作用。

车轮一般是由轮毂、轮辋和轮辐组成,如图2-1-90所示。轮毂通过圆锥滚子轴承装在车桥或转向节轴颈上,用于连接车轮与车桥。轮辋用于安装和固定轮胎。轮辐用于将轮毂和轮辋连接起来,并通过螺栓与轮毂连接起来。按轮辐结构的不同,车轮可以分为辐板式车轮和辐条式车轮两种。轮辋的常见结构形式有深槽轮辋、平底轮辋和对开式轮辋。

2)轮胎的结构与类型

(1)轮胎的结构。轮胎主要由胎面、胎圈和胎体等组成,如图2-1-91所示。

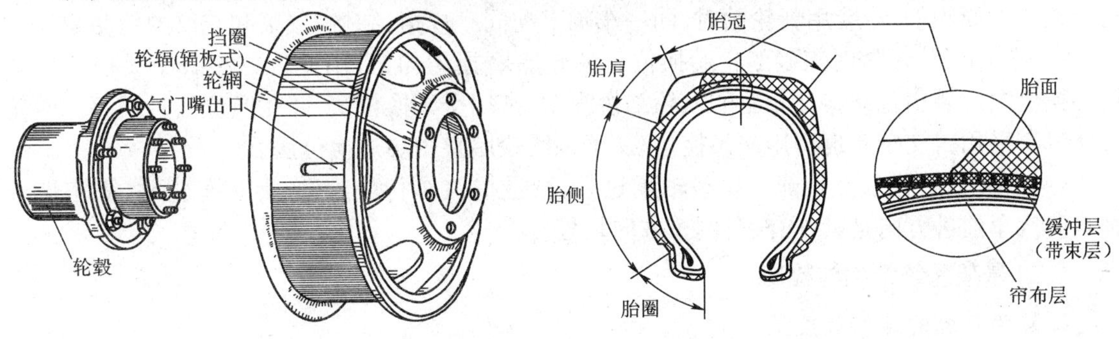

图2-1-90 车轮的组成

图2-1-91 轮胎的结构

轮胎的帘布层和缓冲层各相邻层帘线交叉,且与胎面中心线呈小于90°排列的充气轮胎为普通斜交轮胎。

帘线与胎面中心的夹角接近90°,并从一侧胎边穿过胎面到另一侧胎边,帘线在轮胎上的分布好像地球的子午线,称为子午线轮胎。

(2)轮胎的类型。按胎体结构不同,轮胎可分为充气轮胎和实心轮胎两种。现代汽车绝大多数采用充气轮胎。按轮胎内空气压力的大小可分为高压胎(0.5M~0.7MPa)、低压胎(0.15M~0.45MPa)和超低压胎(0.15MPa以下)。按胎体帘布层结构不同,还可分为斜交轮胎和子午线轮胎。

(3)轮胎的规格。轮胎规格可用外胎直径 D、轮辋直径 d、断面宽 B 和断面高 H 的名义尺寸代号表示,如图2-1-92所示。

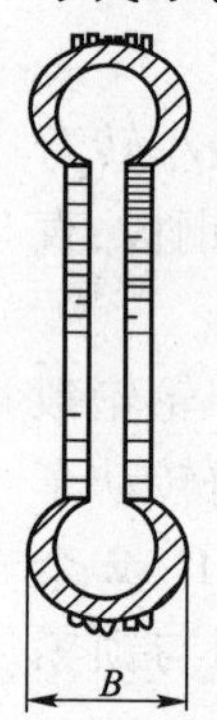

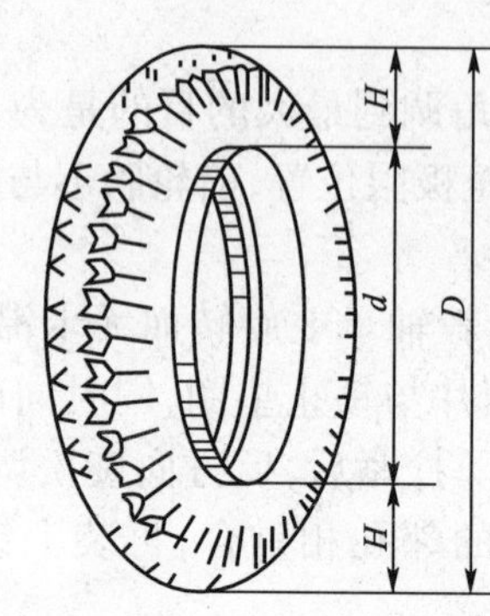

图2-1-92 轮胎的尺寸标注

D-轮胎外径;*d*-轮胎内径或轮辋直径;*B*-轮胎宽度;*H*-轮胎高度

我国采用国际标准,斜交轮胎规格用 $B-d$ 表示,例如9.00-20表示轮胎名义断面宽度为9.00in、轮辋名义直径为20in。国产子午线轮胎规格用BRd表示,其中R代表子午线轮胎。

轮胎按其扁平率(高宽比)划分系列,目前国产轿车子午线轮胎有80、75、70、65、60五个系列,数字分别表示断面高 H 是断面宽 B 的80%、75%、70%、65%和60%。显然,数字越小,胎越矮,即轮胎越扁平。子午线轮胎规格示例如下:175/70HR13表示轮胎断面宽度为175mm、扁平率为70%、速度等级为H、轮辋直径为13in的子午线轮胎。

有些子午线轮胎,采用在规格中加"TL"标志。例如:轮胎195/70SR14TL表示轮胎断面宽度为195mm,扁平率为70%,表示轮胎速度等级为S级,允许的最高行驶速度为180km/h,子午线轮胎,轮辋直径为14in,最后"TL"表示无内胎轮胎,目前国产轿车均使用子午线无内胎轮胎。

3)车轮和轮胎的维修

(1)保持轮胎的正常气压。轮胎的气压是决定轮胎使用寿命和工作好坏的重要因素。轮胎气压过低时,使胎肩部位磨损加剧;轮胎气压过高时,造成胎冠磨损加剧。

(2)合理搭配轮胎。其目的是使整个汽车上的几条轮胎尽量磨损一致,使其有同等寿命。搭配轮胎的原则如下:装用新轮胎时,同一车轴上配同一规格、结构、层级和花纹的轮胎。

(3)轮胎换位。按时正确的轮胎换位可使轮胎磨损均匀,常用换位方法有交叉换位法和循环换位法。装用普通斜交轮胎的六轮二桥汽车,常用交叉换位法,并在换位同时翻面。四轮二桥汽车采用斜交轮胎也可用交叉换位法,子午线轮胎宜用单边换位法。

(4)保持良好的底盘性能。轮毂轴承过紧,会造成汽车行驶跑偏;拆装车轮时,固定螺栓都是向汽车前进方向是紧,向汽车倒车方向是松。

(二)悬架系统结构与检修

1.悬架系统的结构及类型

1)悬架的结构

悬架是车架(或车身)与车桥(或车轮)之间一切传力连接装置的总称。悬架的功用可以用传力、缓冲、减振、导向几个字来概括。悬架一般由弹性元件、导向装置、减振器和横向稳定杆等组成,如图2-1-93所示。

2)悬架的类型

按照控制形式的不同,悬架可分为被动式悬架和主动式悬架两大类。目前多数汽车上采用被动式悬架。根据导向装置的不同,悬架又可分为独立悬架和非独立悬架。

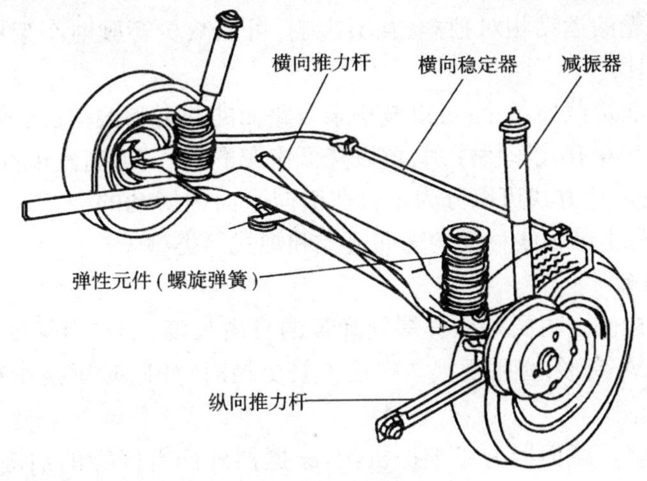

图2-1-93　悬架的组成

2. 弹性元件的结构

弹性元件使车架(或车身)与车桥(或车轮)之间做弹性连接,可以缓和由于不平路面带来的冲击,并承受和传递垂直载荷。弹性元件常见的有钢板弹簧、螺旋弹簧、扭杆弹簧、空气弹簧和油气弹簧等。

3. 减振器的结构

为加速汽车车架和车身振动的衰减,改善汽车行驶平顺性,悬架系统中有减振器。减振器与弹性元件并联安装。其工作原理是当车架或车身与车桥间受振动出现相对运动时,减振器活塞上下移动使油液反复地从一个腔经过不同的孔隙流入另一个腔内,利用孔壁与油液间的摩擦和油液分子间的内摩擦消耗振动能量,而对振动形成阻尼力,从而衰减振动。在压缩行程和伸张行程都能起减振作用的减振器称为双向作用式减振器,只在伸张行程能起减振作用的减振器称为单向作用式减振器,目前汽车上多采用双向作用筒式减振器。

4. 非独立悬架的结构

非独立悬架的特点是左右车轮安装在一根整体式车桥两端,车桥则通过悬架与车架相连。当一侧车轮发生位置变化后会导致另一侧车轮的位置也发生变化。

非独立悬架具有组成悬架的构件少、结构简单、易于维修、寿命长、适合重载,转弯时车身倾斜度小,车轮定位几乎不因其上、下运动而改变,轮胎磨损较少等特点。但存在左、右车轮的运动相互影响,容易产生跳动和摇摆现象,汽车行驶平顺性差。货车的前、后悬架大多属于这种类型,一些轿车的后悬架中也采用这一结构类型。

按照采用弹性元件的不同,非独立悬架可以分为钢板弹簧式非独立悬架和螺旋弹簧式非独立悬架。螺旋弹簧式非独立悬架常用于轿车的后悬架,由于使用螺旋弹簧作为弹性元件,仅仅能承受垂直载荷,因此,其悬架系统需要安装导向装置和减振器,以传递垂直力以外的各种力和力矩。

5. 独立悬架的结构

独立悬架的结构特点是车桥制成断开的,每一侧车轮单独通过悬架与车架相连。与非独立悬架相比较,汽车采用独立悬架有以下优点:

(1)由于左右车轮的运动相对独立、互不影响,可以减少行驶时车架或车身的振动,同时可以减弱转向轮的偏摆。

(2)独立悬架的非簧载质量小,可以减小来自路面的冲击和振动,提高了行驶的平顺性。

(3)独立悬架是与断开式车桥配用,可以降低汽车的重心,提高汽车行驶的平顺性。

独立悬架按车轮运动方式可以分为车轮在横向平面内摆动的横臂式、车轮在纵向平面内摆动的纵臂式、车轮沿主销轴线移动的麦弗逊式和烛式等类型。

6. 悬架系统的维修

(1)螺旋弹簧的检修。主要是检查螺旋弹簧的自由长度,如自由长度比标准缩短了5%,则表示该弹簧已经永久变形,必须更换。螺旋弹簧更换时,要同时更换左右两个螺旋弹簧,以保持车辆两侧高度相同。

(2)减振器的检修。减振器为免维护机构,减振器外面有轻微的油迹,不必更换减振器。如有大量油迹时,减振器在压缩到底或伸展时会产生跳动现象,这时只能更换减振器。

(3)前托架、横向稳定杆和梯形臂的检查。如果前托架、横向稳定杆和梯形臂的存在变形或裂纹,不允许在前悬架支承装置和导向装置部件上进行焊接和矫直修复,只能更换新件。

(三)车轮定位与车轮定位的检测

车轮定位的设计目的是要保汽车在行驶时有自动保持直线行驶的性能,即当车轮转向后有自动回正的能力。

1. 转向车轮定位

为了保证汽车直线行驶的稳定性和操纵的轻便性,减少轮胎和其他零件的磨损,转向轮、转向节和前轴三者与车架的安装应保持一定的相对位置关系,这种安装位置关系称为转向车轮定位,也称前轮定位。汽车转向轮定位角度包括主销后倾角、主销内倾角、转向轮外倾角、转向轮前束,统称转向轮定位角。

1)主销后倾

在汽车纵向平面内(汽车侧面)主销上部向后倾一个角度γ,称为主销后倾角,如图2-1-94所示。为了不使转向沉重,主销后倾角γ不宜过大。(γ角一般不超过3°)。当代汽车由于为了提高行驶速度,普遍采用扁平低压胎,弹性增加,轮胎变形增加,引起稳定力矩增加,此角可以减小甚至接近于零,甚至为负值。

2)主销内倾

在汽车横向平面内,主销上部向内倾斜一个角度,主销轴线与路面垂线之间的夹角称为主销内倾角,主销内倾角也具有使车轮自动回正作用,如图2-1-95所示。主销内倾角越大或转向轮偏转角越大,汽车前部就被抬起得越高,转向轮自动回正的作用就越大。但主销内倾角不宜过大,否则在转向时,车轮绕主销偏转的过程中,轮胎与路面间将产生较大的滑动,因而增加了轮胎与路面的摩擦阻力,这不仅使转向变得很沉重,而且加速了轮胎磨损。故一般内倾角多不大于8°。

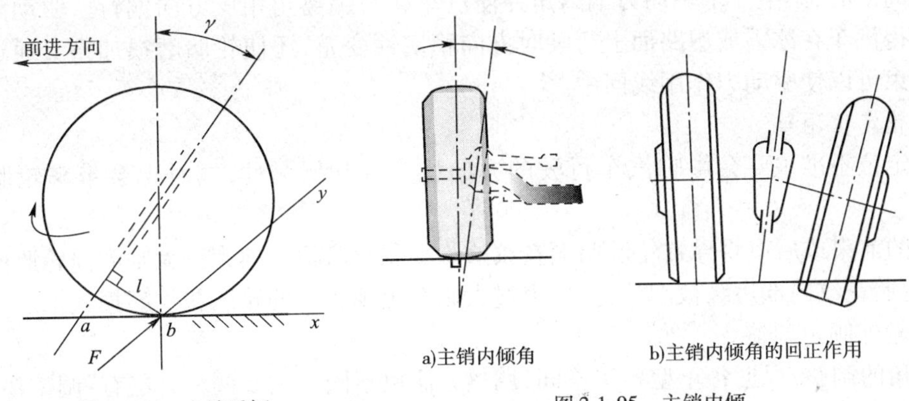

图 2-1-94 主销后倾

图 2-1-95 主销内倾

3)前轮外倾角

转向轮安装在转向节上时,其旋转平面上端向外倾斜,这种现象称为转向车轮外倾。车轮旋转平面与垂直于车辆支承面的纵向平面之间的夹角 α 称为车轮外倾角,如图 2-1-96 所示。

车轮外倾角的功用是提高车轮工作的安全性和转向操纵的轻便性。

4)前轮前束

为消除车轮外倾后带来的不良后果,在安装车轮时使汽车两前轮的中心平面不平行,两轮前边缘距离小于后边缘距离,俯视车轮,汽车两个前轮旋转平面并不完全平行,而是稍微带一些角度,这种现象称为前轮前束。前轮前束使车轮在每一瞬时滚动方向接近于向着正前方,从而在很大程度上减轻和消除了由于车轮外倾而产生的不良后果。前轮前束可通过改变横拉杆的长度来调整。一般前束值为 0～12mm。也有的汽车为与负前轮外倾角相配合,其前束也取负值即负前束(如上海桑塔纳轿车前束为 -1 ～ -3mm)。

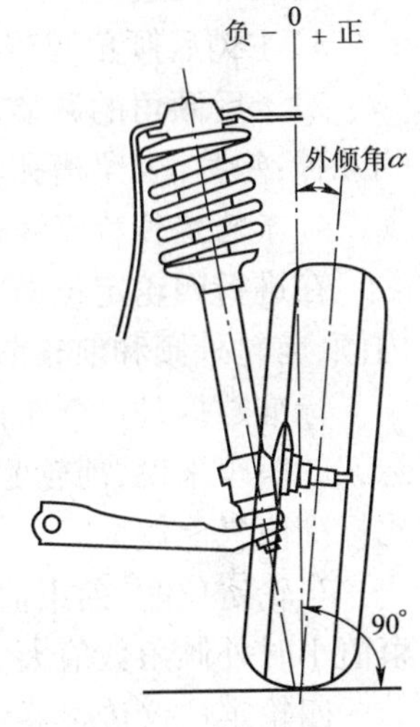

图 2-1-96 车轮外倾

2. 后轮定位

1)后轮外倾角

后轮外倾角随着悬架上下移动而变化。为对载荷进行补偿,采用独立后悬架的汽车常有一个较小的正后轮外倾角。

2)后轮前束

为克服后轮外倾角带来的负面影响,后轮也应该有前束值。后轮前束不当,后轮轮胎也会产生不正常磨损,还会引起转向不稳定和降低制动效能。后轮前束会随着悬架上下移动而变化,同时滚动阻力和发动机转矩对它也有影响。

对于前轮驱动汽车,前轮宜为正前束,后轮宜为负前束;对于后驱汽车,前从动轮宜采用负前束,后驱动轮宜采用正前束。

3)驱动力作用线

如果两后轮相互平行且与整车平行,则驱动力作用线将垂直于后轴并与车辆纵轴线重合。但如果一个或两个后轮前端偏内或偏外,或者一个车轮相对于另一个车轮略为后缩,驱动力作用线就偏离中心,产生一个驱动力偏离角并使汽车朝与偏离角相反方向偏行。驱动力偏离角的出现使得汽车在冰雪或湿路面上行驶时方向稳定性变差,还使轮胎磨损加剧。通过重新设置后轮前束可以使驱动力作用线回中。

3. 车轮定位调整

车轮定位不准主要会影响汽车行驶的方向稳定性和操纵性,同时也会带来轮胎不正常磨损。

太大的前束或后束将导致轮胎胎面花纹边缘羽状化磨损。前束过大则磨损轮胎面花纹边缘,每排轮胎花纹内部边缘被羽状化;后束过大则会出现相反的轮胎花纹磨损效果。

1)车轮外倾角调整

外倾角的调整,根据各车型各有不同,调整方法也不同。主要调整方法有:调整垫片、大梁槽孔、不同心凸轮、偏心球头、上控制臂、下控制臂的调整等。

2)前束调整

前轮前束的调整方法:调整可调式拉杆,在调整前,先将左右两边球头锁止螺栓松开,夹紧转向盘正中位置。

3)主销后倾角调整

对于后倾角的调整,应根据车型不同,首先进行分析判断,然后进行调整,其调整方法有下列几种:垫片、大梁槽孔、不同心凸轮、偏心球头、平衡杆的调整等。

4. 车轮定位检测和定位调整技巧

在进行四轮定位调整过程中,一般调整顺序为:先调后轮外倾、前束,再调主销后倾、主销内倾、前轮外倾和前轮前束。

标准数据是对新车而设的,对旧车来说标准只是参考数据。例如调整前束,对前轮是独立悬架的旧车来说,前轮驱动车辆的调整前束值比标准值只能偏小,后轮驱动的车辆调整前束值比标准值只能偏大。

车轮定位时,前束值可参考不可变的实际外倾角数值调整,前束值大时外倾角数值小,前束值小时外倾角数值大。

四轮定位仪传感器水平调整要求是:4 个机头在一个水平面上。调整时只需看 4 个传感器的测量角度,只要 4 个数据中最大值与最小值的差值在 30′以内即可,一般差值越小误差越小。

在进行四轮定位时,卡具在装卡时要注意:爪钩 3 个限位点的共有平面要与车轮侧面平行,原因是被测车轮的角度要与卡具的角度相等,否则就会加大四轮定位的测量误差。

大多数前轮驱动车辆的前轮稍设有负前束,因为驱动力使前轮有正前束的倾向,一般车身越重或发动机功率越大,则前轮前束值越小。大多数后轮驱动车辆的前轮稍设有正前束,因为驱动力使前轮有负前束的倾向。

左前轮正的车轮外倾角可以调节得比右前轮外倾角稍大,以补偿由路拱而引起的右转弯的倾向。

对左前轮正的主销后倾角可以调节得比右轮的稍小一些,以补偿路拱的影响。

许多前轮驱动车辆有较小的负后轮外倾角,以改善转向稳定性。

正的主销后倾角用于大多数前轮驱动车辆,麦弗逊式悬架设有较小的正的主销后倾角。

可能造成四轮定位参数失准可能的原因有：车辆发生碰撞事故维修、在凹凸不平路面上高速行驶、进行过转向系统维修、进行过悬架系统维修等。

车辆跑偏通常的原因有：轮胎变形、轮胎配合不当或磨损不均匀、车轮定位参数不当、制动调节不均匀或制动拖滞等。

四　汽车制动系统结构与检修

按制动系统按控制方式的不同可分为普通制动系统和电子控制制动系统。

（一）普通制动系统结构与检修

1. 制动系统的功用及组成

1）制动系统的功用

汽车制动系统的功用是：按照需要使汽车减速或在最短距离内停车；下坡行驶时保持车速稳定；使停驶的汽车可靠驻停。

2）制动系统的组成

汽车制动系统一般包括行车制动装置和驻车制动装置两套独立制动装置。每套制动装置都由制动器和制动传动装置组成。

现代汽车制动装置基本都是利用机械摩擦作用来产生制动作用的，其中用来直接产生摩擦力矩迫使车轮减速或停转的部分，称为制动器；通过驾驶员操纵将驾驶员的力或将其他能源的作用传给制动器，迫使制动器产生摩擦作用的部分，称为制动传动装置。

2. 制动器

按结构不同，制动器可分为鼓式制动器和盘式制动器。鼓式制动器旋转元件是制动鼓，其工作表面为制动鼓的内圆柱面；盘式制动器的旋转元件是制动盘，其工作表面是制动盘两端面。

轿车上前轮一般采用盘式制动器而后轮采用鼓式制动器，有些高级轿车前后轮都采用盘式制动器。

1）鼓式制动器

鼓式制动器固定部分是制动蹄，朝向汽车前方的制动蹄称为前制动蹄，另一蹄则称为后制动蹄。根据促动装置的不同，鼓式制动器可分为制动轮缸式制动器、凸轮式制动器和楔式制动器。根据制动过程中两制动蹄产生的制动力矩不同，鼓式制动器可分为领从蹄式、双领蹄式、双从蹄式、双向双领蹄式、单向自增力式和双向自增力式等几种形式。

（1）领从蹄鼓式制动器。其结构如图 2-1-97 所示，两制动蹄下端为支点，上端共用一个等径双活塞制动轮缸，制动器中的制动蹄、制动轮缸、支承销在制动底板上的布置是呈中心轴线对称布置的。制动时，制动蹄受制动轮缸活塞推动绕下端支点往外张开。若制动蹄张开时绕支点的旋转方向与车轮的旋转方向相同，则称此蹄为领蹄；若制动蹄张开时绕支点的旋转方向与车轮的旋转方向相反，则称此蹄为从蹄。在车辆

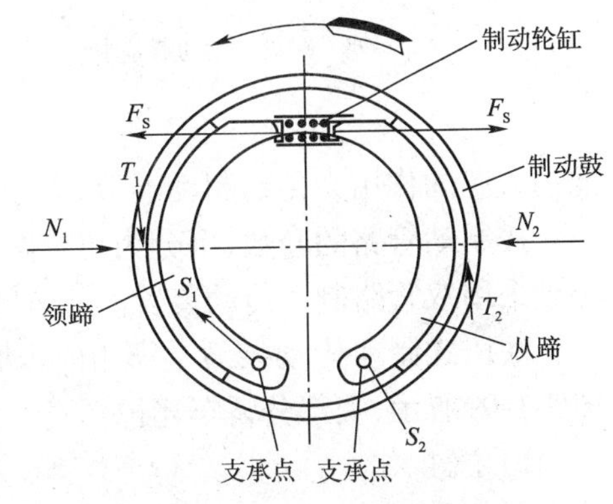

图 2-1-97　领从蹄式制动器示意图

前进制动和倒驶制动时,都有一个领蹄和一个从蹄的制动器,即称为领从蹄式制动器。轿车上常采用领从蹄式制动器。

领蹄具有“增势”作用,从蹄具有“减势”作用,领蹄产生的制动力矩大于从蹄产生的制动力矩(领蹄产生的制动力矩约为从蹄产生的制动力矩的2~2.5倍)。结构相同的情况下,领蹄的磨损比从蹄大,因此,有的车型前制动蹄摩擦片(领蹄)比后制动蹄摩擦片(从蹄)长,以使两蹄磨损均匀。

领从蹄式制动器的制动鼓所受到的来自两蹄的法向反力不相平衡,则两蹄法向反力之和只能由车轮轮毂轴承的反力来平衡,这就对轮毂轴承造成了附加径向荷载,使其寿命缩短。凡制动鼓所受来自两蹄的法向力不能互相平衡的制动器,称为非平衡式制动器。

(2)双领蹄制动器。在前进制动时,两蹄均为领蹄的制动器称为双领蹄式制动器。

(3)双向双领蹄制动器。无论是前进制动还是倒车制动,两制动蹄都是领蹄的制动器称为双向双领蹄式制动器。

(4)双从蹄制动器。前进制动时,两制动蹄均为从蹄的制动器称为双从蹄式制动器。

双领蹄、双向双领蹄、双从蹄式制动器固定元件布置都是呈中心对称的。如果间隙调整正确,则其制动鼓所受两蹄施加的两个法向合力能互相平衡,不会对轮毂轴承造成附加径向载荷。因此,这三种制动器都属于平衡式制动器。

2)盘式制动器

钳盘式制动器的基本结构如图2-1-98所示,其旋转元件是制动盘,它和车轮固装在一起旋转,以其端面为摩擦工作表面。其固定元件是:制动块、导向支销和轮缸及活塞,它们均被安装于制动盘两侧的钳体上,总称为制动钳。钳盘式制动器又可分为定钳盘(制动时制动钳体不能移动)式和浮钳盘(制动时制动钳体将沿导向销产生轴向移动)式两类。

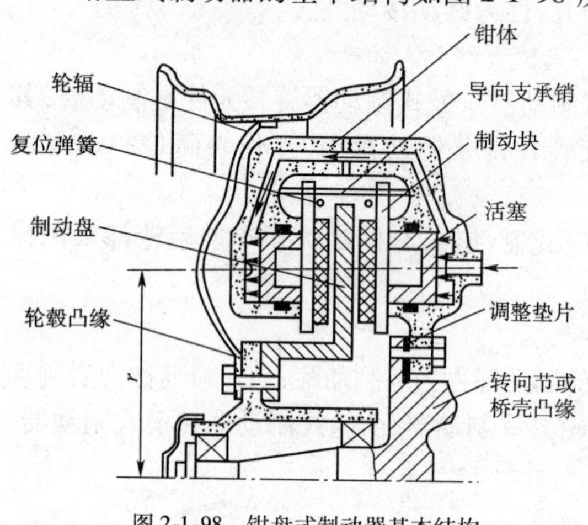

图2-1-98 钳盘式制动器基本结构

盘式制动器与鼓式制动器相比具有制动效能稳定,散热性能好,制动调节精度高,且易实现制动间隙自调。例如,桑塔纳轿车前轮盘式制动器的制动间隙就是利用密封圈的弹性变形实现自动调整的。

3.制动传动装置

汽车制动传动装置的功用是将驾驶员或其他动力源的作用力传到制动器,从而控制制动器的工作以获得所需要的制动力矩。

按制动管路的套数,可分为单管路和双管路制动传动装置。当代汽车的行车制动系统都必须采用双管路制动传动装置。

液压式制动传动装置主要由制动踏板、制动主缸、制动轮缸、储液罐、油管等组成,如图2-1-99所示,大部分轿车还包括真空助力装置。

1)主缸

制动主缸又称制动总泵,它处于制动踏板与管路之间,其功用是将制动踏板输入的机械力转换成液压力。

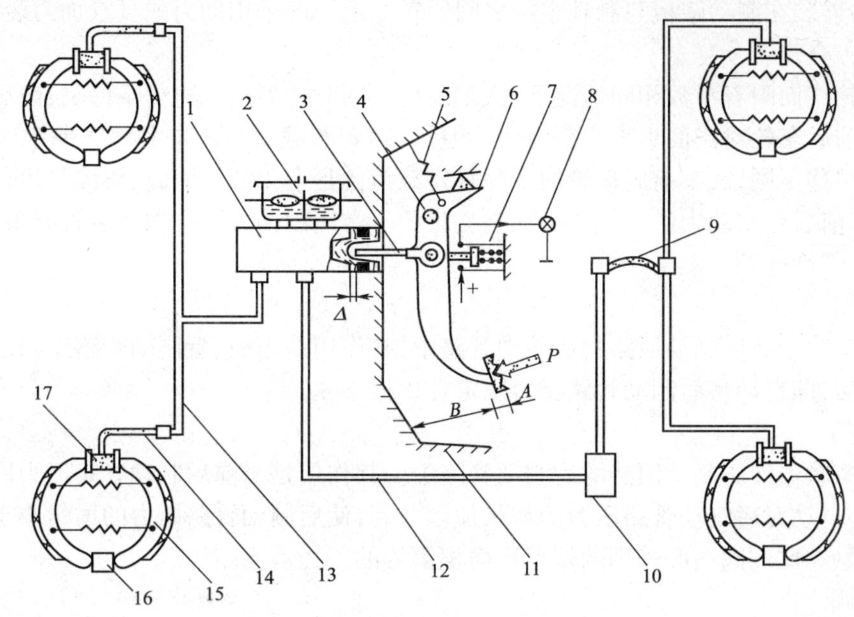

图 2-1-99　液压式制动传动装置的组成

1-制动主缸;2-储液罐;3-主缸推杆;4-支承销;5-复位弹簧;6-制动踏板;7-制动灯开关;8-指示灯;9-软管;10-比例轮缸;11-地板;12-后桥油管;13-前桥油管;14-软管;15-制动蹄;16-支承座;17-制动轮缸;Δ-自由间隙;A-自由行程;B-有效行程

串联式双腔制动主缸主要由储液罐、制动主缸外壳、前活塞、后活塞及前后活塞弹簧、推杆、皮碗等组成,如图 2-1-100 所示。

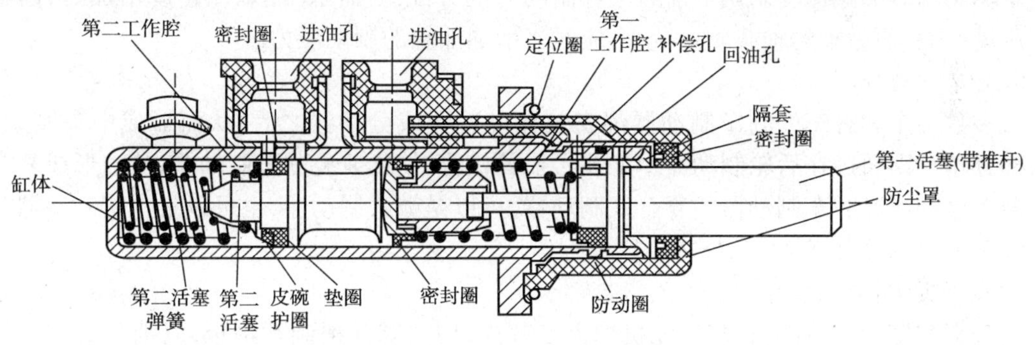

图 2-1-100　串联式双腔制动主缸

双管路液压制动传动装置中任一管路失效时,制动主缸仍能工作,只是将导致所需制动踏板行程加大,汽车的制动距离增长,制动稳定性降低。

2)轮缸

制动轮缸的作用是将制动主缸传来的液压力转变为使制动蹄张开的机械推力。制动轮缸主要由缸体、活塞、皮碗、弹簧和放气螺塞等组成。

3)真空加力装置

真空加力装置是利用发动机工作时在进气管中形成的真空度(或利用真空泵)为力源的动力制动传动装置。它可分为增压式和助力式两种形式。增压式是通过增压器将制动主缸液压进一步增加,增压器装在制动主缸之后;助力式是通过助力器来帮助制动踏板对制动主缸产生推力,助力器装在制动踏板与制动主缸之间。轿车上一般采用助力式真空加力装置。

4. 制动力分配调节装置

在前后轮路面附着系数相同情况下,汽车前后轮同时达到抱死边缘条件是:前后车轮制动力之比等于前后车轮对路面垂直载荷之比。但是,随着装载质量不同和汽车制动时减速度所引起载荷的转移不同,汽车前后车轮的实际垂直载荷比是变化的。因此,要满足最佳制动状态的条件,汽车前后轮制动力的比例也必须是变化的。常用制动力分配调节装置有限压阀、比例阀、感载阀和惯性阀等。

1)限压阀

限压阀串联于液压制动回路的后制动管路中,其作用是当前、后制动管路压力由零同步增长到一定值后,即自动将后制动管路压力限定在该值不变。

2)比例阀

比例阀串联于液压制动回路的后制动管路中。其作用是当前后制动管路压力同步增长到一定值后,即自动对后制动管路压力的增长加以节制,使后制动管路压力的增量小于前制动管路压力的增量。比例阀一般采用两端承压面积不等的差径活塞结构。

3)感载阀

感载阀能够随汽车实际装载质量变化来改变车辆前后轮制动力的分配。液压系统常用的感载阀有感载限压阀和感载比例阀两类。

4)惯性阀

惯性阀不仅能够根据车辆实际装载质量变化来改变车辆前后轮制动力分配,并且还能够根据车辆制动时的减速度来调节前后车轮制动力的分配。当汽车制动减速度增加时,前轴的轴载质量增大,而后轴的轴载质量减小,应适当增加前轮的制动压力。

5. 驻车制动器

大多数货车和客车的驻车制动器都安装在变速器或分动器之后,从而形成中央制动器。而大部分轿车则通过在后轮制动器中加装必要的机构,使之兼充驻车制动器,从而形成复合式制动器。这种兼充驻车制动器的复合式制动器,可以是鼓式制动器,也可以是盘式制动器。

6. 制动系统检修

1)真空助力器检查

检查真空助力器性能时,将发动机熄火。首先,用力踩几次制动踏板,以消除真空助力器中残留的真空度。用适当的力踩住制动踏板,并保持在一定位置,然后启动发动机,使真空系统重新建立起真空,并观察制动踏板。若制动踏板位置有所下降,说明真空助力器正常;若制动踏板位置保持不动,则说明真空助力器或真空止回阀损坏。

真空助力器止回阀试验。将与真空助力器止回阀相连的真空管拆下,将真空助力器止回阀从助力器上拆下,把手动真空泵软管与真空助力器止回阀真空源接口相连。扳动手动真空泵手柄给止回阀加上 50k ~ 70kPa 的真空度,在正常情况下,真空应保持稳定。如果真空泵指示表上显示出真空度下降,则表明止回阀损坏。

2)制动盘检查

当制动盘厚度小于极限值时,同一轴两个制动盘应同时更换。

制动盘在允许厚度的范围内可以修磨其上锈斑、刻痕。使用砂轮打磨制动盘表面时，打磨痕迹可以是无方向性的，但打磨痕迹应相互垂直。

3）制动踏板行程检查

（1）制动踏板自由行程检查。制动踏板自由行程是制动主缸与推杆之间间隙的反应。检查时，可用手轻轻压下制动踏板，当手感变重时，用钢直尺测出制动踏板下移量，该量即为制动踏板自由行程，应该符合有关技术规定。

（2）制动踏板余量检查。将制动踏板踩到底后，制动踏板与地板之间的距离，即为制动踏板余量。制动踏板余量减小的原因主要是制动间隙过大、盘式制动器自动补偿调整不良、制动管路内进气、缺制动液等。

4）制动系统排气

液压制动系统在使用中，有气体进入管路后，应及时放出，否则，会影响制动性能。

制动轮缸放气过程注意事项：按照由远到近的原则，将各制动轮缸逐个放气完毕；在放气过程中，应及时向储液室内添加制动液，保持液面规定高度。

对制动系统进行维修或更换部件后添加制动液，除应对制动轮缸放气外，还应对制动主缸进行放气。

5）蹄鼓式制动器检查

一般凸轮张开式车轮制动器的制动器间隙，其蹄鼓上端的间隙大于蹄鼓下端的间隙，修理制动器时应注意，制动鼓和制动蹄的曲率半径是不相等的。

7. 制动系统常见故障诊断

制动系统常见故障有制动失灵、制动拖滞和制动跑偏。

1）制动失灵

制动失灵故障原因有：制动管路泄漏；储液罐制动液不足；制动液中有空气；制动主缸活塞与缸体的间隙过大，密封圈失效，产生泄漏；制动主缸进油孔、补偿孔堵塞，造成油压不够；前、后制动摩擦片（块）磨损；前、后制动器活塞与缸体间隙过大，密封圈失效，产生泄漏；前制动盘磨损；后制动鼓磨损；制动踏板自由行程过大。

2）制动拖滞

制动拖滞故障原因有：制动踏板无自由行程；制动主缸复位弹簧折断或失效；前制动器密封圈损坏，造成活塞不能正常复位；制动主缸补偿孔被污物堵塞，密封圈发胀或发黏与缸体卡死；前、后制动器制动轮缸密封圈发胀或发黏与缸体卡死；后制动蹄复位弹簧折断或拉长；通往制动轮缸的油管凹瘪或堵塞。

3）制动跑偏

制动跑偏故障原因有：轮胎压力不对；车轮轴承调节不当，破损或毁坏；一侧摩擦片污染；制动蹄一边弯曲、变形或摩擦片松动；一侧制动盘弯曲或松动；制动摩擦片没有正确地由鼓定位；制动钳粘连在销或摩擦面上；制动钳活塞卡死不能运动；制动摩擦片（块）被水浸湿；悬架元件连接螺栓松动；感载比例阀故障。

（二）防抱死制动系统结构与检修

车轮运动状态可以用滑移率（S_B）来表示。滑移率表示车轮在纵向运动中滑移成分所占的比例。由试验得知，汽车车轮滑移率在15% ~20%时，轮胎与路面间有最大的纵向附着系数,而横向附着系数也较大。此时,车辆抵抗横向干扰力的能力较强,且车辆具有最短的制动距离(制动力最大),因此是车辆紧急制动的理想状态。为了达到这种理想状态,充分发挥轮胎与地面间的这种潜在附着能力,目前,在轿车上广泛装备了防抱死制动系统(Antilock Braking System),简称 ABS。

ABS 作用就是在制动过程中通过调节制动轮缸的制动压力使作用于车轮的制动力矩受到控制,从而将车轮滑移率控制在较为理想的范围之内,使车辆在紧急制动时的制动距离最短且有较好的操纵稳定性。

1. ABS 的类型

ABS 中能够独立进行制动压力调节的制动管路称为控制通道。如果某车轮制动压力可以进行单独调节,称这种控制方式为独立控制,独立控制单独占用一个控制通道;如果对两个或两个以上车轮的制动压力是一同进行调节的,则称这种控制方式为一同控制,一同控制共用一个控制通道。两个车轮一同控制时有两种方式:低选原则一同控制,即按照保证附着系数较小车轮不发生抱死为原则进行制动压力调节控制;高选原则一同控制,即按照保证附着系数较大车轮不发生抱死为原则进行制动压力调节控制。

ABS 根据控制通的控制方式和传感器数目的不同会有多种组合类型,主要有四传感器四通道/四轮独立控制、四传感器四通道/前轮独立—后轮选择控制、四传感器三通道/前轮独立—后轮低选择控制、三传感器三通道/前轮独立—后轮低选择控制方式、四传感器二通道/前轮独立控制方式、四传感器二通道/前轮独立—后轮低选择控制、一传感器一通道/后轮近似低选择控制等类型。四轮 ABS 大多为三通道系统,其中两个控制通道是对两个前轮的制动压力进行单独控制,对两后轮的制动压力则按低选原则进行一同控制。

2. ABS 基本组成及工作原理

1)ABS 基本组成

ABS 的组成及在车上的布置如图 2-1-101 所示,ABS 通常由轮速传感器、制动压力调节器、电子控制单元(ECU)和 ABS 警示装置等组成。

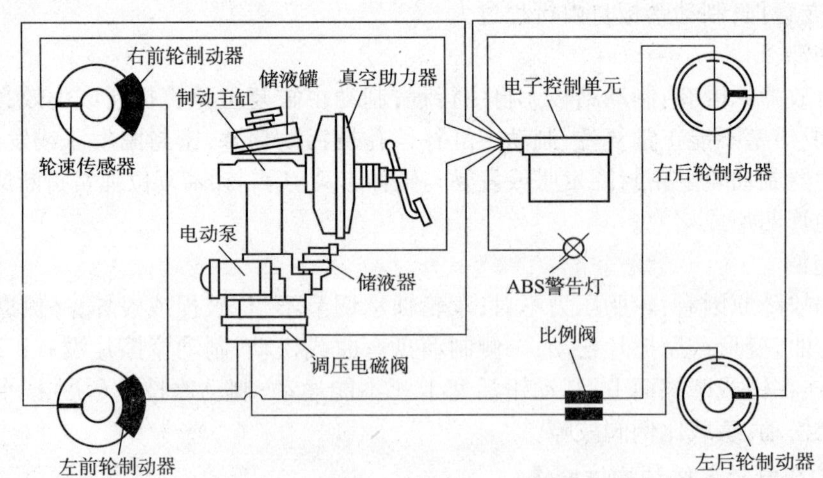

图 2-1-101 ABS 的基本组成

(1)车轮转速传感器。作用是检测车轮的速度,并将速度信号输入 ABS ECU。它是 ABS

的主要传感器。目前,用于 ABS 的车轮转速传感器主要有电磁式和霍尔式两种。

霍尔式车轮转速传感器具有以下优点:一是输出信号电压幅值不受转速影响;二是频率响应高;三是抗电磁波干扰能力强。

(2)制动压力调节器。串接在制动主缸与制动轮缸之间,通过电磁阀直接或间接控制制动轮缸制动压力,如果它与制动主缸装在一起,称之为整体式制动压力调节器,否则为非整体式制动压力调节器。通常,把电磁阀直接控制制动轮缸制动压力调节器称作循环式制动压力调节器,把间接控制制动轮缸制动压力调节器称作可变容积式制动压力调节器。

循环式制动压力调节器是在制动主缸与制动轮缸之间串联一个或两个电磁阀,以直接控制制动轮缸的制动压力。这种制动压力调节系统的特点是制动压力油路和控制压力油路相通。

可变容积式制动压力调节器是在制动主缸与制动轮缸之间并联一套液压装置,以间接控制制动轮缸的制动压力。这种制动压力调节系统的特点是制动压力油路和控制压力油路相互隔绝而不相通。

(3)ABS 故障指示灯。ABS 带有两个故障指示灯,一个是红色制动故障指示灯,另一个是琥珀色(或黄色)ABS 故障指示灯。两个故障指示灯正常闪亮的情况如下:当接通点火开关时,红色制动故障指示灯与琥珀色 ABS 故障指示灯几乎同时亮,制动故障指示灯亮的时间较短,ABS 故障指示灯会亮的长一些(约 3s);启动发动机后,蓄压器要建立系统压力,此时两故障指示灯会再亮一次,时间可达十几秒甚至几十秒。红色制动故障指示灯在停车驻车制动时也应点亮。如果在上述情况下灯不亮,就说明故障指示灯本身或线路有故障。

红色制动故障指示灯常亮,说明制动液不足或储能器中的压力下降(低于 14MPa),此时普通制动系统与 ABS 均不能正常工作,要检查故障原因及时排除故障。

琥珀色 ABS 故障指示灯常亮,说明 ABS ECU 发现 ABS 有故障,此时 ABS 不能正常工作,要及时检修。

2)ABS 工作原理

ABS 工作过程可以分为常规制动、制动压力保持、制动压力减小和制动压力增大四个阶段。

(1)常规制动。在常规制动过程中,ABS 不工作,电磁线圈中无电流通过,此时制动主缸与轮缸相通,由制动主缸来的制动液直接进入轮缸,轮缸压力随主缸压力的升高而升高。

(2)制动压力保持。在保压制动过程中,电子控制单元向电磁线圈输入一个较小的电流时,使柱塞处于“中间”(保压)位置,此时制动主缸、制动轮缸和回油孔相互隔离,轮缸中的制动压力保持一定。

(3)制动压力减小。在减压制动过程中,电子控制单元向电磁线圈输入一个最大电流时,此时电磁阀柱塞将轮缸与回油通道或蓄能器接通,轮缸中的制动液经电磁阀流入储液器,轮缸压力下降。

(4)制动压力增大。在制动压力下降,车轮的转速增加后,当电控制单元检测到车轮转速增加太快时,便切断通往电磁阀的电流,使制动主缸与制动轮缸再次相通,制动主缸的高压制动液再次进入制动轮缸,制动力增加。

ABS 通过使趋于抱死车轮的制动压力循环往复地经历保持—减小—增大过程,而将趋于抱死车轮的滑移率控制在最大纵向附着系数滑移率的附近范围内,直至汽车速度减小到很低或者制动主缸的输出压力不再使车轮趋于抱死时为止,制动压力调节循环频率可达 3 ~ 20Hz。

ABS 只是在汽车速度超过一定值以后(如 5km/h 或 8km/h),才会进行防抱死制动压力调节。当汽车速度被制动降低到一定值时,ABS 就会自动停止防抱死制动压力调节。

在制动过程中,只有当车轮趋于抱死时,ABS 才会对趋于抱死车轮的制动压力进行防抱死调节,在被控制车轮还没有趋于抱死时,制动过程与常规制动系统的制动过程完全相同。

一旦发现存在影响系统正常工作的故障系统将自动关闭 ABS 功能,并将 ABS 故障指示灯点亮,此时,汽车的制动系统仍然可以像常规制动系统一样进行制动。

3. ABS 的检修

1) ABS 检修注意事项

(1) 蓄电池电压正常。在蓄电池电压过低时,ABS 将不能进入工作状态。

(2) 车轮转速传感器应保持清洁。不要敲击车轮转速传感器,以免发生消磁现象,影响系统的正常工作。

(3) 储能器必须先释放高压。维修 ABS 液压控制装置时,一定要按规定程序释放 ABS 的压力,然后再按规定进行修理,以免高压制动液喷出伤人。在制动液压系统未完全装好之前,不能接通点火开关,以免电动泵通电运转。

在释放储能器中的高压制动液时,先将点火开关断开,然后反复踩下和放松制动踏板,直到制动踏板变得很硬时为止。

(4) 正确使用制动液。更换制动液时,注意不要混用不同品牌或不同型号的制动液。

2) ABS 主要元件检修

(1) 车轮转速传感器检修。车轮车速传感器可能出现的故障有车轮车速传感器感应线圈短路、断路或接触不良,车轮车速传感器齿圈脏污或坏,车轮车速传感器信号探头部分安装不牢或磁极与齿圈之间有脏物等。可通过检测信号电压及波形、检查传感器感应线圈的电阻值、检查传感器外观及间隙等方法进行检查。

(2) 制动压力调节器检修。制动压力调节器可能的故障有制动压力调节器电磁阀线圈不良,制动压力调节器中的阀有泄漏,电动液压泵损坏等。可以用电阻表检测电磁阀线圈的电阻"执行元件测试"功能检查电动液压泵工作情况。

(3) ABS ECU 检修。一般不容易出现故障,只有在排除了其他所有元件及线路的故障之后,才能怀疑 ECU 故障。

(三) 电子制动系统的结构原理

1. 电子制动系统简介

将具有 ABS、EBD、ASR 或 TCS、ESP 所有功能的制动系统称为电子制动系统。

1) EBD

EBD 是 Electronic Brakeforce Distribution 的缩写,中文即"电子制动力分配"。防止汽车制动时后轮先抱死的事情发生,汽车上装配了 EBD 系统。EBD 可依据车辆质量和路面条件来控制制动过程,自动以前轮为基准去比较后轮的滑移率,如发现前后轮有差异,而且差异程度必须被调整时,它就会调整汽车制动液压系统,使前后轮的液压接近理想化制动力分布。

EBD 工作过程和 ABS 一样,被控制的后轮制动轮缸液压会经历保压—减压—增压的循环过程,直至前后轮滑移率差值减小至规定范围或制动解除为止。

2) ASR

ASR 是 Acceleration S1ip Regulation 的英文缩写，中文即“加速驱动防滑控制系统”，其目的就是要防止车辆尤其是大功率的汽车在起步、加速时驱动轮打滑的现象，以维持车辆行驶方向的稳定性，保持好的操控性及最适当的驱动力，保证行车安全。

ASR 系统通过发动机管理系统和 ABS 共同作用，而使驱动轮牵引力更为合理。当汽车在不良路面，特别是在光滑（冰雪和泥泞）路面上加速起步时，或在光滑路面上紧急收油时，往往会造成驱动车轮的打滑，而造成汽车起步不均匀或汽车行驶时的侧滑及转向失控等情况，ASR 驱动防滑系统则通过 ABS 传感器判断驱动轮是否发生打滑，如果发生打滑情况，ASR 驱动防滑系统将通过发动机管理系统首先调整喷油量和点火特性，降低发动机转矩输出，同时通过 ABS 的执行元件对滑转车轮进行制动。ASR 和 ABS 共用轮速传感器和电子控制单元。ASR 系统起作用时，将增大滑转车轮的制动力。

3) TCS

TCS 是 Traction Control System 的缩写，中文即“牵引力控制系统”。ABS 控制 4 个车轮，而 TCS 只控制驱动轮，其控制原理与 ASR 系统如出一辙。当汽车加速时，TCS 将滑动控制在一定的范围内，从而防止驱动轮快速滑动。其功能在于提高牵引力和保持车辆行驶稳定性。

4) ESP

ESP 是 Electronic Stability Program 的缩写，中文即“电子稳定程序”。汽车加速、制动或转向时，如果驾驶员对路面情况改变的反应不及时或操作不准确而产生侧滑，将造成汽车失控导致交通事故。ESP 系统的功能是控制车辆的横摆力矩，把车轮侧偏角限制在一定范围内，以抵消汽车的不稳定运动。

2. 电子制动控制系统的结构及工作原理

下面以上海别克荣御（ROYAUM）轿车装备的电子制动控制系统为例，讲解电子制动系统的结构和工作原理。

1) 电子制动控制系统的结构

上海别克荣御（ROYAUM）轿车电子制动系统由电控单元（ECU）、液压调节器总成、车轮转速传感器、转向盘转角传感器、横向偏摆率传感器及 ESP 控制开关等部件组成。

(1) ESP 系统电子控制单元。电子控制单元是 ESP 系统的控制中心，它与液压控制装置集成在一起组成一个总成。电子控制单元持续监测并判断蓄电池电压、车轮速度、车轮横向与纵向加速度、转向盘转角、横向偏摆率以及点火开关接通、停车灯开关、串行数据通信电路等信号。

(2) 液压调节器总成。由供能部分、制动主缸和制动助力器部分、选择电磁阀部分和控制电磁阀部分等组成，其外形如图 2-1-102 所示。

(3) 车轮转速传感器。车轮转速传感器装在每个车轮的相应位置上，用于检测车轮旋转的角速度，与 ABS 共用。

(4) 横向偏摆率传感器。上海别克荣御（ROYAUM）轿车电子制动系统的横向偏摆率传感器总成包括一个横向偏摆率传感器和一个横向加速度传感器。横向偏摆率传感器根据车辆绕其纵轴的旋转角度产生对应的输出信号电压。横向加速度传感器根据车轮侧向滑移量产生对应的输出信号电压。

(5)转向盘转角传感器。提供表示转向盘旋转角度的输出信号，ECU 利用这个信号计算出驾驶员想要的方向。其上装用带有各向异性磁阻式传感器(Anisotrop Magnetoresistiven Sensoren，AMR)，磁阻式传感器电阻随外部磁场磁通密度的变化而变化，两个测量齿轮是由转向轴上的一个齿轮驱动，两个磁铁分别放在两个测量齿轮中，在两个磁铁上面是两个 AMR 传感器集成电路。两测量齿轮相差 1 个齿，这样，从两个齿轮的所测量的一对角度值就可知道转向盘的每个可能的位置，可得到转向盘的角度信号。

2)电子制动控制系统的工作过程

下面以电子稳定程序(ESP)为例介绍电子制动控制系统的工作过程。

电子稳定程序(ESP)用于在高速转弯或在湿滑路面上行驶时提供最佳的车辆稳定性和方向控制。装备电子稳定程序(ESP)的车辆，ECU 通过转向盘转角传感器确定驾驶员想要的行驶方向，通过车轮速度传感器和横向偏摆率传感器来计算车辆的实际行驶方向。

当电子稳定程序检测到车辆行驶轨迹与驾驶员要求不符时，ESP 将首先利用牵引力控制系统中的发动机转矩减小功能，并向发动机控制模块(ECU)发送一个串行数据通信信号，请求减小发动机转矩。如果电子稳定程序仍然检测到车轮侧向滑移，则电子稳定程序将实行主动制动干预。

(1)转向不足的操作。转向不足示意图如图 2-1-103 所示，转向盘转角传感器向 ECU 发送一个驾驶员想要朝方向“A”转向的信号，横向偏摆率传感器检测到车辆开始打转“B”，同时车辆前端开始向方向“C”滑移，说明车辆出现转向不足，电子稳定程序将实行主动制动干预。电子稳定程序利用 ABS－TCS 系统中已有的主动制动控制功能向车辆的一个或两个内侧车轮施加计算得到的制动力，这将促使车辆绕其纵轴“A”旋转，以稳定车辆并朝驾驶员想要的方向转向。

(2)转向过度的操作。转向过度示意图如图 2-1-104 所示，转向盘转角传感器向 ECU 发送一个驾驶员想要朝方向“A”转向的信号，横向偏摆率传感器检测到车辆开始打转“B”，同时车辆前端开始向方向“C”滑移，说明车辆出现转向过度，电子稳定程序将实行主动制动干预。电子稳定程序利用 ABS－TCS 系统中已有的主动制动控制功能向车辆的一个或两个内侧车轮施加计算得到的制动力，这将促使车辆绕其纵轴“A”旋转，以稳定车辆并朝驾驶员想要的方向转向。

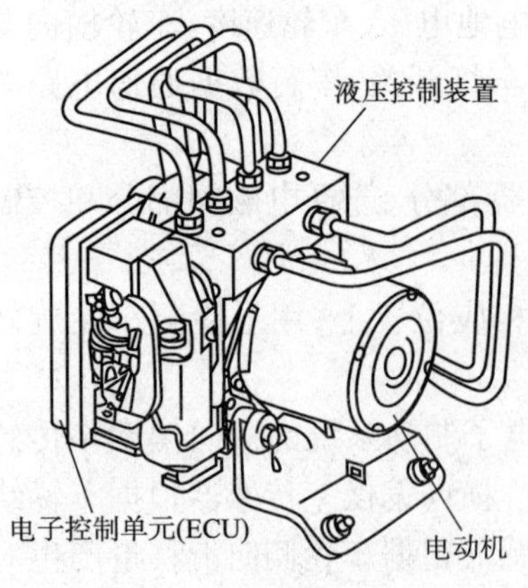

图 2-1-102　液压调节器外形

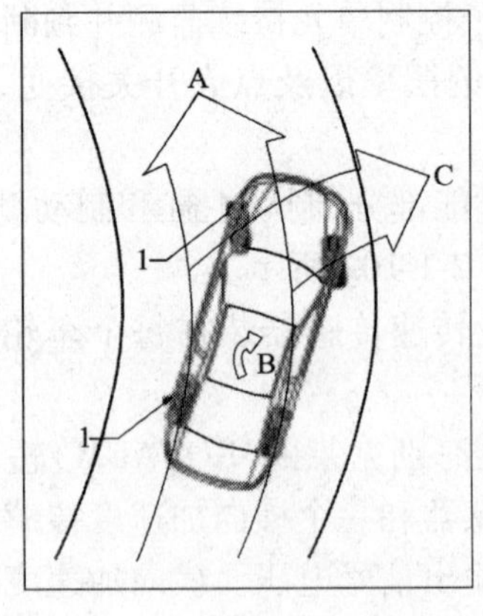

图 2-1-103　转向不足示意图

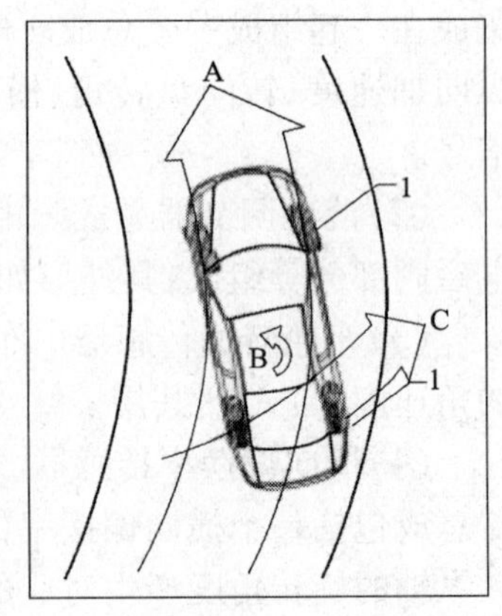

图 2-1-104　转向过度示意图

第四节　车载网络系统与车身电控系统

一　车载网络系统结构与检修

(一)车载网络基础知识

汽车上电子装置越来越多,使用传统的点到点的并行连线方式不仅使电子线路布线越来越复杂,而且布线变得越加困难。另外,线束增多也增加了车辆的质量,基于以上技术原因,汽车上信息传输使用网络结构成为一种必然趋势,这是汽车上使用网络通信技术的一个重要原因。以网络通信为基础的线控技术将在汽车上普遍应用,这是汽车对网络技术需求的另一个原因。

1. 车载网络系统的组成

车载网络系统主要由模块、数据总线、网络、架构、通信协议、网关等组成。

1)模块

模块是指汽车上各个电子控制系统的控制单元(简称电脑),是探测信号和(或)进行信号处理的电子装置。

2)数据总线

数据总线的速度通常用比特率来表示,比特率是每秒千字节(kbit/s)。高速数据总线及网络容易产生电噪声(电磁干扰),这种电噪声会导致数据传输出错。

3)网络

车辆中的控制模块通过数据总线相互连接,总线又连接到局域网上,构成整个车载网络。

4)架构

架构是信息高速公路的配置,其输入和输出端规定了什么信息能进和什么信息能出。架构通常包括1~2条线路。

5)通信协议

通信协议本身取决于车辆要传输多少数据,要用多少模块,数据总线的传输速度要多快。大多数通信协议(以及使用它们的数据总线和网络)都是专用的。因此,维修诊断时需要专门的软件。

6)网关

网关是连接异型网络的接口装置。它综合了桥接器和路由器的功能。网关主要“处理”从第一个网络读取所接收的信息,翻译信息,向第二个网络发送信息等内容。按照汽车装有的不同电控单元对车载网络性能要求不同,汽车上往往将车载网络分成不同的区域。由于不同区域车载网络的速率和识别代号不同,因此,一个信号要从一个车载网络区域进入到另一个车载网络区域,必须把它的识别信号和速率进行改变,能够让另一个数据总线系统接受,这个任务由网关(Gateway)来完成。网关还具有改变信息优先级的功能。

2. 车载网络的分类

车载网络采用的大多是局域网(局域网指在一个特定的局部单位内连接的网络),在汽车上会有多个局域网,这些网络可以通过网关连接在一起构成互联网络。网关是连接不同网络,实现不同网络协议转换的设备。车载网络根据网络结构不同分为星形网、总线网和环形网。

1)星形网

星形网如图 2-1-105 所示,它是以一台中央处理器为中心,中央处理器与每台入网电控单元有 1 个物理连接。其特点是结构简单,通信数据量较少,可以根据需要由中央处理器安排网络访问优先权。

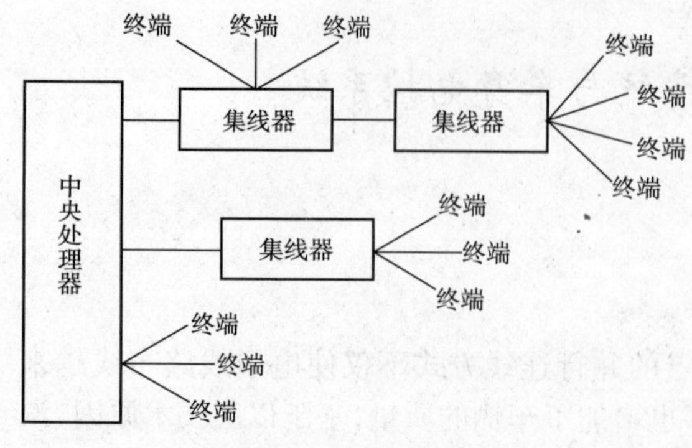

图 2-1-105　星形网

2)总线型网

总线型网如图 2-1-106 所示,它是由 1 条总线插接入网的电控单元,其特点是通信速率较高,分时访问优先权较前。

3)环形网

环形网如图 2-1-107 所示,入网电控单元通过网络部件连到 1 个环行物理链路中,其优点是信息在网络中传输实时性好,传输数据量大及抗干扰能力强。

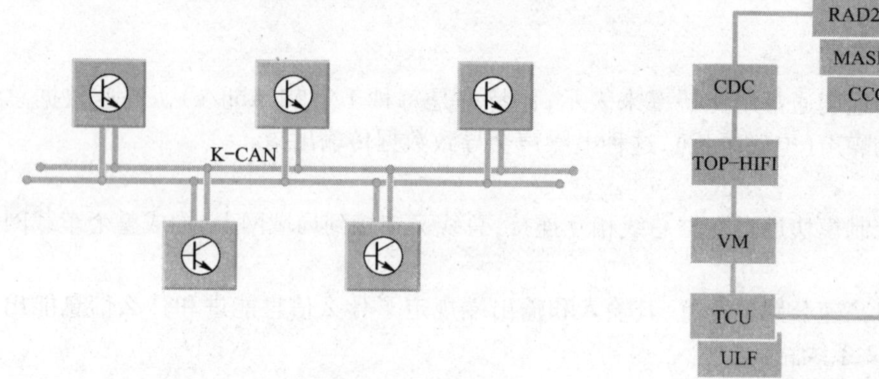

图 2-1-106　总线型网

图 2-1-107　环形网

(二)CAN 双线式数据总线结构与检修

CAN 是 Controller Area Network(控制器局域网)的缩写,意思是电控单元通过网络进行数据交换。CAN 总线是德国博世公司从 20 世纪 80 年代初为解决现代汽车中众多控制与测试仪器之间的数据交换而开发的一种串行数据通信协议,它是一种多主总线,通信介质可以是双绞线、同轴电缆或光导纤维。

1. CAN 总线数据传输原理

CAN 总线数据中的数据传递就像一个电话会议,一个电话用户(电控单元)将数据“讲入”网络中,其他用户通过网络“接听”这个数据,对这个数据感兴趣的用户就会利用数据,而其他用户则选择忽略。

2. CAN 总线的构成

CAN 数据总线是由 CAN 控制器、CAN 收发器及数据传输终端等组成。

1)CAN 控制器

CAN 控制器安装在每个电控单元内部，电控单元是 CAN 数据总线的核心部件，含有通信 IC 芯片，作用是接收本电控单元内微处理器发出的指令数据，并将数据处理后传送给 CAN 收发器。同理，当 CAN 收发器从数据总线上接收到数据后，经过 CAN 控制器数据处理后再传送给微处理器。

2）CAN 收发器

CAN 收发器在网络系统中也称节点。由 1 个 CAN 发送器和 CAN 接收器组成，其作用是将 CAN 控制器提供的数据转换成 CAN 网络信号发送出去，同时，它也接收总线数据，并将数据传送到 CAN 控制器。

3）数据传输终端

数据传输终端实际上是个电阻器，也称终端电阻，其作用是避免数据在高速传输终了时产生反射波使数据遭到破坏，导致传输失败。有的车辆将终端电阻设置在电控单元内，有的车辆在外部单独设置了终端电阻。整个系统中有两个数据传输终端。

4）CAN 数据总线

CAN 数据总线是用来传输数据的双绞数据线，分为 CAN-High（高位）和 CAN-Low（低位）数据线。CAN 数据总线采用了 2 条数据线绕在一起的方式，如果一条线上的电压是 0V，另一条线上的电压是 5V。在信号传输时，信号得到了保护而免受外界电磁场的干扰，同时对外的辐射也保持了中性，即辐射等于零。

3. CAN 数据总线传递数据的构成及数据的传递

1）CAN 数据总线传递数据的构成

CAN 总线是一种串行数据通信协议，它是一种多主总线，通信介质可以是双绞线、同轴电缆或光导纤维。CAN 总线传输的数据如图 2-1-108 所示，可分为开始域、状态域、检查域、数据域、安全域、确认域和结束域 7 个部分，该数据构成形式在两条数据传输线上是一样的，CAN 数据总线传递的数据由多位构成，在数据中，位数的多少由数据域的大小决定。

2）CAN 总线数据传递过程

CAN 数据总线并没有指定的数据接收者，数据在 CAN 数据总线传输过程中，可以被所有电控单元接收和计算，数据传输过程可分为提供数据、发送数据、接收数据、检查数据和接受数据。

4. CAN 数据总线的检测方法

1）CAN 数据总线的故障码检测

CAN 数据总线系统具有故障自诊断功能，通过故障检测仪可以检测故障码，并根据故障提示进行故障排除。SAE（美国汽车工程师学会）在 OBD-Ⅱ 中规定，车载网络系统的故障码以字母 U 开头；底盘电控系统的故障码以字母 C 开头；车身电脑控制系统的故障码以字母 B 开头；动力控制系统的故障码以字母 P 开头。

2）CAN 数据总线的万用表检测

在同一网络中，任意节点之间同位 CAN 线是导通的，因此可以用万用表电阻挡测量网络中任两节点同位 CAN 线的导通性，判定 CAN 线是否存在断路故障，正常情况下应导通；用万用表电阻挡测量 CAN-High 和 CAN-Low 之间的电阻，正常情况下应该有一个规定的电阻（电阻大小随车型而异），不应直接导通；用万用表电阻挡测量 CAN-High 或 CAN-Low 分别与搭铁或蓄电池正极之间的导通性,正常情况下应不导通。

3)CAN 数据总线的波形检测

CAN 数据总线的链路故障可以用示波器观察其波形来进行判断,CAN 数据总线的标准波形如图 2-1-109 所示。

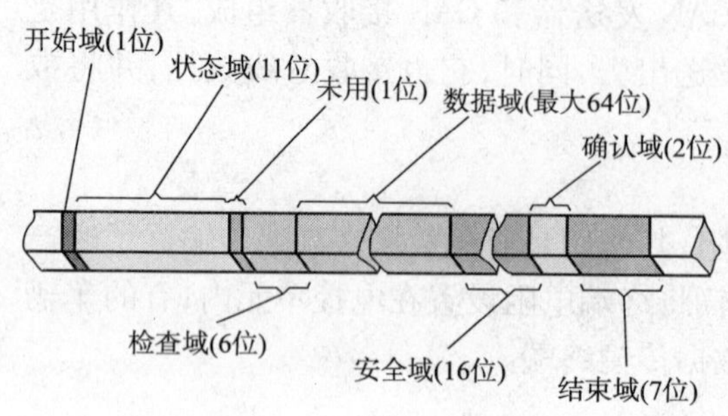

图 2-1-108　CAN 数据总线传递的数据的构成

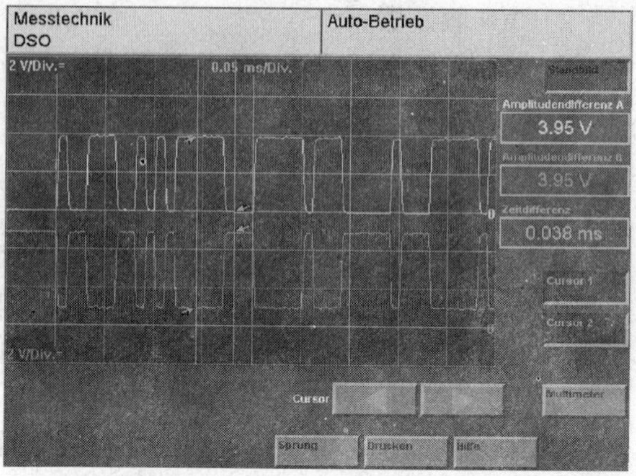

图 2-1-109　CAN 数据总线的标准波形

5. CAN 数据总线故障类型

装有 CAN 数据总线的车辆出现故障,维修技术人员应首先检测 CAN 数据总线是否正常。在检查数据总线系统前,必须保证所有与数据总线相连的电控单元无功能故障,功能故障不会直接影响数据总线系统,但会影响某一系统的功能。一般说来,CAN 数据总线的故障可以分为电源系统故障、节点故障、链路故障、发送错误指令和系统传输瘫痪五种类型。

1)电源系统故障

CAN-BUS 数据总线的核心部分是含有通信 IC 芯片的电控单元(ECU),ECU 正常工作电压在 10.5 ~ 15.0V。如果汽车电源系统提供的工作电压低于该值,就会造成一些对工作电压要求高的 ECU 出现短暂的停止工作,从而使整个汽车 CAN 数据总线出现短暂的无法通信。

2)节点故障

节点就是 CAN 数据总线中的电控单元,因此节点故障就是 ECU 的故障,如果节点故障,只能采用替换法进行检测。节点故障包括软件故障和硬件故障。

3)链路故障

判断是否为链路故障时,一般采用示波器或汽车专用光纤诊断仪来观察通信数据信号是否与标准通信数据信号相符。

4)发送指令错误

发送错误指令故障是指在网络覆盖的电控单元内,某些电控单元由于受到外界的干扰,错误地向执行器发出指令,使得一些执行器不能按照预先设计的控制机理正确动作。

5)系统传输瘫痪故障

系统传输瘫痪故障是指车辆上装备的某套数据总线系统内的电控单元不能通过总线互相通信,造成车辆功能异常,甚至故障检测仪也不能对该系统进行通信诊断。一般引起该故障的原因多是电控单元内部短路。

(三)光学网络系统结构与检修

光学网络系统具有传输速率高、传输数据量大、信号衰减小、不易受外界干扰、耐腐蚀及灵敏度高等优点,因此光学网络系统是车载网络系统的发展方向,也是汽车线束的发展方向。

1. 光学网络的类型

光学网络可分无源光学网络和有源光学网络两类。

无源光学网络是由光纤和光电耦合器构成的;有源光学网络除了光纤和光电耦合器以外,还增加了光中继器和光放大器以增强光信号,这在有些光路损耗较大的场合应用是必要的。汽车上使用的主要是无源光学网络,它不能放大或产生能量。

光学网络中传输信息用的光纤有塑料和玻璃纤维两种,塑料光纤较为便宜且使用方便,在汽车中应用较广泛。

2. 汽车无源光学星形网络的组成

汽车无源光学星形网络主要由无源光学星形、光发送器(发光二极管 LED)、在节点上的光接收器、节点与星形之间的发送和接收光纤四部分组成。光源和光接收器合在一起也称光电耦合器。

1)光电耦合器

光电耦合器是以光为媒介传输电信号的电子元件,它既可以实现元件的输入端和输出端之间的电信号传输,又能将输入端与输出端相隔离。其主要用途是在信号传输中起到隔离作用,在光网络中起到信号转换作用。

光电耦合器的种类很多,按其输出特性可分为开关输出型、线性输出型、高速输出型及组合封装型等。光电耦合器在电路图中的图形符号如图 2-1-110 所示。

光电耦合器输入部分和输出部分是完全隔离的,所以在检测光电耦合器时必须将其输入部分和输出部分分开检测。

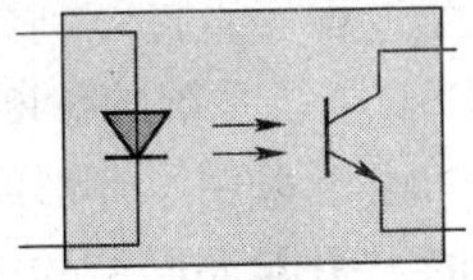

图 2-1-110　光电耦合器在电路图中的图形符号

2)光纤

光纤是将电控单元发射机内生成的光波导向其他的电控单元的接收机。光纤使用专门的光学插头与电控单元连接。插头上的一个信号方向箭头表明至接收机的输入端。为了最大限度地减小传送损失,光纤的端面必须光滑、垂直和清洁,光纤的弯曲半径不能小于 25mm,否则会增加光源损耗和星形接入损耗。

光纤状态的评定是测量其衰减度。光学数据总线中衰减增加的原因主要有:光纤弯曲半径太小;光纤覆盖层损坏,或者有磨痕;端面刮伤;端面变脏、端面移位、端面不成直线(角度误差);光导纤维的端面和电控单元的接触面之间有缝隙;套圈未正确地压接;光纤对折、光纤过度延伸(受拉)、光纤有压痕和光纤过热等。

在对光纤及其部件进行处理时应遵守以下规则:

(1)绝不可对光纤进行热加工或采用如焊锡、热压焊和焊接的修理方法。

(2)绝不可使用化学的(黏结)和机械(连接)的方法处理光纤。

(3)绝不可把两根光纤的导线或一根光纤的导线与一根铜线绞合在一起。

(4)避免覆盖层的损坏,例如:钻孔、切割或挤压。在汽车中进行安装时,不要站在覆盖层上或把物体放在覆盖层上。

(5)装配时绝对不允许将光纤对折,这样会损坏包层和光纤。光线将在对折位置处出现局部散射,从而造成信息传输速度降低。

(6)不可过度拉伸。光纤受拉后芯线伸长,光纤横断面减小,导致光线的通过能力减小,增大衰减。

(7)避免光纤受压。由于压力可以使导光的横断面永久变形,如果光纤出现任何压痕,将使光纤丧失光线传输能力。过紧的导线扎带增加了作用在光纤上的横向力,也会在光纤上形成压痕。

(8)将光纤铺设在汽车中时,应当避免光纤成环形和打结。

(9)更换光纤时,应注意光纤正确的长度。

3. 光学网络的应用

1)MOST数据总线

汽车网络中常见的MOST是Media Oriented Systems Transport,含义是多媒体定向系统传输。MOST是媒体信息传送的网络标准。MOST采用塑料光缆(POF)的网络协议。MOST网络光纤作为物理层的传输介质,可以连接视听设备、通信设备以及信息服务设备。MOST网络支持“即插即用”方式,在网络上可以随时添加和去除设备。

MOST数据总线的一个基本特征是它不像CAN-BUS数据总线那样只传输控制数据和传感器数据,它还能传输数字音频信号和视频信号图形以及其他数据服务。

MOST总线系统的显著特点是它的环形结构。各电控单元之间通过一个环形数据总线插接,该总线只向一个方向传输数据,这意味着一个电控单元总是拥有两根光纤,一根用于发射器,另一根用于接收器。电控单元通过一根光纤将数据传送至环形结构中的下一个电控单元,这个过程一直持续到数据返回至原先传送它们的那个电控单元,由此,形成了一个闭合环路。MOST总线系统的诊断是借助于数据总线的故障诊断接口和诊断CAN进行的。

由于采用了环形结构,某一个MOST数据总线位置上数据传送的中断就被称为环形结构中断。引起环形结构中断的可能原因是:光纤中断;发射器或接收器电控单元的电源发生故障;发射器或接收器控制发生故障。

2)Byteflight数据总线

宝马轿车上采用的Byteflight数据总线(BMW安全总线系统)和MOST数据总线系统一样,使用的光纤都是由塑料制成的,与MOST数据总线系统不同,Byteflight数据总线是一个双向传输数据的星形总线,这意味着每个电控单元只有一根光纤,发射器紧靠在接收器上,这两个部件都集成在电控单元的插座内。

对于MOST数据总线系统,只允许从电控单元至电控单元对MOST光纤进行一次维修,否则光波信号会有很大的衰减。目前还不允许对Byteflight数据总线进行维修。

(四)LIN数据总线结构与检修

1. LIN数据总线及特性

局部连接网络LIN(Local Interconnect Network)是一个汽车底层网络协议,是汽车网络层次结构中低端网络的通用协议。汽车上的传感器和执行器的联网一般是LIN局部连接网络。LIN数据总线系统指的是单线数据总线,在大众/奥迪车系中,线路的颜色为紫色并标有识别色,该数据总线系统不需要屏蔽。LIN网络中信息以帧为单位传输,每个帧由1~8个字节组成。

2. LIN 数据总线的结构

LIN 数据总线系统的网络由一个主节点(也称局部连接网络指令器电控单元)和多个从节点(也称局部连接网络执行器电控单元)构成。LIN 采用单主/多从带信息标志的广播式信息传输方式,网络节点根据在通信中的地位分为主节点和从节点。LIN 数据总线标准要求为:节点数一般不超过 16 个,在单一网络线路内,传输距离不应超过 40m。

LIN 总线主要应用于车载电子控制系统。车载环境的电磁辐射和振动严重,外加控制电动机较多,电路电流和电压波动较大,这就要求 LIN 总线系统有很好的电磁兼容性和耐压耐流的稳定性。

LIN 数据总线系统的电气性能对网络结构有很大的影响,网络节点数不仅受标识符长度的限制,而且受总线物理特性的限制。要求节点数不超过 16 个,否则网络阻抗会降低,因为每增加一个节点大约使网络阻抗降低 3%;LIN 数据总线最小传输速度限定为 1kbit/s,最大传输速度限定为 29kbit/s。

LIN 数据总线系统中,从节点的故障诊断是通过主节点来进行的。

二 车身电控系统简介

(一)车辆防盗系统与中控门锁

1. 车辆防盗系统

目前,很多汽车都安装防盗装置,汽车防盗装置是一种点火开关打开后开始工作的电子防盗装置,它采用发动机不能启动的方式进行防盗,可以避免汽车被无权使用者开走。

1)防盗系统的类型

汽车防盗系统可分机械式和电子式两种,目前普遍应用的是电子式防盗系统。

电子防盗系统按功能可分为防止非法进入汽车的防盗系统、防止破坏或非法搬运汽车的防盗系统、防止汽车被非法开走的防盗系统三类。

(1)防止非法进入汽车的防盗系统。主要为红外监视系统,布置在车辆内部周边的一组红外传感器构成了一道无形帘幕,在防盗系统启动后,监视是否有移动物体进入车内。

(2)防止破坏或非法搬运汽车的防盗系统。主要通过布置在车内的超声波传感器、振动传感器或倾斜传感器等,监测是否有人企图破坏或非法搬运汽车。

(3)防止汽车被非法开走的防盗系统。多数采用带密码锁的遥控系统,通过校验密码,确定是否允许接通启动机、点火电路等,来防止汽车被非法开走。新型防盗点火锁系统,采用电子应答方法来判断使用的钥匙是否合法,并以此确定是否允许发动机 ECU 工作。这是目前世界上高级轿车普遍采用的先进汽车防盗技术。

2)防盗系统组成

汽车防盗系统一般由防盗控制单元、识读线圈、脉冲转发器和防盗警告灯等组成,如图 2-1-111 所示。

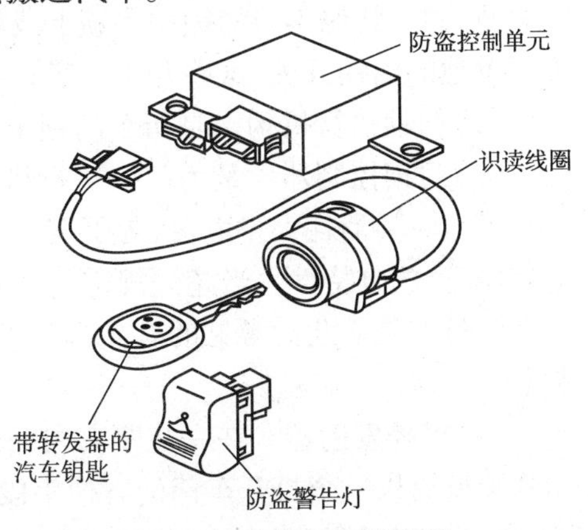

图 2-1-111 汽车防盗系统组成

3)防盗系统工作原理

当点火开关接通时,防盗装置开始工作。防盗控制单元通过读识线圈将能量感应后传送给钥匙中的脉冲转发器,脉冲转发器被激活,通过读识线圈把它的程控代码送给防盗控制单元。在防盗控制单元里,输入的程控代码与先前存储在防盗控制单元的钥匙代码进行比较,然后再核对发动机电控单元内的代码是否正确。

该代码由发动机电控单元存储在防盗控制单元中,每次启动发动机,控制单元的随机代码发生器都会发生一个可变的代码,如果核对后代码正确,发动机就能正常启动,如果代码不一致,发动机就不能正常启动。

2. 汽车中控门锁系统

汽车门锁的发展趋势是由机械式向电子化演变,汽车中央控制门锁简称中控锁。中控锁具有单独控制功能、后车门儿童安全锁止功能、中央控制锁止功能、钥匙占用预防功能、防盗功能和速度控制功能。

1)中央门锁的组成

中央门锁控制系统一般都由门锁开关、门锁执行机构、门锁控制器及控制电路等组成,各部件在车上的安装位置如图2-1-112所示。

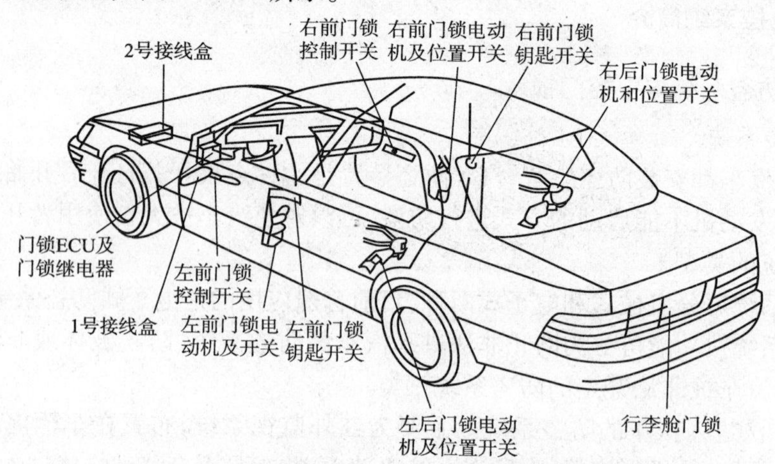

图2-1-112 中控门锁系统各部件在车上的安装位置

(1)门锁开关。大多数车辆的中央门锁系统在驾驶员侧车门上设有总开关,当驾驶员操纵此开关时,其他车门的锁扣将锁上或解开。另外,在除驾驶员侧车门以外的其他车门上也设置了单独的门锁开关,这些开关一般只能单独控制所在的车门,是为了方便乘客而设置的。

(2)门锁执行机构。是指车门锁止(或开启)的动力装置,常见的有电动式和电磁式两种。

(3)门锁控制器。是为门锁执行机构提供上锁、开锁脉冲电流的控制装置。电动门锁机构在工作时要消耗大量电流,为了缩短工作时间,门锁电路有定时装置,这种装置一般是利用电容器充、放电特性。当超过规定的时间后,输送给门锁机构的电流就自动中断,在正常锁门或开门时都是如此。常见的有晶体管式门锁控制器、电容式门锁控制器和车速感应式门锁控制器。

(4)遥控发射器。在一定距离内完成对汽车车门开闭装置的执行器进行遥控的装置,可为驾驶员提供一个打开车门的方便手段。

2)中央门锁的工作原理

中央门锁的工作原理是通过遥控门锁的发射器发出微弱电波，此电波由汽车天线接收后送至中控门锁系统中的 ECU 进行识别对比，若识别对比后的代码一致，ECU 将把信号送至执行器来完成相应的动作。其工作过程如图 2-1-113 所示。

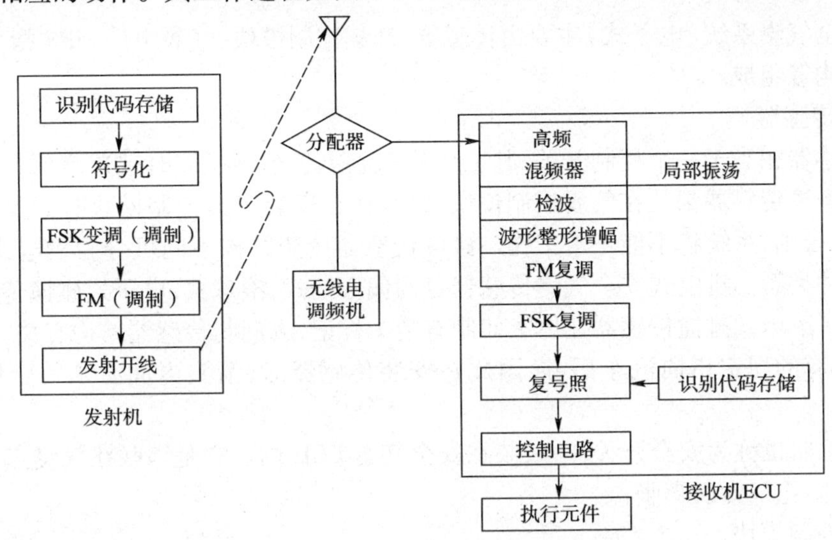

图 2-1-113　无线遥控门锁系统工作原理示意图

(二) 电控自动空调系统

汽车空调系统的功能是对车内空气温度、湿度、流速和清洁度等参数进行调节，使乘员感到舒适，并预防或去除风窗玻璃上的雾、霜和冰雪，保证乘员身体健康和行车安全。

1. 电控自动空调的组成

自动空调系统是在手动空调系统的基础上，增加了控制系统，该系统主要由传感器、ECU、执行机构、真空控制系统等组成。

(1) 传感器。有车内温度传感器、车外温度传感器、蒸发器出口温度传感器、冷却液温度传感器、日光传感器、压缩机锁止传感器、制冷剂流量传感器、湿度传感器等。

(2) 执行元件。有进风控制伺服电动机、空气混合伺服电动机、送风控制伺服电动机、可变排量压缩机等。

(3) 空调 ECU。能根据驾驶员设定的温度及各种传感器输入的信号，计算送风温度和空气混合风门开度值，然后向伺服电动机等执行元件发出控制信号，实现空调的各种控制功能。

2. 电控自动空调系统的工作原理

传统空调是人工调控的，在空调控制面板上有一个温度调节旋钮，实际上是一个可变电阻装置，它与蒸发器内的温度感应电阻组成串联电路。自动空调则是自行调控，它能够依据车内温度自动调节出风温度。车内温度是指车内空气的冷热程度，车内温度取决于车外温度、空气流量、太阳辐射的大小。

当通过操作键设定好车内温度时，空调运转过程中，空调 ECU 将不断地监测各种传感器输送来的信号，并对送风温度和风量进行及时地调整和修正，同时自动选择送风量、送风方式和送风口。当车内热负荷增大时，空调 ECU 会自动改变空调压缩机的开、停时间，增大制冷量，同时加大送风速度，以补偿由于车外温度升高、日照强度大、车内负荷增加造成的车内温度升高。在空调自动运行方式下,送风模式和送风口的选择是自动切换的。

(三)乘员辅助保护系统

1. 安全气囊的组成

汽车安全气囊系统(电子式)主要由传感器、气囊控制模块、气囊组件、SRS 指示灯、SRS 线束与保险机构等组成。

1)碰撞传感器

碰撞传感器相当于一个控制开关,其工作状态取决于车辆碰撞时减速度的大小。现在大多数车辆的碰撞传感器都装在气囊控制模块内,因而在安装气囊控制模块时需要严格按照规定方向固定,否则,系统将不能正常工作。碰撞传感器按照结构不同可分为机电式、汞开关式和电子式三种类型。机电式安全气囊传感器分为偏心锤式、滚球式;电子式碰撞传感器一般为压敏电阻式。滚球式碰撞传感器壳体上印制有箭头标记,方向与传感器结构有关,有的规定指向汽车前方,有的规定指向汽车后方,因此在安装传感器时,箭头方向必须符合所有说明书规定。

安全传感器也称为安全开关,一般装在安全气囊 ECU 内。它是串联在气囊点火器的电源电路中,用以防止气囊误膨胀。

2)气囊控制模块

气囊控制模块内有备用电源,它利用电容储存电能,其作用是当车辆发生碰撞导致蓄电池或发电机与控制模块之间的电路切断时,备用电源能在一定的时间内提供足够的点火能量来引爆点火剂。在车辆发生碰撞时,气囊控制模块在引爆气囊的同时,也引爆安全带拉紧机构,能够更有效地保护驾乘人员的安全。

3)气囊组件

气囊组件主要由驾驶侧气囊组件、乘员侧气囊组件、侧气囊组件等组成,每个气囊组件内都有一个气体发生器,它们的外形结构虽然有较大的区别,但工作原理相同。

气体发生器又称充气器,是利用热效反应产生氮气而充入气囊。在点火器引爆点火剂瞬间,点火剂会产生大量热量,叠氮化钠药片受热立即分解,产生氮气并从充气孔充入气囊。虽然氮气是无毒气体,但是叠氮化钠的副产品有少量氢氧化钠和碳酸氢钠(白色粉末),这些物质是有腐蚀性的,因此在清洁膨胀后的气囊时,应保持良好的通风并采取防护措施。气体发生器用专用螺栓和专用螺母固定在气囊支架上,装配时只能用专用工具进行装配。

4)SRS 指示灯

安全气囊系统指示灯简称 SRS 指示灯或 SRS 警告灯,安装在驾驶室仪表板下面,并在表面相应位置制作有气囊动作图形或用“SRS”、“AIR BAG”或“SRS AIR BAG”字样表示。

在汽车遭受碰撞使气囊膨开后,故障码一般都难以调出,如此设计的目的是在气囊引爆后,必须更换 SRS ECU。

5)SRS 线束

SRS 线束都套装在黄色的波纹管内,并与线束总成连成一体,以便于区别。

在选装安全气囊的汽车上,电喇叭线束也安装在螺旋弹簧内,螺旋弹簧安装在转向盘与转向柱之间,安装时应注意其安装位置和方向,否则将导致螺旋线束和电喇叭线束折断、转向盘转向角度不足或转向沉重。

安全气囊线束为了区别其他线束，不但将线束做成黄色，而且线束插接器采用导电性能和耐久性能良好的镀金端子，并设计有防止气囊误爆机构、端子双重锁定机构、插接器双重锁定机构和电路插接诊断机构这些保险机构。防止安全气囊误引爆机构的插接器中有一个短路片，安全气囊系统的每一个插接器都设有端子双重锁定机构，用于阻止引线端子滑出。

2. 安全气囊的工作原理

当汽车受到前方一定角度范围内的高速碰撞时，碰撞传感器和安全传感器就会检测到汽车突然减速的信号，如果传感器触点闭合，就会将信号传给安全气囊控制模块，安全气囊模块按预先设置的程序经过数学计算和逻辑判断后，立即向气囊组件内的气体发生器发出指令，引爆气囊。

前气囊打开与否与撞击角度和撞击速度都有关，一般来说，在汽车翻转、轻微碰撞、侧面碰撞或后面碰撞时，前气囊均不会打开。

(四)汽车仪表系统

汽车常用仪表有冷却液温度表、燃油表、发动机转速表、车速里程表及机油压力表。

1. 冷却液温度表

冷却液温度表(俗称水温表)可用来指示发动机冷却液工作温度是否正常。由装在仪表板上的冷却液温度指示表和装在发动机冷却液管路上的冷却液温度传感器配合工作。冷却液温度表有电热式和电磁式两类。汽车常用电热式冷却液温度表配热敏电阻式冷却液温度传感器。

2. 燃油表

燃油表可用来指示燃油箱内储存燃油量的多少。它由安装在仪表板上的燃油指示表和装在燃油箱内的传感器两部分组成。燃油指示表有电磁式和电热式两种，传感器均为可变电阻式。

3. 车速－里程表

车速－里程表是用来指示汽车行驶速度和累计行驶里程数的仪表。它由车速表和里程表两部分组成。机械传动式车速－里程表一般由变速器轴通过齿轮及挠性软轴驱动。里程表是由蜗轮蜗杆机构和计数轮组成。电动车速－里程表不使用传动软轴，克服了机械式车速－里程表用软轴传输转矩的缺点，并具有精度高、指针平稳和寿命长等特点。

4. 发动机转速表

发动机转速表用来测量发动机曲轴转速。发动机转速表通常都是利用送到点火线圈的脉冲信号或发动机转速信号使指示器作用，以显示发动机转速。转速表按其结构不同可分为机械式和电子式，其中应用较广泛的是电子式转速表。

5. 机油压力表

机油压力表可用来指示发动机主油道机油压力的大小和发动机润滑系统工作是否正常。常见的机油压力表有电热式、电磁式和弹簧式三种。安装机油压力传感器时，外壳上的箭头“向上”不应偏出垂直位置30°，否则会造成示值误差。

6. 电子显示组合仪表

电子显示组合仪表将各种传感器传来的信号进行计算，以确定车辆的行驶速度、发动机转速、发动机冷却液温度、燃油量及车辆其他情况的测量数据，并将这些数据以数字或条形图形式显示出来。

第五节　车辆故障综合诊断

一 车辆故障诊断基础知识

(一)汽车故障模式及故障类型

1. 汽车故障的定义

汽车故障是指汽车部分或完全丧失工作能力的现象,故障的具体表现称为故障现象。

2. 故障模式

失效是指产品丧失了保持原有功能的能力,而故障模式则是指由失效机理所显示出来的各种失效现象或失效状态。汽车上常见的故障模式有:损坏型故障模式(如断裂、碎裂、开裂、裂纹、点蚀、烧蚀、击穿、变形、拉伤、龟裂、压痕);退化型故障模式(如老化、变质、剥落、磨损);松脱型故障模式(如松动、脱落);失调型故障模式(如压力过高或过低、行程失调、间隙过大或过小、干涉、卡滞);堵塞或渗漏型故障模式(如堵塞、气阻、漏油、漏水、漏气、漏电、渗油);性能衰退或功能失效型故障模式(如功能失效、性能衰退、公害超标、异响、过热)。

3. 汽车故障类型

汽车可能由于各种原因产生故障,按照故障率函数特点可将故障分为三种类型:早期故障型、偶然故障型和耗损故障型。

(1)早期故障型的故障率是汽车在开始使用时发生故障的可能性很大,随着时间的延长而逐渐下降,称为故障率减少型,相当于汽车磨合期。此类故障多是由于设计、制造、管理、检验的差错及装配不佳造成的。

(2)偶然故障型的故障率与时间无关,故障率变化甚微,称为故障率恒定型,相当于车辆正常使用期,此类故障多是由于操作疏忽、润滑不良、维护欠佳、材料隐患、工艺及结构缺陷等原因所致,故障具有偶然性。

(3)耗损故障型是指汽车经长期使用后,出现老化衰竭而引起的,其故障率随时间的延长而逐渐增加,称为故障率增长型。因此若在故障率开始上升前提前更换或修复好将要损耗的零部件,则可降低故障率,延长汽车的使用寿命。

除了上述三种类型的故障之外,还有一种是由于维修技术人员在对车辆维护和修理过程中不按照操作规程进行作业导致的人为故障型。此类故障没有任何规律,完全和维修技术人员是否严格执行维修操作规程有关。严格执行维修操作规程,该类故障的故障率就等于零;不严格执行维修操作规程,该类故障的故障率就直线上升。

(二)汽车故障诊断分类与诊断参数

1. 汽车故障诊断分类

汽车故障诊断就是根据故障症状,查找故障原因,准确判定故障部位。汽车故障诊断大体上分为三大类,即机械故障诊断、电气故障诊断和机电综合故障诊断。

1)汽车机械故障诊断

由于机械系统的运动是动态的,其本质是随机的,因此其故障具有离散性、间歇性、缓变性、随机性和模糊性特点。更由于汽车各总成是由成百上千个零件装配而成,因此一种故障往往对应多层次故障原因。汽车机械系统故障的特点决定了对其诊断是从随机过程出发,以人的经验为基础,充分运用各种现代化分析工具对其进行诊断。

2)汽车电气故障诊断

汽车电气故障可分为数字电路故障和模拟电路故障。

对于数字电路主要是用诊断设备和诊断程序进行检测;对于模拟电路故障,现在应用比较成熟的是利用示波器和各种信号模拟器对此类故障进行检测。

3)机电综合故障诊断

现在的汽车,已经将机械装置和电控系统融为一体,单纯的机械故障诊断和电气故障诊断已经无法满足当代汽车故障诊断需求,因此,在故障诊断过程中要综合运用多种检测诊断手段进行全面分析。

2. 汽车故障诊断的条件

汽车故障诊断的条件可概括为人才、设备、资料六个字。

要成为一名合格的汽车维修技术人员,必须具备以下条件:必须有够用的专业基础知识;熟练自如的诊断方法;过硬实用的分析诊断能力。详尽的汽车维修技术资料在现代汽车故障检测诊断中非常重要。

3. 汽车故障诊断参数

在进行汽车故障诊断时,需要采用一些能反映汽车技术状况,而又比较容易测得的间接指标,这些间接指标就称为汽车故障诊断参数,它是供诊断汽车故障用的,表征汽车总成结构技术状况或某些重要零部件工作性能的参数。

在确定汽车故障诊断参数时应着重考虑以下几点:

(1)诊断参数反应的灵敏性。在结构或某零部件性能变化过程中,输出大的参数应优先选为汽车故障诊断参数。

(2)诊断参数的单值性。在结构和性能参数变化范围内,不出现极值状态的参数应优先选为汽车故障诊断参数。

(3)诊断参数的稳定性。在相同测试条件下所测得的参数值离散度最小,也就是测量重复性好的参数应作为汽车故障诊断参数。

(4)诊断参数的可达性和方便性。要求选定的诊断参数容易测量,所用设备、测试方法尽量简单和费用低。

诊断参数值都是就一定测试规范而言的。例如,取样管插入排气管中的深度对尾气分析仪测量的排气浓度影响非常大。为了提高汽车故障诊断的正确性,在进行测试时,维修技术人员必须严格遵循规定的测试规范,应把测试规范与诊断参数看成一个整体,只有这样所测得的参数对汽车故障的诊断才有意义。

4. 汽车故障诊断标准

(1)汽车故障诊断标准按照来源划分,可分为国家标准、制造厂制定的技术标准和使用单位制定的使用标准。

①国家标准。是指国家法规规定的汽车运行中与安全、环境保护有关的标准值,如制动距离标准、尾气排放中有害物质含量标准等。国家标准具有法制性,所有汽车必须首先符合国家

标准。

②制造厂标准。主要是一些考虑汽车工作时为保持最佳可靠性、耐久性和经济性要求而规定的技术参数允许值。这类标准通常在车辆设计阶段确定。

③使用标准。根据车辆具体使用情况,在确保车辆符合国家标准的原则下考虑发挥其最大经济性等所制定的使用标准。这类标准多而复杂,需经过大量试验及统计分析并在使用中反复修正。

(2)汽车故障诊断标准按其性质来划分,又可以分为绝对诊断标准、相对诊断标准和类比标准。

①绝对诊断标准。是在确定了诊断对象和诊断方法后制定的标准,直接对某一部件进行测试,以直接反映结构和性能参数的变化。

②相对诊断标准。是对某正常部件进行测试后,确定一个基准值,然后将该基准值乘以某一系数作为该部件的使用极限,现实中许多情况均采用此类标准。

③类比标准。是相同车型的汽车在相同的使用条件下运行,通过对同一部件进行测量和相互比较来掌握其异常程度。在现代汽车故障诊断中,经常采用这种方法来判定故障。但是,该标准需要维修技术人员在维修实践中不断进行搜集和积累,在搜集和整理中并要注意搜集各种工况下的这种参数。

(三)汽车零件的失效及失效分析

1.汽车零件的失效类型

汽车零部件失去原设计所规定的功能称为失效。失效不仅是指完全丧失原定功能,而且还包含功能降低和有严重的损伤和隐患。

汽车零部件按失效模式分类可分为磨损、疲劳断裂、变形、腐蚀及老化五类。一个零部件可能同时存在几种失效模式或失效机理。

2.汽车零件失效的基本原因

引起汽车零部件失效的原因很多,主要可分为工作条件(包括零部件的受力状况和工作环境)、设计制造(设计不合理、选材不当、制造工艺不当等)以及使用维修三个方面。

3.失效分析的方法

失效分析就是研究零部件磨损、断裂、腐蚀、变形等失效现象的特征或规律,并从中找出损坏原因。失效分析的思路就是对已经发生的失效事件,沿着一定的思路去分析研究失效现象的因果关系,进而寻找失效原因,提出改进措施。由于零件的工作条件、失效模式和失效机理各不相同,其失效分析思路也不尽相同,可以将其归纳为按失效模式分析、按检验项目分析和系统工程分析法等几种类型。按失效检验项目的分析思路主要用于零件的失效分析,按失效模式和系统工程的分析思路大多用于系统的失效分析。

1)按失效检验项目进行失效分析

零件失效是由于工作应力大于失效抗力时所造成的,因此应首先从零件受力状态、环境介质、温度等考虑失效原因。

2)按失效模式进行分析

失效模式是一种或几种物理或化学过程所产生的效应,导致零件尺寸、形状、状态或性能上发生明显变化,造成发动机、变速器等总成丧原设计能力。不同的物理或化学过程对应着不同的失效模式。

3）系统工程分析方法

系统工程分析方法就是把相关装置组成一个系统，采用数学方法或计算机等现代化工具，研究系统故障率的原因与结果之间的逻辑关系，对系统构成要素、组织结构、信息交换等功能进行分析等。用系统工程分析失效的方法有故障树分析法、特征因素图分析法和摩擦学分析法等。

故障树分析法就是将故障作为一种事件，按其故障原因进行逻辑分析，绘出树枝样图形，对故障发生机理进行定性分析。此外，还可以根据树枝图中影响故障发生因素的出现概率，定量地预测出故障发生的可能性（即发生故障的概率）。

实施和设计故障树图过程中可运用的检查法有故障零部件替换、并联检查法和波形比较检查法。故障零部件替换、并联检查法，即使用合格零部件替换电路中可疑零部件，或在可疑零部件上再并联相同规格的合格零部件，以观察原故障有无变化。但并联法只对零件开路、损坏等故障有效，对漏电、短路故障无效，在逻辑分析中必须设计特定的条件。波形比较检查法有发动机进气歧管真空波形检测和电控各部件的示波器波形诊断。

（四）电控系统故障类型及特点

1.电控元件的故障类型及特点

汽车各类电控系统都是由传感器、ECU 和各执行元件组成的网络系统，通常将这些系统的零部件统称为电控元件。

1）电控元件的故障类型

归纳起来电控元件的故障一般有五种类型：

（1）永久性故障。即电控元件损坏，又称“持续性故障”。此类故障容易判断捕捉排除。

（2）偶发性故障。即瞬时状态不佳，又称“间歇性故障”。信号时有时无、时弱时强，重现时间不定，有时偶尔出现，有时连续出现，无规律可循，较难判定捕捉排除。

（3）自生性故障。为电控元件自身产生的故障，与其他相关元件无关，又称“真性故障”。

（4）他生性故障。即电控元件本身无故障，因其他相关组件工作不良的影响而失常报警，又称“假性故障”。

（5）时效故障。指电控元件使用寿命都有一定的有效期限，超过了这个期限，轻则失准，重则失效。它概括了上述四种故障的全部内容。

2）时效故障的性质和特点

电控元件随着工作时间的增加，会出现老化、衰退等现象，即受热衰退、热应变、磨损、脏堵、犯卡、漏电、漏磁、漏光、干扰、过载等因素的影响，输出工作参数失准，或执行元件动作失准，从量变到质变，进而失效报警，此即“时效故障”。

时效故障出现的早晚，取决于四个方面，即：电控元件的工作时间叠加量；工作环境的好坏；内部结构的工作性质；使用维护是否及时合理。其中使用维护是否及时合理是关键因素。

（1）时效故障的性质。时效故障有失准和失效两种性质。

①失准故障。即输出的工作参数有误，或执行元件的动作有误，造成工作状态失常。

②失效故障。即无工作参数的输出，或执行元件无动作，多为损坏故障、断路或短路，包括电控元件本身、联网线路、ECU 中的相关电路这三方面。

(2)时效故障的特点。因传感器的物理性质各异,其故障的表现形式也不尽相同,一般有三种症状特点:

①电控元件静态正常、动态失常或相反——多为电阻型和电磁型的电组件(包括压电型)。

②电控元件冷态正常、热态失常或相反——多为热敏型和压敏型的电组件。

③电控元件低速正常、高速失常或相反——多为磁敏型和光敏型电组件。

3)ECU 对电控元件故障的确认方法

ECU 对电控元件故障的确认方法一般用值域判定法、时域判定法、逻辑判断法和功能判定法四种。

(1)值域判断法。输出信号超出正常值规定范围,故障自诊断系统就确认故障。

(2)时域判断法。输出信号在一定时间内无变化,或变化未达到标准值时,故障自诊断系统即确认有故障。

(3)逻辑判断法。ECU 对两个相关传感器的工作参数进行对比分析,当其逻辑因果关系违反设定条件时,故障自诊断系统即确认有故障。

(4)功能判定法。ECU 发出指令,执行元件无动作,故障自诊断系统即判定执行元件有故障。

2. 汽车电控系统故障类型及特点

汽车电控系统故障可以分为常见故障和疑难故障两种。归纳实际维修工作中疑难故障出现的概率,总结疑难故障存在的性质,大体可分为潜伏性故障、间断性故障、交叉性故障、虚假性故障和误导性故障五种情况。

1)潜伏性故障

潜伏性故障是指汽车电控系统确实存在故障,但是没有明显的故障症状,故障原因难以查明。它的症状表现为电控系统故障特征不明显,通常为汽车电控系统故障的隐蔽性状态。

2)间断性故障

间断性故障是指汽车电控系统出现故障后,症状表现很不确定,即时而出现、时而消失,故障原因难以查明。它的症状表现为电控系统故障特征极不稳定,通常为汽车电控系统故障的断续性状态。

3)交叉性故障

交叉性故障是指汽车同时出现机械、液压、油路和电控系统综合故障后,非电控系统故障交叉掩盖电控系统故障,故障原因难以查明。它的故障表现为电控系统故障特征极不明显,通常为汽车电控系统故障的错觉性状态。

4)虚假性故障

虚假性故障是指汽车电控系统出现单一故障后,由于汽车处于运转的状态,使得故障损坏程度进一步延伸并恶化,将电控系统故障以非电控系统故障的症状显示,故障原因难以查明。它的故障表现为完全以虚假的非电控系统故障出现,通常为汽车电控系统故障的假象性状态。

5)误导性故障

误导性故障是指汽车电控系统出现故障后,由于驾驶员错误描述或故障码紊乱出现误导,维修人员不假思索地照搬硬套,而造成新的电控系统故障。它的表现为过分依赖于驾驶员描述和故障码，通常为汽车电控系统故障的盲目性状态。

当某一个传感器参数发生变化时，必然引起地址码的变化，使其对应的运行方案也发生变化。当某一个传感器损坏后，其参数超过正常值范围，ECU 就只能调用备用参数来代替错误的传感器信号，以维持汽车最基本的工作，并记录下故障码。故障码所反应的不是某个器件的状态，而是某个系统的状态。

(五)故障诊断的程序和基本方法

1. 汽车故障诊断的基本程序

汽车故障诊断的程序如图 2-1-114 所示。

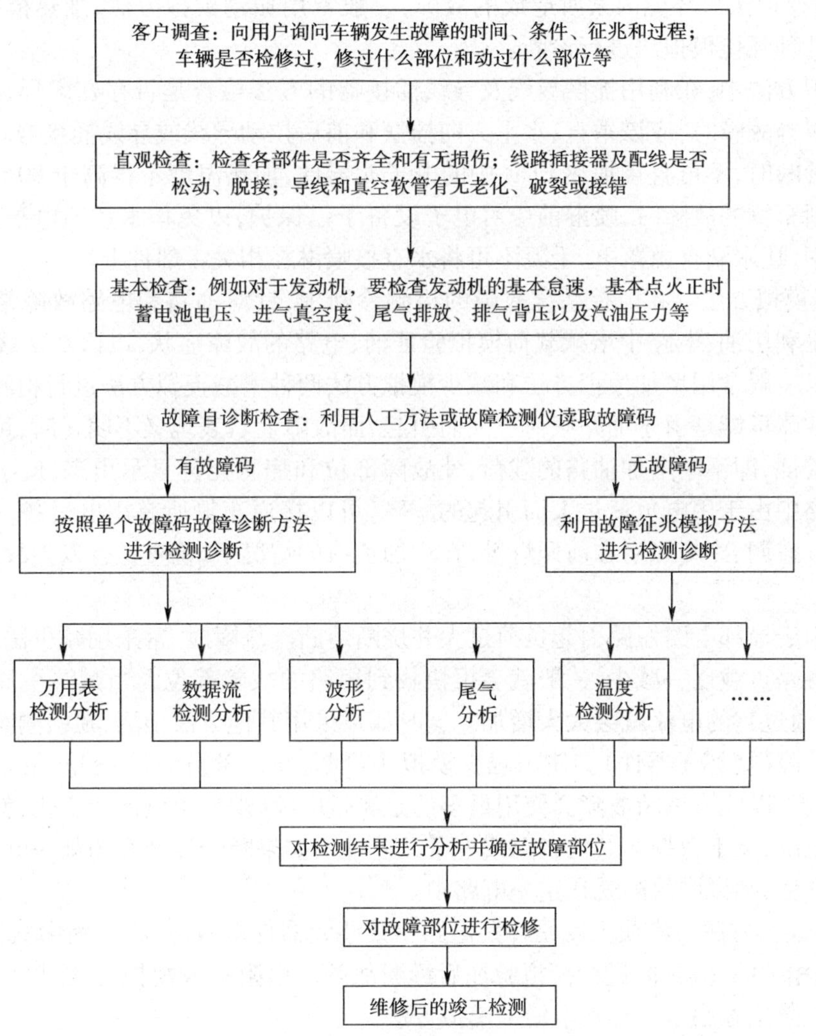

图 2-1-114　汽车故障诊断基本程序

2. 汽车故障诊断的基本方法

1)直观检查

直观检查又称感官检查法，即通过外部检验，利用人体的感觉器官看、听、摸、闻，从而根据汽车故障现象分析故障原因，判定故障之所在。对异响故障的听诊，要注意在不同工况交叉进行,进行综合分析和考虑,避免误诊。

2)故障征兆模拟检测

汽车的很多故障是在特定的环境和状态下才发生的,一旦故障的条件不满足,便没有故障现象。故障征兆模拟的方法实际上就是以调查研究和科学试验的方式,让待检修车辆以相同或相似的条件和工作环境再现其故障,然后经过模拟验证和分析判断后,确切诊断出故障原因和部位。

常用故障征兆模拟方法主要有环境模拟方法、增减模拟方法、输入模拟方法、状态模拟方法几种。

(1)环境模拟法。环境因素所造成的故障,一般常用振动模拟方法、加热模拟方法、加湿模拟方法等几种环境模拟法进行诊断。

振动模拟方法中,在利用摇摆导线及导线插接器的方法检查是否存在虚焊、松动、接触不良和导线断裂等故障时,应该垂直、水平方向摇摆和前后拉动导线或导线插接器。用加热模拟法进行故障诊断时,不可直接加热 ECU 中的电子元器件,加热温度不得高于 80℃。采用加湿模拟方法诊断车辆的故障时,喷淋前应对电子设备予以保护,以免积水锈蚀电子设备,应尽量将水喷到空中,让水滴自由落下,千万不可将水直接喷淋在相关零部件上。

(2)增减模拟方法。在电控系统故障的检测诊断中,针对油路和电路故障常采用增减模拟方法。它是利用油、电路中增减载荷模拟验证油、电路的故障症状,以诊断由载荷(负荷)而引起的故障。一般常用增加模拟方法和减少模拟方法两种增减模拟方法进行检测诊断。

当怀疑故障可能是由于油路载荷过大而引起,而故障症状表现又不明显时,可采用增加法来进行模拟验证,即不断增加油路的载荷,使故障部位和症状充分显示出来,便于进行检测诊断。对于电路中由于用电负荷过大而引起的故障,可以接通车辆所有用电设备,如加热器、刮水器、鼓风机、空调、冷却风扇和前照灯等,在增加负荷的情况下,检查是否发生故障,以便进行检测诊断。

在检测由于局部电路短路引起负荷过大并烧断熔断丝故障时,常采用减少法来模拟诊断。此时只要将各路负载逐一减少,一般就会很快找到短路的故障部位。当某一个局部电路出现短路故障时,通过它的电流就会大大增加。这时如果采用其他方法检测,在检测时间较长时就会导致其他故障(烧坏元器件)。使用减少模拟法诊断,将一部分电路断开,用万用表测量电阻、电压和电流,以此来诊断故障。使用最多的是测量电流,观察总电流的变化,就可以诊断出故障的大致范围,又不致损坏其他电路或电子元器件。如果断开被怀疑的某一电路后,总电流立即降为正常值,则说明故障就在这一电路中。

(3)输入模拟方法。实质上就是怀疑电路中某些元器件有故障,将电路参数(电阻、电压、电流)输入到相关的元器件,进行模拟验证后诊断故障。电阻输入模拟方法、电压输入模拟方法和电流输入模拟方法是三种基本输入模拟方法。

电阻输入模拟方法又称串联法,是以电阻元件代替某些被怀疑损坏的电阻式传感器,进行模拟验证,以便诊断该传感器是否损坏。电压输入模拟方法又称并联法,是以外接电压或用合适的元器件,来代替某些被怀疑损坏的传感器,进行电压信号模拟验证,以便诊断该传感器是否损坏。利用电压信号模拟还可以诊断除传感器以外的其他电子设备性能的好坏。电流输入模拟方法,就是在电控系统的检测诊断中,利用万用表电流挡,给怀疑有故障的电阻式元器件施加电流，即模拟电子元器件工作状态去诊断故障，该方法诊断故障较为精确、实用。

(4)状态模拟法。是在对电控系统检测诊断时，将电子电路中怀疑有故障的元器件某电路状态改变，即将局部电路或某一元器件断电，或在通电状态下进行检测，以此来诊断故障。这种方法优点是不将元器件从电路板上脱焊下来，而直接在电子设备上进行模拟检测。常用的状态模拟检测诊断方法有断电模拟方法和通电模拟方法。

3)确认电控元件故障部位的诊断方法

确认电控元件故障部位的诊断方法主要有模块分割法、静态测试法及动态测试法等几种。

(1)模块分割法。是在维修人员头脑中的分割，它建立在系统分析的基础上。

(2)静态测试法。就是使整个电控系统暂停在某一特定状态，根据逻辑原理，用数字万用表检测怀疑部件的电压、电流及电阻。

(3)动态测试法。是在车辆运行情况下，用示波器或其他仪器测试怀疑器件各点的波形(包括波形幅度、宽度、占空比、形状等)或测试波形频率、个数等，并和正确波形参数比较是否相符，从而找出故障原因及部位。

4)原车故障自诊断系统诊断法

ECU 内部一般都有自诊断电路，能在车辆运行过程中不断监测汽车电控系统各部分的工作情况，并能检测出电控系统中的大部分故障，并将故障以代码的形式存储在 ECU 的存储器内，只要不拆下蓄电池，这些故障码将一直保存在 ECU 内，有些车辆即使拆下蓄电池，故障码也不能清除，只能使用专用的检测设备进行清除。

5)电路检测诊断法

电路检测诊断法是利用万用表或示波器对电路进行测试的方法，即将测得的电阻、电压、电流、数字信号等与正常值比较、分析而做出判断。

利用万用表进行检测诊断，应遵循以下原则：

(1)除在测试过程中特殊指明者外，不能用指针式万用表测试 ECU 和传感器，应使用高阻抗数字式万用表(内阻应大于或等于 10kΩ)或汽车万用表检测诊断。

(2)在用万用表测量电压时，点火开关应处于“ON”位置，蓄电池电压应大于或等于 11V。

(3)在用万用表检查防水型插接器时，应小心取下防水套。表笔插入插接器检查时，不可对端子用力过大。检测时，表笔可以从带有配线的后端插入，也可以从没有配线的前端插入。

(4)在用万用表测量电阻时要在垂直和水平方向轻轻摇动导线，以提高准确性。

(5)在用万用表检查线路搭铁短路故障时，应拆开线路两端的插接器，然后测量插接器被测端子与车身(搭铁)之间的电阻，电阻值大于 1MΩ 为无故障。

(6)在拆卸电控系统线路之前，应首先切断电源，即将点火开关断开(OFF)，拆下蓄电池负极搭铁线(注意具有防盗功能车辆的防盗密码要记住)。

(7)测量两个端子间或两条线路间电压时，应将万用表两个表笔与被测的两个端子或两根导线接触；测量某个端子或某条线路电压时，应将万用表正表笔与被测的端子或线路接触，而将万用表负表笔与搭铁线接触。

6)其他常用诊断方法

(1)替换法。进行故障诊断尤其是电器和电路故障诊断时常用替换法，即采用同规格、功能良好的元件来替换怀疑有故障的元器件。若替换后，故障现象消失，则可说明该部件有故障。

(2)断路法。是将被怀疑的电器或电路连线或插头断开,然后再观察结果,并与未断开时的结果进行比较,或用万用表进行测量分析。这种方法用来检查搭铁十分有效,也广泛用于分析电子电路。

(3)短路法。使用跨接线,将被怀疑的某一器件或某一部分电路短路,观察其结果并与短路前的结果进行比较,或用万用表进行测量分析来诊断故障。

(4)试灯法。就是用带电源或不带电源的测试灯来检查电器和电路故障。对带电源的测试灯,常用于模拟脉冲触发信号等;不带电源的测试灯,常用来检查电器和电路有无断路或短路故障。通过试灯的闪烁情况来判断电控单元的输出控制信号是否正确、电磁阀是否损坏。例如,对电磁阀电路检测常用试灯法。

二 车载故障自诊断系统及其运用

(一)车载故障自诊断系统的基本功能

车载故障自诊断系统(On - Board Diagnostic)简称 OBD。车载故障自诊断系统所有诊断都是自动进行的,不需要专门操作。

1. ECU 对电控系统故障的识别方法

由于汽车电子控制本身就是一个信息处理系统,大多数故障信息包含在系统的各种信号中,因此不需要另设传感器以获得故障信号。只有少数器件(如执行器)故障信息需附加监测回路才能获得。

1)ECU 对传感器故障的识别

(1)电压故障的识别。传感器的输出一般为电压信号,因此通常将传感器输出电压信号作为故障诊断参数。当传感器内部发生短路或断路,或传感器与 ECU 之间的线路发生搭铁或断路时,其输入 ECU 的信号电压将超出正常范围。若 ECU 接收传感器异常电压信号持续超限一定时间后,则将其判为故障,并将对应的故障码存入 ECU 的 RAM 内。

(2)时间型故障的识别。传感器信号电压保持在某一范围时间超过一定时限而被 ECU 辨认为故障的情况。此时,该传感器的诊断参数为信号持续时间。

(3)传感器故障性能不佳的确定。当传感器输出的信号电压在正常范围内,而且从时间上也检查不出其存在故障时,ECU 采用多种推理方法或计算方法进行识别。

2)ECU 对执行器故障的识别

对执行器的故障识别,一般是在 ECU 的驱动电路中增设专用检测回路,监测执行器的工作情况。

3)ECU 本身故障的识别

在 ECU 内,为了实现对自身的监测,也设有相应的监控回路来监测其自身是否存在故障。

2. 故障码的存储和故障处理

1)故障码的存储

不同厂家生产的汽车,故障码存储方式是不同的。一般有两种形式:一种是存储故障码的随机存储器(RAM)直接与蓄电池相连,除非断开蓄电池或有专门的连接电路,否则故障码可在 ECU 中长期保存;另一种是随机储存器(RAM)与点火开关相连,故障码在 ECU 内只能短期保存，断开点火开关后故障码随即消失。

2）故障处理

ECU监测到故障之后，一方面存储故障信息，并用故障指示灯通知驾驶员；另一方面采取相应措施：当故障是轻微的（指不直接导致车辆停驶或行驶不安全），由ECU进行调控，或支援、或改变控制程序、或将某传感器的信号直接设定为一固定值，以保证汽车能行驶（当然此时汽车性能将受到一定程度影响）；重大故障时（这通常发生在执行器故障或与此相关的控制电路故障），故障自诊断系统立即请求ECU中断该系统或相关系统的工作。当ECU监测到防抱死制动系统（ABS）故障时，ECU立即中止该系统工作，而进入简单的传统制动工作状态，以确保汽车行驶安全；点火监视回路连续6次监测不到点火正常反馈信号IGf，故障自诊断系统立即请求ECU切断汽油喷射系统电源，使喷油器停止喷油，以保护三元催化转化器。

（二）OBD-Ⅰ车载故障自诊断系统

1. OBD-Ⅰ车载故障自诊断系统简介

美国加州大气资源局规定OBD-Ⅰ必须符合下列要求：仪表板上必须设置有"故障指示灯"（MIL），以提醒驾驶员注意特定的车辆系统已发生故障（通常是与废气控制相关的系统）；系统必须有记录/传输相关废气控制系统故障码的功能；电器元件监控必须包括氧传感器、废气再循环（EGR）阀、燃油蒸发排放控制系统（EVAP）。

当初加州大气资源局制定OBD-Ⅰ的用意是减少车辆废气排放，以及简化维修流程。但由于OBD-Ⅰ规格不够严谨，它遗漏了三元催化转化器的转化效率监测，以及燃油蒸发排放系统的泄漏监测，再加上OBD-Ⅰ的监测线路敏感度不高，等到发觉车辆有故障再进厂维修时，事实上已排放大量废气。

2. OBD-Ⅰ车载故障自诊断系统的运用

OBD-Ⅰ是由各汽车制造厂家自行开发的，车辆的生产厂家、车牌不同，其故障检测诊断插座、故障码的位数和含义、故障码的读取方法、故障诊断的内容也千差万别。其故障码的读取既可以用人工方法进行，也可以利用故障检测仪进行，数据流功能较弱。

（三）OBD-Ⅱ车载故障自诊断系统

1. OBD-Ⅱ车载故障自诊断系统简介

1994年，美国汽车工程师协会（SAE）在OBD-Ⅰ标准基础上，统一了故障码和软硬件结构，制定了一套标准规范，即第二代车载故障自诊断系统（OBD-Ⅱ）。美国环保局及美国加州大气资源局认证通过这一标准，并要求各汽车制造厂依照OBD-Ⅱ的标准提供统一诊断模式及统一诊断座，只要一台检测仪即可对各种车辆进行诊断检测。

OBD-Ⅱ具有特别监测发动机电控系统和排放系统部件的能力。如果某汽车排放量超过该车型按美国联邦试验规程（FTP）测试年度允许标准值的1.5倍时，其OBD-Ⅱ故障指示灯就会自动点亮；倘若某部件或ECU控制策略出了问题，导致排放量超过这个水平，也会自动点亮故障指示灯。同时与故障对应的故障码自动存入ECU的随机存储器中。

2. OBD-Ⅱ系统硬件

与非OBD-Ⅱ系统硬件相比，OBD-Ⅱ硬件系统增加或改变了以下硬件。

1）增加了一个加热型氧传感器

在三元催化转化器下游增加了一个加热型氧传感器(HO_2S),安装在三元催化转化器下游的加热型氧传感器就是用于监视三元催化转化器,减少废气中有害物效率大小的监测器。当三元催化转化器的效率变小到一定程度后,故障指示灯就会自动点亮,同时相关故障码(DTC)自动存入 ECU 中。

2)采用数据线和 16 引脚数据插接器(DCL)

OBD-Ⅱ使用规则要求数据插接器(DCL)必须采用 16 引脚数据插接器,且必须装在乘客视野外的汽车客舱内。OBD-Ⅱ的数据插接器具有数值分析资料传输功能,资料传输线有两个标准:ISO 标准(INTERNATION STANDARDS ORGANIZATION 1941 -2)引用 OBD-Ⅱ数据插接器的 7 号和 15 号引脚传输数据;SAE 标准(SAE J1850)利用 2 号和 10 号引脚。16 号引脚直接接蓄电池正极。

3)采用快存式电可擦除可编程只读存储器(FEEPROM)

FEEPROM 是带 OBD-Ⅱ的 ECU 内部的一个集成电路芯片。芯片中包含了 ECU 用于动力控制的程序。若需对 ECU 中控制策略进行修改,不必更换 ECU,也无须将这种芯片从 ECU 上拆下来,可采用维修诊断系统通过数据插接器对 FEEPROM 重新编程。

3. OBD-Ⅱ的工作原理

OBD-Ⅱ诊断执行器的废气系统监测器最多可进行 7 项废气系统的监测,另外可测试的第 8 项系统称之为综合元件监测器(CCM),综合元件监测器用来监测包括发动机控制系统的各传感器,OBD-Ⅱ诊断执行器的监测功能如图 2-1-115所示。

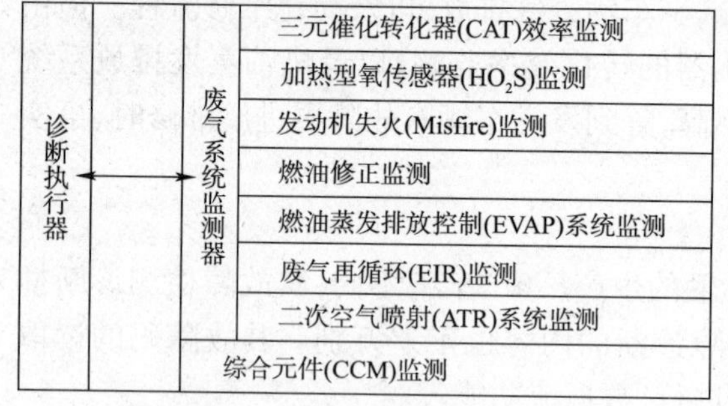

图 2-1-115　诊断执行器的八项监测功能

1)三元催化转化器效率检测

OBD-Ⅱ的三元催化转化器效率检测,必须使用位于三元催化转化器下游加装的第二个加热型氧传感器(HO_2S)——三元催化转化器效率监测传感器。当三元催化转化器工作正常时,它能正常地储存氧气,下游氧传感器给出 HO_2S 电压信号变动频率比较低,如果三元催化转化器工作不正常,下游氧传感器给出电压信号的频率就会升高,所以位于三元催化转化器上游的氧传感器的变动频率应远远高于下游的氧传感器。

2)发动机失火(Misfire)监测

如果某个汽缸的汽缸压力不足、喷油控制不精确、喷油雾化不良或者点火不良等,混合气在汽缸中燃烧时就会导致发动机失火(Misfire)。假如某个汽缸失火,则未燃烧的碳氢化合物(HC)从汽缸内排出,进入三元催化转化器。当三元催化转化器把这些过多的 HC 转化成二氧化碳(CO_2)和水时,三元催化转化器的工作负荷增大,出现过热现象,加速三元催化转化器的失效。OBD-Ⅱ加设失火监测器的目的就是监测失火(燃烧不良)汽缸,一旦发现某缸连续数次未点燃,ECU 根据发动机的即时工况,采取不同处理措施。

(1)发动机失火监测的原理。OBD-Ⅱ失火监测器的工作原理是通过测出每个汽缸对发动机功率的贡献来判定每缸是否点燃。如果某汽缸正常点燃,那它就能提供正常的动力,与发火汽缸对应的曲轴加速度符合规定值;反之,若汽缸失火,就不能向发动机提供正常的动力,与该汽缸对应的曲轴加速度将下降。由此可见，只需测出某一时刻的曲轴加速度，并与失火监测器内的曲轴加速度标准值相比较，就能判定这一时刻所对应的汽缸是否正常点燃。

另外，ECU 利用曲轴位置传感器和凸轮轴位置传感器的信号便可以监测发动机哪个汽缸存在失火现象。

(2)发动机失火故障的处理措施。如果发动机在 200r/min 状态下，某缸失火率在 2% ~ 20%，监测器便认为该缸失火过度——甲类失火。在这种情况下，ECU 会切断供给失火汽缸的燃油，以限制三元催化转化器的发热。在这种工况下，ECU 最多同时关闭两个失火汽缸的喷油器。不过，当发动机大负荷运行时，即使发生上述情况，ECU 也不关闭失火汽缸的喷油器。如果失火监测器已检测出一个甲类失火，而 ECU 还未关闭喷油器，MIL 灯就开始闪亮；当失火监测器检测出一个甲类失火并且 ECU 已经关闭喷油器时，MIL 灯将连续点亮。

如果发动机在 1000r/min 状态下，某汽缸的失火在 2% ~3%，监测器便认为该缸失火过度——乙类失火。不过，这种程度的汽缸失火不会导致三元催化转化器过热，但会引起排放量增加。

3)燃油修正监测器

燃油修正监测器用于检查 ECU 工作在闭环状态时的短期燃油修正(ST – Fuel Trim，简称 SFT，以前称为积分器 Integrator)和长期燃油修正(LT – Fuel Trim，简称 LFT，以前称为区域学习 Block Learn)。短期燃油修正依据氧传感器信号来快速地增减喷油时间，当短期燃油修正值超出 ±10% 一段时间后，长期燃油修正即以新的供油时间来取代 ECU 内定的供油时间(学习)。这两组修正值在 ECU 中分别设有修正的上/下限，以避免学习过度而造成车辆性能不良的现象，OBD-Ⅱ设定的上/下限约在 20% 之间，当修正值超出限制时，ECU 即设定故障码。

4)综合元件监测

在 OBD-Ⅱ系统中，综合元件监测器主要监测发动机各主要传感器和执行器。监测传感器的输入通过两种策略，一种是通过用模数转换器检查模拟输入信号来确定某些输入设备的电气故障或超限值，另一种是运用推理性方法检查输入信号是否正确。监测执行器的输出也采用两种策略，一种是监测执行器的电压，另一种是通过自学习反馈监测来完成。

4. OBD-Ⅱ系统的故障码

1)OBD-Ⅱ故障码的分类

OBD-Ⅱ系统的故障码形式分为 A、B、C、D 四种。A 型故障码发生一次影响废气排放的故障后，诊断执行器随即点亮故障指示灯，如甲类失火(Misfire)故障。B 型故障码在连续两次行驶循环中都发生相同的故障，此时 ECU 即点亮故障指示灯。C 型故障码在一次行驶循环中发生不影响废气排放的故障时，诊断执行器即点亮故障指示灯并设定故障码。D 型故障码在连续两次行驶循环中发生不影响废气排放的故障时，诊断执行器即点亮故障指示灯并设定故障码。例如：失火监测器将在失火首次出现时就使故障指示灯点亮。而被三元催化转化器效率监测器检查出的故障却需在三个行驶循环中都出现才点亮故障指示灯。

2)OBD-Ⅱ统一的故障码标准

SAE 将 OBD-Ⅱ故障码用一个字母和四位数字组合而成，第一个为英文字母，代表测试系统，如 B 代表车身系统(BODY)，C 代表底盘系统(CHASSIS)，P 代表发动机变速器系统，即动力控制总成(POWERTRAIN)，U 代表车载网络。

(四)OBD-Ⅲ车载故障自诊断系统

在采用 OBD-Ⅱ的电子控制系统中,每一个 ECU 都是相对独立的。在维修过程中诊断仪器要分别进入到发动机、变速器、ABS、防盗等 ECU 中去读取故障码和有关数据。而在OBD-Ⅲ中,所有的 ECU 都通过数据总线插接。因此,OBD-Ⅲ ECU 也能利用数据总线同时监控其他 ECU 的故障码和数据,检查车辆的技术状况是否符合环保要求。

如果从环保角度来说,采用 OBD-Ⅲ就是在 OBD-Ⅱ的基础上加 I/M(检查与维护),其主要目的就是使汽车的检查与维护合一,配合环保上的要求。

OBD-Ⅲ系统主要利用小型车载无线收发系统,通过无线蜂窝通信、卫星通信或 GPS 系统将车辆的 VIN、故障码及所在位置等信息自动通告管理部门,管理部门根据该车辆排放问题的等级,对其发出指令,包括去何处维修的建议、解决排放问题的时限等。在法律允许的前提下,对超出时限的车辆发出禁行密码指令。

OBD-Ⅲ系统不仅就车辆排放问题向驾驶员发出警告,而且还能对不接受警告者进行应有的惩罚。

在 OBD-Ⅲ中,发动机、变速器、ABS、防盗、动力转向等各个 ECU 都必须连接在一起,OBD-Ⅲ对所有的系统都进行规划。

三 典型故障分析方法在汽车故障诊断中的应用

(一)故障码分析及在汽车故障检测诊断中的应用

1. 故障现象和故障码的相互关系

车载故障自诊断系统显示的故障码有两重性:一是“自生故障”,替换被读码诊断的零件后即可排除;另一种是“他生故障”,是由其他因素影响而产生的,很容易造成误诊断,需要采用读码配合系统原理分析,并了解故障码与故障现象的相互关系,方能准确判断。

故障码所覆盖的内容,是 ECU 直接控制的输入和输出相关元件(如电动汽油泵的继电器),非直接控制的电控元件的好坏,只能通过现象来判断故障(如电动汽油泵)。因此故障码和故障现象之间也存在因果关系和非因果关系。

1)有故障码,却无故障现象

车辆在运行中曾经发生过轻微的、瞬时的偶发性间歇故障,很快又恢复正常,会导致汽车电控单元内无故障码储存,却有故障现象。例如:偶发性断火故障,瞬时断油故障;瞬时外界电磁波干扰故障;瞬时误操作又改正的故障;相关电子元件偶发性影响的故障等,对于此类问题,在进行故障检测的过程中,能读出故障码,但启动发动机后故障指示灯熄灭。

在大众/奥迪车系中,读出的故障码后面带“/SP”,说明故障码为偶发性故障码;在通用车系中,明确划分为“当前故障码”和“历史故障码”。

2)有故障现象,却无故障码

凡不受 ECU 直接控制的电子元件、机械元件或电控元件,因未超出值域和时域范围的,有故障现象,但无故障码。例如:电动燃油泵油压偏低时,有怠速不稳和加速不良的故障现象,但无故障码。这类故障往往是由于器件老化,输出特性发生变化,使信号偏离标准信号产生。

3)线路有故障,也不设故障码

在电控系统中，车载故障自诊断系统可以监测电路系统中存在的故障（断路或短路），但是，ECU 并不是监测汽车上的每一条线路，而有些线路即使发生相关故障，ECU 也不记录故障码。

2. 故障码分析的基本原则

1）充分发挥故障码表的功能

标准故障码的重要性在于每个汽车制造商的每种车型都要使用相同的故障码来定义同一故障。OBD-Ⅱ要求所有的故障码都必须按优先级储存。具有高优先级的故障码优于低优先级的故障码。高优先级的故障码在故障第一次发生故障时就被设置，且立即点亮故障指示灯，优先级较低一些的故障码是那些当故障第一次出现时就会被设置的故障码，但此时故障指示灯并不亮，只有当故障第二次发生时，故障指示灯才会点亮。对于发动机电控系统而言，最低优先级的故障码是与排放系统无关的一些故障。

2）仔细阅读故障码指示元件或系统的电路图说明

各个车型的维修手册在对故障码进行分析的时候，均会给出该故障码指示元件或系统的电路，在进行故障码诊断的时候，一定要仔细阅读该电路，该电路中出现的元件、线路、供电、搭铁出现问题均会导致该故障码的出现。

3）明确故障码的运行和设置条件

在故障码设计的时候，汽车设计人员设定每个故障码均有一个条件，即"在条件……下，如果……，便设置故障码……"，这里的故障码运行和设置条件对维修技术人员正确分析故障码非常有帮助。如果任一设定故障码的条件不满足，ECU 即使发现传感器信号不正确也不记录故障码，或者记录的故障码是错误的。

另外，ECU 在设置故障码时，ECU 是在一定的参数环境下，将某传感器的参数值和预计值进行比较判定是否设置故障码的，所以如果设置该故障码的参数环境发生错误，即使被考察的传感器参数正确，ECU 也同样判定该传感器错误而"错误地"记录该传感器的故障码。这一点维修人员一定要注意。

4）详细了解设置故障码之后的应急保护措施

ECU 在记录了某个故障码之后，为了维持车辆的基本功能，往往会采取一定的应急保护措施，这就是通常所讲的故障保护模式。不同的故障码，ECU 将根据故障性质采取不同的应急保护措施，详细了解各个故障码下的应急保护措施，将有助于快速根据故障码确定故障部位。ECU 记录不同的故障码后采取的应急保护措施是不完全一样的。

5）严格执行维修手册提供的故障码诊断流程

车型维修手册中，对于每个故障码均给出了一个标准的故障码诊断流程，该流程是技术人员总结和分析各种导致该故障码产生的可能性，经过优化之后给出的，严格执行故障码诊断流程可以避免故障诊断中缺、漏项目。

6）正确理解故障码的含义

每个故障码均有一个含义，但是同一个故障码，不同的人对故障码含义的理解并不完全一样，如果不能完全理解故障码的含义，即使是读出故障码，故障也无法得到迅速排除。

例如上海通用别克君威轿车中给出的故障码 P0300 的含义是"检测到发动机缺火"。在很多维修技术人员头脑中往往将"火"理解为"点火"，所以在进行故障诊断时往往将检测的重点放在点火系统中,什么火花塞、分缸线、点火线圈,但是发现将点火系统的元件全部更换,故障依然无法解决。究其原因,是对该故障码的理解有误。在英文中其实是"Misfire","mis"大家都能理解,是"缺失"、"丢失"的意思,但是"fire"并不是点火,而是"燃烧"的意思,这样"Misfire"的真正含义便是"汽缸中的可燃混合气燃烧不良或者没有燃烧"。当然点火系统的元件损坏,肯定会导致"汽缸中的可燃混合气燃烧不良或者没有燃烧",但是除了点火系统之外,汽油压力低、喷油器堵塞或雾化不良、喷油器线路故障、机械故障导致的汽缸压缩压力不足等原因均会导致"汽缸中的可燃混合气燃烧不良或者没有燃烧"。

7)充分考虑故障码指示部位所处的环境

故障码往往会指示某个元件有故障,在故障排除的过程中,维修人员往往将故障检测的注意力放在该元件本身、线路和 ECU 上,其实在故障维修过程中,一定要考虑该元件所处的工作环境对故障的影响,否则即使是出现了故障码,故障也无法排除。

8)查看记录故障码时的冻结数据祯

OBD-Ⅱ的主要目的就是在将来使汽车排放故障和工作性能故障的诊断工作更加简单和统一。法规规定要求任何使故障指示灯点亮的发动机工况都应该被捕捉并记录下来,这些被捕捉的数据被称作冻结数据帧数据。冻结数据帧或称信息捕捉(快照)是 OBD-Ⅱ中增加的一个强制性功能,可以捕捉某一时间的一些特定的数据,这是系统在点亮故障指示灯(MIL)的同时记录所有传感器和执行器数据的一种能力。

由于失火(misfire)故障和燃油修正故障的数据优先于任何其他故障的数据,所以冻结数据帧数据只能被失火(miSfire)故障和燃油修正故障的数据所覆盖。否则,冻结数据帧数据不会被清除,除非相关的历史故障码被清除。

(二)数据流分析及在汽车故障检测诊断中的应用

数据流是 ECU 对所控制的系统正运行的控制状态的数量表现形式。数据流分析是运用各种测试手段对电控系统的各类相关数据参数进行综合分析的过程。

1. 数据显示方式和测量手段

1)数据显示方式

数据显示是对 ECU 串行数据参数的数字表示方式,它对开关量(或称为数字量或非连续性)参数可以精确地描述出状态的变化,但是对模拟量参数特别是高速变化的模拟量因串行输出的原因,只能间断地反映出某个数据参数值的变化,特别是当串行数据较多而刷新速率较慢时,显示不够精确。波形显示是对数据参数的连续性图形表示方式,它对开关量和模拟量参数都可以精确描述。

2)数据测量手段

数据参数的测量手段是获取数据值的具体途径,数据流通常采用电脑通信方式进行测量。电脑通信方式是通过电控系统在数据插接器(诊断座)中的数据通信线将 ECU 的实时数据参数以串行的方式传送给故障检测仪。在数据流中包括故障码的信息、ECU 的实时运行参数、ECU 与故障检测仪之间的相互控制指令。故障诊断仪有两种,一种称为扫描仪,另一种称为专用诊断仪。

专用故障检测仪是汽车生产厂家的专业测试仪,它除了具备扫描仪的各种功能外,还有参数修改、数据设定、防盗密码设定、更改等各种特殊功能。

2. 数据流常用分析方法

数据流常用的分析方法有数值分析法、时间分析法、因果分析法、关联分析法、比较分析法等。

1）数值分析法

数值分析是对数据的数值变化规律和数值变化范围的分析，即数值的变化，如转速、车速、故障检测仪读取值与实际值的差异等。

例如在进行 ABS 的测试时，应注意观察四轮的轮速信号值（对四轮 ABS），在未施加制动时，四轮轮速在正常情况下应基本一致，在施加制动但 ABS 功能尚未起作用时，四轮轮速会出现不一致，而一旦 ABS 功能起作用，四轮轮速将趋于一致，否则表示制动系统或电控系统可能存在故障。

测量发动机数据流通常是在发动机怠速工况及转速 2000r/min 无负荷工况下进行。对于发动机不能启动（启动机工作正常），在读取数据流时首先应注意发动机的转速信号，因大多数发动机电控系统在对发动机进行控制时，都必须知道发动机的转速，否则，将无法确定发动机是否在转动。

2）时间分析法

时间分析是对数据变化频率和变化周期的分析。ECU 在分析某些数据参数时，不仅要考虑传感器的数值，而且要判断其响应的速度，以获得最佳的控制效果。如氧传感器的信号，不仅要求有信号电压和电压的变化，而且信号电压的变化频率在一定时间内要超过一定的次数，当小于此值时，就会产生故障码，表示氧传感器响应过慢。对采用 OBD-Ⅱ系统的车，三元催化转化器前后氧传感器的信号变化频率是不一样的。通常后氧传感器的信号变化频率至少应低于前氧传感器的一半，否则可能是三元催化转化器的转化效率已减低了。

3）因果分析法

因果分析是对相互联系统的数据间响应情况和响应速度的分析。在各个系统的控制中，许多参数之间有因果关系。如 ECU 得到一个输入，肯定要根据此输入给出一个输出。在认为某个过程有问题时，可以将这些参数连贯起来观察，以判断故障出现在何处。

4）关联分析法

关联分析是对互为关联的数据间存在的比例关系和对应关系统的分析（指几个参数之间逻辑关系）。ECU 有时对故障的判断是根据几个相关传感器信号的比较，当发现它们之间的关系不合理时，会给出一个或几个故障码，或指出某个信号不合理。此时一定不要轻易地断定是该传感器不良，而要根据它们之间的相互关系做进一步的检测，以得到正确的结论。

5）比较分析法

比较分析是对相同车型及系统在相同条件下的相同数据组进行的对比分析。例如发动机存储有故障码 P1151、P1152 时，其含义是长期燃油修正过稀，或长期燃油修正值超差。

长期/短期燃油修正是通过 ECU 改变喷油器喷油脉宽以保持发动机的空燃比尽量接近 14.7:1。短期燃油修正和长期燃油修正之间重要的差别是前者表示短时期的小变化，而后者表示长时期的较大变化。

当发动机处于闭环状态时，短期燃油修正将对空燃比进行小的、临时的修正。短期燃油修正的数值用 -100% ~ +100% 的百分比表示，中间点为 0%。如果短期燃油修正的数值为

0%,则表示空燃比为理想值14.7:1,混合气既不太浓,也不太稀;如果短期燃油修正显示高于0%的正值,则表示混合气较稀,ECU在对供油系统进行增加喷油量的调整;如果短期燃油修正显示低于0%的负值,则表示混合气较浓,ECU在对供油系统进行减少喷油量的调整。

如果混合气过稀或过浓的程度超过了短期燃油修正范围,这时就要进行长期燃油修正。长期燃油修正值是由短期燃油修正值得到,并代表了燃油偏差的长期修正值。如果长期燃油修正显示0%,表示为了保持ECU所控制的空燃比,供油量正合适;如果长期燃油修正显示的是低于0%的负值,则表明混合气过浓,喷油量正在减少(喷油脉宽减小);如果长期燃油修正显示的是高于0%的正值,则表明混合气过稀,ECU正在通过增加供油量(喷油脉宽增大)进行补偿。长期燃油修正的数值可以表示动力控制模块已经补偿了多少。

供油量变化可以通过故障检测仪进行监视长期和短期燃油修正值表示出来,理想的燃油修正值接近0%。如果加热氧传感器信号指示混合气过稀,动力系统控制模块将增加喷油脉宽,使燃油修正值稍稍高于0%;如果检测到混合气过浓,燃油修正值将稍稍低于0%,表示动力系统控制模块正在减少供油量。动力系统控制模块控制长期燃油修正的最大值在-25%~+20%,动力系统控制模块控制短期燃油修正的权限在-27%~+27%。短期燃油修正是ECU对喷油量过多或过少的实时反馈,长期燃油修正是ECU对喷油量总结的规律。

6)成组分析法

所谓成组分析就是将相关的几个数据组成一组,通过观察相互之间的比例关系或者协调性进行数据分析的一种方法。

(三)波形分析及在汽车故障检测诊断中的应用

1.电子信号分析

电控系统在整个过程中,都是以电子信号的形式进行数据传输的,因此,只要能够检测出在车辆运转过程中相关数据传输的波形,通过观察波形便可以得知系统的工作是否正常,从而判断故障所在。示波器就是用电压随时间变化的图形来反映一个电子信号,示波器所显示的实际是根据电压信号随时间的变化所描绘的曲线图。

1)电控系统电子信号类型

对于电控系统而言,其电子信号一般有直流(DC)信号、交流(AC)信号、频率调制信号、脉宽调制信号、串行数据(多路)信号五大类型,也称为电子信号的"五要素"。

(1)直流(DC)信号。在汽车电控系统中产生直流(DC)信号的传感器或电源装置有:蓄电池电压或ECU输出的传感器参考电压;发动机冷却液温度传感器、燃油温度传感器、进气温度传感器、自动变速器油温度传感器、滑变电阻型节气门位置传感器,叶片式或热线式空气流量传感器和节气门开关等。

(2)交流(AC)信号。在汽车电控系统中产生交流(AC)信号的有:车速传感器(VSS)、磁脉冲式曲轴位置(CKP)和磁脉冲式凸轮轴位置(CMP)传感器等。

(3)频率调制信号。在汽车电控系统中产生频率调制信号的有:数字式空气流量传感器、数字式进气歧管绝对压力传感器、光电式车速传感器(VSS)、霍尔式凸轮轴位置(CKP)和霍尔式曲轴位置(CKP)传感器等。

(4)脉宽调制信号。在汽车电控系统中产生脉宽调制信号的电路或装置有:点火线圈初级、电子点火正时电路、废气再循环控制(EGR)阀、排气净化电磁阀、蜗轮增压电磁阀和其他控制电磁阀、喷油器、怠速控制电动机、怠速控制电磁阀等。

(5)串行数据(多路)信号。电控单元具有故障自诊断功能以及其他串行数据传输能力，而串行数据信号由发动机ECU、车身控制模块或其控制模块产生。

2)电子信号的判定依据

(1)幅值。电子信号的幅值是指电子信号在一定点上的即时电压，也表示波形的最高和最低的差值。示波器对直流信号的判定性度量是幅值。

(2)频率。电子信号的频率是指信号的循环时间，即电子信号在两个事件或循环之间的时间，一般指每秒的循环数(H_Z)，也表示每秒的波形周期数。

(3)脉冲宽度。电子信号的脉冲宽度是指电子信号所占的时间或占空比。

(4)形状。电子信号的形状是指电子信号的外形特征，它的曲线、轮廓和上升沿、下降沿等。

(5)阵列。电子信号的阵列是指组成专门信息信号的重复方式，例如第1缸传送给发动机ECU的上止点同步脉冲信号，或传给故障检测仪的有关冷却液温度是210℃的串行数据流等。

2. 示波器

示波器上所显示的图形实际是根据电压信号随时间的变化所描绘的曲线图。示波器用电压随时间的变化图像来反映一个电信号，它显示电信号比万用表更准确、更形象。

示波器按照工作原理可分为数字式示波器和模拟式示波器，按照可以同时测量信号的数量可以分为单通道示波器和多通道(双通道及双通道以上)示波器。单通道示波器每次只能测量和显示一个信号的波形，比较适用于观察单一信号的各个参数，但是当需要将多个信号的波形同时测量和显示时，便无能为力了，不能进行信号的比较分析；多通道示波器除了具备单通道示波器的全部功能之外，可以同时测量和显示两个或多个信号的波形，便于对波形进行比较分析，对分析车辆的故障非常有利。

示波器中电压比例是指每格垂直高度代表的电压值；时基是指每格水平长度代表的时间值；触发电平是指示波器显示时的起始电压值；触发沿是指示波器显示时的波形上升或下降沿。

3. 传感器波形分析方法

下面以磁脉冲式曲轴位置传感器的波形分析为例介绍波形分析方法。

正常的磁脉冲式曲轴位置传感器的波形应该是形状相同、幅值相等、连续的脉冲图形，并且与曲轴的转速成正比。图2-1-116所示为两种磁脉冲式曲轴位置传感器的故障波形，图2-1-116a)所示故障波形为齿槽中填有异物所造成的，图2-1-116b)所示故障波形是传感器触发轮安装不当造成的。

4. 执行元件波形分析方法

下面以喷油器波形为例介绍执行元件波形分析方法。

喷油器的控制有饱和开关型、峰值保持型、脉冲宽度调制型和PNP型4种基本类型，不同类型的喷油器产生的波形不同。

连接示波器，启动发动机，以2500r/min的转速保持2~3min，直至发动机完全热机，同时使空燃比反馈控制系统进入闭环控制状态(通过观察示波器上氧传感器的信号确定这一点)。关掉空调和所有附属电气设备,将换挡操纵手柄置于停车挡或空挡,缓慢加速并观察在加速时喷油器的喷油持续时间的相应增加状况。饱和开关型(PFI/SFI)喷油器波形及分析如图 2-1-117 所示。

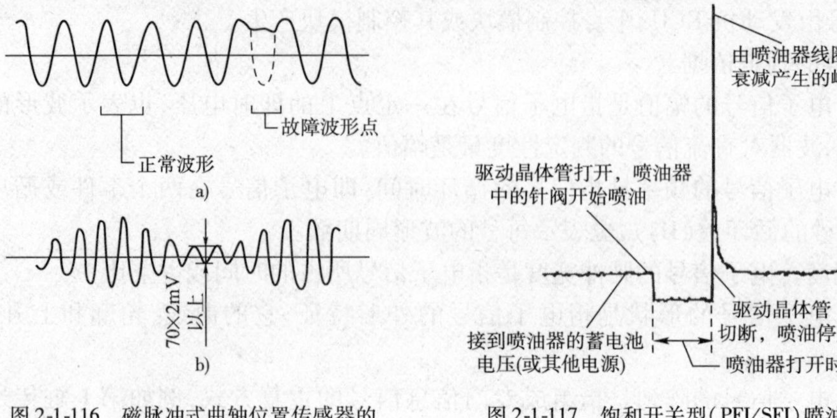

图 2-1-116 磁脉冲式曲轴位置传感器的故障波形

图 2-1-117 饱和开关型(PFI/SFI)喷油器的波形及分析

人为造成真空泄漏,使混合气变稀,如果系统工作正常,喷油器喷油持续时间将延长(这是由于排气管中的氧传感器此时输出低的电压信号给发动机 ECU,试图对稀的混合气进行修正的结果)。人为造成真空泄漏,然后观察喷油器喷油持续时间的变化时,如果发现喷油持续时间不发生变化,则氧传感器可能损坏。

5. 波形分析方法在汽车故障诊断中的应用

下面以点火波形在喷油器故障诊断中的应用为例来说明波形分析方法在汽车故障诊断中的应用。

喷油器堵塞会导致车辆出现轻微怠速不良、严重怠速不良以及有负载时失火(misfire)等现象。哪个汽缸的喷油器堵塞,则该缸的混合气就较稀,从而出现失火(misfire),严重的情况下 ECU 有可能会记录下相应汽缸失火(misfire)的故障码。

在发动机怠速运转的情况下,利用点火示波器检测发动机次级点火波形,根据次级点火波形可以判断喷油器是否堵塞。从图 2-1-118a)可以看出,与其他汽缸的次级点火波形相比,第 3 缸的次级点火波形的点火线比其他汽缸的高得多,因此可以推测出,它的火花线比其他的会明显地短;第 3 缸的火花线存在明显向上的斜度,以至在火花塞最后被击穿时(箭头所指处),火花线几乎到达第 4 缸点火线的高度。点火线表示火花塞间隙上形成电弧所需要的电压,火花线表示火花持续时间或者说火花塞形成电弧的实际时间,无论什么时候,点火线越高,火花线就越短,反之亦然。众所周知,可燃混合气稀是延长点火线和缩短火花线的原因之一。因此,可燃混合气过稀会导致火花线向上倾斜。通常情况下,汽缸内的混合气越稀,火花线就越陡;混合气过稀也导致异常的粗糙、锯齿状或奇怪的火花线。图 2-1-118 所示的次级点火波形充分表明了第 3 缸可燃混合气过稀,这可能是由于喷油器被堵塞而导致的。可燃混合气过浓时的次级点火波形将产生与过稀相反的情况——点火线降低,火花线延长并向下倾斜。

(四)真空度分析及在汽车故障检测诊断中的应用

1. 进气系统密封性的检测方法和比较

进气系统密封性的好坏和点火性能的好坏以及空燃比的大小,是影响汽油发动机性能好坏的三大要素。检测进气系统密封性常用的方法有汽缸压缩压力检测法、汽缸漏气量(或漏气率)检测法、曲轴箱窜气量检测法和进气管真空度检测法等。

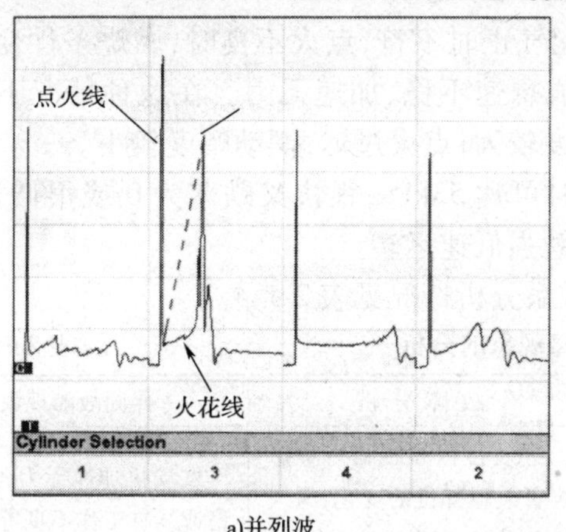

a)并列波

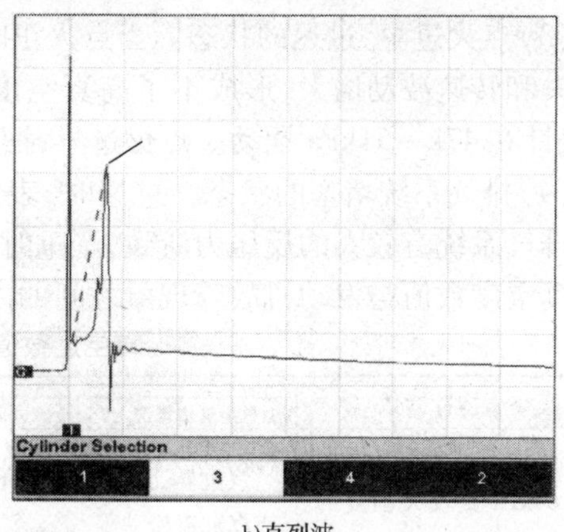

b)直列波

图 2-1-118　第 3 缸喷油器堵塞时的次级点火波形

进气管真空度检测法不仅可以检测汽缸内部的密封部位，还可以检测汽缸外部管路的密封情况。利用真空表对进气管真空度进行检测，不仅能判定进气系统密封性的好坏，而且还可以检测点火性能好坏和空燃比大小等发动机工作状况。

2. 进气管真空度及其与发动机工作状况的关系

由于现代汽车发动机在结构上存在着很大的差异，所以，进气歧管真空度的大小及稳定性就和发动机的结构和性能(进气系统密封性、发动机转速、汽缸数量等)，点火系统工作性能，可燃混合气品质(空燃比的大小)有着密切联系，并与它们的变化成正比关系。另外，进气歧管真空度还受节气门开度的影响，并与其成反比。进气管真空度是各汽缸连续吸气时，对进气管形成的负压总和。

3. 进气管真空度检测法的功能和机理分析

1)进气管真空度检测法的功能

利用进气管真空度检测法可以实现判断进气系统密封性，判断排气系统有无堵塞，判断空燃比的大小，判断点火性能的好坏等功能。

2)故障机理分析

在不同的发动机转速下，可检测到不同数值的进气歧管真空度。就大多数汽油发动机而言，在正常怠速状态下运转时，如果各系统均工作正常，则真空表指针应稳定在 64k ~ 71kPa，如果在迅速开闭节气门时，真空表指针在 7k ~ 85kPa 灵活摆动，这表明进气歧管真空度对节气门开度的随动性较好，同时，也说明发动机各系统(特别是进气系统的密封性)工作良好。假如发动机存在故障(特别是机械故障中的密封性变差)就会出现与上述数值不同的进气歧管真空度，这表明发动机存在故障。

(1)密封性能正常状态。怠速时，表针应稳定在 64k ~ 71kPa(摆动幅度的大小和快慢与密封性能和点火性能的好坏以及空燃比的大小有关)。迅速开闭节气门时，表针在 7k ~ 85kPa 量程间摆动为好，这说明进气管真空度随节气门开度变化的灵敏度和随动性好，意味着各工况密封性好。

(2)密封性能差的状态。怠速时,进气管真空度低于正常值,且表针明显不稳定。迅速打开节气门时,表针会跌落到 0 处;关闭后也回不到 85kPa 处。

(3)点火过早、过迟的状态。当点火正时和配气正时不符、点火不良时,燃烧条件变坏,功率损失和转速波动增大,形成不了高真空度,造成怠速不稳、加速无力。在这种情况下,怠速时,表针在 47k～51kPa 摆动。点火过早,摆动幅度较大;点火过迟,摆动幅度较小。

(4)排气系统堵塞的状态。怠速时,表针有时可达 53kPa,很快又跌落为 0 或很低。这是因为排气系统有较大的反压力所致,严重时只能勉强低速运转。

真空度数值与发动机故障现象之间的内在联系分析情况见表 2-1-4。

真空度数值与故障现象的分析 表 2-1-4

真空表指针读数	故障原因	故障分析	伴同故障现象
怠速时,真空表指针在 17k～64kPa 做较大幅度的摆动	汽缸盖、汽缸垫密封不良或汽缸盖松动等	进气行程和压缩行程影响着故障部位的变化,漏气量较大时,真空度波动较大	发动机加速无力,运转不稳或某缸工作不良等现象
发动机怠速运转时,真空表指针低于正常值,急速打开节气门时,真空表指针也会随之快速下降至零	活塞与汽缸间隙增大,活塞环密封性变差,或有严重的拉缸现象等	活塞与汽缸之间密封性不良,使真空度下降,汽缸压缩压力下降,影响了发动机的动力性	发动机动力性下降,严重时会出现烧机油或排气管冒蓝烟现象
怠速时,真空表指针下降 7kPa 左右,摆动幅度不大	气门间隙过小,气门、气门座烧蚀关闭不严,所门或气门座工作面积炭过多	气门关闭不严,导致压缩行程时压缩压力下降	如果进气门漏气会出现回火,如果排气门漏气则会出现排气管放炮现象
发动机怠速运转时,真空表指针在 45k～60kPa 摆动,但波动不明显	气门弯曲轻微卡滞或气门导管磨损并与气门的配合出现摆动	由于气门在工作中经常摆动,漏气部位不定且漏气量不大,故真空表指针摆动不明显	故障症状不明显,有时会出现发动机无力现象
怠速运转时,真空表指针在 35k～75kPa 摆动,且变化速度较慢,当发动机高速运转时,摆动幅度明显增加	气门弹簧弹力减弱,导致气门关闭不严	怠速时,对进气量的影响不太明显,但发动机高速时,则由于进气量的不足而使真空度出现剧烈的变化	发动机低速和中速工作尚可,但是高速时会出现无力现象
怠速运转时,真空表指针指示在较低的数值	气门卡死或液力挺柱工作失常顶死	气门不能正常关闭,使缸内和缸外压力相等,真空度急剧下降	会出现凸轮与挺杆的撞击声,严重时还会出现气门与活塞的撞击声
怠速运转时,真空表指针一般不会下降到时 17kPa 以下,而且变化值不大	节气门体密封不严或进气歧管垫密封不严,或各真空管路有漏气部位	进气系统的密封性变差,使汽缸内的进气量大大下降,从而导致真空度的下降	如果存在这种故障将会影响带发动机的启动性能,严重时,会出现发动机无法启动的现象
发动机怠速运转时,真空表指针在 45k～58kPa 摆动,但波动的幅度较小	配气相位错位(滞后)或点火时间过迟	配气相伴失准会使汽缸压缩压力降低。而点火时间过迟则会使混合气的燃烧时间延长,但对汽缸内的冲击不大	发动机会出现动力下降,严重时会有温度过高、排气管放炮、冒黑烟等现象,提前点火正时会出现好转

续上表

真空表指针读数	故障原因	故障分析	伴同故障现象
发动机怠速运转时，真空表指针在 45k ~ 58kPa 摆动，但摆动的幅度较大	配气相位错位（提前）或点火时间过早	点火时间过早会使混合气的最高压力形成提前，从而对汽缸内气体形成较大冲击	在发动机动力下降的同时，会出现气门的撞击声，适当调迟点火时间会好转
发动机怠速运转时，真空表指示较低，有时会升高到 58kPa，但很快就会降低到较低数值甚至为零	排气系统堵塞（排气管或三元催化转化器等部件）	如果排气系统出现堵塞，将会影响到汽缸内燃烧气体的排放，从而对新鲜混合气形成反向压力，导致进气量的减少	会出现进气管回火现象，冷车相对好启动，热车不容易启动，严重时将无法启动
发动机怠速运转时，真空表指针在 45k ~ 58kPa 摆动，但摆动的速度较慢	混合气过浓	过浓的可燃混合气影响正常的燃烧，也影响了进气管真空度的数值变化	在这种读数情况下，发动机往往会伴随动力下降、排气管冒黑烟等现象
怠速转动时，真空表指针在 40k ~ 50kPa 摆动，但波动的幅度较混合气过浓时要大，且不规则	有个别汽缸不工作或混合气过稀	过稀的混合气生字长了燃烧的时间，对下一行程的进气产生了加大的影响	发动机的加速性下降，怠速不稳且抖动。严重时会出现加速回火及冷却液温度升高现象

注：本表综合了汽油发动机的普遍现象，具体车辆结合其具体结构进行具体分析和判断。

（五）尾气分析及在汽车故障检测诊断中的应用

1. 汽车排放物的生成原因及正常排放值

1）汽车排放物的生成原因

（1）CO_2。尾气中 CO_2 的浓度可以反映出燃烧效率。当发动机中的混合气充分燃烧时，CO_2 的浓度将达到峰值。不管是否装有三元催化转化器，峰值均为 13% ~16%，在点火失灵或发动机故障被排除之后，通过 CO_2 的读数，便可以检测出混合气燃烧的好坏，当混合气变浓或变稀时，CO_2 值均会降低。

（2）O_2。是反映空燃比的最好指标，燃烧正常时，排气中应含有 1% ~2% 的 O_2，O_2 的读数小于 1% 说明混合气太浓了，O_2 的读数大于 2% 表示混合气太稀。

如果混合气浓，O_2 的读数就低，CO 的读数就高；反之，混合气稀，O_2 的读数就高，CO 的读数就低；若混合气偏向失火点，O_2 的读数就会上升得很快，同时，CO 值低，HC 值高而且不稳定。

（3）HC。尾气中的 HC 主要由燃烧室壁面的激冷而形成。HC 的读数高则说明汽油没有充分燃烧。汽缸压缩压力不足、发动机温度过低、油箱中油气蒸发、混合气由燃烧室向曲轴箱泄漏、混合气过浓或过稀、点火不正时、点火间歇性不跳火、温度传感器不良、喷油器漏油或堵塞、汽油压力过高或过低等因素都将导致 HC 读数过高。

（4）CO。是因为不完全燃烧引起的。混合气过浓将产生大量的 CO，混合气过稀引起失火将生成过多 HC。高 CO 表示燃油系统发生了故障，如混合气不洁净、活塞环胶结阻塞、汽油供应太多、空气太少、点火太早等。如果电喷发动机的CO过高,很可能是喷油器漏油、汽油压力过高或电控系统产生了故障。

(5)NO_x。是空气中的N_2和O_2在发动机高温、高压下的燃烧产物。燃烧温度越高,燃烧越充分,形成的NO_x也就越多。

(6)过量空气系数λ。可以直观地告诉我们空燃比的情况,λ为0.97~1.04,可以看成是理想的匹配。大于该值,说明空燃比过大,混合气过稀;小于该值,则为空燃比过小,混合气过浓。理想的空燃比为14.7。

2)正常排放值

汽车正常运行,发动机尾气排放中一氧化碳(CO)、二氧化碳(CO_2)、氧气(O_2)、碳氢化合物(HC)的含量之和应为15%~16%。

怠速式况的正常排放值见表2-1-5。

发动机怠速工况下尾气排气物含量正常值 表2-1-5

排放物	排放物含量	
	催化转化前	催化转化后
CO	0.8%~1.5%	<0.1%
CO_2	13%~16%	13%~16%
O_2	1%~2%	1%~2%
HC	$<300\times10^{-6}$	$<50\times10^{-6}$

3)进行尾气分析时的注意事项

(1)在利用尾气分析方法分析车辆故障时,应在断开二次空气喷射系统相关导线插接器之后进行检测。

(2)对装备三元催化转化器的车辆,将取样探头插到三元催化转化器之前或EGR阀的排气口测量的尾气参数才可以用于故障分析。

(3)柴油机排出的高浓度有害物质,会很快堵塞整个废气取样系统,故尾气分析仪不应用于检测柴油机。

(4)发动机暖机后才能使用尾气分析仪进行尾气检测。进行尾气分析时,一般要求在热机怠速并且无额外负载的条件下测试尾气。在发动机处于冷态或预热不够充分,没有达到正常工作温度的状态下测得的尾气参数,对故障没有分析价值。

(5)进行尾气检测前,应对尾气分析仪做泄漏试验。

(6)不要在下雨、下雪、冰冻、通风不良的环境中进行尾气检测。

(7)读取尾气测量数据前,不要让发动机怠速运转时间过长。

(8)在进行变工况测试中,要让加速踏板稳住后再读取测量数据。

2. 尾气分析的项目和基本规则

1)尾气分析的项目

尾气分析是在发动机不同工作状况下,通过检测废气中不同成分气体的含量来判断发动机各系统故障的方法,其目的是对发动机的燃烧状况进行综合评价。

尾气分析的主要分析内容有混合气空燃比、点火正时及三元催化转化器转化效率等，主要分析的参数有一氧化碳（CO）、碳氢化合物（HC）、二氧化碳（CO_2）和氧（O_2），还有空燃比（A/F）或过量空气系数 λ。

2）尾气分析的基本规则

（1）碳氢化合物（HC）和氧（O_2）的读数高是由点火系统不良和过稀的混合气失火而引起。

（2）当测试的一氧化碳（CO）、碳氢化合物（HC）高，二氧化碳（CO_2）、氧（O_2）低时，表明发动机工作混合气很浓。

（3）如果燃烧室中没有足够的空气（氧气）保证正常燃烧，通常情况下，二氧化碳（CO_2）的读数和一氧化碳（CO）、氧（O_2）的读数相反。燃烧越完全，二氧化碳（CO_2）的读数就越高，其最大值在13%～16%，此时一氧化碳（CO）的读数应该接近0%。

（4）氧（O_2）的读数是最有用的诊断数据之一。氧（O_2）的读数和其他3个读数一起，能帮助找出诊断问题的难点。通常，装有催化转化器的汽车的氧（O_2）的读数应该是1.0%～2.0%，说明发动机燃烧很好，只有少量未燃烧的氧（O_2）通过汽缸。如果氧（O_2）的读数小于1.0%，则说明混合气太浓，不利于很好地燃烧；如果氧（O_2）的读数超过2%，则说明混合气太稀。

（5）利用功率平衡试验（根据制造厂的使用说明）和四气体排气分析仪的读数，可以指出每个缸的工作状况。在进行发动机功率平衡试验的同时，测量发动机尾气排放，如果每个缸一氧化碳（CO）和二氧化碳（CO_2）的读数都下降，碳氢化合物（HC）和氧（O_2）的读数都上升，且上升和下降的量都一样，则证明每个缸都工作正常。如果只有一个缸的变化很小，而其他缸都一样，则表明这个缸点火或燃烧不正常。一个调整好的电控汽车排放量中HC大约为55×10^{-6}，CO低于0.5%，O_2为1.0%～2.0%，CO_2为13%～16%。

利用四气尾气分析仪所检测得到的排放物含量数值，可以综合分析发动机故障，见表2-1-6。

四气排放状况与发动机故障综合分析　　表2-1-6

CO	CO_2	O_2	HC	可能的原因
低	低	低	很高	间歇性失火、汽缸压缩压力不正常
很高	低	低	很高/高	混合气浓
很低	低	很高/高	很高/高	混合气稀
高	正常	正常	低	点火太迟
低	正常	正常	高	点火太早
变化	低	正常	变化	EGR阀泄漏
很低	很低	很高	很低	空气喷射系统故障
低	低	高	低	排气系统漏气

（六）温度分析及在汽车故障检测诊断中的应用

在汽车诊断中可采用测温仪对怀疑的故障部件进行测量温度来辅助分析判断系统故障。

常用测温仪有接触式测温仪和非接触红外测温仪，非接触红外测温仪包括便携式、在线式和扫描式三大类。非接触红外测温仪可快速、准确、方便地测量物体的表面温度，而且不需要直接接触被测物体的表面,因此能可靠地测量热的、危险的或难以接触的物体表面温度,在诊断测量中应用比较广泛。

1. 红外测温仪使用

红外线测温仪由光学系统、光电探测器、信号放大器和信号处理、显示输出等组成。红外测温仪分辨率为0.1℃,测试温度范围为-50~550℃,距离与目标尺寸比为8:1,具有自动选择量程,放开测量按键后数据自动保持功能。

红外测温仪只测量表面温度,不能测量内部温度。红外测温仪不能透过玻璃进行测温,玻璃有很特殊的反射和透过特性,不能精确红外温度读数,但可通过红外窗口测温。最好不用于光亮的或抛光的金属表面的测温。

2. 红外测温仪在汽车故障中的应用

在对汽车进行故障诊断时,红外测温仪对容易产生温度突变和对温度变化敏感的零部件具有判断准确、快速、便捷的效果,主要应用在以下几方面:

(1)利用红外测温仪测量排气歧管的温度,能迅速检查发动机某一缸工作不良。

(2)检查发动机COP式点火系统点火线圈工作不良。

(3)检查冷却系统故障,准确判断汽车散热器和节温器是否堵塞以及冷却液温度传感器好坏。

(4)检查废气控制系统,准确检查三元催化转化器,诊断检查排气管故障。

(5)检查空调和暖风系统的性能和故障。

(6)测量检查轮胎和制动鼓的温度凸变。

(7)检查轴承、电动机、制动盘和制动鼓的温度凸变。

1)红外测温仪在发动机缺缸故障中的应用

用红外测温仪照射测量发动机排气歧管的温度,如果当某一缸排气歧管的温度明显低于其他汽缸排气歧管的温度时,则说明该缸工作不良。如果该汽缸工作不良,可以继续检查点火系统、汽缸压缩压力、燃油系统等。

用红外测温仪式COP式点火系统,可以检查点火线圈的温度,无效的点火线圈比其他的工作温度明显低。

2)红外测温仪在发动机冷却系统故障诊断中的应用

(1)节温器。用红外测温仪瞄准节温器壳体,测试节温器的温度变化,可以判断节温器是否打开。如果节温器的温度有突然增加的地方,表明节温器打开,如果温度没有变化,说明节温器工作不良,需要更换。

(2)散热器。用红外测温仪扫描散热器表面两边的温度,沿着冷却液流动的方向检测散热器的表面,如果检测到有温度凸变的地方,表明该地方管路阻塞。

(3)暖风装置。用红外测温仪测量暖风装置,比较暖风输入和输出管的温度可以诊断暖风是否阻塞。输入和输出软管必须是热的,同时输入管的温度比输出管的温度高20℃。如果输出管不热,说明冷却液没有经过暖风芯,主要原因是暖风阻塞或加热控制阀失效。

(4)冷却液温度传感器。用红外测温仪测量冷却液温度传感器和进气温度传感器,比较测试后的温度读数与ECU中的读数(通过故障检测仪读取),如果在精度范围内,说明温度传感器工作正常。

3)红外测温仪在发动机排气系统故障诊断中的应用

三元催化转化器在正常工作状态下，由于氧化反应会产生大量的热，因此可通过用红外测温仪测量催化转化器进口和出口温差对比来判断三元催化转化器性能的好坏。启动发动机，预热至正常工作温度，将发动机转速维持在2500r/min左右，将车辆举升，用红外测温仪测量三元催化转化器进口和出口的温度。注意应尽量靠近三元催化转化器(50mm内)。三元催化转化器出口的温度应至少高于进口温度10%～15%，大多数正常工作的三元催化转化器出口的温度高于进口温度20%～25%。如果出口温度值低于上述数值，则说明催化转化器工作不正常，需更换，如果出口温度值超过上述数值，则说明废气中含有高浓度的CO和HC，需对发动机本身做进一步的检查。

第二章 操作技能部分

实训1 汽缸体和汽缸盖变形的检验

一 实训目的

(1)掌握汽缸体和汽缸盖变形的检验方法。

(2)掌握汽缸体和汽缸盖变形检验工具的使用方法。

(3)掌握汽缸盖和汽缸体变形的规律。

二 实训量具、工具、设备(表2-2-1)

汽缸体和汽缸盖变形的检验量具、工具、设备　　表2-2-1

序　号	名　称	规　格	数　量
1	刀刃尺	(钢质)500型	一把
2	塞尺	200mm×18片	一把
3	铲刀	通用	一把
4	毛刷	通用	一把
5	汽缸体	—	一个
6	汽缸盖	—	一个
7	清洗盆	600mm×1000mm	一只
8	煤油	5L	一桶
9	木方	600mm×1000mm	一只
10	抹布或棉纱	—	若干

三 实训技术标准及要求

(1)汽缸体变形:上平面最大变形为0.05mm。

(2)汽缸盖变形:下平面表面最大变形为0.05mm,进气歧管侧平面为0.10mm,排气歧管侧平面为0.10mm。

四 实训注意事项

(1)汽缸体的上平面、汽缸盖的下平面不能直接放在工作(操作)台上或地面上,下面应垫木方。

(2)清洁汽缸体的上平面、汽缸盖的下平面时,不能用锤头敲击,以免造成新的变形或损坏。

（3）用压缩空气吹净汽缸体上平面和汽缸盖下平面上的煤油时要戴好护目镜，气枪不能朝向人吹。

（4）刀刃尺要轻拿轻放，避免与测量表面冲击而产生变形或损坏。

（5）煤油溅到地面上要及时清洁，以免因地面湿滑造成人身伤害。

五 实训操作步骤

1. 预处理

1）清洁汽缸体上平面和汽缸盖下平面

（1）用木方垫将汽缸体和汽缸盖垫起，让汽缸体上平面和汽缸盖下平面向上。

（2）用铲刀铲除汽缸体上平面和汽缸盖下平面上汽缸垫残余粘连物、汽缸盖两侧的进气和排气接口平面上的残余粘连物。

（3）用细砂纸打磨铲刀无法去除的残余粘连物。

（4）放入清洗盆中，用煤油清洗汽缸体上平面、汽缸盖下平面和汽缸盖两侧的进气和排气接口平面。

（5）用压缩空气吹净汽缸体上平面和汽缸盖下平面上的煤油。

2）清洁量具

（1）用棉纱或抹布清洁刀刃尺。

（2）用棉纱或抹布清洁塞尺。

2. 测量

1）测量汽缸体上平面

（1）用一只手轻轻将刀刃尺的锐角靠在汽缸体上平面，如图 2-2-1a）所示，另一只手用塞尺内的 0.05mm 的测量片向刀刃尺和汽缸体上平面的缝隙中试插。

（2）如果用 0.05mm 的测量片不能或很难插入到刀刃尺和汽缸体上平面之间的缝隙中，则说明此测量点的变形量没有达到最大限值，然后更换位置检测刀刃尺和汽缸体上平面之间的其他缝隙。

（3）如果测得图 2-2-1a）所示的位置上刀刃尺和汽缸体上平面之间的所有缝隙都没有达到最大限值，则再将刀刃尺按照图 2-2-1b）中粗实线所示的其他五个方位，用上面两个步骤的方法重复进行检测。

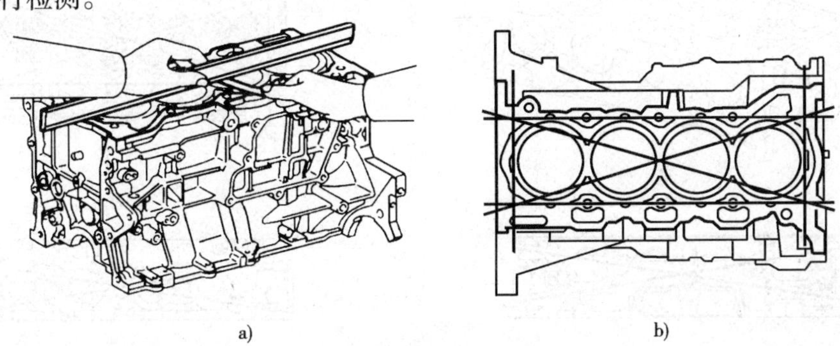

图 2-2-1　汽缸体变形检测

（4）在测量过程中，如果用 0.05mm 的测量片插入到刀刃尺和汽缸体上平面之间的缝隙中有一些阻力或阻力很小,则说明此汽缸体上平面的变形量达到或超过了最大限值。

2)测量汽缸盖下平面

(1)用一只手轻轻将刀刃尺的锐角靠在汽缸盖下平面,如图 2-2-2a)所示,另一只手用塞尺内的 0.05mm 的测量片向刀刃尺和汽缸盖下平面的缝隙中试插。

(2)如果用0.05mm 的测量片不能或很难插入到刀刃尺和汽缸盖下平面之间的缝隙中,则说明此测量点的变形量没有达到最大限值,然后更换位置检测刀刃尺和汽缸盖下平面之间的其他缝隙。

(3)如果测得图 2-2-2a)所示的位置上刀刃尺和汽缸盖下平面之间的所有缝隙都没有达到最大限值,则再将刀刃尺按照图 2-2-2b)中粗实线所示的其他五个方位,用上面两个步骤的方法重复进行检测。

(4)在测量过程中,如果用0.05mm 的测量片插入到刀刃尺和汽缸盖下平面之间的缝隙中有一些阻力或阻力很小,则说明此汽缸盖下平面的变形量达到或超过了最大限值。

3)测量汽缸盖进气歧管侧平面和排气歧管侧平面

(1)用一只手轻轻将刀刃尺的锐角靠在汽缸盖进气歧管侧平面,如图 2-2-2c)所示,另一只手用塞尺内的0.10mm 的测量片向刀刃尺和汽缸盖进气歧管侧平面的缝隙中试插。

(2)如果用0.10mm 的测量片不能或很难插入到刀刃尺和汽缸盖进气歧管侧平面之间的缝隙中,则说明此测量点的变形量没有达到最大限值,然后更换位置检测刀刃尺和汽缸盖进气歧管侧平面之间的其他缝隙。

(3)如果测得图 2-2-2c)所示的位置上刀刃尺和汽缸盖进气歧管侧平面之间的所有缝隙都没有达到最大限值,则再将刀刃尺按照图 2-2-2c)中粗实线所示的另外一个方位用上面两个步骤的方法重复进行检测。

(4)在测量过程中,如果用0.10mm 的测量片插入到刀刃尺和汽缸盖下平面之间的缝隙中有一些阻力或阻力很小,则说明此汽缸盖进气歧管侧平面的变形量达到或超过了最大限值。

(5)汽缸盖排气歧管侧平面的测量方法可用以上测量进气歧管侧平面的步骤和方法进行,如图 2-2-2d)所示。

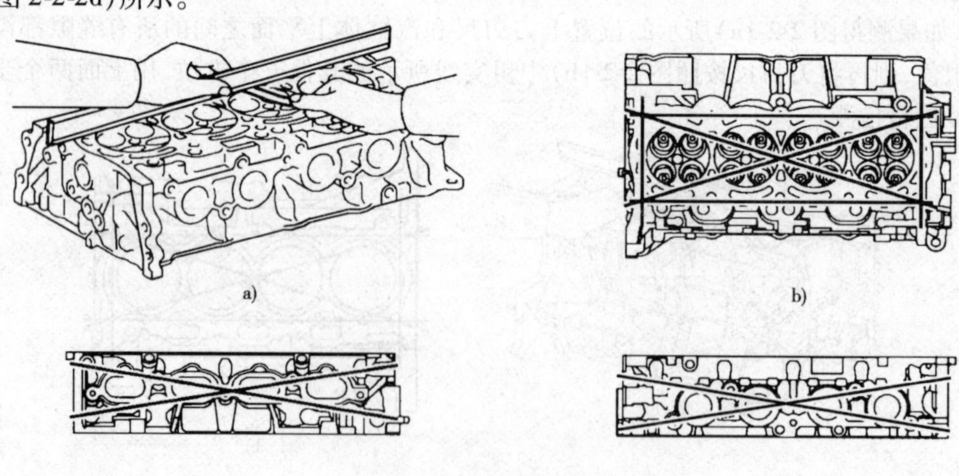

图 2-2-2　汽缸盖变形的检测

六 整理现场

(1)将刀刃尺、塞尺清洁后放入相应的量具盒里。
(2)回收清洗盆里的煤油,将其倒入回收桶内。
(3)将其他工具清洁后放回工具车。
(4)清洁工作(操作)台,清扫地面。
(5)将抹布或棉纱等垃圾放入清洁箱中。

实训2　汽缸磨损的检验

一 实训目的

(1)掌握汽缸磨损量的检验方法。
(2)掌握汽缸磨损量检验工具的使用方法。
(3)掌握汽缸磨损的规律。

二 实训量具、工具、设备(表2-2-2)

汽缸磨损的检验量具、工具、设备　　表2-2-2

序　号	名　称	规　格	数　量
1	游标卡尺	150mm	一把
2	内径百分表	50～160mm	一把
3	外径千分尺	75～100mm	一把
4	铲刀	通用	一把
5	毛刷	通用	一把
6	汽缸体	桑塔纳 JV 1.8L 发动机	一个
7	台虎钳	250mm	一个
8	清洗盆	600mm×1000mm	一只
9	煤油	5L	一桶
10	木方	600mm×1000mm	一只
11	抹布或棉纱	—	若干

三 实训技术标准及要求

衡量汽缸磨损检验的指标是圆度和圆柱度误差。我国规定汽缸磨损后圆柱度误差达到0.175～0.250mm或圆度误差达到0.050～0.063(以其中磨损最大的一个汽缸为准)作为汽车发动机进行大修的主要依据之一。

桑塔纳JV 1.8L发动机的标准汽缸直径为81.01mm,其修理尺寸见表2-2-3。

桑塔纳 JV 1.8L 发动机汽缸的修理尺寸表　　表2-2-3

级别	标准尺寸	一	二	三
修理尺寸(mm)	81.01	81.26	81.51	82.01

四 实训注意事项

(1)汽缸体不能直接放在工作(操作)台上或地面上,下面应垫木方。

(2)清洁汽缸体上平面时不能用锤头敲击,以免造成变形或损坏。

(3)用压缩空气吹净汽缸体上的煤油时要戴好护目镜,气枪不能朝向人吹。

(4)游标卡尺、外径千分尺、内径百分表(又称量缸表)要轻拿轻放,小心掉地上摔坏。

(5)煤油溅到地面上要及时清洁,以免因地面湿滑造成人身伤害。

五 实训操作步骤

1. 预处理

1)清洁汽缸

(1)用木方垫将汽缸体垫起,让汽缸体上平面向上。

(2)用铲刀铲除汽缸体上汽缸垫等残余粘连物。

(3)用细砂纸打磨铲刀无法去除的残余粘连物。

(4)用细砂纸轻轻打磨每个汽缸上沿处的积炭。

(5)将汽缸体放入清洗盆中,用煤油清洗汽缸体。

(6)用压缩空气吹净汽缸体上平面和汽缸内的煤油。

2)清洁量具

(1)用棉纱或抹布清洁游标卡尺

(2)用棉纱或抹布清洁内径千分尺。

(3)用棉纱或抹布清洁内径百分表。

2. 测量

(1)先把内径百分表 1 装在尺杆(架)2 的上端(图 2-2-3),并使表盘朝向测量杆的活动点,以便于观察,使表盘的短针有 1 ~ 2mm 的压缩量。

(2)从成套的可调测量头盒 3 中选出合适的测量头 4 和锁片 5 装在尺杆(架)2 的下端。

(3)用游标卡尺测量任意一个汽缸上沿处的尺寸,再将测得的数据与表 2-2-3 中的数据对比,表中哪一级数据小于并接近测得数据,则确定此汽缸直径为哪一级。

(4)将台虎钳的钳口用抹布或较薄的橡胶垫上,再把外径千分尺夹在上面。

(5)清洁外径千分尺盒内的标准检测棒两端及外径千分尺两测量面,然后旋转外径千分尺的棘轮,使两测量面夹住标准检测棒,直到轮盘发出 2 ~ 3 响“咔咔”声,此时活动套筒前端应与固定套筒的零线对齐,活动套筒的零线与固定套筒的基线应对齐,否则该外径千分尺应调整后才能用于测量。

(6)外径千分尺调整后,旋转棘轮,让此外径千分尺的读数为上面确定汽缸直径等级尺寸,锁紧活动套筒锁。

(7)将组装好的内径百分表放入外径千分尺两测量面之间(图 2-2-4),并保持测量头 4 的轴线与外径千分尺测轴的轴线平行,调整测量头 4 的长度,让百分表 1 的短针再压缩 1 ~ 2mm,然后用测量头锁片 5 锁紧,再转动内径百分表 1 上活动盘,直到长针指向活动盘的零线为止,慢慢从外径千分尺上取下内径百分表。

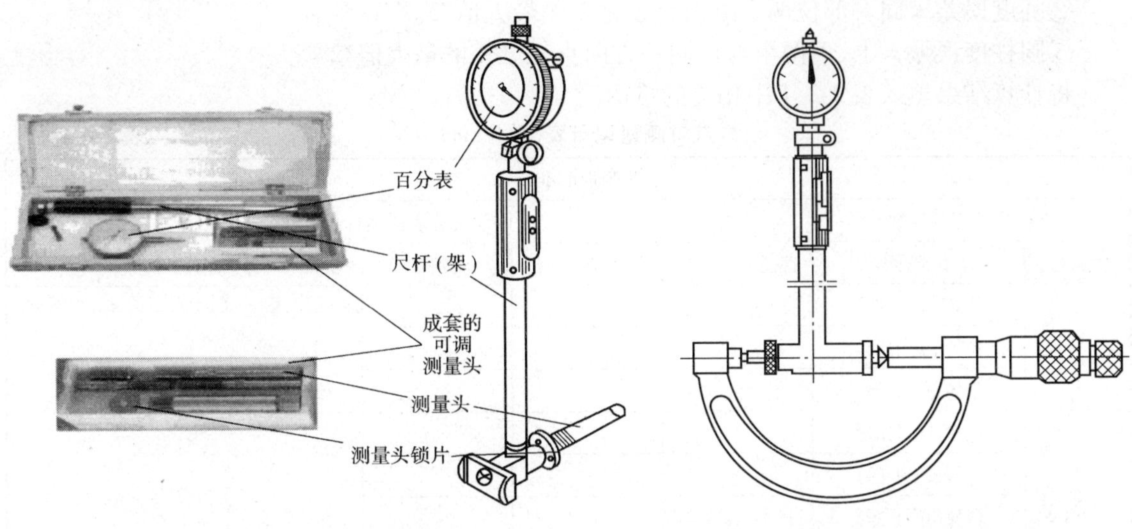

图 2-2-3　内径百分表　　　　图 2-2-4　外径千分尺调整尺寸

(8)按照图 2-2-5a)所示,将内径百分表的尺杆(架)下端伸入到汽缸孔内的位置①(上部),即距离汽缸上平面以下 10mm 处,图 2-2-5b)A 方向所示,测量直径 A(纵向),为达到测量的准确性,应注意使内径百分表的直杆处于垂直于汽缸轴线的位置,为此测量某一位置缸径时,应在该缸径所在的纵向平面内摆动内径百分表,表盘指针顺时针摆转到极限位置刚要回动时,即表明内径百分表直杆已垂直于所测量汽缸孔圆截面,读取内径百分表的数值,填入到记录表 2-2-4 中;转动内径百分表 90°,即图 2-2-5b)B 方向所示,用同样的方法测量位置①(上部)的直径 B;移动内径百分表到汽缸中部及汽缸下部,如图 2-2-5b)所示的②、③位置,完成其他两个圆截面的测量,并记录到数据表 2-2-4 中。

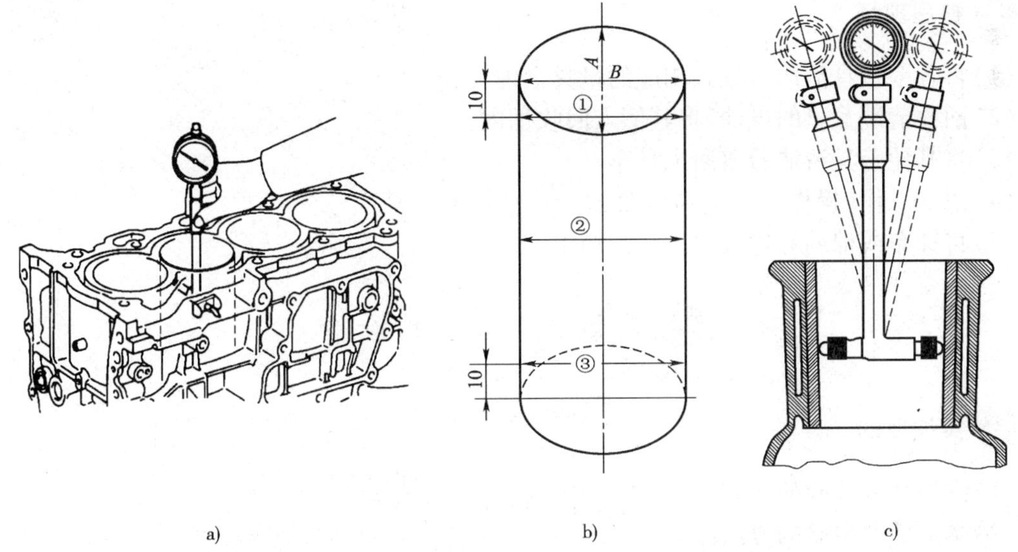

图 2-2-5　汽缸的测量(尺寸单位:mm)

(9)同样,分别测量出其他三个汽缸的数据并纪录,利用表中数据进行计算汽缸磨损指标:

①最大磨损量 = 最大直径 - 原始直径。

②圆度误差 = 同一部位两个方向直径之差的最大值/2。

③圆柱度误差 = 上、下两个部位同一方向直径之差的最大值/2。

将计算结果填入表 2-2-4 中相应的格内。

汽缸测量记录表(单位:mm) 表 2-2-4

<table>
<tr><td colspan="6">测量前准备</td></tr>
<tr><td colspan="2">千分尺校正前读数</td><td colspan="4">内径百分表测量杆长度</td></tr>
<tr><td>汽缸号</td><td>位置号</td><td>直径 A(纵向)</td><td>直径 B(横向)</td><td>圆度</td><td>圆柱度</td></tr>
<tr><td rowspan="3">1</td><td>位置①(上部)</td><td></td><td></td><td></td><td rowspan="3"></td></tr>
<tr><td>位置②(中部)</td><td></td><td></td><td></td></tr>
<tr><td>位置③(下部)</td><td></td><td></td><td></td></tr>
<tr><td rowspan="3">2</td><td>位置①(上部)</td><td></td><td></td><td></td><td rowspan="3"></td></tr>
<tr><td>位置②(中部)</td><td></td><td></td><td></td></tr>
<tr><td>位置③(下部)</td><td></td><td></td><td></td></tr>
<tr><td rowspan="3">3</td><td>位置①(上部)</td><td></td><td></td><td></td><td rowspan="3"></td></tr>
<tr><td>位置②(中部)</td><td></td><td></td><td></td></tr>
<tr><td>位置③(下部)</td><td></td><td></td><td></td></tr>
<tr><td rowspan="3">4</td><td>位置①(上部)</td><td></td><td></td><td></td><td rowspan="3"></td></tr>
<tr><td>位置②(中部)</td><td></td><td></td><td></td></tr>
<tr><td>位置③(下部)</td><td></td><td></td><td></td></tr>
</table>

如果汽缸的最大磨损量、圆度误差、圆柱度误差任意一项指标超过允许极限,均应修理或更换汽缸体(套)。

六 整理现场

(1)将各个量具清洁后放入相应的量具盒内。

(2)回收清洗盆里的煤油,将其倒入回收桶内。

(3)将其他工具清洁后放回工具车。

(4)清洁工作(操作)台,清扫地面。

(5)将抹布或棉纱等垃圾放入清洁箱中。

实训 3 活塞的检验

一 实训目的

(1)掌握活塞检验的内容。

(2)掌握活塞检验的方法。

二 实训量具、工具、设备

活塞、外径千分尺、塞尺、煤油、除积炭专用工具等。

三 实训技术标准及要求(表 2-2-5)

活塞的检验技术标准及要求　　表 2-2-5

发动机型号	活塞的修理尺寸(mm)				活塞直径测量位置距活塞裙下边缘(mm)	活塞与汽缸的配合间隙(mm)
	标准尺寸	第一次修理尺寸	第二次修理尺寸	第三次修理尺寸		
奥迪 100 1.8L	80.98	81.23	81.48	—	10mm	0.03
捷 EA827 2V	80.98	81.23	81.48	—	10mm	0.03
桑塔纳 JV	80.98	81.23	81.48	81.98	15mm	0.03

四 实训注意事项

(1)活塞应轻拿轻放,避免磕碰。

(2)清理活塞顶部及活塞环槽内的积炭时,不应为了提高工作效率而使用利器,以免造成活塞的损伤。

五 实训操作步骤

1. 清理活塞积炭

(1)先用煤油浸透,再用软刷或钝的刮刀清理活塞顶部积炭。

(2)用专用工具清除活塞环槽内积炭。

2. 活塞裂损的检查

目测检查,若发现活塞有裂纹、破碎、碰痕、凹陷、刮伤、疤痕、毛刺及尖角等,则不能再使用;成品不得有裂纹、蜂窝孔、夹渣及疏松等情况。

3. 活塞直径的测量

如图 2-2-6 所示,用外径千分尺从活塞裙部底边向上约 15mm 处测量活塞的直径。

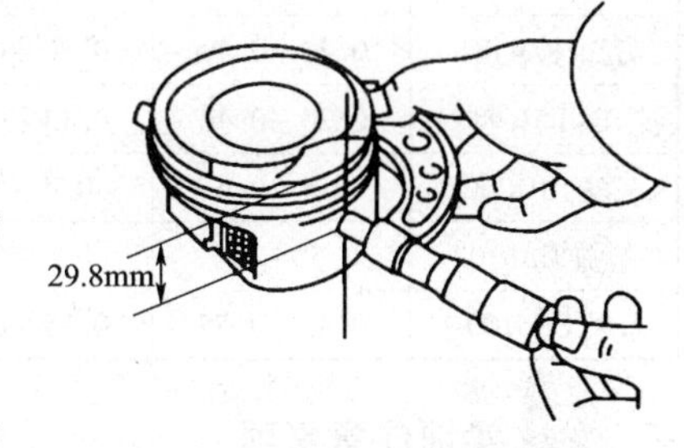

图 2-2-6　测量活塞的直径

六 整理现场

(1)将各个量具清洁后放入相应的量具盒内。

(2)回收清洗盆里的煤油,将其倒入回收桶内。

(3)将其他工具清洁后放回工具车。

(4)清洁工作(操作)台,清扫地面。

(5)将抹布或棉纱等垃圾放入清洁箱中。

实训 4　活塞环的检验

一 实训目的

(1)掌握活塞环检验的内容。

（2）掌握活塞环质量检验的方法。

（3）根据数据分析检测结果，最终得出活塞环检验结论。

二 实训量具、工具、设备

活塞及相配套汽缸、活塞环、遮光板或活塞环漏光度检验仪、塞尺、平锉、检验平板等。

三 实训技术标准及要求

发动机型号不同其活塞环的各种间隙也不相同，需根据所测发动机的型号具体分析。表2-2-6是几种不同型号发动机活塞环端隙、侧隙的标准。

几种不同型号发动机活塞环技术标准 表2-2-6

发动机型号	活塞环端隙(mm)			活塞环端隙(mm)		
	第一道气环	第二道气环	油环	第一道气环	第二道气环	油环
桑塔纳	0.30～0.45	0.25～0.40	0.25～0.50	0.02～0.05	0.02～0.05	0.03～0.08
捷达	0.30～0.45	0.25～0.40	0.25～0.50	0.03～0.07	0.02～0.06	0.02～0.06
富康	0.30～0.50	0.30～0.50	0.30～0.50	0.03～0.07	0.02～0.06	0.02～0.06
奥迪	0.30～0.45	0.25～0.40	0.25～0.50	0.02～0.05	0.02～0.05	0.02～0.05
切诺基213I-4	0.15～0.35	0.15～0.35	0.15～0.35	0.043～0.081	0.043～0.081	0.03～0.20
夏利TJ376Q	0.20～0.70	0.20～0.70	0.20～0.10	0.03～0.12	0.03～0.12	0.03～0.12
五十铃4JB1	0.20～0.40	0.20～0.40	0.10～0.30	0.09～0.125	0.05～0.085	0.03～0.07
丰田5R型	0.20～0.40	0.15～0.35	0.15～0.35	0.03～0.07	0.03～0.07	0.025～0.070
三菱10DC60A	0.4～0.6	0.4～0.6	0.4～0.6	0.10～0.13	0.05～0.08	0.025～0.070
解放CA6102	0.50～0.7	0.4～0.6	0.3～0.5	0.055～0.087	0.055～0.087	0.04～0.08
东风EQ6100-1	0.35～0.55	0.35～0.55	0.50～1.0	0.055～0.087	0.04～0.072	0.090～0.24

四 实训注意事项

（1）安全放置、固定被检配件。

（2）检测工具、设备使用方法、步骤符合安全要求。

（3）操作过程中必备的安全防护用品佩戴齐全。

五 实训操作步骤

1. 活塞环平面度检测

将活塞环自由平放在检验平板上，观察活塞环与接触平面的漏光情况，以此判断活塞环平面度。

2. 活塞环漏光度检验

（1）用遮光板进行检测。检查方法：活塞环平置于汽缸口，用倒置的活塞将其推至汽缸内，用一圆形盖板盖在环的上侧，在汽缸下部放置灯光从汽缸上部观察活塞与汽缸壁的缝隙，确定其漏光情况。

（2）用活塞环漏光度检验仪进行检测。检查方法是：如图2-2-7所示，将被检验的活塞环套入以三组滚轮支撑并能自由转动的环规中，挡盘、心轴、灯泡等固定在底座上，将环规转动一圈，在套筒内的灯光透过活塞环与汽缸壁的缝隙，便可从上面观察到活塞环的漏光程度。

对活塞环漏光度的技术要求：在活塞环端口左右30°范围内不应有漏光点；在同一根活塞环上的漏光处不得多于两处，每处漏光弧长所对应的圆心角不得超过25°，同一环上漏光弧长所对应的圆心角之和不得超过45°；漏光处的缝隙应不大于0.03mm，当漏光缝隙小于0.015mm时，其弧长所对应的圆心角之和可放宽至120°。

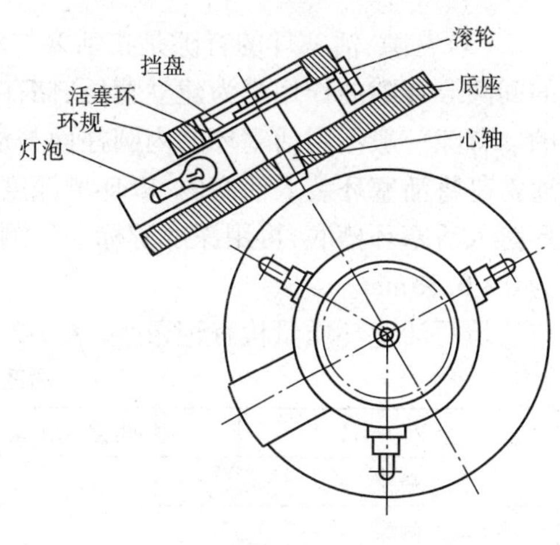

图2-2-7　活塞环漏光度检验仪

3. 活塞环“三隙”的检验

活塞环的三隙是指端隙、侧隙和背隙。通常，活塞环的三隙是上活塞环大于下活塞环、柴油机活塞环间隙大于汽油机活塞环间隙、汽缸直径大的活塞环大于直径小的活塞环、发动机压缩比大的活塞环大于压缩比小的活塞环。

在检验活塞环的三隙前，应先检查其包装情况以确定其安装的部位，因为有的发动机活塞环以包装的纸色标记识别，有的则以每一缸的活塞环按安装顺序包装，即使结构相同的活塞环也不能弄混，因为活塞环的安装位置不同，其三隙也不相同。

(1)端隙：活塞环的端隙是指活塞环随活塞装入汽缸后，该环在上止点时环的两端头的间隙或活塞环在标准环规内两端头的间隙。作用是为了防止活塞环受热膨胀卡死在汽缸内。

检验端隙时，将活塞环置入汽缸套内，并用倒置活塞的顶部将活塞环推入汽缸内其相应的上止点，然后用塞尺测量，如图2-2-8所示。若端隙大于规定值，则应重新选配活塞环；若端隙小于规定值时，应利用细平锉对环口的一端进行锉修。锉修时，只能锉一端且活塞环口应平整。锉修后，应将加工产生的毛刺去掉，以免在工作时刮伤汽缸壁。

(2)侧隙：活塞环的侧隙是指装入活塞后，活塞环侧面与活塞环槽之间的间隙。侧隙过大将使活塞环的泵油作用加剧，使活塞环岸疲劳破碎，加速活塞环的断裂和润滑油消耗增加；侧隙过小会使活塞环卡死在环槽内，活塞环的弹力极度减弱，冲击应力加剧，不但使汽缸密封性降低，也容易断活塞环。

侧隙的检查如图2-2-9所示。将活塞环放入相应的环槽内，用塞尺测量活塞环与活塞环槽的配合间隙。

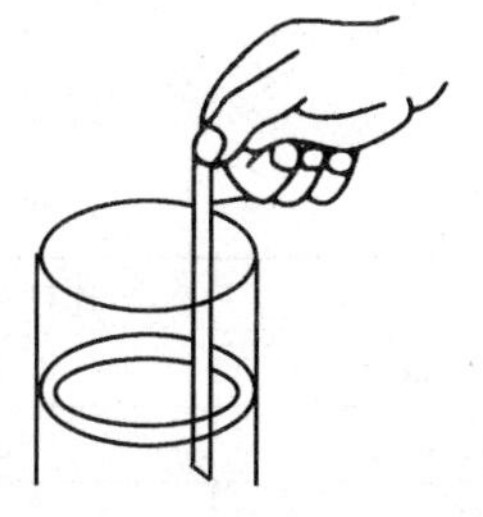
图2-2-8　活塞环的端隙的检验

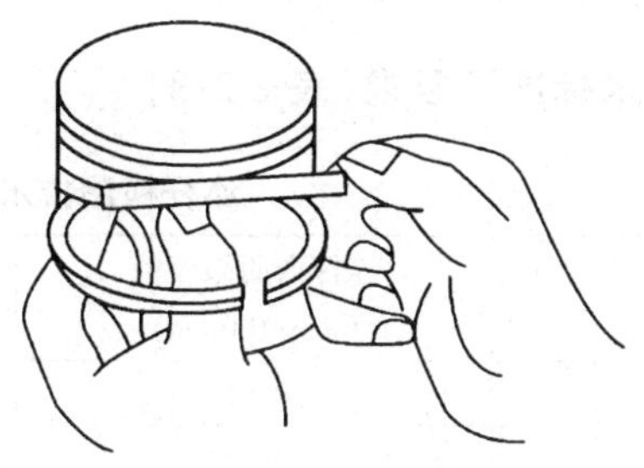
图2-2-9　活塞环的侧隙的检验

(3)背隙:活塞环的背隙是指活塞与活塞环装入汽缸后,活塞环内圆柱面与活塞环槽底间的间隙。背隙的作用是为建立背压、储存积炭和防止活塞工作时膨胀过大挤断活塞环而设置的。背隙一般不用活塞环的内圆柱面与活塞环槽底部直径差值的一半来表示,为测量的方便通常是将活塞环装入活塞内,以环槽深度与活塞环径向厚度的差值来衡量的。测量时,将活塞环落入活塞环槽底,再用深度游标卡尺测出活塞环外圆柱面沉入活塞环岸的数值,该数值一般为0~0.35mm。

填写活塞环质量检查记录表(表2-2-7),分析检验结果。

活塞环质量检查记录表 表2-2-7

检测项目	检测数据(mm)	检测项目	检测数据(mm)
端隙		漏光度	
侧隙		结果分析	
背隙		检验结论	
平面度			

六 整理现场

(1)将各个量具清洁后放入相应的量具盒内。
(2)回收清洗盆里的煤油,将其倒入回收桶内。
(3)将其他工具清洁后放回工具车。
(4)清洁工作(操作)台,清扫地面。
(5)将抹布或棉纱等垃圾放入清洁箱中。

实训5 连杆的检验

一 实训目的

(1)掌握连杆弯曲和扭曲变形的检验方法。
(2)掌握连杆双重弯曲的检验方法。

二 实训量具、工具、设备

连杆、连杆检测仪、百分表、塞尺等。

三 实训技术标准及要求(表2-2-8)

连杆检测技术标准及要求 表2-2-8

发动机型号	连杆弯曲限度值(mm/100mm)	连杆扭曲限度值(mm/100mm)	连杆螺栓拧紧力矩(N·m)
奥迪1.8L	0.05	0.12	30+1/4圈
捷达1.6L	0.04	0.04	30
桑塔纳1.6L	0.03	0.06	30

四 实训注意事项

(1)应准确选择专用测量心轴。心轴与连杆存在配合间隙将直接影响测量数据的正确性。

(2)检验连杆双重弯曲时,每次都要将连杆大头与检验平板靠紧。否则,因为安装不到位而造成测量误差。

五 实训操作步骤

1.连杆弯曲和扭曲的检验

(1)将连杆盖安装到连杆杆身上(不装连杆轴承),按规定力矩拧紧连杆螺栓。

(2)将连杆大头套装到检验仪的可张心轴上并张紧,如图 2-2-10 所示。

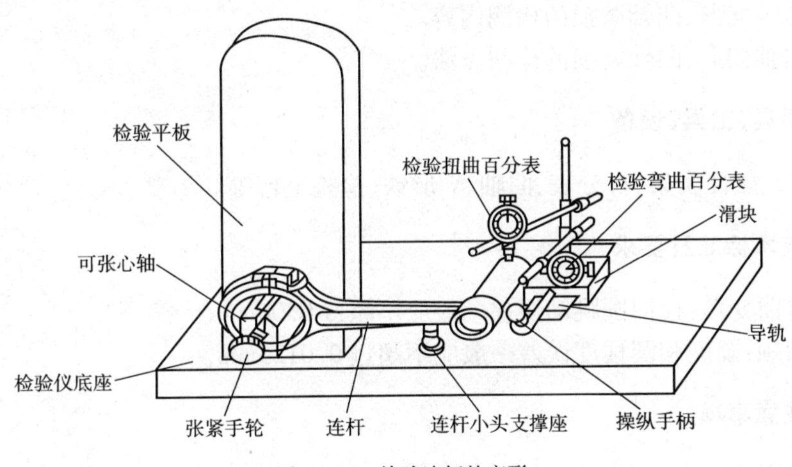

图 2-2-10 检验连杆的变形

(3)用支撑座支住连杆小头。

(4)将百分表装于表架上,使其测杆与测量心轴接触(尽量保持垂直),并有 1mm 左右的预压量。

(5)转动百分表表盘,使其指针对正零位。

(6)将专用测量心轴装入已拆除衬套的连杆小头孔中(无专用心轴时,可用活塞销代替),推拉滑块带动表架,使百分表沿测量心轴轴向移动,测出连杆的弯、扭变形量。检验扭曲百分表 2 反映连杆的扭曲变形,检验弯曲百分表 3 反映连杆的弯曲变形。

2.连杆双重弯曲的检验

当对连杆完成了以上的弯曲和扭曲的检验后,还应进行连杆双重弯曲的检验。

(1)将以上的弯曲和扭曲检验没有变形的连杆取下测量心轴,立起安装在图 2-2-10 所示检验平板 1 上,用塞尺检测连杆小头与检验平板 1 的间隙。

(2)翻转连杆,再次将连杆立起安装在图 2-2-10 所示的检验平板 1 上,同样用塞尺检测连杆小头与检验平板 1 的间隙。

(3)将两次测得的数据对比,如果两数据一致,则此连杆无双重弯曲量。否则,此连杆有双重弯曲量,双重弯曲的值是两次测量数值差的一半。

六 整理现场

(1)将各个量具清洁后放入相应的量具盒内。
(2)将其他工具清洁后放回工具车。
(3)清洁工作(操作)台,清扫地面。
(4)将抹布或棉纱等垃圾放入清洁箱中。

实训6　曲轴弯曲变形及磨损的检测

一 实训目的

(1)掌握曲轴变形、曲轴磨损的检测内容。
(2)掌握曲轴变形、曲轴磨损的检测方法。

二 实训量具、工具、设备

外径千分尺、磁性表架、百分表、曲轴、V形铁、检验平台等。

三 实训技术标准及要求

(1)曲轴弯曲变形:径向圆跳动误差一般应不超过0.06mm。
(2)曲轴轴颈:圆度和圆柱度误差一般应不超过0.0125mm。

四 实训注意事项

(1)往检验平台上放置量具、零件时,要轻拿轻放,以免损坏平台,影响测量数据的准确性。
(2)检验平台使用完以后,应涂抹防护油。
(3)曲轴不能随意放置,应放在专用支架上。

五 实训操作步骤

1.曲轴弯曲变形的检测

如图2-2-11所示,将曲轴放在检测平台上的V形铁上,百分表指针抵触在中间主轴颈上,转动曲轴一圈,百分表指针的摆差(径向圆跳动误差)一般应不超过0.06mm。

2.曲轴磨损的检测

用外径千分尺或游标卡尺来测量主轴颈及连杆轴颈的磨损量,从而计算圆度及圆柱度误差来判别曲轴是否需要大修。

(1)根据曲轴轴颈选用适当量程的外径千分尺。

(2)依据磨损规律,用外径千分尺在曲轴主轴颈及连杆轴颈分别测量磨损量,并计算圆度、圆柱度误差(外径千分尺精度1/100)。先在轴颈油孔的两侧测量,然后旋转90°再次测量。每一轴颈选取两个截面,每个截面大约选在轴颈长度的1/3处,如图2-2-12所示。

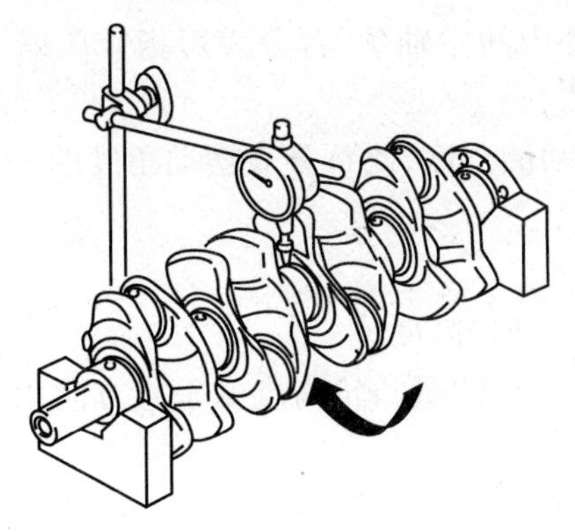

图 2-2-11　曲轴弯曲变形的检测

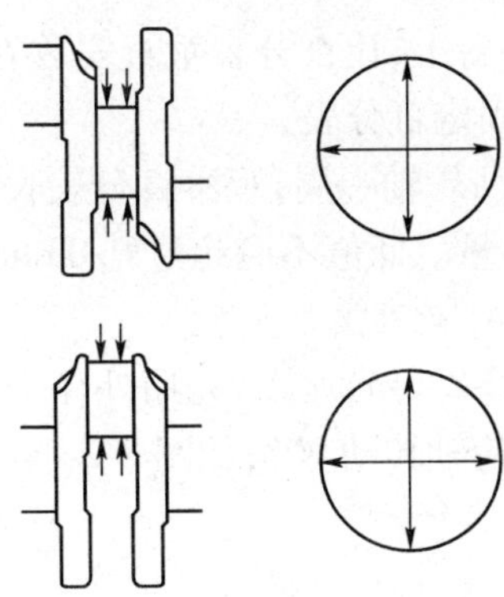

图 2-2-12　曲轴磨损的检测

六 整理现场

(1)将各个量具清洁后放入相应的量具盒内。
(2)将其他工具清洁后放回工具车。
(3)清洁工作(操作)台,清扫地面。
(4)将抹布或棉纱等垃圾放入清洁箱中。

实训 7　凸轮轴弯曲变形及凸轮高度的检验

一 实训目的

(1)掌握检验凸轮轴弯曲变形的方法。
(2)掌握检验凸轮轴弯曲变形工具的使用方法。
(3)掌握检验凸轮轴凸轮高度的方法。
(4)掌握检验凸轮轴凸轮高度工具的使用方法。

二 实训量具、工具、设备

V 形铁、平台、磁性表架、百分表、外径千分尺等。

三 实训技术标准及要求

凸轮轴弯曲变形不应超过 0.03mm。

四 实训注意事项

(1)往检验平台上放置量具、零件时,要轻拿轻放,以免损坏平台,影响测量数据的准确性。
(2)检验平台使用完以后,应涂抹防护油。

五 实训操作步骤

1. 凸轮轴弯曲变形的检验

(1)如图 2-2-13 所示,将凸轮轴放到检验平台的 V 形铁上,同时把装有百分表的磁性表座安装到检验平台上,让百分表垂直安放在凸轮轴中间主轴颈,百分表短指针压缩 1 ~ 2mm,锁紧磁性表座,固定百分表。

(2)转动凸轮轴一周,观察百分表长指针摆动的角度,此百分表摆动角度的一半即为凸轮轴弯曲的变形量。此值不应超过 0.03mm。

2. 凸轮轴凸轮高度的检验

(1)如图 2-2-14a)所示,先用外径千分尺测量凸轮高度。

(2)将凸轮轴转动 90°,如图 2-2-14b)所示,再在测量凸轮高度的垂直方向用外径千分尺测量凸轮轴颈直径。

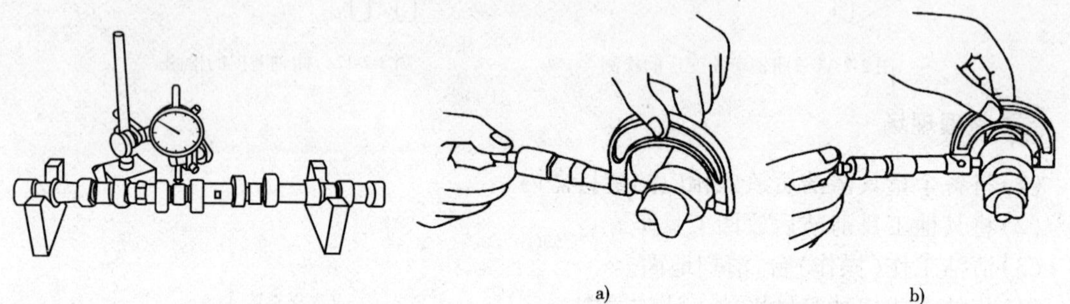

图 2-2-13　凸轮轴弯曲变形的检验

图 2-2-14　凸轮轴凸轮高度的检验

(3)两次测得的数据之差即为凸轮的高度。

六 整理现场

(1)将各个量具清洁后放入相应的量具盒内。
(2)将其他工具清洁后放回工具车。
(3)清洁工作(操作)台,清扫地面。
(4)将抹布或棉纱等垃圾放入清洁箱中。

实训 8　气门间隙的检查调整及汽缸压缩压力的测量

一 实训目的

(1)掌握气门间隙的检查、调整方法。
(2)掌握发动机汽缸压缩压力测量方法。
(3)掌握汽缸压缩压力变化分析方法。

二 实训量具、工具、设备

(1)汽车发动机 1 台(普通桑塔纳)。
(2)常用工具 1 套。
(3)火花塞套筒扳手。
(4)塞尺、汽缸压力表。

三 实训技术标准及要求

气门间隙为0.20~0.30mm;汽缸压力>8MPa。

四 实训注意事项

(1)拆装时注意螺栓的拧紧和拧松顺序以及各螺栓的拧紧力矩,注意防松装置等。

(2)拆装时注意对零件在制造时所做的记号加以核对和辨认,没有记号时,要在零件非工作面上做出必要的记号。

(3)零件经清洗吹干检验合格后,必须在高度清洁的场所进行装配。

五 实训操作步骤

1.气门间隙的检查与调整

1)逐缸法

(1)打开气门室盖。

(2)摇转曲轴,直至飞轮(或曲轴带轮)的正时记号与缸体上固定的正时记号对正,这时,第1缸和第4缸活塞均处于上止点位置。

(3)判断第1缸是压缩上止点还是排气上止点。用手摇1缸的气门摇臂,如果进排气门的摇臂均可摇动,则表明此时1缸处于压缩上止点。如果进排气门的摇臂均摇不动,则表明此时1缸处于排气上止点,再转动曲轴一周,使1缸处于压缩上止点。或用其他方法使1缸处于压缩上止点。

(4)气门间隙检查。用规定厚度的塞尺插入气门杆与摇臂之间,来回抽动塞尺,如果过紧或过松,都表明气门间隙不合适,需要进行调整。

(5)调整气门间隙。松开锁紧螺母,旋出调整螺钉,在气门杆与摇臂之间插入厚度与气门间隙相等的塞尺,一边拧进调整螺钉,一边不停地来回抽动塞尺,直到抽动塞尺有阻力又能抽出时为止,锁紧螺母,在锁紧螺母时,不能让调整螺钉转动,最后再复查一遍。

(6)按做功顺序,分别摇转曲轴180°,依次使下1缸处于压缩上止点,用同样的方法,检查与调整各缸的气门间隙。如做功顺序为1—3—4—2,则摇转曲轴180°,检查调整3缸的气门间隙。用同样的方法再检查调整4缸和2缸的气门间隙。

2)两次调整法("双排不进"法)

(1)打开气门室盖。

(2)摇转曲轴至1缸处于压缩上止点。方法可用多种。

(3)检查与调整第1缸两个气门的间隙、第3缸的排气门间隙、第2缸的进气门间隙,方法与逐缸法相同。

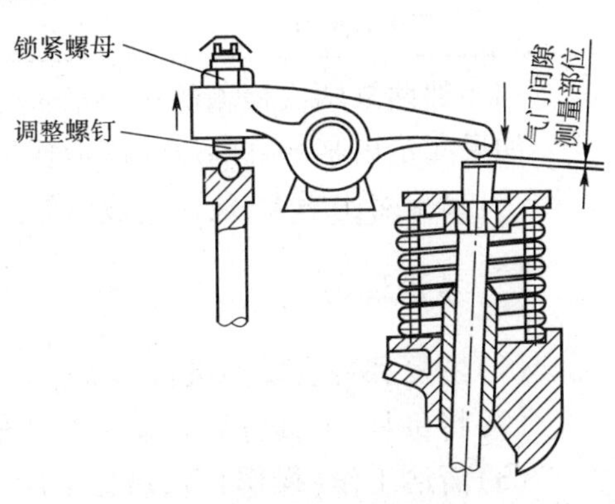

图2-2-15　气门间隙的检查与调整

调整时,如图2-2-15所示。先松开锁紧螺母1,用螺丝刀旋动调整螺钉2,将规定厚度的塞尺插入气门杆端部与摇臂之间。当抽动塞尺时有阻力感,拧紧锁紧螺母,再复查一次,符合规定值即可。

2.汽缸压缩压力的测量

(1)检查发动机各部分正常后,启动发动机,怠速运转至冷却液温度到80~90℃时再熄火,随即拆下全部火花塞。

(2)把汽缸压力表组装好,并把表内存气放净(复"0"),把汽缸压力表的软管头部旋入火花塞孔(或将锥形橡胶头压紧在火花塞孔中)。

(3)将节气门置于全开位置,关闭所有用电设备,并把油泵熔断丝拔下,不让其工作,以免喷油器喷油。

(4)用启动机带动曲轴旋转3~5s(转速不低于150r/min),看清并记录压力表读数,每缸测量2~3次,求出平均值,并与规定标准值比较分析。

(5)检查结果对比分析。

如果测量出某一缸的压力比标准压力偏低,可向该缸火花塞(或喷油器)孔内注入20~30mL机油,然后重测一遍。

第二次测出的压力比第一次高,接近于标准压力,则表明活塞汽缸组密封不良。

第二次测出的压力与第一次差不多,则表明是气门或汽缸垫密封不良。如压力与前相同,则表明气门或汽缸垫漏气,需进一步检查。此时应装复汽油机,打开散热器盖,将散热器加满冷却液,中速运转发动机,如果此时发现散热器内有气泡不断涌上,说明汽缸垫漏气;如果未发现气泡涌上,说明汽缸垫的密封性良好,导致汽缸压力不足的原因是气门密封性不良。通过上述检查后,找到汽油机汽缸压力不足的故障产生原因,进行零件的修复或更换,以排除故障。常见的汽车用汽油机的汽缸压缩压力规定值见表2-2-9。

部分车用汽油机汽缸压缩压力(单位:kPa)　　表2-2-9

车　型	规定值	使用限度
解放CA141	911	686
东风EQ140	833	637
丰田2Y、3Y	1225	882
桑塔纳	1274	835
丰田12R、5R	1078	882

如相邻两缸两次检测的压力都很低,则表明是两缸相邻处的汽缸垫烧损窜气。

如果测量出某一缸的压缩压力比标准压力偏高,可能是由于燃烧室内积炭过多或是其他原因,引起压缩比增大,从而造成汽缸压缩压力增大。

六 整理现场

(1)恢复和装复发动机各部零件。

(2)将量具、工具清洁后放回工具车。

(3)清洁工作(操作)台,清扫地面。

(4)将抹布或棉纱等垃圾放入清洁箱中。

实训 9　发动机配气相位的检查与调整

一 实训目的

掌握配气相位的概念以及对发动机性能的影响,能对发动机的配气相位进行检查与调整。

二 实训量具、工具、设备

(1)试验用捷达 AHP 汽油机一台。

(2)拆装工具、量具各一套。

(3)配气相位检查仪一台。

(4)上止点测试仪一台。

三 实训技术标准及要求

(1)进气门开启上止点前 9°。

(2)进气门关闭下止点后 36°。

(3)排气门开启下止点前 38°。

(4)排气门关闭上止点后 8°。

四 实训注意事项

(1)拆装时注意螺栓的拧紧和拧松顺序以及各螺栓的拧紧力矩,注意防松装置等。

(2)拆装时注意对零件在制造时所做的记号加以核对和辨认,没有记号时,要在零件非工作面上做出必要的记号。

(3)零件经清洗吹干检验合格后,必须在高度清洁的场所进行装配。

(4)在调整后必须用扳手摇转发动机至少两周以上,避免直接启动损坏发动机。

五 实训操作步骤

1. 配气相位的检查

各种车型的维修手册上都提供了发动机的配气相位角度,但是要直接测量进、排气门的开启和关闭角度却很难。通常我们都是测量进、排气门的开启升程来间接获得进、排气门的开闭的角度。两者之间的相互关系是可以通过一系列复杂计算得到的,但实际工作中,往往采用对新的发动机在排气上止点时进、排气门叠开的升程作为标准,将标准发动机的测量结果与之比较,来判断配气相位是否提前或迟后。进、排气门叠开时升程的测量方法如下:

(1)先将发动机各气门间隙按要求调整好。

(2)转动发动机的曲轴,使第 1 缸活塞处于排气上止点位置;在第 1 缸火花塞处安装一个百分表(图 2-2-16);在排气行程接近上止点时,慢慢转动发动机至百分表被压缩到最大处,即为活塞上止点。

(3)在该缸排气门弹簧座上安装百分表(注意百分表触针应与气门平行),并将表置于

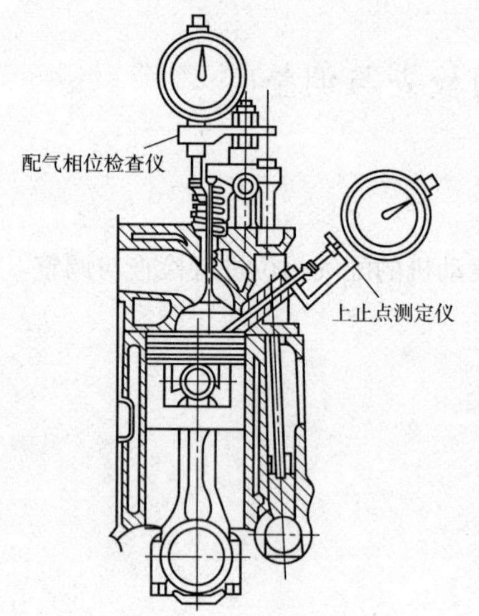

图 2-2-16　顶置式气门配气相位的测量

"0"位。

(4)顺时针慢慢地转动曲轴,至排气门完全关闭。检查百分表指针,顺时针读数即为该排气门在排气上止点时尚未关闭的降程。

(5)逆时针转动曲轴至该缸进气门全闭位置,在其弹簧座上安装一个百分表(注意百分表触针应与气门平行),并置于"0"位。

(6)顺时针慢慢地转动曲轴至排气上止点,检查百分表逆时针读数,即为进气门在排气上止点的升程。

(7)将该缸进、排气门的升、降程与标准值进行比较,如果进气门升程太大,排气门降程太小,则配气相位提前;反之,如进气门升程太小,排气门升程太大,则配气相位滞后。

2. 配气相位的调整

调整配气相位时,应根据不同情况采取不同的措施。如个别气门配气相位偏早或偏迟不大时,可通过调整该气门间隙的方法予以解决;若是进气门的微开量与排气们的微开量相比有大有小,且不符合规定值时,表明各缸迟早不一,通常是由于凸轮磨损严重,应修磨或更换凸轮轴;如各缸进气门的微开量比排气门都大,表明进、排气门的配气相位均提前,应将其适当推迟,反之,表明配气相位均延迟,应将所有各缸进、排气门的配气相位均适当提前。常用的调整方法如下:

(1)凸轮轴偏位键法。此方法是通过改变正时齿轮和凸轮轴的连接键的断面来调整气门的配气相位的。其偏位键如图 2-2-17 所示。将键的矩形断面改制成阶梯形,当键装入键槽时,使其露出轴颈的部分左、右有所偏移,从而使正时齿轮相对凸轮轴偏转相应角度。偏位键分为正键、顺键(由快调慢)和逆键(由慢调快)三种。在安装时,应注意方向,不得装反;否则,将引起配气相位成倍改变。

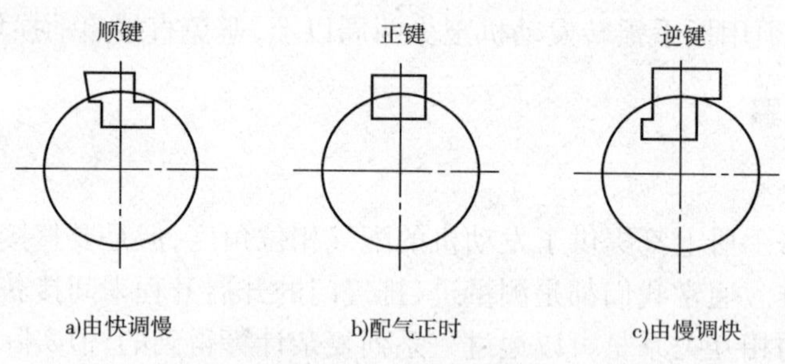

图 2-2-17　凸轮轴偏位键法

(2)气门间隙法。CA1091 发动机气门间隙在冷态时为 0.25mm,热态时则减少到 0.20mm,说明配气机构在热态时的膨胀量仅为 0.05mm。因此,气门间隙不仅仅是为了保证气门在正常温度下能关闭严密,客观上它也影响了配气相位。试想,如进气门间隙稍小并不会使该气门关闭不严,它只能使该气门提前打开、提前关闭。由此,在气门间隙可调的发动机上(特别是各缸的配气相位不同时),常采用气门间隙法来调整配气相位。通过对各新车(发动机状态良好的汽车)的配气相位测量,得到活塞在排气上止点时理想的进、排气门升程量。在检测故障发动机时，用上述方法测量其在排气上止点时的进、排气门升程量，并与标准比较，如不符合，则通过调整气门间隙来满足。比如，某发动机标准气门间隙为0.25mm，进气门在排气上止点时的理想的气门升程量为0.50mm，实际测量结果其进气门在排气上止点时的理想的气门升程量为0.60mm，则退出气门间隙调节螺钉至气门升程量由0.60mm降为0.50mm。如此，尽管气门间隙比标准值大，但配气相位得到了保证，只要气门间隙不要过分大到引起气门尾部有异常响声即可。同理，如配气相位迟后，只要不使气门因间隙过小而关闭不严，也可采用气门间隙调整法。

对于采用液压挺杆、凸轮轴上置的发动机一般只能依靠更换已磨损的零件来恢复配气相位。除此以外，如需要调整较大的配气相位角，可采用改变正时齿轮键槽位置法。此方法比较准确，但要求有一定加工设备，才能使用。

六 整理现场

(1)将各个量具清洁后放入相应的量具盒内。
(2)将其他工具清洁后放回工具车。
(3)清洁工作(操作)台，清扫地面。
(4)将抹布或棉纱等垃圾放入清洁箱中。

实训10　电动汽油泵和喷油器及其控制系统的检测

一 实训目的

(1)了解喷油器的结构和工作原理。
(2)了解电动汽油泵的结构和工作原理。
(3)掌握喷油器和电动汽油泵及其控制电路的检修。

二 实训量具、工具、设备

(1)丰田佳美3VZ－FE型或丰田卡罗拉5S－FE－FC型发动机试验台一套。
(2)燃油压力表一块。
(3)解码仪一套(元征X－431或金德K－81)。
(4)元征STS600汽车传感器测试/模拟仪一台。
(5)数字万用表1块。
(6)常用工具1套。

三 实训技术标准及要求

1.汽油泵

(1)电动汽油泵应使用10A的熔断器。
(2)电动汽油泵直流电动机线圈的电阻为2～3Ω(20℃时)。

2.喷油器

(1)高阻型喷油器电阻应为12～16Ω；低阻型电阻应为2～5Ω。

(2)打开点火开关时，喷油器的两接线端对搭铁之间均有电源电压。

(3)导线与导线之间不得有短路和断路。

(4)30s 内怠速喷油量应为 70 ~ 80mL；喷油形状为不大于 35°的圆锥形，且雾化良好。

(5)关闭发动机应不滴漏，正常油压下，每分钟不应滴漏超过两滴。

四 实训注意事项

(1)检查燃油管及接头处是否有破裂、挤伤、渗漏等现象。

(2)发动机熄火后，启动燃油泵，测量静态燃油压力一般应在 245kPa（车型不同，其标准值也不同）。夹住回油管使其不回油，此时，燃油管内压力应在 390kPa。在这一状态下，仔细检查燃油系统各部位有无泄漏。注意：只能用合适的夹子夹住回油软管，不能折弯软管卡住回油，否则可能会折裂回油软管。测量静态油压结束后，过 5min 再观察油压表指示的油压。此时压力称为系统保持压力。其值应不低于 147kPa。

(3)在拆卸油管时，由于喷油管中存在余压，会有大量燃油溢出。因此，在拆卸前，可将燃油泵电源线断开，再启动发动机，直至发动机自然停机，待油路中剩余燃油用完后再拆卸油管。拆卸油管时，应注意用棉纱擦净滴油，以防止检修电器时打火，发生危险。

(4)在组装燃油回路零部件时，所使用的各种垫片应更换新件：尤其是喷油器上的 O 形密封圈是一次性零件，不能重复使用。各接头需涂润滑油时，应涂一薄层汽油，不能涂抹机油、钙脂等其他润滑油；其接头的拧紧力矩应符合规定。

(5)电动燃油泵损坏后，一般无法代用或修复，必须更换专用的电动燃油泵。

(6)维修后，应检查燃油系统是否漏油。

(7)故障判断要慎重，应注意与点火系统、排放控制系统等的故障加以区别。

(8)在检查喷油器时，一定要了解喷油器是高电阻型还是低电阻型的。低电阻型喷油器的控制电路中串有一只大功率附加电阻，阻值一般为 5 ~ 7Ω。喷油器可按电器插头的状态来区分它的形式和阻值。对于高电阻型（电阻一般为 12 ~ 14Ω）的，可直接接蓄电池来进行喷油器喷油性能的检查；对于低电阻型（电阻一般只有 2 ~ 3Ω）的，则不可采用这种方式检查，因电流过大会烧坏喷油器。检查时，必须采用专门的插接器与蓄电池连接，如果采用普通导线插接，则需串联一个 8 ~ 10Ω 的电阻。同时避免在喷油器线圈两端长期施加蓄电池电压。

五 实训操作步骤

1. 燃油泵及控制电路的检查

1)燃油系统油压的检查

(1)检查油箱中的燃油，释放燃油系统压力。

(2)检查蓄电池，拆下负极电缆。

(3)将专用压力表接在脉动阻尼器位置或进油管接头处。

(4)接上负极电缆，启动发动机使其维持怠速运转。

(5)拆下燃油压力调节器上真空软管，用手堵住进气管一侧，检查油压表指示的压力，多点喷射系统应为 0.25M ~ 0.35MPa，单点喷射系统为 0.07M ~ 0.10MPa。若过低，说明燃油压力调节器有故障，更换后仍过低，应检查是否有堵塞或泄漏，如没有，应更换燃油泵；若过高，应检查回油管是否堵塞,若正常,说明燃油压力调节器有故障。

(6)接上燃油压力调节器的真空软管,检查燃油压力表的指示应有所下降(约为0.05MPa),否则检查真空管是否有堵塞和漏气,若正常,说明燃油压力调节器有故障。

(7)将发动机熄火,等待10min后观察压力表的压力,多点喷射系统不低于0.20MPa,单点喷射系统不低于0.05MPa。

(8)检查完毕后,应释放系统压力拆下油压表,装复燃油系统。

2)燃油泵控制电路的检查

(1)用专用导线将诊断座上的燃油泵测试端子跨接到12V电源上。

(2)将点火开关转至"ON"位置,但不要启动发动机。

(3)旋开加油口盖能听到燃油泵工作的声音,或用手捏进油软管应感觉有压力。

(4)若听不到燃油泵的工作声音或进油管无压力,应检修或更换燃油泵。

(5)若有燃油泵不工作故障,且上述检查正常,应检查燃油泵电路导线、继电器、易熔线和熔断丝有无断路。

3)燃油泵的拆装与检测

拔下电动汽油泵的导线插接器,从车上拆下电动汽油泵进行检查。

(1)电动汽油泵电阻的检测。用万用表欧姆挡测量电动油泵上两个接线端子间的电阻,即为电动汽油泵直流电动机线圈的电阻,其阻值应为2~3Ω(20℃时)。如电阻值不符,则须更换电动汽油泵。

(2)电动汽油泵工作状态的检查。将电动汽油泵与蓄电池相接(正极不能接错)并使电动汽油泵尽量远离蓄电池,每次接通不超过10s(时间过长会烧坏电动汽油泵电动机的线圈)。如电动汽油泵不转动,则应更换电动汽油泵。

2. 喷油器的检修

1)喷油器工作情况的检测

发动机热车后怠速运转时,用螺丝刀或听诊器(触杆式)接触喷油器,通过测听各缸喷油器工作的声音来判断喷油器是否工作。在发动机运转时应能听到喷油器有节奏的"嗒嗒"声,这是喷油器在电脉冲作用下喷油的工作声。若各缸喷油器工作声音清脆均匀,则各喷油器工作正常。

2)检查喷油器

拔下喷油器的导线插接器,用万用表欧姆挡测量喷油器上两个接线端子间(电磁线圈)的电阻值(图2-2-18)。在20℃时,高电阻型喷油器的电阻值应为12~16Ω,低电阻型喷油器应为2~5Ω。如果电阻值不符,应更换喷油器。

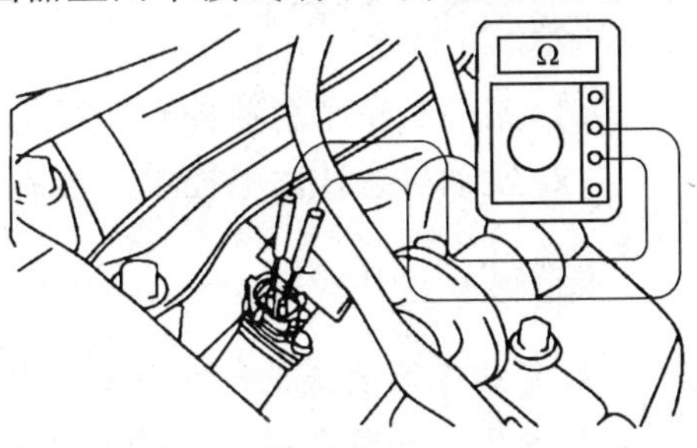

图2-2-18　喷油器电阻值的测量

3)检查电源

关闭点火开关,拔下喷油器插头。原地启动发动机,启动瞬时电压应为电源电压。如果没有电压,则检查燃油泵继电器和连接电路。

4)检查连接线路

喷油器与电控单元之间的导线的电阻应小于0.5Ω,导线之间不得有短路和漏电,否则应检修或更换导线。

5)检查喷油质量

上述检查没有问题,可以检查喷油质量。关闭点火开关,取下喷油器,接好插头,在喷油器下放一量筒。打开点火开关,使发动机怠速运行 30s 的喷油量应为 70 ~ 80mL,且雾化良好。关闭发动机后,喷油器不应滴油,正常油压下,每分钟滴油不应多于两滴。

六 整理现场

(1)将各个量具清洁后放入相应的量具盒内。

(2)将其他工具清洁后放回工具车。

(3)清洁工作(操作)台,清扫地面。

(4)将抹布或棉纱等垃圾放入清洁箱中。

实训 11　汽油发动机怠速控制装置的检修

一 实训目的

(1)了解怠速控制装置的分类和功用。

(2)了解典型怠速控制装置的工作原理。

(3)掌握怠速控制装置的检测方法和调整过程。

二 实训量具、工具、设备

万用表、电喷发动机。

三 实训技术标准及要求

(1)旁通空气式(皇冠 3.0):步进电动机型怠速控制阀绕组的电阻值应为 10 ~ 15Ω。

(2)节气门直动式(桑塔纳 2000):怠速控制电动机绕组的电阻值标准应为 3 ~ 200Ω;当节气门限位螺钉与限位杆之间有 0.3mm 间隙时,怠速开关应导通;当有 0.4mm 间隙时,怠速开关应断开。

(3)导线与导线之间不应有短路和断路。

四 实训注意事项

(1)桑塔纳轿车怠速控制装置与节气门位置传感器制成一体,壳体不准打开。

(2)发动机怠速由电控单元控制的,其怠速不能调整,标准值为 750 ~ 850r/min。

五 实训操作步骤

1. 怠速控制装置的就车检查

怠速控制系统的就车检测方法有以下三种,可酌情选用。

(1)发动机怠速运转状况检查:在冷车状态下启动发动机后,暖机过程开始时,发动机的怠速转速应能达到规定的快怠速转速(通常为 1500r/min);在发动机达到正常工作温度后,怠速转速应能恢复正常(通常为750~850r/min)。如果冷车启动后怠速不能按上述规律变化,则怠速控制系统有故障。

发动机达到正常工作温度后,在打开空调开关时,发动机怠速转速应能上升到900r/min左右。若打开空调开关后发动机转速下降,则怠速控制系统有故障。

在发动机怠速运转中,对怠速调节螺钉作微量转动,发动机怠速转速应不会发生变化(转动后应使怠速调节螺钉恢复原来的位置)。若在转动中怠速转速发生变化,说明怠速控制系统不工作。

(2)怠速控制阀的工作状况检查:对于脉冲线性电磁阀式怠速控制阀,可在发动机怠速运转中拔下怠速控制阀线束插接器,观察发动机的转速是否有变化。如此时发动机转速有变化,则怠速控制阀工作正常。对于步进电动机式怠速控制阀,可在发动机熄火后的一瞬间倾听怠速控制阀是否有"嗡嗡"的工作声音(此时步进电动机应工作,直到怠速控制阀完全开启,以利发动机再启动)。如怠速控制阀发出"嗡嗡"声,则怠速控制阀良好。为了检查步进电动机式怠速控制阀的工作状况,也可以在发动机启动前拔下怠速控制阀线束插接器,待发动机启动后再插上,观察发动机转速是否有变化。如果此时发动机转速发生变化,则怠速控制阀工作正常;否则,怠速控制阀或控制电路有故障。

(3)ECU控制电压的检测:对于脉冲线性电磁阀式怠速控制阀,应拔下怠速控制阀线束插接器,用万用表电压挡测量其端子电压。如果在发动机运转过程中,怠速控制阀线束插接器端子有脉冲电压输出,ECU和怠速控制系统线路无故障。若无脉冲电压输出,可打开空调开关后再测试。若仍无脉冲电压输出,则怠速控制系统不工作,应检查ECU与怠速控制阀之间的线路(是否有接触不良或断路故障);如怠速系统的线路无故障,则ECU有故障,应更换ECU。

对于步进电动机式怠速控制阀,将点火开关置于"ON"位置,然后测量ECU的端子ISC1、ISC2、ISC3、ISC4与端子E1间的电压值(应为9~14V),如无电压,则ECU有故障。

2. 步进电动机型怠速控制阀的检查

皇冠3.0轿车的怠速控制阀的电路如图2-2-19所示。

(1)怠速控制阀线圈电阻的检测:拆下怠速控制阀,用万用表欧姆挡测量怠速控制阀线圈的电阻值(图2-2-20)。脉冲线性电磁阀式怠速控制阀只有一组线圈,其电阻值为10~15Ω。步进电动机式怠速控制阀通常有2~4组线圈,各组线圈的电阻值为10~30Ω。如线圈电阻值不在上述范围内,应更换怠速控制阀。

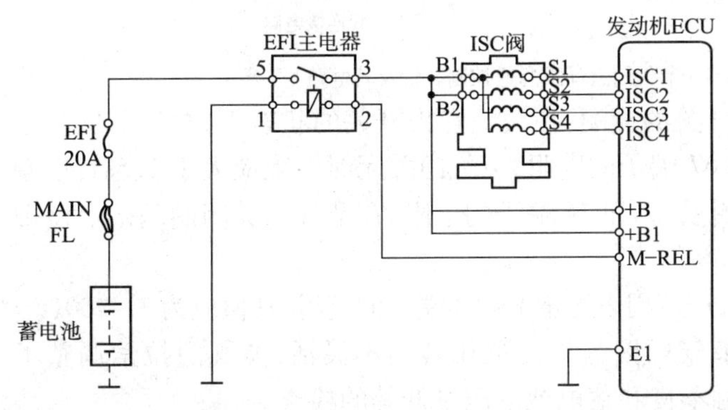

图2-2-19　怠速控制阀的电路

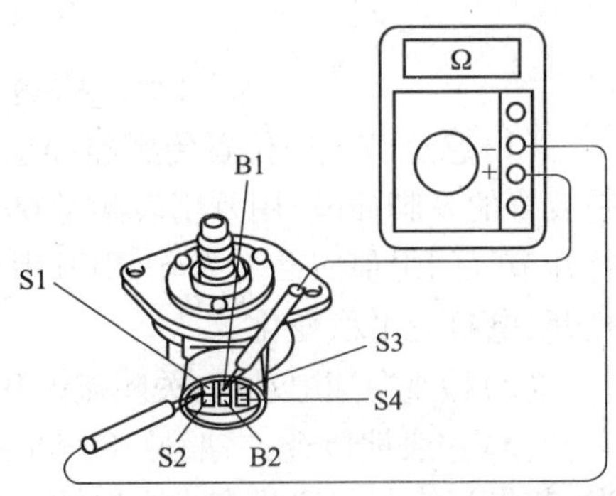

图2-2-20　电阻值的测量

(2)步进电动机的动作检查:将蓄电池电源以一定顺序输送给步进电动机各线圈,就可使步进电动机转动。各种步进电动机的线圈形式和接线端的布置形式都不同。这里以皇冠3.0轿车2JZ－GE发动机怠速控制阀步进电动机为例说明其检查方法。首先,将步进电动机插接器端子B1和B2与蓄电池正极相连,然后将端子S1、S2、S3、S4依次(S1→S2→S3→S4)与蓄电池负极相接,此时步进电动机应转动,阀芯向外伸去,如图2-2-21a)所示;若将端子S1、S2、S3、S4按相反的顺序(S4→S3→S2→S1)与蓄电池负极相接,步进电动机应朝相反方向转动,阀芯向内缩入,如图2-2-21b)所示。

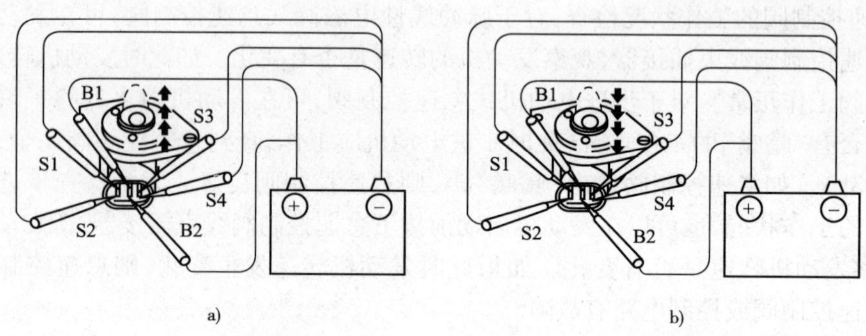

图2-2-21　步进电动机的动作检查

3. 节气门直动式怠速控制装置的检查

桑塔纳2000GSi节气门直动式怠速控制装置及其电路如图2-2-22所示。

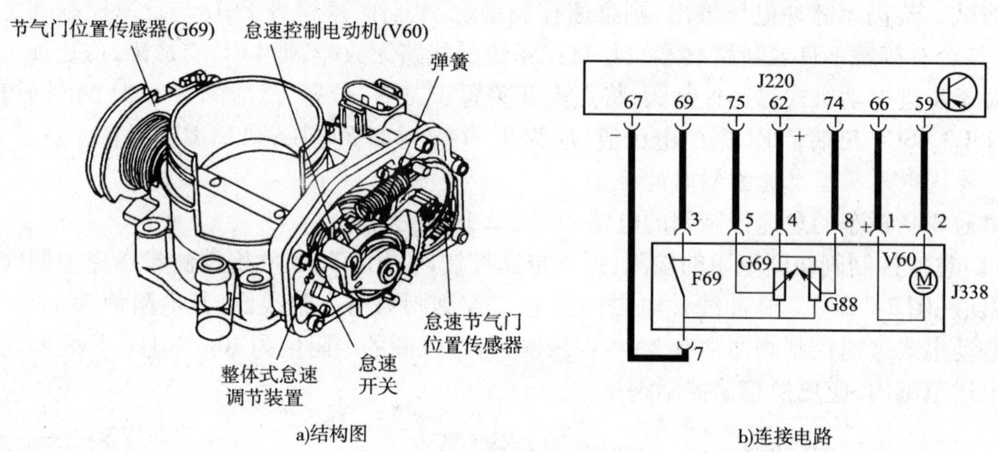

图2-2-22　桑塔纳2000GSi节气门直动式怠速控制装置及其电路

(1)怠速节气门位置传感器和怠速开关的检测:在关闭点火开关的状态下,装好节气门控制装置的8脚插座;用万用表测量69和67端子的电阻,节气门关闭时电阻应大于1.5Ω,慢慢打开节气门阻值应凸变为∞;用万用表测量62和74端子的电阻,在节气门关闭的基础上微微打开,电阻应平稳变化。

(2)检查怠速电动机:关闭点火开关,用万用表测量1和2端子的电阻,其值应为3~200Ω。

(3)一般性检查:一般性检查是指节气门因为油泥沉积转动不灵活,节气门拉索调整不当,节气门控制装置线束或连接插头接触不良和蓄电池电压过低等的检查。

(4)怠速节气门位置的调整:拧紧节气门位置传感器上的两个固定螺钉,将厚度为0.35mm

的塞尺插入限位螺钉和限位杆之间，同时用万用表检测怠速开关的导通情况；逆时针转动节气门位置传感器，使怠速触电断开，然后按顺时针慢慢地转动节气门位置传感器，直至怠速触点闭合为止。

六 整理现场

（1）将各个量具清洁后放入相应的量具盒内。

（2）将其他工具清洁后放回工具车。

（3）清洁工作（操作）台，清扫地面。

（4）将抹布或棉纱等垃圾放入清洁箱中。

实训12　传统柴油机燃料供给系统拆装与检查

一 实训目的

了解柴油机燃料供给系统的组成；了解喷油器、喷油泵、调速器的构造及可燃混合气的形成、燃烧的过程等。

二 实训量具、工具、设备

（1）输油泵、玉柴 YC6105QC 发动机用 A 型高压泵、喷油器若干台。

（2）拆装工具等。

（3）相关挂图或图册若干。

三 实训技术标准及要求

（1）凸轮轴的轴向间隙应为 0.05～0.10mm，出油阀压紧座拧紧力矩应为 25～35N·m。

（2）玉柴 YC6105QC 柴油机供油齿杆的总行程，应大于 17.5mm。

（3）喷油器针阀、针阀体螺母的拧紧力矩为 60～80N·m，紧固压板螺母的拧紧力矩为 22～28N·m。

四 实训注意事项

（1）喷油泵拆卸后的零部件，应按原装配关系放置在清洁的工作台上，精密偶件要放在单独器皿内，用滤清过的轻柴油清洗或存放。

（2）清洗后，用压缩空气吹干，柱塞偶件表面上刻有配偶编号及标记，不得弄错。

（3）以 A 型泵为例（YC6105QC 选用）。

（4）喷油器零件经清洗吹干检验合格后，必须在高度清洁的场所进行装配。

五 实训操作步骤

1. 喷油泵的拆装

1）喷油泵的拆卸

(1)如图2-2-23所示,先堵住低压油路进出油口和高压油管接头,防止污物进入油路。用柴油、煤油、汽油或中性金属清洗剂,清洗泵体外部。旋下调速器底部的放油螺塞,放尽机油。

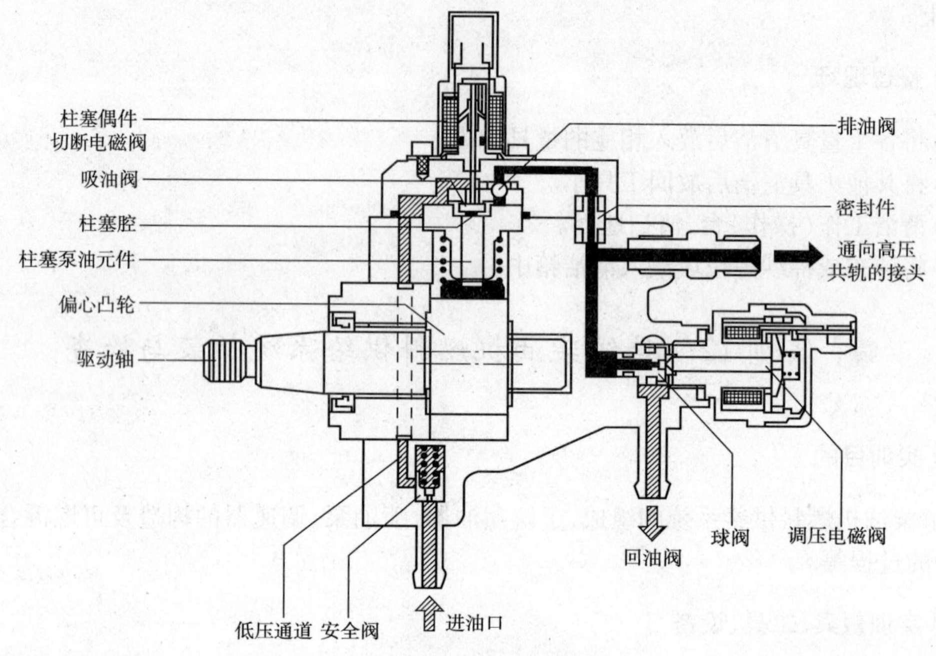

图2-2-23　喷油泵的拆卸

(2)将油泵固定在专用拆装架或自制的T形架上。拆下输油泵总成、检视窗盖板、油尺等总成附件,以及泵体底部螺塞。

(3)转动凸轮轴,使第1缸滚轮体处于上止点。将滚轮体托板(或销钉)插入调整螺钉与锁紧螺母之间(或挺柱体锁孔中),使滚轮体和凸轮轴脱离。

(4)拆下调速器后盖固定螺钉,将调速器后壳后移,并倾斜适当角度。拨开连接杆上的锁夹进行比较,即可在装配时知道应增垫片的厚度。若不需要更换凸轮轴轴承,先测间隙,减少装配时的反复调整。拆下前轴承盖,收好调整垫片。拆下凸轮轴支承轴承。用木锤从调速器端敲击凸轮轴,将轴和轴承一起从泵体前端取下。若需要更换轴承,可用拉器拉下轴承。

(5)将泵体检视窗一侧向上放平。从油底塞孔中装入滚轮挺柱顶持器,顶起滚轮部件,拔出挺柱托板(或销钉),取出滚轮体总成。按上述方法,依次取出各缸滚轮体总成。如需要对滚轮体解体,则应先测量记下其高度,取出柱塞弹簧、弹簧上下座、油量控制套筒,旋出齿杆限位螺钉,取出供油齿杆,旋出出油阀压紧座,用专用工具取出油阀偶件及减振器、油阀弹簧、柱塞偶件,按顺序放在专用架上。

2)喷油泵的装配

(1)装配时,应在清洁干净后的零件表面涂上清洁的机油。

(2)装供油齿杆。将供油齿杆上的定位槽对准泵体侧面上的齿杆限位螺钉孔,装复限位螺钉。检查供油齿杆的运动阻力,当泵体倾斜45°时,供油齿杆应能靠自重滑动。

(3)装柱塞套筒。柱塞套筒从泵体上方装入座孔中,其定位槽应恰好卡在定位销上,保证柱塞套完全到位。注意座孔必须彻底清理,防止杂物卡在接触面间,造成柱塞套筒偏斜和接触面不密封。

(4)将出油阀偶件、密封垫圈、出油阀弹簧和出油阀压紧座依次装入泵体。必须注意出油阀座与柱塞套上端面之间的清洁,并保证密封垫圈完好。用25~35N·m的力矩拧紧出油阀压紧座。过紧会引起泵体开裂、柱塞咬死及齿杆阻滞、柱塞套变形,加剧柱塞副磨损。装配后应检查喷油泵的密封性。

(5)装复供油齿圈和油量控制套筒。油量控制套筒通过齿圈凸耳上的夹紧螺钉和齿圈固定成一体,两者不能相对转动。一般零件上有装配记号。没有记号时,应使齿圈的固定凸耳处在油量控制套筒两孔之间居中位置,确定供油齿杆中间位置。将供油齿杆上的记号(刻线或冲点)与泵体端面对齐,或与齿圈上的记号对齐。如果齿杆上无记号,则应使供油齿杆前端面伸出泵体前端面达到说明书规定的距离。装上齿圈和油量控制套筒。左右拉动供油齿杆到极限位置时,齿圈上凸耳的摆动角度应大致相等,并检查供油齿杆的总行程。

(6)装入柱塞弹簧上座及柱塞弹簧,将柱塞装入对应的柱塞套,再装上下弹簧座。注意柱塞下端十字凸缘上有记号的一侧,应朝向检视窗。下弹簧有正反之分,不能装反。

(7)装复滚轮挺柱体,调整滚轮挺柱体调整螺钉,达到说明书规定高度或拆下时记下的高度。将滚轮体装入座孔,导向销必须嵌入座孔的导向槽内。用力推压滚轮体或用滚轮顶持器和滚轮挺柱托板,支起滚轮挺柱。逐缸装复各滚轮体,每装复一个都要拉动供油齿杆,检查供油齿杆的阻力。

(8)装复凸轮轴和中间支承轴承,装上调速器壳和前轴承盖。注意凸轮轴的安装方向,无安装标记时,也可根据输出泵驱动凸轮位置确定安装方向。凸轮轴的中间支承应与凸轮轴一起装入泵体,否则凸轮轴装复后就无法装上中间支承。

喷油泵凸轮轴装到泵体内,应有确定的轴向位置和适当的轴向间隙。凸轮轴装复后,应转动灵活,轴向间隙为0.05~0.10mm。装复供油提前角自动调节器,转动凸轮轴,取下各滚轮体托板。拉动供油齿杆,阻力应小于15N,否则应查明原因,予以排除。

(9)装复输出泵、调速器总成等附件。

2. 喷油器的拆装

1)喷油器的拆卸

(1)喷油器的固定方式有压板固定、空心螺套固定及利用自身的凸缘固定三种。压板固定式喷油器在缸盖上正确的安装位置,靠压板定位销固定。拆卸时,首先拆下高压油管和固定螺母,然后用木锤振松喷油器,取出总成,视需要可用专用拉器拉出。

(2)从发动机上拆下喷油器总成后,应先清洗外部,然后逐一在喷油器试验台上进行检验。检查喷射初始压力、喷雾质量和漏油情况。如质量良好就不必解体。

(3)分解时,先分解喷油器的上部。旋松调压螺钉紧固螺母,取出调压螺钉、调压弹簧和顶杆。将喷油器倒夹在台虎钳上,旋下针阀体紧固螺母,取下针阀体和针阀。

(4)针阀偶件应成对浸泡在清洁的柴油里。如果针阀和针阀体难以分开,可用钳子垫上橡胶片,夹住针阀尾端拉出。

2)喷油器零件的清洗

(1)用钢丝刷清理零件表面的积炭和脏物。喷油器体和针阀体的油道可用通针或直径适当的钻头(0.7mm)疏通。

(2)针阀体偶件应单独清洗。零件表面积垢的褐色物质也可用乙醇或丙酮等有机溶剂浸泡后,再仔细擦除。最后将喷油器偶件放在柴油中,来回拉动针阀清洗。堵塞的喷孔用直径0.3mm 的通针清理。清理时注意避免损伤喷孔。

(3)清洗过的零件,用压缩空气吹去孔道中遗留的杂质,最后用汽油浸洗、吹干备用。

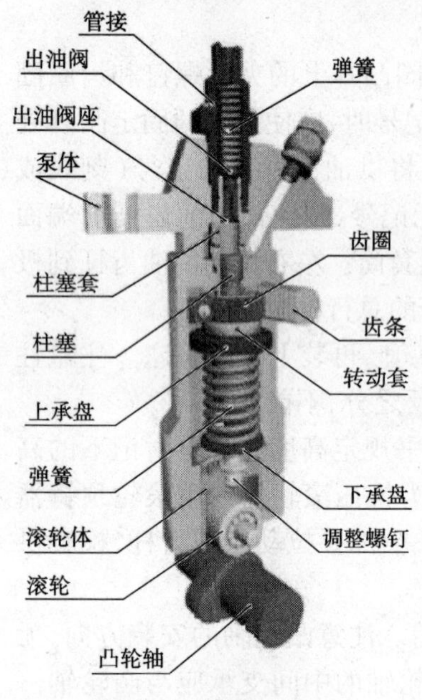

图 2-2-24　喷油器的结构

3)喷油器的装配

(1)如图 2-2-24 所示,将针阀、针阀体、紧固螺母装到喷油器体上。螺母的拧紧力矩为 60 ~ 80N · m。

(2)从喷油器件上部装入顶杆、调压弹簧、调压螺钉,拧上调压螺钉紧固螺母。

(3)安装进油管接头。总成调试完毕后,安装护帽。

4)喷油器在发动机上的安装

(1)安装到汽缸盖上的喷油器,应检查喷油器伸出汽缸盖底面的高度。玉柴 YC6105QC 为 3.5 ~ 3.7mm。安装高度不符合规定时,可拆下锥形垫圈,在喷油器紧固螺套与锥形垫圈体之间,加垫片调整或更换锥形垫圈。

(2)锥形垫圈与汽缸盖安装孔接触不严密时,可拆下锥形垫圈,加热后冷却减小其硬度后再安装。安装前用专用铰刀清除座孔内的积炭、污垢。

(3)喷油器体上的定位销(或定位块)安装时,要嵌入座孔的定位槽内。紧固压板螺母拧紧力矩为 22 ~ 28N · m。压板的圆弧状凸起面应朝向喷油器凸肩,以保证压紧力与喷油器轴线在同一平面内,有利于密封。

六 整理现场

(1)将各个量具清洁后放入相应的量具盒内。

(2)将其他工具清洁后放回工具车。

(3)清洁工作(操作)台,清扫地面。

(4)将抹布或棉纱等垃圾放入清洁箱中。

实训 13　离合器的拆装与调整

一 实训目的

(1)了解离合器的功用、结构。

(2)掌握离合器的拆装顺序及其离合器踏板自由行程的调整要领。

二 实训量具、工具、设备

(1)桑塔纳离合器 1 个。

(2)离合器拆装作业台、压力机各 1 台。

(3)常用工具、量具各 1 套,桑塔纳专用工具 1 套。

(4)相关挂图或图册。

三 实训技术标准及要求

(1)离合器踏板自由行程应为15～25mm,总行程应为150mm±5mm。

(2)离合器摩擦片外径应为210mm。

四 实训注意事项

(1)分离叉两端衬套必须同心。

(2)安装离合器压盘总成时,需用导向定位器或变速器输入轴确定中心位置,使从动盘与压盘同心,便于安装输入轴。

(3)离合器从动盘有减振弹簧保持架的一面应朝向压盘。

五 实训操作步骤

1. 离合器的拆卸

(1)拆卸离合器时,首先要拆下变速器。

(2)如图2-2-25所示,用大众专用工具(10－201)将飞轮固定,然后将离合器的固定螺栓对角拧松(注意观察压盘和飞轮的装配标记)。取下压盘总成、离合器从动盘。

(3)用$d=23.5\sim78.5$mm的内拉头拉出分离轴承。

(4)拆下分离轴承导向套和橡胶防尘套、复位弹簧。

(5)用尖嘴钳取出卡簧及衬套座,取出分离叉轴。分解离合器各部件,如图2-2-26所示。

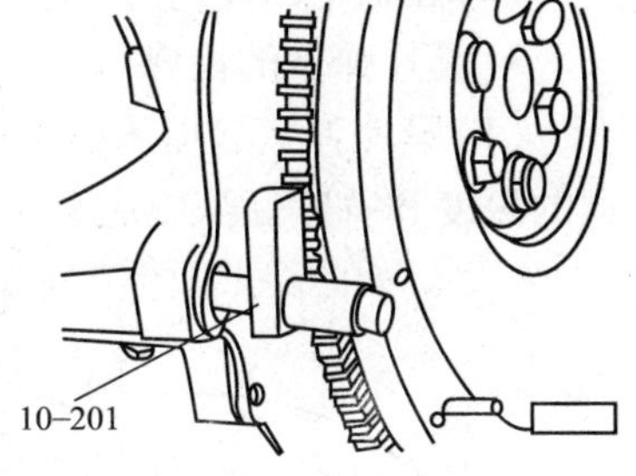

图2-2-25 离合器的拆卸

2. 离合器的检修

1)从动盘的检修

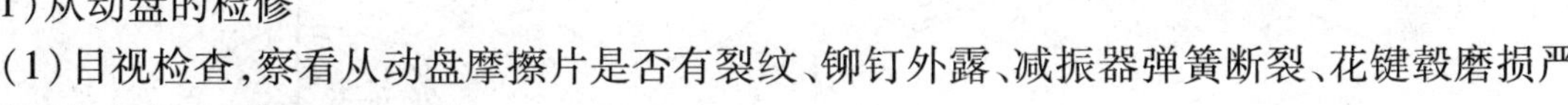
(1)目视检查,察看从动盘摩擦片是否有裂纹、铆钉外露、减振器弹簧断裂、花键毂磨损严重等情况,如果有则更换从动盘。

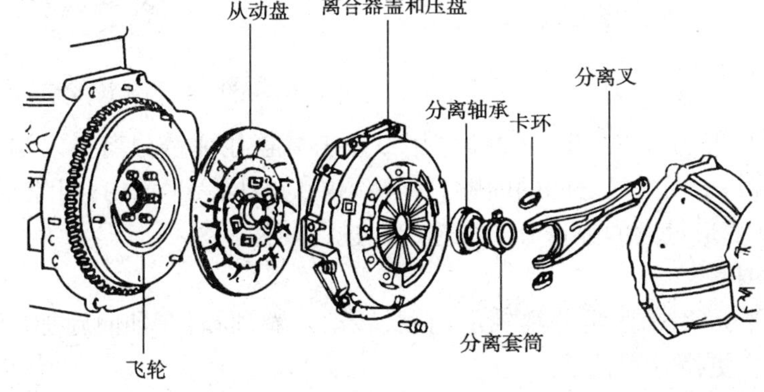

图2-2-26 离合器各部件

(2)检查从动盘的端面圆跳动。如图2-2-27所示,在距从动盘外边缘2.5mm处测量,离合器从动盘最大端面圆跳动量为0.4mm。如果不符合要求,可用扳钳校正或更换。

(3)检查从动盘摩擦片的磨损程度。摩擦片的磨损程度可用游标卡尺进行测量,如图 2-2-28 所示。铆钉头埋入深度应不小于 0.20mm。如果检查结果超过要求,则应更换从动盘。

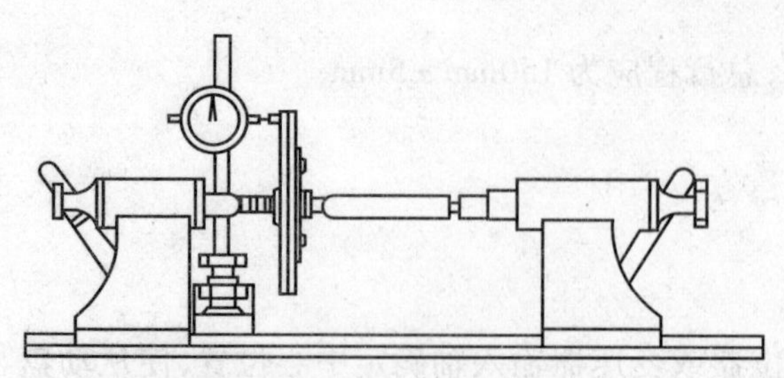

图 2-2-27　检查从动盘的端面圆跳动

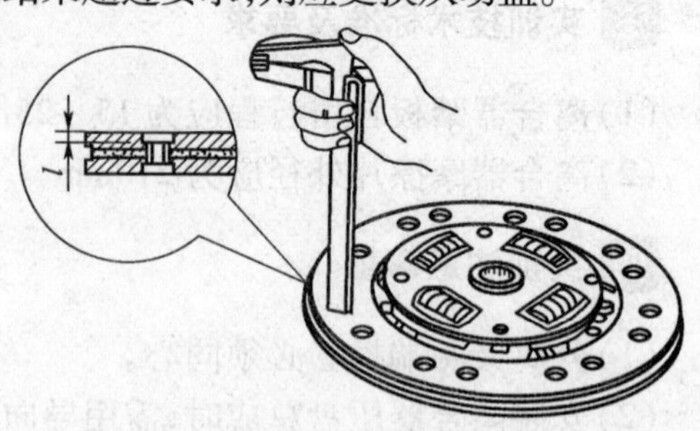

图 2-2-28　检查从动盘摩擦片的磨损程度

注意:检查的是铆钉头的深度,即浅处的深度。

2)压盘的检修

(1)压盘平面度的检查。检查方法如图 2-2-29 所示,用钢直尺压在压盘上,然后用塞尺测量。离合器压盘平面度不应超过 0.2mm。

(2)压盘表面的检查。压盘表面不应有明显的沟槽,沟槽深度应小于 0.30mm。

(3)压盘平面度超过要求,可用平面磨床磨平或车床车平,但磨削、车削的厚度应小于 2mm。

3)膜片弹簧的检修

(1)膜片弹簧磨损的检查(图 2-2-30)。用游标卡尺测量膜片弹簧与分离轴承接触部位磨损的深度和宽度。深度应小于 0.6mm,宽度应小于 5mm,否则应更换。

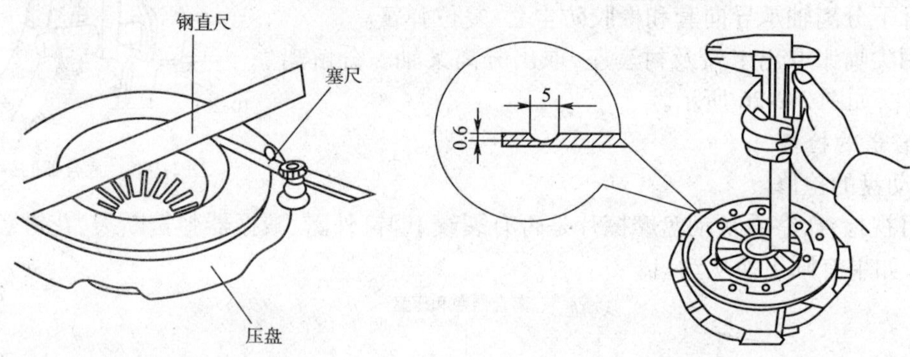

图 2-2-29　压盘平面度的检查　　图 2-2-30　膜片弹簧的检修

(2)膜片弹簧变形的检修(图 2-2-31)。用专业工具盖住弹簧分离指内端(小端),然后用塞尺测量弹簧内端与专用工具之间的间隙。弹簧内端应在同一平面内,间隙不应超过0.5mm。否则用维修工具将变形过大的弹簧分离指翘起以进行调整。

4)分离轴承的检修

如图 2-2-32 所示,用手固定分离轴承内圈,转动外圈,同时在轴向施加压力,如有阻滞或有明显间隙感时,应更换分离轴承。

5)飞轮的检修

(1)飞轮端面圆跳动的检修(图 2-2-33)。将百分表吸附在发动机机体上,百分表表针抵在飞轮的最外圈,转动飞轮,测量飞轮的端面圆跳动,应小于 0.1mm。如果端面圆跳动超过标准,应修理或更换飞轮。

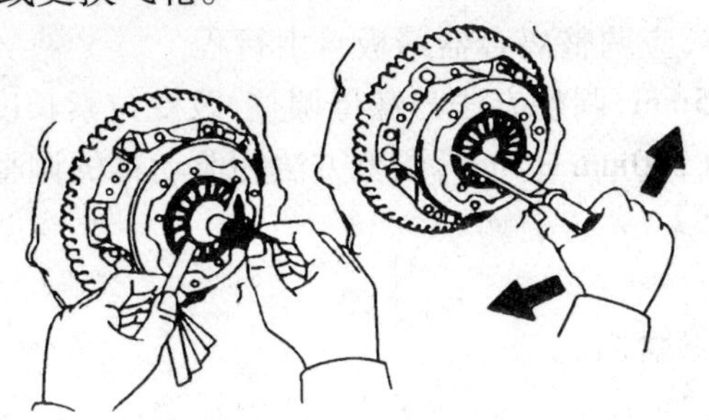

图 2-2-31 膜片弹簧变形的检修

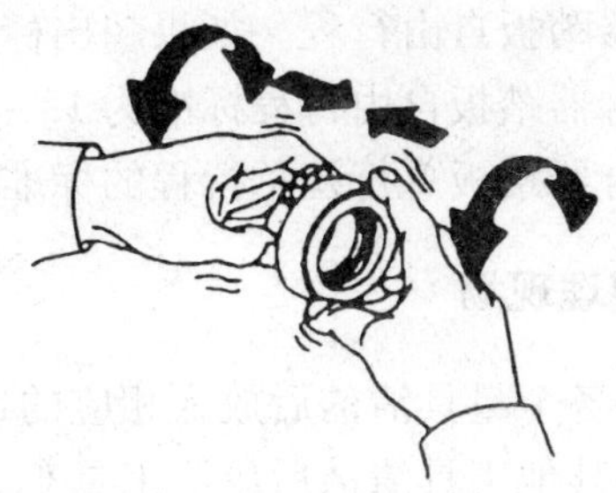

图 2-2-32 分离轴承的检修

(2)飞轮上轴承的检修(图 2-2-34)。用手转动轴承,在轴向加力,如果有阻滞或有明显间隙感,则应更换轴承。

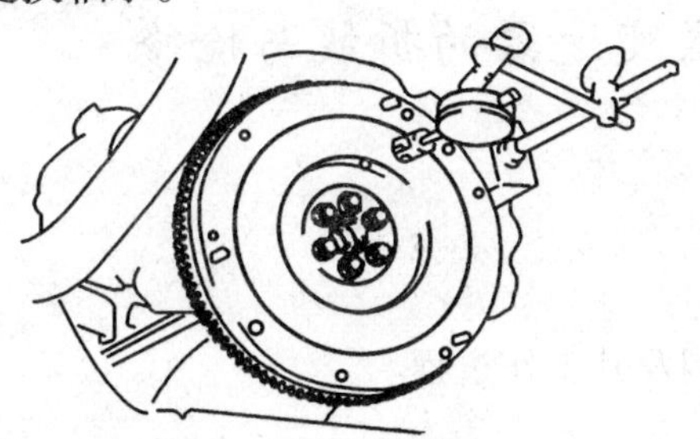

图 2-2-33 飞轮端面圆跳动的检修

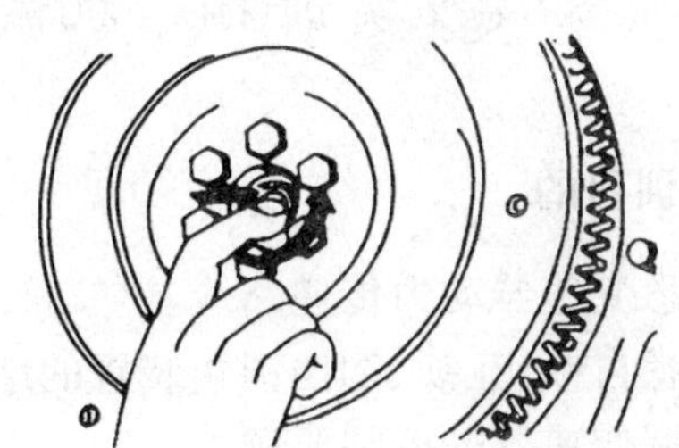

图 2-2-34 飞轮上轴承的检修

3. 离合器的装配

(1)将从动盘装在发动机飞轮上,用定芯棒(10—213)定位。从动盘上减振弹簧突出的一面朝外,如图 2-2-35 所示。

(2)装上压板组件,用扭力扳手间隔拧紧螺栓,拧紧力矩为 25N · m。

(3)用专用工具将分离叉轴套压入变速器壳上。

(4)将分离叉轴的左端装上复位弹簧,先穿入变速器壳左边的孔中,再将分离叉轴的右端装入右边的衬套孔中,然后再装入左边的分离叉轴衬套和分离叉轴衬套座,将衬垫及导向套涂上密封胶,装到变速器壳前面,旋紧螺栓,拧紧力矩为 15N · m。

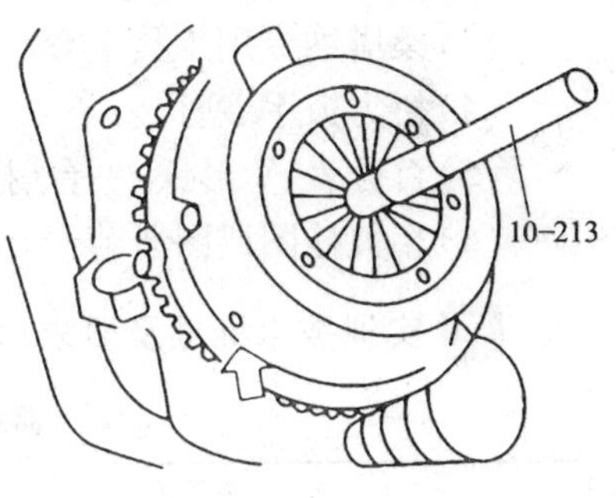

图 2-2-35 离合器的定位

(5)在变速器的后面旋紧螺栓,拧紧力矩为 15N · m,将分离叉轴锁住;检查分离叉轴应能灵活转动,但不能左右移动。

(6)用专用工具将分离轴承压入分离轴承座内。

4. 离合器的调整

(1)安装完成后,踩下离合器踏板检查是否踏板回弹无力、是否有异常噪声、是否过度松动、是否踏板沉重。

(2)检查离合器踏板高度。掀起地毯或地板革,用直尺测量地面到离合器踏板上表面的距离。如果超出标准,应调整离合器整踏板高度。

(3)用手指按压离合器踏板,感觉离合器踏板变重时的高度,此值与离合器踏板高度之差即为离合器踏板自由行程。如果超出标准,应调整离合器踏板自由行程。

①离合器踏板自由行程标准为15~25mm,调整方法为螺母调整,改变拉索长度。

②离合器踏板总行程总行程的标准为150mm±5mm,调整方法为驱动臂的调整。

六 整理现场

(1)将各个量具清洁后放入相应的量具盒内。

(2)将其他工具清洁后放回工具车。

(3)清洁工作(操作)台,清扫地面。

(4)将抹布或棉纱等垃圾放入清洁箱中。

实训14 机械式变速器的拆装与检修

一 实训目的

(1)熟悉变速器动力传递路线。

(2)熟悉自锁、互锁、倒挡锁止装置的结构及其工作过程。

(3)掌握变速器的拆装要领。

二 实训量具、工具、设备

(1)桑塔纳变速器总成1套。

(2)常用工量具1套。

(3)桑塔纳专用工具1套。

(4)扭力扳手、塞尺。

(5)百分表、V形铁、平台、拉器、铜棒各1个。

(6)相关挂图或图册若干。

三 实训技术标准及要求(表2-2-10)

桑塔纳2000型轿车5挡变速器的传动比 表2-2-10

1挡传动比	38:11=3.455
2挡传动比	35:18=1.944
3挡传动比	36:28=1.286
4挡传动比	31:32=0.969
5挡传动比	28:35=0.80
倒挡传动比	38:12=3.167
车速表传动比	12:21=0.571
齿轮油容量	2.0L
齿轮油规格	SAE75W-90;MIL-L-2105或API/GL-5
最高挡总传动比	3.02

四 实训注意事项

(1)严格拆装程序并注意操作安全。

(2)注意各零件、部件的清洗和润滑。

(3)分解变速器时不能用手锤直接敲击零件,必须采用铜棒或硬木垫进行冲击。

五 实训操作步骤

1. 变速器的分解

(1)输入轴和输出轴总成的拆卸。拆卸变速器。拆下变速器后盖。拆下轴承支座。拆下整套齿轮。

(2)输入轴总成的分解。

①拆下4挡齿轮的卡环。取下4挡齿轮、同步环和滚针轴承;拆下同步器锁环,如图2-2-36所示。

②取下3挡和4挡同步器、3挡同步环和齿轮,如图2-2-37所示。

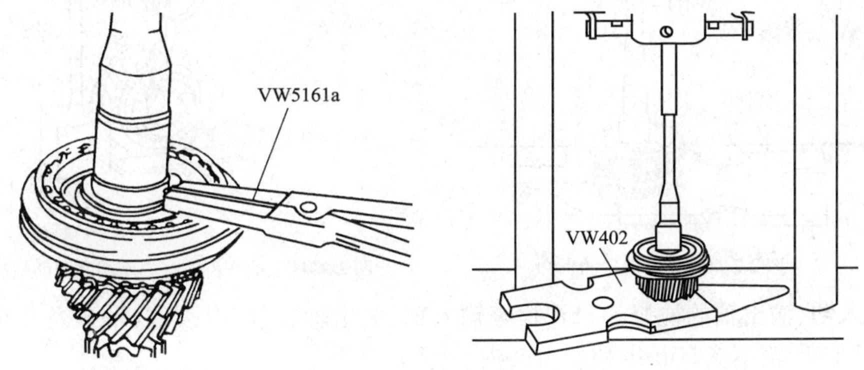

图2-2-36 输入轴总成的分解　　图2-2-37 3、4挡同步器的拆卸

③取下3挡齿轮的滚针轴承,取下输入轴的中间轴承内座圈,如图2-2-38所示。

(3)输出轴总成的分解。

①拆下输出轴内后轴承和1挡齿轮,如图2-2-39所示。

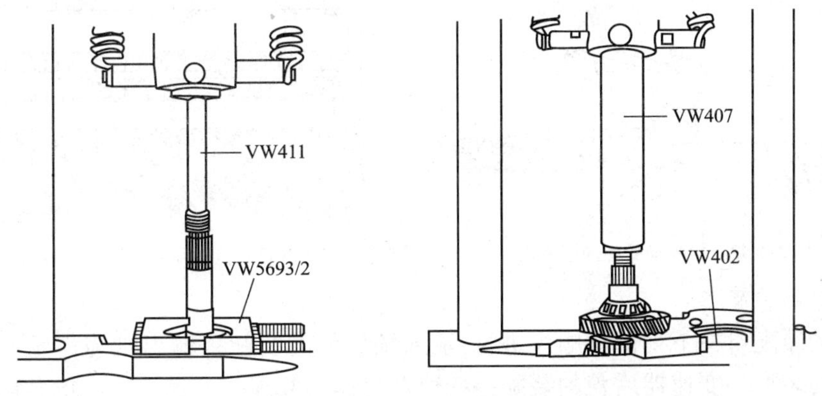

图2-2-38 3挡齿轮的滚针轴承的拆卸　　图2-2-39 输出轴内后轴承和1挡齿轮的拆卸

②取下滚针轴承和1挡同步环。取下滚针轴承的内座圈、同步器和2挡齿轮,如图2-2-40

所示。

③取下 2 挡齿轮的滚针轴承。拆下 3 挡齿轮的卡环、3 挡齿轮。

④拆下 4 挡齿轮的卡环、4 挡齿轮。拆下输出轴的前轴承。

2. 主要零部件的检修

(1)齿轮和轴承的检修。目视检查所有齿轮和轴承,如果有明显的损坏应更换。

目视检查齿面是否有斑点,如果斑点轻微可以用油石修磨;如果斑点面积超过 15% ,则应更换齿轮。

检查齿厚,如果齿厚磨损超过 0.2mm,则应更换齿轮。

检查齿长的磨损,如果磨损超过 15% ,则应更换齿轮。

装好轴承和内座圈后,用百分表检查齿轮与内座圈之间的间隙,如图 2-2-41 所示。标准间隙为 0.009 ~0.060mm,极限间隙为 0.15mm,如果超标应该更换轴承。注意:齿轮应成对更换。

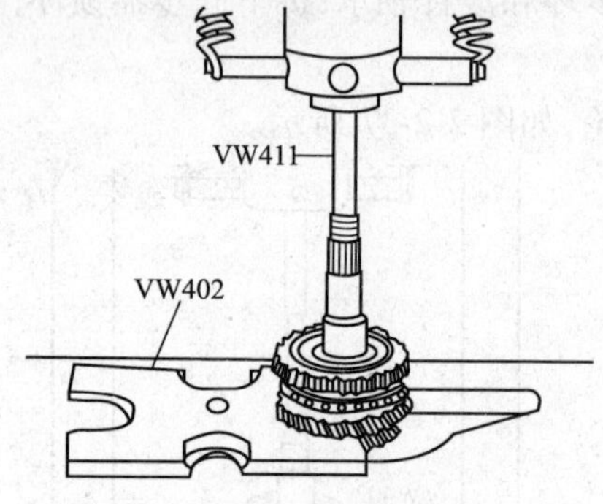

图 2-2-40　2 挡齿轮的拆卸

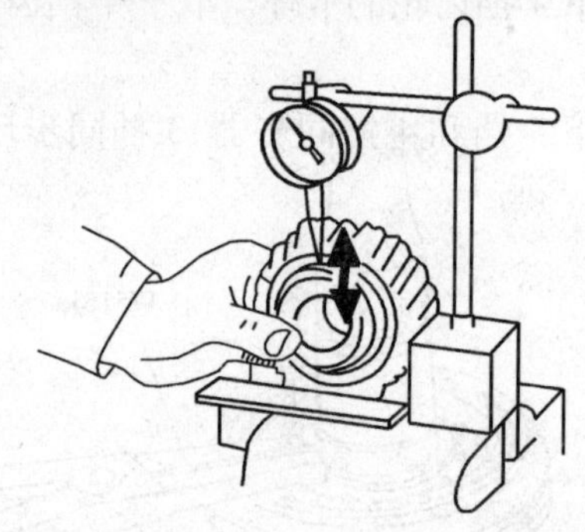
图 2-2-41　检查齿轮与内座圈之间的间隙

(2)输入轴、输出轴的检修。目视检查输入轴、输出轴,不应有裂纹,轴颈及花键不应有严重磨损,轴上的齿轮不应有断齿和严重磨损,否则应更换。

检查轴的径向圆跳动,如图 2-2-42 所示。不应超过 0.05mm,否则应更换或校正。

(3)同步器的检修。将同步环压在各自齿轮的锥面上,按压转动同步环时要有阻力,用塞尺测量环齿与轮齿之间的间隙 a(图 2-2-43)。间隙 a 的规定值见表 2-2-11。如果不符合规定,应更换同步环。

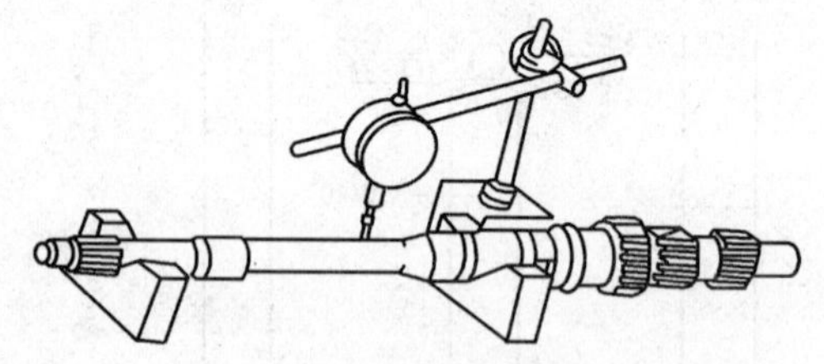
图 2-2-42　检查轴的径向圆跳动

图 2-2-43　检查环齿与轮齿之间的间隙 a

3. 变速器的装配

变速器的装配可按下列部件顺序进行:输入轴齿轮的装配→输出轴与齿轮的装配→变速器轴承支座的装配→变速器后盖的装配→变速器整体的装配→变速器上车的装配→变速器操纵机构的装配。

装配中要注意下列事项:

(1)安装输出轴和整套齿轮时,要先作如下检查:

①检查主动锥齿轮情况,如果已经损坏,同从动锥齿轮一起更换,并计算主、从动锥齿轮的调整垫片尺寸。

②检查所有齿轮和轴承的损坏情况,如需更换,除更换所损坏的外,还需将其他轴上的相应齿轮更换掉。

③用钢丝刷清洗同步环的内锥面。

④在更换第1挡齿轮的滚针轴承的内环或输出轴的后轴承时,需计算输出轴的调整垫片尺寸。

⑤将同步环压在各自齿轮的锥面上,并检查间隙 a。a 的标准值见表2-2-11。

同步器环齿与轮齿之间的间隙 a(单位:mm) 表2-2-11

同步环	间隙 a	
	新件	磨损极限
1挡和2挡	1.10~1.17	0.05
3挡和4挡	1.35~1.90	0.05
5挡	1.10~1.70	0.05

(2)安装输出轴总成中,要注意各挡齿轮和同步器的朝向。

六 整理现场

(1)将各个量具清洁后放入相应的量具盒内。
(2)将其他工具清洁后放回工具车。
(3)清洁工作(操作)台,清扫地面。
(4)将抹布或棉纱等垃圾放入清洁箱中。

实训15 自动变速器传动部分的拆装

一 实训目的

(1)熟悉自动变速器传动部分的拆装过程。
(2)掌握自动变速器传动部分各部件的名称和连接关系。

二 实训量具、工具、设备

(1)01N 自动变速器1台。
(2)常用工具、专用工具,量具各1套。
(3)工作台、塞尺、百分表、游标卡尺。

三 实训技术标准及要求

(1)注意安全生产。
(2)注意规范地操作。
(3)注意5S原则。

四 实训注意事项

(1)应用尼龙布把零件擦净,禁止使用一般棉纱。

(2)密封衬垫、密封圈和密封环一经拆卸都应更换。

(3)阀体内装有许多精密的零件,在对它们进行拆检时,需要特别小心,防止弹簧、节流球阀和小零件丢失或散落。在安装一些小零件(如止推轴承、止推垫片、密封环等)时,为了防止零件掉落,可在小件表面上涂抹一些润滑脂,以便将小零件固定在安装位置上。

(4)在装配之前,给所有零件涂一层自动变速器油,密封环和密封圈上可涂凡士林,切记不要使用任何一种润滑脂。

五 实训操作步骤

1.行星齿轮变速器的分解

(1)拆下密封塞和ATF(自动变速器油)溢流管,排空ATF。

(2)取出液力变矩器,用螺栓1和2把变速器固定在总成支架上,如图2-2-44所示。

(3)拆下盖板,如图2-2-45所示。

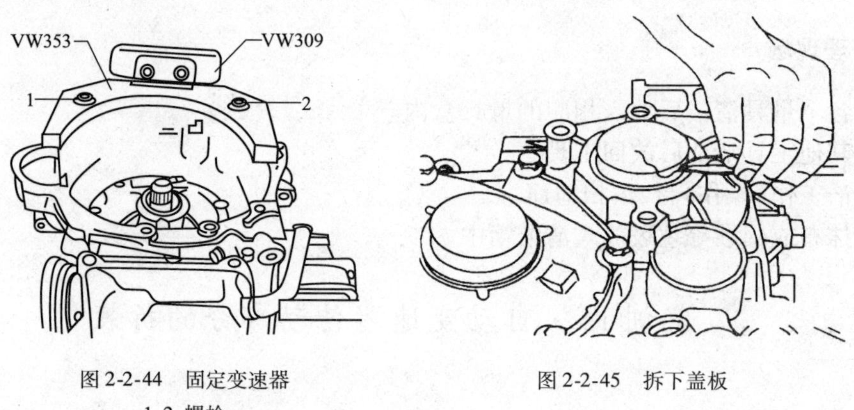

图2-2-44 固定变速器

1、2-螺栓

图2-2-45 拆下盖板

(4)拆下油底壳和ATF过滤网。拆下带扁平线束的阀体,如图2-2-46所示。

(5)取出B1的密封塞,如图2-2-47所示。

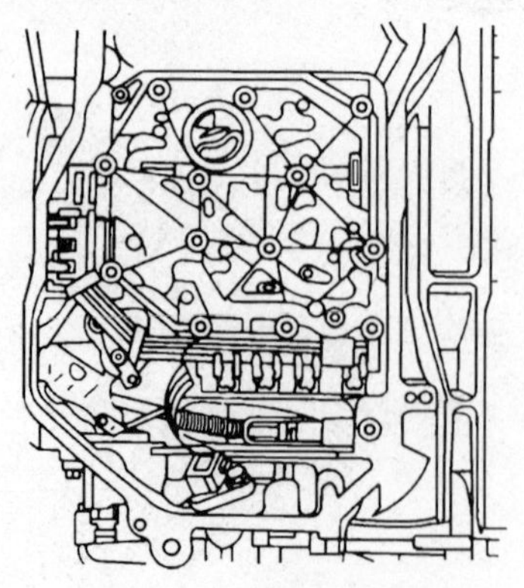

图2-2-46 拆下阀体

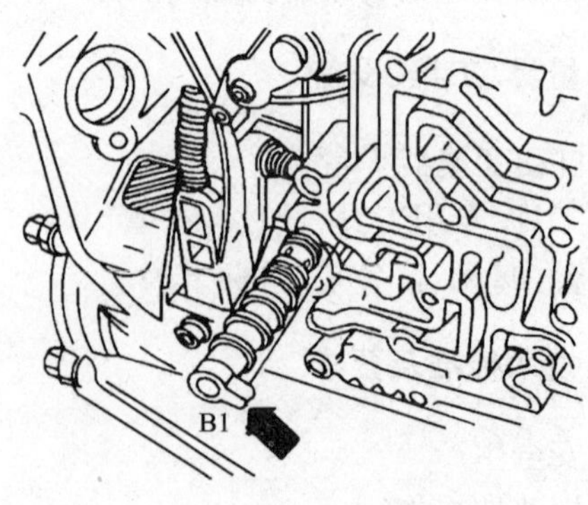

图2-2-47 取出B1的密封塞

(6)拆下 ATF 泵的螺栓,如图 2-2-48 中箭头所示。

(7)把螺栓(M8)拧入 ATF 泵的螺纹孔内,均匀地拧入螺栓,将 ATF 泵从变速器的壳体内压出,如图 2-2-49 所示。

(8)将所有的离合器连同支撑管、B2 摩擦片、弹簧和弹簧头一起取出,如图 2-2-50 所示。

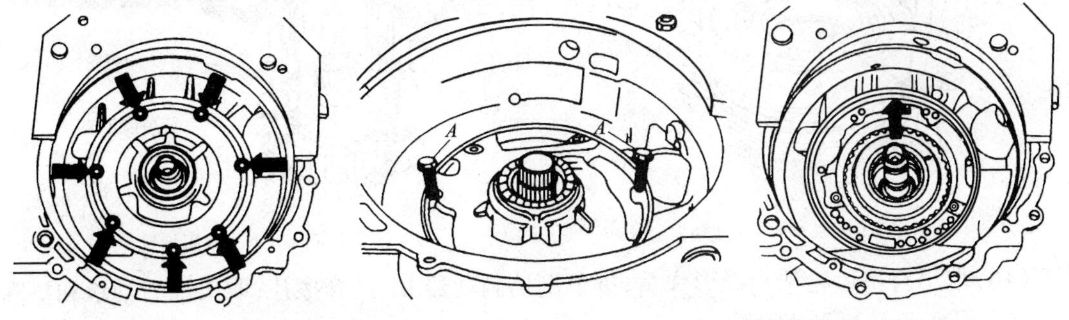

图 2-2-48　拆下 ATF 泵的螺栓　　图 2-2-49　拆下 ATF 泵　　图 2-2-50　取出离合器

(9)啮合驻车锁,将螺丝刀穿过大太阳齿轮的孔,松开小传动轴的螺栓,如图 2-2-51 所示。

(10)拆下小传动轴的螺栓以及垫圈和调整垫片。行星齿轮架的推力滚针轴承保留在变速器/输入齿轮内。抽出小传动轴,如图 2-2-52 所示。

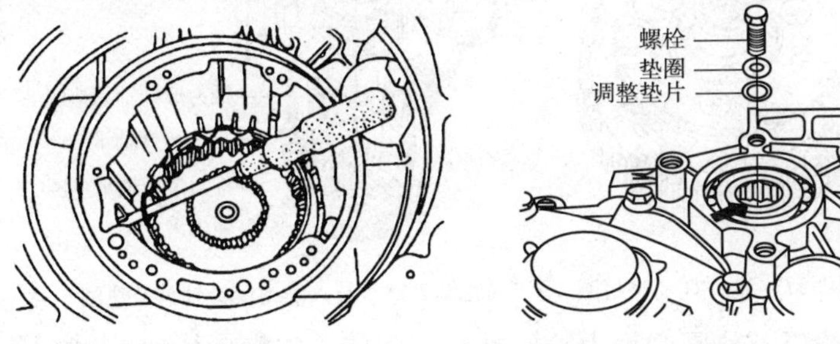

图 2-2-51　松开小传动轴螺栓　　图 2-2-52　拆下小传动轴

(11)抽出大传动轴和大太阳齿轮,如图 2-2-53 中箭头所示。

(12)拆下变速器速度传感器 G38。拆下支撑管卡环 a,如图 2-2-54 所示。

(13)拔出导流块,如图 2-2-55 所示。

(14)拆下自由轮的卡环 b(图 2-2-54)。用钳子夹住自由轮的定位键,按图 2-2-54 中箭头所示方向,把自由轮从变速器的壳体中抽出。

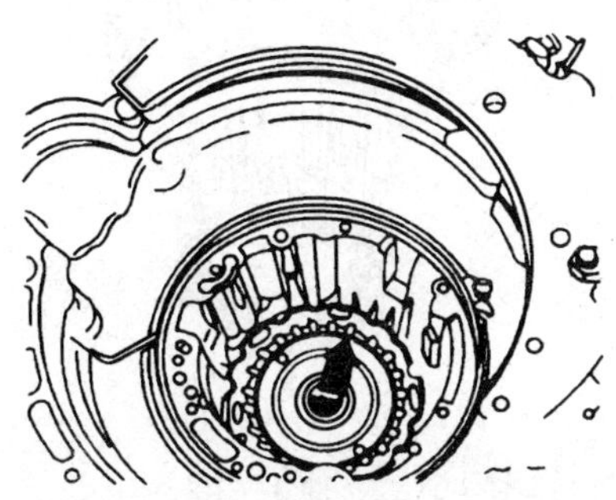

图 2-2-53　拆下大传动轴和大太阳齿轮

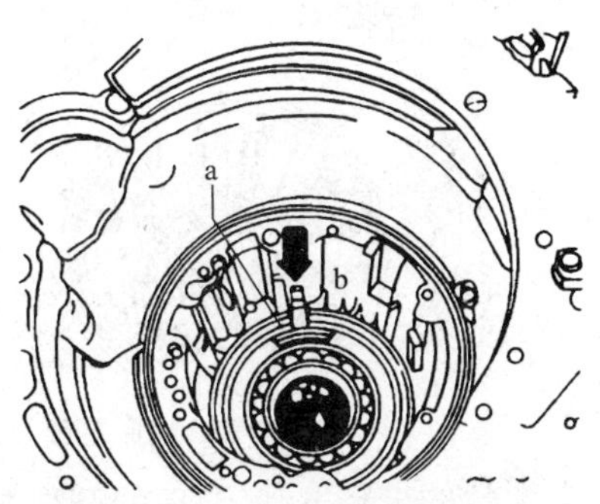

图 2-2-54　拆下支撑管卡环

(15)把小太阳齿轮以及垫圈和推力滚针轴承从行星齿轮架中抽出,如图 2-2-56 所示。

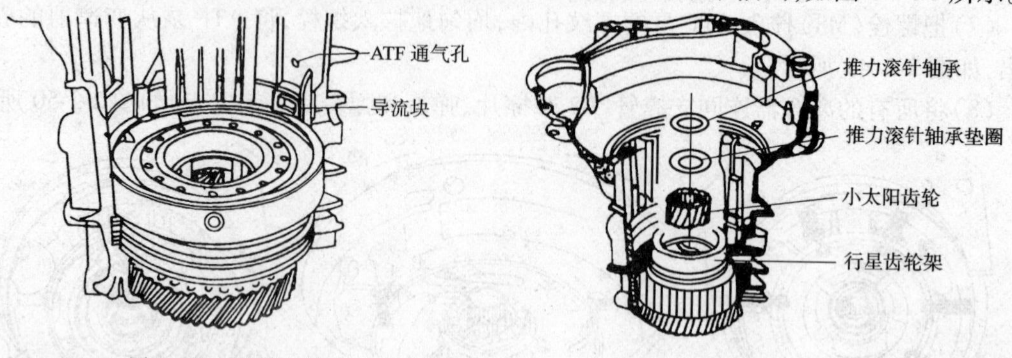

图 2-2-55　拆下导流块　　图 2-2-56　拆下小太阳齿轮

(16)取出行星齿轮架和碟形弹簧,拆下倒挡制动器 B1 的摩擦片,取出推力轴承和垫圈。

2. 行星齿轮变速器的组装

(1)把 O 形密封圈装入行星齿轮架(图 2-2-57)。

(2)把推力滚针轴承以及垫圈装入输入齿轮(图 2-2-58)。

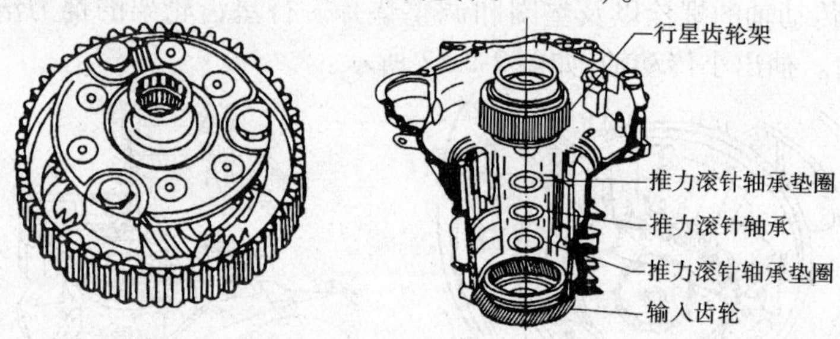

图 2-2-57　装入 O 形密封圈　　图 2-2-58　装入推力滚针轴承及垫圈

(3)将小太阳齿轮以及垫圈和推力滚针轴承一同插入行星齿轮架内(图 2-2-56)。

(4)将垫圈和推力滚针轴承调整到小太阳齿轮的中心。装入 B1 的内、外摩擦片。

(5)装入压力板,平面侧朝着摩擦片。压力板的厚度根据摩擦片的数量而不同。

(6)装入碟形垫圈,凸起侧朝着自由轮(图 2-2-59)。

(7)用装配环 3267 对自由轮滚柱旋加预紧力并且将自由轮装入(图 2-2-60)。

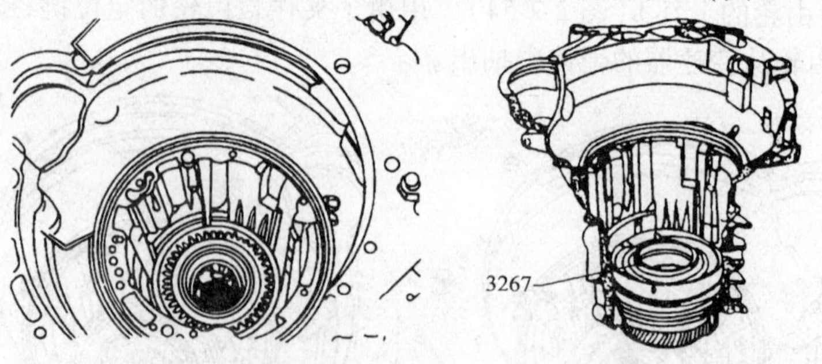

图 2-2-59　装入碟形垫圈　　图 2-2-60　装配环 3267

(8)装入自由轮的卡环 b,将卡环的开口装到自由轮的定位键上(图 2-2-54)。

(9)将导流块装入变速器壳体上具有 ATF 通气孔的槽内。

(10)将卡环 a 的开口装到自由轮的定位键上。装上变速器速度传感器 G38。

(11)依次将大太阳齿轮直到小传动轴装入变速器壳体内(图 2-2-61)。

(12)装入小传动轴的螺栓以及垫圈调整垫片(图 2-2-52)。

(13)将带垫圈推力滚针轴承装入 3 挡和 4 挡离合器 K3 内(图 2-2-62)。保证活塞环正确安置在 K3 上及活塞环的两端相互钩住(图 2-2-63)。

(14)装入 3 挡和 4 挡离合器 K3,将密封圈装入槽内(图 2-2-64)。

(15)装入第 1 至第 3 挡离合器 K1(图 2-2-65)。将调整垫片装入 K1(图 2-2-66)。

(16)装入倒挡离合器 K2(图 2-2-67)。

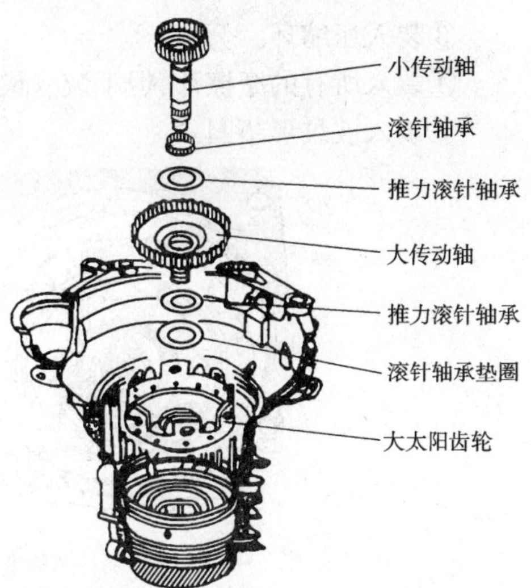

图 2-2-61 装入大太阳齿轮及小传动轴

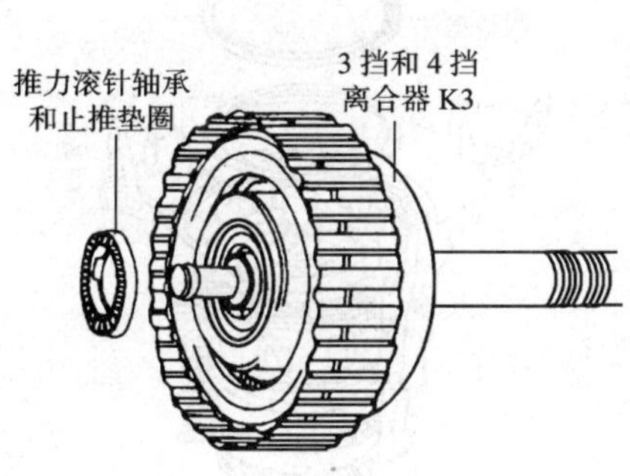

图 2-2-62 装入推力滚针轴承

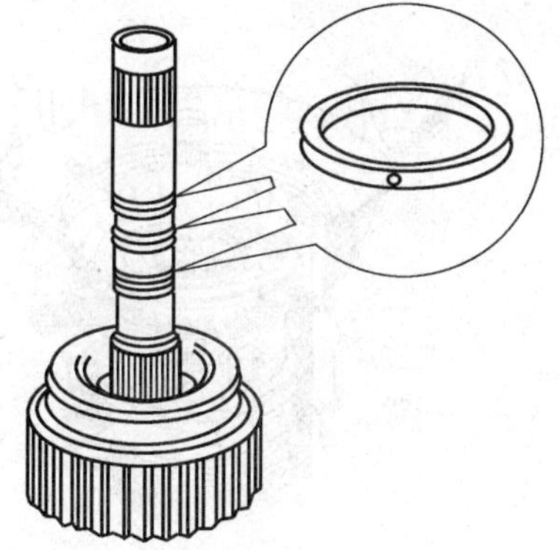

图 2-2-63 活塞的正确装配

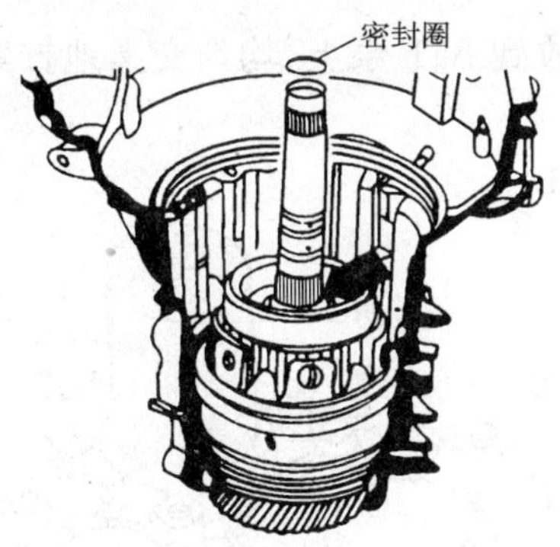

图 2-2-64 装入离合器 K3

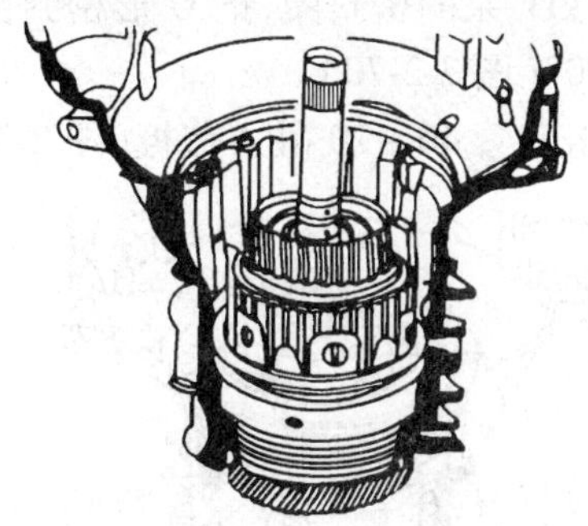

图 2-2-65 装入离合器 K1

(17)装入 B2 摩擦片支撑管,如图 2-2-68 中箭头所示,使得支撑管的槽卡在自由轮的定位键上。然后按以下步骤安装 B2 摩擦片:

①先装入一个 3mm 厚的外摩擦片。

②将 3 个弹簧头装到外摩擦片上。

③装入压缩环。

④装入所有的摩擦片,但不装入最后一片摩擦片。

⑤装入波纹形垫圈。

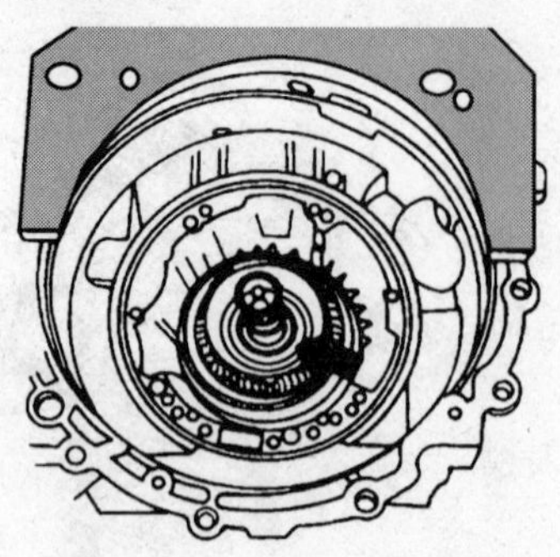

图 2-2-66　装入调整垫片

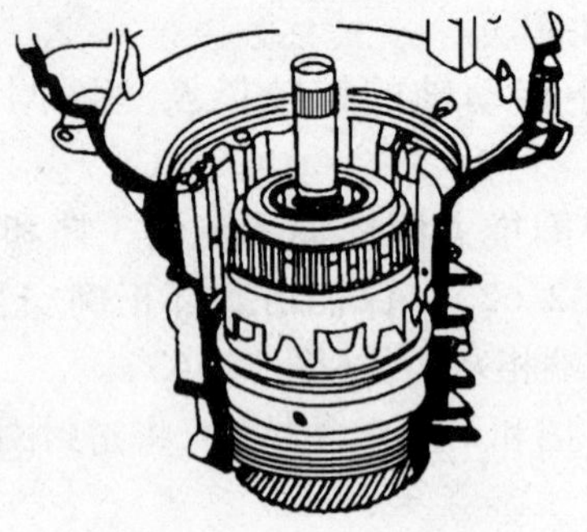

图 2-2-67　装入倒挡离合器 K2

(18)装入最后一个 3mm 厚度的外摩擦片。装入调整垫片,把止推环放到调整垫片上,光滑侧朝着调整垫片(图 2-2-69)。

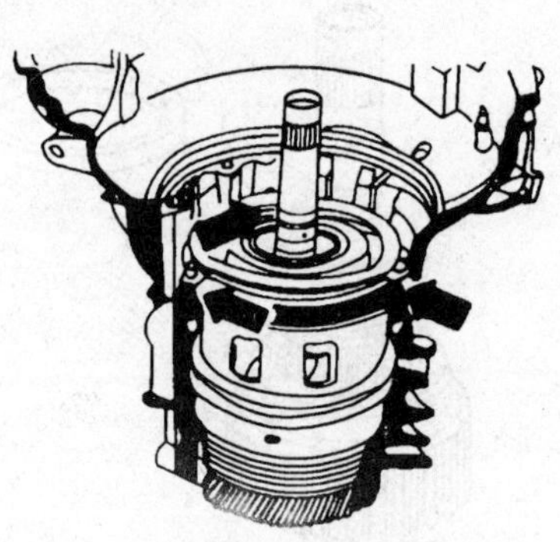

图 2-2-68　装入 B2 摩擦片

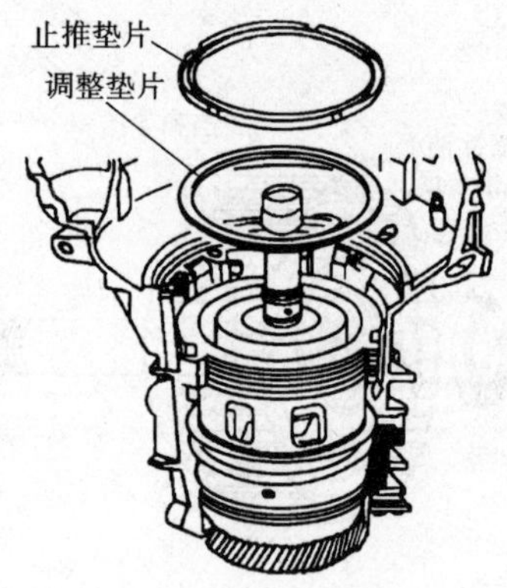

图 2-2-69　装入调整垫片及止推环

(19)装入 ATF 泵的密封圈,把 O 形密封圈放到 ATF 泵上,均匀交叉地拧紧螺栓,拧紧力矩为 8N · m +90°(图 2-2-70)。

(20)用撞击套管 40 -20 敲入盖板(图 2-2-71)。

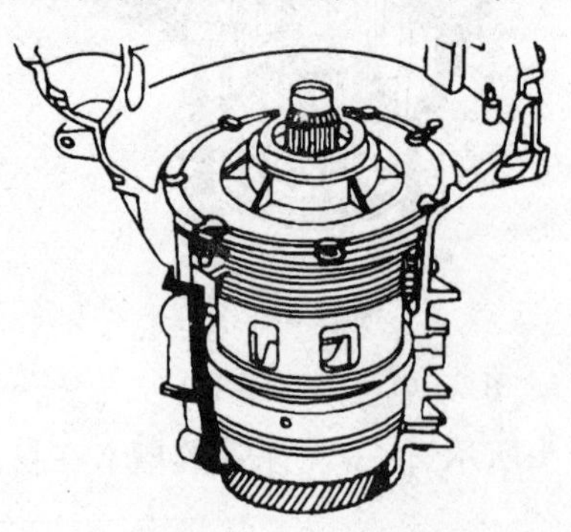

图 2-2-70　装入 ATF 泵的密封圈

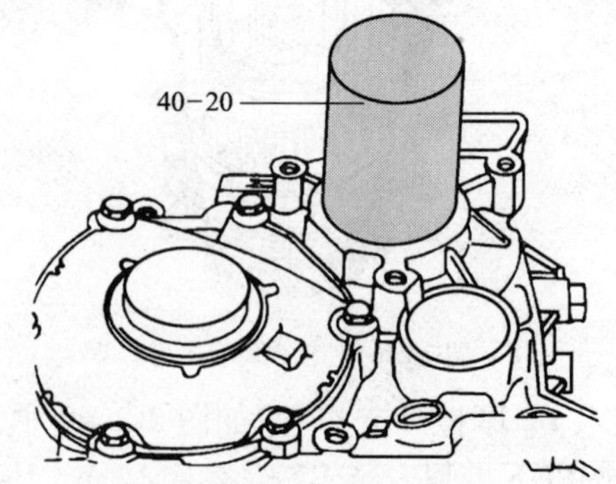

图 2-2-71　装入盖板

(21)装入带 O 形密封圈的密封塞,然后依次装入带扁状导线的阀体、油底壳、液力变矩器，最后加注 3L 的 ATF。

3. 行星齿轮变速器的检修与调整

1）行星齿轮架的调整

行星齿轮架的结构如图 2-2-72 所示。调整行星齿轮架时，将所有零件装入变速器壳体内，但不要在变速器壳体内装入调整垫片 18。

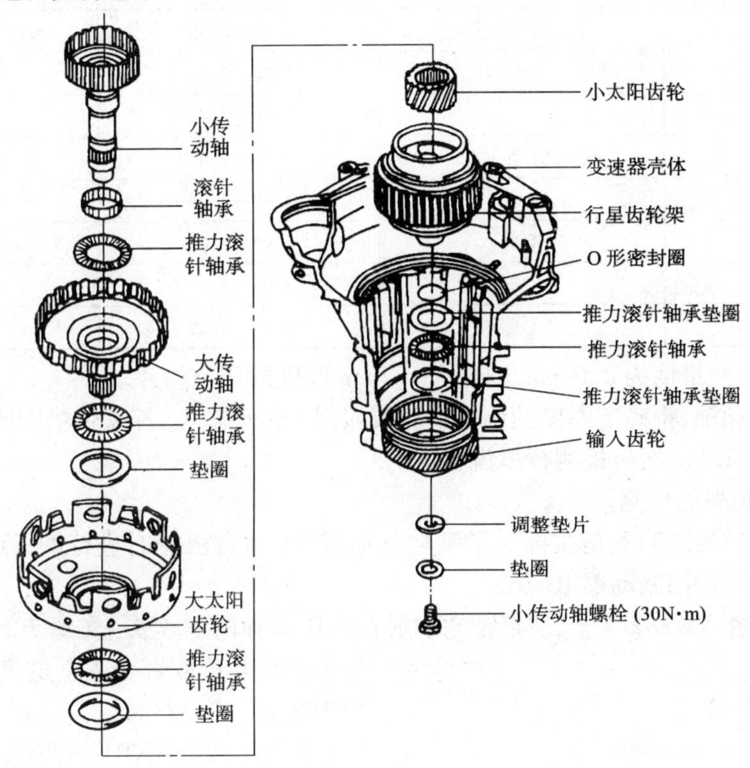

图 2-2-72　行星齿轮架

（1）确定调整垫片 A 的厚度（图 2-2-73）。

①啮合驻车锁止机构，将螺丝刀穿过大太阳齿轮的孔，松开和拧紧小传动轴的螺钉。

②装入小传动轴的螺栓和垫圈，但是不要装入调整垫片（图 2-2-52）。

③装上百分表，百分表的测量头顶在螺纹头中间并且压入 1mm 的预紧量，将百分表调整至 0 位，向上移动传动轴并且读取测量值（图 2-2-74）。

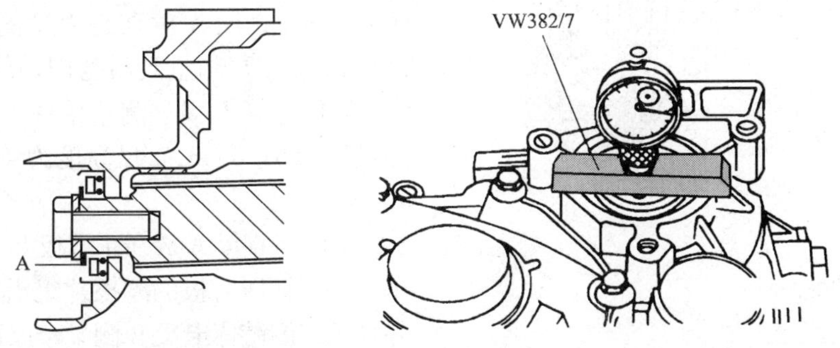

图 2-2-73　确定调整垫片 A 的厚度　　　图 2-2-74　测量调整垫片厚度

④根据表2-2-12确定调整垫片的实际厚度并且根据配件目录查出配件号码。

行星齿轮架调整垫片尺寸表(单位:mm)　　表2-2-12

百分表测量值	调整垫片厚度	百分表测量值	调整垫片厚度
1.26~1.35	1.0	2.26~2.35	2.0
1.36~1.45	1.1	2.36~2.45	2.1
1.46~1.55	1.2	2.46~2.55	2.2
1.56~1.65	1.3	2.56~2.65	2.3
1.66~1.75	1.4	2.66~2.75	2.4
1.76~1.85	1.5	2.76~2.85	2.5
1.86~1.95	1.6	2.86~2.95	2.6
1.96~2.05	1.7	2.96~3.05	2.7
2.06~2.15	1.8	3.06~3.15	2.8
2.16~2.25	1.9	3.16~3.25	2.9

例如,百分表测量值为2.00mm则装入1.7mm厚度的调整垫片。

⑤拆下小传动轴,将确定厚度的调整垫片装入到小传动轴上,拧紧带垫圈的小传动轴螺栓(30N·m,图2-2-52)。然后检测行星齿轮架。

(2)行星齿轮架的检测。

如果行星齿轮架的调整是在拆下了倒挡制动器B1和自由轮时进行的,则必须在安装行星齿轮架之前装入倒挡制动器B1。

把百分表装在VW382/7上,然后把它们放在小传动轴的螺栓头上(图2-2-74),上下移动小传动轴并读取百分表上的间隙值。其间隙应为0.23~0.37mm。

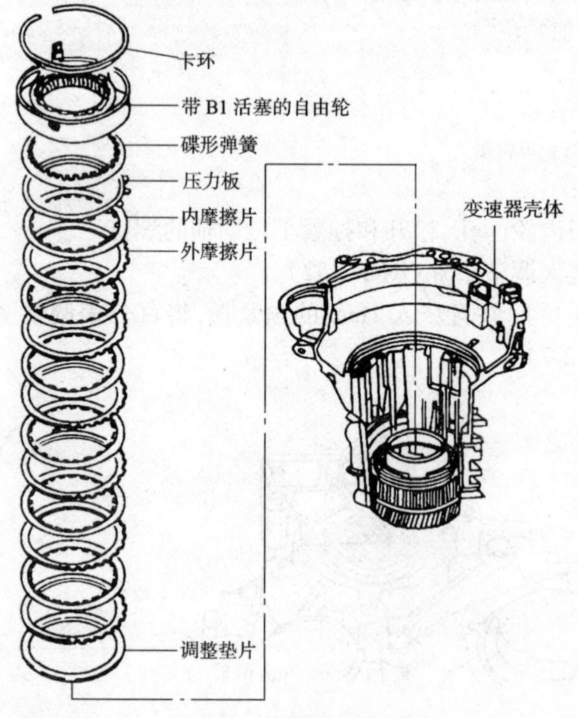

图2-2-75　倒挡制动器零件图

2)倒挡制动器B1的调整

倒挡制动器的零件图,如图2-2-75所示。调整B1时,把要调整倒挡制动器B1的零件装入变速器壳体内,但不要装入调整垫片2。

(1)确定调整垫片A的厚度,如图2-2-76所示。调整垫片的厚度由间隙尺寸"x"确定。

(2)将活塞按图2-2-77所示箭头方向安装到底,将直尺A放在自由轮的外圈上,用深度游标卡尺B测量到活塞内边缘的距离。

(3)计算I。I=测量值-直尺高度,例如测量值为51.8mm,直尺高度为48.2mm,则I=3.6mm。

(4)将直尺A放在止推板上,如图2-2-78所示。将包括压力板的摩擦片组沿箭头方向压紧并且用深度游标卡尺B测量摩擦片组的厚度。

(5)计算m。m=测量值-直尺高度,例如测量值为77.2mm，直尺高度为48.2mm，则 $m=29.0\text{mm}$。

(6)计算调整垫片的厚度 $x=K+I/2-m$。根据上述测量值可计算出 $x=30.5+3.6/2-29.0=3.3\text{mm}$。

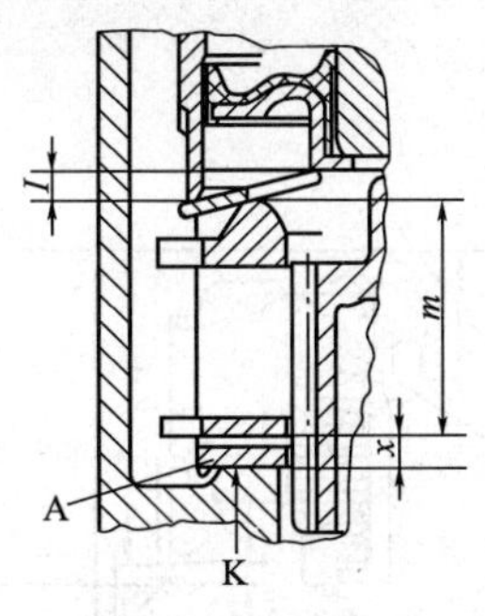

图2-2-76　调整垫片

A-调整垫片；x-间隙；I-活塞在自由轮内的位置；m-包括压力板在内的摩擦片组的高度；K-变速器壳体到调整垫片的距离（由变速器壳体结构确定，$K=30.5$，为常数）

图2-2-77　测量自由轮外圈到活塞内边缘的距离

(7)根据表2-2-13确定调整垫片的厚度。

倒挡制动器调整垫片尺寸表（单位：mm）　　表2-2-13

间　隙　x	调整垫片	间　隙　x	调整垫片
2.36～2.45	1.0	3.36～3.45	1.0+1.0
2.46～2.55	1.1	3.46～3.55	1.0+1.1
2.56～2.65	1.2	3.56～3.65	1.1+1.1
2.66～2.75	1.3	3.66～3.75	1.1+1.2
2.76～2.85	1.4	3.76～3.85	1.2+1.2
2.86～2.95	1.5	3.86～3.95	1.2+1.3
2.96～3.05	1.6	3.96～4.05	1.3+1.3
3.06～3.15	1.7	4.06～4.15	1.3+1.4
3.16～3.25	1.8	4.16～4.25	1.4+1.4
3.26～3.35	1.9		

(8)确定调整垫片的厚度后，进行检测。如图2-2-79所示，用塞尺测量摩擦片之间的间隙。正常的间隙值为1.25～1.55mm。

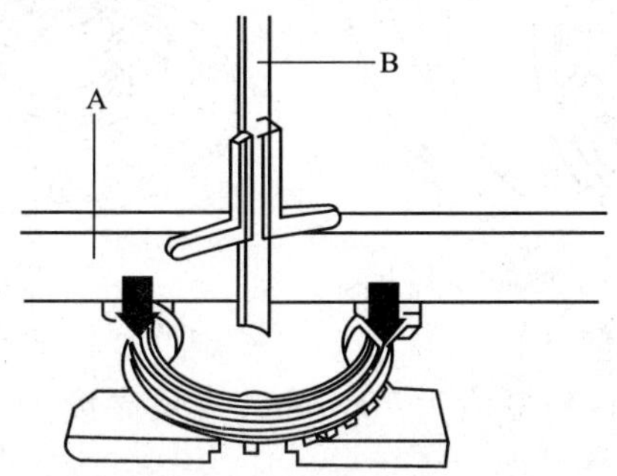

图2-2-78　测量摩擦片组的厚度

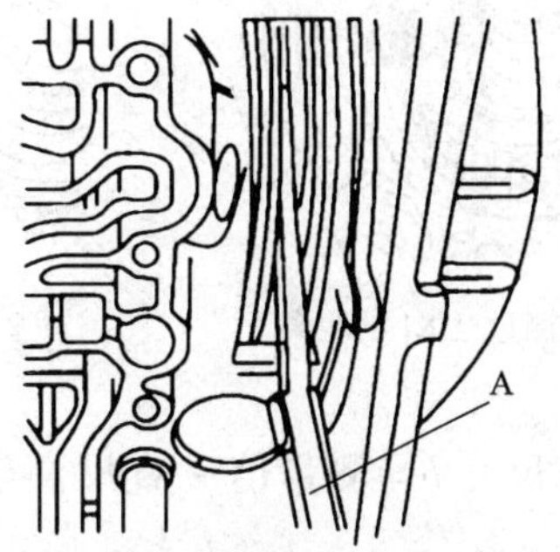

图2-2-79　测量摩擦片之间的间隙

3)K1 和 K2 离合器之间的间隙的调整

K1 和 K2 离合器的零件结构图,如图 2-2-80 所示。要调整 K1 和 K2 之间的间隙,先要将行星齿轮架装入并调整好,并且把变速器壳体固定在变速器装配架上,使得齿轮朝下,以便测量。

(1)确定调整垫片 A 的厚度,如图 2-2-81 所示。

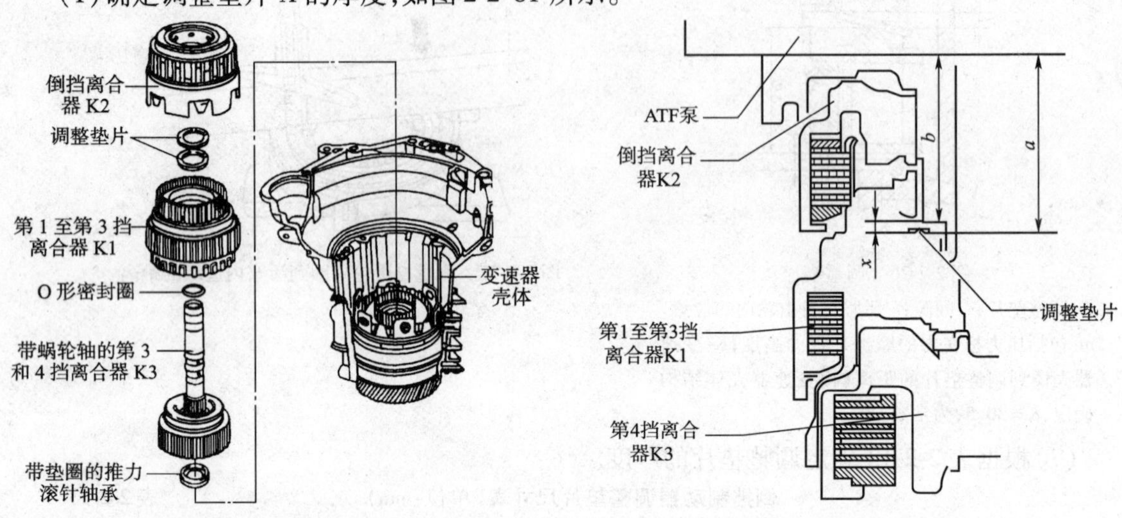

图 2-2-80　K1 和 K2 零件图　　图 2-2-81　调整垫片的厚度

(2)将直尺 A 放在变速器壳体泵的凸缘上,如图 2-2-82 所示。将 K1 沿箭头方向下压并且用深度游标卡尺测量至 K1 的距离。测量值记为 a_1。

(3)用深度游标卡尺测量至变速器壳体上泵的凸缘的距离,如图 2-2-83 所示。测量值记为 a_2。

(4)计算 $a = a_1 - a_2$。例如测量值 $a_1 = 88.5$mm,测量值 $a_2 = 34.3$mm,则 $a = 54.2$mm。

(5)将纸密封垫放在 ATF 泵上,将直尺 B 放在导轮支撑环上,如图 2-2-84 中箭头所示。用深度游标卡尺测量至泵凸缘密封垫的距离。

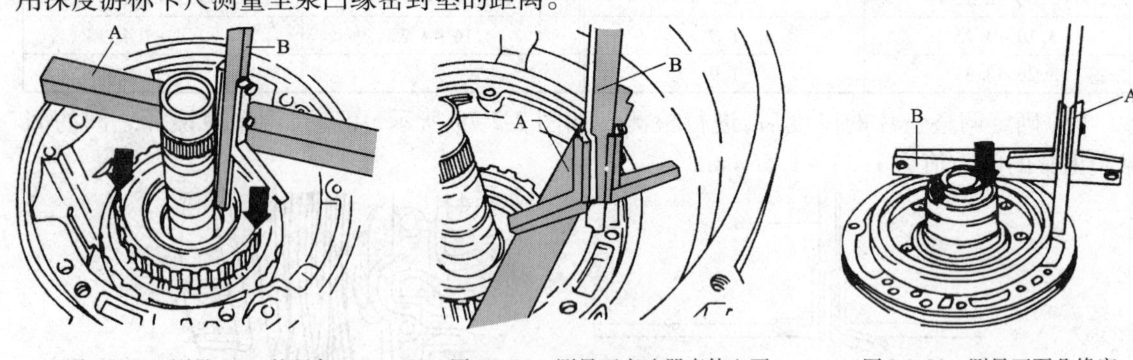

图 2-2-82　测量至 K1 的距离　　图 2-2-83　测量至变速器壳体上泵凸缘的距离　　图 2-2-84　测量至泵凸缘密封垫的距离

(6)计算尺寸 b = 测量值 - 直尺高度。例如:测量值为 70.5mm,直尺高度为 19.5mm,则 $b = 51.0$mm。

(7)计算间隙尺寸 $x = a - b$。以上述测量值则得出 $x = 54.2\text{mm} - 51.0\text{mm} = 3.2\text{mm}$。

(8)根据表2-2-14确定调整垫片的厚度。间隙尺寸为3.2mm,则选用2片1.2mm的调整垫片。

K1和K2离合器之间的间隙调整垫片尺寸表(单位:mm)　　　　表2-2-14

间　隙　x	调整垫片	间　隙　x	调整垫片
~2.54	1.4	3.90~4.29	1.6+1.6
2.55~3.09	1+1	4.30~4.69	1.8+1.8
3.10~3.49	1.2+1.2	4.70~5.04	1.2+1.2+1.6
3.50~3.89	1.4+1.4	5.05~5.25	1.2+1.2+1.8

(9)装入ATF泵后,检测离合器间隙尺寸。将百分表支架固定在变速器壳体上并且将百分表测量头设置1mm预紧量,然后放在蜗轮轴上,如图2-2-85所示。上下移动蜗轮轴,读取百分表的间隙测量值。

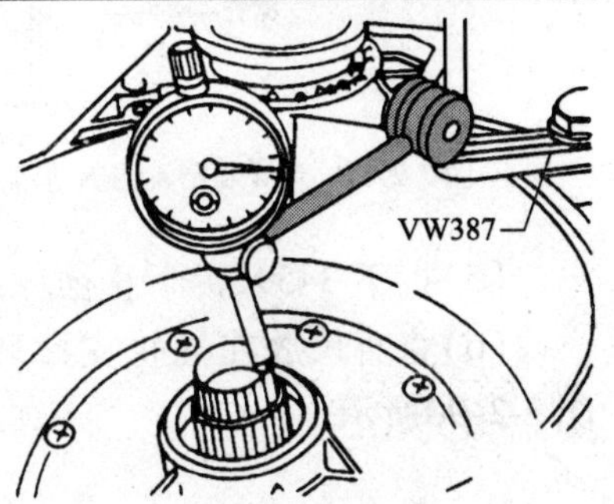

图2-2-85　测量离合器间隙

4)第2和第4挡制动器B2的调整

第2和第4挡制动器B2的零件组成如图2-2-86所示。

(1)确定调整垫片的厚度,如图2-2-87所示。

(2)将止推环的光滑侧放在最后一片内摩擦片上,如图2-2-88所示。

(3)将3459放在止推环上并且转动,使得3个卡环与ATF泵上的3个孔对齐,将3459拧紧在ATF泵的凸缘上,拧紧力矩为5N·m。用深度游标卡尺测量从泵凸缘/变速器壳体至3459的距离,如图2-2-89所示。

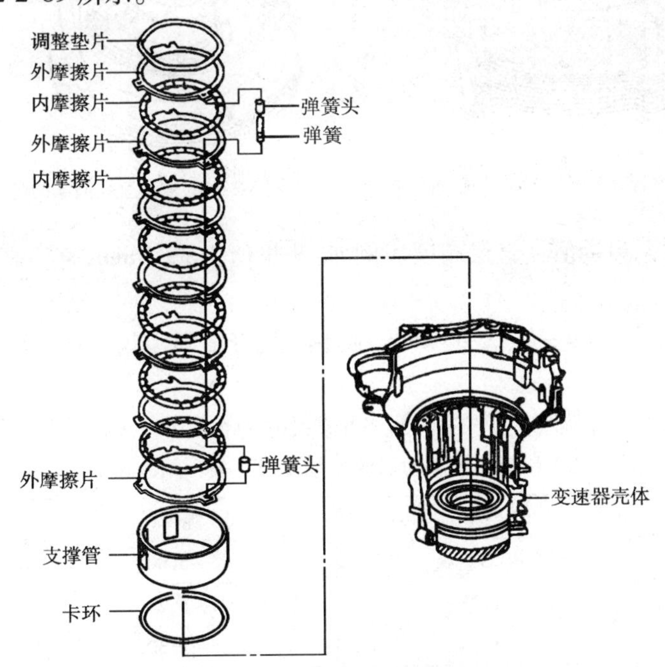

图2-2-86　第2和第4挡制动器B2零件图

(4)计算尺寸a=3459的高度(mm)-测量值。例如:3459的高度为60.0mm,测量值为29.8mm,则a为30.2mm。

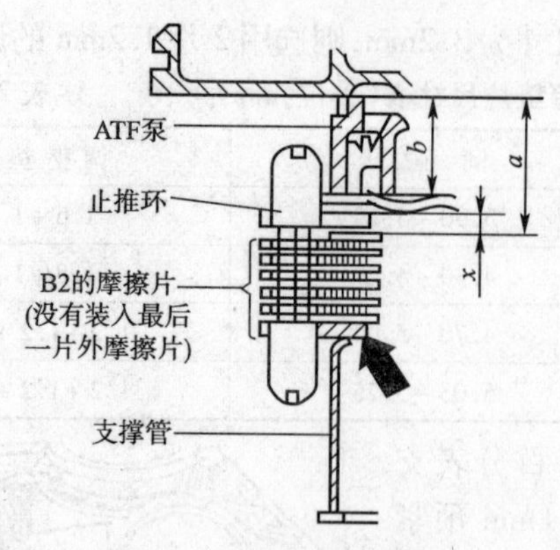

图 2-2-87 第 2 和第 4 挡制动器 B2 调整垫片的厚度

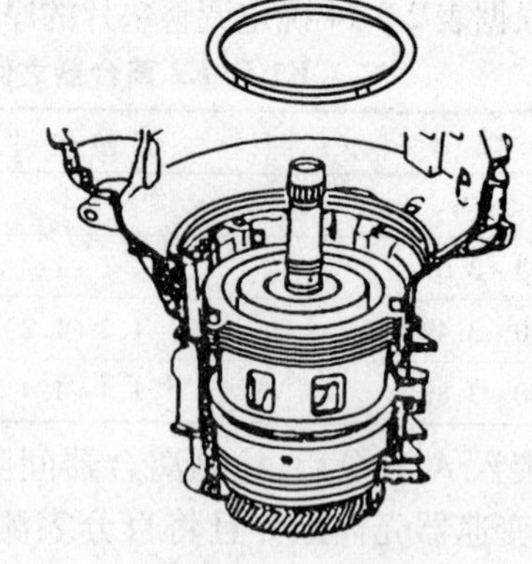

图 2-2-88 装入止推环

(5)拆下 3459,拆下止推环,将 ATF 泵的活塞向内推到底,并将纸密封垫放在 ATF 泵上。

(6)将直尺放在导轮支撑环上并且用深度游标卡尺测量至泵凸缘的密封垫的距离,如图 2-2-90所示。

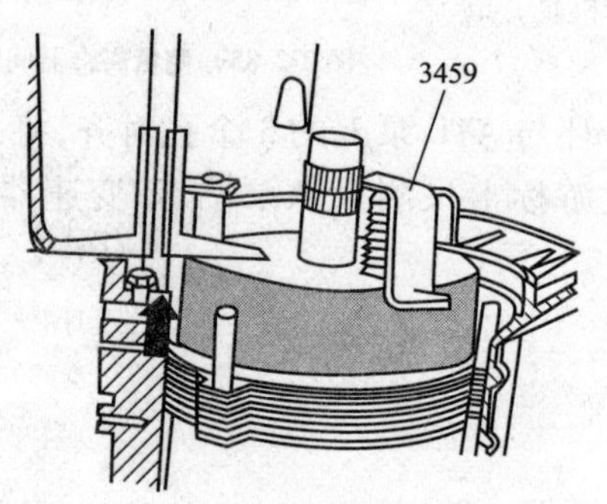

图 2-2-89 测量泵凸缘至 3459 的距离

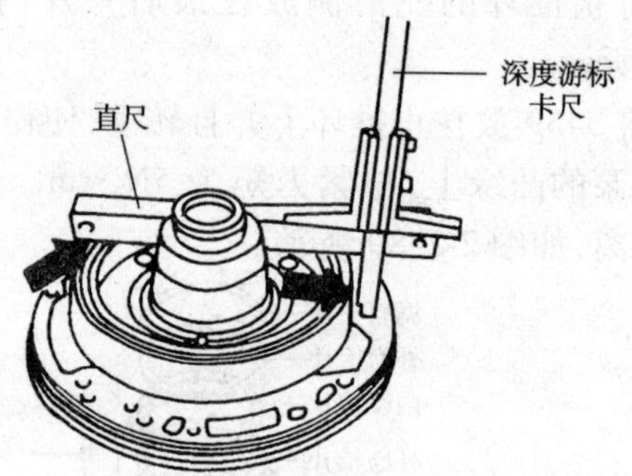

图 2-2-90 测量至泵凸缘的密封垫的距离

(7)计算尺寸 b = 测量值 - 直尺高度。例如:测量值为 39.8mm,直尺高度为 19.5mm,则 b 为 20.3mm。

(8)计算间隙尺寸 $x = a - b - 2.65$mm。上述测量得出间隙尺寸 $x = 27.3 - 20.3 - 2.65 = 4.35$mm。

(9)根据表2-2-15 确定调整垫片的厚度。间隙尺寸为 4.35mm,则选用 2 片 1.00mm 调整垫片。

第 2 和第 4 挡制动器调整垫片尺寸表(单位:mm) 表 2-2-15

间 隙 x	调 整 垫 片	间 隙 x	调 整 垫 片
3.25 ~ 3.50	1.0	4.76 ~ 5.00	1.25 + 1.25
3.51 ~ 3.75	1.25	5.01 ~ 5.25	1.25 + 1.50
3.76 ~ 4.00	1.50	5.26 ~ 5.50	1.50 + 1.50
4.01 ~ 4.25	1.75	5.51 ~ 5.75	1.50 + 1.75
4.26 ~ 4.50	1.00 + 1.00	5.76 ~ 6.00	1.75 + 1.75
4.51 ~ 4.75	1.00 + 1.25		

六 整理现场

(1)将各个量具清洁后放入相应的量具盒内。
(2)将其他工具清洁后放回工具车。
(3)清洁工作(操作)台,清扫地面。
(4)将抹布或棉纱等垃圾放入清洁箱中。

实训16　自动变速器初步检查及试验

一 实训目的

(1)熟练掌握自动变速器油(ATF)的检查和更换、变速器漏油检查、节气门拉索的检查和调整、选挡杆位置及挡位开关的检查和调整。

(2)熟练掌握自动变速器换挡迟滞试验、道路试验、失速试验、油压试验、手动换挡试验的过程和方法。

(3)能够针对试验结果分析故障部位和原因。

二 实训量具、工具、设备

(1)自动变速器车辆1辆、自动变速器试验台1个。
(2)三角木。

三 实训技术标准及要求

(1)检查液面高度时必须将车辆放置在水平地面上。
(2)动态试验应在正常油温(50~80℃)时进行。
(3)换挡迟滞试验时应确保每次试验之间至少有1min间隔。
(4)检测过程中失速试验应当每个挡位之间至少有2min间隔。

四 实训注意事项

(1)油面的高度在冷态和热态时有所不同。
(2)添加ATF应与原车的型号一致。
(3)失速试验连续进行不得超过5s。
(4)失速试验应至少两人进行,一人应观察车轮情况或车轮塞木情况,同时另一人进行试验,发现异常应立即停止试验。

五 实训操作步骤

1. ATF的检查和更换

1)检查ATF油面高度

(1)行驶车辆,使发动机和自动变速器的温度达到正常工作温度。

(2)将车辆停在水平地面,并可靠驻车。

(3)发动机怠速运转,将选挡杆由 P 位换至 L 位,再退回 P 位。

(4)拉出变速器油尺,并将其擦拭干净。

(5)将油尺全部插回套管。

(6)再将油尺拉出,检查油面是否在 HOT 范围;如果不在,应加油。

2)检查 ATF 油质

检查 ATF 的颜色、气味及是否有杂质。

3)更换 ATF

(1)拆下放油螺塞,将 ATF 排放到容器中。

(2)再将放油螺塞紧固上。

(3)发动机熄火,通过加油管加入新油。

(4)启动发动机,将选挡杆由 P 位换至 L 位,再退回 P 位。

(5)检查油位,应在 COOL 范围内。

(6)在正常温度(70~80℃)时检查油位,必要时加油。

4)变速器漏油检查

目视检查油封、管接头等部位。

2. 节气门拉线的检查和调整

检查节气门拉索位置和松紧是否合适,必要时调整,如图 2-2-91 所示。

3. 挡位开关的检查和调整

1)检查

将选挡杆拨至各挡位,挡位指示灯与选挡杆位置是否一致、P 位和 N 位发动机是否能启动、R 位倒挡灯是否点亮。否则应调整空挡启动开关。

2)调整

(1)如图 2-2-92 所示,松开挡位开关的固定螺钉,将选挡杆置于 N 位。

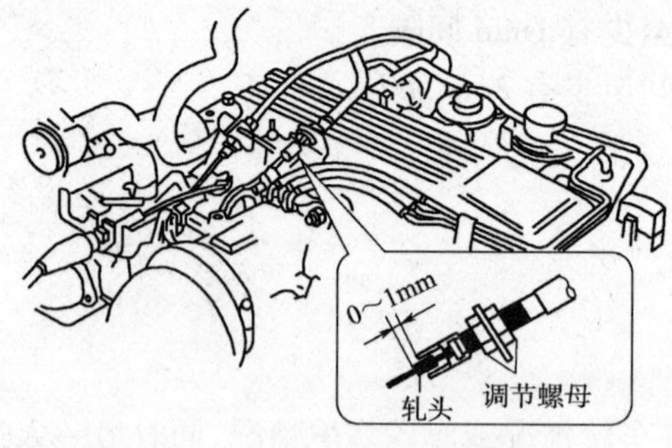

图 2-2-91　检查节气门拉索

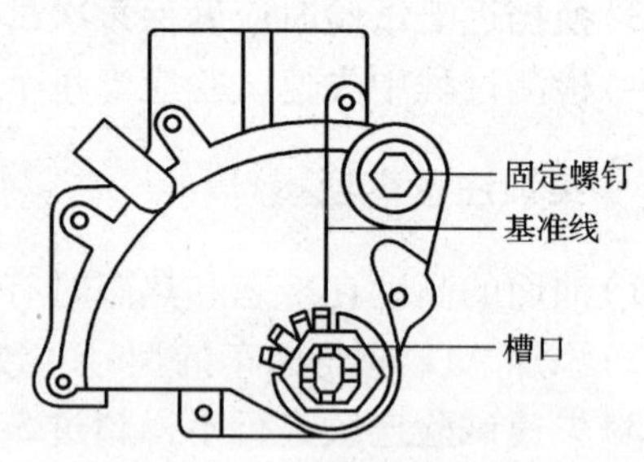

图 2-2-92　挡位开关

(2)将槽口对准空挡基准线,紧固螺钉。

4. 换挡迟滞试验(图 2-2-93)

1)注意事项

(1)在正常油温(50~80℃)时进行。

(2)确保每次试验之间至少有 1min 间隔。

图 2-2-93　换挡迟滞试验

(3)进行 3 次试验取平均值。

2)方法步骤

(1)可靠驻车(三角木、驻车制动)。

(2)启动发动机并检查怠速转速。

(3)将选挡杆由 N 位换到 D 位,用秒表测量从换挡开始感觉振动的时间。用同样方法测量 N→R 位的滞后时间。记录在表 2-2-16 中。N→D,应少于 1.2s;N→R,应少于 1.5s。

换挡迟滞试验记录表(单位:s)　　表 2-2-16

次　　数	N→D	N→R
1		
2		
3		
平均值		

5. 道路试验

在正常工作油温(50 ~ 80℃)下进行该试验。

1)D 位道路试验

选挡杆换入 D 位,将加速踏板保持在某固定位置,检查以下内容:

(1)1→2,2→3 及 3→O/D 挡,升挡点与自动换挡表是否吻合,升挡时是否平顺(表 2-2-17)。

D 位道路试验记录表　　表 2-2-17

项　　目	1→2	2→3	3→O/D
有无升挡			
升挡点(车速,km/h)			
升挡是否平顺			

(2)在 D 位 2 挡、3 挡、OD 挡行驶时,将加速踏板踩到底,检查是否有强制降挡、降挡点是否符合自动换挡表、降挡时是否平顺(表 2-2-18)。

D位道路试验记录表

表2-2-18

项　目	2→1	3→2	O/D→3
有无强制降挡			
降挡点(车速,km/h)			
降挡是否平顺			

(3)在D位OD挡以大约75km/h车速稳定行驶(此时应有锁止动作),检查是否有振动和噪声,轻轻踩下加速踏板检查发动机转速是否有突然改变(表2-2-19)。

D位道路试验记录表

表2-2-19

项　目	O/D挡
有无振动和噪声	
轻轻踩下加速踏板检查发动机转速是否有突然改变	

2)2位、L位道路试验

在2位和L位行车,松开加速踏板,检查是否有发动机制动(表2-2-20)。

2位、L位道路试验记录表

表2-2-20

项　目	2位	L位
是否有发动机制动		

6. 失速试验(图2-2-94)

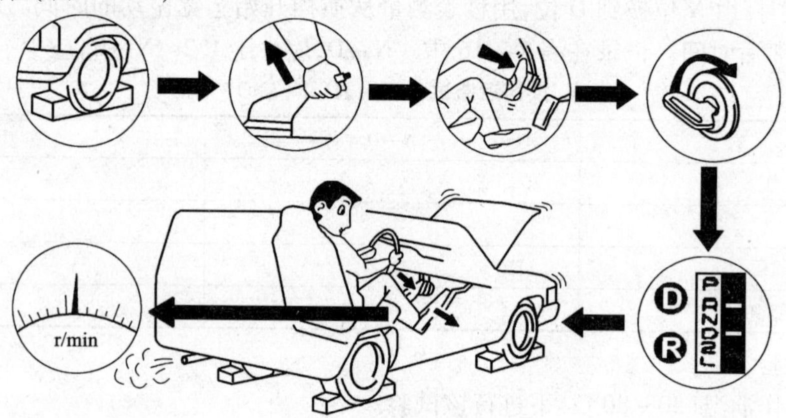

图2-2-94　失速试验

1)注意事项

(1)在正常工作温度下进行该试验(50~80℃)。

(2)该试验连续进行不得超过5s。

(3)为保证安全,请在宽阔水平地面上进行。

(4)失速试验应两人共同完成。一人观察车轮情况或车轮塞木情况,同时另一人进行试验。

2)失速试验方法

(1)塞住前后车轮。

(2)在发动机上安装转速表。

(3)拉紧驻车制动器操纵杆。

(4)左脚踩下制动踏板。

(5)启动发动机。

(6)将选挡杆拨入 D 位。用右脚把加速踏板踩到底,同时迅速读发动机转速,此转速既为失速转速。

注意:如果在发动机转速未达到规定失速转速之前,后轮开始转动,应放松加速踏板停止试验。

(7)在 R 位重复试验。

(8)填写试验记录表(表 2-2-21)

失速试验记录表　　表 2-2-21

项　目	D　位	R　位
失速转速(r/min)		

7. 油压试验(图 2-2-95)

图 2-2-95　油压试验

1)试验前准备

(1)行驶车辆使冷却液温度、油温正常。

(2)发动机熄火,车辆可靠驻停。

2)试验方法、步骤

(1)连接主油压测试口和油压表。

(2)启动发动机,怠速运转。

(3)左脚踩下制动踏板,选挡杆置于 D 位。

(4)测量怠速时的主油压。

(5)踩下加速踏板,测量失速转速时的最大主油压。

(6)用相同的方法测量 R 位时的主油压。

(7)填写试验记录表(表 2-2-22)

油压试验记录表(单位:MPa)　　表 2-2-22

项　目	D　位	R　位
怠速主油压		
失速主油压		

六 整理现场

(1)将各个量具清洁后放入相应的量具盒内。
(2)将其他工具清洁后放回工具车。
(3)清洁工作(操作)台,清扫地面。
(4)将抹布或棉纱等垃圾放入清洁箱中。

实训 17 万向传动装置的拆装与检修

一 实训目的

(1)认识万向传动装置在汽车上的应用。
(2)熟练拆装各种万向节。
(3)正确检查万向节、传动轴。

二 实训量具、工具、设备

(1)整车 1 辆。
(2)典型十字轴刚性万向节、球笼式万向节、球叉式万向节、传动轴。
(3)百分表、平台、V 形铁、拆装工具。

三 实训技术标准及要求

(1)保证万向节中心与转向节中心重合,同时,确定正确的安装位置以保证平衡。

(2)凡拆下的橡胶防尘套均应换新,而且安装时要注意卡箍位置。紧固时,应保持防尘套内无真空,防止内吸形成磨痕,防止折皱使防尘套早期损坏。

四 实训注意事项

(1)严格拆装程序,注意操作安全。
(2)注意各装配标记和润滑部位。

五 实训操作步骤

1. 观察万向传动装置及基本组成
(1)变速器(或分动器)与驱动桥之间。
(2)越野汽车变速器与分动器之间。
(3)汽车转向驱动桥的内、外半轴之间。
(4)断开式驱动桥的半轴。
(5)转向机构的转向轴和转向器之间。
2. 十字轴万向节的拆装与检修
1)拆卸

打开锁片的锁爪，拆下轴承盖固定螺栓，取下锁片和轴承盖（用卡环定位）。用手推出轴承套筒及滚针。

对于较紧的轴承，可用手握住传动轴或伸缩套，用手锤敲击万向节叉，使十字轴撞击轴承套筒，振出滚针。

2）装配

按与拆卸相反的顺序进行。

3）检修

万向节分解完成后，需要用汽油清洗各零件，以便暴露出零件的损伤、磨损情况，而且应按以下要求检查和修复。

（1）检查滚针轴承，如果滚针断裂、油封失效，应更换新件。

（2）检查十字轴轴颈磨损、压痕剥落等情况。十字轴轴颈轻微磨损、轻微压痕或剥落，仍可继续使用，如果轴颈磨损严重、严重压痕（深度超过 0.1mm）或严重剥落时，应予以更换。

（3）检查万向节叉不得有裂纹或其他严重损伤，否则更换新件。

（4）万向节装配完毕后，可用手扳动十字轴进行检验，以转动自如没有松旷感觉为合适，如图 2-2-96 所示。若装配过紧或过松，应查明原因，必要时应拆检及重新装配。

3. 球笼式万向节的拆装、检修

以桑塔纳 2000 为例进行操作。

1）分解

（1）分解前，在钢球球笼和球形壳上标出星形套位置，然后转动星形套与球笼，依次取出钢球，如图 2-2-97 所示。

（2）用力转动球笼使两个方孔与球形壳对上，如图 2-2-98 箭头所示，将星形套、球笼一起拆下。

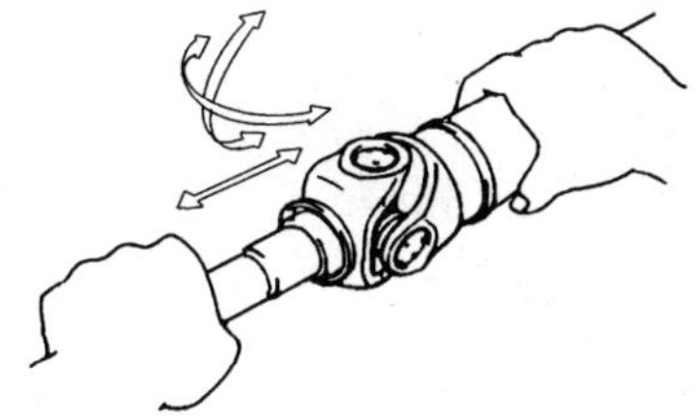

图 2-2-96　万向节装配完毕后的检查

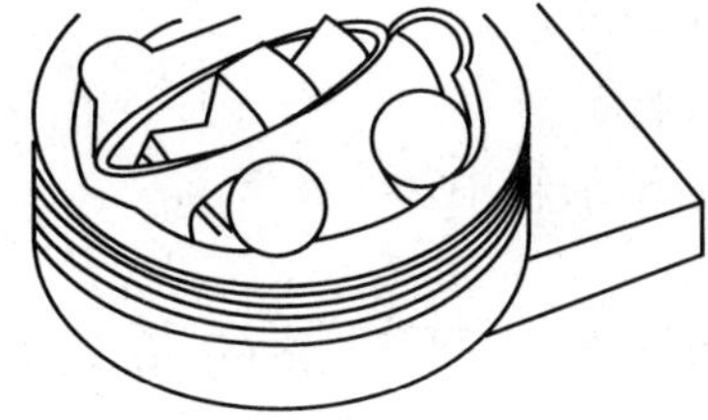

图 2-2-97　取出钢球

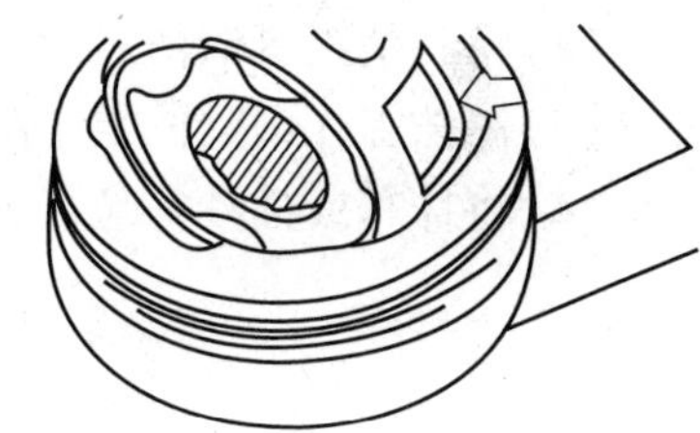

图 2-2-98　拆下球笼、星形套

（3）将星形套上扇形齿旋入球笼的方孔，然后从球笼中取出星形套，如图 2-2-99 所示。

2）检修

主要是检查等速万向节中各部件的磨损情况和装配间隙。等速万向节的 6 颗钢球要求有一定的配合公差，并与星形套一起组成配合件。检查轴、球笼、星形套与钢球有无凹陷与磨损，若万向节间隙过大，需更换万向节。

防尘罩及卡箍、弹簧挡圈等损坏时，应予以更换。

3）装配

用汽油清洗各部件，将 G6 润滑脂总量的一半（45g）注入万向节内，将球笼连同星形套一起装入球形壳体。对角交替地压入钢球，必须保持星形套在球笼及球形壳的原先位置。将弹簧挡圈装入星形套,并将剩余的润滑脂压入万向节。

4. 传动轴的检修

(1)传动轴轴管不得有裂纹及严重的凹瘪。

(2)检查传动轴轴管全长上的径向圆跳动,如图2-2-100所示,应符合规定。

(3)传动轴花键与滑动叉花键、凸缘叉与所配合花键的侧隙:轿车应不大于0.15mm,其他类型的汽车应不大于0.30mm,装配后应能滑动自如。

5. 中间支承

(1)检查中间支承的橡胶垫环是否开裂、油封磨损是否严重而失效、轴承松旷或内孔磨损是否严重,如果是,均应更换新的中间支承。

(2)检查轴承转动是否平稳,如图2-2-101所示。

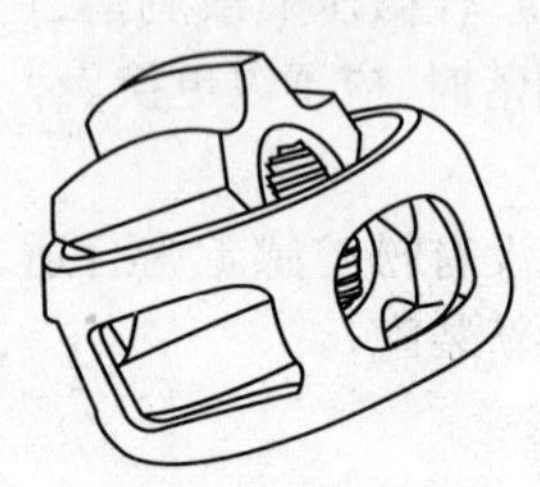

图2-2-99　取出星形套

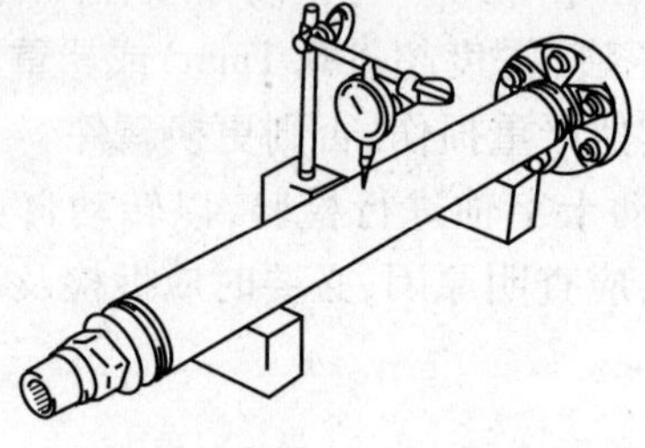

图2-2-100　检查传动轴径向圆跳动

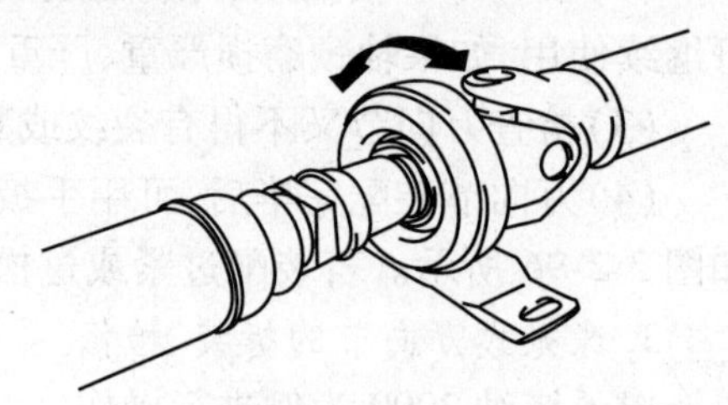

图2-2-101　检查轴承转动

(3)检查垫块是否损坏。必要时更换。

六 整理现场

(1)将各个量具清洁后放入相应的量具盒内。

(2)将其他工具清洁后放回工具车。

(3)清洁工作(操作)台,清扫地面。

(4)将抹布或棉纱等垃圾放入清洁箱中。

实训18　驱动桥的拆装与检修

一 实训目的

(1)通过拆装驱动桥掌握主减速器、差速器、半轴和桥壳的结构和工作原理。

(2)能正确进行主减速器的调整。

(3)能正确检查差速器、半轴和桥壳。

二 实训量具、工具、设备

(1)桑塔纳轿车主减速器1个。

(2)主减速器拆装工具。

(3)扭力扳手、弹簧秤、百分表、红丹油、V形铁。

三 实训技术标准及要求

(1)主减速器啮合间隙为0.08～0.12mm,齿轮侧隙为0.08～0.15mm。

(2)调整好的主、从动齿轮,转动转矩为1.47～2.45N·m。

(3)输出轴后轴承固定螺母拧紧力矩为100N·m。

四 实训注意事项

(1)严格拆装顺序,注意操作安全。

(2)对各调整部位的调整垫片要点清、放好、做记号,不能乱换搞错。

(3)对有预紧力规定的螺栓、螺母要按正确操作方法进行紧固。

五 实训操作步骤

1. 主减速器的拆卸与检查

(1)拆下主减速器盖的固定螺栓,拆下差速器总成。

(2)用专用拉器拉出主减速器盖上的轴承外圈,取下调整垫圈,并记下调整垫圈的厚度。

(3)从变速器壳上拉下另一个轴承外圈,取下调整垫圈,并记下调整垫圈的厚度。

2. 主减速器的装配

(1)行星齿轮和半轴齿轮的安装:

①用齿轮油润滑,安装复合式止推垫片。

②通过螺纹套和半轴安装半轴齿轮,用六角螺栓拧紧。

③将两个行星齿轮错开180°,转动半轴,使其向内摆动,使行星齿轮、复合式止推垫片和差速器罩壳对准。

④推入行星齿轮轴并用锁销或轴向弹性挡圈锁紧。

⑤检查行星齿轮与半轴齿轮间的间隙应为0.5～0.20mm,如超过限度,则应当重新选取复合式止推垫片。

(2)从动齿轮的安装。将从动齿轮加热到100℃左右,用定心销为导向,迅速安装好,用螺栓对称紧固。

(3)滚珠轴承加热到100℃左右放好并压紧。

(4)压入车速表主动齿轮,压入深度为1.4mm。选好一个厚度和深度(1.4mm)一样尺寸的垫圈,放在压紧套筒上进行下压,压平即可保证规定深度。

(5)用专用工具将变速器壳内和主减速器盖上的轴承外座圈及调整垫圈压入,压入前应考虑到其间调整垫圈的厚薄尺寸,尽量使用原装调整垫圈。

(6)差速器总成的安装。将差速器总成和主减速器盖一起装入变速器壳内,用拉索进行紧固,将车速表驱动齿轮装入主减速器器盖中,装配时要参阅调整部分。

3. 主减速器的调整

(1)主、从动齿轮的标志。

①K738表示传动比是7:38。

②312表示主动齿轮和从动齿轮的配对号码。

③r 表示偏差值,在从动齿轮上以1%mm标出。

④R_0 表示特殊检验机器使用校对规的长度,$R_0 = 50 \sim 70mm$。

⑤R 表示从动齿轮轴和主动齿轮端面之间的实际尺寸。

⑥V_0 表示双曲面偏心距。

(2)主、从动齿轮的调整项目。

①差速器轴承的预紧度的调整。

②主动齿轮轴承预紧度(本车无须调整)的调整。

③主、从动齿轮间隙(0.08~0.12mm)和印痕的调整。

(3)原厂规定的调整方法。

①求出调整垫片的总厚度。

②调整主动齿轮垫片。确定调整垫片的厚度并安装好,主动齿轮在轴向上的位置应这样确定,从从动齿轮的中心到主动齿轮顶的尺寸应与生产时测量出的安装尺寸 R 一致。

③调整齿轮的啮合间隙。这些调整是通过改变调整垫片实现的。

六 整理现场

(1)将各个量具清洁后放入相应的量具盒内。

(2)将其他工具清洁后放回工具车。

(3)清洁工作(操作)台,清扫地面。

(4)将抹布或棉纱等垃圾放入清洁箱中。

实训19 四轮定位检查及调整

一 实训目的

(1)熟练、正确使用四轮定位仪对车轮的定位参数进行检测。

(2)根据检测结果对车轮定位参数进行必要的调整。

二 实训量具、工具、设备

(1)典型车(桑塔纳2000轿车)1辆。

(2)四轮定位仪1套。

(3)常用工具1套。

三 实训技术标准及要求

1. 技术数据(表2-2-23)

2. 要求

(1)检测前应检查底盘各个紧固螺栓,保证每个零部件牢固可靠。

(2)检查各个连接胶块,保证完好,否则应更换损坏的胶块。

四轮定位技术标准及要求 表 2-2-23

车 桥	悬架柱轴
前桥	自 1984 年 1 月起带转向助力器的车辆底盘号 332EE125984
每只车轮的前束	+5′±5′
总前束(车轮不受压)	+10′±10′
外倾角(轮胎正前方位) 左右最大偏差	-40′±30′ 30′
前束差速角 20°时,向左右偏转	-50′±30′
主销后倾角(不可调整) 左右最大偏差	+1°25′±30′ 30′
后桥(不可调整)	扭力式悬架梁,前置定位销
外倾角 左右最大差距	-1°40′±20′ 30′
总前束(在规定外倾角时) 定位最大允许偏差	+25′±15′ 25′

四 实训注意事项

(1)车辆在驶上检测台时要小心谨慎,以免造成车辆和检测台的损坏。

(2)严格按照检测台的操作要领进行作业。

(3)调整结束后要认真检查、紧固底盘各个螺栓,确保牢固可靠。

(4)机头安装后不要忘记将安全钩挂上。

(5)调整前一定要将安全锁锁好。

五 实训操作步骤

1. 检测前的准备

1)车辆准备

(1)汽车停放水平场地或专用检测台上,车轮在直线行驶位置且无负载。

(2)轮胎气压符合规定。

(3)车轮平衡,悬架活动自如。

(4)转向系统调整正确。

(5)悬架无过大的间隙和损坏。

2)四轮定位仪使用前的准备工作及注意事项

(1)检查液压系统中液压油存量,用标尺观察,油液液面应在其 2/3 处,不能低于最低刻度线。

(2)检查各输油管连接处、油缸是否漏油,尤其是看活塞与缸体之间有否漏油。

(3)举起跑台将油缸上输油管的闷头螺栓拧下,按下“DOWN”键,将油管中的空气排掉,直至油管中有油喷出即可。

(4)检查举升臂下的转轴以及平衡杆与连接处的润滑点是否需加润滑脂润滑。

(5)检查气泵是否需加润滑油,将气水分离器中的水倒净。

(6)检查表面是否清洁。

(7)检查键盘及打印机。

(8)校验机头。

3)四轮定位仪面板按钮说明

(1)电控箱上的开关操作方法:

接通电源——用手轻推电控箱左上部的开关至“1”,电源接通。

切断电源——用手轻推电控箱左上部的开关至“0”,电源切断。

举升——用手持续按住有“UP”提示的按钮,至所期待的高度,松开手指。

下降——用手持续按住有“DOWN”提示的按钮,至所期待的高度,松开手指。

锁定——将跑台上升或下降到某高度后,用手按住有“LOCK”提示的按钮,至跑台稳定。

(2)机头上操作按钮说明(图 2-2-102):

数字键——各窗底下的功能键代号。

帮助键——在窗口为菜单显示时,可随时按该键即能得到内部资料。

主菜单键——按此键即返回主菜单。

星键——安装新的软件时,提高软件等级键(键盘上功能);轮辋补偿键,仅在轮辋补偿时使用(机头上功能)。

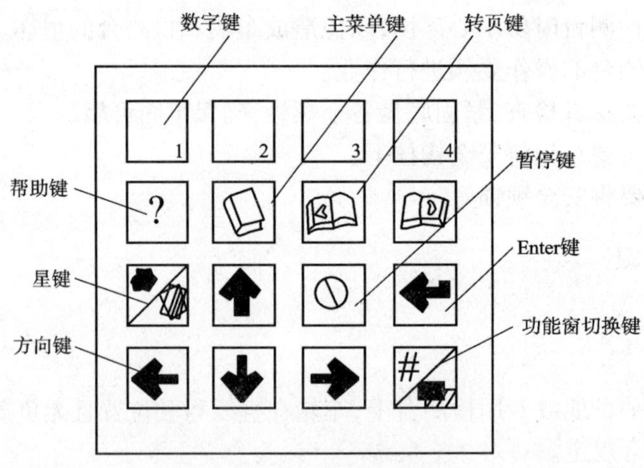

图 2-2-102　机头上操作按钮示意图

Enter 键——进入下一步骤。

暂停键——观看电脑屏幕动画时,用此键予以暂停。

转页键——将屏幕显示翻到上(或下)一页。

“#”键为键盘上功能键,在机头上为功能窗切换键,即在窗口底部有 8 个功能窗,4 个一组,此键用于切换两组功能窗在屏幕上的显示。

注:机头上在星键与“#”键位置为另两个特殊功能键,它们与键盘上的功能相异。

2. 检测

(1)接通电源,打开 UPS 以及主机电源开关,进入定位程序。

(2)根据菜单提示,选择相应定位项目,输入客户资料,选择车辆规格型号,准备工作完毕。

(3)将车辆驶上跑台,车身与跑台基本对称,前轮必须在前转盘的中间位置。

(4)升起跑台至 A 平面(自锁齿响 4 下、上升 4 格位置),用楔片将后轮固定,以防车辆未拉驻车制动器操纵杆,车辆会移动造成危险。

(5)将机头装在轮辋上,确保其已固定紧不会滑落,接上传感器接头。

(6)打开气泵,使用二次举升台将车辆举至 4 轮悬空。

(7)松开驻车制动器操纵杆,对轮胎进行轮辋变形的检查及补偿。

(8)放下车辆,用踏板抵压器顶住制动踏板,调节机头水平仪使之完全水平。

(9)根据屏幕提示,测量后倾角。

(10)固定转向盘至水平位置,再次调平机头。

(11)根据屏幕显示各定位参数,对照制造厂家规定,进行检测诊断,打印输出结果。

(12)若定位参数不符合规定,可参照图解调整至正常位置。

(13)将所有紧固件拧紧后,检测完毕,卸下机头,将车辆驶离跑台。

3. 前轮定位值的调整

1)前轮外倾角

(1)检查:通过四轮定位仪进行。

(2)调整:调整前轮外倾角时车轮应着地,通过球头销在下摇臂长孔中的位移来调整(图 2-2-103)。

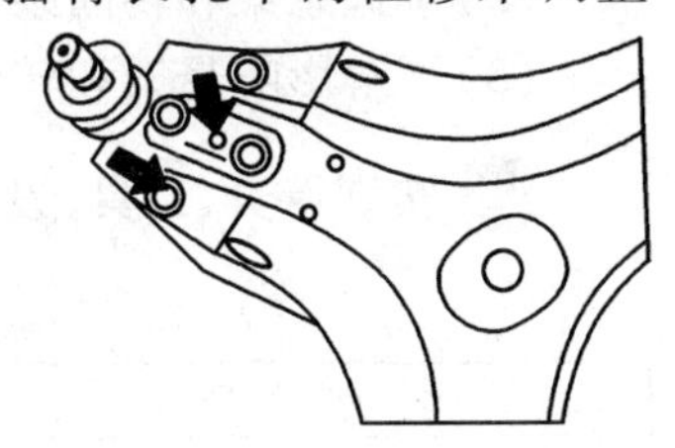

图 2-2-103　调整前轮外倾角

①松开下摇臂球头销的固定螺母。

②横向移动球头销,直至达到外倾角值。

③紧固螺母并再次检查外倾角值,需要时重新进行调整。

④必要时调整前束。

2)前束

(1)检查:

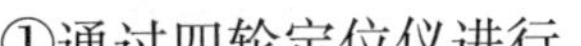

①通过四轮定位仪进行。

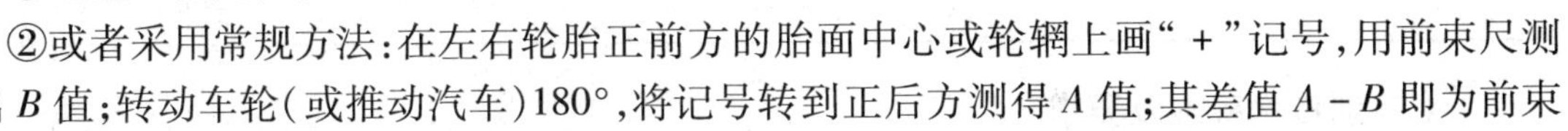

②或者采用常规方法:在左右轮胎正前方的胎面中心或轮辋上画“+”记号,用前束尺测量出 B 值;转动车轮(或推动汽车)180°,将记号转到正后方测得 A 值;其差值 $A-B$ 即为前束值。该值如果不符合规定,应进行调整。

(2)调整。前束是通过改变两侧转向横拉杆的长度来实现的(图 2-2-104)。调整时,松开横拉杆上的夹紧螺栓,用管钳转动横拉杆,使横拉杆两端的距离伸长或缩短,调整后拧紧夹紧螺栓。

六 整理现场

(1)清洁、整理检测仪。

(2)清洁、整理工具。

(3)清洁、清扫实训场地。

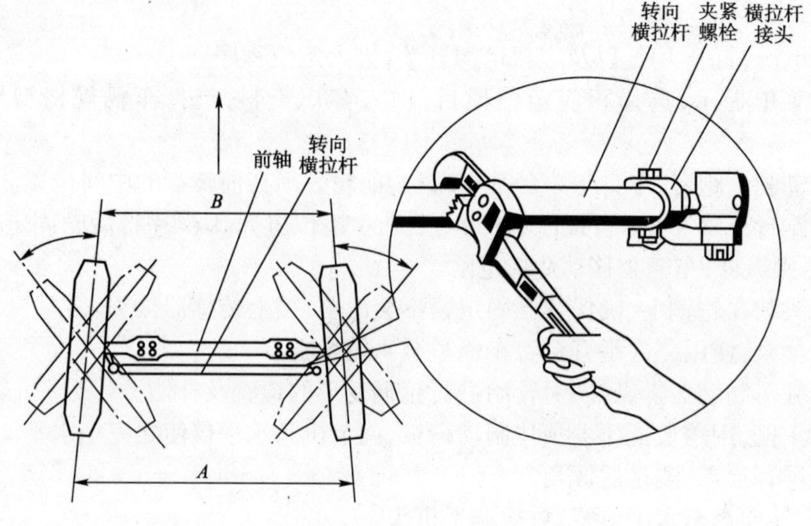

图 2-2-104　前束调整

实训 20　悬架和转向系统间隙的检验

一　实训目的

(1)掌握悬架和转向系统间隙检验的内容及检验方法。
(2)掌握悬架和转向系统间隙检验的检验工具的使用方法。
(3)了解影响悬架和转向系统间隙检验的因素。

二　实训量具、工具、设备(表 2-2-24)

悬架和转向系统间隙的检验实训量具、工具、设备　表 2-2-24

序　号	名　称	数　量
1	悬架和转向系统间隙检测仪	1 台
2	汽车	1 辆
3	常用工具	1 套
4	检测地沟等	1 个

三　实训技术标准及要求

悬架和转向系统各个部件连接可靠、无变形、无旷量。

四　实训注意事项

(1)检测前要注意清洁底盘,以免影响检测效果。
(2)检测车辆驶向检测仪的速度不应大于 10km/h。

五　实训操作步骤

(1)接通电控箱上总电源,电控箱上若有空气开关,则打开空气开关。

(2)将手电筒上工作开关按下,手电筒中工作灯应亮,电控箱上绿色指示灯应亮,此时电动机转动,油泵工作。若有异常,应及时检查排除。

(3)按下手电筒上某一测试板向前或向后键,系统升压,当检测板移动到一侧极限位置时,检查压力表油压是否正常,否则调节溢流阀旋钮,使其达到要求值。然后分别按下其他键使检测板移到中间位置。

(4)检查左、右检测板表面是否粘有泥、油、砂等杂物,若有应清除。

(5)检查轮胎气压是否符合规定,如有不符,则应调整到规定值。检查轮胎上是否有泥土和砂子,若有应清除。

(6)将前桥置于左右检测板上,尽量使车轮在检测板上居中停放,车上引车员踩紧制动踏板并握住转向盘,车下检验员按动手电筒开关上检测板"前、后移动方向"键,使悬架作上、下、左、右、前、后复杂运动。对断开式前桥,注意观察车轮与制动底板(或制动盘),上下摆臂和销与衬套以及上下球头销处运动是否正常;对整体式前桥,注意观察车轮与制动底板,U 形螺栓,钢板弹簧和前、后吊耳是否异常。

(7)车轮保持上述停放状态,按下手电筒开关上检测板"左、右移动方向"键,使悬架受到左右切向力的作用。对于断开式前桥,注意观察车轮和轴头、减振器和螺旋弹簧、横向稳定杆和摇臂等部位是否正常;对整体式前桥,注意观察车轮和轴头、减振器及衬套、横直拉杆与球头是否异常。

(8)根据所测汽车悬架及转向系统结构特点,选择左右检测板不同运动方向组合方式,检查相关节点工作情况。

(9)前桥检测完毕,将后桥(或中桥)开上检测板,用上述检测方法进行检测。

(10)检测完毕,关掉手电筒工作开关,再关掉空气开关及总电源,工作结束。

六 整理现场

(1)清洁、整理检测仪。

(2)清洁、整理工具。

(3)清洁、清扫实训场地。

实训 21　转向器的拆装及调整

一 实训目的

(1)熟悉转向系统的构造及工作原理。

(2)掌握转向器的拆装程序及要领。

(3)掌握转向器各调整部位的调整方法。

二 实训量具、工具、设备

(1)解放 CA1091 型载货汽车转向器 8 个。

(2)常用工量具 8 套。

(3)相关挂图或图册若干。

三 实训技术标准及要求

CA1091 型载货汽车转向器参数:传动比为 25.7,中心距为 75mm,滚道螺距为 11mm,扇齿模数为 6mm,转向摇臂转角为 96°,钢球直径为 8mm,转向机效率为 75%。

四 实训注意事项

(1)严格拆装程序,注意操作安全。

(2)注意各装配标记和润滑部位。

五 实训操作步骤

1. 拆卸

(1)从车上拆下转向器总成,首先拧下通气塞,放出转向器内的润滑油。

(2)将转向摇臂轴转到中间位置(直线行驶位置,即将转向螺杆拧到底后,再返回约 3.5 圈),再拧下侧盖的 4 个紧固螺栓,用软质锤或铜棒轻轻敲打转向摇臂轴端头,取出侧盖和转向摇臂轴总成。

注意:不要划伤油封。

(3)拧下转向器底盖 4 个紧固螺栓,再用铜棒轻轻敲转向螺杆的一端,取下底盖。

(4)从壳体中取出转向螺杆及转向螺母总成。

注意:不要使转向螺杆花键划伤油封。

(5)螺杆及螺母总成如无异常现象尽量不要解体。如必须解体时,可先拆下 3 个固定导管夹螺钉,拆下导管夹,取出导管,同时握住螺母,缓慢的转动螺杆排出全部钢球。

注意:两个循环钢球最好不要混在一起,不要丢失。每个循环有 48 个钢球,共有两个循环。如果有一个钢球留在螺母里,螺母也不能拆下。

2. 装配与调整

(1)转向螺杆及螺母总成的装配。先将转向螺母套在转向螺杆上,螺母放在螺杆滚道的一端并使螺母滚道孔对准滚道,再将钢球由螺母滚道孔中放入,边转动螺杆,边放入钢球(两滚道可同时进行)。将导管两端涂以少量润滑脂插入螺母的导管孔中,同时用木锤轻轻敲打导管,使之落到底。然后,用导管夹把导管压在螺母上,并用 3 个螺钉紧固。装配好的螺母、螺杆总成轴向和径向间隙应不大于 0.06mm,如果超过规定值时,应成组更换直径较大的钢球。更换的钢球装好后,用手转动螺杆应保证螺母在螺杆滚道全长范围内转动灵活无发卡现象。当螺杆、螺母总成处于垂直位置时,螺母应能从螺杆上端自由匀速的落下。最后,把向心推力球轴承外圈压入底盖和壳体内,同时,将轴承内圈总成压到转向螺杆的两端。

(2)转向螺杆、螺母总成与壳体的装配。将装有轴承内阁的螺杆、螺母总成放入装有轴承外圈的壳体中,然后把装有轴承外圈的底盖装到壳体上,并用手压紧,同时用塞尺或卡尺测量底盖和壳体之间的间隙,选择一组厚度与此间隙相同的调整垫片,取下底盖,在垫片上涂以密封胶,并套上橡胶 O 形密封圈,再将底盖装到壳体上并用螺栓紧固。装配后,螺杆应转动自由,并无轴向间隙的感觉。若感觉到有轴向间隙时,应采取减少垫片方法进行调整;若不能自由转动,则应增加垫片。

(3)转向摇臂轴扇齿与转向螺母齿条的啮合间隙的检查。将转向摇臂装到转向摇臂轴花键上,将转向摇臂轴处在中间位置,使之摆动,用百分表检查摆动量,若不符合技术标准,则用调整螺栓调整扇齿与齿条的啮合间隙。最后,拧紧锁紧螺母将调整螺栓锁住。

六 整理现场

(1)将各个量具清洁后放入相应的量具盒内。
(2)将其他工具清洁后放回工具车。
(3)清洁工作(操作)台,清扫地面。
(4)将抹布或棉纱等垃圾放入清洁箱中。

实训22 制动鼓、制动盘及制动蹄衬片的检验

一 实训目的

(1)掌握制动鼓、制动盘及制动蹄衬片的检验内容。
(2)掌握制动鼓、制动盘及制动蹄衬片检验工具的使用方法。
(3)掌握检验制动鼓、制动盘及制动蹄衬片的操作步骤。

二 实训量具、工具、设备

游标卡尺、外径千分尺、制动鼓专用测量尺、磁性表架、百分表、直尺、手电筒、反光镜等。

三 实训技术标准及要求

制动鼓内孔的圆度误差(使用极限)为0.03mm。

四 实训注意事项

(1)使用各个量具使用时都要轻拿轻放,特别是在使用制动鼓专用测量尺时,由于制动鼓内孔磨损,但边沿处并没有磨损或磨损很少,测量时应多加注意。

(2)对于边沿处没有磨损的制动盘,不能使用游标卡尺测量,仅能使用外径千分尺测量,否则,测得的数据会不准确。

(3)所有检验、检测都必须检测三点以上。

五 实训操作步骤

1. 制动鼓内孔磨损的检验

(1)首先目测检验制动鼓内孔有无烧损、刮痕、凹陷和裂纹,若修磨后还不能达到技术要求则应更换新件。

(2)检验制动鼓内孔尺寸及圆度误差。如图2-2-105所示,用制动鼓专用测量尺测量制动鼓内孔的圆度误差,使用极限为0.03mm,超过极限应更换新件。

2. 检验制动盘的厚度

(1)目测检验制动盘外观有无烧损、刮痕、裂纹和沟槽,若修磨后还不能达到技术要求则

应更换新件。

(2)检验制动盘厚度时,可选用游标卡尺或合适的外径千分尺直接测量,如图2-2-106所示。由于各个车型的技术标准不同,其技术数据也存在着差异。如普通桑塔纳轿车前制动盘标准厚度为10mm,使用极限为8mm,超过极限尺寸时应予更换。

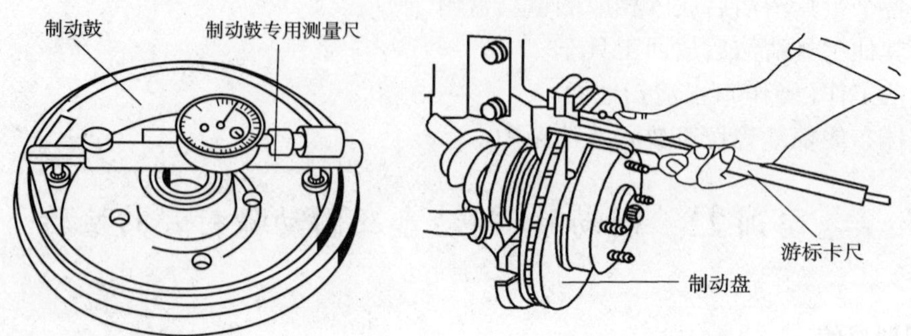

图2-2-105 检验制动鼓内孔的磨损

图2-2-106 检验制动盘的厚度

(3)检验制动盘的端面圆跳动。制动盘过度的轴向圆跳动会使制动踏板抖动或使制动衬片磨损不均匀。

用百分表检查制动盘的端面圆跳动,如图2-2-107所示。端面圆跳动量应不大于0.06mm,不符合要求可进行机加工修复(加工后的厚度不得小于8mm)或更换。

3. 制动衬片厚度的检验

(1)如图2-2-108所示。若制动衬片已拆下,可直接用直尺垂直放置在底板上进行测量。制动衬片摩擦片的厚度为14mm(不包括底板),使用极限为7mm。

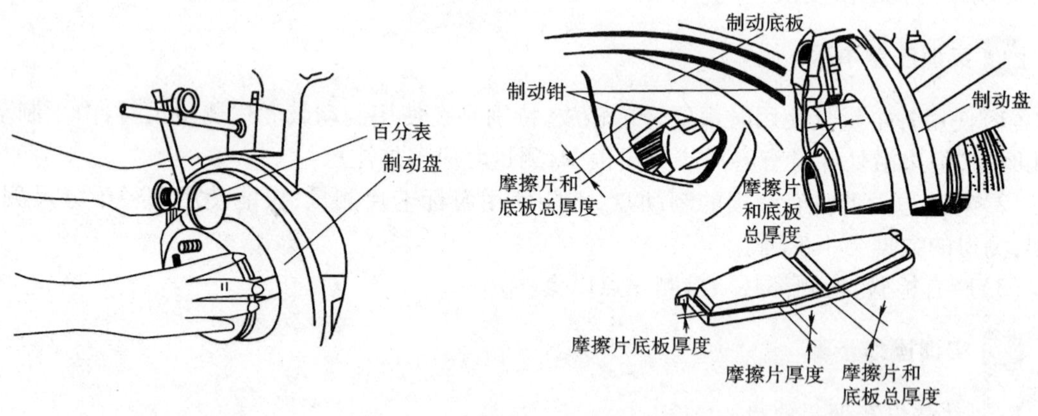

图2-2-107 检验制动盘的端面圆跳动

图2-2-108 检验制动衬片的厚度

(2)若车轮未拆下,对外侧的摩擦片,可通过轮辐上的检视孔,用手电筒目测检查。内侧摩擦片,利用反光镜进行目测检查。

六 整理现场

(1)将各个量具清洁后放入相应的量具盒内。

(2)将其他工具清洁后放回工具车。
(3)清洁工作(操作)台,清扫地面。
(4)将抹布或棉纱等垃圾放入清洁箱中。

实训23 发动机无着车征兆的故障诊断与检修

一 实训目的

掌握发动机不能启动故障诊断方法和检修排除技能。

二 实训量具、工具、设备

(1)技术状况良好的经检验合格的发动机台架或整车一辆(丰田花冠轿车)。
(2)汽车专用万用表、解码仪(K81)各1台。
(3)一字螺丝刀、十字螺丝刀(100mm)各1把。
(4)测试导线若干。
(5)可供调换用的性能完好的相应型号的分电器、分火头、高压线圈、断电器等零部件。

三 实训技术标准及要求

(1)汽油发动机能顺利启动,怠速、中速、加速各工况良好。
(2)蓄电池电压符合标准,火花塞的间隙一般为0.7~0.9mm。
(3)汽缸缸压为1.0M~1.3MPa,各缸缸压不低于标准值的15%,缸压差不大于3%。
(4)曲轴窜气量为2~4L/min,汽缸漏气率极限为30%~40%,怠速运转时,进气管真空度为57k~72kPa。

四 实训注意事项

(1)注意操作油料的安全性,做好防火工作。
(2)注意接线和连接件的正确性,高压导线必须连接可靠、牢固。
(3)由于电子点火系统中点火线圈次级电压一般较高,当需摇转发动机而又不需要发动机启动时,应从分电器盖上拆下点火线圈高压线,并将其搭铁,决不允许点火线圈在开路状态下工作,否则极易损坏点火线圈和点火电子组件中的功率开关晶体管。
(4)当需拆、接电子点火装置连接导线,或安装和拆卸点火器时,应先关断点火开关或断开蓄电池的搭铁线。
(5)点火电子组件应安装在干燥、通风良好的部位,并保持其表面的清洁以利散热。

五 实训操作步骤

1.发动机故障现象综合分析原则

1)了解故障原因再检查

避免检查时的盲目性,不会对与故障现象无关的部位作无效的检查,避免对一些部位漏检,从而迅速排除故障。

2)先外后内

在发动机出现故障时,先对电控系统之外的可能故障部位予以检查。这样可避免本来是一个与电控系统无关的故障,却对电控系统的控制器、传感器、执行器及线路等进行复杂且又费时费力的检查,而真正的故障部位却未找到。

3)先简后繁

能以简单方法检查的可能故障部位应优先检查。比如,直观检查最为简单,可以用问、看、摸、听、嗅、试等直观检查方法,将一些较为显露的故障部位迅速找出来。

(1)问:就是调查。除驾驶员诊断自己所驾车辆的故障外,任何人在诊断之前,应先问明情况。如:车辆已行驶的里程、行驶的道路状况、近期的维修情况、故障发生之前有何预兆,是凸变还是渐变等。即便是经验丰富的诊断人员,不问清情况去盲目诊断,也会影响诊断的速度和质量。

(2)看:用眼睛查看线路是否松脱、断路;油路是否漏油;进气管是否破裂漏气,真空管是否漏插、错插,高压分线是否插错等。

(3)摸:用手摸一摸可疑线路插头是否松动;摸一摸火花塞的温度、喷油器或怠速控制阀的振动情况,以判断火花塞、喷油器和怠速控制阀是否工作:摸一摸线路连接处是否有不正常的高温,以判断该处是否接触不良等。

(4)听:用耳朵(或借助于螺丝刀、听诊器等)听一听有无漏气声、发动机是否有异响、喷油器是否有规律的"嗒嗒"声等。

(5)嗅:就是根据在发动机运转时散发出的某些特殊气味,来判断故障之所在。这对于诊断线路、传动带打滑、尾气排放等处的故障是简便有效的。

上述五个方面,并非是每一种故障诊断的必需程序,不同的故障可视其具体情况灵活运用。

若直观检查未找出故障,需借助于仪器、仪表或其他专用工具等进行检查时,也应对较易检查的部位优先检查,能就车检查的项目应先进行检查。

4)先易后难

由于结构特点和使用环境等原因,发动机的某一故障现象通常是由某些总成或部件的原因引起的,应先对这些常见故障部位进行检查。若未找出故障,再对其他不常见的故障部位检查,这样做,可以迅速排除故障,省时省力。

5)代码优先

微机控制系统一般都有故障自诊断功能,当电控系统出现某种故障,故障自诊断系统就会立刻监测到故障,并通过"检测发动机"故障警告灯向驾驶员报警,与此同时以代码的方式储存该故障的信息。但是对于某些故障,自诊断系统只储存该故障码,并不报警。因此,在对发动机作系统检查前,应先按制造厂提供的方法,读出故障码,再按照故障码的内容排除该故障。

6)先备后用

微机控制系统元件性能的好坏、电气线路是否正常,常以其电压或电阻等参数来判断。如果没有这些数据资料,系统的故障检修将会很困难,往往只能采取新件替换的方法,这些方法有时会造成维修费用增加且费工费时。所谓先备后用是指在检修该车型前,应准备好与该车型有关的检修数据资料。除了从维修手册、专业书刊上搜集整理这些检修数据资料外，另一个有效的途径是随时检测记录无故障车辆的有关参数，这样逐渐积累，作为日后检修同类型车辆的检测比较参数。

2. 发动机不能启动的故障诊断（启动机能带动发动机正常转动，但不能启动，且无着车征兆）

发动机不能启动的现象主要有以下几种：启动机带不动发动机转动，或能带动，但转动缓慢；启动机能带动发动机正常转动，但不能启动，且无着车征兆；有着车征兆，但不能启动。造成发动机不能启动的原因很多，有启动系统、点火系统、汽油喷射系统及发动机机械故障等。发动机机械故障应在排除了汽油喷射系统和电子点火系统的故障后再作进一步的检查。

1）故障现象

接通启动机时，启动机能带动发动机正常转动，但不能启动，且无着车征兆。

2）故障原因

（1）油箱中无油。

（2）启动时节气门全开。

（3）点火系统故障。

（4）电动汽油泵不工作。

3）故障诊断与排除

电喷发动机在设计上具有很好的启动性能，汽油喷射系统的一般故障通常不会导致发动机不能启动。如果出现不能启动且无着车征兆的故障，其原因是发动机的点火系统、燃油系统、控制系统或配气正时之中的一个或一个以上的系统（因素）完全丧失了功能。对于配气正时的故障属于机械故障，也可参考本篇实训9。因此，不能启动的故障诊断与排除应重点集中在上述前三个系统中（如果有着车征兆，首先要进行故障码的读取，如有故障码，按故障码提示进行排除）。

（1）对于不能启动的故障，一般应先检查油箱存油情况。打开点火开关，若汽油表指针不动或油量警告灯亮，则说明油箱内无油，应加满汽油后再启动发动机。

（2）应采用正确的启动操作方法。通常电喷发动机的启动控制系统要求在启动时不踩加速踏板。如果在启动时将加速踏板完全踩下或反复踩加速踏板以求增加供油量，往往会使电控系统的溢油消除功能起作用，从而导致喷油器不喷油，造成不能发动机不能启动。

（3）检查点火系统。导致不能启动的最主要原因是点火系统不能点火。因此，在作进一步的检查之前，应先排除点火系统的故障。在检查电喷发动机的电子点火系统有无高压火花时应采用正确的方法，不可沿用检查传统触点式点火系统高压火花的做法，以防损坏点火系统中的电子元件。

正确的检查方法是：从分电器上拔下高压总线，让高压总线末端距离缸体5～6mm，或从缸体上拔下高压分线，将一个火花塞接在高压线上，将火花塞接铁；接通点火开关的启动挡，用启动机带动发动机转动，同时观察高压总线末端或火花塞电极处有无强烈的蓝色高压火花。

如果没有高压火花或火花很弱，说明点火系统有故障。在查找故障部位之前，可先进行发动机故障自诊断，检查有无故障码。目前电喷发动机的故障自诊断系统都能检测出曲轴位置传感器及点火器的故障。如有故障码，则按显示的故障码内容查找故障部位：如无故障码，则应分别检查点火系统的高压线圈、高压线、分电器盖和分电器等。点火系统最容易损坏的元件是点火器,应重点检查。

(4)检查电动汽油泵是否工作正常(见本篇实训10)。电动汽油泵不工作也是造成发动机不能发动的最常见原因之一。若油泵不工作,可用一根导线将电动汽油泵的两个检测插孔短接,然后接通点火开关,此时应能从油箱口处听到汽油泵运转的声音;或用手捏住进油管时能感觉到进油管的油压脉动;或拆下油压调节器上的回油管,应有汽油流出。

如果短接后电动汽油泵仍不工作,应检查油泵熔断丝、主继电器、电动汽油泵的电路导线、插头等。如果电路正常,则说明电动汽油泵有故障,应更换。

如果短接后电动汽油泵工作了,可试一下在短接状态下发动机能否启动。若可以启动,说明是油泵继电器及其控制电路有故障,使汽油泵在发动机正常启动时不工作。对此,应检查油泵继电器及其控制电路。

(5)检查喷油器是否喷油(见本篇实训10)。如果点火系统和电动汽油泵工作正常,则应进一步检查喷油控制系统。在启动发动机时,检查各喷油器有无工作的声音。如果喷油器不工作,可用一个大阻抗的试灯接在喷油器的线束插头上(该试灯的阻值要明显大于原喷油器线圈的阻值,并注意绝对不要短路,否则将会损坏电控单元)。如果在启动发动机时试灯能闪亮,说明喷油控制系统工作正常,喷油器有故障,应清洗或更换喷油器。

如果试灯不闪亮,则说明喷油控制系统或控制线路有故障。对此,应检查喷油器电源熔断丝有无烧断,喷油器降压电阻(指低阻值喷油器的车上)有无烧断,喷油器与电源之间的接线是否良好,喷油器与电控单元之间的接线是否良好,电控单元的电源继电器与电控单元之间的接线是否良好。如果外部电路均正常,则可能是电控单元内部有故障,可用电脑检测仪(解码器)或采用测量电控单元各端子电压的方法来检查电控单元有无故障;也可以换一个好的同型号电控单元试一下(有防盗功能的电控单元不可互换,否则将锁死电控单元),如能启动,可确定为电控单元故障,应修复或更换电控单元。

(6)检查燃油系统压力(见本篇实训12)。燃油系统油压过低会造成喷油量太少,也会导致发动机不能启动。在电动汽油泵运转时检查燃油系统油压,正常燃油压力应达300kPa左右(可查看该车的有关数据资料)。如果燃油压力过低,可用软布包住钳口,将油压调节器的回油管夹住,阻断回油通路。此时,若燃油压力迅速上升,说明是油压调节器漏油造成油压过低,应更换油压调节器;若燃油压力上升缓慢或基本不上升,则说明油路堵塞或电动汽油泵有故障。对此,应先拆检汽油滤清器或汽油泵上的进油滤网。如有堵塞,应清洗或更换;如滤清器良好,则应更换电动汽油泵。

(7)检查进气系统是否漏气。对于装有直接测量式空气流量计的L型电喷发动机,若空气流量计与进气门之间的气路中有漏气部位,将造成混合气过稀,发动机无法启动。检查气路中的波纹管、密封垫、真空管及其连接的真空拉力器等是否漏气、脱落等。判断节气进气门之间是否漏气,可在节气门关闭时启动发动机,用接在进气歧管上的真空表的读数判断,若真空度过低,则有漏气部位存在。

(8)检查汽缸压缩压力。若上述检查均正常,应检查汽缸压缩压力。若汽缸压缩压力小于0.8MPa,则说明活塞环、气门或汽缸垫等处漏气,应拆检发动机。若汽缸压缩压力合格,应拆检发动机正时系统。

发动机不能启动的故障诊断流程如图2-2-109和图2-2-110所示。

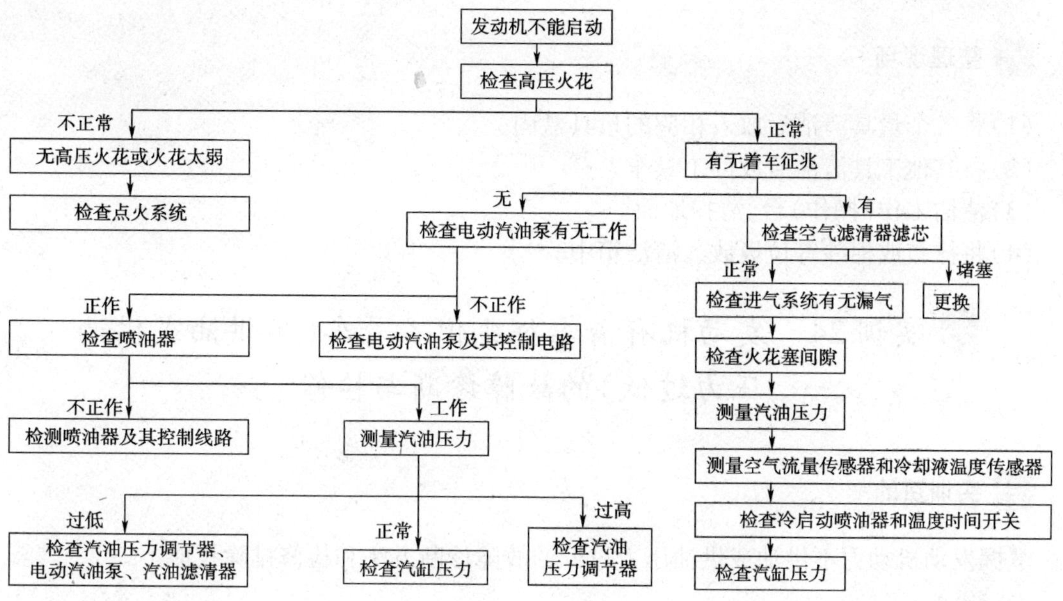

图 2-2-109　发动机不能启动的故障诊断流程(一)

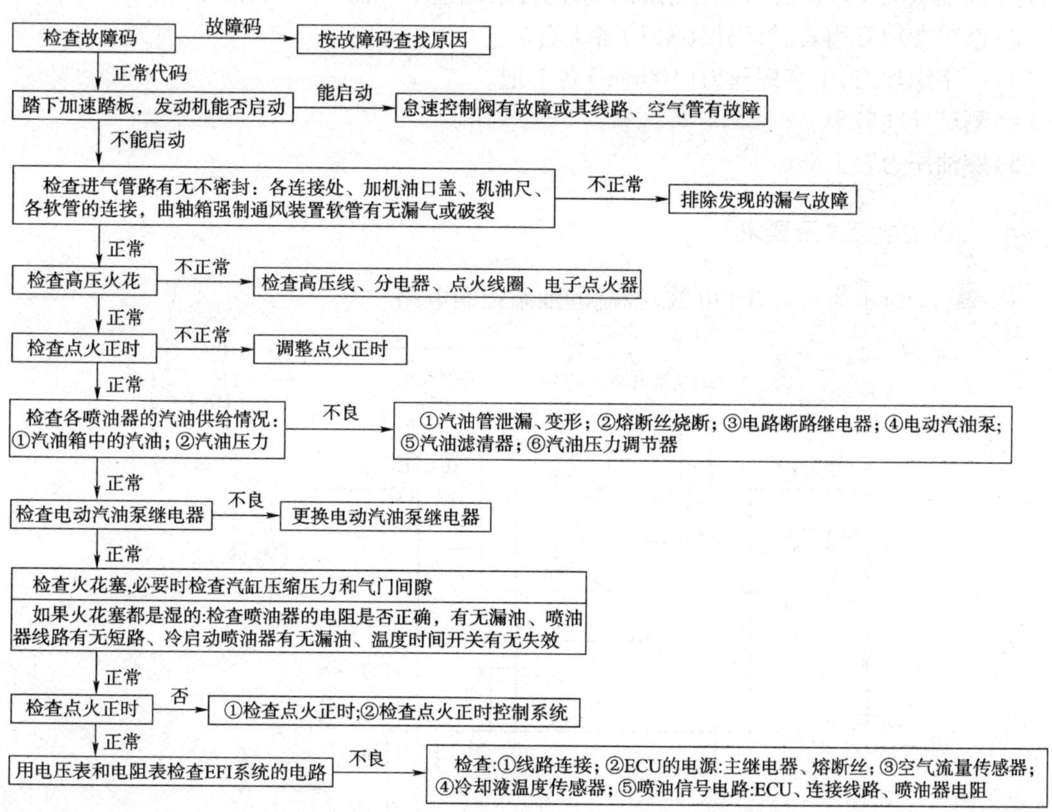

图 2-2-110　发动机不能启动的故障诊断流程(二)

六 整理现场

(1)将各个量具清洁后放入相应的量具盒内。
(2)将其他工具清洁后放回工具车。
(3)清洁工作(操作)台,清扫地面。
(4)将抹布或棉纱等垃圾放入清洁箱中。

实训 24 发动机有着车征兆但不着车(不供油或供油压力过低)的故障诊断与检修

一 实训目的

掌握发动机动力不供油或供油压力过低的故障诊断方法和检修排除技能。

二 实训量具、工具、设备

(1)技术状况良好的经检验合格的发动机台架或整车一辆(丰田花冠轿车)。
(2)汽车专用万用表、解码仪(K81)各 1 台。
(3)一字螺丝刀、十字螺丝刀(100mm)各 1 把。
(4)测试导线若干。
(5)燃油压力表 1 套。

三 实训技术标准及要求

图 2-2-111 所示为用 ECU(电脑)控制的油泵控制电路。

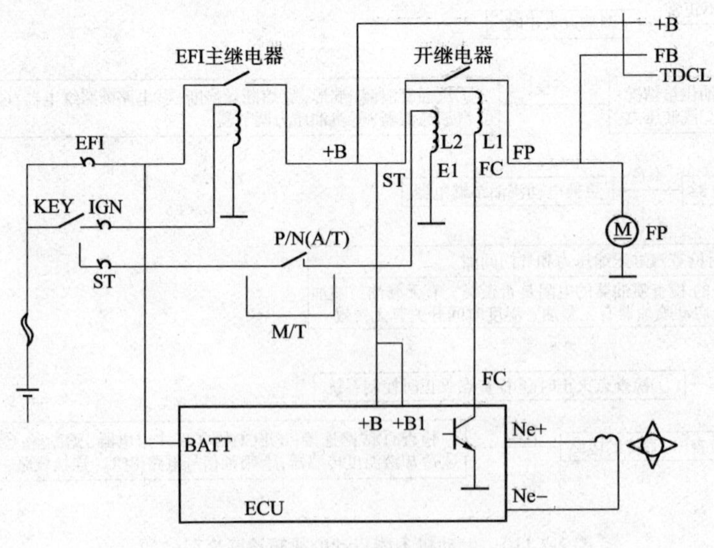

图 2-2-111 油泵控制电路

四 实训注意事项

(1)注意操作油料的安全性,做好防火工作。

(2)注意接线和连接件的正确性,高压导线必须连接可靠、牢固。

(3)由于电子点火系统中点火线圈次级电压一般较高,当需摇转发动机而又不需要发动机启动时,应从分电器盖上拆下点火线圈高压线,并将其塔铁,决不允许点火线圈在开路状态下工作,否则极易损坏点火线圈和点火电子组件中的功率开关晶体管。

(4)当需拆、接电子点火装置连接导线,或安装和拆卸点火器时,应先关断点火开关或断开蓄电池的搭铁线。

(5)点火电子组件应安装在干燥、通风良好的部位,并保持其表面的清洁以利散热。

五 实训操作步骤

1. 故障现象

(1)发动机不能启动或工作中逐渐熄火。

(2)检测燃油供给装置的供油压力,油压过低或为零。

(3)发动机能启动,但动力明显不足,加速不良。

2. 故障原因

(1)油箱内无油或油箱开关未打开。

(2)从油箱吸油管经汽油滤清器、汽油泵至燃油分配管进油管接头的管路,有堵塞、漏油、积水、结冰或气阻等故障。

(3)电动汽油泵工作不良或失效。

(4)油压调节器工作不良。

(5)油泵继电器工作不良。

(6)油泵开关不能闭合。

(7)控制电路有断路或短路现象。

(8)油泵 ECU 损坏。

3. 故障诊断与排除

电子控制汽油喷射发动机燃油供给装置的结构、电路控制方式不同,当出现供油压力过低或不供油故障时,一般先检查油箱存油情况。打开点火开关,若汽油表指针或油量警告灯亮,则说明油箱内无油,应加满油后再启动。若仍不能启动应结合该车型电路控制特点诊断。

一般按图 2-2-112 的步骤进行诊断与排除。

六 整理现场

(1)将各个量具清洁后放入相应的量具盒内。

(2)将其他工具清洁后放回工具车。

(3)清洁工作(操作)台,清扫地面。

(4)将抹布或棉纱等垃圾放入清洁箱中。

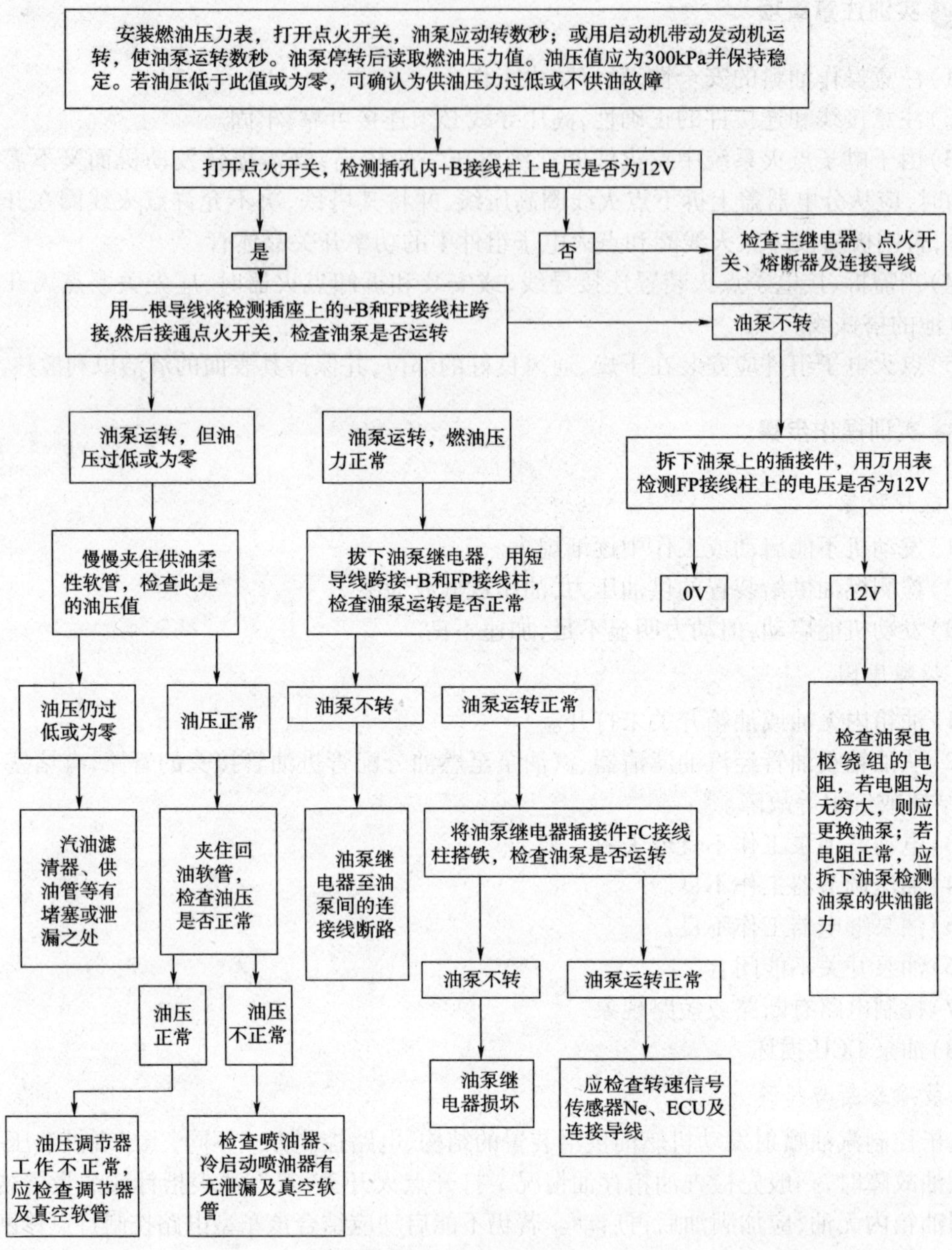

图 2-2-112　诊断步骤

实训 25　喷油器不喷油的故障诊断与排除

一　实训目的

掌握发动机喷油器不喷油的故障诊断方法和检修排除技能。

二 实训量具、工具、设备

(1)技术状况良好的经检验合格的发动机台架或整车一辆(丰田花冠轿车)。

(2)汽车专用万用表、解码仪(K81)各1台。

(3)一字螺丝刀、十字螺丝刀(100mm)各1把。

(4)测试导线若干。

(5)燃油压力表1套。

三 实训技术标准及要求

图2-2-113所示为喷油器的控制电路。

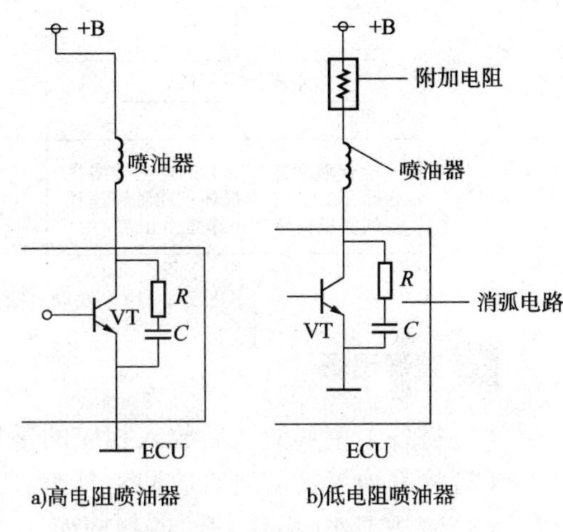

图2-2-113　喷油器控制电路

四 实训注意事项

(1)注意操作油料的安全性,做好防火工作。

(2)注意接线和连接件的正确性,高压导线必须连接可靠、牢固。

(3)由于电子点火系统中点火线圈次级电压一般较高,当需摇转发动机而又不需要发动机启动时,应从分电器盖上拆下点火线圈高压线,并将其搭铁,决不允许点火线圈在开路状态下工作,否则极易损坏点火线圈和点火电子组件中的功率开关晶体管。

(4)当需拆、接电子点火装置连接导线,或安装和拆卸点火器时,应先关断点火开关或断开蓄电池的搭铁线。

(5)点火电子组件应安装在干燥、通风良好的部位,并保持其表面的清洁以利散热。

五 实训操作步骤

1. 故障现象

(1)发动机不能启动。

(2)发动机不易启动,怠速运转不稳,动力不足,加速不良。

2. 故障原因

(1)喷油器电磁线圈断路。

(2)喷油器针阀卡滞。

(3)喷油器电源线路断路。

(4)ECU接收不到曲轴位置、曲轴转速信号。

(5)ECU损坏。

3. 故障诊断与排除

将一个330Ω电阻串联一个发光二极管作试灯,断开点火开关,拔出喷油器线插头,在线束插头上接发光二极管试灯。启动发动机运行,观察发光二极管的闪亮状况。信号正常时发光二极管闪烁,若发光二极管不闪烁,说明没有喷油脉冲信号,应检查喷油器控制电路;若发光二极管闪烁,则应检查喷油器的电磁线圈电阻、喷油器针阀的工作状况。诊断程序如图 2-2-114 所示。

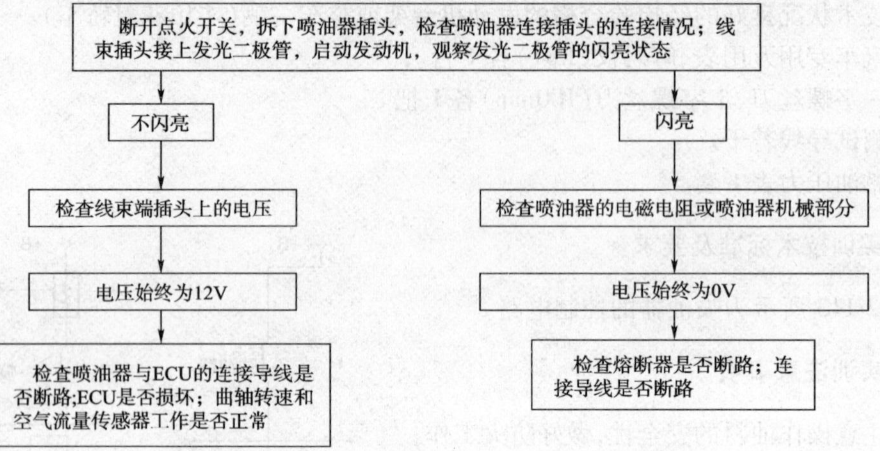

图 2-2-114　发动机喷油器不喷油故障的诊断与排除步骤

六 整理现场

(1)将各个量具清洁后放入相应的量具盒内。
(2)将其他工具清洁后放回工具车。
(3)清洁工作(操作)台,清扫地面。
(4)将抹布或棉纱等垃圾放入清洁箱中。

实训 26　发动机动力不足的故障诊断与检修

一 实训目的

掌握发动机动力不足的故障诊断方法和检修排除技能。

二 实训量具、工具、设备

(1)技术状况良好的经检验合格的发动机台架或整车一辆(丰田花冠轿车)。
(2)汽车专用万用表、解码仪(K81)各 1 台。
(3)一字螺丝刀、十字螺丝刀(100mm)各 1 把。
(4)测试导线若干。

三 实训技术标准及要求

发动机怠速稳定、工作平稳、加速有力。

四 实训注意事项

(1)注意操作油料的安全性,做好防火工作。

(2)注意接线和连接件的正确性,高压导线必须连接可靠、牢固。

(3)由于电子点火系统中点火线圈次级电压一般较高,当需摇转发动机而又不需要发动机启动时,应从分电器盖上拆下点火线圈高压线,并将其搭铁,决不允许点火线圈在开路状态下工作,否则极易损坏点火线圈和点火电子组件中的功率开关晶体管。

(4)当需拆、接电子点火装置连接导线,或安装和拆卸点火器时,应先关断点火开关或断开蓄电池的搭铁线。

(5)点火电子组件应安装在干燥、通风良好的部位,并保持其表面的清洁以利散热。

五 实训操作步骤

1. 故障现象

发动机无负荷运转时基本正常,但带负荷运转时加速缓慢,上坡无力,运行中感到动力不足,发动机转速不能提高,达不到最高车速。

2. 故障原因

(1)空气滤清器堵塞。

(2)节气门调整不当,不能全开。

(3)燃油压力过低。

(4)喷油器堵塞或雾化不良。

(5)冷却液温度传感器故障。

(6)空气流量传感器故障。

(7)点火正时不当或高压火花太弱、断火。

(8)发动机汽缸压力过低。

(9)配气相位不正确。

3. 故障诊断与排除

诊断流程如图 2-2-115 所示。

(1)将加速踏板踩到底,检查节气门能否全开,如不能全开,应调整节气门拉索或踏板。

(2)检查空气滤清器滤芯是否堵塞,如堵塞,应清洁或更换。

(3)进行故障自诊断,检查是否有故障码出现。影响动力性的传感器和执行器有:冷却液温度传感器、空气流量计或进气管压力传感器、点火器、喷油器等。按所显示的故障码内容查找故障部位。

(4)检查节气门位置传感器是否接触良好(如怠速触点、全负荷触点、滑片与弧形电阻膜的接触情况),如接触不良,应按标准重新调整或更换新件。

(5)检查点火正时,在热态怠速时检查点火提前角,应能自动提前至 20°~30°。如怠速时的点火提前角不正确,应调整点火提前角;如果加速时点火提前角不正确,应检查点火提前控制线路及曲轴位置传感器、点火器等。

(6)检查冷却液温度传感器,测量冷却液温度传感器电阻的方法是在不同温度下,冷却液温度传感器的电阻应能按规定值变化。如不符合规定值,应更换冷却液温度传感器。

(7)检测空气流量传感器或进气管压力传感器,如有异常,应更换。

(8)检查所有火花塞、高压线、点火线圈,如有异常,应更换。

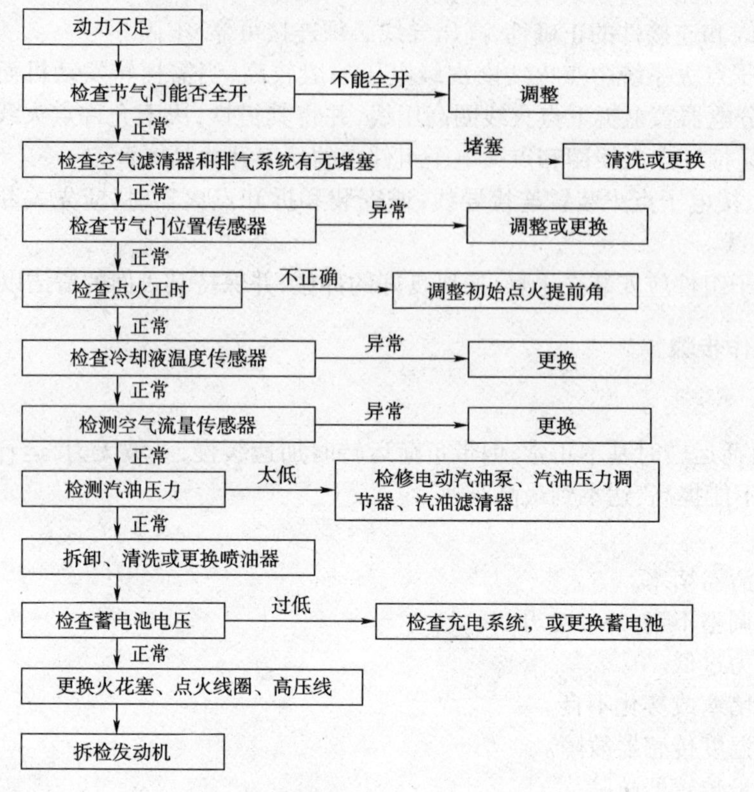

图 2-2-115　发动机动力不足的故障诊断流程

(9)检查燃油压力,如压力过低,应进一步检查电动汽油泵、油压调节器、汽油滤清器及汽油泵的进油滤网等。

(10)拆检喷油器,检查喷油量是否正常,如喷油量不正常或喷油雾化不良,应清洗或更换喷油器。

(11)检查校对配气正时,如不正确应调整。测量汽缸压缩压力,如压力过低,应拆检发动机。

六 整理现场

(1)将各个量具清洁后放入相应的量具盒内。

(2)将其他工具清洁后放回工具车。

(3)清洁工作(操作)台,清扫地面。

(4)将抹布或棉纱等垃圾放入清洁箱中。

实训 27　发动机动力良好,但耗油量过大,加速时排气管冒黑烟的故障诊断与检修

一 实训目的

掌握发动机动耗油量过大,加速时排气管冒黑烟的故障诊断方法和检修排除技能。

二 实训量具、工具、设备

(1)技术状况良好的经检验合格的发动机台架或整车一辆(丰田花冠轿车)。

(2)汽车专用万用表、解码仪(K81)各1台。

(3)一字螺丝刀、十字螺丝刀(100mm)各1把。

(4)测试导线若干。

三 实训技术标准及要求

发动机怠速稳定、工作平稳、加速有力。

四 实训注意事项

(1)注意操作油料的安全性,做好防火工作。

(2)注意接线和连接件的正确性,高压导线必须连接可靠、牢固。

(3)由于电子点火系统中点火线圈次级电压一般较高,当需摇转发动机而又不需要发动机启动时,应从分电器盖上拆下点火线圈高压线,并将其搭铁,决不允许点火线圈在开路状态下工作,否则极易损坏点火线圈和点火电子组件中的功率开关晶体管。

(4)当需拆、接电子点火装置连接导线,或安装和拆卸点火器时,应先关断点火开关或断开蓄电池的搭铁线。

(5)点火电子组件应安装在干燥、通风良好的部位,并保持其表面的清洁以利散热。

五 实训操作步骤

1. 故障现象

发动机动力良好,但耗油量过大,加速时排气管冒黑烟。

2. 故障原因

(1)冷却液温度传感器失常。

(2)空气流量传感器或进气歧管绝对压力传感器失常。

(3)节气门位置传感器失常。

(4)汽油压力过高。

(5)冷启动喷油器漏油或冷启动控制失常。

(6)喷油器漏油。

3. 故障诊断与排除

(1)检测冷却液温度传感器,其在不同温度下的电阻值应符合标准。电阻太大,会使ECU误认为发动机处于低温状态,从而进行冷车加浓控制,使油耗增加。也可以用故障检测仪来检测,它能在发动机运转中显示冷却液温度传感器传给ECU的信号所表示的冷却液温度数值,将这一数值与发动机实际冷却液温度相比较,就能直观地反映出冷却液温度传感器是否工作正常。

(2)检测空气流量传感器或进气歧管绝对压力传感器,其数值应符合标准。空气流量传感器或进气歧管绝对压力传感器的误差会直接影响喷油量。检测结果如有异常,应更换空气流量传感器或进气歧管绝对压力传感器。

(3)检查节气门位置传感器。在节气门处于中小开度时,全负荷开关触点应断开。若全负荷开关触点始终闭合或闭合时间过早,会使 ECU 始终或过早地进行全负荷加浓,从而增大油耗。

(4)测量汽油压力。怠速时的汽油压力应符合规定值,随着节气门的开启,汽油压力应逐渐上升,节气门全开时的汽油压力约比怠速时高 50kPa。若汽油压力能随节气门开度变化而改变,但压力始终偏高,则说明汽油压力调节器有故障,应更换。若汽油压力不能随节气门开度变化而改变,则说明汽油压力调节器的真空软管破裂或脱落,若汽油压力调节控制电磁阀有故障,使进气管真空度没有作用在汽油压力调节器的真空膜片室,导致油压过高,对此,应更换软管或电子阀。

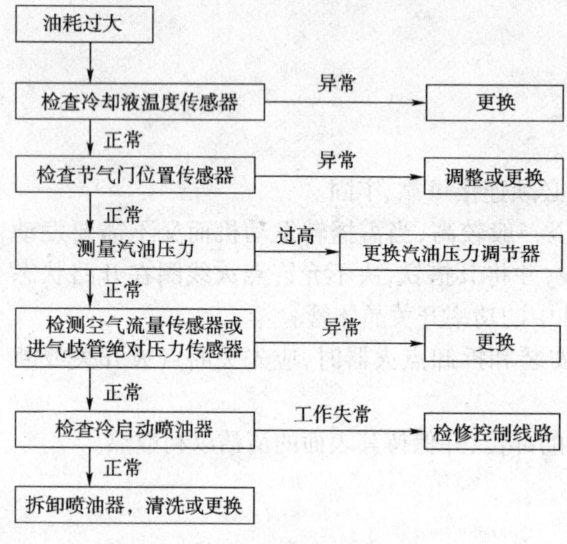

图 2-2-116　发动机油耗过大的故障诊断流程

(5)检查冷启动喷油器控制是否正常。用万用表电压挡或试灯接在冷启动喷油器导线插接器上,检查发动机启动时冷启动喷油器工作的持续时间是否符合标准值。若工作时间过长或启动后一直工作,则说明冷启动喷油控制失常,应检查冷启动温度时间开关及控制电路。

(6)拆卸喷油器,检查各喷油器有无漏油。如有异常,应清洗或更换喷油器。

电控汽油喷射发动机油耗过大的故障诊断与排除程序如图 2-2-116 所示。

六 整理现场

(1)将各个量具清洁后放入相应的量具盒内。

(2)将其他工具清洁后放回工具车。

(3)清洁工作(操作)台,清扫地面。

(4)将抹布或棉纱等垃圾放入清洁箱中。

实训 28　发动机怠速不良的故障诊断与检修

一 实训目的

掌握发动机动怠速不稳,容易熄火的故障诊断方法和检修排除技能。

二 实训量具、工具、设备

(1)技术状况良好的经检验合格的发动机台架或整车一辆(丰田花冠轿车)。

(2)汽车专用万用表、解码仪(K81)各 1 台。

(3)一字螺丝刀、十字螺丝刀(100mm)各1把。

(4)测试导线若干。

三 实训技术标准及要求

发动机怠速稳定、工作平稳、加速有力。

四 实训注意事项

(1)注意操作油料的安全性,做好防火工作。

(2)注意接线和连接件的正确性,高压导线必须连接可靠、牢固。

(3)由于电子点火系统中点火线圈次级电压一般较高,当需摇转发动机而又不需要发动机启动时,应从分电器盖上拆下点火线圈高压线,并将其搭铁,决不允许点火线圈在开路状态下工作,否则极易损坏点火线圈和点火电子组件中的功率开关晶体管。

(4)当需拆、接电子点火装置连接导线,或安装和拆卸检测点火器时,应先关断点火开关或断开蓄电池的搭铁线。

(5)点火电子组件应安装在干燥、通风良好的部位,并保持其表面的清洁以利散热。

五 实训操作步骤

怠速不良是电喷发动机最常见的故障。它有多种表现形式,包括怠速不稳、怠速熄火、冷车怠速不良、热车怠速不良等。造成怠速不良的原因很多,在故障诊断与排除过程中,要根据故障的具体表现来分析故障原因。

1. 故障现象

发动机启动正常,但不论冷车或热车,怠速均不稳定,怠速转速过低,易熄火。

2. 故障原因

(1)进气系统有漏气处。

(2)燃油压力太低。

(3)空气滤清器堵塞。

(4)喷油器雾化不良、漏油或堵塞。

(5)怠速调整不当。

(6)怠速控制阀或旁通空气阀工作不良。

(7)火花塞工作不良。

(8)空气流量传感器有故障。

(9)汽缸压缩压力过低、不均。

3. 故障诊断与排除

(1)先进行故障自诊断,检查有无故障码出现。如有,则按所显示的故障码内容查找故障部位。

(2)检查进气系统各管路接头、真空软管、废气再循环系统和燃油蒸气回收系统是否漏气。

(3)检查怠速控制阀的工作是否正常。拔下怠速控制阀接线插头,如果发动机转速无变化,说明怠速控制阀或控制电路有故障,应检修电路、清洗插头。应清洁或更换曲轴箱强制通风阀。

发动机怠速不稳,容易熄火的故障诊断流程如图 2-2-117 所示。

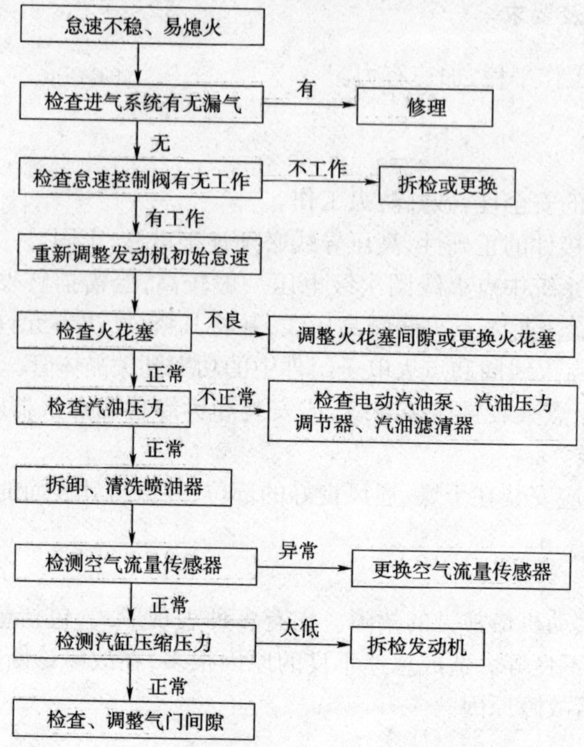

图 2-2-117　发动机怠速不稳,容易熄火的故障诊断流程

六 整理现场

(1)将各个量具清洁后放入相应的量具盒内。

(2)将其他工具清洁后放回工具车。

(3)清洁工作(操作)台,清扫地面。

(4)将抹布或棉纱等垃圾放入清洁箱中。

第三章　练习题及模拟试卷

第一节　机修基础知识

一　机械基础知识

(一)练习题

1. 判断题

(1)在生产过程中,直接指导制造和检验零件用的图样称零件工作图。（　　）

(2)装配图中相邻两零件的剖面线方向相同。（　　）

(3)公称尺寸是指零件图上的基准尺寸。（　　）

(4)偏差只可以为正、负值。（　　）

(5)在公差带图中,通常零线表示公称尺寸,正极限偏差位于零线之下,负极限偏差位于零线之上。（　　）

(6)过渡配合是指可能具有间隙或过盈的配合。（　　）

(7)键、花键、销、紧定螺钉、圆螺母、过盈配合等结构,均可起到周向定位和固定作用。（　　）

(8)滚动螺旋比滑动螺旋传动摩擦损失小,效率也高。（　　）

(9)齿轮传动能实现空间任意位置两轴的传动,也可以实现回转运动和直线运动之间的转换。（　　）

(10)硬度是指金属材料抵抗局部变形,特别是塑性变形、压痕或划痕的能力。（　　）

(11)子午线胎具有减振性好、附着性能高、胎面耐穿刺,在恶劣条件下行驶,轮胎不易爆破。（　　）

(12)轴上零件的定位和固定是两个相同的概念,其含义是保证轴上零件准确的安装位置。（　　）

(13)一般来说,高等级的机油可以代替低等级的机油。（　　）

2. 单项选择题

(1)一般把最能反映零件结构形状特征的一面作为(　　)的投影方向。

A. 左视图　　B. 右视图　　C. 主视图

(2)装配图中若剖切平面通过实心件的基本轴线时,这些零件仍按(　　)画出。

A. 剖视　　B. 不剖　　C. 零件实形

(3)尺寸公差是指尺寸允许的(　　)。

A. 上极限偏差　　B. 下极限偏差　　C. 基本偏差

(4)在公差带图中,代表上、下极限偏差的两条直线所限定的一个区域,称为(　　)。

A. 偏差　　B. 公差带　　C. 公称尺寸

(5)间隙配合主要用于孔、轴间的(　　)连接。

A. 紧密　　B. 弹性　　C. 活动

(6)基孔制中配合的孔,称为基准孔,它是配合的(　　)。

A. 基准件　　B. 标准件　　C. 连接件

(7)在同样的张紧力下,V 带传动与平带传动相比产生的摩擦力(　　)。

A. 更小　　B. 更大　　C. 一样

(8)(　　)适用于两轴中心距较大的场合。

A. 齿轮传动　　B. 带传动　　C. 蜗杆传动

(9)斜齿圆柱齿轮传动属两轴线(　　)圆柱齿轮传动。

A. 交错的　　B. 平行的　　C. 垂直的

(10)蜗杆传动属两轴线(　　)齿轮传动。

A. 交错的　　B. 平行的　　C. 垂直的

(11)(　　)是指金属材料在载荷作用下,抵抗塑性变形和断裂的能力。

A. 强度　　B. 塑性　　C. 硬度

(12)(　　)是指金属材料抵抗局部变形,特别是塑性变形、压痕或划痕的能力。

A. 强度　　B. 塑性　　C. 硬度

(13)牌号为 10W/30 的多级油,其中分子 10W 表示(　　)等级。

A. 黏度　　B. 温度　　C. 低温黏度

(14)子午线胎胎侧部分(　　)性能较差。

A. 防滑　　B. 防刺　　C. 耐磨

(15)低压胎的胎内空气压力范围在(　　)。

A. 0.047MPa 以下　　B. 0.047M ~ 0.147MPa　　C. 0.147M ~ 0.490MPa

3. 多项选择题

(1)一张零件图应具备的内容是(　　)。

A. 标题栏　　B. 一组视图

C. 必要的技术要求　　D. 完整的尺寸

(2)识读零件图的一般步骤是看标题、(　　)。

A. 了解装配关系　　B. 分析视图

C. 读零件图上的尺寸　　D. 看技术要求

(3)一张完整的装配图的内容有一组视图、(　　)和标题栏。

A. 必要的尺寸　　B. 装拆顺序

C. 零件序号和明细表　　D. 技术要求

(4)装配图简易画法中,零件的工艺结构,如(　　)等可省略不画。

A. 倒角　　B. 薄垫片　　C. 退刀槽　　D. 倒圆

(5)对装配图上的(　　)允许夸大到较明显的程度画出。

A. 细金属丝　　B. 小间隙　　C. 倒角　　D. 锥度很小的表面

(6)装配图中应标注的尺寸有(　　)等。

A. 性能(规格)尺寸　　B. 结构尺寸
C. 安装尺寸　　D. 总体尺寸

(7)紧定螺钉和(　　)均可起到周向定位和固定作用。
A. 键　　B. 花键　　C. 轴端挡圈　　D. 销

(8)啮合传动包括(　　)。
A. 齿轮传动　　B. 带传动　　C. 行星齿轮传动　　D. 链传动

(9)带传动具有(　　)等特点。
A. 传动比恒定　　B. 良好的弹性　　C. 传动平稳　　D. 能够缓冲吸振

(10)链传动具有(　　)等特点。
A. 传动比恒定　　B. 压轴力较小　　C. 噪声大　　D. 能够缓冲吸振

(11)金属材料的力学性能主要有冲击韧性、(　　)。
A. 疲劳强度　　B. 硬度　　C. 强度　　D. 塑性

(12)充气轮胎按胎内空气压力大小可分为(　　)。
A. 超高压胎　　B. 高压胎　　C. 低压胎　　D. 超低压胎

(13)偏差分为(　　)。
A. 极限偏差　　B. 上极限偏差　　C. 下极限偏差　　D. 实际偏差

(二)练习题答案

1. 判断题

(1)√　(2)×　(3)×　(4)×　(5)×　(6)√　(7)×　(8)√　(9)√
(10)√　(11)√　(12)×　(13)√

2. 单项选择题

(1)C　(2)B　(3)B　(4)B　(5)C　(6)A　(7)B　(8)B　(9)B
(10)A　(11)A　(12)C　(13)C　(14)B　(15)C

3. 多项选择题

(1)ABCD　(2)BCD　(3)ACD　(4)ACD
(5)ABD　(6)ACD　(7)ABD　(8)ACD
(9)BCD　(10)BC　(11)ABCD　(12)BCD
(13)ABCD

二 电工电子基础

(一)练习题

1. 判断题

(1)将二极管正极与电源正极相接,二极管负极与电源负极相接,二极管会呈截止状态。(　　)

(2)由于稳压二极管是工作在反向击穿状态,所以把它接到电路中时,应该反接。(　　)

(3)稳压二极管正极应接被稳定电压的正极,稳压二极管负极应接被稳定电压的负极。(　　)

(4)晶体管各电极的电流分配关系是:发射极电流 I_e 等于基极电流 I_b 和集电极电流 I_c 之和。 ( )

(5)晶体管是一种以大控小、以强控弱的器件。 ( )

(6)电源及用电器与车体连接的部位称为搭铁。 ( )

(7)为了让汽车的各用电器能独立工作,互不干扰,各用电器均采用并联方式连接。 ( )

(8)在任意回路中,电动势的代数和恒等于各电阻上电压降的代数和。 ( )

(9)不同电动势或不同内阻的电池可以并联使用,但不能串联使用。 ( )

(10)在大多数图中,搭铁线在图上方,电源线在图下方,电流方向自下而上。 ( )

(11)直接连接在一起的导线(也可经由熔断丝、铰接点连接)必须具有一个共同的功能。 ( )

2. 单项选择题

(1)由于晶体管有发射结和集电结两个 PN 结,因此,可根据 PN 结( )的特点,利用万用表的欧姆挡来判别晶体管是 NPN 型还是 PNP 型。

A. 正向电阻小、反向大　　B. 反向电阻小、正向大　　C. 正向电阻小、反向电阻也小

(2)将万用表欧姆挡的旋钮置于 $R\times1\text{k}$,使黑表笔与集电极 c 接触,红表笔与发射极 e 接触(PNP 管应将表笔对调)。对于质量较好的晶体管,此时测得的阻值应( )。

A. 较小　　B. 较大　　C. ∞

(3)将万用表欧姆挡的旋钮置于 $R\times1\text{k}$,使黑表笔与集电极 c 接触,红表笔与发射极 e 接触(PNP 管应将表笔对调),若此时测得的阻值很小,则说明晶体管的( )。

A. 热稳定性能差,已基本不能使用

B. 晶体管内部已被击穿不能使用

C. 热稳定性能极差,不能使用

(4)将万用表欧姆挡的旋钮置于 $R\times1\text{k}$,使黑表笔与集电极 c 接触,红表笔与发射极 e 接触(PNP 管应将表笔对调),若此时测得的阻值慢慢减小,则说明晶体管的( )。

A. 热稳定性能差,已基本不能使用

B. 晶体管内部已被击穿不能使用

C. 热稳定性能极差,不能使用

(5)直接控制电路指不使用( ),控制器件直接控制用电器的电路。

A. 继电器　　B. ECU　　C. 过载保护装置

(6)在控制器件与用电器之间使用( )的电路称为间接控制电路。

A. 继电器　　B. ECU　　C. 过载保护装置

(7)汽车电路中具有一定电位的部位与金属机体相碰时发生的短路现象称( )故障。

A. 接触不良　　B. 搭铁　　C. 通路

(8)电阻器在电路中起着( )的作用。

A. 稳定电流、电压　　B. 调节电流、电压　　C. 稳定或调节电流、电压

(9)电容器的作用是( )。

A. 储存电荷

B. 释放电荷

C. 储存和释放电荷(即充、放电)

(10)直线电流产生的磁场,以(　　)拇指的指向表示电流方向,弯曲四指的指向即为磁场方向。

A. 右手　　B. 左手　　C. 左手或右手均可

(11)环形电流产生的磁场,以(　　)弯曲的四指表示电流方向,则拇指所指的方向为环形线圈磁场方向。

A. 右手　　B. 左手　　C. 左手或右手均可

(12)电路原理图中所有开关及用电器均处于(　　)的状态。

A. 工作　　B. 不工作　　C. 没有特殊要求

3. 多项选择题

(1)一般来讲,常用的电子元件包括(　　)。

A. 二极管型元件　B. 晶体管型元件　C. 电阻型元件　D. 电容型元件

(2)二极管按用途可分(　　)等。

A. 普通整流二极管　B. 稳压二极管　C. 发光二极管

D. 光电二极管　E. 续流二极管

(3)晶体管可以处于(　　)种工作状态。

A. 放大　B. 截止　C. 导通　D. 饱和

(4)汽车电路基本连接方式为(　　)。

A. 串联　B. 并联　C. 单线制　D. 负极搭铁

(5)汽车电路的基本状态是(　　)。

A. 串、并联　B. 通路　C. 短路　D. 断路

(6)电阻的串联具有以下(　　)特点。

A. 电阻串联后的等效电阻(即总电阻)等于分电阻的总和

B. 串联电阻中流过每个电阻的电流都相等

C. 总电阻两端的总电压等于各个电阻两端的电压之和

D. 各电阻上的电压与总电压之比等于各电阻与总电阻之比

(7)电阻的并联具有以下(　　)特点。

A. 电路中的总电阻倒数等于各支路电阻倒数之和

B. 电路中各支路两端电压相等

C. 电路中的总电流等于各支路的电流之和

D. 总电阻两端的总电压等于各个电阻两端的电压之和

(8)串联电池组具有以下(　　)特点。

A. 总电动势等于各个电池的电动势之和

B. 总内阻等于各个电池的内阻之和

C. 不同容量的电池不得串联使用,如果串联,小容量的电池易造成“反极”损坏

D. 流经外电路的电流等于各分电池的电流之和

(9)并联电池组具有以下(　　)特点。

A. 总电动势等于单个电池电动势

B. 流经外电路的电流等于各分电池的电流之和

C. n 只并联电池的总内阻 $r = r_1/n$

D. 不同电动势或不同内阻的电池不得并联使用,如果并联,易损坏电池

(10)电容器串联有以下(　　)特点。

A. 串联电容器的等效电容(总电容)的倒数等于各个电容量的倒数之和

B. 串联后的等效电容(总电容)等于各个电容器的容量之和

C. 总电压等于各个电容器上的电压之和

D. 每个电容器两端承受的电压相等,并等于电源电压

(11)电容器并联有以下(　　)特点。

A. 并联电容器的等效电容(总电容)的倒数等于各个电容量的倒数之和

B. 并联后的等效电容(总电容)等于各个电容器的容量之和

C. 总电压等于各个电容器上的电压之和

D. 每个电容器两端承受的电压相等,并等于电源电压

(12)电路按其作用划分,可分为(　　)。

A. 电源电路　B. 搭铁电路　C. 信号电路　D. 控制电路

(13)汽车电路的基本特点是(　　)。

A. 单线制　B. 负极搭铁

C. 各用电器互相并联　D. 共用一根电源线

(二)练习题答案

1. 判断题

(1)×　(2)√　(3)×　(4)√　(5)×　(6)√　(7)√　(8)√　(9)×

(10)×　(11)√

2. 单项选择题

(1)A　(2)B　(3)A　(4)C　(5)A　(6)A　(7)B　(8)C　(9)C

(10)A　(11)A　(12)B

3. 多项选择题

(1)AB　(2)ABCD　(3)ABD　(4)AB

(5)BCD　(6)ABCD　(7)ABC　(8)ABC

(9)ABCD　(10)AC　(11)BD　(12)ABCD

(13)ABC

三 电子控制基础

(一)练习题

1. 判断题

(1)数字信号经过输入回路之后,通过I/O接口可直接送入微机。　(　　)

(2)微机输出的是数字信号。　(　　)

(3)微机的输出信号一般可以直接驱动执行元件进行工作。　(　　)

(4)汽车 ECU 的电源电压一般均为 11 ~16V,负极搭铁。　(　　)

(5)汽车 ECU 控制的对象均为电磁线圈。　(　　)

(6)ECU 供电和搭铁接头通常是和蓄电池主要供电系统(12V)的接头共用的,其他辅助电气设备的线路都可以接到这接头上。　(　　)

(7)汽车行驶中,驾驶员快松加速踏板时,ECU 将会切断汽油喷射控制电路,停止喷油,以降低减速时 HC 及 CO 的排放量。　(　　)

(8)在开环系统中,既不需要对输出量进行测量,也不需要将输出量反馈到系统输入端与输入量进行比较。　(　　)

(9)闭环控制系统是一种利用系统本身的调节功能,使系统输出信号对控制产生直接影响的系统。　(　　)

(10)闭环控制系统的缺点是采用了反馈控制,因而使系统响应对外界干扰和内部系统参数变化响应很不敏感。　(　　)

(11)在开环控制系统中,稳定性是一个重要的问题,因为开环系统不能进行调节,从而造成系统作等幅振荡或变幅振荡。　(　　)

2. 单项选择题

(1)ECU 输入回路的作用是将系统中各传感器检测到的信号经过(　　)送入微机,完成在汽车运行过程中对其工况状态的实时检测。

A. CPU

B. I/O(Input/Output——输入/输出)接口

C. A/D(模/数)转换器

(2)传感器模拟信号经过相应的输入回路后,再经过(　　)转换之后,才以数字量的形式送入微机的中央处理器 CPU 中。

A. 模/数(A/D)转换器　　B. 数/模(D/A)转换器　　C. 电平

(3)从传感器输出的信号输入 ECU 后,首先通过输入回路,其中(　　)直接输入微机。

A. 数字信号　　B. 模拟信号　　C. 频率信号

(4)从传感器输出的信号输入 ECU 后,首先通过输入回路,(　　)须经过 A/D 转换器转换之后再输入微机。

A. 数字信号　　B. 模拟信号　　C. 频率信号

(5)(　　)存储器存储的内容,即使切断电源,其记忆的内容也不会消失,通电之后又可以立即调出使用,所以适用于各种永久性的程序和不变常数的长期保存。

A. RAM　　B. ECU　　C. ROM

(6)如果切断电源,(　　)存储器存储的数据就丢失,所以其只适应于暂时保留控制过程中的处理数据。

A. RAM　　B. CPU　　C. ROM

(7)故障信息(故障码)保存在(　　)内,为防止这些信息的消失,存储器的电源是常通不断的。

A. RAM　　B. CPU　　C. ROM

(8)微机与外界进行的数据交换(信息接收与发送)都是通过(　　)来完成的。

A. 输入回路　　B. 输出回路　　C. I/O(Input/Output)接口

(9)根据传输信号的不同,微机总线可分(　　)三种。

A. CAN 总线、MOST 总线、LIN 总线

B. 数据总线、地址总线、控制总线

C. 数据总线、信息总线、CAN 总线

(10)ECU 输出端使用油泵继电器是为了(　　)。

A. 安全　　B. 控制方便　　C. 排放净化

(11)当 ECU 根据爆震传感器信号判定发动机发生爆震时,立即把点火时刻(　　)。

A. 推迟　　B. 提前　　C. 固定

(12)当发动机达到一定温度时,ECU 根据发动机负荷和转速控制 EGR 阀作用,以降低(　　)排放量。

A. NO_x　　B. CO　　C. HC

(13)对采用电子节气门系统的车辆,节气门位置传感器输入 ECU 的信息用于(　　)。

A. 监测节气门的开度

B. 反馈节气门的实际开度

C. 用于反映加速踏板踩下的程度

(14)在控制系统中,若系统的输出量对系统的控制作用没有影响,则称为(　　)控制系统。

A. 开环　　B. 闭环　　C. 自适应式

(15)本身能够随着环境条件或结构不可预计的变化,自行调整或修改系统参数的系统,称为(　　)控制系统。

A. 开环　　B. 闭环　　C. 自适应式

3. 多项选择题

(1)ECU 主要由(　　)等部分组成。

A. 输入回路　　B. A/D(模/数)转换器

C. 微机　　D. 输出回路

(2)在控制过程中,ECU 需要检测的输入的传感器信号有(　　)。

A. 模拟信号　　B. 频率信号　　C. 脉宽调制信号　　D. 数字信号

(3)多点顺序喷射系统中,在 ECU 的喷油器驱动电路中应具有(　　)功能。

A. 缸序判别　　B. 定时　　C. 喷油驱动　　D. 信号放大

(4)按汽车电子控制系统构成元件的作用,可以分为(　　)等几大部分。

A. 信号输入装置　　B. 电控单元(ECU)　　C. 执行元件　　D. 电源系统

(5)电控汽油喷射系统的控制内容主要包括(　　)。

A. 喷油量　　B. 喷油定时　　C. 燃油停供　　D. 电动汽油泵控制

(6)ECU 将(　　)作为主控制信号,确定基本喷油量。

A. 发动机转速　　B. 车速　　C. 进气量　　D. 冷却液温度

(7)点火装置主要控制内容包括(　　)。

A. 点火提前角　　B. 点火持续时间　　C. 通电时间　　D. 爆震控制

(8)下列(　　)是闭环控制系统。

A. 带氧传感器的电控汽油喷射系统

B. 带爆震传感器的电控点火系统

C. 带 EGR 阀位置传感器的 EGR 系统

D. 具有输入和输出轴转速传感器的电控自动变速器

(二)练习题答案

1. 判断题

(1)√　(2)√　(3)×　(4)√　(5)×　(6)×　(7)√　(8)√　(9)√

(10)×　(11)×

2. 单项选择题

(1)B　(2)A　(3)A　(4)B　(5)C　(6)A　(7)A　(8)C　(9)B

(10)A　(11)A　(12)A　(13)B　(14)A　(15)C

3. 多项选择题

(1)ABCD　(2)AD　(3)AB　(4)ABC

(5)ABCD　(6)AC　(7)ACD　(8)ABCD

四 液压与气压传动基础

(一)练习题

1. 判断题

(1)液压传动利用有压力的油液作为传递动力的工作介质。(　　)

(2)液压传动是一个不同能量的转换过程。(　　)

(3)液压千斤顶是一种简单的液压传动装置。(　　)

(4)液压传动的一个基本原理是:流量决定于负载。(　　)

(5)气压传动是以压缩空气为工作介质进行能量传递的一种传动形式。(　　)

(6)气压传动与液压传动一样,主要用于实现动力远程传递、电气控制信号转换等。(　　)

(7)气压传动具有工作安全,操作方便,节能、高效、价廉,但有污染的特点。(　　)

(8)气压传动的系统灵敏性好于液压传动,但系统噪声大,自润滑性差。(　　)

(9)能源装置是供给液压系统压力油,把液压能转换成机械能的装置。(　　)

(10)把机械能转换成液压能的装置称为液压系统的执行元件。(　　)

(11)液、气压系统中的符号一般均以元件的静止位置或中间零位置表示。(　　)

(12)液、气压系统中的符号表示元件的职能,连接系统的通路,以及在机器中的实际安装位置。(　　)

(13)液压件能自行润滑,因此使用寿命长。(　　)

(14)液压传动可以保证严格的传动比。(　　)

(15)液压传动可以在温度变化很大的环境条件下工作。(　　)

(16)液压元件的配合件制造精度要求较高,加工工艺较复杂。 ( )

(17)液压系统发生故障不易检查和排除。 ( )

(18)气压传动的运动平稳性较好。 ( )

2. 单项选择题

(1)液压传动对油温的变化( )。

A. 不确定 B. 不敏感 C. 比较敏感

(2)液压装置借助于设置( )易于实现过载保护。

A. 节流阀 B. 溢流阀 C. 换向阀

3. 多项选择题

(1)一个完整的、能够正常工作的液压系统,应该由( )和控制调节装置等主要部分组成。

A. 能源装置 B. 工作介质 C. 辅助装置 D. 执行装置

(2)对液压系统中的压力、流量或流动方向进行控制或调节的装置有( )等。

A. 能源装置 B. 溢流阀 C. 换向阀 D. 节流阀

(3)把液压能转换成机械能的装置有( )。

A. 能源装置 B. 液压缸 C. 换向阀 D. 液压马达

(二)练习题答案

1. 判断题

(1)√ (2)√ (3)√ (4)× (5)√ (6)√ (7)× (8)× (9)×
(10)× (11)√ (12)× (13)√ (14)× (15)× (16)√ (17)√ (18)×

2. 单项选择题

(1)C (2)B

3. 多项选择题

(1)ABCD (2)BCD (3)BD

五 汽车识别代码(VIN 码)与配件编码规则

(一)练习题

1. 判断题

(1)17 位的 VIN 码中的车辆说明部分(VDS)由 VIN 码的第 4 位到第 9 位共 6 位字符组成,如果制造厂不用其中的一位或几位字符,应将这几位字符空着,以免造成混淆。 ( )

(2)VIN 码在文件上表示时应写成一行,且不要空格。 ( )

(3)VIN 码在文件上、车辆上或车辆标牌上标识时,可以写成两行或多行。 ( )

(4)每辆车的 VIN 码应在车辆部件上(玻璃除外),除车辆修理外,该部件是不可拆的。 ( )

(5)VIN 码也可以永久性固定在车辆部件上的标牌上,此标牌不损坏则不能拆掉。 ( )

(6)汽车识别代码应尽量位于车辆的前半部分、易于看到且能防止磨损或替换的部位。 ( )

(7)修理包由两个以上维修用主要配件组成,综合在一个包装内。（　　）

(8)丰田汽车专用工具配件编码全部以 09 开头。（　　）

(9)德国大众配件编码一般由 14 位组成,其配件编码可分成 5 部分。（　　）

2. 单项选择题

(1)17 位的 VIN 码可以根据其各自代表的含义依次划分成(　　)三部分。

A. 世界制造厂识别代号(WMI)、车辆说明部分(VDS)和车辆指示部分(VIS)

B. 车辆说明部分(VDS)、世界制造厂识别代号(WMI)和车辆指示部分(VIS)

C. 世界制造厂识别代号(WMI)、车辆指示部分(VIS)和车辆说明部分(VDS)

(2)17 位的 VIN 码中的世界制造厂识别代号(WMI)用来标识车辆制造厂的唯一性,通常占 VIN 码的(　　)。

A. 前 2 位　　B. 前 3 位　　C. 前 4 位

(3)17 位的 VIN 码中的车辆说明部分(VDS)用来说明车辆的一般特征,由 VIN 码的(　　)字符组成。

A. 第 3 位到第 8 位共 6 位

B. 第 5 位到第 10 位共 6 位

C. 第 4 位到第 9 位共 6 位

(4)在 17 位的 VIN 码中,表示车辆出厂年份的是第(　　)位。

A. 9　　B. 10　　C. 11

(5)丰田汽车修理包配件编码全部由(　　)开头。

A. 03　　B. 04　　C. 05

(二)练习题答案

1. 判断题

(1)×　(2)√　(3)×　(4)√　(5)√　(6)√　(7)√　(8)×　(9)√

2. 单项选择题

(1)A　(2)B　(3)C　(4)B　(5)B

第二节　发动机结构与检修

一　发动机基本原理

(一)练习题

1. 判断题

(1)把曲轴转两圈(720°),活塞在汽缸内上下往复运动四个行程,完成一个工作循环的内燃机称为四冲程内燃机。（　　）

(2)把曲轴转一圈(360°),活塞在汽缸内上下往复运动两个行程,完成一个工作循环的内燃机称为二冲程内燃机。（　　）

(3)活塞在汽缸里作往复直线运动时,当活塞向下运动到最低位置,即活塞顶部距离曲轴

旋转中心最近的极限位置,称为下止点。 ( )

(4)活塞从一个止点到另一个止点移动的距离,即上、下止点之间的距离称为活塞行程。 ( )

(5)对于汽油机而言,如果压缩比太低,容易引起爆震。 ( )

(6)发动机有效转矩是作用在活塞顶部的气体压力通过连杆传给曲轴产生的转矩,并克服了摩擦、驱动附件等损失之后从曲轴对外输出的净转矩。 ( )

(7)燃油消耗率是指单位有效功率的燃油消耗量,也就是发动机每发出1kW有效功率在1h内所消耗的燃油质量(以g为单位)。 ( )

(8)燃油消耗率是指单位有效功率的燃油消耗量,也就是发动机每发出1kW有效功率所消耗的燃油质量(以g为单位)。 ( )

(9)发动机的主要性能指标有效转矩 T_E、有效功率 P_E、有效耗油率 g_e 随其运转工况(负荷、转速)变化而变化的关系称为发动机特性。 ( )

(10)节气门全开时的速度特性称为发动机外特性。 ( )

(11)节气门全开时的负荷特性称为发动机外特性。 ( )

(12)节气门不全开的任意位置所得到的负荷特性都称为部分特性。 ( )

(13)发动机的外特性代表了发动机所具有的最高动力性能。 ( )

2. 单项选择题

(1)活塞式内燃机按活塞运动方式分为( )内燃机。

A. 往复活塞式内燃机和旋转活塞式

B. 往复活塞式内燃机和三角转子活塞式

C. 三角转子活塞式和旋转活塞式

(2)对应一个活塞行程,曲轴旋转( )。

A. 180° B. 360° C. 720°

(3)活塞从一个止点运动到另一个止点所扫过的容积,称为( )。

A. 汽缸容积 B. 汽缸工作容积 C. 汽缸总容积

(4)活塞位于上止点时,其顶部与汽缸盖之间的容积称为( )。

A. 汽缸容积 B. 汽缸工作容积 C. 燃烧室容积

(5)( )之比称为压缩比。

A. 汽缸总容积与燃烧室容积

B. 汽缸工作容积与汽缸总容积

C. 汽缸工作容积与燃烧室容积

(6)四冲程内燃机经过进气、压缩、做功、排气四个行程完成一个工作循环,这期间活塞在上、下止点往复运动了四个行程,相应地曲轴旋转了( )圈。

A. 一 B. 二 C. 四

(7)发动机有效转矩的单位为( )。

A. N·m B. kg·m C. kW

(8)通常用( )来评价内燃机的经济性能。

A. 燃油消耗量 B. 燃油消耗率 C. 油耗

(9)通常发动机铭牌上给出的有效燃油消耗率 g_e 是(　　)。

A. 最小值　　B. 最大值　　C. 平均值

(10)节气门(　　)位置所得到的速度特性称为部分特性。

A. 全闭　　B. 半开　　C. 不全开的任意

3. 多项选择题

(1)进气行程中,由于曲轴的旋转,活塞从上止点向下止点运动,这时(　　)。

A. 排气门关闭　　B. 进气门打开

C. 进排气门均打开　　D. 进排气门均关闭

(2)发动机动力性能指标指曲轴对外做功能力的指标,包括(　　)。

A. 有效转矩　　B. 有效功率　　C. 曲轴转速　　D. 额定功率

(3)发动机有效功率等于(　　)的乘积。

A. 有效转矩　　B. 曲轴转速　　C. 车速　　D. 额定转矩

(二)练习题答案

1. 判断题

(1)√　(2)√　(3)√　(4)√　(5)×　(6)√　(7)√　(8)×　(9)√
(10)√　(11)×　(12)×　(13)√

2. 单项选择题

(1)A　(2)A　(3)B　(4)C　(5)A　(6)B　(7)A　(8)B　(9)A
(10)C

3. 多项选择题

(1)AB　(2)ABC　(3)AB

二　曲柄连杆机构结构与检修

(一)练习题

1. 判断题

(1)汽缸盖变形是指与汽缸体的接合平面翘曲变形。(　　)

(2)汽缸磨损的最大部位是活塞在上止点位置时第一道活塞环相对应的汽缸壁。(　　)

(3)活塞销孔偏离活塞中心线的目的是降低活塞对汽缸壁的拍击。(　　)

(4)扭曲环装入活塞环槽时,其内切口或内倒角应朝上;外切口或外倒角应朝下。(　　)

(5)组装两半片式带有回油唇的曲轴后油封时需注意,其回油唇有方向,不能装反。(　　)

(6)磨削曲轴时,应先磨削连杆轴颈,然后磨削主轴颈。(　　)

(7)实践证明,主轴颈的磨损比连杆轴颈的磨损严重。(　　)

(8)曲轴扭曲变形的检验是将连杆轴颈转到水平位置上,用百分表分别确定同一方位上两个轴颈的高度差。(　　)

(9)当代汽车发动机的曲轴轴承已按直接选配的要求设计制造,不需要再进行刮削。(　　)

2. 单项选择题

(1)汽缸磨损的最大部位是活塞在(　　)时第一道活塞环相对应的汽缸壁。

A. 上止点位置　　B. 下止点位置　　C. 上、下止点位置

(2)在组装活塞环时,应注意活塞环标记面朝向(　　)。

A. 上　　B. 下　　C. 活塞销轴线

(3)第 1 道环的开口方向,应(　　)发动机做功时的受力面,各道环的开口方向应互呈 90°或 180°。

A. 背向　　B. 朝向　　C. 垂直于

(4)在组装活塞环时,应活塞环标记面朝上,第一道活塞环的开口方向,应(　　),各道活塞环的开口方向应互呈 90°或 180°。

A. 朝向发动机做功时的受力面

B. 应背向发动机做功时的受力面

C. 没有特殊规定,只要活塞环的透光度和端隙符合车型技术要求即可

(5)安装活塞销卡环时,(　　)。

A. 活塞销卡环的圆弧面应朝向活塞顶部,活塞销卡环开口朝下

B. 活塞销卡环的圆弧面应朝下,活塞销卡环开口朝向活塞顶部

C. 活塞销卡环开口应背向发动机做功时的受力面

(6)在选装活塞销时,应注意其(　　)与活塞是否一致。

A. 尺寸标记　　B. 质量标记　　C. 颜色标记

3. 多项选择题

(1)汽缸盖变形通常是由于(　　)所致。

A. 拆装汽缸盖时操作不当　　B. 未按汽缸盖螺栓规定的顺序拧紧

C. 气门间隙调整不当　　D. 未按汽缸盖螺栓规定拧紧力矩操作所致

(2)汽缸体变形通常是由于(　　)所致。

A. 拆装汽缸盖螺栓时力矩过大或不均　　B. 不按顺序拧紧汽缸盖螺栓

C. 在高温下拆卸汽缸盖　　D. 发动机点火系统不良引起爆震

(3)汽缸体上、下平面在螺纹孔口周围凸起,通常是由于(　　)导致的。

A. 装配时汽缸盖螺栓拧紧力矩过大　　B. 装配时螺纹孔中未清理干净

C. 装配时汽缸盖螺栓拧紧力矩过小　　D. 在高温下拆卸汽缸盖

(4)曲轴主轴承响的特征有(　　)。

A. 发动机转速突然变化时发出低沉连续"镗镗"金属敲击声,严重时发动机机体发生振动

B. 响声随发动机转速提高而增大,随负荷的增大而增大,产生响声的部位在汽缸的下部

C. 响声在怠速时较小,中速时较为明显,发动机温度升高后,响声无变化

D. 单缸"断火"时,响声无明显变化,相邻两缸"断火"时,响声会明显减弱

(5)连杆轴承响的特征有(　　)。

A. 在突然加速时,有明显连续"铛铛"敲击声

B. 单缸“断火”后，响声明显减弱或消失

C. 响声在怠速时较小，中速时较为明显，发动机温度升高后，响声无变化

D. 单缸“断火”时，响声无明显变化，相邻两缸“断火”时，响声会明显减弱

(6)活塞敲缸响的特征有(　　)。

A. 在突然加速时，有明显连续“铛铛”敲击声

B. 发动机怠速时，在汽缸的上部发出清晰的“嗒嗒嗒”敲击声

C. 该缸“断火”后，响声减弱或消失

D. 冷车时响声明显，热车时响声减弱或消失

(7)活塞销响的特征有(　　)。

A. 怠速和中速时响声比较明显、清脆，为有节奏的“嗒、嗒”声

B. 发动机转速变化时，响声的周期也随着变化

C. 发动机温度升高后，响声不减弱

D. 该缸“断火”后，响声减弱或消失；恢复该缸工作时的瞬间，会出现明显的响声或连续两个响声

(二)练习题答案

1. 判断题

(1)√　(2)√　(3)√　(4)√　(5)√　(6)×　(7)×　(8)√　(9)√

2. 单项选择题

(1)A　(2)A　(3)A　(4)B　(5)A　(6)C

3. 多项选择题

(1)ABD　(2)ABC　(3)AB　(4)ABD

(5)ABC　(6)BCD　(7)ABCD

三　配气机构结构与检修

(一)练习题

1. 判断题

(1)气门组的作用是封闭进、排气道。(　　)

(2)发动机采用多气门结构后，进气门总的通过断面较大，充气效率较高。(　　)

(3)当每缸采用多气门时，气门排列的方案通常是异名气门排成一列。(　　)

(4)液压挺柱可以补偿因磨损导致的气门间隙增大，因此配气机构零件的磨损不会导致配气相位的变化。(　　)

(5)凸轮轴由曲轴正时齿(链)轮驱动，在安装时要对准正时记号，否则配气相位不准。(　　)

(6)气门与座圈的密封带宽度应符合原设计规定，密封带宽度过小，容易烧蚀气门。(　　)

(7)凸轮的磨损与变形会造成配气相位的改变，气门升程的减小。(　　)

(8)不同的工况和不同的使用条件，发动机对配气相位的要求是一样的。(　　)

(9)气门间隙过小,发动机工作后,零件受热膨胀,将气门推开,使气门关闭不严,造成漏气,功率下降,并使气门的密封表面严重积炭或烧坏,甚至气门撞击活塞。 ( )

2. 单项选择题

(1)下述( )零件不属于气门传动组。

A. 凸轮轴　B. 气门　C. 液压挺柱

(2)进、排气门在排气上止点时( )。

A. 进气门开,排气门关　B. 进气门关、排气门开　C. 进气门和排气门均开

(3)当每缸采用多气门时,气门排列的方案通常是( )排成一列,分别用进气凸轮轴和排气凸轮轴驱动。

A. 同名气门　B. 异名气门　C. 所有气门

(4)气门与座圈的密封带位置在( )。

A. 中部靠外侧　B. 中部靠内侧　C. 下部靠内侧

(5)从凸轮轴的前端来看,各缸同名凸轮的相对位置按发动机做功顺序( )排列。

A. 逆凸轮轴转动方向　B. 顺凸轮轴转动方向　C. 按凸轮轴转动方向

(6)配气相位是用( )表示的进、排气门的开启时刻和开启延续时间。

A. 曲轴转角　B. 凸轮轴转角　C. 点火提前角

(7)各缸进气门的微开量比排气门都小,表明进、排气门的配气相位均( )。

A. 延迟　B. 提前　C. 正常

(8)在进、排气门开闭的 4 个过程中,( )的改变对充气效率影响最大。

A. 进气门早开角　B. 进气门迟闭角　C. 排气门迟闭角

(9)加大( ),高转速时充气效率的增加有利于发动机最大功率的提高,但对低速和中速性能则不利。

A. 进气门早开角　B. 进气门迟闭角　C. 排气门迟闭角

(10)可变气门正时机构实行单气门与双气门之间的切换主要是依据( )进行的。

A. 发动机的负荷　B. 节气门的开度　C. 发动机的转速

(11)上海帕萨特 B5 轿车可变正时机构中,将进排气凸轮轴上的花键槽与轴承盖上的标记对齐,此时进排气凸轮轴上的花键槽之间应该有( )个传动链节。

A. 15　B. 16　C. 17

3. 多项选择题

(1)下列( )情况会导致配气相位的变化。

A. 正时齿(链)轮的连接花键的磨损　B. 液压挺柱发动机的机油压力过低

C. 凸轮轴变形、磨损　D. 正时链的磨损或正时带的老化

(2)下列关于配气相位说法正确的是 ( )

A. 进气门早开可以增加进气量　B. 进气门晚关可以增加进气量。

C. 排气门早开可提高发动机功率　D. 排气门晚关可以使排气干净。

(二)练习题答案

1. 判断题

(1)√　(2)√　(3)×　(4)×　(5)√　(6)×　(7)√　(8)×　(9)√

2. 单项选择题

(1)B　(2)C　(3)A　(4)B　(5)A　(6)A　(7)A　(8)B　(9)B

(10)C　(11)B

3. 多项选择题

(1)ABCD　(2)ABD

四 汽油机燃料供给系统结构与检修

(一)练习题

1. 判断题

(1)可燃混合气中汽油含量的多少称为可燃混合气的浓度。（　）

(2)闭环控制适合于车辆的所有工况。（　）

(3)速度密度方式是利用发动机的转速和进气管压力推算出每一循环吸入发动机的空气量,再根据推算出的空气量计算汽油的喷射量。（　）

(4)对于卡门涡旋式空气流量传感器,进气量越大,脉冲信号的频率越高,进气量越小,脉冲信号频率越低。（　）

(5)热线式空气流量传感器长期使用后,会在热线上积累胶质积炭,对测量精度有影响。（　）

(6)进气温度传感器在任何情况下都起作用,ECU 根据进气温度控制喷油器进行不同程度的额外喷油。（　）

(7)负温度系数进气温度传感器信号电压值与温度成正比(即温度越低,信号电压越低)。（　）

(8)电子式全自动节气门体完全取消了节气门拉索。（　）

(9)节气门位置传感器用来检测节气门开度,以反映发动机的不同工况(怠速、加速、减速)以及发动机的负荷状态。（　）

(10)清洗节气门后,怠速时节气门的开度就会减小。（　）

(11)电子节气门系统中节气门位置传感器是一个双电位器传感器,其两个输出信号电压是同向(两个同时升高同时降低)线性变化的。（　）

(12)电子节气门系统中,节气门的实际开度与驾驶员对节气门的开度要求一定相同。（　）

(13)在发动机点火开关关闭后,ECU 继续向主继电器供电,使怠速控制阀继续保持接通状态数秒,主继电器才断电。（　）

(14)蜗轮增压系统的作用是利用发动机排放的废气能量给进气增压,提高了充气效率,增大发动机的功率。（　）

(15)增压器采用压力润滑,中间有进出油口与发动机主油道相通（　）

(16)曲轴箱内压力超过规定值会使增压器回油管路内压力升高,回油不畅而造成密封环漏油。（　）

(17)增压发动机熄火之前必须怠速运转 3 ~ 5min,这样可以防止增压器在缺乏润滑油的情况下运转,并可以防止增压器内的残留润滑油碳化。（　）

(18)一般而言,进气管越长时,压力波波长短,可使发动机高转速区功率增大;进气管短时,压力波波长长,可使发动机中低转速区功率增大。 ( )

(19)电压驱动型只适用于低电阻喷油器,电流驱动型既可用于低电阻喷油器,又可用于高电阻喷油器。 ( )

(20)在采用电压驱动喷油器回路时,为了确保响应性,通常不使用 CR 消弧回路。 ( )

(21)要求每个电磁式喷油器的喷油量与标准喷油量相差不得超过 10%。 ( )

(22)当冷却液温度过高时,自动变速器 ECU 会让液力变矩器锁止,帮助发动机冷却液降低温度,防止发动机过热。 ( )

(23)霍尔电压随磁场强度的变化而变化,磁场越强,电压越低;磁场越弱,电压越高。 ( )

(24)氧化锆式氧传感器产生的电压在理论空燃比时发生凸变。 ( )

(25)在对氧传感器的反馈电压进行检测时,电压表应是高量程和低阻抗的。 ( )

(26)所谓宽量程氧传感器,是因为它相对于普通氧传感器仅能检测 $\lambda=1$ 附近的理论空燃比的特点,它可以检测 λ 为 0.7 ~ 2.5 整个范围的空燃比。 ( )

(27)在检测 ECU 端子的电压时,万用表的表笔应从导线插接器的导线一侧插入。 ( )

(28)不可在脱开 ECU 导线插接器状态下,直接测量 ECU 各端子电阻,以免损坏 ECU。 ( )

2. 单项选择题

(1)根据汽油喷射的位置,汽油喷射系统可分为( )两大类。

A. 直接喷射到汽缸内部的缸内直接喷射系统和喷射到进气管内的缸外进气管汽油喷射系统

B. 单点汽油喷射系统和多点汽油喷射系统

C. 连续喷射系统和间歇喷射系统

(2)按汽油喷射时刻,汽油喷射系统可以分为( )。

A. 缸内直接喷射系统和缸外进气管汽油喷射系统

B. 单点汽油喷射系统和多点汽油喷射系统

C. 连续喷射系统和间歇喷射系统

(3)间歇汽油喷射系统的喷油量大小取决于( )。

A. 燃油系统压力　　B. 喷油器开启持续时间　　C. 节气门开度

(4)在空燃比控制过程中可用( )监测混合气的浓度,一旦检测到混合气浓的信号,就控制减少喷油量,反之,增加喷油量。

A. 氧传感器　　B. EGR 阀位置传感器　　C. 爆震传感器

(5)电控汽油喷射系统采用体积流量型的空气计量方式时,需要考虑( )问题。

A. 进气温度的修正　　B. 蓄电池电压的修正　　C. 大气压力的修正

(6)下列( )不属于进气测量装置部件。

A. 空气流量传感器

B. 进气歧管绝对压力传感器

C. 节气门位置传感器

(7)空气流量传感器安装在(　　)，用来测量进入汽缸内空气量的多少。

A. 节气门之后

B. 空气滤清器和节气门之间

C. 节气门体上

(8)热线(热膜)式空气流量传感器计量方式主要以空气质量为主，一般不受(　　)影响。

A. 进气温度　　B. 进气压力　　C. 海拔

(9)空气流量传感器安装在(　　)，用来测量进入汽缸内空气量的多少。

A. 节气门之后

B. 空气滤清器和节气门之间

C. 节气门体上

(10)半自动节气门体取消了(　　)，ECU 通过不断改变节气门的开启角度实现对发动机启动怠速、暖机怠速、空调怠速、缓冲怠速及附件负荷怠速等工况的稳定控制。

A. 怠速控制阀　　B. 节气门位置传感器　　C. 节气门调节电动机

(11)凝结在节气门上的杂质会造成(　　)。

A. 节气门开启角度减小　　B. 怠速控制阀开度增大　　C. 节气门开启角度增大

(12)电子节气门系统中，发动机 ECU 根据(　　)信号控制发动机的怠速、加速、减速、瞬间转速和中断喷油等。

A. 加速踏板位置传感器　　B. 节气门位置传感器　　C. 电子节气门体

(13)电子节气门系统的节气门控制电动机现在比较多地采用(　　)电动机。

A. 步进　　B. 直流　　C. 交流

(14)节气门控制电动机的驱动电路应保证节气门控制电动机能(　　)转动。

A. 双向　　B. 单向　　C. 多向

(15)在增压发动机上，进气歧管绝对压力传感器除了监测进气歧管压力外，还用来监测(　　)。

A. 蜗轮增压器的转速　　B. 蜗轮增压器的增压　　C. 蜗轮增压器的工作性能

(16)蜗轮增压器的旁通支路在发动机(　　)时几乎是关闭的。

A. 怠速　　B. 中速　　C. 高速

(17)新型无回油汽油供给系统中取消了(　　)。

A. 汽油压力调节器

B. 电动汽油泵继电器

C. 汽油压力调节器上的真空软管

(18)汽油压力调节器的作用是(　　)。

A. 控制喷油器的喷油压力保持恒定

B. 控制电动汽油泵供油压力保持恒定

C. 控制喷油器的喷油压力和进气歧管的绝对压力的压差保持恒定

(19)低电阻喷油器与电压驱动方式配合使用时，应在驱动回路中加入(　　)。

A. 终端电阻　　B. 消弧电路　　C. 附加电阻

(20)产生喷油器黏滞的主要原因是(　　)。

A. 蓄电池电压偏低　　B. 使用了劣质汽油　　C. 燃油压力偏低

(21)电磁式喷油器应用超声波(　　)清洗。

A. 正向、反向　　B. 正向　　C. 反向

(22)断火后排气中(　　)读数减少的汽缸的喷油器可能有堵塞故障。

A. CO　　B. HC　　C. CO_2

(23)氧传感器顶端的正常颜色应为(　　)。

A. 白色　　B. 红棕色　　C. 淡灰色

(24)在测量发动机运转时汽油压力时,拔下汽油压力调节器上的真空软管后汽油压力应比发动机怠速运转时的汽油压力(　　)。

A. 高　　B. 低　　C. 相同

(25)电阻型氧传感器是指(　　)氧传感器。

A. 氧化锆式　　B. 氧化钛式　　C. 宽带型

(26)宽量程氧传感器在从稀到浓的整个区域均呈现(　　)输出特性。

A. 线性　　B. 阶跃　　C. 非线性

3. 多项选择题

(1)(　　)属于进气测量装置部件。

A. 空气流量传感器　　B. 进气歧管绝对压力传感器

C. 节气门位置传感器　　D. 进气温度传感器

(2)(　　)不属于进气测量装置部件。

A. 空气流量传感器　　B. 发动机转速传感器

C. 节气门位置传感器　　D. 进气温度传感器

(3)(　　)空气流量传感器检测的是空气体积流量。

A. 叶片式　　B. 卡门涡旋式　　C. 热线式

D. 热膜式　　E. 量芯式

(4)(　　)空气流量传感器检测的是空气质量流量。

A. 叶片式　　B. 卡门涡旋式　　C. 热线式

D. 热膜式　　E. 量芯式

(5)根据传感器的结构的不同,宽量程氧传感器又可分为(　　)。

A. 电池型　　B. 临界电流型　　C. 泵电池型　　D. 氧化锆式

(6)热线(热膜)式空气流量传感器的常见故障有(　　)。

A. 热线(热膜)玷污　　B. 热线断路(热膜损坏)

C. 电位器电阻值不准确　　D. 热敏电阻不良

(7)(　　)传感器输出的是频率信号。

A. 卡门涡旋式空气流量　　B. 半导体压敏电阻式进气歧管绝对压力

C. 热线式空气流量　　D. 电容式进气歧管绝对压力

(8)(　　)属于进气量调节装置部件。

A. 电子节气门系统　　B. 怠速空气调节装置
C. 可变进气控制系统　　D. 废气蜗轮增压装置

(9)节气门位置传感器有(　　)等类型。
A. 霍尔式　　B. 磁脉冲式
C. 滑变电阻式　　D. 触点开关式

(10)在(　　)情况下需要进行节气门自适应设定。
A. 更换 ECU 或 ECU 断电　　B. 更换节气门体
C. 更换空气滤清器　　D. 拆装或清洗过节气门体

(11)在(　　)之后,电子节气门总成需要进行初始化。
A. 更换发动机 ECU　　B. 更换或修复电子节气门总成
C. 对发动机 ECU 进行编程或编码　　D. 清洗电子节气门总成

(12)在(　　)之后,加速踏板位置传感器需要进行初始化。
A. 更换发动机 ECU　　B. 维修或更换加速踏板位置传感器
C. 发动机 ECU 进行编程或编码　　D. 维修或更换节气门位置传感器

(13)当发动机怠速时,怠速稳定控制器根据(　　)对节气门进行控制。
A. 发动机的负荷(进气量)　　B. 发动机转速
C. 节气门位置传感器信号　　D. 发动机温度

(14)电动汽油泵本身最常见的故障有(　　)。
A. 滤网堵塞　　B. 泵内阀泄漏
C. 电动机故障　　D. 电动汽油泵因磨损而泵油压力不足

(15)喷油器的喷油量,取决于(　　)。
A. 针阀行程　　B. 喷口面积
C. 喷射环境压力与汽油压力的压差　　D. 电磁线圈的通电时间

(16)若汽油系统保持压力过低,应检查(　　)。
A. 电动汽油泵保持压力　　B. 汽油压力调节器保持压力
C. 喷油器有无泄漏　　D. 汽油滤清器是否堵塞

(17)在发动机暖机过程中需要一定的附加加浓,其加浓量主要取决于(　　)。
A. 发动机的温度　　B. 发动机负荷
C. 发动机排量　　D. 发动机转速

(18)曲轴位置传感器通常安装在(　　)。
A. 曲轴前端　　B. 凸轮轴前端
C. 正时带(链)轮上　　D. 飞轮上　　E. 分电器内

(19)目前使用的氧传感器有(　　)。
A. 氧化锆(ZrO_2)式　　B. 氧化钛(TiO_2)式
C. 宽量程氧传感器　　D. 空燃比式

(20)氧化锆式氧传感器的常见故障有(　　)和加热电阻丝烧断。
A. 氧传感器内部线路断或松脱　　B. 铅中毒
C. 陶瓷元件破损　　D. 积炭

(21)氧传感器输出信号电压是在0.1 ~0.9V 不断变化的氧传感器有(　　)。

A. 氧化锆式氧传感器　　B. 氧化钛式氧传感器

C. 宽带型氧传感器　　D. 损坏后的氧传感器

(二)练习题答案

1. 判断题

(1)√　(2)×　(3)√　(4)√　(5)√　(6)√　(7)×　(8)√　(9)√
(10)√　(11)×　(12)×　(13)√　(14)√　(15)√　(16)√　(17)√　(18)×
(19)×　(20)×　(21)√　(22)√　(23)×　(24)√　(25)×　(26)√　(27)√
(28)√

2. 单项选择题

(1)A　(2)C　(3)B　(4)A　(5)C　(6)C　(7)B　(8)A　(9)B
(10)A　(11)C　(12)A　(13)B　(14)A　(15)B　(16)A　(17)A　(18)C
(19)C　(20)B　(21)A　(22)A　(23)C　(24)A　(25)B　(26)A

3. 多项选择题

(1)ABD　(2)BC　(3)ABE　(4)CD
(5)ABC　(6)ABD　(7)AD　(8)ABCD
(9)ACD　(10)ABD　(11)ABCD　(12)ABC
(13)AD　(14)ABC　(15)ABCD　(16)ABC
(17)ABD　(18)ABDE　(19)ABC　(20)ABCD
(21)AB

五　柴油机燃油供给系统结构与检修

(一)练习题

1. 判断题

(1)柴油机当发动机负荷增大时,其最佳喷油提前角应增大。(　　)

(2)柱塞式喷油泵当要停机时,是通过把喷油泵柱塞的有效行程调为零而实现的。(　　)

(3)若柴油牌号不对,冬季使用夏季用油,则易使发动机不能启动或很难启动。(　　)

(4)柴油机着火时敲击声均匀,加速时声响尖锐、冒黑烟,说明喷油时间过迟。(　　)

(5)柴油机着火时敲击声均匀,加速困难且加速时声调低沉、冒白烟,说明喷油时间过早。(　　)

(6)柴油机着火时敲击声均匀,加速困难且加速时声调低沉、冒白烟,说明喷油时间过迟。(　　)

(7)喷油泵喷油压力过高会造成柴油机超速。(　　)

(8)柴油机超速是全负荷或超负荷运转突然卸载后,转速自动升高而失去控制的现象。(　　)

(9)柴油机游车一般是由于发动机温度变化引起的。(　　)

(10)柴油机游车指加速踏板保持在某一位置不变时,发动机转速产生忽高忽低的现象。（　　）

(11)喷油时间过早,易导致柴油机工作粗暴,加速试验时排气管冒黑烟。（　　）

(12)着火延迟期短,易导致柴油机工作粗暴。（　　）

(13)柴油的着火性差,易导致柴油机工作粗暴。柴油的着火性用辛烷值表示。（　　）

(14)柴油机供油提前角是指喷油泵的柱塞开始供油时,该缸活塞距压缩行程上止点所对应的曲轴转角。（　　）

2. 单项选择题

(1)柴油机是通过调节发动机的(　　)来满足不同工况的需要。

A. 喷油量　　B. 喷油时刻　　C. 混合气量

(2)柱塞泵是通过改变柱塞的(　　)来调节供油量的。

A. 进油行程　　B. 减压行程　　C. 有效行程

(3)柱塞式喷油泵的速度特性是随发动机转速的提高,喷油泵供油量(　　)。

A. 增大　　B. 减小　　C. 不变

(4)出油阀上减压环带的作用是防止(　　)。

A. 喷油泵供油过多　　B. 喷油泵供油过迟　　C. 喷油器喷前和喷后滴漏

(5)当油门位置不变,发动机转速提高时,调速器调节供油量(　　)。

A. 增大　　B. 减小　　C. 不变

(6)轴针式喷油器的喷油规律是(　　)。

A. 先多后少　　B. 先少后多再少　　C. 先多后少再多

(7)柴油机着火时敲击声均匀,加速时声响尖锐、冒黑烟,说明喷油时刻(　　)。

A. 过早　　B. 过迟　　C. 不变

(8)柴油机着火时敲击声均匀,加速困难且加速时声调低沉、冒白烟,说明喷油时刻(　　)。

A. 过早　　B. 过迟　　C. 不变

(9)柴油的十六烷值,一般为(　　)。

A. 20～40　　B. 40～60　　C. 60～80

(10)柴油机各缸供油不均匀度的控制,对不同的速度,一般是(　　)。

A. 一样高　　B. 低速要求高些　　C. 高速要求高些

(11)柴油机供油提前角是指(　　)时,该缸活塞距压缩行程上止点所对应的曲轴转角。

A. 喷油器开始喷油

B. 喷油泵的柱塞开始供油

C. 喷油泵出油阀打开

(12)柴油机工作粗暴原因,错误的说法是(　　)。

A. 着火延迟期长　　B. 发动机温度高　　C. 喷油时间过早

3. 多项选择题

(1)喷油泵最常见的油量调节机构有(　　)。

A. 齿杆式　　B. 拨叉式　　C. 齿轮式　　D. 滑块式

(2)造成柴油机运转均匀但发动机无力,大量排黑烟的原因是(　　)。

A. 输油泵油量不足　　B. 喷油泵柱塞偶件磨损严重

C. 喷油器雾化不良　　D. 调速器工作失效

(二)练习题答案

1. 判断题

(1)√　(2)√　(3)√　(4)×　(5)×　(6)√　(7)×　(8)√　(9)×

(10)√　(11)√　(12)×　(13)×　(14)√

2. 单项选择题

(1)A　(2)C　(3)A　(4)C　(5)B　(6)C　(7)A　(8)B　(9)B

(10)C　(11)B　(12)B

3. 多项选择题

(1)AB　(2)BC

六 启动系统、点火系统结构与检修

(一)练习题

1. 判断题

(1)电枢绕组有断路、短路和搭铁故障时,应重新绕制。(　　)

(2)启动机中的传动装置只能单向传递力矩。(　　)

(3)在启动机启动的过程中,吸引线圈和保持线圈中一直有电流通过。(　　)

(4)启动机电枢装配过紧可能会造成启动机运转无力。(　　)

(5)在永磁式启动机中,电枢是用永久磁铁制成的。(　　)

(6)减速启动机中的减速装置可以起到降速增矩的作用。(　　)

(7)无分电器式电子点火系统的点火时刻控制要比带分电器式点火控制系统灵敏。(　　)

(8)单缸断火某一缸时,发动机运转变化,则说明该缸没有参与工作。(　　)

(9)影响最佳点火提前角的主要因素是发动机转速、负荷、汽油辛烷值、发动机排气净化。(　　)

(10)点火正时不准可能会引起怠速时发动机熄火。(　　)

(11)混合气过浓,容易产生爆震燃烧。(　　)

(12)点火过早,容易产生爆震燃烧。(　　)

(13)汽油机爆震燃烧是燃烧室内末端混合气的自燃现象。(　　)

(14)电子点火系统发动机,没有凸轮轴位置传感器的信号,发动机可以着车。(　　)

(15)点火系故障将会导致油耗过高。(　　)

(16)发动机冷车启动后的暖机过程中,随冷却液温度的提高,点火提前角也应适当的加大。(　　)

(17)最理想的点火时机应该是将点火正时控制在爆震即将发生而还未发生的时刻。(　　)

(18)为了稳定发动机转速,点火提前角需根据喷油量的变化进行修正。(　　)

(19)霍尔式点火发生器触发叶轮叶片与汽缸数相等。 (　　)

(20)点火正时必须随发动机的转速和负荷变化而变化。 (　　)

(21)在发动机控制系统中,点火系统也可以采用闭环控制方法。 (　　)

(22)点火提前角随着发动机转速升高而增大。 (　　)

(23)采用爆震传感器来进行反馈控制,可使点火提前角在不发生爆震的情况下尽可能地增大。 (　　)

(24)在暖机过程中,随着冷却液温度的提高,点火提前角应适当的减小。 (　　)

(25)发动机启动时,不管发动机运转情况如何,点火都发生在某一固定的曲轴转角。 (　　)

(26)最佳点火提前角可以大大提高发动机的动力性、燃油经济性和排放性。 (　　)

2. 单项选择题

(1)(　　)是汽车的大部分电气系统的电源分配点。

A. 点火开关　　B. 蓄电池　　C. 熔断丝盒

(2)点火开关位于 ACC(附件)位置时(　　)。

A. 给点火系统发动机控制电路和所有点火开关控制的电路供电

B. 给发动机控制电路、启动机控制电路和点火系统供电

C. 给汽车的电器附件供电,但不包括发动机控制电路、启动机控制电路和点火系统

(3)点火开关位于 START(启动)位置时(　　)。

A. 给点火系统发动机控制电路和所有点火开关控制的电路供电

B. 给发动机控制电路、启动机控制电路和点火系统供电

C. 给汽车的电器附件供电,但不包括发动机控制电路、启动机控制电路和点火系统

(4)启动安全开关的作用是(　　)。

A. 在车辆发生碰撞时,切断启动机和电动燃油泵的电路

B. 在车辆启动时,确保启动机电路处于接通状态

C. 防止变速器不在空挡位置时启动车辆

(5)启动机电枢绕组断路故障多发生在(　　)。

A. 电枢铁芯的每个槽内

B. 线圈中部与换向器的连接处

C. 线圈端部与换向器的连接处

(6)在用测试灯检查启动机磁场绕组时,将测试灯的一根触针接触启动机线柱,另一触针接触绝缘电刷,若灯不亮,则说明启动机磁场绕组(　　)。

A. 搭铁　　B. 短路　　C. 断路

(7)换向器的云母片应(　　)换向器铜片圆周表面 0.5mm 左右。

A. 低于　　B. 高于　　C. 等于

(8)把启动机磁场绕组套在铁棒上,放入电枢感应仪,电枢感应仪通电 3 ~ 5min 后,若启动机绕组发热,则表明匝间有(　　)。

A. 搭铁　　B. 短路　　C. 断路

(9)将启动机绝缘电刷从绝缘电刷架中取出(不要与机壳相碰),把 220V 测试灯的两个触

针分别与启动机的绝缘电刷和机壳接触,若测试灯不亮,则表明(   )。

A. 磁场绕组因绝缘损坏而搭铁

B. 磁场绕组与机壳绝缘良好

C. 磁场绕组断路

(10)启动机空转的原因之一是(   )。

A. 蓄电池亏电　B. 单向离合器打滑　C. 电刷过松

(11)在(   )中,采用直推的方式使驱动齿轮伸出和飞轮齿圈啮合。

A. 常规启动机　B. 平行轴式减速启动机　C. 行星齿轮式减速启动机

(12)启动机驱动轮的啮合位置由电磁开关中的(   )线圈的吸力保持。

A. 保持　B. 吸引　C. 初级

(13)不会引起启动机运转无力的原因是(   )。

A. 吸引线圈断路　B. 蓄电池亏电

C. 换向器脏污　D. 电磁开关中接触片烧坏变形

(14)在行星齿轮式减速启动机中,行星齿轮(   )。

A. 只是围绕各自的中心轴线转动

B. 沿着内齿圈公转

C. 边自转边公转

(15)发动机转速越高,则所需的点火提前角(   )。

A. 越大　B. 越小　C. 不变

(16)某缸火花塞间隙过小,会造成(   )。

A. 次级高压过高　B. 燃烧电压过高　C. 次级高压过低

(17)点火系有故障,发动机油耗将(   )。

A. 不变　B. 偏小　C. 偏大

(18)电子点火系统发动机,电控单元根据(   )传感器判断 1 缸上止点位置。

A. 转速　B. 空气流量　C. 凸轮轴位置

(19)(   )原因不可能会导致发动机断火。

A. 初级点火线圈短路　B. 火花塞间隙大　C. 初级电流大

(20)发动机产生爆震燃烧的原因,以下说法正确的是(   )。

A. 点火过早　B. 混合气过稀　C. 发动机过迟

(21)发动机使用电子点火系统,其点火提前角和传统触点式点火系统相比应(   )。

A. 提早　B. 推迟　C. 保持不变

(22)发动机工作时, ECU 根据发动机(   )信号确定最佳闭合角。

A. 转速信号　B. 电源电压　C. 冷却液温度

(23)一般来说,缺少了(   )信号,电子点火系将不能点火。

A. 进气量　B. 转速　C. 上止点

(24)点火闭合角主要是通过(   )加以控制的。

A. 通电电流　B. 通电时间　C. 通电电压

(25)(   )不是怠速稳定修正控制信号。

A. 车速传感器　　B. 空调开关信号　　C. 冷却液温度信号

(26)采用电控点火系统时,发动机实际点火提前角与理想点火提前角关系为(　　)。

A. 大于　　B. 小于　　C. 接近于

3. 多项选择题

(1)启动机上的电磁开关的作用是(　　)。

A. 接通蓄电池和启动电动机之间的电路

B. 防止变速器不在空挡位置时启动车辆

C. 拨动启动机小齿轮啮入飞轮齿圈

D. 将蓄电池电能转变成机械能传给发动机飞轮

(2)造成发动机启动困难(冷车、热车)的原因有(　　)。

A. 点火过早或过晚　　B. 混合气过稀或过浓

C. 火花塞、分电器、点火线圈有故障　　D. 配气相位错误

(3)点火控制系统的主要控制内容包括(　　)。

A. 点火提前角控制　　B. 点火能量控制

C. 断火控制　　D. 爆震控制

(4)点火系统实际点火提前角包括(　　)。

A. 基本点火提前角　　B. 初始点火提前角

C. 最小点火提前角　　D. 修正点火提前角

(5)电子点火系低压电路包括(　　)等。

A. 蓄电池　　B. 点火开关　　C. 点火线圈　　D. 点火信号发生器

(6)基本点火提前角是由发动机(　　)确定的。

A. 转速　　B. 负荷　　C. 冷却液温度　　D. 型号

(7)关于爆震,以下叙述正确的是(　　)。

A. 爆震燃烧使发动机过热

B. 发动机过热容易产生爆震燃烧

C. 使用低牌号的汽油易发生爆震

D. 爆震传感器损坏将导致发动机容易产生爆震

(二)练习题答案

1. 判断题

(1)√　(2)√　(3)×　(4)√　(5)×　(6)√　(7)√　(8)×　(9)√
(10)√　(11)√　(12)√　(13)√　(14)√　(15)√　(16)×　(17)√　(18)√
(19)√　(20)√　(21)√　(22)√　(23)√　(24)√　(25)√　(26)√

2. 单项选择题

(1)A　(2)C　(3)B　(4)C　(5)C　(6)C　(7)A　(8)B　(9)B
(10)B　(11)B　(12)A　(13)A　(14)C　(15)A　(16)C　(17)C　(18)C
(19)C　(20)A　(21)A　(22)A　(23)C　(24)B　(25)A　(26)C

3. 多项选择题

(1)AC　(2)ABCD　(3)ABC　(4)ABD

(5) ABCD　　(6) AB　　(7) ABC

七 冷却润滑系统结构与检修

(一) 练习题

1. 判断题

(1)水冷系统中空气流是由前向后高速通过散热器的。　( )

(2)水冷系统中空气流是由后向前高速通过散热器的。　( )

(3)用清洗法清除冷却系统水垢时,应先拆下节温器,将冷却液设法与正常循环相反的方向(出液口)压入,直到放出的冷却液清洁为止。　( )

(4)用清洗法清除冷却系统水垢时,应先拆下散热器,将冷却液设法与正常循环相反的方向(出液口)压入,直到放出的冷却液清洁为止。　( )

(5)风扇传动带的挠度过小,意味着传动带过紧,容易造成与之相连的水泵、发电机等部件的损坏。　( )

(6)测量散热器上、下部温度,如果两者温度一致并且都很低,说明节温器损坏。　( )

(7)风扇传动带的挠度过小,意味着传动带过紧,从而影响冷却系统、充电系统的正常工作。　( )

(8)风扇传动带的挠度过大,会出现传动带打滑现象,容易造成与之相连的水泵、发电机等部件的损坏。　( )

(9)机油压力过高时,液压挺柱无法泄压,会导致气门关闭不严。　( )

2. 单项选择题

(1)强制循环式水冷系统利用( )强制冷却液在冷却系统中进行循环流动。

A. 冷却液泵　　B. 散热器　　C. 节温器

(2)( )部件不属于强制循环式水冷系统部件。

A. 散热风扇　　B. 散热器　　C. 冷却液

(3)散热风扇的风是吹向( )的。

A. 散热器　　B. 发动机　　C. 节温器

(4)冷却液在散热器内部的流动方向是( )。

A. 由上向下　　B. 由下向上　　C. 由前向后

(5)通常利用( )来控制通过散热器冷却液的流量。

A. 散热器　　B. 节温器　　C. 水泵

(6)检查风扇传动带松紧度时,可用拇指在两风扇带轮之间,用( )N 的力作用于垂直风扇传动带方向,检查风扇传动带挠度。

A. 20 ~ 30　　B. 30 ~ 40　　C. 40 ~ 50

(7)一般中型车辆发动机风扇传动带的挠度为( )mm 为宜。

A. 5 ~ 10　　B. 10 ~ 15　　C. 15 ~ 20

(8)一般大型车辆发动机风扇传动带的挠度为( )mm 为宜。

A. 5 ~ 10　　B. 10 ~ 15　　C. 15 ~ 20

(9)用清洗法清除冷却系统水垢时,应先拆下节温器,将冷却液设法与正常循环( )的方向(出液口)压入。

A. 相同　　B. 相反　　C. 先相同再相反

(10)用清洗法清除冷却系统水垢时,应先拆下(　　),将冷却液设法与正常循环相反的方向(出液口)压入。

A. 水泵　　B. 散热器　　C. 节温器

(11)(　　)不是润滑系统的功用之一。

A. 清洗　　B. 密封　　C. 传递动力

(12)(　　)部位不是采用压力润滑方式。

A. 曲轴主轴承

B. 连杆轴承

C. 相对滑动速度较小的活塞销

(13)(　　)不可能导致机油压力低的故障。

A. 油底壳中机油不足

B. 曲轴瓦、连杆瓦与曲轴之间的配合间隙过大

C. 液压挺柱泄漏

(14)(　　)不可能导致机油压力高的故障。

A. 机油黏度过低

B. 曲轴瓦、连杆瓦与曲轴之间的配合间隙过小

C. 活塞环或汽缸壁磨损严重

3. 多项选择题

(1)改变冷却强度的调节方式通常有(　　)。

A. 改变通过散热器的空气流量

B. 改变冷却水泵的转速

C. 改变冷却风扇的大小

D. 改变冷却液的循环流量和循环范围

(2)节温器装在冷却液循环的通路中,根据(　　)自动改变冷却液的循环流动路线,以调节冷却系统的冷却强度。

A. 发动机负荷大小　　B. 冷却液温度的高低

C. 发动机转速高低　　D. 节气门开度大小

(3)冷却系统的维护作业重点应放在(　　)等方面。

A. 调整风扇传动带　　B. 检查节温器

C. 清除冷却系统水垢　　D. 更换水泵

(4)(　　)是润滑系统的功用。

A. 冷却　　B. 密封　　C. 防锈蚀　　D. 清洗

(5)(　　)可能导致机油压力高的故障。

A. 机油黏度过高

B. 曲轴瓦、连杆瓦与曲轴之间的配合间隙过小

C. 活塞环或汽缸壁磨损严重

D. 机油滤清器过脏,但是旁通阀却打不开

(6)(　　)可能导致机油压力低的故障。

A. 油底壳中机油不足　　B. 曲轴瓦、连杆瓦与曲轴之间的配合间隙过大

C. 液压挺柱泄漏　　D. 润滑油路限压阀无法打开

(二)练习题答案

1. 判断题

(1)√　(2)×　(3)√　(4)×　(5)√　(6)√　(7)×　(8)×　(9)√

2. 单项选择题

(1)A　(2)C　(3)B　(4)A　(5)B　(6)B　(7)B　(8)C　(9)B

(10)C　(11)C　(12)C　(13)C　(14)A

3. 多项选择题

(1)AD　(2)AB　(3)ABC　(4)ABCD

(5)AB　(6)AB

八　发动机排放控制系统结构与检修

(一)练习题

1. 判断题

(1)CO 是碳在氧化反应过程中,因氧气不足而生成的产物。(　　)

(2)CO 是碳在氧化反应过程中,因氧气充足而生成的产物。(　　)

(3)当使用 $\lambda<1$ 的浓混合气时,因氧气相对不足,生成的 CO 较多。(　　)

(4)当使用 $\lambda>1$ 的浓混合气时,因氧气相对不足,生成的 CO 较多。(　　)

(5)HC 是燃料没有燃烧或不完全燃烧的产物,也有一些是高温下分解的产物。(　　)

(6)NO_x是由空气中的氮和氧在燃烧室高温高压作用下反应生成的。(　　)

(7)NO_x是由空气中的氮和氧在燃烧室低温低压作用下反应生成的。(　　)

(8)柴油机压缩比高,因而 NO_x是主要有害排放物。(　　)

(9)在理论空燃比附近,HC、CO 排放浓度最小,而 NO_x 排放浓度最大。(　　)

(10)在理论空燃比附近,HC、CO 排放浓度最大,而 NO_x 排放浓度最小。(　　)

(11)汽油机在怠速小负荷时,充气量少,混合气浓,温度低,燃烧速度慢,易引起不完全燃烧,使排放中的 CO、HC 含量增多。(　　)

(12)适当降低压缩比,可以使 NO_x 排放降低。(　　)

(13)适当降低压缩比,可以使 CO 排放降低。(　　)

(14)二次空气喷射系统是将定量的新鲜空气喷入排气系统,使排气中的 HC 和 CO 继续燃烧。(　　)

(15)发动机只有在理论空燃比工作的情况下,三元催化转化器的转化效率最佳。(　　)

(16)在使用期内一般情况下无需对三元催化转化器进行定期维修。(　　)

(17)在使用期内,需要对三元催化转化器进行定期维修。(　　)

2. 单项选择题

(1)柴油机压缩比高,因而(　　)是主要有害排放物。

A. NO_x　　B. HC　　C. CO

(2)适当降低压缩比,可以使(　　)排放降低。

A. NO_x　　B. CO　　C. HC

(3)采用三元催化转化器系统的发动机通常装用(　　)控制燃油喷射系统。

A. 开环　　B. 闭环　　C. 自学习

(4)用红外测温仪测量三元催化转化器前、后排气管的温度,在三元催化转化器正常工作时,(　　)至少高出38℃。

A. 前端温度应比后端温度

B. 后端温度应比前端温度

C. 中间温度比两端温度

(5)将废气再循环(EGR)阀上的真空软管取下,并用塞子将管口塞住,将真空表接到进气歧管上,将发动机缓慢加速到2500r/min,观察真空表读数。若真空表读数瞬间下降后又回升到原有水平,并能稳定地保持在这一水平至少15s,则说明三元催化转化器(　　)。

A. 没有堵塞　　B. 堵塞　　C. 转化效率降低

(6)将废气再循环(EGR)阀上的真空软管取下,并用塞子将管口塞住,将真空表接到进气歧管上,将发动机缓慢加速到2500r/min,观察真空表读数。若真空表读数下降,则说明三元催化转化器(　　)。

A. 没有堵塞　　B. 堵塞　　C. 转化效率降低

(7)从二次空气喷射管路上脱开接空气泵止回阀的接头,再在二次空气喷射管路中接入一个压力表。在发动机转速为2500r/min时观察压力表的读数,此时压力表的读数应该小于17.24kPa,如果排气背压大于或等于20.70kPa,则表明排气系统(　　)。

A. 正常　　B. 泄漏　　C. 堵塞

(二)练习题答案

1. 判断题

(1)√　(2)×　(3)√　(4)×　(5)√　(6)√　(7)×　(8)√　(9)√
(10)×　(11)√　(12)√　(13)×　(14)√　(15)√　(16)√　(17)×

2. 单项选择题

(1)A　(2)A　(3)B　(4)B　(5)A　(6)B　(7)C

九 混合动力系统结构与检修

(一)练习题

1. 判断题

(1)使用发动机驱动发电机发电,而发出的电能通过电动机来驱动车辆行驶的混合动力汽车称为串联式混合动力汽车。(　　)

(2)并联式混合动力汽车行驶时,电动机除可辅助发动机驱动车辆外,还可作为发电机为蓄电池充电。(　　)

(3)串联式混合动力汽车的最大特点是不管在什么工况下,最终都要由发动机来驱动

车辆。 (　　)

(4)并联式混合动力汽车,发动机与电动机在不同路面上既可共同驱动,又可单独驱动。 (　　)

(5)混联式混合动力汽车(PSHEV)是综合串联式混合动力汽车(SHEV)和并联式混合动力汽车(PHEV)结构特点组成的混合动力汽车。 (　　)

(6)丰田Prius(普锐斯)轿车采用的THS-Ⅱ系统是一种使用两种动力组合的混联式混合动力系统。 (　　)

2. 单项选择题

(1)使用发动机驱动发电机发电,而发出的电能通过电动机来驱动车辆行驶的混合动力汽车称为(　　)式混合动力汽车。

A. 串联　　B. 并联　　C. 混联

(2)串联式混合动力汽车的最大特点是不管在什么工况下,最终都要由(　　)来驱动车辆。

A. 发动机　　B. 电动机　　C. 大功率的发动机—发电机

(3)使用发动机和电动机直接驱动车辆,发动机与电动机分属两套系统,可以分别独立地向汽车传动系统提供转矩的混合动力汽车称为(　　)式混合动力汽车。

A. 串联　　B. 并联　　C. 混联

(4)虽然并联式混合动力汽车(PHEV)有不同的结构模型,但都是以(　　)为主要驱动模式。

A. 电动/发电机　　B. 驱动电动机　　C. 发动机

3. 多项选择题

(1)混合动力汽车的电力驱动可采用(　　)电动机。

A. 直流　　B. 三相同步　　C. 步进　　D. 三相异步

(2)按动力传输路线的不同可将混合动力汽车分为(　　)。

A. 混合式　　B. 串联式　　C. 并联式　　D. 混联式

(3)并联式混合动力汽车电动机的动力可以在(　　)与车辆驱动系统相组合。

A. 发动机输出轴处　　B. 在变速器(包括驱动桥)处

C. 在驱动轮处　　D. 在传动轴处

(4)在并联式混合动力汽车(PHEV)上可以实现(　　)驱动模式。

A. 发动机　　B. 驱动电动机

C. 发动机—驱动电动机混合　　D. 发电机—驱动电动机混合

(5)混联式混合动力汽车(PSHEV)电动机的动力要与车辆驱动系统相组合,只有(　　)。

A. 发动机输出轴处　　B. 在变速器(包括驱动桥)处

C. 在驱动轮处　　D. 在传动轴处

(6)混合动力汽车的动力系统主要由(　　)等部分组成。

A. 控制系统　　B. 驱动系统　　C. 辅助动力系统　　D. 蓄电池组

(二)练习题答案

1. 判断题

(1)√　(2)√　(3)×　(4)√　(5)√　(6)√

2. 单项选择题

(1)A　(2)B　(3)B　(4)C

3. 多项选择题

(1)ABD　(2)BCD　(3)ABC　(4)ABC

(5)BC　(6)ABCD

十 发动机防盗系统结构与检修

(一)练习题

1. 判断题

(1)发动机防盗系统由发射器芯片内的发射器系统控制,该系统放置在点火钥匙内。(　)

(2)如果使用非法钥匙或者在系统中存在故障,接通点火开关后,相应的故障码便储存在ECU中,同时防盗指示灯会以每秒2次的频率闪动。(　)

(3)对于上海桑塔纳2000GSi轿车,更换发动机ECU J220后,必须重新与防盗系统ECU进行匹配。匹配时必须使用一把合法钥匙才能进行。(　)

(4)对于上海桑塔纳2000GSi轿车,当更换从其他车上拆下来的防盗ECU后,需重新做一次发动机ECU与防盗ECU匹配程序。然后重新做一次所有钥匙的匹配程序。(　)

(5)对于上海桑塔纳2000GSi轿车,匹配全部钥匙不能超过30s。(　)

(6)大众/奥迪轿车第二代发动机防盗系统,当发动机ECU锁死后,通过自适应值清除即可解除锁止,启动发动机。(　)

(7)大众/奥迪轿车第三代发动机防盗系统防盗ECU与组合仪表一体,若该ECU损坏,必须更换组合仪表。(　)

(8)大众/奥迪轿车第三代发动机防盗系统,如果防盗系统锁死。无须等待即可立即进行匹配。(　)

2. 单项选择题

(1)上海桑塔纳2000GSi轿车发动机防盗系统的防盗器地址码为(　)。

A. 08　B. 10　C. 25

(2)上海桑塔纳2000GSi轿车产品车上使用的防盗ECU上贴有14位数编号和4位数密码,(　)上挂有一块涂黑的密码牌,刮去涂黑层可见4位密码。

A. 新车钥匙圈　B. 防盗ECU　C. 发动机ECU

(3)上海桑塔纳2000GSi轿车配件供应的防盗ECU上以一个(　)作为标志,没有14位数编码和4位数密码。

A. 红色的X　B. 黑色的X　C. 黄色的X

(4)对于上海桑塔纳2000GSi轿车更换防盗ECU时,维修站应先用故障阅读仪查出(　),电传到上海大众售后服务站,然后由上海大众服务站将查得的密码电传给维修站,用于匹配。

A. 防盗ECU的14位编码　B. 防盗ECU软件版本　C. 防盗ECU零件号

(5)大众/奥迪轿车第(　)代发动机防盗系统,当发动机ECU锁死后,通过自适应值清除即可解除锁止,启动发动机。

A. 二　　B. 三　　C. 四

(6)大众/奥迪轿车第(　　)代发动机防盗系统中,必须通过密码 PIN 登录发动机 ECU 后才能解除锁止。

A. 二　　B. 三　　C. 四

(7)大众/奥迪轿车第三代发动机防盗系统防盗 ECU 与(　　)一体。

A. 发动机 ECU　　B. 组合仪表　　C. 控制面板

(8)大众/奥迪轿车第三代发动机防盗系统,如果防盗系统锁死,只能等到锁死时间结束才能进行匹配。按(　　)方式可以查看锁死时间。

A. 地址码 17 - 功能,08 - 测量数据块 024

B. 地址码 17 - 功能,02 - 测量数据块 021

C. 地址码 10 - 功能,08 - 测量数据块 024

3. 多项选择题

(1)发动机防盗系统按照阻止启动的方式可以分成(　　)。

A. 通过继电器切断启动机、点火系统、汽油泵、自动变速器(使其电磁阀无法打开)等电路

B. 使发动机 ECU 处于非法状态

C. 通过钥匙卡将密码输入车内的接收器或解码装置

D. 通过点火开关内置的转发器接收密码信号

(2)通过点火开关内置的转发器接收密码的发动机防盗系统主要由(　　)和发动机 ECU 等组成。

A. 发射器钥匙(点火钥匙)　　B. 发射器钥匙线圈

C. 发射器钥匙放大器　　D. 发射器钥匙 ECU

(3)发动机防盗系统的解除包括(　　)步骤。

A. 钥匙码的发射过程

B. 钥匙码接收过程

C. 滚动码的发送过程

D. 发射器钥匙 ECU 对滚动码的接收判断与发送

(4)在第三代防盗系统中,从钥匙插入点火开关到启动发动机,防盗系统经过(　　)的传输步骤。

A. 固定码

B. 钥匙与防盗 ECU 之间可变码

C. 防盗 ECU 与发动机 ECU 之间可变码

D. 发射器钥匙 ECU 对滚动码的接收判断与发送

(5)大众/奥迪轿车第三代发动机防盗系统防盗系统登录,应连接故障检测仪,选择(　　)进入防盗系统。

A. 17　　B. 25　　C. 10　　D. 11

(二)练习题答案

1. 判断题

(1)√　(2)√　(3)√　(4)√　(5)√　(6)√　(7)√　(8)×

2. 单项选择题

(1)C (2)A (3)C (4)A (5)A (6)B (7)B (8)A

3. 多项选择题

(1)AB (2)ABCD (3)ABCD (4)ABC

(5)AB

第三节 车辆底盘结构与检修

一 传动系统结构与检修

(一)练习题

1. 判断题

(1)为了保证离合器在传递转矩时处于完全接合状态,不会出现打滑现象,离合器在接合状态时,在分离杠杆内端与分离轴承之间必须预留一定量的间隙。( )

(2)为了保证离合器在传递转矩时处于完全分离状态,不会出现干涉现象,离合器在分离状态时,在分离杠杆内端与分离轴承之间必须预留一定量的间隙。( )

(3)离合器分离轴承为封闭式,不能拆卸清洗或加润滑剂,若损坏应换用新件。( )

(4)离合器从动盘的长短毂不允许装反。( )

(5)若离合器有两从动盘,装配时,应短毂相对,面向中间压盘,否则,无法装复。( )

(6)若离合器有两从动盘,装配时,应长毂相对,背向中间压盘,否则,无法装复。( )

(7)对带有扭转减振器的离合器从动盘,有减振器的一方应向后。( )

(8)对带有扭转减振器的离合器从动盘,有减振器的一方应向前。( )

(9)自锁差速器在工作时,使快转一侧力矩减小,慢转一侧力矩增加,同时,可阻止差速趋势,防止打滑。( )

(10)离合器踏板自由行程是指离合器踏板踩下一定行程而离合器将要起分离作用时的离合器踏板高度与自由状态下的高度之差。( )

(11)离合器踏板自由行程的测量方法是用直尺先测出离合器踏板在完全放松时的高度,再测出用手掌推下离合器踏板感觉有阻力时的高度,前后两数值之差就是自由行程值。( )

(12)一对齿轮传动只能得到一个固定的传动比,从而得到一种输出转速,并构成一个挡位。( )

(13)变速器每次只能以一个挡位工作。( )

(14)变速传动机构的主要作用是改变发动机曲轴输出的转速、转矩和转动方向。( )

(15)变速器壳体上,与轴承孔贯通的裂纹和安装固定孔处的裂纹不能修理。( )

(16)变速器壳体上,与轴承孔贯通的裂纹和安装固定孔处的裂纹可以焊修。( )

(17)在变速器解体时,应对同步器各元件做好装配记号,以免装错。( )

(18)综合式液力变矩器中单向离合器使导轮可以朝顺时针方向旋转(从发动机前面看),但不能朝逆时针方向旋转。( )

(19)综合式液力变矩器中单向离合器使导轮可以朝逆时针方向旋转(从发动机前面看),但不能朝顺时针方向旋转。 ( )

(20)综合式液力变矩器在蜗轮转速较低时,单向离合器处于锁止状态。 ( )

(21)综合式液力变矩器在蜗轮转速较高时,单向离合器处于锁止状态。 ( )

(22)由于单排行星齿轮机构有两个自由度,故没有固定的传动比,不能直接用于变速传动。 ( )

(23)多片湿式离合器既可用作驱动元件,也可用作锁止元件。 ( )

(24)多片湿式离合器只可用作驱动元件,不可用作锁止元件。 ( )

(25)失速试验时间严禁超过5s,否则将严重损伤自动变速器,并使ATF过早变质。 ( )

(26)装配自动变速器的离合器时,应将新的摩擦片在ATF中浸泡15min以上。 ( )

(27)装配自动变速器的离合器时,让挡圈有台阶的一面朝卡簧,平整的一面与摩擦片接触。 ( )

(28)装配自动变速器的离合器时,让挡圈平整的一面朝卡簧,有台阶的一面与摩擦片接触。 ( )

(29)装配自动变速器的离合器时,如果有碟簧,应使碟簧凸起的一面与活塞直接接触。 ( )

(30)装配自动变速器的离合器时,若有碟簧,不能使碟簧凸起的一面与活塞直接接触。 ( )

(31)检查单向离合器时,首先固定单向离合器的一个元件,如果另一个元件朝一个方向可以自由旋转,而朝另一个方向锁止不转,表明该单向离合器正常。 ( )

(32)在修理自动变速器时,所有的离合器油道密封圈都必须更换。 ( )

(33)所谓缺挡故障,是指自动变速器在工作时,某一挡位或几个挡位出现无法工作的现象。 ( )

(34)CVT中,每只带轮均有一个活动面和一个固定面。 ( )

(35)CVT中,只有主动带轮有一个活动面和一个固定面,从动带轮均是固定面。 ( )

(36)万向传动装置的功用是能在汽车上任何一对有轴间夹角和相对位置经常发生变化的转轴之间传递动力。 ( )

(37)十字轴式万向节在其运动中具有不等速特性,即当十字轴式万向节的主动叉是等角速转动时,从动叉是不等角速转动的。 ( )

(38)所谓不等速性是指从动轴在转动一周内,其角速度时而大于主动轴的角速度,时而小于主动轴的角速度的现象。 ( )

(39)对传动轴来说,只要传动轴两端的输入轴和输出轴的夹角不为零,它就是不等角速转动,与传动轴的排列方式无关。 ( )

(40)拆卸传动轴时,应从传动轴后端与驱动桥连接处开始。 ( )

(41)拆卸传动轴时,应从传动轴前端与变速器连接处开始。 ( )

(42)安装十字轴时,十字轴上的润滑脂嘴要朝向传动轴以便注油。 ( )

(43)安装十字轴时,两偏置油嘴应间隔180°,以保持传动轴的平衡。 ( )

(44)驱动桥的功用是将万向传动装置(或变速器)传来的动力经减速增矩、改变动力传递方向后,分配到左、右驱动轮,使汽车行驶,并允许左、右驱动轮以不同的转速旋转。(　　)

(45)差速器的功用是将主减速器传来的动力传给左、右两半轴,并在必要时允许左、右半轴以不同转速旋转,以满足两侧驱动轮差速的需要。(　　)

(46)当任何一侧半轴齿轮的转速为零时,另一侧半轴齿轮的转速为差速器壳转速的2倍。(　　)

(47)当差速器壳转速为零时,若一侧半轴齿轮受其他外来力矩而转动,则另一侧半轴齿轮以相同的速度反转。(　　)

(48)当差速器壳转速为零时,若一侧半轴齿轮受其他外来力矩而转动,则另一侧半轴齿轮以相同的速度旋转。(　　)

(49)差速器无论差速与否,都具有两半轴齿轮转速之和始终等于差速器壳转速的两倍,而与行星齿轮自转速度无关的特性。(　　)

(50)差速器无论差速与否,都具有两半轴齿轮转速之和始终等于差速器壳转速,而与行星齿轮自转速度无关的特性。(　　)

(51)无论差速器差速与否,行星锥齿轮差速器都具有转矩等量分配的特性。(　　)

2. 单项选择题

(1)一对齿数不同的齿轮啮合传动时可以变速,而且两齿轮的转速与齿轮的齿数成(　　)。

A. 反比　　B. 正比　　C. 线性

(2)直齿滑动式手动变速器的换挡装置用于(　　)传动的挡位。

A. 直齿轮　　B. 斜齿轮　　C. 螺旋齿轮

(3)接合套式手动变速器的换挡装置用于(　　)传动的挡位。

A. 直齿轮　　B. 斜齿轮　　C. 螺旋齿轮

(4)综合式液力变矩器是指在导轮与固定导轮的套管之间装有(　　)的液力变矩器。

A. 离合器　　B. 湿式多片式　　C. 单向离合器

(5)自动变速器中离合器的作用是(　　)。

A. 连接　　B. 固定　　C. 锁止

(6)自动变速器中制动器的作用(　　)。

A. 连接　　B. 固定　　C. 锁止

(7)对于自动变速器车辆而言,制动或进挡时,自动变速器(　　)可导致发动机熄火故障。

A. 行星齿轮机构卡死

B. 液压执行元件(离合器或制动器)烧损

C. 锁止离合器的锁止不能被正确解除

(8)电控自动变速器使用的电磁阀从内部结构上,可分为开关式电磁阀和脉冲式电磁阀两种,开关式电磁阀直接控制液压油路的通断,检测时(　　)相连,以检测其工作性能。

A. 可以和蓄电池电压直接

B. 要串接一个300Ω的电阻后,再和蓄电池电压

C. 要串接一个低电阻值的电阻(如一个 8~10W 的灯泡)后,再和蓄电池电压

(9)电控自动变速器使用的电磁阀从内部结构上,可分为开关式电磁阀和脉冲式电磁阀两种,在对脉冲式电磁阀进行检测时,(　　)相连,以检测其工作性能。

A. 可以和蓄电池电压直接

B. 要串接一个 300Ω 的电阻后,再和蓄电池电压

C. 要串接一个低电阻值的电阻(如一个 8~10W 的灯泡)后,再和蓄电池电压

(10)只承受转矩,而两端均不承受其他任何反力和反力矩的半轴支承形式称为(　　)。

A. 全浮式半轴支承　　B. 半浮式半轴支承　　C. 刚性式半轴支承

(11)如果主、从动锥齿轮的啮合印痕和齿侧间隙不符合要求,应按(　　)的口诀进行调整。

A. 大进从、小出从;顶进主、根出主

B. 小进从、大出从;根进主、顶出主

C. 大进主、小出主;顶进从、根出从

3. 多项选择题

(1)下面(　　)会导致离合器打滑。

A. 离合器踏板自由行程太小或没有

B. 压盘弹簧过软或折断

C. 摩擦片磨损变薄、硬化,铆钉外露或粘有油污

D. 离合器和飞轮连接螺栓松动

(2)下面(　　)会导致离合器分离不彻底。

A. 离合器踏板自由行程过大

B. 离合器踏板自由行程过小

C. 分离杠杆内端不在同一平面上

D. 离合器从动盘翘曲、铆钉松脱或新换的从动盘过厚

(3)变速器的功用有(　　)。

A. 改变传动比,扩大驱动轮转矩和转速的变化范围

B. 发动机旋转方向不变的前提下,使汽车能倒退行驶

C. 利用空挡,中断动力传递,以便发动机能够启动、怠速

D. 便于变速器换挡或进行动力输出

(4)手动变速器的换挡装置有(　　)等几种形式。

A. 直齿滑动式　　B. 接合套式　　C. 同步器式　　D. 直接啮合式

(5)手动变速器操纵机构中自锁装置的功用是(　　)。

A. 对各挡拨叉轴进行轴向定位锁止,以防止其自动产生轴向移动而造成自动挂挡或自动脱挡

B. 保证各挡传动齿轮以全齿长啮合

C. 阻止两个拨叉轴同时移动,防止同时挂入两个挡位

D. 避免因同时啮合的两挡齿轮因其传动比不同而互相卡住,造成运动干涉,甚至造成零件损坏

(6)手动变速器变速操纵机构中互锁装置的功用是(　　)。

A. 阻止两个拨叉轴同时移动,防止同时挂入两个挡位

B. 避免因同时啮合的两挡齿轮因其传动比不同而互相卡住,造成运动干涉,甚至造成零件损坏

C. 对各挡拨叉轴进行轴向定位锁止,以防止其自动产生轴向移动而造成自动挂挡或自动脱挡

D. 保证各挡传动齿轮以全齿长啮合

(7)普通液力变矩器由(　　)等元件组成。

A. 泵轮　　B. 蜗轮　　C. 导轮　　D. 叶轮

(8)自动变速器的换挡执行机构包括(　　)。

A. 离合器　　B. 制动器　　C. 锁止离合器　　D. 单向离合器

(9)自动变速器性能检验项目可以分为(　　)、道路试验、手动换挡试验、仪器换挡试验等。

A. 基础检验　　B. 失速试验　　C. 时滞试验　　D. 油压试验

(10)导致自动变速器所有挡位驱动无力的原因有(　　)和液力变矩器损坏等。

A. 主油路压力低　　B. 离合器或制动器严重损坏

C. 单向离合器损坏　　D. 油泵损坏

(11)自动变速器中油泵的功能有(　　)。

A. 产生管路压力,向液压控制系统提供油液压力

B. 将压力油输送到液力变矩,防止油液中出现气泡

C. 使自动变速器油通过散热器进行散热

D. 向自动变速器中的机械传动部件提供润滑油液

(12)万向传动装置在汽车上的应用主要有(　　)。

A. 变速器(或分动器)与驱动桥之间　　B. 变速器与离合器或与分动器之间

C. 转向驱动桥和断开式驱动桥中　　D. 转向操纵机构中

(13)普通万向节实现等角速传动必须满足的条件是(　　)。

A. 第一个万向节的从动叉和第二个万向节的主动叉应在同一平面内

B. 输入轴、输出轴与传动轴的夹角相等

C. 传动轴两端的万向节叉在相互垂直的平面内

D. 输入轴、输出轴与传动轴的夹角为90°

(14)在进行主减速器调整作业时,必须遵守的调整规则是(　　)。

A. 先调整轴承的预紧度,再调整啮合印痕,最后调整啮合间隙

B. 轴承的预紧度不得变更,应始终符合车型技术要求

C. 在保证啮合印痕合格的前提下,调整啮合间隙

D. 准双曲面锥齿轮、奥利康锥齿轮(等高齿)往往通过移动主动锥齿轮调整啮合印痕,通过移动从动锥齿轮调整啮合间隙,而对格利森齿轮的调整则无特殊的要求

(二)练习题答案

1. 判断题

(1)√　(2)×　(3)√　(4)√　(5)√　(6)×　(7)√　(8)×　(9)√

(10)√ (11)√ (12)√ (13)√ (14)√ (15)√ (16)× (17)√ (18)√
(19)× (20)√ (21)× (22)√ (23)√ (24)× (25)√ (26)√ (27)√
(28)× (29)√ (30)× (31)√ (32)√ (33)√ (34)√ (35)× (36)√
(37)√ (38)√ (39)√ (40)√ (41)× (42)√ (43)√ (44)√ (45)√
(46)√ (47)√ (48)× (49)√ (50)× (51)√

2. 单项选择题

(1)A (2)A (3)B (4)C (5)A (6)B (7)C (8)A (9)C
(10)A (11)A

3. 多项选择题

(1)ABCD (2)ACD (3)ABCD (4)ABC
(5)AB (6)AB (7)ABC (8)ABD
(9)ABCD (10)ABCD (11)ABCD (12)ABCD
(13)AB (14)ABCD

二 转向系统结构与检修

(一)练习题

1. 判断题

(1)拆卸分解齿轮齿条式机械转向器时,应在转向齿条端头与横拉杆连接处打上安装标记。 ( )

(2)拆卸循环球式机械转向器时,两循环滚道中的钢球应分别放置,并记清其所对应的滚道位置,以防错乱。 ( )

(3)转向控制阀中,强制转向阀的作用是,当动力转向系统中的液压部分出现故障时,保证驾驶员通过转向盘可以直接操纵机械式转向器工作,使汽车能继续行驶。 ( )

2. 单项选择题

(1)液压动力转向系统排空气的程序为( )。

A. 架起转向桥,发动机怠速运转,同时反复向左、向右转动转向盘到极限位置,直至储油箱内泡沫冒出并消除乳化现象

B. 在车辆不启动的状态下,同时反复向左、向右转动转向盘到极限位置,直至储油箱内泡沫冒出并消除乳化现象

C. 将车辆停放在平坦的地面上,发动机怠速运转,同时反复向左、向右转动转向盘到极限位置,直至储油箱内泡沫冒出并消除乳化现象

(2)用带截止阀的油压测试仪检测动力转向系统的油压时,截止阀关闭时间不宜超过( )s。

A. 10 B. 15 C. 20

3. 多项选择题

(1)调整转向齿条与转向齿轮啮合间隙常见的方法有( )。

A. 改变转向齿条导块与转向器盖之间的垫片厚度

B. 用转向器盖上的调整螺栓改变转向齿条导块与弹簧座之间的间隙值

C. 调整前轮前束

D. 调整转向横拉杆的长度

(2)液压动力转向系统中,转向控制阀的作用是,在驾驶员的操纵下,控制( )。

A. 转向动力缸输出动力大小　　B. 转向动力缸输出动力方向

C. 增力快慢　　D. 增力时刻

(3)液压动力转向系统渗入空气会引起( )故障。

A. 转向沉重　　B. 前轮摆动

C. 转向油泵产生噪声　　D. 转向发漂

(二)练习题答案

1. 判断题

(1)√　(2)√　(3)√

2. 单项选择题

(1)A　(2)A

3. 多项选择题

(1)AB　(2)ABC　(3)ABC

三 行驶系统结构与检修

(一)练习题

1. 判断题

(1)转向驱动桥中,与车轮相连的半轴必须分成两段,中间用等速万向节连接。 ( )

(2)将转向盘向左或向右打到底,前轮胎不与翼子板、直拉杆等零件碰擦,并有 8 ~ 10mm 的距离,说明转向角合适。 ( )

(3)轮胎气压过低,会导致胎肩磨损加剧。 ( )

(4)轮胎气压过高,会造成胎冠磨损加剧。 ( )

(5)装用新轮胎时,同一车轴上配同一规格、结构、层级和花纹的轮胎。 ( )

(6)轮毂轴承过松,会造成汽车行驶跑偏。 ( )

(7)更换悬架的螺旋弹簧时,要同时更换左右两个螺旋弹簧。 ( )

(8)汽车的每个转向车轮、转向节和前轴与车架的安装应保持一定的相对位置。 ( )

(9)目前汽车普遍采用扁平低压胎,主销后倾角可以减小,甚至接近于零或为负值。 ( )

(10)主销内倾角过小,会导致转向沉重,加速轮胎磨损。 ( )

(11)对于前轮驱动的汽车,前轮宜为正前束,后轮宜为负前束。 ( )

(12)对于四轮驱动的汽车,前轮宜为负前束,后轮宜为正前束。 ( )

(13)通过重新设置后轮前束,可以使驱动力作用线回中。 ( )

(14)过大的前束或后束,会导致轮胎胎面花纹边缘羽状化的磨损。 ( )

(15)大多数前轮驱动车辆的前轮稍设有负前束,因为驱动力使前轮有正前束的倾向。 ( )

(16)对于前轮驱动车辆而言,一般车身越重或发动机功率越大,则前轮前束值越小。( )

(17)大多数后轮驱动车辆的前轮稍设有正前束,因为驱动力使前轮有负前束的倾向。( )

(18)许多前轮驱动车辆有较小的负后轮外倾角,以改善转向稳定性。( )

(19)正的主销后倾角用于大多数前轮驱动车辆。( )

(20)麦弗逊式悬架设有较小的正的主销后倾角。( )

2. 单项选择题

(1)我国采用国际标准,斜交轮胎的规格用( )表示。

A. $B-d$　　B. $d-B$　　C. B/d

(2)我国采用国际标准,斜交轮胎的规格用 $B-d$ 表示,其中 B 为( )。

A. 轮辋名义直径代号　　B. 断面高　　C. 轮胎名义断面宽度代号

(3)我国采用国际标准,斜交轮胎的规格用 $B-d$ 表示,其中 d 为( )。

A. 轮辋名义直径代号　　B. 断面高　　C. 轮胎名义断面宽度代号

(4)国产子午线规格用 BRd 表示,其中 R 代表( )。

A. 轮胎半径　　B. 子午线轮胎　　C. 轮辋名义直径代号

(5)子午线轮胎规格规格为 175/70HR13,其含义表示( )。

A. 轮胎断面宽度为 175mm、扁平率为 70%、速度等级为 H、轮辋直径为 13in 的子午线轮胎

B. 轮胎断面宽度为 175in、速度等级为 70%、扁平率为 H、轮辋直径为 13in 的子午线轮胎

C. 轮胎断面宽度为 175mm、扁平率为 70%、速度等级为 H、轮辋直径为 13mm 的子午线轮胎

(6)轮胎 195/70SR14TL 中"TL"表示( )。

A. 高速轮胎　　B. 无内胎轮胎　　C. 低速轮胎

(7)子午线轮胎宜用( )换位法。

A. 单边　　B. 交叉　　C. 循环

(8)悬架系统中有减振器,减振器与弹性元件( )安装。

A. 并联　　B. 串联　　C. 混联

(9)转向轮自动回正的作用是由( )来实现的。

A. 转向轮外倾　　B. 前束　　C. 主销后倾、内倾

(10)前束( )则磨损轮胎面外部花纹边缘,每排轮胎花纹内部边缘被羽状化。

A. 过小　　B. 过大　　C. 为零

(11)后束( )则磨损轮胎面内部花纹边缘,每排轮胎花纹外部边缘被羽状化。

A. 过小　　B. 过大　　C. 为零

(12)在进行四轮定位调整过程中,一般的调整顺序为( )。

A. 先调主销后倾角、主销内倾、前轮外倾和前轮前束,再调后轮外倾、前束

B. 先调后轮外倾、前束,再调主销后倾角、主销内倾、前轮外倾和前轮前束

C. 先调后轮外倾、前轮外倾、后轮和前轮前束,再调主销后倾角、主销内倾、前轮外倾

D. 先调前轮外倾和前轮前束,再调后轮外倾、前束、主销后倾角和主销内倾

(13)标准数据是对新车而设的,对旧车来说标准只是参考数据。例如调整前束,对前轮是独立悬架的旧车来说,( )。

A. 前轮驱动的车辆调整前束值比标准值只能偏大,后轮驱动的车辆调整前束值比标准值只能偏小

B. 车辆调整前束值比标准值只能偏大

C. 前轮驱动车辆的调整前束值比标准值只能偏小,后轮驱动的车辆调整前束值比标准值只能偏大

(14)车轮定位时,前束值可参考不可变的实际外倾角数值调整,( )。

A. 外倾角数值大时前束值小,外倾角数值小时前束值大

B. 前束值大时外倾角数值也大,前束值小时外倾角数值也小

C. 外倾角数值大时前束值也大,外倾角数值小时前束值也小

3. 多项选择题

(1)汽车行驶系统的作用是( )和导向。

A. 支承　　B. 传力　　C. 缓冲　　D. 减振

(2)按车桥上车轮的作用不同,车桥分为( )等类型。

A. 转向桥　　B. 驱动桥　　C. 转向驱动桥　　D. 支持桥

(3)( )可能造成四轮定位参数失准。

A. 车辆发生碰撞事故维修　　B. 用举升机举升车辆

C. 在凹凸不平路面上高速行驶　　D. 进行转向系统维修

E. 进行悬架系统维修

(4)车辆跑偏通常是由( )造成的。

A. 轮胎变形　　B. 轮胎配合不当或磨损不均匀

C. 车轮定位参数不当　　D. 制动调节不均匀或制动拖滞

(二)练习题答案

1. 判断题

(1)√　(2)√　(3)√　(4)√　(5)√　(6)×　(7)√　(8)√　(9)√

(10)×　(11)√　(12)√　(13)√　(14)√　(15)√　(16)√　(17)√　(18)√

(19)√　(20)√

2. 单项选择题

(1)A　(2)C　(3)A　(4)B　(5)A　(6)B　(7)A　(8)A　(9)C

(10)B　(11)B　(12)B　(13)C　(14)C

3. 多项选择题

(1)ABCD　(2)ABCD　(3)ACDE　(4)ABCD

四 汽车制动系统结构与检修

(一)练习题

1. 判断题

(1)每套制动装置都是由制动器和制动传动装置组成的。 ( )

(2)按结构不同,制动器可分为鼓式制动器和盘式制动器。 ( )

(3)鼓式制动器的旋转元件是制动鼓,其工作表面为制动鼓的内圆柱面。 ( )

(4)盘式制动器的旋转元件是制动盘,其工作表面是制动盘的两端面。 ( )

(5)一般轿车上,前轮采用鼓式制动器,后轮采用盘式制动器。 ( )

(6)如果对两个或两个以上车轮的制动压力是一同进行调节的,则称这种控制方式为一同控制,一同控制共用一个控制通道。 ( )

(7)修理时,制动鼓和制动蹄的曲率半径应相等。 ( )

(8)要满足最佳制动状态的条件,汽车前后轮制动力的比例也应是变化的。 ( )

(9)同一轴两个制动盘应同时更换。 ( )

(10)ABS 的作用是,在制动过程中,通过调节制动轮缸的制动压力,使作用于车轮的制动力矩受到控制,从而将车轮的滑移率控制在较为理想的范围之内。 ( )

(11)制动踏板自由行程是制动主缸活塞与推杆之间间隙的反应。 ( )

(12)将制动踏板踩到底后,制动踏板与地板之间的距离,即为制动踏板余量。 ( )

(13)制动系统放气过程应按照由远到近的原则,将各制动轮缸逐个放气完毕。 ( )

(14)制动系统放气过程应按照由近到远的原则,将各制动轮缸逐个放气完毕。 ( )

(15)在制动系统放气过程中,应及时向储液室内添加制动液,保持液面的规定高度。 ( )

(16)对制动系统进行维修或更换部件后添加制动液,仅仅应对制动轮缸放气。 ( )

(17)对制动系统进行维修或更换部件后添加制动液,仅仅应对制动主缸放气。 ( )

(18)如果某车轮的制动压力可以进行单独调节,称这种控制方式为独立控制,独立控制单独占用一个控制通道。 ( )

(19)车轮抱死时,制动力最大。 ( )

(20)在制动过程中,只有当车轮趋于抱死时,ABS 才会对趋于抱死车轮的制动压力进行防抱死调节;在被控制车轮还没有趋于抱死时,制动过程与常规制动的制动过程完全相同。 ( )

(21)凸轮张开式车轮制动器上端和下端蹄鼓间隙相同。 ( )

(22)ABS 的工作过程可以分为常规制动、制动压力保持、制动压力减小和制动压力增大等阶段。 ( )

(23)更换制动液时,不同品牌同一型号的制动液可以混用。 ( )

(24)制动防抱死装置会使最大制动力减小。 ( )

(25)ASR 起作用时,将增大滑转车轮的制动力。 ( )

(26)ABS 和 ASR 共用轮速传感器和电子控制单元。 ( )

(27)当汽车速度被制动降低到一定值时,ABS 就会自动地停止防抱死制动压力调节。 ( )

(28)ABS 在任何车速状态下均起作用。 ( )

(29)装备 ABS 的车辆,一旦发现存在影响系统正常工作的故障将自动关闭 ABS,此时,汽车的制动系统仍然可以像常规制动系统一样进行制动。 ( )

(30)所有用于 ABS 的车轮转速传感器都采用电磁式车轮转速传感器。 ( )

(31)车轮转速传感器传感头必须安装牢固,以保证制动过程中的振动不会干扰传感信号。 (　　)

(32)霍尔式车轮转速传感器输出信号电压幅值不受车轮转速的影响。 (　　)

(33)不要敲击车轮转速传感器,以免发生消磁现象,影响系统的正常工作。 (　　)

(34)在蓄电池电压过低时,ABS 将不能进入工作状态。 (　　)

(35)更换制动液时注意不要混用不同品牌或不同型号的制动液。 (　　)

(36)在制动液压系统未完全装好之前,不能接通点火开关,以免电动泵通电运转。 (　　)

2. 单项选择题

(1)轿车上常采用(　　)式制动器。

A. 双领蹄　　B. 双从蹄　　C. 领从蹄

(2)桑塔纳轿车前轮盘式制动器的制动间隙是自动调整的。它是利用(　　)来实现的。

A. 密封圈的弹性变形　　B. 制动盘的弹性变形　　C. 制动钳的弹性变形

(3)在前后轮路面附着系数相同的情况下,汽车前后轮同时达到抱死的边缘条件是(　　)。

A. 前后车轮制动力之比等于前后车轮对路面垂直载荷之比

B. 前后车轮制动力之比等于后前车轮对路面垂直载荷之比

C. 后前车轮制动力之比等于前后车轮对路面垂直载荷之比

(4)限压阀串联于液压制动回路的(　　)制动管路中。

A. 前　　B. 后　　C. 前后

(5)比例阀(　　)于液压制动回路的后制动管路中。

A. 串联　　B. 并联　　C. 可以串联也可以并联

(6)检查真空助力器时,在发动机熄火状态下用力踩几次制动踏板,然后用适当的力踩住制动踏板并保持在一定位置,启动发动机使真空系统重新建立起真空。此时观察制动踏板,若制动踏板位置有所下降,说明真空助力器(　　)。

A. 正常　　B. 损坏　　C. 真空止回阀损坏

(7)检查真空助力器时,在发动机熄火状态下用力踩几次制动踏板,然后用适当的力踩住制动踏板并保持在一定位置,启动发动机使真空系统重新建立起真空。此时观察制动踏板,若制动踏板位置保持不动,则说明(　　)。

A. 正常

B. 真空止回阀正常

C. 真空助力器或真空止回阀损坏

(8)拆下与真空助力器止回阀相连的真空管,将真空助力器止回阀从助力器上拆下,把手动真空泵软管与真空助力器止回阀真空源接口相连。扳动手动真空泵手柄给止回阀加上 50k ~ 70 kPa 的真空度。若真空能保持稳定,则说明(　　)。

A. 真空助力器止回阀正常　　B. 真空助力器正常　　C. 真空助力器止回阀损坏

(9)拆下与真空助力器止回阀相连的真空管,将真空助力器止回阀从助力器上拆下,把手动真空泵软管与真空助力器止回阀真空源接口相连。扳动手动真空泵手柄给止回阀加上 50k ~

70kPa 的真空度。如果真空泵指示表上显示出真空度下降,则表明(　　)。

A. 真空助力器止回阀正常　B. 真空助力器正常　C. 真空助力器止回阀损坏

(10)ABS 通过使趋于抱死车轮的制动压力循环往复地经历(　　)过程,而将趋于抱死车轮的滑移率控制在最大纵向附着系数滑移率的附近范围内。

A. 保持—减小—增大　B. 增大—保持—减小　C. 保持—增大—减小

(11)循环式制动压力调节器是在制动主缸与制动轮缸之间(　　)一个或两个电磁阀,以直接控制制动轮缸的制动压力。

A. 串联　B. 并联　C. 串联或并联

(12)循环式制动压力调节系统的特点是制动压力油路和控制压力油路(　　)。

A. 相通　B. 相互交叉　C. 相互隔绝而不相通

(13)EBD 的中文含义是(　　)。

A. 电子制动力分配　B. 电子防抱死制动系统　C. 电子稳定程序

(14)ESP 的中文含义是(　　)。

A. 电子制动力分配　B. 电子防抱死制动系统　C. 电子稳定程序

(15)防止驱动轮加速打滑的控制系统是(　　)。

A. ABS　B. ASR　C. EBD

(16)ESP 的功能是控制(　　),把车轮侧偏角限制在一定范围内,以抵消汽车的不稳定运动。

A. 车辆的横摆力矩　B. 车辆的纵摆力矩　C. 车辆的制动力矩

(17)横向偏摆率传感器根据车辆绕其(　　)的旋转角度,产生对应的输出信号电压。

A. 纵轴　B. 横轴　C. 中心

(18)横向加速度传感器根据(　　),产生对应的输出信号电压。

A. 车轮横向滑移量　B. 车轮侧向滑移量　C. 车轮轴向滑移量

(19)ECU 通过转向盘转角传感器确定驾驶员想要的行驶方向,通过(　　)来计算车辆的实际行驶方向。

A. 车轮速度传感器和横向偏摆率传感器

B. 横向加速度传感器和横向偏摆率传感器

C. 转向盘转角传感器和横向偏摆率传感器

(20)在 ESP 中,承担检测车辆绕其纵轴旋转角度任务的是(　　)传感器。

A. 横向偏摆率　B. 转向盘转角　C. 车轮转速

(21)在 ESP 中,承担车轮侧向滑移量任务的是(　　)传感器。

A. 横向加速度　B. 横向偏摆率　C. 转向盘转角

(22)当 ESP 检测到车辆侧向滑动时,ESP 将向发动机控制模块发送一个信息,请求利用牵引力控制系统中的发动机转矩控制功能(　　)发动机的输出转矩。

A. 稳定　B. 限制　C. 减小

3. 多项选择题

(1)制动踏板余量减小的原因主要是(　　)。

A. 制动间隙过大　B. 盘式制动器自动补偿调整不良

C. 制动管路内进气　　D. 缺少制动液

(2)(　　)会导致制动跑偏。

A. 轮胎压力不对　　B. 车轮轴承调节不当、破损或毁坏

C. 一侧的制动摩擦片污染　　D. 制动踏板自由行程调整不当

E. 悬架元件连接螺栓松动

(3)(　　)会导致制动拖滞。

A. 制动踏板无自由行程

B. 制动主缸复位弹簧折断或失效

C. 前、后制动器制动轮缸密封圈发胀或发黏与缸体卡死

D. 车轮轴承调节不当、破损或毁坏

(二)练习题答案

1. 判断题

(1)√　(2)√　(3)√　(4)√　(5)×　(6)√　(7)×　(8)√　(9)√

(10)√　(11)√　(12)√　(13)√　(14)×　(15)√　(16)×　(17)×　(18)√

(19)×　(20)√　(21)×　(22)√　(23)×　(24)×　(25)√　(26)√　(27)√

(28)×　(29)√　(30)×　(31)√　(32)√　(33)√　(34)√　(35)√　(36)√

2. 单项选择题

(1)C　(2)A　(3)A　(4)B　(5)A　(6)A　(7)C　(8)A　(9)C

(10)A　(11)A　(12)A　(13)A　(14)C　(15)B　(16)A　(17)A　(18)B

(19)A　(20)A　(21)A　(22)C

3. 多项选择题

(1)ABCD　(2)ABCE　(3)ABC

第四节　车载网络系统与车身电控系统

一　车载网络系统结构与检修

(一)练习题

1. 判断题

(1)终端电阻的作用是避免数据在高速传输终了时产生反射波使数据遭到破坏。(　　)

(2)按照汽车装有的不同控制单元对车载网络性能要求的不同,汽车上往往将车载网络分成不同的区域。(　　)

(3)用万用表电阻挡测量 CAN-High 和 CAN-Low 之间的电阻,正常情况下应该有一个规定的电阻,不应直接导通。(　　)

(4)汽车电源系统提供的工作电压高低,对整个汽车 CAN-BUS 数据总线的正常通信没有明显的影响。(　　)

(5)光学网络传输信息用的光纤有塑料和玻璃纤维两种,玻璃光纤信息传输较为可靠,在

汽车中应用较广泛。 (　　)

(6)如果光纤出现任何压痕,将使光纤丧失光线传输能力。 (　　)

(7)处理光纤可以黏结,但是不能连接。 (　　)

(8)将光纤铺设在汽车中时,可以成环形,但不可以打结。 (　　)

(9)目前还不允许对MOST数据总线进行维修。 (　　)

2.单项选择题

(1)(　　)不是汽车上使用网络通信技术的原因。

A.减小车辆的质量

B.适应车载故障自诊断技术的快速发展

C.减少车上线束

(2)大多数通信协议(以及使用它们的数据总线和网络)都是专用的,维修诊断时需要(　　)。

A.专门的软件　　B.统一的软件　　C.故障诊断仪

(3)CAN的含义是(　　)。

A.控制器局域网　　B.电子控制单元　　C.车载网络

(4)在OBD-Ⅱ中规定,字母(　　)字开头的故障码为车载网络系统的故障码。

A.P　　B.C　　C.U

(5)汽车使用的主要是(　　)光学网络,它不能放大或产生能量。

A.无源　　B.有源　　C.带光中继器和光放大器

(6)光纤的弯曲半径决不能小于(　　)mm。

A.15　　B.25　　C.35

(7)MOST总线系统的显著特点是它的(　　)结构。

A.双绞线形　　B.星形　　C.环形

3.多项选择题

(1)根据网络结构,车载网络分(　　)。

A.星形网　　B.总线网　　C.环形网　　D.MOST网

(2)一般说来,CAN-BUS数据总线的故障可以分为(　　)等几种类型。

A.汽车电源系统故障　　B.节点故障

C.链路故障　　D.发送错误指令

E.系统传输瘫痪

(3)光学网络可分(　　)等几类。

A.无源光学网络　　B.有源光学网络　　C.CAN-BUS　　D.MOST

(4)无源光学网络是由(　　)构成的。

A.光纤　　B.光电耦合器　　C.光中继器　　D.光放大器

(5)有源光学网络是由(　　)构成的。

A.光纤　　B.光电耦合器　　C.光中继器　　D.光放大器

(6)光学数据总线中衰减增加的原因有(　　)。

A.光纤弯曲半径太小　　B.光纤的覆盖层损坏,或者有磨痕

C. 光纤有压痕　　　　D. 光纤过冷

(二)练习题答案

1. 判断题

(1)√　(2)√　(3)√　(4)×　(5)×　(6)√　(7)×　(8)×　(9)×

2. 单项选择题

(1)B　(2)A　(3)A　(4)C　(5)A　(6)B　(7)C

3. 多项选择题

(1)ABC　(2)ABCDE　(3)AB　(4)AB

(5)ABCD　(6)ABC

二 车身电控系统简介

(一)练习题

1. 判断题

(1)汽车门锁的发展趋势是由机械式向电子化演变。（　）

(2)在安装碰撞传感器时,碰撞传感器壳体上的箭头方向必须符合说明书的规定。（　）

(3)在安装碰撞传感器时,碰撞传感器壳体上的箭头方向必须朝向车辆的后方。（　）

(4)在清洁膨胀后的气囊时,应保持良好的通风并采取防护措施。（　）

(5)气体发生器用专用螺栓和螺母固定在气囊支架上,装配时只能用专用工具进行装配。（　）

(6)安装机油压力传感器时,外壳上的箭头"向上"不应偏出垂直位置30°。（　）

(7)安装机油压力传感器时,外壳上的箭头"向上"应偏出垂直位置30°。（　）

2. 单项选择题

(1)传统空调是人工调控的,在空调控制面板上有一个温度调节旋钮,实际上是一个可变电阻装置,它与蒸发器内的温度感应电阻组成(　　)电路。

A. 串联　　B. 并联　　C. 控制

(2)自动空调能够依据(　　)自动调节出风温度。

A. 车外温度　　B. 太阳辐射　　C. 车内温度

(3)碰撞传感器壳体上印制有箭头标记,方向与(　　)有关。

A. 传感器结构　　B. 传感器工作原理　　C. 安全气囊电控单元程序

(4)为了区别于其他线束安全气囊线束,不但将线束做成黄色,而且线束插接器采用导电性能和耐久性能良好的(　　)端子。

A. 镀银　　B. 镀铂　　C. 镀金

(5)螺旋弹簧安装在转向盘与转向柱之间,安装时应注意其安装(　　),否则将导致螺旋线束和电喇叭线束折断、转向盘转向角度不足或转向沉重。

A. 位置和方向　　B. 角度　　C. 预紧度

(6)防止安全气囊误引爆机构的插接器中有一个(　　)。

A. 短路片　　B. 电阻　　C. 电容

(7)安全气囊系统的每一个插接器都设有端子双重锁定机构,用于阻止引线端子(　　)。

A. 断裂　　B. 滑出　　C. 短路

3. 多项选择题

(1)车内温度取决于(　　)的大小。

A. 车外温度　　B. 空气流量　　C. 太阳辐射　　D. 空调性能

(2)仪表板上的安全气囊系统指示灯有(　　)。

A. 气囊动作图形　　B. SRS 字样　　C. AIR BAG 字样　　D. SRS AIR BAG 字样

(二)练习题答案

1. 判断题

(1)√　(2)√　(3)×　(4)√　(5)√　(6)√　(7)×

2. 单项选择题

(1)A　(2)C　(3)A　(4)C　(5)A　(6)A　(7)B

3. 多项选择题

(1)ABC　(2)ABCD

第五节　车辆故障综合诊断

一 车辆故障诊断基础知识

(一)练习题

1. 判断题

(1)所谓汽车故障,是指汽车部分或完全丧失工作能力的现象。(　　)

(2)所谓故障模式,是指由失效机理所显示出来的各种失效现象或失效状态。(　　)

(3)早期故障型汽车故障多是由设计、制造、管理、检验的差错及装配不佳造成的。(　　)

(4)在故障率开始上升前,更换或修复损耗的零部件,则可降低故障率,延长汽车的使用寿命。(　　)

(5)人为故障型汽车故障没有任何规律,完全和维修技术人员是否严格执行维修操作规程有关。(　　)

(6)严格执行维修操作规程,人为故障型故障的故障率就等于零。(　　)

(7)汽车故障诊断就是根据故障症状,查找故障原因,准确判定故障部位。(　　)

(8)汽车机械系统故障诊断完全依赖于维修技术人员的经验。(　　)

(9)在结构或某零部件性能变化过程中,输出大的参数,应优先选为汽车故障诊断参数。(　　)

(10)在结构和性能参数变化范围内,不出现极值状态的参数,应优先选为汽车故障诊断参数。(　　)

(11)在相同测试条件下所测得的参数值离散度越小的参数,应作为汽车故障诊断参数。（　　）

(12)诊断参数值都是就一定测试规范而言的。（　　）

(13)取样管插入排气管中的深度对尾气分析仪测量的排气浓度影响不大。（　　）

(14)相对诊断标准是在确定了诊断对象和诊断方法后制定的标准,直接对某一部件进行测试,以直接反映结构和性能参数的变化。（　　）

(15)汽车零部件失去原设计所规定的功能称为失效。（　　）

(16)汽车零件失效不仅是指完全丧失原定功能,而且还包含功能降低和有严重的损伤和隐患。（　　）

(17)一个零部件可能同时存在几种失效模式或失效机理。（　　）

(18)一个零部件只可能存在一种失效模式或失效机理。（　　）

(19)当某一个传感器损坏后,其参数超过正常值范围,ECU 就只能调用备用参数来代替错误的传感器信号,以维持汽车最基本的工作,并记录下故障码。（　　）

(20)故障码所反应的是某个器件的状态,而不是某个系统的状态。（　　）

(21)当某一个传感器参数发生变化时,必然引起地址码的变化,使其对应的运行方案也发生变化。（　　）

(22)所谓直观检查又称感官法检查,即通过外部检验,利用人体的感觉器官看、听、摸、嗅,从而根据汽车故障现象分析故障原因,判定故障之所在。（　　）

(23)汽车的很多故障是在特定的环境和状态下才发生的,一旦故障的条件不满足,便没有故障现象。（　　）

(24)在利用万用表对电控系统进行检测时,绝对不允许用指针式万用表,应使用高阻抗数字式万用表或汽车万用表。（　　）

(25)在用万用表检查防水型插接器时,应小心取下防水套。表笔插入插接器检查时,不可对端子用力过大。（　　）

(26)在用万用表检查防水型插接器时,表笔可以从带有导线的后端插入,也可以从没有导线的前端插入。（　　）

(27)在用万用表检查防水型插接器时,表笔只可以从带有导线的后端插入。（　　）

(28)在用万用表测量电阻时,要在垂直和水平方向轻轻摇动导线,以提高准确性。（　　）

(29)测量两个端子间或两条线路间的电压时,应将万用表的正表笔与被测的端子或线路接触,而将万用表的负表笔与地线接触。（　　）

(30)测量某个端子或某条线路的电压时,应将万用表的两个表笔与被测的那个端子或导线接触,负表笔与电源正极接触。（　　）

2. 单项选择题

(1)(　　)不属于损坏性故障模式。

A. 断裂　　B. 变形　　C. 间隙过大或过小

(2)(　　)属于损坏性故障模式。

A. 点蚀　　B. 堵塞　　C. 渗油

(3)严格执行维修操作规程,(　　)故障的故障率就等于零。

A. 偶然故障型　　B. 人为故障型　　C. 耗损故障型

(4)不严格执行维修操作规程,(　　)故障的故障率就直线上升。

A. 偶然故障型　　B. 人为故障型　　C. 耗损故障型

(5)对于模拟电路故障,现在应用比较成熟的是,利用(　　)对此类故障进行检测。

A. 电脑故障诊断仪和示波器

B. 发动机综合分析仪和解码器

C. 示波器和各种信号模拟器

(6)在相同测试条件下所测得的参数值(　　),也就是测量重复性越好的参数应作为汽车故障诊断参数。

A. 离散度越小　　B. 离散度越大　　C. 离散度越稳定

(7)测取诊断参数时一定要注意(　　),否则所测取的参数对汽车故障的诊断就没有任何意义。

A. 测试规范　　B. 测试方法　　C. 测试手段

(8)根据车辆具体使用情况,在确保车辆符合国家标准的原则下,考虑发挥其最大经济性等所制定标准称为(　　)

A. 故障诊断标准　　B. 国家标准　　C. 使用标准

(9)诊断标准按其性质,可以分为(　　)。

A. 国家标准、制造厂的技术标准和使用标准

B. 绝对诊断标准、相对诊断标准和类比标准

C. 使用标准、绝对诊断标准和相对诊断标准

(10)按失效检验项目进行失效或故障分析的思路主要用于(　　)的失效分析。

A. 零件　　B. 系统　　C. 总成

(11)按失效模式和系统工程进行失效或故障分析的思路主要用于(　　)的失效分析。

A. 零件　　B. 系统　　C. 总成

(12)故障树分析法就是将故障作为一种事件,按其故障原因进行逻辑分析,绘出树枝样图形,对故障发生的机理进行(　　)分析。

A. 定量　　B. 相关性　　C. 定性

(13)在可疑零部件上再并联相同规格的合格零部件以观察原故障有无变化的并联故障诊断法对(　　)故障无效。

A. 零件开路　　B. 零件损坏　　C. 漏电、短路

(14)在可疑零部件上再并联相同规格的合格零部件以观察原故障有无变化的并联故障诊断法只对(　　)故障有效。

A. 零件开路、损坏　　B. 漏电　　C. 短路

(15)电控元件本身无故障,因受其他相关组件工作不良的影响而失常报警的故障称为(　　)。

A. 偶发性故障　　B. 他生性故障　　C. 时效故障

(16)静态正常,动态失常或相反的故障多出现在(　　)电组件上。

A. 电阻型和电磁型的(包括压电型)

B. 热敏型和压敏型

C. 磁敏型和光敏型

(17)冷态正常，热态失常或相反的故障多出现在(　　)电组件上。

A. 电阻型和电磁型的(包括压电型)

B. 热敏型和压敏型

C. 磁敏型和光敏型

(18)对异响故障的听诊，要注意在(　　)进行。

A. 不同工况交叉　　B. 稳定工况下　　C. 车辆行驶中

(19)在利用摇摆导线及导线插接器的方法检查是否存在虚焊、松动、接触不良和导线断裂等故障时，应该(　　)导线或导线插接器。

A. 垂直、水平方向摇摆和前后拉动

B. 上下、左右方向拉动和旋转

C. 揉搓或拉曳

(20)用加热模拟法进行故障诊断时，不可直接加热(　　)，加热温度不得高于80℃。

A. ECU　　B. 电子元器件　　C. ECU中的电子元器件

(21)用加热模拟法进行故障诊断时，不可直接加热ECU中的电子元器件，加热温度(　　)。

A. 不得低于80℃

B. 不得高于80℃

C. 应该根据故障发生的条件灵活确定

(22)使用减少模拟法诊断电路短路故障时，可将一部分电路断开，用万用表测量电阻、电压和电流，以此来诊断故障，实践中使用最多的是测量(　　)，这样不致损坏其他电路或电子元器件。

A. 电压　　B. 电阻　　C. 电流

(23)电阻输入模拟方法是以电阻元件(　　)，进行模拟验证，以便诊断该传感器是否损坏。

A. 和某些被怀疑损坏的电阻式传感器串联

B. 和某些被怀疑损坏的电阻式传感器并联

C. 代替某些被怀疑损坏的电阻式传感器

(24)带电源的测试灯，常用于检测(　　)等。

A. 模拟脉冲触发信号

B. 电器和电路有无断路或短路故障

C. 模拟脉冲触发信号以及电器和电路有无断路或短路故障

(25)不带电源的测试灯，常用来检查(　　)。

A. 模拟脉冲触发信号

B. 电器和电路有无断路或短路故障

C. 模拟脉冲触发信号以及电器和电路有无断路或短路故障

3. 多项选择题

(1)按照故障率函数特点可将汽车故障分为(　　)等类型。

A. 早期故障型　　B. 偶然故障型　　C. 耗损故障型　　D. 间歇故障型

(2)汽车故障诊断大体上分为(　　)等几类。

A. 仪器故障诊断　B. 机械故障诊断　C. 电气故障诊断　D. 机电综合故障诊断

(3)汽车故障诊断的条件可概括为(　　)。

A. 人才　B. 国家标准　C. 设备　D. 资料

(4)成为一名合格的汽车维修技术人员,必须具备的条件是(　　)。

A. 必须有够用的专业基础知识　B. 熟练自如的诊断方法

C. 拥有丰富的维修经验　D. 过硬实用的分析诊断能力

(5)诊断标准按其性质,可以分为(　　)。

A. 使用标准　B. 绝对诊断标准　C. 相对诊断标准　D. 类比标准

(6)汽车零部件按失效模式可分为磨损、疲劳断裂、(　　)等几类。

A. 变形　B. 腐蚀　C. 老化　D. 失准

(7)引起汽车零部件失效的原因主要有(　　)等几个方面。

A. 工作条件(包括零部件的受力状况和工作环境)

B. 设计制造(设计不合理、选材不当、制造工艺不当等)

C. 使用维修

D. 使用频率

(8)零件的失效是由于工作应力大于失效抗力造成的,因此在分析零件失效时,首先从(　　)等方面考虑失效原因。

A. 零件的受力状态 B. 环境介质　C. 配合间隙　D. 温度

(二)练习题答案

1. 判断题

(1)√　(2)√　(3)√　(4)√　(5)√　(6)√　(7)√　(8)×　(9)√

(10)√　(11)√　(12)√　(13)×　(14)×　(15)√　(16)√　(17)√　(18)×

(19)√　(20)×　(21)√　(22)√　(23)√　(24)×　(25)√　(26)√　(27)×

(28)√　(29)×　(30)×

2. 单项选择题

(1)C　(2)A　(3)B　(4)B　(5)C　(6)A　(7)A　(8)C　(9)B

(10)A　(11)B　(12)C　(13)C　(14)A　(15)B　(16)A　(17)B　(18)A

(19)A　(20)C　(21)B　(22)C　(23)C　(24)A　(25)B

3. 多项选择题

(1)ABC　(2)BCD　(3)ACD　(4)ABD

(5)BCD　(6)ABC　(7)ABC　(8)ABD

二 车载故障自诊断系统及其运用

(一)练习题

1. 判断题

(1)随着汽车电子技术的发展,车载故障自诊断系统可以诊断出汽车中各种类型的故障。(　　)

(2)汽车的机械方面的故障不会导致 ECU 记录相关的故障码。 ( )

(3)由于汽车电子控制本身就是一个信息处理系统,大多数故障信息包含在系统的各种信号中,因此所有系统和元件无须另设传感器就可以获得故障信号。 ( )

(4)当传感器输出的信号电压在正常范围内,而且从时间上也检查不出其存在故障时,ECU 便无法进行故障识别了。 ( )

(5)对执行器的故障识别,一般是在 ECU 的驱动电路中增设专用检测回路,监测执行器的工作情况。 ( )

(6)不同厂家生产的汽车,故障码的存储方式是不同的。 ( )

(7)ECU 的点火监视回路如果监测不到点火正常反馈信号,故障自诊断系统便立即请求 ECU 切断汽油喷射系统电源,使喷油器停止喷油,以保护三元催化转化器。 ( )

(8)如果某汽车的排放量超过该车型按美国联邦试验规程(FTP)测试年度允许标准值的 1.5 倍时,其 OBD-Ⅱ的故障指示灯必须自动点亮。 ( )

(9)OBD-Ⅱ的三元催化转化器效率检测,必须使用位于三元催化转化器下游加装的第二个加热型氧传感器(HO_2S)。 ( )

(10)当三元催化转化器工作正常时,位于三元催化转化器下游的氧传感器给出电压信号变动频率比较高。 ( )

(11)如果三元催化转化器工作不正常,下游氧传感器给出电压信号的频率和上游氧传感器给出电压信号的频率同步升高。 ( )

(12)如果三元催化转化器工作不正常,下游氧传感器给出电压信号的频率就会降低。 ( )

(13)位于三元催化转化器上游的氧传感器的变动频率应远远高于下游的氧传感器。 ( )

(14)即使某个汽缸失火,由于三元催化转化器的作用可以将未燃的 HC 转化为无害物质,发动机排放不会增加,更不会加速三元催化转化器的失效。 ( )

(15)某个汽缸失火,三元催化转化器的工作负荷增大,出现过热现象,会加速三元催化转化器的失效。 ( )

(16)OBD-Ⅱ失火监测器是通过测出每个汽缸对发动机功率的贡献来判定各缸是否点燃。 ( )

(17)ECU 利用曲轴位置传感器和凸轮轴位置传感器的信号,可以监测发动机哪个汽缸存在失火现象。 ( )

(18)OBD-Ⅱ失火监测器可以监测出发动机是否存在失火故障,但是却无法判定到底是哪个汽缸存在失火故障。 ( )

(19)如果发动机在 2000r/min 状态下,某缸失火率在 2% ~20%,监测器便认为该缸失火过度,在这种情况下,ECU 会切断供给失火汽缸的燃油,以限制三元催化转化器的发热。 ( )

(20)ECU 只要监测到发动机某缸存在失火故障,便会切断供给失火汽缸的燃油,以限制三元催化转化器的发热。 ( )

(21)当发动机大负荷运行时,即使 ECU 监测到发动机存在严重失火,也不关闭失火汽缸

的喷油器。 ( )

(22)如果发动机在1000r/min状态下,某汽缸的失火在2%~3%,监测器便认为该缸失火过度。这种程度的汽缸失火会导致三元催化转化器过热,但不会引起排放增加。 ( )

(23)在采用OBD-Ⅱ的电子控制系统中,每一个ECU都是相对独立的。在维修过程中,诊断仪器要分别进入到发动机、变速器、ABS、防盗等ECU中去读取故障码和有关数据。 ( )

(24)在OBD-Ⅲ中,所有的ECU都通过CAN数据总线插接。因此,OBD-Ⅲ ECU也能利用CAN数据总线同时监控其他ECU的故障码和数据。 ( )

(25)对于采用OBD-Ⅲ的电子控制系统中,在维修过程中诊断仪器要分别进入到发动机、变速器、ABS、防盗等ECU中去读取故障码和有关数据。 ( )

(26)OBD-Ⅲ系统不仅就车辆排放问题向驾驶员发出警告,而且还能对不接受警告者进行应有的惩罚。 ( )

(27)如果某个缸的汽缸压力不足、喷油控制不精确、喷油雾化不良,或者点火不良等,混合气在汽缸中燃烧时就会导致发动机失火。 ( )

(28)当三元催化转化器工作正常时,位于三元催化转化器下游的氧传感器给出电压信号变动频率,与三元催化转化器上游氧传感器给出电压信号变动频率相同。 ( )

2. 单项选择题

(1)车载故障自诊断系统的英文简称是( )。

A. DTC　　B. OBD　　C. CAN-BUS

(2)安装在三元催化转化器下游的加热型氧传感器是用于监视( )。

A. 三元催化转化器减少废气中有害物效率大小的监测器

B. 三元催化转化器上游的氧传感器的工作效率的监测器

C. 发动机混合气浓度的监测器

(3)OBD-Ⅱ的数据插接器的16号引脚( )。

A. 直接接蓄电池正极　　B. 是ISO资料传输L线　　C. 是ISO资料传输K线

(4)OBD-Ⅱ的数据插接器的( )号引脚直接接蓄电池正极。

A. 2　　B. 10　　C. 16

(5)下面项目中属于OBD-Ⅱ诊断执行器监测功能的是( )。

A. 故障码监测

B. 数据流监测

C. 三元催化转化器(CAT)效率监测

(6)依据氧传感器的信号来快速地增减喷油时间的是( )。

A. 短期燃油修正　　B. 长期燃油修正　　C. 中期燃油修正

(7)OBD-Ⅱ诊断执行器的废气系统监测器最多可进行( )项废气系统的监测。

A. 8　　B. 7　　C. 6

(8)位于三元催化转化器上游的氧传感器的变动频率应( )下游的氧传感器。

A. 远远高于　　B. 远远低于　　C. 等于

(9)OBD-Ⅱ的三元催化转化器效率检测,必须使用位于三元催化转化器( )加装的第二个加热型氧传感器(HO_2S)。

A. 上游　　B. 下游　　C. 中游

(10)下面项目中属于 OBD-Ⅱ诊断执行器监测功能的是(　　)。

A. 故障码监测　　B. 数据流监测　　C. 综合元件(CCM)监测

(11)当三元催化转化器工作正常时,位于三元催化转化器下游的氧传感器给出电压信号变动频率(　　)。

A. 比较低

B. 比较高

C. 和三元催化转化器上游氧传感器给出电压信号变动频率相同

(12)如果三元催化转化器工作不正常,下游氧传感器给出电压信号的频率就会(　　)。

A. 升高　　B. 降低　　C. 波动

(13)ECU 利用(　　)的信号可以监测发动机哪个汽缸存在失火现象。

A. 曲轴位置传感器和凸轮轴位置传感器

B. 氧传感器和爆震传感器

C. 曲轴位置传感器和氧传感器

(14)在 ECU 监测到发动机存在严重失火故障的工况下,ECU(　　)失火汽缸的喷油器。

A. 最多同时关闭两个　　B. 最多关闭一个　　C. 关闭所有的

(15)当发动机(　　)时,即使 ECU 监测到发动机存在严重失火,也不关闭失火汽缸的喷油器。

A. 怠速运转　　B. 高速运转　　C. 大负荷运行

(16)在测试有些车型的数据流时,会出现"LFT"的参数,那么 LFT 的含义是(　　)。

A. 短期燃油修正　　B. 长期燃油修正　　C. 中期燃油修正

(17)失火监测器在失火(　　)出现时就使故障指示灯点亮。

A. 首次　　B. 第二次　　C. 第三次

(18)SAE 将 OBD-Ⅱ故障码用一个字母和四位数字组合而成,第一个为英文字母,代表测试系统,例如 P 代表(　　)。

A. 发动机变速器系统　　B. 底盘系统　　C. 车身系统

(19)SAE 将 OBD-Ⅱ故障码用一个字母和四位数字组合而成,第一个为英文字母,代表测试系统,例如 C 代表(　　)。

A. 发动机变速器系统　　B. 底盘系统　　C. 车身系统

(20)SAE 将 OBD-Ⅱ故障码用一个字母和 4 位数字组合而成,第一个为英文字母,代表测试系统,例如 U 代表(　　)。

A. 车载网络　　B. 底盘系统　　C. 车身系统

(21)SAE 将 OBD-Ⅱ故障码用一个字母和 4 位数字组合而成,第一个为英文字母,代表测试系统,代表发动机变速器系统的字母是(　　)。

A. P　　B. U　　C. B

(22)SAE 将 OBD-Ⅱ故障码用一个字母和 4 位数字组合而成,第一个为英文字母,代表测试系统,代表车载网络的字母是(　　)。

A. P　　B. U　　C. B

(23)在采用 OBD-Ⅱ的电子控制系统中,每一个 ECU 都是(　　)的。

A. 相对独立

B. 通过 CAN-BUS 线路连接

C. 独立

(24)在 OBD-Ⅲ中,所有的 ECU 都是(　　)的。

A. 相对独立

B. 通过 CAN-BUS 线路连接

C. 独立

(25)OBD-Ⅱ ECU(　　)利用 CAN-BUS 线路同时监控其他 ECU 的故障码和数据。

A. 不能　　B. 能　　C. 不一定能

(26)OBD-Ⅱ使用规则要求数据插接器(DCL)必须采用(　　)引脚。

A. 12　　B. 16　　C. 38

3. 多项选择题

(1)OBD-Ⅱ系统的硬件,与非 OBD-Ⅱ系统硬件相比(　　)。

A. 在三元催化转化器下游增加了一个加热型氧传感器(HO_2S)

B. 采用数据线和 16 引脚数据插接器(DCL)

C. 采用 5 位的统一故障编码规则

D. 采用快存式电可擦除可编程只读存储器(FEEPROM)

(2)OBD-Ⅱ的数据插接器具有数值分析资料传输功能,ISO 资料传输线标准引用 OBD-Ⅱ数据插接器的(　　)引脚传输数据。

A. 7　　B. 15　　C. 2　　D. 10

(3)OBD-Ⅱ的数据插接器具有数值分析资料传输功能,SAE(SAE J1850)资料传输线标准引用 OBD-Ⅱ数据插接器的(　　)引脚传输数据。

A. 7　　B. 15　　C. 2　　D. 10

(4)(　　)会导致 ECU 记录失火(misfire)故障码。

A. 某缸汽缸压力不足　　B. 某缸喷油器雾化不良

C. 某缸火花塞间隙失调　　D. 燃油压力不足

(5)ECU 利用(　　)的信号可以监测发动机某个汽缸存在失火现象。

A. 曲轴位置传感器　　B. 凸轮轴位置传感器

C. 氧传感器　　D. 爆震传感器

(二)练习题答案

1. 判断题

(1)×　(2)×　(3)×　(4)×　(5)√　(6)√　(7)√　(8)√　(9)√
(10)×　(11)×　(12)×　(13)√　(14)×　(15)√　(16)√　(17)√　(18)×
(19)√　(20)×　(21)√　(22)×　(23)√　(24)√　(25)×　(26)√　(27)√
(28)×

2. 单项选择题

(1)B　(2)A　(3)A　(4)C　(5)C　(6)A　(7)B　(8)B　(9)B

(10)C　(11)A　(12)A　(13)A　(14)A　(15)C　(16)B　(17)A　(18)A
(19)B　(20)A　(21)A　(22)B　(23)A　(24)B　(25)A　(26)B

3. 多项选择题

(1)ABD　(2)AB　(3)CD　(4)AB
(5)AB

三　典型故障分析方法在汽车故障诊断中的应用

(一)练习题

1. 判断题

(1)故障码指示的故障只和故障码指示元件的本身及其线路系统和 ECU 本身有关,和其他的系统无关。　(　)

(2)在电控系统中,车载故障自诊断系统可以监测电路系统中存在的故障(断路或短路),但是,ECU 并不是监测汽车上的每一条线路。　(　)

(3)在电控系统中,只要线路发生相关故障(断路或短路),ECU 便记录相应的故障码。　(　)

(4)对于不同的故障码,ECU 将根据故障的性质采取不同的应急保护措施。　(　)

(5)故障码往往会指示某个元件有故障,在故障排除的过程中,维修人员应将故障检测的全部注意力放在该元件本身、线路和 ECU 上。　(　)

(6)冻结数据帧数据不会被清除,除非相关的历史故障码被清除。　(　)

(7)对采用 OBD-Ⅱ系统的车,三元催化转化器前后氧传感器的信号变化频率是不一样的。　(　)

(8)对采用 OBD-Ⅱ系统的车,三元催化转化器前后氧传感器的信号变化频率是一样的,只是幅值不同。　(　)

(9)当发动机处于闭环状态时,短期燃油修正将对空燃比进行小的、临时的修正。(　)

(10)长期燃油修正是 ECU 通过对短期燃油修正计算得来的,其目的是尽可能让短期燃油修正的数值接近 0%。　(　)

(11)供油量变化可以通过故障检测仪进行监视长期和短期燃油修正值表示出来,理想的燃油修正值接近 0%。　(　)

(12)长期燃油修正受短期燃油修正的影响,如果短期燃油修正长时间处在超出 10% 的状态,长期燃油修正将发生变化,改变基本喷油脉冲时间。　(　)

(13)电子信号的频率,是指电子信号所占的时间或占空比。　(　)

(14)多通道示波器除了具备单通道示波器的全部功能之外,还可以同时测量和显示两个或多个信号的波形。　(　)

(15)利用真空表对进气管真空度进行检测,只能判定进气系统密封性的好坏,无法检测点火性能好坏和空燃比大小等发动机工作状况。　(　)

(16)进行尾气检测前,应对尾气分析仪做泄漏试验。　(　)

(17)在进行变工况尾气测试时,要让加速踏板稳住后再读取测量数据。　(　)

(18)红外测温仪不能透过玻璃进行测温。　(　)

（19）利用红外测温仪测量排气歧管的温度，能迅速判定发动机某一缸是否工作不良。（　　）

（20）红外测温仪无法检查发动机 COP 式点火系统的点火线圈是否工作不良。（　　）

（21）对装备三元催化转化器的车辆，将取样探头插到三元催化转化器之前或 EGR 阀的排气口测量的尾气参数才可以用于故障分析。（　　）

（22）在发动机处于冷态或预热不够充分，没有达到正常工作温度的状态下测得的尾气参数，对故障没有分析价值。（　　）

2. 单项选择题

（1）在大众/奥迪车系中，如果读出的故障码后面带“/SP”，则说明该故障码是（　　）。

A. 偶发性故障码　B. 当前存在的故障码　C. 虚假性故障码

（2）对于发动机电控系统而言，最低优先级的故障码是与（　　）无关的一些故障。

A. 动力性能　B. 排放系统　C. 安全性能

（3）上海通用别克君威轿车中给出的故障码 P0300 的含义是“检测到发动机缺火”。其中的“火”是指（　　）。

A. 点火　B. 燃烧　C. 喷油

（4）对采用 OBD-Ⅱ系统的车，通常三元催化转化器后氧传感器的信号变化频率至少应（　　），否则可能是三元催化转化器的转化效率已减低了。

A. 低于前氧传感器的一半　B. 高于前氧传感器的一半　C. 等于前氧传感器

（5）如果长期燃油修正显示的是低于 0% 的负值，则表明（　　）。

A. 混合气过浓，喷油量正在减少（喷油脉宽减小）

B. 混合气过稀，ECU 正在通过增加供油量（喷油脉宽增大）进行补偿

C. 短期燃油修正已经失效

（6）供油量变化可通过故障检测仪进行监视（　　）表示出来，理想的燃油修正值接近 0%。

A. 长期和短期燃油修正值　B. 长期燃油修正值　C. 短期燃油修正值

（7）如果加热型氧传感器信号电压指示混合气过浓，动力系统控制模块将减小喷油脉宽，使燃油修正值（　　）。

A. 稍稍低于 0%　B. 稍稍高于 0%　C. 远远低于 0%

（8）电压和电流方向都随时间变化的信号称为（　　）。

A. 直流（DC）信号　B. 交流（AC）信号　C. 频率调制信号

（9）电压变化，电流方向不变化，电压以比较小的幅度（交流分量）波动的信号称为（　　）。

A. 直流脉冲信号　B. 直流波动信号　C. 频率调制信号

（10）滑变电阻型节气门位置传感器产生的信号属于（　　）。

A. 直流（DC）信号　B. 交流（AC）信号　C. 频率调制信号

（11）霍尔式节气门位置传感器产生的信号属于（　　）。

A. 交流（AC）信号　B. 脉宽调制信号　C. 频率调制信号

（12）磁脉冲式曲轴位置传感器产生的信号属于（　　）。

A. 直流(DC)信号　　B. 交流(AC)信号　　C. 频率调制信号

(13)次级点火波形点火线延长和火花线缩短的原因是(　　)。

A. 可燃混合气稀　　B. 可燃混合气浓　　C. 进气系统堵塞

(14)通常情况下,汽缸内的混合气越稀,次级点火波形的火花线就越(　　)。

A. 平　　B. 陡　　C. 长

(15)通常情况下,汽缸内的混合气越(　　),次级点火波形的火花线就越陡。

A. 稀　　B. 浓　　C. 接近理论空燃比

(16)就大多数汽油发动机而言,在正常怠速状态下运转时,如果各系统均工作正常,则真空表指针应(　　)。

A. 稳定在64k~71kPa

B. 在6.7k~84.6kPa灵活摆动

C. 46.7k~51kPa摆动

(17)当点火正时和配气正时不符、点火性能不良时,在怠速工况下,真空表表针在46.7k~51kPa摆动,若点火过迟,摆动幅度(　　)。

A. 较大　　B. 较小　　C. 较平稳

(18)在怠速工况下测量进气管真空度,若真空表表针有时可达53kPa,很快又跌落为0或很低,则说明(　　)。

A. 排气系统堵塞　　B. 进气系统泄漏　　C. 进气系统堵塞

(19)对于电控发动机,如果有一缸气门漏气,真空度会(　　)13.2kPa。

A. 提升　　B. 降低　　C. 上下摆动

(20)当发动机中的混合气充分燃烧时,排气中CO_2的浓度将达到峰值,不管是否装有三元催化转化器,峰值均为(　　)。

A. 1%~2%　　B. 8%~9%　　C. 13%~16%

(21)燃烧正常时,排气中应含有1%~2%的O_2,O_2的读数大于2%说明(　　)。

A. 混合气太浓　　B. 混合气太稀　　C. 混合气太不均匀

(22)如果混合气稀,发动机排气中(　　)。

A. O_2的读数就低,CO的读数就高

B. O_2的读数就高,CO的读数就低

C. O_2和CO的读数都低

(23)碳氢化合物(HC)和氧(O_2)的读数高,是由(　　)而引起的。

A. 点火系统不良和过稀的混合气失火

B. 点火系统不良和过浓的混合气失火

C. 汽缸压缩压力过低和过稀的混合气失火

(24)如果燃烧室中没有足够的空气(氧气)保证正常燃烧,通常情况下,二氧化碳(CO_2)的读数和一氧化碳(CO)、氧(O_2)的读数(　　)。

A. 成正比　　B. 相反　　C. 都降低

(25)混合气燃烧越完全,二氧化碳(CO_2)的读数就越(　　)。

A. 低　　B. 稳定　　C. 高

(26)大多数正常工作的三元催化转化器出口的温度(　　)进口温度 20% ~25%。

A. 高于　　B. 低于　　C. 高于或低于

(27)当点火正时和配气正时不符、点火性能不良时,在怠速工况下,真空表表针在 46.7k ~51kPa 摆动,点火过早,摆动幅度(　　)。

A. 较大　　B. 较小　　C. 较平稳

3. 多项选择题

(1)关于燃油修正,下述(　　)的表述是正确的。

A. 在闭环工况下起作用

B. ECU 通过对喷油量进行微调来控制空燃比

C. 短期燃油修正是 ECU 依据氧传感器的电压信号进行喷油量的修正

D. 长期燃油修正是 ECU 通过对短期燃油修正计算得来的,其目的是尽可能让短期燃油修正的数值接近 0%,若长期燃油修正的数值超过 5%,则表示发动机系统有故障

(2)发动机的燃油喷油量取决于喷油器的喷油时间,最终的喷油时间由(　　)部分构成。

A. 基本喷油脉冲时间　　B. 根据操作状况进行时间修正

C. 蓄电池电压修正　　D. 燃油压力修正

(3)电子信号的"五要素"是指直流、交流和(　　)。

A. 频率调制　　B. 脉宽调制

C. 幅值　　D. 串行数据信号

(4)任何一个电子信号都应该具有(　　)、脉宽和阵列等几个可以度量的参数指标。

A. 电流　　B. 幅值　　C. 电压

D. 频率　　E. 形状

(5)电子信号的形状包括(　　)等。

A. 曲线　　B. 轮廓　　C. 上升沿　　D. 下降沿

(6)喷油器的控制有(　　)等几种基本类型。

A. 饱和开关型　　B. 峰值保持型

C. 脉冲宽度调制型　　D. PNP 型

(7)影响汽油发动机性能好坏的要素有(　　)。

A. 进气系统密封性的好坏　　B. 点火性能的好坏

C. 空燃比的大小　　D. 空气流量传感器的好坏

(8)检测进气系统密封性常用的方法有(　　)。

A. 汽缸压缩压力检测法　　B. 汽缸漏气量(或漏气率)检测法

C. 曲轴箱窜气量检测法　　D. 进气管真空度检测法

(9)怠速运转时,真空表指针会在 45k ~58kPa 摆动,但摆动的幅度较小,说明(　　)。

A. 配气相位错位(滞后)　　B. 点火时间过迟

C. 配气相位错位(提前)　　D. 点火时间过早

(10)怠速运转时,真空表指针将会在 45k ~58kPa 摆动,但摆动幅度较大,说明(　　)。

A. 配气相位错位(滞后)　　B. 点火时间过迟

C. 配气相位错位(提前)　　D. 点火时间过早

(二)练习题答案

1. 判断题

(1)×　(2)√　(3)×　(4)√　(5)×　(6)√　(7)√　(8)×　(9)√
(10)√　(11)√　(12)√　(13)×　(14)√　(15)×　(16)√　(17)√　(18)√
(19)√　(20)×　(21)√　(22)√

2. 单项选择题

(1)A　(2)B　(3)B　(4)A　(5)A　(6)A　(7)A　(8)B　(9)B
(10)A　(11)C　(12)B　(13)A　(14)B　(15)A　(16)A　(17)B　(18)A
(19)B　(20)C　(21)B　(22)B　(23)A　(24)B　(25)C　(26)A　(27)A

3. 多项选择题

(1)ABCD　(2)ABC　(3)ABD　(4)BDE
(5)ABCD　(6)ABCD　(7)ABC　(8)ABCD
(9)AB　(10)CD

第六节　模拟试卷及参考答案

一　模拟试卷

(一)判断题

1. 装配图中相邻两零件的剖面线方向相同。(　　)
2. 滚动螺旋比滑动螺旋传动摩擦损失小,效率也高。(　　)
3. 将二极管正极与电源正极相接,二极管负极与电源负极相接,二极管会呈截止状态。(　　)
4. 不同电动势或不同内阻的电池可以并联使用,但不能串联使用。(　　)
5. 微机输出的是数字信号。(　　)
6. 能源装置是供给液压系统压力油,把液压能转换成机械能的装置。(　　)
7. VIN 码也可以永久性固定在车辆部件上的标牌上,此标牌不损坏则不能拆掉。(　　)
8. 活塞销孔偏离活塞中心线的目的是降低活塞对汽缸壁的拍击。(　　)
9. 凸轮轴由曲轴正时齿(链)轮驱动,在安装时要对准正时记号,否则配气相位不准。(　　)
10. 电子节气门系统中,节气门的实际开度与驾驶员对节气门的开度要求一定相同。(　　)
11. 喷油泵喷油压力过高会造成柴油机超速。(　　)
12. 离合器从动盘的长短毂不允许装反。(　　)
13. 所谓不等速性是指从动轴在转动一周内,其角速度时而大于主动轴的角速度,时而小于主动轴的角速度的现象。(　　)

14. 轮胎气压过高,会造成胎冠磨损加剧。 ( )

15. 大多数后轮驱动车辆的前轮稍设有正前束,因为驱动力使前轮有负前束的倾向。 ( )

16. 鼓式制动器的旋转元件是制动鼓,其工作表面为制动鼓的内圆柱面。 ( )

17. 对制动系统进行维修或更换部件后添加制动液,仅仅应对制动主缸放气。 ( )

18. 终端电阻的作用是避免数据在高速传输终了时产生反射波使数据遭到破坏。 ( )

19. 处理光纤可以黏结,但是不能连接。 ( )

20. 气体发生器用专用螺栓和螺母固定在气囊支架上,装配时只能用专用工具进行装配。 ( )

21. 在故障率开始上升前,更换或修复损耗的零部件,则可降低故障率,延长汽车的使用寿命。 ( )

22. 汽车零部件失去原设计所规定的功能称为失效。 ( )

23. 在用万用表检查防水型插接器时,表笔只可以从带有导线的后端插入。 ( )

24. 不同厂家生产的汽车,故障码的存储方式是不同的。 ( )

25. 位于三元催化转化器上游的氧传感器的变动频率应远远高于下游的氧传感器。 ( )

26. 对于采用 OBD-Ⅲ的电子控制系统中,在维修过程中诊断仪器要分别进入到发动机、变速器、ABS、防盗等 ECU 中去读取故障码和有关数据。 ( )

27. 对于不同的故障码,ECU 将根据故障的性质采取不同的应急保护措施。 ( )

28. 电子信号的频率,是指电子信号所占的时间或占空比。 ( )

29. 进行尾气检测前,应对尾气分析仪做泄漏试验。 ( )

30. 利用红外测温仪测量排气歧管的温度,能迅速判定发动机某一缸是否工作不良。 ( )

(二)单项选择题

1. 尺寸公差是指尺寸允许的( )。

A. 上极限偏差 B. 正偏差 C. 基本偏差

2. ( )适用于两轴中心距较大的场合。

A. 齿轮传动 B. 带传动 C. 蜗杆传动

3. 在控制器件与用电器之间使用( )的电路称为间接控制电路。

A. 继电器 B. ECU C. 过载保护装置

4. 故障信息(故障码)保存在( )内,为防止这些信息的消失,存储器的电源是常通不断的。

A. RAM B. CPU C. ROM

5. 当 ECU 根据爆震传感器信号判定发动机发生爆震时,立即把点火时刻( )。

A. 推迟 B. 提前 C. 固定

6. 液压传动对油温的变化( )。

A. 不确定 B. 不敏感 C. 比较敏感

7. 17 位的 VIN 码中的世界制造厂识别代号(WMI)用来标识车辆制造厂的唯一性,通常占

VIN 码的(　　)。

A. 前 2 位　　B. 前 3 位　　C. 前 4 位

8. 活塞位于上止点时,其顶部与汽缸盖之间的容积称为(　　)。

A. 汽缸容积　　B. 汽缸工作容积　　C. 燃烧室容积

9. 换向器的云母片应(　　)换向器铜片圆周表面 0.5mm 左右。

A. 低于　　B. 高于　　C. 等于

10. 适当降低压缩比,可以使(　　)排放降低。

A. NO_x　　B. CO　　C. HC

11. 上海桑塔纳 2000GSi 轿车配件供应的防盗 ECU 上以一个(　　)作为标志,没有 14 位数编码和 4 位数密码。

A. 红色的 X　　B. 黑色的 X　　C. 黄色的 X

12. 自动变速器中制动器的作用(　　)。

A. 连接　　B. 固定　　C. 锁止

13. 只承受转矩,而两端均不承受其他任何反力和反力矩的半轴支承形式称为(　　)。

A. 全浮式半轴支承　　B. 半浮式半轴支承　　C. 刚性式半轴支承

14. 用带截止阀的油压测试仪检测动力转向系统的油压时,截止阀关闭时间不宜超过(　　)s。

A. 10　　B. 15　　C. 20

15. 子午线轮胎宜用(　　)换位法。

A. 单边　　B. 交叉　　C. 循环

16. 限压阀串联于液压制动回路的(　　)制动管路中。

A. 前　　B. 后　　C. 前后

17. 循环式制动压力调节系统的特点是制动压力油路和控制压力油路(　　)。

A. 相通　　B. 相互交叉　　C. 相互隔绝而不相通

18. 汽车使用的主要是(　　)为光学网络,它不能放大或产生能量。

A. 无源　　B. 有源　　C. 带光中继器和光放大器

19. 防止安全气囊误引爆机构的插接器中有一个(　　)。

A. 短路片　　B. 电阻　　C. 电容

20. (　　)属于损坏性故障模式。

A. 点蚀　　B. 堵塞　　C. 渗油

21. 测取诊断参数时一定要注意(　　),否则所测取的参数对汽车故障的诊断就没有任何意义。

A. 测试规范　　B. 测试方法　　C. 测试手段

22. 按失效模式和系统工程进行失效或故障分析的思路主要用于(　　)的失效分析。

A. 零件　　B. 系统　　C. 总成

23. 冷态正常,热态失常或相反的故障多出现在(　　)电组件上。

A. 电阻型和电磁型的(包括压电型)

B. 热敏型和压敏型

C. 磁敏型和光敏型

24. OBD-Ⅱ诊断执行器的废气系统监测器最多可进行(　　)项废气系统的监测。

A. 8　　B. 7　　C. 6

25. 如果三元催化转化器工作不正常,下游氧传感器给出电压信号的频率就会(　　)。

A. 升高　　B. 降低　　C. 波动

26. OBD-Ⅱ ECU(　　)利用 CAN-BUS 线路同时监控其他 ECU 的故障码和数据。

A. 不能　　B. 能　　C. 不一定能

27. 对于发动机电控系统而言,最低优先级的故障码是与(　　)无关的一些故障。

A. 动力性能　　B. 排放系统　　C. 安全性能

28. 供油量变化可通过故障检测仪进行监视(　　)表示出来,理想的燃油修正值接近0%。

A. 长期和短期燃油修正值　　B. 长期燃油修正值　　C. 短期燃油修正值

29. 次级点火波形点火线延长和火花线缩短的原因是(　　)。

A. 可燃混合气稀　　B. 可燃混合气浓　　C. 进气系统堵塞

30. 燃烧正常时,排气中应含有1%～2%的 O_2,O_2的读数大于2%说明(　　)。

A. 混合气太浓　　B. 混合气太稀　　C. 混合气太不均匀

(三)多项选择题

1. 装配图中应标注的尺寸有(　　)等。

A. 性能(规格)尺寸　　B. 结构尺寸

C. 安装尺寸　　D. 总体尺寸

2. 充气轮胎按胎内空气压力大小可分为(　　)。

A. 超高压胎　　B. 高压胎　　C. 低压胎　　D. 超低压胎

3. 晶体管可以处于(　　)种工作状态。

A. 放大　　B. 截止　　C. 导通　　D. 饱和

4. 电路按其作用划分,可分为(　　)。

A. 电源电路　　B. 搭铁电路　　C. 信号电路　　D. 控制电路

5. 汽缸体上、下平面在螺纹孔口周围凸起,通常是由于(　　)导致的。

A. 装配时汽缸盖螺栓拧紧力矩过大　　B. 装配时螺纹孔中未清理干净

C. 装配时汽缸盖螺栓拧紧力矩过小　　D. 在高温下拆卸汽缸盖

6. (　　)属于进气量调节装置部件。

A. 电子节气门系统　　B. 怠速空气调节装置

C. 可变进气控制系统　　D. 废气蜗轮增压装置

7. 点火系统实际点火提前角包括(　　)。

A. 基本点火提前角　　B. 初始点火提前角

C. 最小点火提前角　　D. 修正点火提前角

8. (　　)是润滑系统的功用。

A. 冷却　　B. 密封　　C. 防锈蚀　　D. 清洗

9. 在并联式混合动力汽车(PHEV)上可以实现(　　)驱动模式。

A. 发动机　　B. 驱动电动机
C. 发动机—驱动电动机混合　　D. 发电机—驱动电动机混合

10. 发动机防盗系统的解除包括(　　)步骤。
A. 钥匙码的发射过程
B. 钥匙码接收过程
C. 滚动码的发送过程
D. 发射器钥匙 ECU 对滚动码的接收判断与发送

11. 变速器的功用有(　　)。
A. 改变传动比,扩大驱动轮转矩和转速的变化范围
B. 发动机旋转方向不变的前提下,使汽车能倒退行驶
C. 利用空挡,中断动力传递,以便发动机能够启动、怠速
D. 便于变速器换挡或进行动力输出

12. 万向传动装置在汽车上的应用主要有(　　)。
A. 变速器(或分动器)与驱动桥之间　　B. 变速器与离合器或与分动器之间
C. 转向驱动桥和断开式驱动桥中　　D. 转向操纵机构中

13. 液压动力转向系统中,转向控制阀的作用是,在驾驶员的操纵下,控制(　　)。
A. 转向动力缸输出动力大小　　B. 转向动力缸输出动力方向
C. 增力快慢　　D. 增力时刻

14. 按车桥上车轮的作用不同,车桥分为(　　)等类型。
A. 转向桥　　B. 驱动桥　　C. 转向驱动桥　　D. 支持桥

15. (　　)会导致制动拖滞。
A. 制动踏板无自由行程
B. 制动主缸复位弹簧折断或失效
C. 前、后制动器制动轮缸密封圈发胀或发黏与缸体卡死
D. 车轮轴承调节不当、破损或毁坏

16. 有源光学网络是由(　　)构成的。
A. 光纤　　B. 光电耦合器　　C. 光中继器　　D. 光放大器

17. 诊断标准按其性质,可以分为(　　)。
A. 使用标准　　B. 绝对诊断标准
C. 相对诊断标准　　D. 类比标准

18. (　　)会导致 ECU 记录失火(misfire)故障码。
A. 某缸汽缸压力不足　　B. 某缸喷油器雾化不良
C. 某缸火花塞间隙失调　　D. 燃油压力不足

19. 发动机的燃油喷油量取决于喷油器的喷油时间,最终的喷油时间由(　　)部分构成。
A. 基本喷油脉冲时间　　B. 根据操作状况进行时间修正
C. 蓄电池电压修正　　D. 燃油压力修正

20. 检测进气系统密封性常用的方法有(　　)。
A. 汽缸压缩压力检测法　　B. 汽缸漏气量(或漏气率)检测法

C. 曲轴箱窜气量检测法　　　　　　D. 进气管真空度检测法

二 模拟试卷参考答案

(一)判断题

1. ×　2. √　3. ×　4. ×　5. √　6. ×　7. √　8. √　9. √　10. ×
11. ×　12. √　13. √　14. √　15. √　16. √　17. ×　18. √　19. ×　20. √
21. √　22. √　23. ×　24. √　25. √　26. ×　27. √　28. ×　29. √　30. √

(二)单项选择题

1. B　2. B　3. A　4. A　5. A　6. C　7. B　8. C　9. A　10. A
11. C　12. B　13. A　14. A　15. A　16. B　17. A　18. A　19. A　20. A
21. A　22. B　23. B　24. B　25. A　26. A　27. B　28. A　29. A　30. B

(三)多项选择题

1. ACD　2. BCD　3. ABD　4. ABCD　5. AB
6. ABCD　7. ABD　8. ABCD　9. ABC　10. ABCD
11. ABCD　12. ABCD　13. ABC　14. ABCD　15. ABC
16. ABCD　17. BCD　18. ABC　19. ABC　20. ABCD

附　　录

附录1　机动车维修技术人员从业资格培训技术要求(JT/T 698—2007)

1　范围

本标准规定了机动车维修技术人员从业资格培训技术要求。

本标准适用于机动车维修技术负责人、质量检验员、机修、电器维修、钣金(车身修复)、涂漆(车身涂装)和车辆技术评估(含检测)等岗位的机动车维修技术人员的从业培训。

2　规范性引用文件

下列文件的条款通过本标准的引用而成为本标准的条款。凡是注日期的引用文件,其随后所有的修改单(不包括勘误的内容)或修订版均不适用于本标准,然而,鼓励根据本标准达成协议的各方研究是否可使用这些文件的最新版本。凡是不注日期的引用文件,其最新版本适用于本标准。

GB/T 3798　整车大修竣工出厂技术条件

GB/T 3799　商用汽车发动机大修竣工出厂技术条件

GB 3847　车用压燃式发动机和压燃式发动机汽车排气烟度排放限值及测量方法

GB/T 5336　大客车车身大修技术条件

GB/T 5624　汽车维修术语

GB 7258　机动车运行安全技术条件

GB/T 16739.1、16739.2　汽车维修业开业条件

GB/T 17933　汽车综合性能检测站能力的通用要求

GB/T 18189　摩托车维修业开业条件

GB/T 18275　汽车制动传动装置修理技术条件

GB 18285　点燃式发动机汽车排放污染物限值及测量方法(双怠速法及简易工况法)

GB/T 18344　汽车维护、检测、诊断技术规范

GB 18565　营运车辆综合性能要求和检验方法

GB/T 19910　汽车发动机电子控制系统修理技术要求

GA 468　机动车辆安全检验项目和方法[注:该标准已被《机动车安全技术检验项目和方法》(GB 21861—2008)所代替,以下同]

JT/T 198　营运车辆技术等级划分及技术评定要求

JT/T 478　汽车综合性能检测站计算机控制系统技术规范

JT/T 509　轿车车身维护技术要求

JT/T 640　汽车维修行业计算机管理信息系统技术规范

3　术语和定义

GB/T 5624 确立的以及下列术语和定义适用于本标准。

3.1

机修　machine maintenance

机动车维修企业中机动车机械及其控制系统维修作业。

3.2

电器维修　electrical equipment maintenance

机动车电器、电子器件、线路的检测、调整、修理作业。

3.3

钣金(车身修复)　autobody rehabilitation

机动车维修中的车身修复(涂装除外)作业。

3.4

涂漆(车身涂装)　autobody japanning

机动车维修中的车身涂装作业。

3.5

车辆技术评估(含检测)　vehicle technique evaluation

机动车维修企业或机动车综合性能检测站中机动车性能检测和技术状态评定。

4　培训技术要求

注:下列表中"学时"栏中,带"+"号的,前面数字表示理论学时,后面表示实操学时。

4.1　职业道德和法律法规培训技术要求

职业道德和法律法规培训技术要求见表1,相关文件见附录A。

职业道德和法律法规培训技术要求　表1

培训项目	培训内容	培训技术要求	学时
机动车维修技术人员职业道德	职业道德	①了解职业和职业道德的概念; ②了解职业道德的特点和标准; ③熟悉机动车维修行业职业道德要求及其社会性; ④掌握机动车维修职业道德; ⑤掌握爱岗敬业、诚实守信、忠于职守、服务群众、奉献社会等机动车维修从业人员须遵循的具体职业道德规范	8
	行业行为规范公约	①掌握八条行规行约的具体内容; ②掌握行规行约中对"守法经营、接受监督,诚信为本、公平竞争"的要求; ③掌握行规行约中对"尊重客户、热忱服务,弘扬职业道德,建设精神文明"的要求; ④掌握行规行约中对"规范操作、保证质量,文明生产、保护环境"的要求; ⑤掌握行规行约中对"自我管理、自我发展,科技兴业、开拓创新"的要求	

续上表

培训项目	培训内容	培训技术要求	学时
机动车维修法律法规	《中华人民共和国道路运输条例》(以下简称《道条》)	①了解《道条》对推动我国道路运输业发展的重大意义； ②了解《道条》的基本内涵和原则； ③掌握《道条》的总则、第三十八条、第四十条、第四十四条、第四十五条、第四十六条等与机动车维修相关的规定及其释义； ④掌握《道条》第六章法律责任中第六十六条、第六十七条、第七十三条、第七十四条的内容	4
	《机动车维修管理规定》	①熟悉《机动车维修管理规定》的立法目的和重大意义； ②掌握机动车维修经营许可的分类、从事机动车维修经营业务的条件、许可申请程序、审批时限、许可证件有效期、许可事项变更登记等； ③掌握机动车维修经营者在维修经营方面的责任和义务； ④掌握机动车维修经营者在质量管理方面的法定义务； ⑤了解道路运输管理机构应当履行的职责； ⑥掌握机动车维修经营者应当配合和服从监督检查的义务； ⑦了解道路运输管理人员违反《机动车维修管理规定》应承担的法律责任； ⑧掌握机动车维修经营者违反《机动车维修管理规定》应承担的法律责任	6
	机动车维修管理相关法规概述	①了解《大气污染防治法》的主要内容并掌握第四章"防治机动车船排放污染"； ②了解《合同法》主要内容,掌握与机动车维修行业相关的条款； ③了解《标准化法》主要内容,掌握与机动车维修行业相关的条款； ④了解《产品质量法》主要内容,掌握在机动车维修行业实施的条款； ⑤了解《消费者权益法》、《劳动法》、《固体废物污染环境防治法》、《水污染防治法》、《安全生产法》、《计量法》等法规的主要内容及其在机动车维修行业适用的条款	6
标准与规范	标准的基本知识	①了解标准定义、属性、分类及标准代号的含义； ②了解标准制定的原则和过程,标准发布与管理的有关规定； ③了解标准贯彻实施的形式,以及标准化监督机制的有关规定； ④了解汽车维修标准体系结构及其内容	4
	机动车维修管理、服务技术标准	①了解 GB/T 16739.1、16739.2 对各类汽车维修企业(业户)应具备的人员、组织管理、设备、设施等条件方面的规定； ②了解 GB/T 18189 对各类摩托车维修企业(业户)开业技术条件方面的规定； ③了解 JT/T 640 对汽车维修行业包括行业管理、企业管理建立计算机管理信息系统的技术要求方面的规定； ④了解 JT/T 478 对汽车综合性能检测站建立计算机管理信息系统,包括运行环境、检测系统、业务处理、系统维护等方面的规定； ⑤了解 GB/T 17933 对汽车综合性能检测站开展汽车综合性能检测工作应具备的服务功能、管理、技术能力以及场地和设施方面的规定	12

续上表

培训项目	培训内容	培训技术要求	学时
标准与规范	机动车维修技术标准	①了解 GB/T 18344 对汽车维护作业的分级与周期、维护作业工艺过程、维护作业(包括检测诊断、竣工检验技术要求)等所作的有关规定； ②掌握汽车二级维护的工艺过程及各工序的技术要求； ③了解 GB/T 19910 对汽车发动机(点燃式汽油发动机)电子控制系统维修前检查、视情维修以及维修后检验的技术要求方面的规定； ④掌握汽车发动机电子控制系统维修的基本要求； ⑤了解 GB/T 18275 对汽车制动传动装置,包括气压制动、液压制动传动装置修理的基本技术要求、试验方法和检验规则方面的规定； ⑥掌握汽车制动传动装置修理的基本要求和检验规则； ⑦了解 GB/T 3798 中如何进行汽车整车大修出厂技术检验以及在整车大修质量保证方面的规定； ⑧掌握汽车整车大修竣工验收的基本要求和质量保证期； ⑨了解 GB/T 3799 在商用汽车发动机大修出厂技术检验、发动机大修质量保证和包装要求方面的规定； ⑩掌握发动机大修竣工验收的基本要求和质量保证期； ⑪了解 GB/T 5336 对大客车车身修理的技术要求、附件及电器的安装与使用要求,竣工检验及质量保证要求方面的规定； ⑫掌握大客车车身修理竣工验收的基本要求和质量保证期； ⑬掌握 JT/T 509	12
	汽车检测技术标准	①了解 GB 18565 对营运车辆综合性能,包括动力性、燃料经济性、制动性、转向操纵性、照明和信号装置及其他电器设备、排放与噪声控制、密封性整车装备的基本技术要求和检验方法方面的规定； ②掌握营运车辆综合性能检验的基本要求； ③了解 GB 7258 对机动车整车及主要总成、安全防护装置等有关运行安全的基本技术要求及检验方法方面的规定； ④掌握机动车安全性能检验的基本要求； ⑤了解 GA 468 对机动车安全性能检验的方式、工位、项目、常用设备和工具,检验流程、检验方法、检验结果及审核等方面的规定； ⑥掌握机动车安全性能检验项目、检验流程和检验结果及审核的基本要求； ⑦了解 GB 18285 对点燃式发动机汽车怠速和高怠速工况下排气污染物排放限值及测量方法,以及采用稳态工况法、瞬态工况法和简易瞬态工况法三种简易工况法进行排放测量方法方面的规定； ⑧掌握 GB 18285 的适用范围和几种不同排放测量方法的基本原则； ⑨了解 GB 3847 对在用汽车车用压燃式发动机和压燃式发动机汽车排气烟度排放限值及排放测试方法方面的规定； ⑩掌握在用汽车排气烟度排放控制要求及测量方法； ⑪掌握 JT/T 198 对营运车辆技术状况等级的评定内容、等级划分、评定项目和技术要求方面的规定	12

4.2　技术质量管理培训技术要求

技术质量管理培训技术要求见表2。

技术质量管理培训技术要求　　表2

培训项目	培训内容	培训技术要求	学时
技术质量管理	质量管理	①熟悉机动车维修质量管理的各项制度(质量检验制度、合格证管理制度、质量保证期制度、返修制度、质量信誉考核制度和技术档案管理制度); ②了解 ISO 9000 族标准体系和八项质量管理原则在机动车维修企业管理中的实际应用; ③掌握质量管理体系的策划,并建立机动车维修企业质量保证体系; ④熟悉编制机动车维修企业质量手册、程序文件和作业指导书的要求	20
	设备管理	①掌握机动车维修检测设备和工具的选购、正确使用、维修、保管的全过程管理,并能实施机动车维修检测设备的更新; ②能制定各类机动车维修检测设备的安全技术操作规程	
	配件管理	①了解常用机动车配件的使用性能; ②熟悉配件采购、入库、出库管理流程; ③掌握配件库存管理方法	
	计量管理	①熟悉计量管理规定; ②熟悉计量器具的检定周期和检定要求; ③掌握计量器具的选购、正确使用、维护和更新的全过程管理	
维修质量控制	质量检验	①掌握机动车维修进厂检验、过程检验、竣工出厂检验的内容、方法和要求,能对检验记录进行分析; ②了解机动车安全、综合性能检测的方法和技术要求,并能对检测报告进行分析; ③掌握营运车辆技术等级评定的项目、技术要求和检测方法	20
	质量分析	能根据维修车辆一次合格率、返修率、质量事故、质量投诉等对机动车维修质量进行分析,并能根据分析结果提出合理的改进措施	
	维修质量纠纷处理	①熟悉维修质量纠纷处理适用的法律、法规; ②熟悉维修质量纠纷的调解程序; ③掌握维修质量纠纷技术鉴定的基本原则; ④掌握返修认定的程序和处理方法	
技术支持	人员培训与考核	①掌握机动车维修技术人员从业资格条件; ②能根据企业实际情况制订人员培训和考核计划; ③能够组织实施各类人员的技术培训和考核	22
	技术文件管理	①能收集和整理技术资料; ②能制订各类工艺文件; ③熟悉工时定额与收费标准的制定方法	
	疑难故障处理	熟悉疑难故障处理的程序及方法	
	计算机管理	①熟悉业务接待、生产调度、配件档案管理等计算机管理流程; ②掌握计算机管理的方法	
	技术创新	掌握制订机动车维修企业技术开发、技术改造、技术革新方案的方法并组织实施,对技术成果组织推广运用	
	安全生产与环境保护	①熟悉机动车维修对安全生产和环境保护要求; ②能制订维修企业安全生产和环境保护措施并贯彻实施	
现场管理	现场管理	①熟悉5S现场管理的内容; ②掌握5S现场管理的方法,并能够组织实施机动车维修企业的5S现场管理	4

4.3　维修检验培训技术要求

维修检验培训技术要求见表3。

维修检验培训技术要求　　表3

培训项目	培训内容	培训技术要求	学时
质量管理知识	机动车维修质量及质量评定	①了解机动车维修质量的定义； ②掌握机动车维修质量评定的主要参数； ③了解质量管理的概念； ④掌握机动车维修企业质量管理的基础工作内容； ⑤了解机动车维修质量保证体系的组成； ⑥了解ISO 9000质量体系认证的有关知识	2
	机动车维修质量管理制度	①了解行业各项质量管理制度的有关规定； ②熟悉各项质量管理具体工作的程序及要求	2
	机动车维修质量检验技术档案	①掌握进厂检验单、过程检验单和竣工检验单的内容以及检验记录要求； ②能够正确填写各类检验单； ③能够读懂检测报告单； ④对综合性能检测结果能够进行分析、处理； ⑤掌握返修记录要求； ⑥正确使用返修记录单，做好返修统计考核工作	3+3
	机动车维修返修与质量事故的鉴定与处理	①掌握返修认定的基本程序与处理方法； ②掌握质量事故分析与鉴定的基本原则、程序与处理方法； ③通过典型案例分析，掌握和积累质量纠纷处理的实践经验，提高质量管理和服务水平	3+3
常用量具、仪表和仪器	常用量具和仪表的使用与检验	①懂得游标卡尺、外径千分尺和内径千分尺的工作原理，掌握使用方法与检定方法； ②掌握百分表和量缸表的工作原理、使用方法与检定方法； ③掌握汽缸压力表、轮胎气压表、排气管背压表和真空表的工作原理、使用方法与检定方法	2+1
	常用仪器的使用与检验	掌握万用表、示波器、故障检测仪和红外线测温仪的工作原理、使用方法与检定方法	4+2
机动车维修质量检验	机动车性能检验	①掌握机动车动力性能的检验标准和检验方法； ②熟悉底盘测功机和发动机综合性能分析仪的结构原理、性能与使用方法，并了解其标定方法； ③掌握机动车制动性能、转向操纵性能、悬架特性、照明和信号装置及车速表的检验标准与检验方法； ④熟悉制动检验台、侧滑检验台、四轮定位仪、悬架装置检测台、车轮平衡机、前照灯检验仪和车速表检验台的结构原理、性能与使用方法，并了解其标定方法； ⑤掌握机动车燃油经济性能的检验标准和检验方法； ⑥熟悉油耗仪的结构原理、性能和使用方法，并了解其标定方法； ⑦掌握机动车排气污染物及噪声的检验标准和检验方法； ⑧熟悉机动车排气分析仪和声级计的结构原理、性能与使用方法，并了解其标定方法； ⑨掌握整车检验的基本项目和车辆维修竣工技术要求、检验项目和路试检验的方法； ⑩能根据检验结果分析、判断存在的故障及其排除方法	9+12

续上表

培训项目	培训内容	培训技术要求	学时
机动车维修质量检验	机动车主要零部件的检验	①发动机:掌握汽缸与汽缸体,曲柄连杆机构和配气机构的主要零件,冷却系统、润滑系统和燃油系统主要零部件的技术要求与检验方法; ②底盘:掌握离合器、变速器、传动轴、驱动桥、制动系统、转向系统和悬架(包括货车车架)主要零部件的技术要求与检验方法; ③电器与电子设备部件及总成:掌握蓄电池、发电机及调节器、启动机及启动继电器、点火装置、照明设备、信号装置、仪表和辅助电器的技术要求与检验方法; ④空调装置:掌握空调装置工作压力和密封性的检验方法及空调装置的故障诊断方法	3+6
	机动车电控和液压系统的检验	①掌握电控系统ECU、传感器和执行器的检验方法; ②能根据检验结果分析、判断电控系统ECU、传感器和执行器的性能状况; ③掌握发动机电控系统、自动变速器电控系统、ABS电控系统、悬架高度调整电控系统、前照灯高度调整电控系统、ESP系统、空调电控系统的检验方法,防盗系统和辅助安全系统控制装置的技术要求与检验方法;并能根据检验结果分析、判断存在的故障及故障排除方法; ④掌握车载网络系统的结构和检验方法,并能根据检验结果分析、判断存在的故障及故障排除方法; ⑤掌握自动变速器等油路油压检验方法,并能根据检验结果分析、判断油路故障及故障排除方法	6+6
	车身修复质量的检验知识	①了解车身的性能要求(安全性、防腐、防漏和降噪); ②掌握车身的损伤类型、测量和检验方法,以及维修质量标准; ③掌握车身的密封性检验方法; ④熟悉车身吸能区的设计; ⑤熟悉车身修复的方法:整平和校正,应力的消除,焊接修理(气体保护焊和电阻点焊等)以及塑料和玻璃纤维件的修理(包括黏结剂的应用); ⑥掌握二氧化碳气体保护焊和电阻点焊的质量检验方法	3+3
	车身涂装质量的检验知识	①了解涂层的种类和应用范围; ②掌握涂层破坏程度的评估方法; ③了解涂层的特性; ④掌握涂层主要质量检验指标和质量检验用仪器与工具的使用; ⑤掌握涂料的识别方法; ⑥了解涂层修复工艺(包括涂装前处理)和所使用的主要设备; ⑦了解涂层的主要缺陷种类、产生的原因和可能采取的补救措施	3+3
机动车配件质量检验和控制	机动车常用材料性能与质量控制常识	①熟悉常用金属材料(铸铁,碳素钢,合金钢,铝、铜及其合金)的性能(机械性能、物理性能、化学性能和工艺性能); ②熟悉常用非金属材料(橡胶、塑料和摩擦片材料)的性能,掌握其质量控制常识; ③掌握常用运行材料的性能及其质量控制常识	4+5
	机动车配件质量鉴别和检验方法	①了解机动车配件的类型; ②熟悉机动车配件选购的基本原则和注意事项; ③掌握机动车配件质量鉴别和检验的一般方法	6+6

4.4　机修培训技术要求

机修培训技术要求见表4。

机修培训技术要求　　　　表4

培训项目	培训内容	培训技术要求	学时
机修基础知识	机械基础	①能够读懂零件图及装配图； ②熟悉公差及公差配合的概念； ③了解轴类零件的定位方式； ④熟悉齿轮传动、带传动、链传动等常见机械传动类型及工作原理和特点； ⑤了解机动车用钢、铸铁、铝等金属材料的性能； ⑥了解机动车用橡胶、塑料、玻璃纤维等非金属材料的性能； ⑦了解润滑油、齿轮油、自动变速器油、动力转向油、制动液等的特性及分级方法； ⑧掌握润滑油、齿轮油、自动变速器油、动力转向油、制动液、冷却液等的选用方法	4
	电工电子基础	①熟悉二极管、三极管、电容器、电机、继电器等电子组件的结构和工作原理及检测方法； ②熟悉机动车基本电路的组成和工作原理； ③掌握机动车基本电路的检测方法； ④了解磁和电磁的概念； ⑤了解电磁干扰和抗干扰措施； ⑥熟悉常用机动车元器件的电路符号； ⑦掌握机动车电路图读图的基本方法和步骤； ⑧能够熟练阅读机动车整车电路	2 +2
	微机控制基础	①熟悉常用传感器的类型、工作原理及检测方法； ②了解机动车电控系统的基本构成和工作原理； ③熟悉机动车典型控制的控制方法	2 +2
	液压与气压传动基础	①了解液压传动的基本原理； ②熟悉液压传动在机动车上的典型应用； ③了解气压传动的基本原理； ④熟悉气压传动在机动车上的典型应用	2
	车辆识别代码（VIN）和机动车配件编码规则	①熟悉车辆识别代码的编码规则和各组成部分的含义； ②熟悉机动车配件的编码规则	2
发动机结构与检修	发动机概论	①熟悉发动机的分类方法和发动机的总体构造； ②熟悉发动机的基本工作原理； ③了解发动机主要技术、性能参数的概念； ④了解评价发动机技术性能的方法	2
	曲柄连杆机构结构与检修	①了解曲柄连杆机构的组成； ②掌握汽缸、连杆、曲柄、活塞等主要部件检测及维修方法； ③了解曲柄连杆机构故障的特征； ④掌握曲柄连杆机构常见故障检测诊断方法	1 +1

续上表

培训项目	培训内容	培训技术要求	学时
发动机结构与检修	配气机构结构与检修	①了解配气机构的组成; ②掌握进行凸轮轴等主要部件检测及维修的方法; ③能进行活塞和轴瓦的选配、气门密封性能的检查; ④掌握配气相位、可变配气相位的概念; ⑤了解影响配气相位的因素; ⑥能正确进行配气机构的安装、检查和调整; ⑦熟悉可变配气机构的结构和工作原理; ⑧了解配气机构故障的特征; ⑨掌握配气相位错误引发故障的检测诊断方法; ⑩能检测诊断配气机构异响故障	2+2
	汽油机燃油供给系统结构与检修	①了解化油器式燃油供给系统的组成; ②掌握典型化油器的结构、工作原理和调整方法; ③能进行化油器供油系统的故障检测诊断和排除; ④熟悉汽油喷射式燃油供给系统的基本构成; ⑤掌握汽油喷射式燃油供给系统各主要传感器、执行器的结构和工作原理; ⑥熟练使用万用表对传感器、执行器进行单件检测,并根据检测结果确认部件的性能; ⑦能熟练使用示波器对传感器信号波形、执行器驱动波形进行检测,并根据检测结果判断故障部位; ⑧能进行汽油喷射式燃油供给系统故障的检测诊断和排除	8+8
	柴油机燃油供给系统结构与检修	①了解泵—管—嘴、泵—喷嘴、P—T和共轨式柴油供给系统的组成; ②熟悉泵—管—嘴、泵—喷嘴、P—T和共轨式柴油供给系统主要部件的结构和工作; ③能对喷油泵和喷油器等进行性能检查、调整,能进行喷油泵的调校; ④熟悉柴油机燃油供给系统常见故障的原因; ⑤能进行柴油机燃油供给系统常见故障的检测诊断和排除	6+6
	启动、点火系统结构与检修	①了解发动机启动系统的组成和功能; ②熟悉启动机的结构、工作原理,掌握启动性能的检测; ③掌握机动车启动控制电路,掌握启动控制电路的检测方法; ④能进行启动系统常见故障的检测诊断和排除; ⑤了解触点式、电子式及电控点火系统(含独立点火系统)的组成; ⑥熟悉点火系统主要组成部件的结构和工作原理; ⑦能熟练使用万用表等检测设备对点火系统主要部件进行性能检测; ⑧掌握点火控制电路,并掌握点火控制电路的检测方法; ⑨能熟练使用示波器进行点火波形的检测,并能根据点火波形进行点火系统故障分析; ⑩能进行点火系统常见故障的检测诊断和排除	7+9

续上表

培训项目	培训内容	培训技术要求	学时
发动机结构与检修	冷却、润滑系统结构与检修	①了解冷却系统的组成； ②熟悉冷却系统主要部件的结构和工作原理，并能进行其性能检测； ③了解冷却风扇控制方式，熟悉冷却风扇控制电路，并能进行冷却风扇控制电路的检测； ④能进行冷却系统常见故障的检测诊断和排除； ⑤了解润滑系统的功能和组成； ⑥熟悉润滑系统主要部件的结构和工作原理，并能进行部件的性能检测； ⑦熟悉机油压力报警系统的功能、组成和工作原理，熟悉导致机油压力报警的原因； ⑧能进行润滑系统常见故障的检测诊断和排除	1 +1
	发动机进排气系统结构与检修	①了解怠速控制系统类型，熟悉怠速控制系统的组成和工作原理，掌握怠速控制系统常见故障的检测诊断方法； ②了解涡轮增压系统的功能、组成，熟悉涡轮增压器的结构和性能检测方法； ③了解电子供油系统的组成，熟悉其结构和工作原理，掌握电子供油系统的检测方法； ④了解可变进气系统的组成，熟悉可变进气系统的结构和工作原理，掌握可变进气系统的检测方法； ⑤了解发动机排放污染物的形成和控制原理； ⑥熟悉发动机排放控制系统的类型、基本组成和工作原理； ⑦掌握燃油蒸发控制、EGR、TWC、二次空气喷射系统的性能检测方法	3 +3
	混合动力系统结构与检修	①了解混合动力系统的分类； ②熟悉混合动力系统的组成和工作原理； ③熟悉典型机动车混合动力系统的构成和故障检测方法	2
	发动机防盗系统结构与检修	①了解发动机防盗系统的分类； ②熟悉发动机防盗系统的组成和工作原理； ③熟悉典型机动车发动机防盗系统的构成和故障检测方法； ④能够进行发动机防盗系统的匹配作业	1 +1
	传动系统结构与检修	①了解离合器的功能和分类； ②熟悉离合器的结构和工作原理； ③掌握离合器的检查调整方法； ④能进行离合器常见故障的检测诊断和排除；	2
		⑤了解手动变速器和手动变速驱动桥的功能； ⑥掌握手动变速器和手动变速驱动桥的结构和工作原理； ⑦能正确进行手动变速器和手动变速驱动桥的拆装； ⑧能进行手动变速器和手动变速驱动桥常见故障的检测诊断和排除；	2 +2
		⑨了解自动变速器和自动变速驱动桥的类型； ⑩掌握自动变速器和自动变速驱动桥（含 CVT）的结构和工作原理，能进行动力传递线路的分析； ⑪能进行自动变速器和自动变速驱动桥的性能试验，并能根据试验结果进行故障分析； ⑫能正确进行自动变速器和自动变速驱动桥的拆装； ⑬能进行自动变速器和自动变速驱动桥常见故障的检测诊断和排除；	6 +6
		⑭了解传动轴的结构，掌握传动轴动平衡的检测方法； ⑮熟悉驱动桥的结构，掌握其检查调整方法	1

续上表

培训项目	培训内容	培训技术要求	学时
车辆底盘结构与检修	转向系统结构与检修	①了解机械式、液压动力式和电控动力式转向系统的组成; ②掌握机械式、液压动力式和电控动力式转向系统转向器的结构和工作原理,并能对转向器的性能进行检测; ③能进行转向盘自由行程、转向力的检查调整; ④能进行转向系统常见故障的检测诊断和排除	2+2
	行驶系统结构与检修	①了解车桥和车轮的结构; ②能进行车轮动平衡; ③了解悬架及电控悬架的组成; ④熟悉悬架主要组成部件的结构,并掌握其检测方法; ⑤能进行悬架常见故障的检测诊断和排除; ⑥掌握车轮定位的概念、各车轮定位参数的含义及功能; ⑦能熟练使用四轮定位仪对车辆定位参数进行检测,并根据检测结果进行故障分析	2+2
	制动系统结构与检修	掌握制动系统的结构组成、工作原理、检测及维修方法	3+3
车载网络系统与车身电控系统	车载网络系统结构与检修	①了解车载网络基础知识; ②熟悉CAN双线式数据总线、MOST网络系统、LIN网络系统的结构和检修方法; ③了解车载网络系统的故障特点; ④熟悉车载网络系统故障检测诊断的方法	
	车身电控系统简介	①了解车辆防盗系统的功能、类型、组成和工作原理; ②了解中控门锁的结构和工作原理; ③了解机动车空调系统和电控自动空调系统的组成、结构和工作原理; ④了解乘员辅助保护系统的组成、结构和工作原理; ⑤了解机动车仪表系统的组成、结构和工作原理	
车辆故障综合检测诊断	车辆故障检测诊断基础知识	①了解机动车故障的定义; ②了解故障模式和故障类型; ③了解故障诊断分类、故障诊断的条件; ④了解机动车故障诊断参数、故障诊断标准; ⑤熟悉机动车零部件失效的概念和失效的基本类型; ⑥熟悉机动车零部件失效的基本原因; ⑦熟悉机动车零部件失效的分析方法; ⑧掌握失效分析的步骤; ⑨熟悉电控组件故障类型及特点; ⑩了解ECU对电控组件故障的确认方法; ⑪熟悉电控系统故障类型及特点; ⑫掌握机动车故障诊断的基本程序; ⑬掌握机动车故障诊断的基本方法	

续上表

培训项目	培训内容	培训技术要求	学时
车辆故障综合检测诊断	典型故障分析方法在机动车故障诊断中的应用	①了解机动车故障电脑诊断仪的结构和工作原理,熟悉典型机动车故障电脑诊断仪的功能; ②能熟练使用机动车故障电脑诊断仪对车辆电控系统进行故障代码的读取和清除; ③掌握故障代码的分析方法和技巧; ④能根据故障代码进行车辆故障分析和排除; ⑤能熟练使用机动车故障电脑诊断仪对车辆电控系统进行动态数据读取; ⑥掌握动态数据的分析方法和技巧; ⑦能够利用动态数据进行车辆故障分析和排除; ⑧了解示波器的结构和工作原理; ⑨能熟练使用示波器进行波形检测; ⑩掌握波形的分析方法和技巧; ⑪能利用波形进行车辆故障分析和排除,了解真空度的形成; ⑫了解真空表的结构和工作原理; ⑬能熟练使用真空表进行真空度的测量; ⑭掌握真空度的分析方法和技巧; ⑮能利用真空度进行车辆故障分析和排除; ⑯了解尾气成分及成因; ⑰了解尾气分析仪的结构和工作原理; ⑱能熟练使用尾气分析仪进行尾气参数的测量; ⑲掌握尾气分析方法和技巧; ⑳能根据尾气检测结果进行车辆故障分析和排除; ㉑能拓展尾气分析仪在机动车故障检测诊断中的应用; ㉒了解红外测温仪的结构和工作原理; ㉓了解温度分析在机动车故障诊断中的应用范围; ㉔熟练使用红外测温仪进行温度参数测量; ㉕掌握温度分析方法和技巧; ㉖能够根据温度检测结果进行车辆故障分析和排除	10+10
	机动车故障综合诊断分析	①了解车辆典型异响的故障特征; ②掌握车辆异响故障的诊断方法; ③能正确排除车辆异响故障; ④掌握发动机综合故障的分析方法和思路; ⑤能排除发动机典型综合故障; ⑥掌握机动车底盘综合故障的分析方法和思路; ⑦能排除底盘典型综合故障	6+6

4.5　电器维修培训技术要求

电器维修培训技术要求见表5。

电器维修培训技术要求　　表5

培训项目	培训内容	培训技术要求	学时
机械基础	机械识图	①熟悉机械制图及零件图的绘制方法； ②了解公差与配合、表面粗糙度等基本概念，了解公差与配合、形位公差、表面粗糙度等的标注方法	8+2
	机械常识	①了解机动车用金属材料、非金属材料、机动车运行材料等基本知识，熟悉机械零件基础常识； ②熟悉导电材料、绝缘材料、磁性材料等机动车电工常用材料性能及其应用	
	工具、量具及检测仪器设备	①了解机动车维修常用工具、量具及检测仪器设备的结构、工作原理和标定方法； ②能熟练使用机动车维修常用工具、量具及检测仪器设备	
电工电子基础	电工基础	①掌握基本电路的运算知识； ②了解单相、三相交流电路的基本知识； ③熟悉安全用电常识，以及与机动车相关的安全用电知识	12+3
	电子基础	①掌握电子组件的结构、工作原理； ②掌握集成电路和逻辑电路的基本概念； ③熟悉晶体管电路、集成电路和逻辑电路等在机动车上的应用知识； ④了解机动车电磁干扰及防护	
	电路识图	①熟悉机动车电路的组成、分类和特点； ②掌握机动车电气线路图的识图方法	
	车用传感器	①掌握车用传感器的种类、结构和作用； ②熟悉车用传感器的工作原理和性能检测方法	
机动车电源、启动系统	电源系统	①熟悉电源系统的组成与基本电路； ②掌握蓄电池基本构造、工作原理和检测方法； ③掌握发电机、调节器的构造、工作原理和检测方法； ④掌握电源系统常见故障的诊断方法	4+2
	启动系统	①熟悉启动系统的组成和基本电路； ②掌握启动机的构造、工作原理和检测方法； ③掌握启动系统电路的检测方法和系统常见故障的诊断、排除方法	
点火系统	传统点火系统	①掌握传统点火系统的组成和工作过程； ②掌握传统点火系统主要部件的构造和检测方法； ③掌握传统点火系统故障诊断和排除方法	7+5
	电子点火系统	①熟悉电子式及电控点火系统组成和工作原理； ②掌握电子式及电控点火系统主要部件的性能检测方法；能熟练使用万用表等检测仪器对点火系统主要部件进行性能检测； ③掌握点火控制电路，并掌握点火控制电路的检测方法； ④能熟练使用示波器进行点火波形的检测，并能根据点火波形进行点火系统故障分析； ⑤掌握电控点火系统点火提前角控制和爆震控制工作原理及故障诊断方法	

续上表

<table>
<tr><th>培训项目</th><th>培训内容</th><th>培训技术要求</th><th>学时</th></tr>
<tr><td rowspan="2">照明、仪表和信号系统</td><td>照明系统</td><td>①熟悉机动车照明系统的组成和功用,掌握对机动车照明电路的检测方法;
②熟悉前照灯的结构、调整方法;
③熟悉氙气前照灯电路,掌握相关的检测、调整方法</td><td rowspan="2">5 +2</td></tr>
<tr><td>仪表和信号系统</td><td>①掌握各种仪表结构、工作原理;
②掌握仪表系统的检测和故障排除方法;
③掌握转向灯、制动灯、倒车灯等信号控制电路的故障检测方法;
④掌握电喇叭的类型、构造、工作原理和控制电路的检测方法</td></tr>
<tr><td rowspan="3">防盗系统</td><td>防盗系统</td><td>①熟悉防盗系统的组成、工作原理和组件检测方法;
②熟悉防盗系统的检修方法;
③掌握防盗系统常见故障及诊断方法;
④掌握防盗系统的设定和匹配知识</td><td rowspan="3">7 +4</td></tr>
<tr><td>中央门锁系统</td><td>①熟悉中央门锁装置的组成、工作原理和组件检测方法;
②熟悉中央门锁装置的常见故障及检修方法;
③掌握常见车型遥控器的更换和匹配方法</td></tr>
<tr><td>机动车防盗系统对发动机的影响</td><td>①熟悉防盗器发生故障时对发动机及相关部件的影响;
②掌握典型车型的防盗系统与发动机的匹配方法</td></tr>
<tr><td rowspan="3">辅助安全系统</td><td>辅助安全系统组成工作原理和组件检测</td><td>①了解辅助安全系统的常见类型;
②熟悉辅助安全系统组成、工作原理和组件检测方法</td><td rowspan="3">5 +2</td></tr>
<tr><td>辅助安全系统检测</td><td>掌握辅助安全系统故障检测方法</td></tr>
<tr><td>辅助安全系统常见故障及诊断</td><td>①熟悉辅助安全系统出现故障时的现象及对其他系统的影响;
②掌握辅助安全系统的常见故障及诊断方法;
③掌握更换辅助安全系统的组件及模块的方法;
④掌握使用相关检测仪器,对辅助安全模块进行编码的方法</td></tr>
<tr><td rowspan="4">车载网络系统</td><td>车载网络基础知识,CAN 双线式数据总线结构及检修</td><td>了解车载网络的类型、工作原理,掌握 CAN 双线式数据总线结构与检修方法</td><td rowspan="4">5 +2</td></tr>
<tr><td>MOST 网络系统结构和检修</td><td>掌握 MOST 网络系统结构与检修方法</td></tr>
<tr><td>LIN 网络系统和检修</td><td>掌握 LIN 网络系统结构与检修方法</td></tr>
<tr><td>车载网络系统常见故障检测诊断</td><td>①熟悉车载网络系统的故障特点;
②掌握车载网络系统故障检测诊断的方法</td></tr>
</table>

续上表

培训项目	培训内容	培训技术要求	学时
空调系统	空调制冷系统工作原理及检修	①熟悉机动车空调制冷系统的组成、工作原理及检测方法,掌握常用检测仪器、设备的种类和使用方法; ②掌握机动车空调制冷系统抽真空、试漏、加注冷冻机油和制冷剂的方法	8+4
	空调制冷系统常见故障检测诊断	掌握机动车空调制冷系统常见故障的特点、检测和排除方法	
	空调制暖系统组成及检修	①熟悉机动车空调制暖系统的结构、工作原理; ②熟悉机动车空调制暖系统零部件性能检测方法; ③掌握机动车空调制暖系统常见故障检测和排除方法	
车身附件电器系统	电动座椅	①熟悉电动座椅组成、工作原理和组件检测方法; ②掌握电动座椅常见故障及诊断方法	7+5
	电动窗	①熟悉电动窗组成、工作原理; ②掌握电动窗常见故障及诊断方法	
	电动后视镜和风挡加热	①熟悉电动后视镜和风挡加热系统的组成及工作原理; ②掌握电动后视镜及风挡加热的常见故障及检测方法	
	电动刮水器	①熟悉电动刮水器的组成、工作原理; ②掌握电动刮水器常见故障及诊断方法	
	停车辅助系统(倒车雷达)	①熟悉停车辅助系统的组成、工作原理; ②掌握停车辅助系统的常见故障检测方法	
机动车多媒体和导航系统	多媒体和导航系统	①熟悉机动车音响的结构原理; ②掌握机动车音响常见故障的检测方法; ③熟悉 CD、DVD 的结构原理; ④掌握 CD、DVD 常见故障的检测方法	4+2
	导航系统	①熟悉机动车导航系统的组成和工作原理; ②掌握机动车导航系统常见故障的诊断方法	
机动车电器故障综合诊断分析	根据电路图分析电路故障	根据车型的电路图综合分析并排除机动车电路故障	5+5
	根据机动车故障电脑诊断仪、示波器等检测仪器、工具诊断分析故障原因	①熟练使用各类检测仪器设备进行故障诊断检测; ②根据检测的结果对机动车电器故障进行综合分析,准确判断故障原因; ③掌握对机动车电器综合故障的分析排除方法	

4.6　车身修复培训技术要求

车身修复培训技术要求见表6。

车身修复培训技术要求　　表6

培训项目	培训内容	培训技术要求	学时
车身材料及性能	金属材料的基本性能	①掌握车身中各部位材料的类型； ②了解材料的弹性变形、塑性变形的力学特点； ③掌握热量对钢材强度的影响	7
	高强度钢板材的种类、特点及应用维修特点	①了解车身中高强度钢板材的种类及在车身上的应用； ②掌握高强度钢构件的维修特点； ③掌握高强度钢构件的焊接要求	
	超高强度钢的种类、特点及应用维修特点	①了解车身超高强度钢板的种类及在车身上的应用； ②掌握超高强度钢的维修要求	
	车身用有色合金材料	①了解铝、镁、铜合金在车身中的应用及性能； ②了解铝合金车身的结构特点； ③掌握铝合金构件的维修、焊接要求	
	车身用非金属材料	①了解车身非金属材料的类型及特点； ②了解车身非金属材料的维修要求	
机械基础知识及常用机械零件	常见机械传动	①了解常见机械传动的形式； ②了解不同传动形式的特点及应用	2
	零件连接方式	了解零件连接的类型、特点及应用	
	液压传动知识	①了解液压传动的原理； ②了解液压传动的特点及应用	
车身制图及绘制展开图	三视图的识读	了解零件图、简单装配图的识读	2
	车身识图	掌握车身图的识读	
	绘制展开图	了解用求线段实长、截交线、相贯线展开放样绘制展开图	
	典型零件的展开图	了解圆管展开图、两节弯头展开图、圆锥展开图、方圆接头展开图等典型零件的展开图绘制方法	
安全教育	安全生产	掌握在生产中的安全事项	1
	安全防护	掌握生产中的个人安全防护事项	

续上表

培训项目	培训内容	培训技术要求	学时
车身结构	车身结构的类型及特点	①了解车身结构的发展历史; ②掌握车架车身的结构特点; ③了解承载式车身结构及力学特点; ④掌握承载车身的FF、FR、MR结构特点	6
	碰撞对车身结构的影响	①了解车架式车身在碰撞中的变形特点; ②了解承载式车身在碰撞中的变形特点; ③掌握两种车身碰撞后在维修中的区别	
	车身零部件	①了解车身主要结构件的特点及作用; ②掌握车身主要结构件的修理要点	
车身修复常用工具、设备	常用板件加工设备	了解剪床、压力机、卷板机、弯管机等设备的工作原理、使用和维护事项	2+1
	电动及风动工具	掌握电动及风动工具的使用方法及维护	
	测量工具	①掌握通用量具(游标卡尺、万能角度尺、水平尺)的使用方法; ②掌握车身三维测量系统的特点及使用方法	
车身连接技术	车身连接类型	了解车身部件的不同连接方式及特点	11+5
	气体保护焊	①了解气体保护焊的特点; ②了解气体保护焊设备的工作原理; ③掌握焊接操作中的安全事项; ④掌握车身不同材料对焊接的要求; ⑤掌握车身板件焊接参数选择、焊接方法及质量检验的方法	
	电阻点焊	①了解电阻点焊的特点; ②了解电阻点焊设备的工作原理; ③掌握焊接操作中的安全事项; ④掌握车身不同材料对焊接的要求; ⑤掌握车身板件焊接参数选择、焊接方法及质量检验的方法	
	钎焊	①了解钎焊的特点和焊接原理; ②掌握焊接操作中的安全事项; ③掌握车身板件钎焊焊接方法及质量检验的方法	
	黏结	了解黏结的特点及在车身修复中的应用	
	工艺制订	掌握焊接和黏结工艺的制订	

续上表

培训项目	培训内容	培训技术要求	学时
车身板件修复(钣金)	钢板变形及修复特点	①了解钢板变形的分类及特点； ②了解钢板变形加工硬化对修理的影响； ③了解直接损坏和间接损坏的差异及修理特点； ④了解钢板变形的单纯的铰折、凹陷铰折、凹陷卷曲、单纯的卷曲折损的特点； ⑤掌握钢板变形部位存在的不同受力情况及施力方向的确定	8+3
	外形修复的安全操作	了解板件修复中的安全事项及个人防护	
	板件加工方法	①掌握使用垫铁、钣金锤、修平刀对钢板不同变形的修理方法； ②掌握使用外形修复机修理不同变形的方法； ③掌握热收缩的原理和使用外形修复机对钢板进行热收缩	
	板件修复工艺	①掌握手工成形工艺； ②掌握钣金修理加工工艺的制订要求	
车身测量	车身三维测量的原理及测量方法	①了解车身长宽高基准的确定； ②了解车身不同部位的控制点； ③了解车身发动机舱等上部车身尺寸点对点测量的方法和工具	4+8
	车身结构数据图的识读	①掌握认读不同类型的车身结构数据图的方法； ②掌握根据车身数据图在车身找到相应的测量控制点位置	
	车身测量	①掌握车辆基准的找正方法； ②掌握使用机械测量和电子测量系统对车身进行三维测量的方法； ③掌握根据测量数据进行车身变形分析的方法	
车身损坏分析	车身结构中的被动安全设计及变形特点	①了解车身被动安全结构的类型和特点； ②了解车辆安全结构的变形特点	5
	车架式车身的损坏分析	①了解车架式车身的吸能区特点； ②掌握车架式车身损坏后修理要点	
	承载式车身的损坏分析	①了解承载式车身的吸能区特点； ②掌握承载式车身损坏后修理要点	
	吸能区修理	掌握车身吸能区的修理要点	
	车身修复工艺方案制订	掌握通过车身损坏分析制订修复工艺方案的程序及方法	

续上表

培训项目	培训内容	培训技术要求	学时
车身校正技术	车身校正的基本原则	①了解承载式车身钢板的受力特点； ②了解拉伸力的分解及基本原则	10+6
	校正设备的种类及使用方法	①了解车身结构发展对车身校正设备的要求； ②掌握车身校正设备各部件的用途； ③掌握车身校正设备的使用方法； ④了解车身校正操作中的安全操作事项	
	车辆定位基准	掌握车辆基准的找正及定位方法	
	修理程序设计	①掌握车身损坏分析过程； ②掌握车身修复工艺的制订过程	
	承载式车身拉伸修理	①了解单拉系统、复合牵拉系统的使用； ②了解车身修理程序； ③掌握车身前端损坏的修复； ④掌握车身后部损坏的修复； ⑤掌握车身侧面损坏的修复； ⑥掌握其他部位不同变形的修复	
	应力消除	①了解应力对车身的损坏； ②了解应力的消除方法	
车身板件更换方法	结构性板件的更换要点	①了解结构性板件的更换特点； ②了解吸能区高强度钢板区板件更换特点	9+8
	板件的分离工具及使用方法	①了解等离子切割机的原理和使用方法； ②了解不同部位分离所使用的专用工具的使用方法； ③了解切割分离更换操作中的安全事项	
	焊接的分离	掌握焊接接头的分离方法	
	板件更换方法	①了解板件更换的准备步骤； ②掌握使用测量系统对车身结构件进行定位操作的方法； ③掌握用目测方法对覆盖件进行定位操作的方法	
	结构件的分割方法	①掌握整体式车身不同部位的切割要点； ②掌握吸能区部位的切割要点	
	结构件的连接方式	①了解分割接头的基本类型和方法； ②了解连接部位准备程序； ③掌握车身梁、车门槛板、车身立柱、地板和后行李舱地板的切割连接方法	
	板件更换工艺	掌握板件更换工艺的制订	

续上表

培训项目	培训内容	培训技术要求	学时
车身防腐	腐蚀的特点	①了解车身腐蚀的成因； ②了解车身腐蚀防护的必要性和防腐失效的原因	4+2
	防腐材料	了解防腐蚀材料、车身密封胶（剂）、防锈剂的种类和用途	
	防腐表面处理	了解防腐表面预处理步骤	
	不同表面的防腐处理	①掌握封闭的内表面的防腐处理过程； ②掌握外露的接头的防腐处理过程； ③掌握外露的内表面的防腐处理过程； ④掌握外露的外表面和外部附件的防腐处理过程	
	防腐工艺	掌握车身防腐工艺的制订	

4.7 车身涂装培训技术要求

车身涂装培训技术要求见表7。

车身涂装培训技术要求

表7

培训项目	培训内容	培训技术要求	学时
涂装车间安全生产和环境保护	涂料施工安全管理	①熟悉涂装施工的要求和一般安全防护措施； ②掌握涂料储存、保管知识	8
	安全用电	①了解安全用电的重要性； ②掌握安全用电的方法	
	灭火技术	①了解涂料施工中引发火灾的主要原因； ②熟悉常用灭火器的类型和作用； ③掌握灭火的基本方法	
	机动车修理厂的环境保护工作	①了解涂料对环境及人体健康的影响； ②熟悉机动车修理厂环境保护措施	
车身结构与维修要求	车身结构分类方法	了解轿车、客车、货车车身结构的分类方法	4
	车身损坏与维修要求	①了解车身损坏的常见原因； ②熟悉车身维修的特点与要求； ③了解车身维修技术的发展前景	
有机化学基础	有机化合物的分类	了解有机物的分类方法	12
	饱和链烃化合物的分类	①熟悉烷烃的分类和命名； ②熟悉烷烃的性质	
	不饱和烃	①熟悉不饱和烃的分类和命名； ②熟悉不饱和烃的性质	
	链烃的衍生物	熟悉常见链烃衍生物及其化学性质	
	环烃及其衍生物	①了解常见的环烃及其衍生物； ②熟悉这些化合物的化学性质	
	高分子化合物	了解高分子化合物的基本概念	

续上表

培训项目	培训内容	培训技术要求	学时
金属防腐蚀	金属腐蚀的种类、原理,防腐蚀的方法	①了解金属腐蚀的外在原因; ②了解金属腐蚀的原理; ③了解金属防腐蚀的主要方法	5
	车身防腐蚀	①了解车身腐蚀的主要原因; ②熟悉车身防腐蚀的主要方法	
涂料知识	涂料及其发展	①简单了解涂料发展史; ②了解涂料的分类和命名; ③熟悉涂料的成膜原理	9
	环保型涂料	①环保型涂料的概念; ②了解水性涂料在机动车修补业中的应用; ③了解紫外光固化涂料在机动车修补业中的应用	
	涂料的组成	了解涂料中的树脂、颜料、溶剂和助剂的作用	
	常用机动车修补涂料及其特性	①熟悉常用的机动车涂料的类型; ②了解不同类型修补漆的优缺点	
机动车修补工具	常用工具及使用	熟悉机动车涂装修补的常用工具及使用方法	9
	烘干设备	①掌握对流干燥烤漆房的工作原理和维护方法; ②掌握红外线干燥的原理和使用维护方法	
	空气喷枪	①了解空气喷枪的类型和工作原理; ②掌握空气喷枪的维护方法	
	空气压缩机和分配系统	①了解空气压缩机的构造、工作原理和维护方法; ②了解空气输送系统中的设备和管道排布原则; ③了解空气净化装置的组成	
	打磨设备	了解打磨机的工作原理并掌握其使用方法	
	抛光机	了解抛光机的工作原理并掌握其使用方法	
机动车修补漆的施工	涂装前处理	①了解涂装表面预处理的重要性; ②了解机动车常用金属底材的特点; ③了解典型的表面预处理工艺	2+2
	腻子的施工	①了解腻子的作用和类型; ②掌握腻子的施工方法; ③掌握腻子的打磨	1+2
	底漆的施工	①了解底漆的种类; ②掌握常用底漆的施工方法	1+2

续上表

培训项目	培训内容	培训技术要求	学时
机动车修补漆的施工	中涂底漆的施工	①了解中涂底漆的作用和特点； ②掌握中涂底漆的施工方法； ③掌握中涂底漆的打磨方法	1 +2
	面漆的施工	①了解面漆的类型； ②掌握双组分纯色漆的施工方法； ③掌握双工序金属漆的施工方法； ④掌握三工序珍珠漆的施工方法	2 +3
	金属底材的涂装	①了解车身上常用的金属材料的特点； ②掌握不同金属底材前处理的特点； ③掌握不同金属底材对底漆的要求	2
	塑料底材的涂装	①了解车身上塑料底材的特点； ②了解塑料底材的前处理工艺； ③掌握塑料底材的涂装工艺	2 +2
	轿车涂装实例	①了解轿车的涂装施工流程； ②能够独立准备材料和工具； ③独立完成前处理、贴护、喷涂和精饰	2 +22
	机动车修补技术	①掌握喷枪调节方法； ②掌握双组分纯色漆局部修补技术； ③掌握双工序金属漆局部修补技术； ④掌握三工序珍珠漆局部修补技术	4 +7
	抛光打蜡	①了解抛光打蜡的程序； ②用抛光打蜡的方法去除涂膜上的尘点和垂流； ③用抛光方法处理局部修补的接口	1 +2
涂料检测及涂膜质量	涂料的检测	①了解涂料的常规检测项目； ②了解涂膜的常规检测项目； ③掌握涂膜附着力、硬度等检测方法	5 +2
	涂膜的缺陷及解决方法	①掌握常见涂膜缺陷的辨别方法； ②了解产生涂膜缺陷的原因； ③掌握消除涂膜缺陷的方法	
调色理论与实践	调色基础	①了解颜色的属性； ②熟悉孟塞尔颜色定位系统； ③了解调色微调的一般原则	9 +18
	调色理论与实践	①掌握素色漆的调色要点； ②掌握双工序金属漆的调色要点； ③掌握三工序珍珠漆的调色要点	
	影响颜色的因素	了解施工条件及其他因素对颜色的影响	

4.8 车辆技术评估(含检测)培训要求

车辆技术评估(含检测)培训要求见表8。

车辆技术评估(含检测)培训要求 表8

培训项目	培训内容	培训技术要求	学时
发动机	可变气门正时机构	①熟悉可变配气相位的概念; ②熟悉可变气门正时机构的结构和工作原理	12
	电控汽油喷射系统	①熟悉电控汽油喷射系统的组成和功能; ②熟悉电控汽油喷射系统各主要传感器、执行器的功能	
	柴油供给系统	①了解共轨式柴油供给系统的组成,熟悉共轨式柴油供给系统各主要部件的结构和工作原理; ②了解泵—喷嘴燃油供给系统的组成,熟悉泵—喷嘴的结构和工作原理	
	发动机电控点火系统(含独立点火系统)	①了解电控点火系统的组成,熟悉电控点火系统各主要部件的结构和工作原理; ②熟悉独立点火系统的结构和工作原理	
	发动机进气控制系统	①了解怠速控制系统的类型,熟悉怠速控制系统的组成和工作原理; ②了解电子节气门的组成,熟悉其结构和工作原理; ③了解可变进气系统的组成和工作原理	
	混合动力系统	①了解混合动力系统的分类; ②了解混合动力系统的组成和工作原理	
	发动机防盗系统	①了解发动机防盗系统的分类; ②了解发动机防盗系统的组成和工作原理	
底盘	自动变速器	①了解自动变速器和自动变速驱动桥的类型; ②掌握自动变速器和自动变速驱动桥(含CVT)的结构和工作原理	12
	电控悬架	①了解电控悬架的组成; ②熟悉电控悬架的结构和工作原理	
	轮胎气压监控系统	了解轮胎气压监控系统的结构和工作原理	
	轮胎充氮技术	①了解轮胎充氮设备的结构与工作原理; ②了解轮胎充氮工艺	
	电控动力转向系统	①了解电控动力转向系统的功能和组成; ②熟悉电控动力转向系统的结构和工作原理	
	电控制动系统	①熟悉电控制动力分配系统(EBD)的功能和结构原理; ②熟悉电子稳定化控制系统(ESP)的功能和结构原理; ③熟悉动态稳定性控制系统(DSC)的功能和结构原理	
	车身电控系统	①了解车辆防盗系统的功能、类型、组成和工作原理; ②了解中控门锁的结构和工作原理	
	车载网络基础	①了解车载网络系统的基础知识; ②了解CAN双线式数据总线、MOST网络系统和LIN网络系统的结构	

续上表

培训项目	培训内容	培训技术要求	学时
机动车综合性能检测站计算机控制系统	检测站计算机控制系统的结构	①了解计算机控制系统的硬件配置; ②熟悉计算机控制系统的控制方式	5
	计算机控制系统各子系统的功能和结构	①了解登录、测控子系统的功能; ②了解监控、检测业务管理、财务管理及系统维护子系统的功能	
	检测站计算机控制系统的发展动态	了解检测站计算机控制系统的发展动态	
机动车动力性检测	机动车动力性评价指标	①掌握机动车动力性评价指标; ②了解在用车检测整车动力性采用的评价指标	7+3
	发动机综合性能检测	①熟悉发动机综合性能分析仪的结构和检测原理; ②熟悉发动机综合性能分析仪的检测项目、检测流程、规范的操作方法和安全操作规程; ③掌握发动机综合性能检测方法,能熟练使用发动机综合性能分析仪进行发动机综合性能检测	
	机动车动力性检测	①熟悉底盘测功机的结构和检测原理; ②熟悉底盘测功机的安全操作规程与维护; ③熟悉底盘测功机的检测项目、检测流程和规范的操作方法,能熟练使用底盘测功机进行机动车动力性检测; ④熟悉驱动轮输出功率的限值; ⑤掌握整车动力性检测工况和检测方法	
	机动车动力性检测技术评定	能够根据检测结果,分析和判断机动车(含发动机)动力性指标不合格的原因、可能存在的故障及其诊断和排除方法	
机动车燃料经济性检测	油耗仪的结构原理	①熟悉油耗仪的类型、结构原理及使用方法; ②熟悉油耗仪的安全操作规程; ③熟悉油耗仪的检测流程和规范的操作方法,能熟练使用油耗仪进行燃油消耗量检测	6+1
	燃料消耗量的检测方法	①熟悉机动车燃料经济性的评价指标; ②熟悉机动车燃料消耗量的限值; ③掌握机动车燃料消耗量的台架检测和路试检测方法	
	燃料经济性检测技术评定	能够根据检测结果,分析和判断机动车燃料经济性指标不合格的原因、可能存在的故障及其诊断和排除方法	

续上表

培训项目	培训内容	培训技术要求	学时
机动车制动性检测	制动检验台结构原理	①熟悉制动检验台(反力式滚筒制动检验台和平板式制动检验台)的结构和检测原理; ②熟悉制动检验台的安全操作规程与维护; ③熟悉制动检验台的检测项目、检测流程和规范的操作方法,能熟练使用制动检验台进行机动车制动性检测	7+2
	机动车制动性能的评价指标	①掌握制动装置的基本要求; ②掌握制动性能的评价指标	
	台试检测机动车制动性能	①掌握台试检测机动车制动性能要求; ②掌握台试机动车制动性能的检测方法	
	路试检测机动车制动性能	①熟悉路试检测机动车制动性能要求; ②掌握路试机动车制动性能的检测方法	
	机动车制动性检测技术评定	能够根据检测结果,分析和判断机动车制动性能指标不合格的原因、可能存在的故障及其诊断和排除方法	
机动车转向操纵性检测	转向操纵性的一般要求	熟悉转向操纵性的一般要求	6+2
	四轮定位仪的结构原理及车轮定位检测	①熟悉四轮定位仪的结构和检测原理; ②熟悉四轮定位仪的检测流程、规范的操作方法和安全操作规程,能熟练使用四轮定位仪进行车轮定位参数检测; ③掌握车轮定位的检测要求和检测方法	
	测滑检验台的结构原理及车轮侧滑量检测	①熟悉测滑检验台的结构和检测原理; ②熟悉测滑检验台的检测项目、检测流程、规范的操作方法和安全操作规程,能熟练使用测滑检验台进行车轮侧滑量检测; ③掌握车轮侧滑量的检测要求和检测方法	
	机动车转向操纵性检测技术评定	能够根据检测结果,分析和判断机动车转向操纵性指标不合格的原因、可能存在的故障及其诊断和排除方法	
悬架特性检测	悬架装置检验台检测评价悬架特性	①熟悉悬架装置检验台的结构和检测原理; ②熟悉悬架装置检验台的检测流程、规范的操作方法和安全操作规程,能熟练使用悬架装置检验台进行车辆悬架特性检测; ③掌握悬架装置检验台检测悬架特性的评价指标、检测要求和检测方法	3+2
	平板式制动检验台检测悬架特性	①熟悉平板式制动检验台检测悬架特性的检测流程、规范的操作方法和安全操作规程,能熟练使用平板式制动检验台进行车辆悬架特性检测; ②掌握平板式制动检验台检测悬架特性的评价指标、检测要求和检测方法	
	悬架特性检测技术评定	能够根据检测结果,分析和判断悬架特性检测指标不合格的原因、可能存在的故障及其诊断和排除方法	

续上表

培训项目	培训内容	培训技术要求	学时
机动车排放污染物检验	机动车排放污染物的控制	熟悉机动车排放污染物的限值要求	7+1
	机动车排气分析仪的结构原理	①熟悉机动车(含汽油车和柴油车)排气分析仪的结构原理; ②熟悉排气分析仪的检测项目、检测流程、规范的操作方法和安全操作规程; ③能熟练使用排气分析仪进行机动车尾气检测	
	机动车排气污染物的检验	①掌握装配点燃式发动机车辆排气污染物的检验方法; ②掌握装配压燃式发动机车辆排气污染物的检验方法	
	机动车排放污染物检验技术评定	能够根据检测结果,分析和判断机动车排放污染物指标不合格的原因、可能存在的故障及其诊断和排除方法	
机动车噪声控制与检验	声级计的结构原理	①熟悉声级计的结构原理及使用方法; ②熟悉声级计的检测项目、检测流程、规范的操作方法和安全操作规程,能熟练使用声级计进行机动车噪声测量	3+1
	机动车噪声控制及检验	掌握机动车定置噪声、车内噪声、驾驶员耳旁噪声和喇叭噪声的限值和检验方法	
	机动车噪声检验技术评定	能够根据检验结果,分析和判断机动车噪声指标不合格的原因、可能存在的故障及其诊断和排除方法	
照明和信号装置及其他电气设备检验	前照灯检验仪的结构原理	①熟悉前照灯检验仪的类型、结构原理; ②熟悉前照灯检验仪的使用和安全操作规程; ③熟悉前照灯检验仪的检验项目、检验流程和规范的操作方法,能熟练使用前照灯检验仪进行前照灯检验	5+2
	照明和信号装置及其他电气设备的一般要求	掌握照明和信号装置及其他电气设备的一般要求和检查方法	
	前照灯检验	①掌握前照灯光束照射位置的检验方法; ②掌握前照灯发光强度的检验方法	
	前照灯检验技术评定	能够根据检验结果,分析和判断前照灯指标不合格的原因、可能存在的故障及其诊断和排除方法	

续上表

培训项目	培训内容	培训技术要求	学时
机动车车速表检验	车速表误差的形成原因及检测原理	①熟悉车速表误差的形成原因; ②熟悉车速表误差的检测原理	3+1
	车速表检验台的结构原理	①熟悉车速表检验台的结构和检测原理; ②熟悉车速表检验台的安全操作规程与维护; ③熟悉车速表检验台的检测项目、检测流程和规范的操作方法,能熟练使用车速表检验台进行机动车车速表检验	
	机动车车速表检测	掌握车速表检测标准和检测方法	
	机动车车速表检测技术评定	能够根据检测结果,分析和判断机动车车速表检测指标不合格的原因、可能存在的故障及其诊断和排除方法	
整车装备检验	整车检验	①熟悉整车检验常用仪表、工量具的使用和安全操作规程; ②掌握整车检验的流程、正确的检验方法和操作规范; ③掌握整车检验的基本要求; ④能熟练地进行整车尺寸和质量参数检验、滑行性能检验、密封性检验、异响检查和润滑检查	5+4
	车辆总成及技术装备检验	能熟练地进行车辆总成及技术装备(车架、车身与驾驶室、行驶系统、传动系统、安全防护装置)的检验	
	特种车辆的检验	能熟练地进行危险货物运输车辆检验、机动车列车检验,熟悉集装箱运输车的要求	
	整车装备检验技术评定	能够根据检验结果,分析和判断机动车整车检验指标不合格的原因、可能存在的故障及其诊断和排除方法	
营运车辆技术等级评定	营运车辆技术等级评定内容和规则	掌握营运车辆技术等级评定的内容和规则	2
	营运车辆技术等级评定项目和技术要求	①掌握营运车辆技术等级评定的项目和技术要求; ②了解营运车辆技术等级评定的检测方法	

附录 A
（资料性附录）
与机动车维修相关的法律、法规

A.1　相关的法律

《中华人民共和国劳动法》
《中华人民共和国合同法》
《中华人民共和国消费者权益保护法》
《中华人民共和国安全生产法》
《中华人民共和国标准化法》
《中华人民共和国计量法》
《中华人民共和国产品质量法》
《中华人民共和国大气污染防治法》
《中华人民共和国水污染防治法》
《中华人民共和国固体废物污染环境防治法》

A.2　相关法规和规章

《中华人民共和国道路运输条例》
《机动车维修管理规定》

附录2　中华人民共和国机动车维修技术人员从业资格考试大纲

为加强机动车维修技术人员从业资格管理，提高机动车维修技术人员素质，确保机动车维修质量，根据《机动车维修管理规定》及相关法律法规和技术标准的规定，制定本大纲。

一　适用范围

申请从事机动车维修技术负责人、质量检验员、机修、电器维修、钣金（车身修复）、涂漆（车身涂装）和车辆技术评估（含检测）等岗位的机动车维修技术人员。

二　考试内容分类及合格标准

（1）考试分为理论考试和技能考核两部分，全部采用模块化考试。

（2）理论考试采用计算机，使用全国统一题库，试题有判断题、单项选择题和多项选择题等三种类型，每套试题为80题，每个模块理论考试时间为90min。

（3）技能考核的内容和考核时间见各模块技能考核要求。

（4）各模块理论考试和各项技能考核的满分均为100分，技能考核成绩为各项技能考核成绩的综合平均，理论考试和技能考核均达到80分及以上方为合格。

（5）理论考试和技能考试成绩必须由2名考试员签字确认，单项考试成绩一年内有效。

三　考试范围

（1）机动车维修技术负责人考试范围：模块A和模块B必考，模块D、E、F、G必须选考其一，写一篇不少于3000字的技术管理论文，并通过专家审查。

（2）机动车维修质量检验员考试范围：模块A和模块C必考，模块D、E、F、G必须选考其一。

（3）机修人员考试范围：模块A和模块D。

（4）电器维修人员考试范围：模块A和模块E。

（5）钣金（车身修复）人员考试范围：模块A和模块F。

（6）涂漆（车身涂装）人员考试范围：模块A和模块G。

（7）车辆技术评估（含检测）人员考试范围：模块A和模块H。

四　考试模块

1. 模块A　职业道德和法律法规（附表1）

职业道德和法律法规模块考试内容及参考分值　　附表1

考试内容		参考分值
1. 职业道德	①交通运输部及有关部门规定的职业道德规范； ②机动车维修行规行约	20

续上表

考 试 内 容		参考分值
2. 法律、法规、规章	①《道路运输条例》中与机动车维修相关的内容； ②《机动车维修管理规定》的目的、意义及各条款的内涵	15
	③《大气污染防治法》中与机动车排放相关的内容； ④《合同法》的相关内容； ⑤《标准化法》的相关内容； ⑥《产品质量法》的相关内容	10
	⑦《消费者权益保护法》的相关内容； ⑧《劳动法》中与劳动保护和安全生产方面有关的内容； ⑨《固体废物污染环境防治法》的相关内容； ⑩《水污染防治法》及其实施细则等相关机动车维修方面的法律法规； ⑪《安全生产法》的相关内容； ⑫《计量法》的相关内容	10
3. 标准、规范	①汽车维修标准化体系	5
	②《汽车维修业开业条件》（GB/T 16739.1～16739.2）； ③《摩托车维修业开业条件》（GB/T 18189）	15
	④《汽车维护、检测、诊断技术规范》（GB/T 18344）； ⑤《营运车辆综合性能要求和检验方法》（GB 18565）； ⑥《机动车运行安全技术条件》（GB 7258）； ⑦《在用汽车排放污染物限值及测试方法》（GB 18285）	20
	⑧其他相关标准	5

2. 模块B　技术质量管理（附表2）

技术质量管理模块考试内容及参考分值　附表2

考 试 内 容		参考分值
1. 技术质量管理	①ISO 9000（族）质量认证体系； ②质量管理	15
	③设备管理； ④配件管理	10
	⑤计量管理； ⑥技术档案和工艺文件管理	10
	⑦环境保护和安全生产管理	15
2. 维修质量纠纷处理	维修质量和纠纷鉴定分析及调解	15
3. 技术支持	①技术培训； ②疑难故障处理和工艺制定； ③技术保障体系（人员、设备、资料）	15
4. 维修企业计算机管理	维修企业计算机管理知识	5
5. 工时定额	制定和组织实施机动车维修工时定额	5
6. 现场管理	机动车维修企业现场管理知识	10

3. 模块C　维修检验技术(附表3)

维修检验技术模块考试内容及参考分值　　附表3

<table>
<tr><th colspan="3">考　试　内　容</th><th>参考分值</th></tr>
<tr><td rowspan="12">理论考试</td><td>1. 质量管理</td><td>质量管理知识</td><td>10</td></tr>
<tr><td rowspan="2">2. 常用仪器、仪表和量具</td><td>①机动车维修质量检验常用仪器、仪表和量具的原理及使用方法</td><td rowspan="2">10</td></tr>
<tr><td>②机动车维修质量检验常用仪器、仪表和量具的检定方法</td></tr>
<tr><td rowspan="6">3. 维修质量检验</td><td>①机动车维修质量检验的分类和内容</td><td>8</td></tr>
<tr><td>②机动车维修质量检验的方法</td><td>9</td></tr>
<tr><td>③机动车维修质量检验的技术要求</td><td>9</td></tr>
<tr><td>④车身修复质量的检验知识</td><td>8</td></tr>
<tr><td>⑤车身涂装质量的检验知识</td><td>8</td></tr>
<tr><td>⑥车辆综合性能检测主要检测设备的原理、检测参数、使用要求</td><td>8</td></tr>
<tr><td rowspan="3">4. 机动车配件质量检验和控制</td><td>①机动车常用材料的性能</td><td>10</td></tr>
<tr><td>②机动车配件质量检验方法</td><td>10</td></tr>
<tr><td>③机动车配件质量控制知识</td><td>10</td></tr>
<tr><td rowspan="11">技能考核</td><td rowspan="5">1. 配件质量检验(对指定配件进行质量检验，考核时间为20min)</td><td>①安全操作</td><td>10</td></tr>
<tr><td>②仪器、仪表和量具使用的规范性</td><td>10</td></tr>
<tr><td>③配件质量的检验方法</td><td>25</td></tr>
<tr><td>④检测结果分析</td><td>30</td></tr>
<tr><td>⑤配件质量检验结论</td><td>25</td></tr>
<tr><td rowspan="6">2. 维修质量检验(机动车维修进厂、过程、出厂检验并正确填写检验单，考核时间为40min)</td><td>①安全操作</td><td>10</td></tr>
<tr><td>②仪器、仪表和量具使用的规范性</td><td>10</td></tr>
<tr><td>③检验项目及项目填写的完整性</td><td>15</td></tr>
<tr><td>④检验项目填写的规范性</td><td>10</td></tr>
<tr><td>⑤检测结果分析</td><td>30</td></tr>
<tr><td>⑥质量检验结论</td><td>25</td></tr>
</table>

4. 模块D　机动车维修专业知识(机修模块)(附表4)

机动车维修专业知识(机修模块)技术考试内容及参考分值　　附表4

<table>
<tr><th colspan="4">考　试　内　容</th><th>参考分值</th></tr>
<tr><td rowspan="5">理论考试</td><td rowspan="5">1. 机修基础知识</td><td>1)机械基础</td><td>①机械识图;
②典型机械零件;
③机动车常用材料;
④机动车运行材料</td><td>8</td></tr>
<tr><td>2)电工基础</td><td>①电子学基础知识;
②安全用电;
③电路图识图;
④车用传感器</td><td>7</td></tr>
<tr><td>3)液压基础</td><td>①液压传动;
②液压控制</td><td>4</td></tr>
<tr><td>4)维修设备、工具、量具</td><td>①维修常用维修设备的使用维护;
②维修常用仪器、仪表、量具和工具的使用维护</td><td>4</td></tr>
<tr><td>5)车用计算机控制基础</td><td>①控制基本理论;
②典型控制系统;
③车载网络技术</td><td>7</td></tr>
</table>

续上表

<table>
<tr><th colspan="4">考 试 内 容</th><th>参考分值</th></tr>
<tr><td rowspan="10">理论考试</td><td rowspan="10">2. 机修专业知识</td><td rowspan="7">1)结构原理</td><td>①发动机(发动机基本结构、发动机控制系统、发动机性能检测)</td><td>9</td></tr>
<tr><td>②传动系(变速器—机械变速器、自动变速器、传动轴、差速器、分动箱)</td><td>7</td></tr>
<tr><td>③制动系(传统制动系、电控制动系)</td><td>6</td></tr>
<tr><td>④转向系(普通转向系、液压动力转向系、电动转向系)</td><td>6</td></tr>
<tr><td>⑤悬架(普通悬架、液压悬架、气压悬架、车轮定位)</td><td>4</td></tr>
<tr><td>⑥电控柴油机</td><td>4</td></tr>
<tr><td>⑦机动车新技术的应用</td><td>4</td></tr>
<tr><td rowspan="3">2)故障检测、诊断、维修的基本理论和知识</td><td>①检验检测的基本原理及方法</td><td>11</td></tr>
<tr><td>②常用检测仪器的结构原理和测试方法</td><td>8</td></tr>
<tr><td>③典型故障分析</td><td>11</td></tr>
<tr><td rowspan="22">技能考核</td><td rowspan="5">1. 机械零部件测量</td><td rowspan="5">对指定机械零部件进行测量作业(考核时间为20min)</td><td>①安全操作</td><td>10</td></tr>
<tr><td>②量具、仪器、仪表、工具使用的规范性</td><td>10</td></tr>
<tr><td>③测量方法</td><td>25</td></tr>
<tr><td>④测量结果的分析</td><td>30</td></tr>
<tr><td>⑤机械零部件检验结论</td><td>25</td></tr>
<tr><td rowspan="6">2. 整车竣工检验</td><td rowspan="6">进行全面的整车维修竣工检验作业(考核时间为40min)</td><td>①安全操作</td><td>10</td></tr>
<tr><td>②量具、仪器、仪表、工具使用的规范性</td><td>10</td></tr>
<tr><td>③检验项目及项目填写的完整性</td><td>10</td></tr>
<tr><td>④检验方法的有效性</td><td>20</td></tr>
<tr><td>⑤检验结果分析</td><td>25</td></tr>
<tr><td>⑥整车竣工检验结论</td><td>25</td></tr>
<tr><td rowspan="5">3. 发动机基本参数调整</td><td rowspan="5">按照要求进行发动机基本参数的调整作业(考核时间为25min)</td><td>①安全操作</td><td>10</td></tr>
<tr><td>②量具、仪器、仪表、工具使用的规范性</td><td>10</td></tr>
<tr><td>③资料查阅能力</td><td>20</td></tr>
<tr><td>④调整方法(包括零部件正确拆装)</td><td>35</td></tr>
<tr><td>⑤调整结果</td><td>25</td></tr>
<tr><td rowspan="6">4. 故障诊断排除</td><td rowspan="6">综合利用检测手段进行发动机故障排除(考核时间为35min)</td><td>①安全操作</td><td>10</td></tr>
<tr><td>②量具、仪器、仪表、工具使用的规范性</td><td>10</td></tr>
<tr><td>③故障检测方法及有效性</td><td>20</td></tr>
<tr><td>④资料查阅能力</td><td>20</td></tr>
<tr><td>⑤检测结果分析</td><td>25</td></tr>
<tr><td>⑥故障排除方法(包括零部件的拆装等)</td><td>15</td></tr>
</table>

5. 模块E　机动车维修专业知识(电器维修模块)(附表5)

机动车维修专业知识(电器维修模块)考试内容及参考分值　　附表5

考试内容				参考分值
理论考试	1. 电器维修基础知识	1)电工电子知识	①电工电子学基础知识; ②安全用电; ③电路图识图; ④车用传感器	10
		2)机械基础	①机械识图; ②机动车运行材料	9
		3)机动车维修设备、工具使用维护	①电器维修常用维修设备的使用维护; ②电器维修常用仪器、仪表、量具和工具的使用维护	9
	2. 电器维修专业知识	1)结构原理	①整车线路及电源分配中心	6
			②机动车电源系统、启动系、点火系统结构原理	4
			③机动车灯光、仪表信号系统结构原理	4
			④机动车防盗中央门锁系统的结构原理	4
			⑤辅助安全系统(安全气囊、安全带)	5
			⑥车载网络系统的结构原理	3
			⑦空调系统的结构原理	5
			⑧多媒体及导航系统	3
			⑨车身附件控制系统(电动座椅、电动后视镜等)	5
			⑩机动车新技术应用	3
		2)故障检测诊断的基本理论知识	①电气系统故障检测的基本原理及方法	6
			②常用检测仪器的结构原理和测试方法	5
			③空调系统故障检测诊断方法	8
			④典型故障分析	11
技能考核	1. 电器元器件(含传感器)的检测	对指定电器元器件进行测量作业(考核时间为20min)	①安全操作	10
			②量具、仪器、仪表和工具使用的规范性	10
			③检测方法(含电器元器件的拆装)	25
			④检测结果分析	30
			⑤电器元器件检测结论	25
	2. 电器性能检测	对指定电器进行性能检测(考核时间为30min)	①安全操作	10
			②量具、仪器、仪表和工具使用的规范性	10
			③电器性能检测方法(含相关零部件的拆装方法)	25
			④检测结果分析	30
			⑤电器性能检测结论	25
	3. 空调性能检测	进行机动车空调性能的检测(考核时间为30min)	①安全操作	10
			②量具、仪器、仪表和工具使用的规范性	10
			③空调性能检测方法(含相关零部件的拆装方法)	25
			④资料查阅能力	10
			⑤检测结果分析	20
			⑥空调性能检测结论	25

续上表

考试内容				参考分值
技能考核	4. 故障诊断排除	综合利用检测手段进行车身电器故障排除(考核时间为30min)	①安全操作	10
			②量具、仪器、仪表和工具使用的规范性	10
			③故障检测方法	20
			④资料查阅能力	20
			⑤检测结果分析	25
			⑥故障排除方法(包括零部件的拆装等)	15

6. 模块F　机动车维修专业知识(车身修复模块)(附表6)

机动车维修专业知识(车身修复模块)考试内容及参考分值　　附表6

考试内容				参考分值
理论考试	1. 车身修复基础知识	1)机动车材料及钢的热处理	①金属材料的基本性能	4
			②钢及其热处理	2
			③有色金属及合金	2
			④非金属材料	2
			⑤焊接和黏结	4
		2)机械基础知识及常用机械零件	①常见的机械传动	2
			②连接零件	2
			③液压传动知识	2
		3)机械制图、车身制图的识读,绘制展开图	①三视图的识读(零件图、简单装配图)	1
			②车身识图	3
			③绘制展开图(求线段实长,截交线、相贯线求法,展开放样)	3
			④典型零件的展开图(圆管展开图,两节弯头展开图,圆锥展开图,方圆接头展开图)	3
		4)安全教育	安全生产及安全防护	3
	2. 车身修复专业知识	1)机动车车身结构	①车架式车身结构	1
			②承载式车身结构	1
			③车身零部件	4
			④安全设计要求	2
		2)常用设备、钣金工具和量具	①剪床、压力机、卷板机、弯管机的结构原理、使用和维护	2
			②电动和风动工具的使用	1
			③量具(游标卡尺、万能角度尺、水平仪)的使用	2
			④焊接设备	2

续上表

考　试　内　容				参考分值
理论考试	2. 车身修复专业知识	3）车身维修设备（测量系统、夹紧系统、钣金系统）及基本操作	①车身维修设备的结构	2
			②车身测量的基本原理及方法	4
			③车身维修设备的使用	4
			④碰撞事故车车身校正	6
			⑤车身尺寸的测量	4
			⑥专用工作台及定位器测量系统	2
		4）车身修复工艺	①编制车身修复工艺	3
			②钣金手工成形工艺	4
			③车身钣金修理加工工艺	4
			④车身钣金焊接、黏结工艺	4
			⑤车身防腐工艺	4
		5）车身碰撞损伤诊断、评估及制定车身修复工艺方案	①碰撞的类型及对车辆的影响	2
			②碰撞损坏分析	4
			③车身损伤诊断、评估	3
			④车身修复工艺方案的制订	2
技能考核	1. 电子和机械测量（考核时间为20min）	利用车身测量设备进行车身三维尺寸的测量	①安全操作	10
			②车身测量设备使用的规范性	10
			③车身测量方法	25
			④车身测量结果分析	25
			⑤车身资料的使用	30
	2. 拉伸（考核时间为60min）	对车辆进行拉伸及测量作业	①安全操作	10
			②拉伸和测量设备使用的规范性	10
			③拉伸工艺	35
			④车身资料的使用	20
			⑤拉伸质量	25
	3. 焊接工艺（考核时间为60min）	使用气体保护焊接设备进行立焊、仰焊和定位焊	①安全操作	10
			②焊接设备使用的规范性	10
			③焊接工艺	55
			④焊接质量	25

7. 模块G　机动车维修专业知识(车身涂装模块)(附表7)

机动车维修专业知识(车身涂装模块)考试内容及参考分值　　附表7

考 试 内 容				参考分值
理论考试	1. 车身涂装基础知识	1)车身材料	①车身金属材料及性能	2
			②车身非金属材料及性能	2
			③车身各种材料的表面处理	4
		2)有机化合物、高分子化合物等相关的化工知识	①喷涂材料有机化合物、高分子化合物的种类、特性和用途	4
			②树脂、颜料、溶剂的种类、特性和用途	4
			③涂装辅料	3
		3)车身喷涂材料的组成、性能、用途及成膜机理	①车身底漆、中间层、面漆材料的性能	4
			②常见喷涂材料的成膜机理	4
		4)车身喷涂材料的调配、调色程序及相关知识	①涂料的调配、调色程序、配比	4
			②涂料色彩三要素	2
		5)安全教育	安全生产及安全防护	3
	2. 车身涂装专业知识	1)机动车车身结构	①车架式车身结构	1
			②承载式车身结构	1
			③车身零部件	2
		2)常用喷涂设备、工具的使用维护	①干式和喷淋式喷涂室	2
			②对流烘干室、远红外辐射烘干室	2
			③喷烤漆房	2
			④喷涂工具	2
			⑤气动干磨机	1
			⑥净化装置	1
			⑦电子调漆设备	1
		3)车身涂装工艺	①喷涂材料的配套	3
			②打磨工艺	6
			③工艺流程的编制	4
			④防腐处理	6
			⑤涂层的质量检验	6
			⑥涂层的养护	4
		4)常见涂层的病态、防治方法及修复	①常见涂层的病态(橘皮、流痕、水迹、油迹、灰尘、色差等)的产生原因和防治方法	10
			②涂层病态的修复工艺	10
技能考核	车身涂装技能考核	进行车辆涂装的全套工艺作业(考核时间为150min)	①安全操作	10
			②涂装设备使用的规范性	10
			③涂装工艺	55
			④质量检验	25

8. 模块H　车辆技术评估(含检测)(附表8)

车辆技术评估(含检测)模块考试内容及参考分值

附表8

考试内容			参考分值
理论考试	1. 机动车结构原理	①发动机、底盘、车身系统的结构原理； ②机动车技术发展	15
	2. 常用检测设备	①机动车性能检测常用检测设备的结构和检测原理	10
		②机动车性能检测设备的技术发展	8
		③检测站计算机控制系统	7
	3. 机动车辆性能检测和车辆技术评估	①整车检验	6
		②车辆总成及技术装备检验	6
		③机动车动力性检测：机动车动力性能及技术状况检查、机动车动力性评价指标、机动车动力性要求、机动车动力性检验方法	6
		④机动车燃料经济性检测：燃料经济性的评价指标、燃油消耗量检验方法	6
		⑤机动车制动性检测：制动装置的基本要求、制动性能评价指标、制动性能要求、制动性能检验方法	6
		⑥机动车转向操纵性检测：转向操纵性一般要求、车轮定位及车轮稳定效应检验、悬架特性检验	6
		⑦机动车排放污染物控制及排放检测	6
		⑧机动车噪声控制及检验	6
		⑨照明和信号装置及其他电气设备的一般检查、前照灯检测	6
		⑩营运车辆技术等级评定项目、内容和技术要求	6
技能考核	1. 整车检验(考核时间为60min)	①安全操作	10
		②整车检验项目的完整性	15
		③整车检验流程的正确性	20
		④整车检验记录的规范性	20
		⑤整车检验结果分析	20
		⑥整车检验技术评定	15
	2. 制动性能检测(考核时间为30min)	①安全操作	10
		②制动检测设备使用的规范性	10
		③制动性能检测项目的完整性	15
		④制动性能检测的科学性	25
		⑤制动性能检测结果分析	30
		⑥机动车制动性能评定	10
	3. 前照灯检测(考核时间为30min)	①安全操作	10
		②前照灯检测设备使用的规范性	10
		③前照灯检测项目的完整性	15
		④前照灯检测的科学性	25
		⑤前照灯检测结果分析	30
		⑥前照灯技术评定	10